국어의 음운현상과 음운변화 연구

저자 **김주필**

성균관대학교 국어국문학과 졸업
서울대학교 대학원 문학석사, 문학 박사
국어연구소(현 국립국어원) 연구원
영남대학교 국어교육과 전임강사-교수
펜실베니아대학교 언어학과 방문교수
현재 국민대학교 국어국문학과 교수

<주요 논저>
「구개음화에 대한 통시론적 연구」(1985), 「국어 표기사에 있어서 역사성의 인식」(1992),
「17·8세기 국어의 구개음화와 관련 음운현상에 대한 통시론적 연구」(1994), 「후기중
세국어의 음운현상과 모음체계」(2003), 「중국 문자학과 『훈민정음』 문자 이론」(2005),
「언문 자모의 반절적 운용과 반절표의 성격」(2009)
『어제자성편(언해)』(공저, 2006), 『어제경세문답(언해)』(공저, 2006), 『역주 곤범(壺範)』
(공저, 2008), 『정미가례시일기(丁未家禮時日記)』(공저, 2011) 외 다수

국어의 음운현상과 음운변화 연구

초판 인쇄 2011년 12월 20일
초판 발행 2011년 12월 30일

지은이 김주필
펴낸이 이대현
편 집 이소희
펴낸곳 도서출판 역락
　　　　서울 서초구 반포4동 577-25 문창빌딩 2층
　　　　전화 02-3409-2058, 3409-2060 | FAX 02-3409-2059
　　　　이메일 youkrack@hanmail.net
　　　　등록 1999년 4월 19일 제303-2002-000014호
ISBN 978-89-5556-975-9 93710

정 가 40,000원

* 잘못된 책은 교환해 드립니다.

국어의 음운현상과 음운변화 연구

김 주 필

역락

국어학을 전공하겠다고 대학원에 진학한 지 벌써 서른 해가 다 되어 간다. 그 사이 발표한 음운사 관련 논문이 한두 권의 책으로 묶일 정도가 되었다. 내세울 만한 성과를 거둔 것도 아니지만, 책으로 간행하기로 하였다.

음운사를 전공하겠다고 마음 먹은 데에는 선생님들의 영향이 컸던 것 같다. 훌륭한 선생님들이 밑에서 학문적 기반을 튼튼히 하면, 좀더 나은 성과를 낼 수 있지 않을까 내심 기대했기 때문이다. 문헌을 대상으로 하는 음운사 연구의 내용이 다른 분야보다 구체적이어서 그 성과도 분명하게 나오리라 생각하기도 했었던 것 같다. 그러나 무엇보다 중요한 이유는 '변화'의 문제에 매력을 느끼고 있었기 때문이 아니었나 생각된다.

"살아 있는 것은 모두 움직인다. 움직이는 것은 모두 변화한다. 그러므로 살아 있는 것은 모두 변화한다. 그렇다면 문헌 속에 고이 잠자고 있는 문자들의 변화는 언어의 문제인가 그 언어를 사용한 사람들의 문제인가? 국어사는 한국사의 일부인가 한국사의 일부가 아닌가". 대학원 과정에서 피상적으로 하던 고민은 대학으로 자리를 옮겨서도 수행 중인 과제와 함께 뒤섞여 연구를 어렵게 만들기 일쑤였다.

그리하여 문자 A가 B로 변화한다고 할 때, 그것이 문자의 변화인지 소리의 변화인지 파악하기 어려워졌고, 소리의 변화로 단정하고 나서도 그것이 음성의 변화인지 음소의 변화인지 고민하지 않을 수 없었다. 변화의 시기를 파악하려 하면 변화의 과정이 문제되었고, 과정을 파악하려 하면 다시 시기가 문제되기도 하였다. 그리하여 또 다시 변화의 시작과 완성이 문제로 부각되었고, 그래서 변화의 과정을 파악하는 것이 중요하다고 주장하였다. 그러나 이러한 변화의 과정에서도 변화를 보이는 예들의 질이 중요한지 양이 중요한지 알 수가 없었고, 변화를 보이지 않는 예들도 변화와 관련이 있는 것인지 없는 것인지 아직도 분명히 말하기 어렵다.

이 책의 논문들은 대부분 이러한 고민을 학술적으로 풀어서 쓴 연구 결과이다. 박사 과정에서 최근에 이르기까지 쓴 음운사 관련 이들 논문은 총 29편으로서, 그 중 음운변화 관련 논의가 많은 17편을『국어의 음운현상과 음운변화 연구』로, 문헌의 성격을 밝히는 내용이 많은 12편을『음운변화와 국어사 자료 연구』로 나누었다. 그러나 이러한 기준은 엄격한 것이 아니어서 그 구분에 큰 의미를 둘 필요는 없다.

이 책의 논문들은 발표 시기도 다르고 게재지도 다양하다. 그래서 글의 형식이나 내용에 일관성을 갖추지 못한 부분이 적지 않다. 원 논문의 상태를 따르기로 하고 각주와 참고문헌, 도표, 예시, 참고문헌 등에 한해 통일을 기하고자 하였다. 문장은 최소한으로 교열하고 내용과 논조가 맞지 않는 부분에는 손을 대지 않았다. 그 중 일부 내용은 나중 글에서 고쳐지기도 하였으나 그러지 못한 부분에 대해서는 독자 여러분의 질정을 구한다.

이 책이 나오기까지 많은 분들의 도움을 받았다. 대학원 시절부터 오늘에 이르기까지 한결같이 스승의 참모습을 보여주시는 이병근 선생님께는 드릴 말씀이 없다. 부족하고 모자란 모습만 보여 드려 송구스럽고 죄송할 따름이다. 이기문 선생님과 안병희 선생님께도 깊이 감사드린다. 국어연구소 시절, 두 분 선생님께서는 학교에서 배운 지식을 정책이나 교육에 어떻게 반영해야 하는지 가르쳐 주셨다. 항상 멀리서 지켜봐 주시는 강신항 선생님께도 감사드린다.

언제나 따뜻하게 감싸 안아주신 서종학 선생님이 눈에 선하게 떠오른다. 열정으로 젊은 시절을 같이 보낸 영남대학교 국어교육과 선생님들께 감사드린다. 국민대학교로 오면서 송민 선생님과 조희웅 선생님 같은 분을 뵈리라고 생각지도 못하였다. 행운이란 말 외에 달리 할 말이 없다. 김홍수 선생님, 조흥욱 선생님, 정선태 선생님께도 감사드린다. 선생님들은 교육은 인간에 대한 예우에서 비롯된다는 평범한 진리를 새롭게 해 주셨다.

이런 모습으로 책이 나오게 된 데에는 박순란 선생의 힘이 크다. 교정에서 색인에 이르기까지 박 선생의 손이 미치지 않은 부분이 없다. 교정과 참고문헌 작성에는 김성기 선생, 이경진 선생, 윤희선 선생이 도와주었다. 그리고 상업성이 전혀 없는 이 책을 흔쾌히 출판하여 주신 도서출판 역락의 이대현 사장과 이렇게 멋진 책을 만들어준 이소희 선생을 비롯한 편집부 여러분께 감사드린다.

마지막으로, 돌아가신 아버지와 형님께 머리 숙여 감사드린다. 건강이 좋지 않으신 어머니께도 죄송한 마음 금할 길이 없다. 부모님을 모시며 헌신해준 형제들에게 고맙다는 말을 전한다. 모두 단란한 가정을 이끌어가기를 바랄 뿐이다. 그리고 나의 사랑하는 가족, 기쁨이든 슬픔이든 언제나 같이 하고픈 아내와, 새 각오로 새 출발선에 선 지우에게 건강과 행운이 늘 함께 하기를 바라며……

2011년 12월
눈 덮인 북한산 자락에서
저자 삼가 씀

차 례

제3부 현대국어

제1부 후기 중세국어

① 중세국어 음절말 치음의 음성적 실현과 표기*

1.

국어사에서 중세국어1)는, 훈민정음이라는 신문자의 창제로 인해 다른 어느 시기보다 특별한 대우를 받아왔다. 그동안에 축적된 연구의 결과가 이러한 사실을 잘 대변해 준다. 그러나 중세국어에 관한 여러 언어 사실들이 좀 더 폭넓게 체계적으로 밝혀지기는 하였으나, 그것이 모든 학자들 간에 반드시 의견의 일치를 보이는 것 같지는 않다. 각각 나름대로의 실증적, 논리적 타당성을 가지고 있어서 쉽게 의견의 차이를 좁히기 힘들어 보이는 몇몇 주제가 있으며, 그 가운데 한 문제가 중세국어 음절말 치음 'ㅅ, ㅈ, ㅊ'의 음성적 실현과 그 표기에 대한 것이었다.

음절말 위치에서 7자음만 허용되는 현대국어와 달리, 훈민정음 해례 종

---

* 이 글은 같은 제목으로 『국어학』 17집(국어학회, 1988 : 203~228)에 수록되었다.

1) 이 글에서 말하는 치음은 현대 음성학의 'dental'을 가리키는 것이 아니라, 훈민정음 성모 체계의 오음五音 가운데 'ㅅ, ㅈ, ㅊ'을 포괄하는 서열로서의 치음을 가리킨다. 음절말에서 반치음 'ㅿ'의 실현에 대해서는 이기문(1972a, b)을 따르며 필요한 경우에만 언급하기로 한다.

성해에는 현대국어의 7종성에 'ㅅ'이 추가된 8종성이 제시되어 있을 뿐 아
니라, 15세기의 정음문헌에서는 휴지나 자음에 앞서는 형태음소 'ㅈ, ㅊ'도
정연하게 'ㅅ'으로 표기되고 있기 때문에 음절말 자음에 대한 관심의 초점
은 종성표기 'ㅅ'과 'ㄷ'의 음성적인 실현의 동이성 여부에 놓여 왔다. 지금
까지의 연구결과, 종성표기 'ㄷ'이 불파음unreleases(또는 내파음) [t]로
실현되었으리라는 점에 대해서는 이견이 없지만, 종성표기 'ㅅ'의 음성적
인 실현에 대해서는 의견의 차이를 심하게 드러내고 있다.

지금까지의 논의는, 종성표기 'ㅅ'이 'ㄷ'과 같이 불파음 [t⌐]로 실현되었
다는 견해와, 아직 [t⌐]까지는 중화neutralization[2])가 미치지 못한 "내파
음 [s]",[3]) 또는 "매우 간극이 좁으면서도 그 마찰은 매우 약한 [s]음"[4])이었
다는 견해로 양분된다. 전자를 해석(1), 후자를 해석(2)[5])이라고 할 때, 해
석(1)에 해당하는 연구업적으로 허웅(1953), 이기문(1959), 이인자(1984),
이근수(1986), 이은정(1986) 등이 있으며, 이익섭(1987)[6])도 해석(1)에
해당하는 논의로 볼 수 있다. 해석(2)에 해당하는 연구업적으로는 이기문
(1961, 1963a, 1972a, b)과 허웅(1965, 1975)이 있으며, 초기에 내렸던

---

2) 프라그 학파에서 처음 사용했던 '중화'라는 술어는 유무대립, 이원대립, 비례대립을 보이
   는 대립쌍이 특정의 위치(중화위치)에서 그 유표성을 잃어 대립을 상실하는 경우에만 적
   용되었으나, 오늘날에 와서는 학파와 학자에 따라 개념상의 차이를 보여준다. 중화에 대
   한 개념 설정과 그 적용범위에 대한 검토가 선행되어야 하겠지만, 이 글에서는 중화를
   대립하는 둘 이상의 요소가 특정한 위치에서 그 대립을 상실하는 경우의 넓은 의미로 사
   용하기로 한다.
3) 이기문(1961, 1963a, 1972a, b).
4) 허웅(1965, 1975).
5) 해석(2)의 견해를 처음으로 표명한 것은 안병희(1959 : 9~10)의 각주에서이다.
6) 이익섭(1987)의 주된 논의는 종성표기 'ㅅ'과 'ㄷ'의 사적인 변천 과정에 대한 고찰이지만,
   그 앞부분에서 해석(1)과 해석(2)의 논거와 문제점을 지적하면서 포괄적인 논의를 보여
   주고 있다. 결과적으로 이익섭(1987)은 해석(1)의 견해에 동조하는 방향으로 기울기는
   하지만, 이 글의 논의가 힘입은 바 큼을 밝혀둔다.

해석(1)의 주장을 수정하면서, 좀 더 폭넓고 구체적인 논거를 제시했기 때문에 지금까지 국어학계의 통설이 되어 왔다. 그러나 1980년대 중반에 들어 새로이 해석(1)을 주장하는 견해가 잇따라 대두됨에 따라, 해석(1)과 해석(2)를 포괄하여 재조명해 보는 작업이 요구되기에 이르렀다.

해석(1)과 해석(2)는 연구의 대상 시기와 그 접근방법에 있어서, 중세국어 음절말 자음들과 그 표기의 계합관계paradigmatic relation를 중시했다는 점7)에서 큰 차이가 없다. 그러나 형태소 경계에서 빚어지는 이형태들의 다양한 교체현상을 중심으로 접근한다면, 그 교체를 지배하는 조건을 통해 형태소 경계를 선행하는 자음들의 음성적 실현을 그 환경에 따라 검토해 볼 수 있을 뿐 아니라, 시대에 따른 변화가 있다면 변화를 사적으로 비교·검토해 볼 수 있게 됨으로써 좀 더 폭넓고 구체적인 해석방안을 강구해 볼 수 있는 장점을 가지게 될 것이다.

이 글에서 우리는 중세국어의 선어말어미 가운데, 선행하는 어간형태소의 말음에 따라 다양한 형태소로 교체되던 겸양법 선어말어미 {-숩-}8)을 선택하여, 다양한 이형태들의 교체와 그 교체를 지배하는 음운론적 조건을 통하여 중세국어 음절말 치음 'ㅅ, ㅈ, ㅊ'의 음성적 실현을 검토하고자 한다. 15세기에 {-숩-}은 개방적인 선어말어미이었기 때문에 거의 모든 어간형태소에 직접 통합될 수 있었을 뿐 아니라 근대국어에서는 그 교체 환경이 변화한 경우도 관찰되기 때문에, 우리가 접근할 수 있는 아주 적합

---

7) 계합관계에 바탕을 둔 작업의 예로, 종성표기 'ㅅ'과 'ㄷ'의 엄격한 구별 또는 간혹 나타나는 혼기, 이들에 대한 한자어 표사 등을 들 수 있다. 물론 종래의 연구에서 통합관계 syntagmatic relation를 전혀 고려하지 않았다는 것은 아니며, 계합관계를 더 중시하는 입장에서 논의의 접근방법이 이루어졌다는 뜻이다.

8) 겸양법 선어말어미의 기본 형태는 여러 이형태들 가운데 각 이형태들의 변이과정을 음성적인 토대 위에서 자동적인 교체로 기술할 수 있는 {-숩-}으로 정한다.

한 대상으로 여겨지는 것이다.

그런데 {-숳-}의 교체를 통하여 선행하는 어간말 자음의 음성적 실현에 접근하려는 우리의 논의에서, 용언의 어간말이라는 제한된 환경을 음절말이라는 전반적 환경에까지 확장해도 좋은가 하는 문제가 제기될 수 있다. 이 글에서 진행되는 논의는 궁극적으로 음절말 'ㅈ, ㅊ'의 중화 현상과 관련되고, 음절말 위치에서 'ㅈ, ㅊ'이 형태소 내부에 있는 경우는 없기 때문에—따라서 'ㅈ, ㅊ'의 경우에만 국한한다면, '어간말'과 '음절말'은 거의 대등한 개념이 된다— 체언의 경우까지 확장할 수 있느냐 하는 문제와 관련된다. 어떤 음운현상이 역사적으로 활용과 곡용이라는 통사론적 범주에 따라 상이한 발달 경로를 밟았을 가능성이 있기 때문에 두 범주를 구분하는 것이 정확한 언어 기술이 될 것이다. 그러나 표기를 바탕으로 전개되는 이 글의 논의에서 또 다시 용언과 체언의 범주를 구분하면 새로이 야기되는 문제로 인해 기술이 더 복잡해질 뿐만 아니라, 단편적인 예들이긴 하지만 체언에서도 동일하게 중화를 겪은 것으로 나타나는 자료들을 무시하지 않기 위하여 체언의 경우까지 확장하는 방안을 택하기로 한다.

2장에서는 먼저 중세국어에서 보여주는 용언 어간말 치음과 {-숳-}의 통합을 해석(1)과 해석(2)의 입장에서 검토해 보고, 3장에서는 근대국어에서의 통합을 살펴볼 것이다. 특히 근대국어에서 변화를 보이는 경우에 초점을 맞추어 중세국어와 관련지어 마찬가지로 해석(1)과 해석(2)의 입장에서 몇 가지 해석의 가능성을 타진한 후, 해석(2)가 중세국어에서의 어간말 치음의 음성적 실현에 대해 정당하게 기술하고 있음을 보여 줄 것이다. 그러나 해석(2)를 정당화시켰던 동일한 현상에 의해 해석(2)도 일부 수정되지 않을 수 없다는 사실을 지적할 것이다. 그 결과 우리가 얻게 되는 결론은, 1) 중세국어의 음절말 위치에서 'ㅈ, ㅊ'은 'ㅅ'과 그 음성적 실현이 달랐고, 2) 음절말 'ㅈ, ㅊ'은 15세기에 이미 [tʾ]로 중화되어 있었다는 것이다. 4장에서 우리의 결론을 지지하는 또 다른 증거를 찾아보고, 5장에서는 표기(또는 표기법)와 관련하여 새로이 제기되는 문제들을 검토하면서 이 글을 끝맺고자 한다.

2.

　중세국어에서 겸양법은 객어가 주어보다 상위자인 동시에 화자보다도 상위자일 때, 그 객어를 지배하는 동사에 겸양법 선어말어미 {-ᄉᆞᆸ-}의 통합에 의해 표시되는 경어법의 일종(안병희, 1982)이다. {-ᄉᆞᆸ-}은 개방적인 선어말어미[9]이기 때문에 용언의 어간에 직접 통합되는 특징을 가지고 있다. 중세국어에서 {-ᄉᆞᆸ-}은 선행하는 어간형태소의 말음[10]에 따라 (1)과 같이 6종류의 이형태 교체를 보여준다.

　(1) ㄱ. 선행하는 어간형태소의 말음이 모음, 혹은 유성자음 'ㄴ, ㅁ, (ㄹ)[11]'
　　　　이면 '-ᄉᆞᆸ-'으로 교체된다.
　　ㄱ′. ᄀᆞ초ᅀᆞᄫᅡ(용가 27장), 안ᅀᆞᄫᅡ(월석 2 : 43) 셰ᅀᆞᄫᆞ니(월석 1 : 45b),

---

9) 개방적인 어미와 폐쇄적인 어미에 대해서는 고영근(1985)를 참조.

10) 중세국어에 대한 기술에서 자주 보이는 '말음'이라는 용어는 기술의 편의 때문에 사용된다고 할 수 있다. 후행하는 형태소의 이형태 교체가 음운론적으로 조건화되었다면, 어간형태소의 '말음'은 말 그대로 어간의 마지막 위치에서 실제로 실현되는 음성형을 가리키게 되지만, 그 교체가 형태론적으로 조건화된 것이라면 형태음소를 가리키게 되기 때문이다.

11) 'ㄹ'은 '-ᄉᆞᆸ-'의 'ᅀ' 앞에서 탈락하므로 표면에서 실현되지 않는다. 'ㅅ, ᅀ, ㄴ, ㄷ, ㅈ' 앞에서의 'ㄹ' 탈락 현상에 대해서는 이기문(1972b : 35~37) 참조.

너기ᅀᆸ쇼셔(월석 1 : 16), 아ᅀᆸ시니(월석 1 : 13) 일우ᅀᆸ니
(월천 88) 브르ᅀᆸ니(월천 25)

ㄴ. 선행하는 어간형태소의 말음이 'ㄷ, ㅈ, ㅊ'이면 '-ᄌᆞᆸ-'으로 교체된다.
ㄴ'. 굳ᄌᆞᆸ니(용가 66장), 묻ᄌᆞᆸ더(월석 1 : 7a), 듣ᄌᆞᆸ니(월석 2 :
  64a), 맛ᄌᆞᆸᅡ(←맞-, 월석 1 : 13b), 좃ᄌᆞᆸᅡ(←좇-, 월석 2 : 18b),
  연쫍면(←엱-, 월천 225), 안쫍시니(←앉-, 월천 상 : 46)

ㄷ. 선행하는 어간형태소의 말음이 'ㄷ, ㅈ, ㅊ'이 아닌 무성자음으로
  끝나면 '-ᄉᆞᆸ-'으로 교체된다.
ㄷ'. 닙ᄉᆞᆸᅡ(월석 1 : 3), 깃ᄉᆞᆸ니(←짔-, 용가 41장), 먹ᄉᆞᆸ니(월천
  상 : 190), 좃ᄉᆞᆸ뇨(←좇-, 월석 2 : 48a), 갑ᄉᆞ오니라(법화 7 :
  190), 돕ᄉᆞᆸ려(용가 121장), 붓ᄉᆞᆸ니(석 23 : 47), 깁ᄉᆞ오이다
  (←깊-, 능 5 : 82), 슬쏩매(←슳-, 월석 서 : 10b), 갓갑ᄉᆞ와(법
  화 4 : 49)

ㄹ. 자음으로 시작되는 어미 앞에서 {-ᄉᆞᆸ-}은 각각 '-ᄉᆞᆸ-, -ᄌᆞᆸ-, -ᄉᆞᆸ-'으
  로 교체된다.
ㄹ'. 보ᄉᆞᆸ더니(월석 1 : 5b), 저ᄉᆞᆸ고(월석 1 : 13b), 말이ᄉᆞᆸ거늘(용가 58
  장), 아ᄉᆞᆸ게(←알-, 월석 10 : 85), 좃ᄌᆞᆸ디(←좇-, 법화 3 : 125),
  엽ᄌᆞᆸ노니(월석 2 : 74a), 좃ᄉᆞᆸ고(월석 2 : 51b), 녀쏩고(←넣-, 월
  석 1 : 7), 닙ᄉᆞᆸ고(월석 2 : 72a), 갑ᄉᆞᆸ디(←갚-, 법화 2 : 257), 막
  ᄉᆞᆸ거늘(월천 상 : 366)

ㅁ. 모음으로 시작하는 어미 앞에서 {-ᄉᆞᆸ-}은 각각 '-ᄉᆞᆸ-, -ᄌᆞᆸ-, -ᄉᆞᆸ-'으
  로 교체된다.
ㅁ'. 예는 앞의 (1ㄱ', ㄴ', ㄷ')를 참조.

(1ㄱ, 1ㄴ, 1ㄷ)는 선행하는 어간형태소의 말음에 따라 {-ᄉᆞᆸ-}의 두음이

교체되는 조건이고, (1ㄹ, 1ㅁ)는 후행하는 어미형태소의 두음에 따라 {-ᅀᆞᆸ-}의 말음이 교체되는 조건이다. 우리는 {-ᅀᆞᆸ-}의 교체를 통하여 어간형태소 말음의 음성적 실현을 검토하고자 하기 때문에 우리의 논의는 (1ㄱ, 1ㄴ, 1ㄷ)에 국한된다.

(1ㄱ, 1ㄴ, 1ㄷ)의 교체조건을 자세히 검토해 보면, {-ᅀᆞᆸ-}의 두음은 먼저 선행하는 어간형태소 말음의 특성에 따라, 즉 선행하는 어간형태소 말음이 유성음이냐 무성음이냐에 따라 '-ᅀᆞᆸ-'과 '-ᅀᆞᆸ-'으로 교체가 이루어지고, '-ᅀᆞᆸ-'은 다시 선행하는 어간형태소의 말음이 'ㄷ, ㅈ, ㅊ'이면 '-ᄌᆞᆸ-'으로 교체된다. (1)에서 보여주는 {-ᅀᆞᆸ-}의 교체를 선행하는 어간의 말음에 따라 도식화하면, 다음과 같이 위계화되어 있다고 할 수 있다.[12]

---

12) 박창원(1984)에서는 {-ᅀᆞᆸ-}의 교체를, "우선 조음방법에 의해 구분된 다음 조음위치에 의해 구분되었음을 보여준다."고 하면서 다음과 같은 위계도를 제시하고 있다.

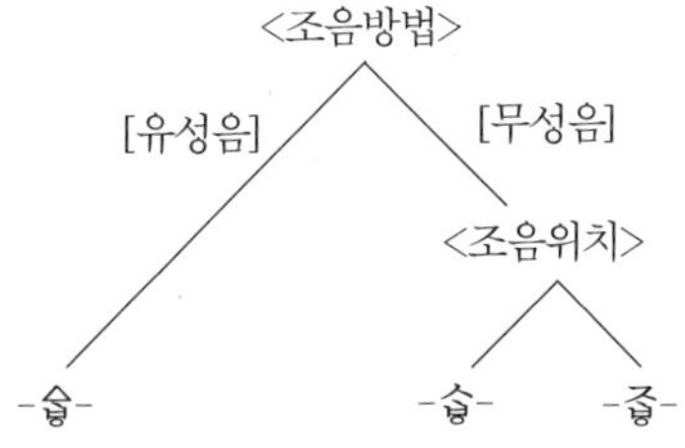

그러나 'ㅈ, ㅊ'이 'ㅅ'으로 중화되었다는 견해를 받아들이는 입장에서는 '-ᅀᆞᆸ-'과 '-ᄌᆞᆸ-'이 조음위치에 의해 구분된다고 할 수가 없다. 'ㅅ' 뒤에서는 '-ᅀᆞᆸ-'이 통합되지만, 그 형태음소가 'ㅈ, ㅊ'인 'ㅅ' 뒤에서는 'ㄷ' 뒤에서처럼 '-ᄌᆞᆸ-'이 통합되기 때문이다. 따라서 박창원(1984)에서는 위의 위계도에 맞지 않는 {-ᅀᆞᆸ-}의 통합은 예외로 인정하고 있다.

(2)

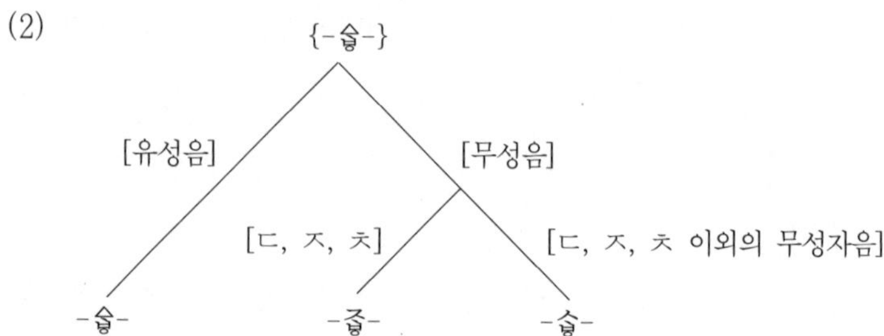

도표 (2)에서 우리의 관심을 끄는 것은 어간형태소의 말음이 'ㄷ, ㅈ, ㅊ'인 환경에서의 교체이다. 훈민정음 해례나 15세기 정음문헌의 표기로 보면 'ㅅ, ㅈ, ㅊ'이 하나의 무리로서 행동해야 할 텐데, 정작 {-슿-}의 교체에 있어서는 'ㄷ'이 'ㅈ, ㅊ'과 하나의 무리로 행동하고 있기 때문이다.

이러한 현상을 해석(1)에 따라 설명한다면, 이 시기에 음절말 'ㅅ, ㅈ, ㅊ'은 [t⌐]로 중화되어 있었기 때문에, 'ㅈ, ㅊ' 다음에 '-즣-'이 통합되는 것은, 'ㄷ' 뒤에 '-즣-'이 통합되는 것처럼 자연스런 현상으로 간주할 수 있지만, 'ㅅ' 다음에 '-슿-'이 통합되는 데 대해서 다른 설명이 가해져야 할 것이다.13)

---

13) 해석(1)의 대표적인 예로, 지춘수(1985)의 논의를 보기로 한다. 좀 길기는 하지만 그대로 인용한다(pp.41 : 17~42 : 3).

"……'좃즈방'는 어간말음이 '좃스와'와 외형상 아무 다름이 없건만 선어말어미를 달리 취하였음은 어간의 기본형태를 예상하였기 때문에 형태론적 또는 어휘의미에 대한 의식이 전혀 작용치 않았다면 오히려 선어말어미 표기에 혼기가 있었을 것이다……그런데 선어말어미 '즙'을 취하는 어간의 'ㅅ' 종성이 'ㄷ'과 혼기를 하는 것이다. 이와 같은 일련의 사실에서 음절간 'ㅅ' 앞에서 종성 'ㅅ'은 마찰음으로 실현되지만 'ㅈ, ㅊ' 등의 종성은 폐쇄되어 'ㄷ' 내파음과 똑같이 발음되었음을 알 수 있다. 그리하여 '습'이 '즙'으로 변동된 것이다. 그러므로 종성 'ㅅ'이 파찰음이나 폐쇄음과 연접될 때 마찰음으로 실현되지 못하고 'ㄷ' 내파음과 중화되어 버리리라 함은 자명한 일이다.……"

그러나 이러한 접근은 논의의 空轉공전을 초래할 가능성이 있으며, 어간말음과 {-슿-}

음절말 'ㅅ'은, 'ㄷ'과 달리 [s]로 실현되었고, 'ㅈ, ㅊ'도 음절말 위치에서 [s]로 중화되어 있었다는 해석(2)에 따르면, 다른 모든 교체가 음운론적으로 조건지어진 자동적 교체인데 반해, 'ㅈ, ㅊ' 다음에 '-줗-'이 통합되는 경우는 형태론적으로 제약된 비자동적인 교체가 된다. 'ㅈ, ㅊ'으로 끝나는 어간 뒤에서도 음운론적으로 조건지어진 자동적 교체가 되려면, 중세국어 음절말 치음의 중화 방향과 일치하여 'ㅅ'의 경우처럼 '-숳-'이 선택되어야 했을 것이다. 그럼에도 불구하고 15세기 국어를 반영한 정음문헌은 한결같이 '-줗-'이 선택되고 있다. 따라서 도표(2)에서 보여주는 {-숳-}의 교체를 해석(2)에 따라 기술하면, 중세국어의 용언어간의 말음에 따른 겸양법 선어말어미의 이형태 교체는 모든 환경에서 음운론적으로 조건지어졌지만, 유독 'ㅈ, ㅊ'으로 끝나는 어간 뒤에서만 형태론적인 제약이 가해졌다고 할 수 있다.

형태론적으로 제약된 이형태 교체는, 선행시기에 음운론적으로 조건지어졌던 교체가 모종의 음운변화에도 불구하고, 그 이전과 동일한 교체조건에 계속 지배되는 경우에 흔히 발생하기 때문에 중세국어 겸양법 선어말어미의 이형태 교체에 대해서도 이러한 추론이 행해져 왔다. 즉, 15세기의 음절말 자음들의 중화 방향에 예외가 되는 어간말 'ㅈ, ㅊ'과 '-줗-'의 통합은 음절말 위치에서 'ㅈ, ㅊ'이 'ㅅ'으로 중화하지 않고, 각각 제 음가대로 실현되었던 15세기 이전의 음절말 자음체계에서 형성되었던 것인데, 그 방향이 15세기까지 이어지면서 15세기에는 예외를 형성하게 되었다는 것이다. 이러한 추론은, 어떤 음운이 한 위치에서 음운론적으로 형성되었

의 교체형에 대한 설명이 상호의존적이기 때문에 순환논리에 빠질 위험이 있다. 중세국어에서 어간말음이 'ㅅ'이냐 'ㅈ, ㅊ'이냐에 따라 '-숳-'과 '-줗-'이 달리 선택되었고, 근대국어에 이르면, 'ㅅ' 다음에 '-숳-'이 아니라 '-줗-'이 통합된다는 사실(후술 3장 참조)을 고려하면 다른 각도에서 접근이 이루어져야 할 것으로 간주된다.

던 환경은 음가의 변화에 따라 평행적인 변화를 수반하지 않는 것이 언어 변화의 보편적인 현상 중의 하나라는 사실에 근거하고 있다.[14]

그러나 이러한 추론이 "역사적으로 광범위하게 진행되던 음운변화가 후일에 음운규칙으로 정착함에 즈음하여 일정한 형태론적 제약을 가지게 된다."(김완진, 1971a : 113)는 사실을 인식시켜 줄 수도 있으나, 대상 자료의 성격에 대한 검토가 선행되어야 할 것이다. 다시 말해서 "굴절상에서보다는 파생이나 복합의 경우가 음운변화에 있어서 보수적"이라는 이병근(1978 : 93)의 지적을 상기하면, {-습-}의 교체는 굴절의 층위에 속하기 때문에, 어간말 'ㅈ, ㅊ'과 '-줍-'의 통합이 과연 음운변화에 순응하지 않아 생긴 형태론적 제약으로 볼 수 있는가 하는 문제가 제기된다고 하겠다.

우리는 15세기에 어간말 'ㅸ'과 'ㅿ'이 무성자음으로 시작하는 어미 앞에서 각각 'ㅂ'과 'ㅅ'으로 실현되는 현상이 있었음을 알고 있다.

(3) ㄱ. 셜본(월천 상 : 51a), 골봐(훈정 3b), 누볼샤(월석 2 : 26a), 두터본시며(월석 2 : 57a), 이볼씨(월천 상 : 60a), 즐거버사(월석 2 : 5a)
　　ㄴ. 곫건마론(능 1 : 37a), 입게(迷, 월천 상 : 61a), 즐겁디(월석 16a), 어듭거늘(월천 상 : 55a), 셟고(월천 상 : 52a), 둗겁고(월석 2 : 58a)

(4) ㄱ. 지어(월석 2 : 76a), 니ᅀ몬(월석 서 : 17b), 비슨(월천 상 : 18b), 조아(능 1 : 50a), 나ᅀ가리라(월석 2 : 60b), 브ᅀ려(월천 상 : 61a)
　　ㄴ. 닛긔ᄒ니(월천 상 : 14a), 붓고(법화 141), 머리좃다(월석 1 : 37a), 웃게ᄒᄂ니(두초 8 : 4), (僧房)짓고(월석 17 : 37b)

(3)과 (4)의 예에서 보듯이, 어간말 'ㅸ'과 'ㅿ'이 일정한 환경에서 각각

---

14) 박창원(1984 : 186).

'ㅂ, ㅅ'으로 되는 것은, 유기음 'ㅌ, ㅍ'이 일정한 환경에서 'ㄷ, ㅂ'으로 되는 것을 중화라고 하는 것처럼, 당연히 중화 현상으로 간주할 수 있다.[15) 그런데 이들 중화된 'ㅂ, ㅅ' 뒤에는 (5)의 예에서처럼 항상 '-습-'이 통합된다.

> (5) 돕ᄉ보려(용가 121장), 갚ᄉ오니라(법화 7 : 190), 갓갑ᄉ와(법화 4 : 4a), 좃ᄉ바뇨(월석 2 : 48a), 짓ᄉ보니(석 6 : 38), 븟습고(월천 상 : 13a)

만일 어간말 'ㅈ, ㅊ' 뒤에 '-줍-'이 통합되는 현상이, 중화라는 음운변화에 순응하지 않음으로써 생긴 형태론적 제약을 보이는 교체라면, 'ㅸ, ㅿ'으로 끝나는 어간이 'ㅂ'과 'ㅅ'으로 중화되고 난 후에도 당연히 유성음의 환경에 통합되는 '-습-'이 와야 했을 것이다. 이러한 사실은, {-습-}의 교체가 음절말 자음의 중화 현상에 순응하고 있음을 보여주고 있다고 할 수 있다. 따라서 어간말 'ㅈ, ㅊ'과 '-줍-'의 통합이 형태론적으로 제약된 비자동적 교체가 아닐 수도 있다는 가능성을 얻게 된다.

3.

17세기 국어를 반영한 것으로 보이는 「仁祖大王行狀인조대왕행장」[16)과 『癸丑日記계축일기』[17) 등에서는 {-습-}의 교체에 다소 변화가 있었음을 보

---

15) Cheun, S. B.(1975), 송철의(1987 : 347).
16) 『인조대왕행장』의 서지적 내용에 대해서는 허웅(1981)을 참조.

여준다. 교체조건 (1)에 따라 약간씩의 예를 제시하면 다음과 같다.

(6) ㄱ. 셤기오시믈(인조 17b), 쳥ᄒᆞᆸ기(인조 47a), 받ᄌᆞ와(인조 7a, 11a, 16a), 오오시ᄂᆞ닝잇가(인조 5a), 보내오시기롤(계축 1 : 97), 우오셔든(계축 1 : 49), 보ᄋᆞᆸ고(계축 1 : 10)

ㄴ. 숨ᄉᆞ오시니(인조 51b), 옮ᄉᆞ오니(인조 10a), 넘ᄉᆞ오시고(인조 3b), 졂ᄉᆞ오시니(계축 1 : 50), 춤ᄉᆞ오셔(계축 1 : 98), 숨ᄉᆞ와(인조 14a)

(6ㄱ)에서 보듯이 모음이나 'ㄹ' 다음에서는 중세국어에서와 같이 '-ᄉᆞᆸ-'에 소급되는 '-오-'나 '-ᄋᆞᆸ-'이 통합되고 있어 변화가 없다. 그러나 (6ㄴ)에서처럼 어간말 'ㅁ' 뒤에서는 중세국어에서와 달리 '-ᄉᆞᆸ-'에 소급되는 '-ᄉᆞ오-'가 통합되고 있어 {-ᄉᆞᆸ-}의 교체에 변화가 있었음을 보여준다. 이 변화는 어간말 'ㅁ'의 음성적인 변화나 'ㅿ'의 소실과 관련이 있어 보이지만 우리의 주된 관심사는 아니기 때문에 이 글에서는 이들 음의 변화에 대한 논의는 보류해 두기로 한다.18)

어간이 'ㄷ, ㅈ, ㅊ'으로 끝나는 용언 뒤에는 중세국어에서처럼 '-ᄌᆞᆸ-'에 소급되는 형태가 통합되며, 다른 환경에서도 어간이 'ㅅ'으로 끝나는 경우만 제외하면 중세국어와 차이가 없다.19)

(7) 밧ᄌᆞ와(← 받-, 인조 48b), 뭇ᄌᆞ오셔(← 묻-, 인조 25b), 밧ᄌᆞᆸ고(← 받-,

---

17) 이 글에서 이용한 자료는 강한영 교수의 교주본(1958)이다. 따라서 이 글에서 표시하는 장차도 강한영(1958)에서의 페이지를 따른다.

18) 김성규(1987 : 62)에서는 근대국어에서 'ㅁ' 다음에 '-ᄉᆞᆸ-'이 통합하게 되는 이유를 'ㅁ' 다음에서 자음이 경음화되는 것과 계기적인 관련을 맺고 있으리라 해석하고, 이와 같은 경음화 현상은 근대국어의 초기라고 할 수 있는 17세기 경에 일어났으리라 추정하고 있다.

19) 이 시기의 문헌에서 종성표기 'ㄷ'을 'ㅅ'으로 표기하는 경향에 대해서는 김완진(1976), 이익섭(1987)을 참조.

계축 1 : 33), 듯ᄌ오시고(←듣-, 계축 1 : 79), 뭇ᄌ와(←묻-, 인조 8a), 젓ᄌ더라(←젇-, 인조 33b), ᄀᆞᆺᄌ오신(←ᄀᆞᆮ-, 계축 1 : 99), 첫ᄌ오실(←첟-, 계축 1 : 67), 좃ᄌ와(←좇-, 인조 1a), 좃ᄌ오미더라(←좇-, 인조 5a)

(8) 잡ᄉᆞᆫ(인조 36a) 놉ᄉ오시니(←높-, 인조 2a), 격ᄉ오시니(인조 2a), 일ᄉᆞ고(←잃-, 인조 8a), 늙ᄉᆞᆫ신(계축 1 : 105), 엷ᄉ오시믈(계축 1 : 98), 올ᄉ오니이다(←옳-, 계축 1 : 150), 젓ᄉ온(←젛-, 계축 1 : 182)

그러나 어간이 'ㅅ'으로 끝나는 용언과 {-ᄉᆞᆸ-}의 통합은 15세기에서와 사정이 다르다. 즉 15세기에는 '-ᄉᆞᆸ-'이 통합되었으나, 17세기에는 '-ᄌᆞᆸ-'에 소급되는 형태가 통합되고 있는 것이다.

(9) 짓ᄌ오실(作, 인조 2a), 닛ᄌ와(連, 인조 56b), 닛ᄌ오시닷말이라(連, 인조 2a), 짓ᄌᆞᆫ(인조 58a), 짓ᄌ오몰(인조 54a), 짓ᄌ오신(인조 6a), 빗ᄌ오시다가도(梳, 계축 1 : 46), 닛ᄌ오쇼셔(계축 1 : 92), 벗ᄌ오실(脫, 계축 1 : 105)

이러한 통합상의 변화는 중세국어 음절말 치음 'ㅅ'의 음성적 실현에 중요한 단서를 제공해 줄 것으로 보인다. 규칙적으로 교체하던 형태소들의 통합에 변화가 생겼다는 사실은, 통합되는 양 형태소들에 모종의 변화가 생겼다는 말인즉, 그 통합을 조건화하는 환경에 변화가 생겼거나, 또는 통합되는 교체형에 모종의 변화가 생겼을 가능성이 큰데, (9)의 경우 후자의 가능성은 희박해 보이기 때문이다. '-ᄉᆞᆸ-'이 '-ᄌᆞᆸ-'으로 변했다는 사실은 새로운 형태로의 전환이 아니라, 이미 존재하는 이형태로의 방향전환일 뿐이기 때문에 유추 작용analogy[20]을 상정해 볼 수 있다. 그러나 이 시

기에도 어떤 환경에서는 여전히 '-슣-'이 사용되고 있기 때문에 왜 이 환경
에서만 '-슣-'이 '-즣-'으로 변화하게 되었으며, 그 역은 성립되지 않았는
가, 그리고 왜 유추 작용이 15세기에는 관여하지 않고 하필 이 시기에 그
러한 방향으로 관여하게 되었는가 하는 문제가 제기된다. 어간말 'ㅅ'에는
변화가 없었고, 그 뒤에 통합되는 {-슣-}의 교체형에 변화를 상정하는 이
러한 작업은, 중세국어 음절말 치음의 음성적 실현과 관련하여 이루어졌
던 해석(1)의 입장에서 근대국어에 접근할 수 있는 방법이다.

(9)의 변화에 관한 한, {-슣-} 자체에 변화 가능성을 타진할 수 있는 해
석(1)보다는 어간말 'ㅅ'의 변화와 관련지을 수 있는 해석(2)의 입장이 우
위에 선다. 해석(2)에 따른다면, 중세국어에서 자음 앞에서 [s]로 실현되
던 음절말 'ㅅ'이, 근대국어로 넘어오는 과정에서 [t˺]로 중화를 경험한 결
과, 'ㄷ' 뒤에서처럼 '-즣-'에 소급되는 형태가 통합되기에 이르렀다는 설명
이 자연스럽게 행해질 수 있기 때문이다. 따라서 (9)의 변화에 대한 설명
과정에서, 해석(1)보다는 해석(2)가 중세국어 음절말 치음의 음성적 실현
을 정당하게 기술하고 있음을 확인하게 된다.

그러나 이러한 우리의 이해가 합리적인 것으로 받아들여진다면 15세기
국어의 어간말 'ㅈ, ㅊ'과 '-즣-'의 통합에 대해서도 같은 방법으로 설명되
어야 할 것이다. 즉 음절말 'ㅅ'의 [t˺]로의 중화에 의해 {-슣-}의 교체형이
바뀔 수 있는 것이라면, 15세기 이전의 어느 시기엔가 일어났으리라 추측
되는 음절말 'ㅈ, ㅊ'의 중화에 의해서도 {-슣-}의 교체형은 바뀔 수 있다
고 보아야 합리적이라고 할 수 있다. 다시 말해서 근대국어 시기에 음절말

---

20) 역사언어학에서 사용하는 유추 작용analogy의 개념과 그 유형에 대해서는 Lehmann
(1962 : 177~192), Arlotto(1972 : 130~148), Jeffers and Lehiste(1979 : 60~71) 등
을 참조.

'ㅅ'이 [tㄱ]로 중화됨으로써 '-슬-'이 '-즐-'으로 교체되어, 음절말 치음의 음성적 변화에 따라 그 교체가 계속 음운론적인 조건에 지배되었다고 한다면, 중세국어에서 어간말 'ㅈ, ㅊ'과 '-즐-'의 통합도 그 이전의 어느 시기에 음절말 'ㅈ, ㅊ'이 [tㄱ]로 중화됨으로써 형성된 음운론적으로 조건화된 통합이라고 이해할 수 있는 것이다.

중화라는 동일한 음운현상과 관련하여, 선행하는 어간형태소의 말음과 {-슬-}의 통합이 어느 시기에는 음운변화에 순응하여 음운론적인 조건에 지배되고, 어느 시기의 어떤 환경에서는 음운변화에 순응하지 않아 형태론적으로 제약되기에 이르렀다는 설명은 받아들이기 어렵다. 더욱이 15세기에 어간말 'ㅸ'과 'ㅿ'이 각각 'ㅂ'과 'ㅅ'으로 중화되면, '-즐-'이 아니라 '-슬-'이 선택되었던 사실(2장 참조)도 {-슬-}의 교체조건에 관한 우리의 입장을 지지해 준다. 따라서 우리는 근대국어에서 음절말 'ㅅ'이 [tㄱ]로 중화됨으로써, 중세국어에서의 '-슬-'이 '-즐-'으로 바뀌게 되었듯이, 중세국어에서의 어간말 'ㅈ, ㅊ'과 '-즐-'의 통합도, 그 이전의 어느 시기엔가 이루어졌을, 음절말 'ㅈ, ㅊ'의 [tㄱ]로의 중화 결과, 이루어진 교체로 이해하고자 한다.

{-슬-}의 교체가 음운론적으로 조건화되었다는 이상의 논의를 통해, 중세국어 음절말 치음 'ㅅ, ㅈ, ㅊ'의 음성적 실현과 관련하여 다음과 같은 두 가지 사실을 이끌어내게 된다. 첫째는 중세국어의 음절말 위치에서 'ㅈ, ㅊ'은 'ㅅ'과 그 음성적 실현이 달랐다는 것이요, 둘째는 'ㅈ, ㅊ'은 이미 [tㄱ]로 중화되어 있었다는 것이다.

중세국어 음절말 자음들의 중화와 관련된 논의들 가운데, 음절말 'ㅈ, ㅊ'은 [tㄱ]로 중화가 이루어져 있었지만 'ㅅ'은 그렇지 않았다는 견해가 제기된 적은 없었던 것 같다. 음절말 위치에서 자음을 앞서는 경우에 정연하게 모두 'ㅅ'으로 표기되고 있었다는 점에서 'ㅈ, ㅊ'은 당연히 'ㅅ'과 관련을 가지는 것으로 간주되었고, 따라서 논의의 주된 관심은 음절말 표기 'ㅅ'과 'ㄷ'의 음성적 실현의 동이성 여부에만 쏠려 있었던 것이다. 음절말 표기 'ㅅ'과 'ㄷ'이 엄격하게 구분되었다는 사실에도 불구하고 이 표기들은 한 음성적 실현의 다른 두 표기에 지나지 않는다는 접근이 가능한 것처럼, 'ㅅ'이라는 하나의 정연한 표기에도 불구하고 그것은 상이한 음성적 실현의 한 표기일 수 있다는 것이 우리의 접근이다.

4.

중세국어의 음절말 위치에서 'ㅈ, ㅊ'이 'ㅅ'과 달리 [t˹]로 중화되었으리라는 우리의 견해는 'ㅈ, ㅊ'으로 끝나는 용언의 어간에 '-줍-'이 통합된다는 사실 외에, 이들의 통합에서 보여주는 'ㅅ'과 'ㄷ'의 혼기에 의해서도 뒷받침된다.

15세기의 정음 문헌에서 음절말 표기 'ㅅ'과 'ㄷ'은 엄격하게 구별되었지만, 다음과 같은 두 유형의 혼기가 나타난다. 첫째 유형은 'ㅎ'으로 끝나는 용언 어간의 경우이다.

(10) ㄱ. 젓ㅅ오며(←젖-, 능 7 : 28), 빗ㅅ오문(←빚-, 법화 3 : 108), 빗ㅅ오니(법화 7 : 141), 나쓰ᄫᅵᆯ실쎄(←낮-, 월석 21 : 22), 노쑵고(←놓-, 월석 7 : 24), 저쓰ᄫᅡ(←젛-, 용가 75장)

ㄴ. 젇ᄂᆞ다(←젖-, 남명 상 : 54), 젇논돌(능 2 : 54a), 빋ᄂᆞ니(←빚-, 법화 5 : 163), 낟노라(←낮-, 월석 10 : 25), 녿노니(←놓-, 월석 13 : 19a), 다ᄯ니라(←닿-, 훈정), 존ᄂᆞ니(←좋-, 영가 상 : 59), 슬ᄯ니(←슳-, 능 2 : 9b), 짇ᄂᆞ니라(←짛-, 월석 1 : 49a), 난ᄂᆞ

니(←낳-, 능 4 : 23), 젼는(←젖-, 법화 4 : 23)

(10)의 유형은 음절말 'ㅎ'에 대한 표기가, 8종성 내의 어느 한 자음으로 고정되지 않아서 빚어진 혼기이다. 음절말 또는 어간말 'ㅎ'은 다음에 장애음 'ㄱ, ㄷ, ㅂ, ㅈ'이 오면 해당 장애음과 축약되어 각각 하나의 유기음 'ㅋ, ㅌ, ㅍ, ㅊ'으로, 'ㅅ' 앞에서는 'ㅅ'으로, 비음 'ㄴ' 앞에서는 'ㄷ'이나 'ㄴ'으로 표기되는 등 다양한 모습을 보여 주는 것이다. 따라서 (10)의 유형은 'ㅎ'에 대한 종성표기 'ㅅ'과 'ㄷ'(또는 'ㄴ')만 비교하면 종성표기 'ㅅ'과 'ㄷ'의 혼기처럼 보이지만, 적어도 일정한 환경에 따라 정연한 모습을 보이기 때문에 음절말 'ㅎ'의 음성적 특성과 관련지어야 할 표기인 것이다. (10ㄱ)는 '저쏴, 비쌍며' 등이 '젓ㅅ봐, 빗ㅅ봉며' 등과 혼기되고, (10ㄴ)는 '젇노라, 닫노라' 등이 '전노라, 단노라' 또는 '저또라, 다또라' 등과 혼기되기도 하지만, (10a)의 유형이 '*젇ㅅ오며, *빋ㅅ오며' 등과, (10ㄴ)의 유형이 '*젓ㄴ다, *빗ㄴ다' 등과 혼기되지는 않기 때문에 (10) 유형의 혼기는 음절말 표기 'ㅅ'과 'ㄷ'의 진정한 혼기라 할 수가 없다. 8종성법 내에서 음절말 'ㅎ'에 대한 표기가 고정되지 않았고, 뒤에 오는 음에 따라 다양하게 변이하는 'ㅎ'의 음성적 특징21) 때문에 빚어진 혼기라 할 수 있다.

음절말 표기 'ㅅ'과 'ㄷ'의 혼기를 보여주는 둘째 유형은 용언 어간말 'ㅈ, ㅊ'과 '-즇-'이 통합하는 경우이다. 이때 'ㅈ, ㅊ'은 음절말 위치에서 'ㅅ'으로 표기되는 것이 일반적인데 '-즇-' 앞에서 'ㄷ'과 혼기되고 있는 것이다.

---

21) Ladefoged(1975)에서는 영어 /h/의 음성적 특징(the voiceless counterpart of the following sound)을 중시하여 /w, r, j, l/ 등과 함께, 후행하는 음의 조음에 따라 변이하며 조음되는 근접음approximant으로 분류하고 있다. 'ㅎ'의 음성적 특징에 따라 국어의 'ㅎ'을 활음glide에 소속시키는 학자도 있다.

> (11) ㄱ. 맛ㅈ방(←맞-, 월석 1 : 13b), 좃ㅈ방(←좇-, 월석 2 : 18b), 엿줍
> 고(←엿-, 월천 3 : 256), 좃줍디(←좇-, 법화 3 : 125), 맛ㅈ방란
> 디(←맞-, 석보 23 : 36)
> ㄴ. 졷ㅈ방(←좇-, 월석 7 : 8a, 8 : 49a), 졷ㅈ와(원상 2 : 24), 엿줍
> 고(←엿-, 월석 10 : 10), 맏ㅈ오니(←맞-, 능 5 : 33), 믿ㅈ오리
> (←믿-, 능 9 : 63), 맏ㅈ방(←맞-, 월석 8 : 92b)

(11)의 유형은 어간말 'ㅈ, ㅊ'과 '-줍-'의 통합에서 나타난다는 제약이 있지만, 15세기 국어의 엄격한 표기체계 내에서 본다면 이러한 환경의 제약이 우리의 주장을 지지해 주는 것으로 간주된다. 즉 15세기의 표기체계 내에서 어간말 'ㅈ, ㅊ'은 8종성법에 의하여 'ㅅ'으로 표기하도록 규정되어 있었지만, 그 음성은 불파음 [t˺]였고, 바로 그 [t˺]가 '-줍-'을 선택하도록 하는 환경이었기 때문에 (11)과 같은 유형의 혼기가 가능할 수 있었던 것으로 보이는 것이다.[22]

음절말 'ㅈ, ㅊ'의 중화에 관한 논의에서, 이익섭(1987)에서 제기된 것처럼 파찰음의 조음적 특성에 대해서도 고려되어야 할 것이다. 파찰음

---

[22] 위 두 유형의 혼기에 '겼ㅈ(월석 21 : 54)'과 '겼ㄷ(석 11 : 21)'의 예가 있다. 그러나 이 예들에서 혼기를 보이는 'ㅅ'과 'ㄷ'이 기원적으로 어떤 음에 소급하는지 밝히기 어렵다. 지춘수(1985 : 40)에서는 'ㅈ'에 소급하는 것으로 보고 있어 흥미있다. 만일 'ㅈ'에 소급한다면 그것은 'ㅈ'이 [t˺]로 중화되어 있었기 때문에 일어난, 설명이 가능한 혼기로 볼 수 있기 때문이다. 이 외에 이은정(1986 : 13)에서는 다음의 혼기 예를 더 제시하고 있다.

(1) ㄱ. 僧房짓고 衆智 供養ᄒᆞ며(월석 17 : 37)
　　ㄴ. 일훔 짇ᄂᆞ니라(월석 2 : 49)
(2) ㄱ. 부텻말쏨 듣ㅈ방(월천, 기 129)
　　ㄴ. 귀예 됴ᄒᆞᆫ 소리 듣고져 ᄒᆞ며(월석 1 : 32)

(1)의 예는 'ㅈ'과 'ㄷ'의 진정한 혼기가 아니다. 중세국어에서 '건물'에 대해서는 '짓-'을 사용하지만, '이름'에 대해서는 '짛-'을 사용했기 때문이다. (2)의 (ㄱ)은 원문에 '듣ㅈ방'로 맞게 되어 있는데 착오를 일으킨 듯하다.

'ㅈ, ㅊ'이 'ㅅ'으로 중화되었다고 할 때(해석 : 2), 그 'ㅅ'이 "내파적 [s]음"이든 "간극이 매우 좁으면서도 그 마찰이 약한 [s]음"이든, 폐쇄가 먼저 이루어지는 'ㅈ, ㅊ'이 구강에서는 폐쇄가 되지 않는 마찰음 'ㅅ'과 중화를 일으키는 일이 현실적으로 가능한가에 대한 의문이 제기될 수 있기 때문이다. 음절말 'ㅈ, ㅊ'이 불파음으로 실현되었을 가능성이 높으며 '좇줍-, 옂줍-'이 '좃줍-, 옂줍-' 외에 '졷ᄌᆞ바, 옂줍고' 등과 같은 예가 나타나는 것으로 보아 종성 'ㅈ, ㅊ'의 중화 상태가 'ㅅ'에 머물지 않고 'ㄷ'까지 뻗친 한 露頭노두가 아닌가 의문을 제기한 이익섭(1987)의 논의는 매우 타당한 지적으로 받아들여진다.

한편, 음절말 표기 'ㅅ'과 'ㄷ'을 동일한 음성적 실현의 다른 두 표기로 간주했던 이기문(1959 : 64~65)에서도 '좇ᄌᆞᄫᅵ니(용가 55장), 졷ᄌᆞ바(석 13 : 59), 졷ᄌᆞ바(석 13 : 45), 조쯥거늘(월석 7 : 22)'의 예들을 다루면서 "ㅊ-ㅈ, ㅈ-ㅈ, ㅅ-ㅈ, ㄷ-ㅈ"은 당연히 된소리로 보지 않을 수 없다고 지적하고, '졷ᄌᆞ바'의 'ㅅ'도 내파적 t를 수반한 된소리의 자음으로 보아야 마땅할 것"이라고 했던 부분이 주목을 끈다.

허웅(1975)에서 {-ᅀᆞᇦ-}의 변이형과 그 교체환경을 설정하는 과정에서 보여주는, {-ᅀᆞᇦ-}의 교체조건에 대한 설명도 우리의 관심을 끌지 않을 수 없다. 허웅(1975)은 해석(1)의 견해를 취했던 허웅(1953, 1961)에서의 주장을 수정한 허웅(1965)의 견해에 따라 해석(2)의 태도를 취하고 있다. 허웅(1975)에서는 {-ᅀᆞᇦ-}의 교체가 그 음성적 환경에 따라 여섯 가지의 변이형태를 가진다고 하면서 다음의 도표를 제시하고 있다.

(12)

앞소리 ＼ 뒷소리	닿소리	홀소리
ㄱ, ㅂ, ㅅ	-습-	-ᅀᆞᆸ-
ㄷ	-줍-	-ᅀᆞᆸ-
홀소리, ㄴ, ㅁ, (ㄹ)	-ᅀᆞᆸ-	-ᅀᆞᆸ-

　{-ᅀᆞᆸ-}의 교체가 음성적 환경에 따라 교체된다고 함으로써, 어간말 'ㅈ, ㅊ' 다음에 '-줍-'이 통합되는 경우도 미루어 어간말 'ㅈ, ㅊ'이 [t̚]로 중화되었다는 사실을 받아들이는 듯하지만, 정작 도표(12)에서는 'ㅈ, ㅊ'을 보여주지 않고 있다. 그러나 'ㄷ' 다음에 오는 'ㅅ'이나 'ㅿ'이 'ㄷ'의 영향으로 'ㅈ'으로 바뀌는 음성적인 이유([t]+[s]→[t]~[ts]) 때문에 어간말 'ㄷ' 다음에 '-ᅀᆞᆸ-'이 아니라 '-줍-'이 선택되었다고 본다면, 어간말 'ㅈ, ㅊ' 다음에 '-줍-'이 선택되는 이유도 동일하게 설명되어야 할 것이다. 만일 어간말 'ㅈ, ㅊ' 다음에 '-줍-'이 선택된 사실이 그 음성적인 특성 때문이라고 본다면, 허웅(1975)의 주장은 스스로 모순에 빠지게 된다. 즉 {-ᅀᆞᆸ-}의 교체가 음성적 환경에 따라 선택된다면 어간말 'ㅈ, ㅊ'이 [t̚]로 실현되었다는 것이고, 그렇다면 15세기의 음절말 치음 'ㅅ, ㅈ, ㅊ'은 'ㅅ'으로 중화되었다는 견해와는 상충되기 때문이다.23) 그럼에도 불구하고 {-ᅀᆞᆸ-}이 선행하는 어간 말음의 음성적 환경에 따라 교체된다는 지적은, 공시적으로 15세기

---

23) 마찬가지로, 어간말 'ㅈ, ㅊ'과 '-줍-'의 통합이 형태론적으로 조건지어진 것으로 간주한다면 {-ᅀᆞᆸ-}의 교체가 모든 환경에서 "음성적인 환경에 따라" 조건화되었다고 할 수 없고 그 예외로서 설명해야 할 것이다. 이러한 문제에 대한 해결안으로 허웅(1985b)에서는 "{-ᅀᆞᆸ-}은 'ㄷ' 밑에서 '-줍-'으로 바뀌는 것이니, 이런 현상으로 보면 이 때에 이미 'ㅅ' 끝소리는 'ㄷ' 끝소리로 바뀌려는 경향을 보이고 있었던 것 같다." 라고 언급하고 있다. 그러나 어간말 'ㅈ, ㅊ' 뒤에는 규칙적으로 '-줍-'이 통합되고 있기 때문에 음절말 'ㅅ'이 'ㄷ'으로 중화되려는 하나의 경향이 아니라, 적어도 어간말 'ㅈ, ㅊ'은 [t̚]로 중화되어 있었다고 해야 할 것이다.

에 실현되던 {-숩-}의 변이형에 대해서, 통시적으로 우리의 위계도(2)가 함축하고 있는 이형태들의 분화 과정을 고려하더라도 매우 타당한 기술로 받아들여진다.

15세기 국어에서 {-숩-}은 선행하는 어간 말음의 음성적인 환경에 따라 교체되었다고 믿어질 뿐 아니라, '-숩-, -줍-, -숩-'이 기원적으로 단일형에서 출발했다면 그 분화 과정도 위계도(2)처럼 음성적인 특성에 따라 진행되었으리라 여겨지기 때문이다.24) 즉 우리는 {-숩-}이 먼저 선행하는 음의 유무성에 따라 '-숩-'과 '-숩-'으로 교체되었고, 다시 어간말 'ㄷ, ㅈ, ㅊ'의 [tʔ]로의 중화에 따라 '-숩-'에서 '-줍-'으로 분화되었다고 추정하는 것이다.

5.

이상에서 우리는 중세국어와 근대국어에서 용언 어간말 치음 'ㅅ, ㅈ, ㅊ'에 통합되는 {-숩-}의 교체조건을 비교·검토하면서 15세기 국어의 음절말 치음의 음성적 실현에 대하여 살펴보았다. 그 과정에서 우리는 {-숩-}이 모든 환경에서 음운론적으로 조건화된 이형태 교체를 보여주고 있다는 사실을 알게 되었고, 그 결과 얻어진 우리의 결론은, 1) 중세국어의 음절

---

24) 해석(2)에 따라, 어간말 'ㅈ, ㅊ'에 '-줍-'이 통합되는 현상을, 'ㅈ, ㅊ'이 중화하기 이전의 통합이 'ㅅ'으로 중화하고 난 이후에도 이어지기 때문에 형성된 형태론적으로 조건화된 이형태 교체라고 할 때 생기는 또 하나의 문제는 {-숩-}의 이형태가 분화하게 되는 과정에 대한 것이다. 국어사의 어느 이른 시기에 음절말 'ㅈ, ㅊ'이 외파되었다고 할 때, 무성음의 환경에 올 수 있는 '-숩-'이 있는데 왜 'ㅈ, ㅊ' 뒤에만 '-줍-'이 오는가에 대한 원인을 찾는 것이 쉬운 일은 아닐 것이기 때문이다.

말 위치에서 'ㅈ, ㅊ'은 'ㅅ'과 그 음성적 실현이 달랐다는 것과 2) 음절말 'ㅈ, ㅊ'은 15세기에 이미 불파음 [t⌐]로 중화되어 실현되고 있었다는 것이었다.

우리의 이러한 결론은 음절말 위치에서 정연하게 표기되었던 종성의 'ㅅ'이 [s]와 [t⌐]라는 두 음성형을 담당하고 있었다는 새로운 주장을 하게 되는 것처럼 보이지만, 사실 이러한 주장은 본고에서 처음으로 제기하는 것은 아니다. 사이 'ㅅ'에 국한된 논의이기는 하였지만 김차균(1982), 박창원(1987a)에서도 음절 경계와 관련하여 'ㅅ'이 하나의 음을 담당하지는 않았으리라는 논의가 있었고, 사이 'ㅅ'과 'ㅅ'계 합용병서에 대한 이기문(1972a, b)에서의 논의도 유사한 접근 방법을 보이고 있기 때문이다.

그런데 음절말 표기 'ㅅ'이 [s]와 [t⌐]로 실현되었으리라는 우리의 주장은, 사실 해석(2)를 정당하게 받아들이면서 출발했기 때문에 종성표기 'ㅅ'에 대한 해석(2)의 논거는 대부분 우리의 논의에도 그대로 유효하다. 그러나 해석(2)의 논거들은, 종성표기 'ㅅ'의 형태음소가 'ㅈ, ㅊ'인 경우와 'ㅅ'인 경우가 구분되지 않고 이루어진 것이었기 때문에 이 글의 입장에서 재검토하는 작업이 필요하게 된다.

해석(2)의 주된 논거는 대체로 1) 음소적 표기체계 내에서의 종성표기 'ㅅ'과 'ㄷ'의 엄격한 구별, 2) 'ㄴ' 앞에서 종성표기 'ㅅ'과 'ㄷ'의 동화현상의 차이, 3) 『조선관역어』에서 음절말 'ㅅ'을 표사하기 위해 '思사'자를 사용하고 있다는 점, 4) 『老朴集覽노박집람』의 '禿禿麼思독독마사'에 대한 주기[25]

---

25) 『老朴集覽노박집람』의 '禿禿麼思독독마사'에 대한 주석(『朴通事集覽박통사집람』中 : 1)에 "禿禿音투上聲 讀麼思二字合爲音맛 急呼則用思字曰 투투맛 慢言之 則用食字曰투투마시 元詩語如此"라고 하여 '思'와 종성 'ㅅ'의 對當關係대당관계를 분명히 보여주며 또 발음을 느리게 하면 '食'(시)가 되고 빠르게 하면 '思'(ㅅ)가 된다고 하여 후자의 발음이 아마도 내파적인 [s]였음을 강력히 시사하고 있다(이기문, 1972b : 80, ff.7~12).

등으로 요약할 수 있다.

먼저 4)의 근거는 음절말 'ㅅ'이 [s]였다는 사실을 알려주긴 하지만, 형태음소가 'ㅈ, ㅊ'인 종성표기 'ㅅ'이 [t̚]였다는 우리의 논의에 장애를 가져오지는 않는다. 그러나 『조선관역어』에서 ㅅ을 표사하기 위해 사용되었다는 근거 3)에 대해서는 다시 한 번 검토할 필요가 있다. 왜냐하면 『조선관역어』에서 음절말음을 표사하기 위해 사용한 예를 보면 순수히 'ㅅ'인 경우(12ㄱ)만이 아니라, 형태음소가 'ㅈ, ㅊ'인 예(12ㄴ)들도 보이기 때문이다.

    (12) ㄱ. 城 ; 雜思, 15세기 '잣'
          松子 ; 雜思, 15세기 '잣'
          衣服 ; 臥思, 15세기 '옷'
          夾衣 ; 結臥思, 15세기 '겹옷'
      ㄴ. 花 ; 果思, 15세기 '곳(곶)'
          面 ; 叛面, 15세기 '낫(낯)'

그렇다고 해서 음절말의 'ㅅ, ㅈ, ㅊ'이 항상 '思'자로 표사되지는 않는다. (13)과 같이, '思'자를 쓴 예들과 대등할 정도로 '思'자를 쓰지 않은 예들이 보이는 것이다.[26]

    (13) ㄱ. 出城 ; 雜那憂大, 15세기 '잣나가다'
          入城 ; 雜得勒憂大, 15세기 '잣들어가다'
      ㄴ. 花開 ; 果耶大, 15세기 '곳(곶)여다'
          花田 ; 果挹, 15세기 '곳(곶)받'
          洪花 ; 本根果, 15세기 '블근곳(곶)'

---

26) 이근수(1986)을 참조.

　　畫長 ; 那吉多, 15세기 '낫(낮)기다'

　'思' 자와 종성 'ㅅ'이 관련된다 할지라도, (12)에서는 형태음소 'ㅈ, ㅊ'
에 대하여 '思' 자를 사용한 경우가 'ㅅ'의 경우보다 적었지만, (13)에서는
그 반대의 현상을 보게 된다. 이것은 한자로 음절말 [t⁼]를 표사할 수 있
는 방안이 마련되지 않은 상태에서, 음절말음 [s]를 표사하는 데에 사용하
던 '思' 자를, 수의적으로(2例 나타남) [t⁼]를 표사하는 데에 원용하게 된
데에 기인하는 것으로 보인다. 다음의 (14)와 같은 예는 오히려 '尺' 자가
사용되고 있다는 점에서도 음절말 'ㅈ, ㅊ'을 표사하는데 규칙적으로 '思'
자를 대응시키지는 않았다는 사실을 보여준다.

　　(14) 皮 ; 戞尺, 15세기 '가치(갗+이)'
　　　　　皮鼓 ; 戞尺卜, 15세기 '갓붑'

　(14)에서 "'尺' 자는 원칙적으로 '치'를 나타내므로 '戞尺'은 '가치'(주격
형)를 표기한 것"으로 볼 수도 있지만 "둘째 예는 정음문헌에서 '갓붑'(석
19 : 14)이 나타나므로 도무지 합리적으로 해결할 수가 없는 것이다."27)
전통적으로 '尺'이 표사하는 '치'와 관련하여, 우리의 입장에서는 불파음 [t⁼]
를 표사할 방도가 없기 때문에, 모음 앞에서 실현되는 형태음소 'ㅊ'을 표
사하기 위한 방편으로 '尺' 자를 사용했다는 해석이 가능하다.
　『조선관역어』에서 형태음소가 'ㅈ, ㅊ'인 종성표기 'ㅅ'에 대해 '思' 자가
―2예이긴 하지만―사용되고 있다는 사실이 중요할 수도 있지만, 우리

---

27) 이기문(1968a : 64)에서는 위에 인용된 구절 뒤에 "당시의 국어에 '그력'과 '그러기'가 있
　　었던 것으로 상정되듯이 '갓'과 '가치'가 있었던 것이 아닌가 한다. 그리하여 『조선관역
　　어』에서는 이것을 기록한 것으로 볼 수 있지 않은가 한다."라는 설명을 덧붙이고 있다.

는 종성표기 'ㄷ'의 경우처럼 'ㅈ, ㅊ'도 고정되지 못했다는 사실을 중시하고자 한다. 즉 국어의 음절말 [s]를 표사하는데 '思' 자로 대응시키는 것과 같은 방안이 마련되지 않은 상태였기 때문에, 형태음소가 'ㅈ, ㅊ'인 음절말음을 표사하는 데에 1) [t˥]를 표사하지 않은 경우, 2) '思' 자를 원용하는 경우, 3) 형태음소를 직접 대응시키는 경우 등 다양한 방안을 적용했다고 이해하고자 하는 것이다.

음절말의 형태음소가 'ㅈ, ㅊ'인 고유어 어휘를 한자로 표기한 것과 관련하여,『鄕藥救急方향약구급방』의 다음 예는 흥미 있는 자료를 제공하여 준다.

    (15) ㄱ. 結次邑笠根(下, 3)
         ㄴ. 結叱加次根(4)

(15)는 모두 『향약구급방』에 나오는 동일 鄕名향명의 차자표기로서, (15ㄱ)는 方文방문의 자료이고, (15ㄴ)는 鄕藥目향약목의 자료이다. 남풍현(1981 : 30~34)에서는 『향약구급방』의 차자표기법을 토대로 (15ㄱ) '믿즙갇불휘'(結 ; 믿, 叱 ; ㅅ, 加次 ; 갖 또는 갇, 根 ; 불휘)로 해독하고 나서, '갇'과 '갖(갓)'의 대응 사실에 고민했음을 보여준다.

> "……'笠'은 ㄷ 末音名詞의 表記이고 '加次'은 '薺苨'의 鄕名 表記에선 '皮'에 대응하여 'ㅊ(ㅈ)' 末音 表記임을 보여준다. 따라서 表記대로 믿으면 音節末 子音 'ㄷ'과 'ㅊ(ㅈ)'이 이미 13세기에 中和되었음을 보여주는 것이지만, 15세기에 音節末 子音 'ㅅ'과 'ㄷ'이 區別되었던 사실에 비추어 이는 音韻論的으로 說明하기 힘들다……"

그러나 우리의 입장에서 보면 음운론적으로 설명하기 힘든 것이 아니라,28) 음절말 'ㅈ, ㅊ'이 [t˥]로 실현되었으리라는 주장을 지지해 주는 중요한 자료로 보인다. 오히려 『향약구급방』에서 보여주는 'ㅈ(ㅊ)'과 'ㄷ'의 대응사실은 음절말 'ㅈ, ㅊ'이 이미 15세기 이전에 'ㄷ'으로 실현되었음을 보여주는 자료로서 'ㅈ, ㅊ'의 [tㄱ]로의 중화를 13세기까지 소급할 가능성을 제공해 주는 것이다.29)

　이제 남은 과제는 해석(2)의 논거들 가운데, 아직 언급하지 않은 논거 1)과 2)에 대한 우리의 입장을 밝히는 일이다.

　사실, 새로운 문자를 창제하여 그 언어를 음소적으로 표기하는 원칙을 세웠다고 하더라도, 각기 상이한 방향으로 작용하는 음운규칙들로 인해 음소 대 문자소grapheme의 대응을 1 : 1로 고수한다는 것은 어려울 수도 있다. 대상언어에서 나타나는 모든 음운규칙들을 정확히 관찰하여 관찰된 대로 표기만 한다면 표기법상의 별다른 문제가 야기되지 않을 것으로 생각될 수도 있다. 그러나 실제의 언어현실에 있어서 각 음운현상들의 성격이 항상 일률적이지는 못하기 때문에 각 음운현상들을 모두 일관성 있게 표기에 반영시킨다는 것이 그리 쉬운 문제는 아닐 것으로 생각된다(송철의, 1987 : 325).

　훈민정음의 자음은 초성에서의 실현을 바탕으로 이루어졌다. 종성의 표기를 위해서, 제자상으로 終聲復用初聲종성부용초성을, 그 표기법상으로 종성해의 8종성법의 원리를 택함으로써, 결과적으로 종성표기를 위해 별도

---

28) 남풍현(1981)에서는 이 예를 'ㅈ(ㅊ)'이 'ㄷ'과 중화된 것으로 보거나 차자표기법이 조잡한 데서 온 혼란이라고 설명하기는 어렵다고 하면서 '結次邑笘'의 '笘'이 그 어원을 상실하여 '一皮'와 그 유사성이 바뀐 어휘론적인 발달로 설명하고자 했다. 즉, 이 표기를 '結次邑笘'(믿즙갇)에서 '結叱加次'(믿굿갗)로 어휘론적인 발달을 한 것으로 설명하고 있다.

29) 이기문(1963b : 83~85)에서는 『향약구급방』에서 보여주는 'ㅅ'과 'ㅈ(ㅊ)'의 대응 예를 포괄적으로 검토하면서 13세기 중엽에는 어말 또는 음절말 위치에서 'ㅅ'과 'ㅈ'의 대립이 있었으리라고 결론을 내리고 있다. 사실 위에 언급한 우리의 논의는 단편적인 것이기 때문에 음절말(또는 어말)에서 'ㄷ'과 'ㅈ(ㅊ)'의 중화에 대한 시기 추정에 대해서는 앞으로 좀더 포괄적이고 구체적인 검토가 있어야 할 것이다.

의 문자를 만들지 않고 초성에 사용되는 문자를 그대로 사용하되 8개의
문자로 국한시켜 종성을 표기하게 되었다. 이 과정에서 몇 가지 문제가 야
기된 것으로 보인다. 가령 후행하는 음의 특성에 따라 다양하게 실현되는
'ㆆ'은 8종성법의 규정에서 독자적인 문자를 할당받지 못하였고, 'ㅿ'은 일
부의 환경에서 제 음가대로 실현되었음(이기문, 1972a, b)에도 'ㅅ'으로
표기되도록 강요당했던 것이다. 음절말 치음의 표기에 있어서도, 우리는
인위적인 규정이 작용하게 되었을 것으로 생각한다.

  훈민정음 초성체계의 치음에는 'ㅅ, ㅈ, ㅊ'이 할당되어 있다. 이들은 모
두 치조음으로 조음영역이 같을 뿐 아니라 i나 y 앞에서 구개음으로 실현
되었다는 점에서 행동을 같이 하고 있다.[30] 이점에서 설음의 'ㄷ, ㅌ'과는
그 성격이 분명히 달랐다. 그러나 지금까지 우리의 논의 결과를 되돌아보
면 종성에서는 그렇지 않다. 즉 음절말 'ㅈ, ㅊ'의 중화 현상으로 인해, 이
제 'ㅅ'과 동일하게 행동하는 것이 아니라, 설음인 'ㄷ'과 그 행동을 같이
하게 된 것이다. 다시 말해서 'ㅈ, ㅊ'은 초성에서는 치음의 서열에서 'ㅅ'
과 동일성을 보여 주지만, 종성에서는 [t˺]로의 중화로 인해 설음의 'ㄷ'과
동일성을 가지게 됨으로써, (16)과 같이 초성과 종성에서 차이를 보여주
게 된 것이다.

(16)

초 성	설 음		치 음	
	ㄷ, ㅌ		ㅈ, ㅊ, ㅅ	
종 성	ㄷ			ㅅ
	설 음			치 음

---

30) 치음 'ㅅ, ㅈ, ㅊ'의 초성에서의 음성적 실현에 대해서는 이기문(1972a, b), 강신항(1983)
   등을 참조. 그리고 치음 'ㅅ, ㅈ, ㅊ'이 i나 y 앞에서 구개음 ʃ, ʧ, ʧʰ로 실현되었으리라
   는 논의와 그 역사적 발달 과정에 대해서는 김주필(1985)를 참조.

초성과 종성에서 보여주는 'ㅈ'과 'ㅊ'의 이러한 이질적인 행위는 서열을 중시하던 훈민정음 창제 당사자들에게 매우 중요한 현상으로 주목되지 않을 수 없었던 것으로 보인다. 그 결과 다음과 같이 특별한 규정을 둠으로써 서열을 중시하는 방향으로 표기법을 택하게 된 것으로 간주된다.

(17) …如빗곶爲梨花 엿의갗爲狐皮 而ㅅ字可以通用 故只用ㅅ字
　　　且ㅇ聲淡而虛不必用於終 而中聲可得成音也……

종래에 이 구절은 음소적 원리를 적용시켜 표기하겠다는 전형적인 설명으로 간주되어 왔다. 즉 형태음소 'ㅈ, ㅊ'을 표기에 반영하는 형태음소론적 원리를 알고 있었음에도, 그러한 표기법을 택하지 않고, 음절말에서 'ㅅ'으로 중화된 결과를 그대로 표기하겠다는 설명으로 이해하여 왔던 것이다. 그러나 '빗곶, 엿의갗'에서는 'ㅈ, ㅊ'뿐 아니라 사이 'ㅅ'과 'ㅿ'도 동일한 관점에서 논의되어야 할 것이다. 'ㅿ'을 'ㅅ'으로 통용한다면 음소론적인 표기인 '엿의갓'이 아니라 '엿의갓'으로 표기되기 때문에 음소론적 표기에 위배되는 결과를 가져오게 된다. 결국 음절말 'ㅈ, ㅊ'이 [tᒣ]로 중화되었다는 우리의 입장에서, 음절 경계를 사이에 두고 다르게 실현되는 사이 'ㅅ'(또는 'ㅅ'계 합용병서)이나 특정 환경에서 제 음가대로 실현되는 'ㅿ'을 고려하면, '빗곶, 엿의갗'의 종성으로 쓰인 사이 'ㅅ, ㅈ, ㅿ, ㅊ'은 8종성법의 규정만으로 만족할 만한 표기에 도달할 수 없었던 예들로 간주된다.[31]

---

31) 종래에는 위의 인용 구절에서 '如' 자의 범위를 '故只用ㅅ字'까지만 해당되는 것으로 해석해 왔으나, 그것은 문맥상의 내용 때문이었던 것 같다. 그러나 뒤이어 나오는 종성 'ㅇ'의 사용 여부에 대한 설명도, 종성해의 앞부분에 나오는 'ㅇㄴㅁㅇㄹㅿ 平上去聲평상거성'의 6종성과 관련된 8종성법에 대한 설명으로 이해된다. 따라서 위의 인용 부분은 동일한 맥락에서 해석되어야 할 것으로, '如' 자가 포함하는 내용은 '빗곶[梨花], 엿의갗[狐皮]'의 예시로 적용되어야 할 것이다.

따라서 음성적인 실현의 바탕위에서 수립된 8종성법 외에 별도의 규정으로 이 예외들의 표기를, 서열을 중시하는 방향에서 고정시키고자 한 규정으로 이해할 수 있다.

이상의 논의를 받아들이면 해석(2)의 두 번째 논거도 표기법의 규정이라는 측면에서 이해가 가능하다. 즉 형태음소 'ㅈ, ㅊ'인 종성표기 'ㅅ'이 'ㄴ' 앞에서 동화된 예를 보여주지 않는다 하더라도, 이익섭(1987)에서의 지적대로 "15세기 문헌의 표기법이 전체적으로 얼마나 정연하고 일사불란했던가를 생각하면 일단 규정되고 또 기반을 굳힌 8종성법을 엄격히 지켰던 점은 그리 이상하게 생각할 일이 아닐지도 모른다."

우리는 지금까지 음절말 치음 'ㅅ, ㅈ, ㅊ'의 음성적 실현에 대하여 한 작은 결론을 내리기는 하였으나, 그 작은 결론보다 더 중요한 근본적인 문제들에 봉착하게 되어 당혹감을 느끼지 않을 수 없다. 그러나 어느 한 시기의 언어에 대한 공시적 상태도 그 선후 시기의 언어 상태를 떠나 고립적으로 존재할 수 없으며, 개별적인 것처럼 보이던 각각의 문제들이 그물처럼 서로 얽혀 있다는 기본적인 사실을 새로이 인식하게 된 것을 위안으로 삼고, 앞으로 부족하고 모자라는 부분이 보완되어 좀 더 실재의 국어 모습에 가까이 갈 수 있기를 바랄 뿐이다.

2 | 15세기 피동접미사의 이형태와 그 분화 과정에 대하여*

1. 서론

1.1. 이 글에서는 15세기 피동접미사의 이형태 교체와 관련되는 표기와 음운현상에 주목하면서, 중세국어 이전에 일어난 것으로 추정되는 음운사적 문제의 일단에 접근하고자 한다. 좀 더 구체적으로 말하면 15세기 피동접미사의 이형태 목록을 확인하고, 그 교체환경을 검토하는 과정에서 드러나는 표기와 음운현상의 공시적인 특성을 통시적인 관점에서 설명하려는 것이 이 글의 목적이다.

1.2. 피동접미사는, 사동접미사와 함께 일찍부터 관심의 대상이 되어, 15세기 국어의 공시적인 상태로서의 기술적인 작업과, 그 결과를 토대로 15세기 이전의 형태를 재구하고 그 변화를 규칙화하려는 통시적인 작업의 두 방향으로 진행되어 왔다.

---

* 이 글은 같은 제목으로『관악어문연구』13, 서울대학교 국어국문학과, 1988 : 47~71에 수록되었다.

1.2.1. 15세기 국어에 대한 기술적인 작업의 주요업적으로 안병희(1959, 1967), 이숭녕(1961/1981), 남광우(1962), 허웅(1964, 1975), 이상억(1970), 한재영(1984) 등을 꼽을 수 있다. 이 논저들은, 피사동접미사의 이형태 목록을 추출하고, 각 이형태들이 교체되는 환경을 분류하였다는 점에서 이 글에서 논의하고자 하는 주제를 다루고 있다. 그러나 이들 논저에서는, 피사동접미사의 이형태 목록이 각기 다르게 제시되고 있음에도 실제로 어떠한 방법에 의해 각자의 이형태 목록이 작성되었는지에 대한 기준이 제시되지 않은 상태에서, 선택된 이형태들이 출현하는 각 환경을 분류하고 있다. 가령 피동접미사의 경우 안병희(1959)에서는 'ㅣ, 이, 히, 기' 등 4개의 이형태를, 이숭녕(1961/1981)에서는 '이, 에, 히' 등 3개의 이형태를, 남광우(1962)에서는 '이, 히, 리, 기' 등 4개의 이형태를 제시하고 있으나, 허웅(1964, 1975), 안병희(1967), 이상억(1970), 한재영(1984)에서는 '이, 히, 기' 등 3개의 이형태를 기본목록으로 인정하고 있다.[1] 이러한 기본목록의 차이에도 불구하고, 어떠한 과정을 통하여 기본목록이 작성되었는지에 대한 구체적인 언급을 찾아볼 수 없기 때문에 15세기 피동접미사의 이형태를 추출하는 구체적인 방법 하에서 그 이형태 목록이 작성되어야 할 필요성이 생기게 된다.

1.2.2. 피동접미사에 대한 것은 아니지만, 통시적인 관점에서 이와 유사한 사동접미사의 기원적인 어형을 재구하고, 그 재구형으로부터 분화되는 이형태 교체에 관한 논의가 이루어졌던 것은 이기문(1972b)이 유일하지 않은가 생각된다. 이기문(1972b)에서는 사동접미사를 대상으로 하여 *ɣi

---

1) 이들 논저들에서도 '리'에 대하여 특수한 환경에서 출현한다고 주석 정도로 간단하게 언급하고 있기는 하지만, '리'가 다른 이형태들과 어떤 관계에 있는지 구체적으로 언급하지 않고 있다. 우리의 검토에 의하면 『능엄경언해』 이후에 '누르-'에 대한 피동형은 '눌이-'와 '눌리-'가 공존하고 있다.

를 재구하고, $*\gamma i$에서 hi, ɦi, ki, i로 발달하는 과정을 국어음운사에 대한 폭넓은 식견을 바탕으로 논의하고 있다.

이기문(1972b)에서, 재구형 $*\gamma i$가 각 이형태로 분화되는 과정을 토대로 $*\gamma$의 변화를 규칙화하면 다음과 같다.[2]

$$
\begin{array}{l}
(1)\ \ \text{ㄱ.} \left. \begin{array}{l} *Xp\gamma i > X'p^hi \\ *Xt\gamma i > X't^hi \\ *Xc\gamma i > X'c^hi \end{array} \right\} \Rightarrow \quad *\gamma > h\ /\ \left\{ \begin{array}{l} p \\ t \\ c \end{array} \right\} \underline{\quad} \\[6mm]
\ \ \ \text{ㄴ.} \left. \begin{array}{l} *Xm\gamma i > X'mgi \\ *Xs\gamma i > X'ski \end{array} \right\} \Rightarrow \quad *\gamma > k\ /\ \left\{ \begin{array}{l} m \\ s \end{array} \right\} \underline{\quad} \\[6mm]
\ \ \ \text{ㄷ.} \left. \begin{array}{l} *Xz\gamma i > X'z\hbar i \\ *Xr\gamma i > X'r\hbar i \end{array} \right\} \Rightarrow \quad *\gamma > \hbar\ /\ \left\{ \begin{array}{l} z \\ r \end{array} \right\} \underline{\quad} \\[6mm]
\ \ \ \text{ㄹ.} \left. \begin{array}{l} *XV\gamma i > X'Vi \\ *Xk\gamma i > X'ki \end{array} \right\} \Rightarrow \quad *\gamma > \emptyset\ /\ \left\{ \begin{array}{l} V \\ k \end{array} \right\} \underline{\quad}
\end{array}
$$

(1)은, 재구형 $*\gamma i$에서 15세기의 이형태 hi, ki, ɦi, i로 분화되는 과정을 보여줌으로써, 15세기 이형태들의 상호 관계를 통시적인 면에서 파악하게 해준다는 점에서 장점을 가진다. 그러나 $*\gamma$의 변화과정에서, 선행하는 용언 어근의 음운론적인 환경에 공통성을 포착하기 어렵다는 단점을 가지고 있다. 이기문(1972b)에서 언급하지 않고 있지만, 유기음으로 끝나는 용언 다음에, i가 통합되는 것으로 분석했던 기존의 논의 결과를 추가하면 $*\gamma$의 변화에 대한 환경의 이질성은 더욱 심해질 것이다.

우리는 이러한 이질성이, 이형태를 추출해 내는 구체적인 기준 없이 먼저

---

2) (1)에서 기호 X는 어기의 마지막 자음이나 모음을 제외한, 용언의 나머지 환경을 표시하며, X′는 시기에 따른 X의 변화형을 고려한 기호이다. (1b)에서 'ㅁ' 뒤의 'ㄱ'는 gi일 텐데 15세기 음소체계를 바탕으로 하여 k의 이음으로 처리하였다. 이러한 관점에서, 후술하게 될 'ㄹ'에 대해서도 그 음성적 실현은 ʎi이겠지만 ri로 표기한다.

해당 접미사의 이형태 목록을 선정하고 그 교체환경을 분류했던 기존의 논의 결과를 바탕으로 이루어졌기 때문에, 또한 그 자체에 많은 불규칙성을 露呈노정하고 있는 사동접미사를 대상으로 작업이 이루어졌기 때문에 생겼다고 믿는다. 이 글에서는 피동접미사를 대상으로 논의를 진행하되, 그것은 15세기 피동접미사에 대한, 이 글의 체계적인 분석에 바탕을 두게 될 것이다.

1.3. 피동접미사를 대상으로 하는 이유는 여기서 지적해 두어야 하겠다. 먼저 15세기 국어에서 드러나는 피동접미사와 사동접미사의 相似性상사성과 相異性상이성을 음운론적인 측면에서 비교해 보기로 한다.3)

(2)

	피 동 접 미 사	사 동 접 미 사
상 사 성	1) 이형태에 "이'계, 히, 기'가 있음 2) '이'계 이형태에 'ㅣ, 이, 에, 리'가 있음 3) 용언 어기의 마지막 음절과 접미사의 성조가 LH로 실현됨 4) '·'나 'ㅡ'로 끝나는 용언어기가 '이'계 이형태를 만나도 '·'나 'ㅡ'가 탈락하지 않음	
상 이 성	1) 이형태 목록이 "이'계, 히, 기' 뿐임 2) "이'계, 히, 기' 등 이형태들의 통합이 규칙적임 　i) 'ㅂ, ㄷ, ㄱ' 다음에 '히'가 통합됨 　ii) 'ㅈ'으로 끝나는 용언 다음에도 '히'가 통합됨 　iii) 'ㄹ'로 끝나는 용언 다음에서도 '릭/르, ㄷ'불규칙 용언의 경우처럼 '이'가 규칙적으로 통합됨	1') "이'계, 히, 기' 이형태 외에 기원이 다른 "오/우'계, 호/후, 고, 으' 등 다수가 있음 2') "이'계, 히, 기'의 통합이 규칙적이지 못함 　i') 'ㅂ, ㄷ'으로 끝나는 용언 다음에는 '히'가 통합되지만 'ㄱ'이나 'ㄹ'으로 끝나는 용언 다음에는 'ㅣ'가 통합됨(그러나 '히'가 통합되는 예도 발견됨) 　ii') 'ㅈ'으로 끝나는 용언 다음에 대부분 '히'가 통합되지만 'ㅣ'가 통합되는 예도 발견됨

---

3) 피사동접미사의 성조실현에 대하여는 김완진(1972a), 이기문(1972b), 한재영(1985) 등을 참조.

도표(2)는 피동접미사와 사동접미사의 상사성과 상이성을 보여주고 있다. 지금까지 대부분의 논의들에서 피사동접미사를 함께 다루어온 이유는 상사성에 중점을 두었기 때문이었다. 그러나 도표(2)를 보면 상사성 못지않게 상이성도 무시할 수 없음을 알 수 있다. 상이성에서 보여주는 사동접미사의 특성은, 피동접미사와 달리 사동접미사의 이형태 통합은 규칙적이지 못하다는 사실이다. 즉 피동접미사는 'ㄱ, ㄷ, ㅂ, ㅈ' 등 폐쇄음으로 끝나는 용언 어근 다음에 규칙적으로 '히'가 선택되지만, 사동접미사의 경우에는 그렇지 않다. 'ㄷ, ㅂ, ㅈ' 등으로 끝나면 피동접미사의 경우처럼 '히'가 선택되지만, 'ㄱ'이나 'ㄹ'으로 끝나는 용언 뒤에서는 'ㅣ'가 선택되는 특이성을 보이는 것이다. 그렇다고 'ㄱ'이나 'ㄹ'으로 끝나는 용언 뒤에서 항상 'ㅣ'가 선택되는 것은 아니다. 다음의 예는 'ㄹ'으로 끝나는 용언 뒤에서 '히'가 선택되는 경우도 있었음을 보여준다.

(3) 아히로 훤히 둥어리 글키고(←긁-, 杜初 15 : 4)

'ㅈ'으로 끝나는 용언 다음에도, 사동접미사는 피동접미사의 경우처럼 '히'가 통합되는 것이 일반적이었지만 (4)의 예는 'ㅣ'가 통합되는 경우도 있었음을 보여준다.

(4) 能히 샐리 비롤 느리와 이 大地롤 저지라(←젖-, 月釋 10 : 101)

'ㅣ'가 'ㄱ'이나 'ㄹ'으로 끝나는 용언 다음에 통합되는 특이성이나, 'ㅈ'으로 끝나는 용언 뒤에 통합되는 몇몇 예외적인 경우들은, 결국 15세기에 이미 사동접미사의 통합에서는 음운론적인 규칙성을 찾기 어렵다는 사실을 말해준다.

한편 '르'로 끝나는 용언 뒤에 통합되는 피동접미사와 사동접미사 사이에는, 지금까지 지적되지 않았던 중요한 차이점이 발견된다. 즉 '르'로 끝나는 용언 다음에 피동접미사는 '이'가 선택되지만,4) 사동접미사는 'ㅣ'가 선택되고 있는 것이다. 물론 '륵/르'불규칙 용언이나 'ㄷ'불규칙 용언 뒤에서는, 피동접미사나 사동접미사 모두 '이'가 선택되고 있다.

> (5) '르'로 끝나는 용언 뒤에 통합되는 피동접미사
>   걸이며(←걸-, 月釋 2 : 33), 굴이ᄂ뇨(←굴-, 杜初 23 : 33), 찔이ᄂ니
>   (←찔-, 月釋 8 : 36), 들이니(←들-, 月釋 7 : 10), 몰여(←몰-, 月釋
>   15 : 35), 믈여(←믈-, 釋 15 : 37), 밀유미(←밀-, 杜初 16 : 20), 븓들
>   인(←븓들-, 月釋 序 : 23)

> (6) '르'로 끝나는 용언 뒤에 통합되는 사동접미사
>   거스려(←거슬-, 月釋 7 : 18), 그우릴(←그울-, 月釋 1 : 19), 기우린
>   (←기울-, 杜初 7 . 31), 드륤 華瓶(←들-, 月釋 10 : 119), 버리고(←
>   벌-, 月釋 10 : 120), 조리니라(←졸-, 法華 1 : 52)

이상에서 지적한 피사동접미사의 상이성 말고도 사동접미사는 "이'계, 히, 기' 외에 '오/우'계, '호/후'계, 고, 으/(으) 등의 형태를 가지고 있다는 사실도 간과할 수 없는 중요성을 지닌다. 그 기원이 다르기는 할지라도 동

---

4) '르' 다음의 사동접미사 '이'(또는 특수어간 교체를 보이는 어사들에서도 마찬가지임)는 ɦi였다는 사실이 지적된바 있다(이기문 1962, 1972ab). 이 글에서도 'ㅇ'이 적극적 기능(ɦ에 대한 표기)과 소극적 기능(alif적 기능의 표기)의 두 가지 기능을 가졌다는 논의를 받아들여, 그리고 '이'와 'ㅣ'의 분포적 특성도 중시하는 입장에서 논의를 전개할 것이다. 그런데 '르' 다음에 통합되는 사동접미사의 이형태를 ɦi라고 본 이기문(1972b)에서 생기는 문제는, 사동접미사의 경우 '륵/르'불규칙 용언이나 'ㄷ'불규칙 용언의 '르' 다음에 통합되는 '이'와 달리 '르'로 끝나는 용언 다음에는 'ㅣ'가 통합되고 있다는 점이다. 이 경우의 'ㅣ'를 ɦi로 보는 데에는 문제가 있다. 그러나 피동접미사의 경우에는 그러한 문제가 발생하지 않는다.

일한 기능을 하는 형태소로 여럿이 존재할 때, 그 형태의 상호 관계가 언어 변화에 중요한 매개변수로 작용할 수 있기 때문이다.5)

이 글에서 우리는 피사동접미사의 상사성을 무시하지 않는 범위 내에서, 그러면서도 그들의 상이성에 초점을 맞추어 논의를 진행해 나갈 것이다. 형태나 음운론적 顯現方式현현방식에 있어서 서로 유사한, 피동접미사와 사동접미사 "이'계, 히, 기' 이형태들의 통합에 대한 상이성의 원인을 캐는 것도 중요하지만, 이 글에서는 피동접미사의 이형태들과 그 분화 과정에 대하여 논의하고자 한다. 피동접미사의 다양한 이형태들이 기원적으로 어떤 단일형에서 출발하였고, 그 단일형에서 각 이형태로의 분화가 규칙적으로 이루어졌다고 가정한다면, 15세기에 이형태 통합에 있어서 좀 더 규칙성을 보여주는 피동접미사를 대상으로 그 분화 과정에 접근하는 것이 타당하다고 여겨지기 때문에 본고에서는 피동접미사를 대상으로 논의를 전개해 나가기로 한다.

1.4. 피동접미사와 관련하여 제기되는 문제는 상당히 많다. '이'계 접미사인 'ㅣ, 이, 에, 리'의 음성적 실현과 표기, 그리고 이들의 상호 관련성에 대한 통시적, 공시적 문제, '이'계와 '히, 기'의 상호 관련성에 대한 문제, 'ㆍ'나 'ㅡ'로 끝나는 용언이 '이'계 피동접미사를 만나는 경우에 'ㆍ, ㅡ'가 탈락하지 않는 음소 결합의 특이성, 불규칙 용언과 규칙 용언의 피동사 형성에 있어서의 차이 등 우리는 피동접미사와 관련하여 제기되는 이러한 문제들의 원인을, 15세기 피동접미사에 대한 공시적, 통시적인 관점에서 구체적으로 접근해 보고자 한다.

---

5) analogy, paradyme levelling 등을 그 예로 들 수 있다.

2장에서는 먼저, 15세기 피동접미사의 교체형과 그 교체환경에 대한 기존의 논의 결과를 되돌아보고, 표면적인 분석이었던 것으로 보이는 몇몇 경우에 대해 체계를 중시하는 새로운 분석을 시도하면서 15세기 피동접미사의 이형태를 析出석출하고, 아울러 각 이형태가 통합되는 환경을 검토해 볼 것이다. 이러한 2장의 논의 결과를 바탕으로 3장에서 국어음운사와 관련하여 논의될 수 있는 몇 가지 통시적인 음운변화에 대한 간단한 추론을 하게 될 것이며, 4장에서는 우리의 논의를 요약한 다음, 본고에서 다루지 못한 과제를 언급하는 것으로 마무리 짓고자 한다.

2. 15세기 피동접미사의 이형태와 그 통합환경

2.1. 15세기 국어에서 피동접미사는 표면적으로 'ㅣ, 이, 에, 리, 히, 기' 등 다양하게 나타나지만 근래의 논의에서는 '이, 히, 기'만을 기본목록으로 인정하는 듯하다. 그러나 'ㅣ, 에, 리'도 15세기 문헌에 나타나므로 이들을 '이'와 동일시하기 이전에, 'ㅣ, 에, 리'가 나타나게 된 이유도 검토되어야 할 것으로 보이기 때문에 이들도 일단 이형태 목록으로 인정하여 살펴보는 것이 바람직할 것이다.

2.2. 먼저 기존의 분석 방법에 따라 피동접미사의 각 이형태들이 나타나는 환경을 'ㅣ, 이, 에, 리, 히, 기'의 순서대로 분류하여 제시하면 다음과 같다.

1) ㅣ : 유기음이나 'ㅅ', 또는 일부 모음으로 끝나는 용언 다음에 통합 된다.

　(7) ㅎᄫᅀᅡ 믈리 조치샤(←좇-, 龍歌 35章)
　　　七寶ㅣ 이러 ᄯᅡ 우희 차 두피고(←둪-, 月釋 8 : 18)
　　　喧鼻호 世俗ㅅ이레 잇겨 ᄃᆞ니노라(←잇-, 杜初 24 : 53b)
　　　온卷ㅅ글워리 답사혀시니(←답삸-, 杜初 24 : 34a)
　　　올마 ᄀᆞᆯ히여 ᄡᅳ여 朝廷을 빗내놋다(←ᄡᅳ-, 杜初 11 : 5)

2) 이 : ㄹ, ㅿ, ㅸ[6], 또는 일부 모음(이중모음도 포함)으로 끝나는 용언 다음에 통합된다.(편의상 'ㄹ/르'불규칙 용언의 예들도 여기에 포함 하기로 한다.)

　(8) 웃둘히 화예 나아 걸이며(←걸-, 月釋 2 : 33)
　　　므리 어느 方ᄋᆞᆯ브터 이에 흘러 븟이뇨(←븟-, 능 3 : 80b)
　　　사ᄅᆞ미 몰게 믈이며(←믈-) 불이며(←ᄫᅳᆲ-, 救下 15b)
　　　매 마자 獄애 가도이거나(←가도-, 月釋 9 : 25)
　　　일후미 너비 들여(←듣-, 釋 13 : 4)
　　　가시예 ᄲᅦ여 모몰 ᄇᆞ리며(←ᄲᅵᄅᆞ-, 능 6 : 78)
　　　발자칠 바다 남기 ᄲᅦ여 性命을 ᄆᆞᄎᆞ시니(←ᄲᅢ-, 月釋 1 : 2b)

3) 예 : -Vy로 끝나는 용언 다음에 통합되며 수의적으로 '이'와 교체된다.

　(9) 五通 메윤 술위ᄂᆞ 마ᄀᆞᆫ길 업스니(←메-, 月曲 43b)
　　　長常業報애 **민예**(←민-, 月釋序 : 3b)

---

6) 'ㅸ'으로 끝나는 용언 다음에 '이'가 통합되는 예들과 그 예들에 대한 구체적인 논의는 2.3.2.3 참조.

ᄂᆞ미 소내 쥐여 이시며(←쥐-, 月釋 1 : 11a)

사ᄅᆞ미게 믜엔 고ᄃᆞᆯ(←믜-, 蒙山 19)

사ᄅᆞ미게 믜욘 고ᄃᆞᆯ(←믜-, 法語 5)

cf. 有情이 나랏法에 자피여 믜여(←믜-, 釋 9 : 8b)

혀ᄂᆞᆫ블 ᄢᅵᄂᆞᆫ블 메윤 돗귀롤(←메-, 月曲 38b)

4) 리 : '르'불규칙 용언 다음에 통합되는데, 『능엄경언해』(1472) 이후에
야 나타난다. 그 이전의 문헌에서는 '이'로 표기되고 있다.

(10) ᄀᆞ오눌린 사ᄅᆞ미(←가오누르-, 능 9 : 66)

濠梁애 혼ᄢᅴ 블료믈 보라(←브르-, 杜初 15 : 7)

5) 히 : 유기음, 'ㅅ, ㅿ'을 제외한 무성폐쇄음으로 끝나는 용언 다음에
통합된다.

(11) 발바당 ᄀᆞ미 ᄯᅡ해 반ᄃᆞ기 바키시며(←박-, 月釋 2 : 57a)

東門이 도로 다티고(←닫-, 月釋 23 : 80b)

나랏法에 자피여(←잡-, 釋 9 : 8b)

넉슨 蠶氣ㅣ 믹쳇ᄂᆞᆫ 수에 나봇기놋다(←및-, 杜初 8 : 45b)

어려운 이리 모매 얼켯ᄂᆞ니라(←얽-, 杜初 16 : 17)

뎌 남기 내 ᄆᆞᅀᆞ매 연쳐셰라(←옂-, 杜初 15 : 3)

6) 기 : 'ㅁ, ㄻ, ㅅ'으로 끝나는 용언 다음에 통합된다.

(12) 졺겨 저저 하ᄂᆞᆳ ᄀᆞᄆᆞ리 업도다(←줌-, 杜初 7 : 36)

못 우묵ᄒᆞᆫ디 둠기놋다(←둠-, 杜初 6 : 42)

衆生이 글ᄒᆞᆫ 鑊소배 드러 솟 글허 ᄉᆞᆷ기더니(←ᄉᆞᆷ-, 月釋 23 : 81)

九龍이 모다 싯기ᅀᆞᄫᆞ니(←싯-, 月曲 20)

이상의 교체형과 그 교체환경을 보면 15세기 피동접미사의 6종류의 표기는 선행하는 용언 말음의 음성적인 조건에 지배되고 있지 않다. 특히 '이'계(ㅣ,이, 에, 리)의 교체환경7)에서 그러하며, 'ㅈ'과 'ㅊ'으로 끝나는 용언 다음에 선택되는 이형태가 각각 '히'와 '이'로 차이가 난다는 점에서도 그러하다. 그렇다고 기존에 분류했던 것처럼, 6종류의 표기를 포괄하면, 용언 말음의 기저음소에 따라 몇몇 부류로 교체된다고 할 수도 없는 형편이다.

2.3. 먼저 '히'와 '이'계(ㅣ, 이, 에, 리) 이형태를 살펴보고 '기'를 검토하기로 한다.

2.3.1. 'ㅈ'과 'ㅊ'으로 끝나는 용언 다음에, 전자의 경우에는 '히'가, 후자의 경우에는 '이'가 통합된다는 종래의 논의는 다시 검토될 필요가 있을 듯하다. 15세기 국어에서 'ㅈ, ㅊ'은 그 음운론적 현현방식에 있어 동일성8)이 포착되기 때문에 'ㅊ'으로 끝나는 용언 어근 다음에도 '이'가 아니라 '히'

---

7) 이렇게 다양한 표기를, 일단은 피동접미사의 이형태 목록으로 모두 인정하는 것이 이 글의 출발이다. 기존의 논의에서는 대부분 이 가운데 몇 개의 이형태만을 선별적으로 인정하고 있다. 기존의 논의에서 피동접미사의 이형태 목록 선정에서 가장 문제가 되었던 것은 아마도 'ㅣ, 이, 에, 리'가 상호 교체되기 때문에 이들이 통합되는 각각의 환경을 분류해 낼 수가 없었던 점일 것이다. 이들을 아예 '이' 하나로 단일화시킨다 하더라도 문제는 왜 이렇게 상이한 표기들이 출현하게 되었는가에 대한 이유가 설명되어야 한다는 것이다. 이 글에서는 이들 표기의 특성을 무시하지 않는 범위 내에서 일단 'ㅣ, 이, 에, 리'를 '이'계 이형태로 묶은 다음, 뒤에서 이들 상호간의 관계를 고려한 구체적인 논의를 하기로 한다. 다시 말해 'ㅣ, 이, 에, 리, 히, 기'들의 음운론적 환경과 분화 과정을 논의하는 것이 주된 내용 중의 하나이다.

8) 'ㅈ, ㅊ'은 훈민정음의 성모체계에서 치음에 배당되어 있는 것으로 보아 동일한 영역에서 조음된 파찰음이었으며, i, y 앞에서 구개음으로 되는 변이음 규칙이 적용되었으며, 또한 'ㅈ, ㅊ'으로 끝나는 용언 다음에 통합되는 겸양법 선어말어미도 모두 '-줗-'이었다는 동일성을 가지고 있다.

가 통합되는 것으로 분석하는 것이 합리적인 것으로 보이기 때문이다. '大'
으로 끝나는 용언 다음에 '히'가 통합되는 것으로 보더라도 무성폐쇄음 뒤
에서 'ㅎ'이 독립적인 segment로 실현되는 경우는 없기 때문에 그 음성형
을 해치지 않는다. 오히려 '大'으로 끝나는 용언 다음에 'ㅣ'가 통합되는 것
으로 분석했던 종래의 논의는 표기에 집착한 표면적인 분석이었던 것으로
간주된다.

 '大'으로 끝나는 용언 다음에 '히'가 통합되는 것으로 간주하는 본고의 입
장이 합리적이라면 15세기 자음의 체계를 중시하는9) 관점에서 'ㅍ, ㅌ,
ㅎ' 등 유기음으로 끝나는 용언 다음에도 '히'가 통합되는 것으로 간주하는
것이 합리적일 것이다. 이 경우, 'ㅍ, ㅌ'으로 끝나는 용언 다음에 '히'가 통
합된다고 보는 데에는 문제가 없으나, 'ㅎ'으로 끝나는 용언 다음에도 '히'
가 통합된다고 보는 것은 검토를 요한다. 15세기에 'ㆅ'이 표기에 나타나
고 있기 때문에 'ㅎ'으로 끝나는 용언 다음에 '히'가 통합되는 것으로 간주
하게 되면, 'ㅎ+ㅎ'은 당연히 'ㆅ'으로 나타나야 할 것처럼 생각되지만, 정
작 피동형의 표기에는 'ㅎ'으로 나타나기 때문이다. 그러나 15세기에 'ㆅ'은
'ㅎ'과 최소대립쌍10)을 구성하지 못할 뿐 아니라, 편재된 환경의 일부 어
휘에만 한정되어 나타나기 때문에11) 독립된 음소로 간주하기 어렵다. 더

---

9) 체계를 중시하는 우리의 관점은 Hockett(1955)의 'Pattern Congruity' 원칙과 유사하다.
   Pattern Congruity에 대한 자세한 설명은 Hockett(1955), Chen, S, B,(1975), Sommerstein
   (1977) 등을 참조.
10) 훈민정음해례 용자례에서 보여주고 있는 '혀'[舌]와 '혀'[引]는 진정한 의미에서 최소대립
   쌍(minimal pairs)을 구성한다고 볼 수가 없다. 이들의 표면상의 환경은 동일하다고도
   할 수 있으나, 다른 범주에 속하는 형태소들이기 때문이다. 즉 '혀'는 명사인데 반해서
   '혀'는 용언어간, 또는 부동사어미를 취한 용언인 것이다. 훈민정음 해례에 나오는 용례
   들의 상당수는 최소대립쌍이 아니며, 그들에 굳이 용어를 붙인다면 최소쌍이라 할 수
   있을 것이다.
11) 'ㆅ'은 'ㅕ' 앞에만 나타나는 특징을 가지고 있다.

욱이 'ㆅ'을 갖는 것으로 간주되어 왔던 어휘들의 표기에 있어서도, 각자
병서가 폐지되기에 이르는 『원각경언해』(1465) 이전의 문헌에서 다음과
같이 'ㅎ'과 혼기되고 있는 예들이 보이기 때문이다.12)

 (13) 燈의 블 혀고(釋 9 : 30)
      혀는 블 쓰는 블(月曲 106)
      然은 블 혈 씨라(月釋 1 : 8)
      뮈온 혈 씨니 經뜨들 혀 낼 씨라(능 1 : 5a)
      未來롤 싸혀면(능 1 : 24, 26a, 26b)
      救ᄒ야 싸혀내야(月釋 21 : 130)
  cf. 蘇油燈을 혀디(月釋 10 : 119)
      뮈온 혈 씨니 經뜨들 혀녈 씨라(능 1 : 5a)
      죽사릿根源을 싸혀나긔 ᄒ쇼셔(月釋 8 : 59)

  이상의 논의를 바탕으로, 'ㄲ, ㅁ, ㅅ, ㅆ'으로 끝나는 용언의 경우를 제
외하면, 무성폐쇄음으로 끝나는 용언 다음에는 '히'가, 유성음으로 끝나는
용언 다음에는 '이'계 이형태가 통합되었다고 할 수 있다.

  2.3.2. 이제 '이'계 이형태에 대하여 검토하기로 한다. '이'계 이형태와 관
련하여 우리의 주목을 끄는 것은 hiatus에 관한 문제이다. 15세기 국어에
서 'ㆍ'나 'ㅡ'로 끝나는 용언의 어간에 모음으로 시작하는 접미사나 어미가
통합되면 어간의 'ㆍ'나 'ㅡ'가 탈락하는 것이 일반적인 현상이었다. 다음
예들이 그러한 특성을 잘 보여준다.

---

12) 설사 이 시기에 'ㆅ'을 독립된 음소로 인정한다 할지라도 'ㆅ'은 일부 편재된 어휘에만
   한정되어 나타나기 때문에 'ㅎ+ㅎ'이 표면에서 'ㅎ'이 된다고 할 수는 없다. 따라서 'ㅎ'
   으로 끝나는 용언 다음에 '히'가 통합된다고 보더라도 우리의 견해에 장애가 되는 요인
   을 발견할 수는 없다.

(14) 부사화접미사가 통합되는 경우

어엿브-+이→어엿비 : <u>어엿비</u> 너기샤(龍歌 50章)

깃브-+이→깃비 : 時節ㅅ비롤 <u>깃비</u> 느리와(釋 13 : 7)

크-+이→키 : 수비 <u>키</u> 아로몰 得ᄒ야(蒙山 7)

과외줌줌ᄒ-+이→괴외줌줌히 : 그 道ㅣ <u>괴외줌줌히</u> ᄒᆢ용 업스샤(法
華 3 : 162)

ᄀᆞᆺᄇ-+이→ᄀᆞᆺ비 : 너희 머리셔 <u>ᄀᆞᆺ비</u> 오니(釋 23 : 1)

(15) 명사화접미사가 통합되는 경우13)

크-+의→킈 : 흔 點을 느리오디 <u>킈</u> 微塵 맛감ᄒ고(月釋 14 : 8)

(16) 동명사어미가 통합되는 경우

쓰-+움→뿜 : 둘며 <u>뿌ᄆ</u>로셔(능 3 : 10)

트-+옴→톰 : 知章 몰 <u>토ᄆ</u> 비 톰 ᄀᆞᆮᄒ니(杜初 15 : 40)

(17) 부동사어미가 통합되는 경우

츠-+아→차 : 奔茱利花ㅣ 믈 우희 <u>차</u> 두퍼잇ᄂᆞ니라(月釋 1 : 23)

트-+아→타 : 祿 해 <u>타</u> 먹는(杜初 7 : 2)

쓰-+어→뻐 : 可히 <u>뻐</u> 천자씌 받ᄌᆞ왐직ᄒ니(杜初 7 : 13)

ᄡᅳ-+어→ᄡᅥ : <u>ᄡᅥ</u> ᄇᆞ리리오(杜初 25 : 13)

다ᄋ-+아→다아 : 滅와 生괘 다 <u>다아</u>(능 4 : 89)

(14)와 (15)는 파생의 층위에서, (16)과 (17)은 굴절의 층위에서 hiatus 를 피하기 위해 어간의 ‘ㆍ, ㅡ’가 탈락하는 예들이다. (14)~(17)의 예들 은, 용언어간의 ‘ㆍ, ㅡ’는 파생의 층위에서나 굴절의 층위에서나 모음으로

---

13) 김완진(1971b, 1972a)에서는 명사화접미사를 ‘이'로 간주하여 피사동접미사의 경우처럼
   용언의 ‘ㆍ'나 ‘ㅡ'가 탈락하지 않는 것으로 기술하고 있으나, 이기문(1972a)을 비롯한
   대부분의 논의에서처럼 ‘기픠, 노픠, 고븨, 구븨'를 고려하여 ‘의/의'를 명사화접미사로
   간주한다.

시작되는 접사를 만나게 되면 자동적으로 탈락한다는 사실을 알려준다. 그러나 피(사)동접미사가 통합되는 다음의 예들에서는 용언의 마지막 모음인 '·'나 'ㅡ'가 탈락하지 않고 그대로 실현되었음을 보여준다.

   (18) 無明ㅅ대가리예 **뽀일씨**(月釋 14 : 7)
      미러내여 擧薦ᄒ야 **쓰이ᄂᆞ디라**(杜初 23 : 38)
      사ᄅᆞ미 **쁴유미** 어려우믈(杜初 25 : 51)
      노폰 일후미 竹帛에 드러 스엿ᄂᆞ니(杜初 24 : 1)

   결국 '·, ㅡ'로 끝나는 용언이 모음으로 시작하는 접사를 만나게 되면 어기의 '·, ㅡ'가 탈락하지만, 유독 '이'계의 피(사)동접미사를 만나는 경우에는 탈락하지 않는다고 할 수 있다. '이'계 피(사)동접미사와의 통합에서 보여주는 이러한 특이성이 어떻게 설명될 수 있을까?

   우리는 '이'계 피(사)동접미사와 관련된 이러한 특이성을 1) 형태론적 해결방안, 2) 어휘음운론적14) 해결방안, 3) 형태음소론적 해결방안, 4) 음운론적 해결방안 등 다각적인 측면에 접근하여 가장 타당한 해결 방안을 모색해 보기로 한다.

   2.3.2.1. 형태론적 해결방안으로 경계나 범주표시에 의지하는 방법을 생각해 볼 수 있다. 그러나 경계표시에 의한 방법은 적용하기 어렵다. 동일한 파생층위에 속하는 부사화접미사, 명사화접미사의 경우와 피(사)동접미사의 경우가 상이한 음운행위를 보여주기 때문이다. 마찬가지로 피(사)동접미사의 경우가, 용언의 '·, ㅡ' 탈락 현상에 예외라는 범주표시에 의

---

14) 어휘음운론Lexical phonology에 대한 전반적인 논의는 Mohanan(1982)를 참조.

존하는 방법도 바람직한 것으로 보이지는 않는다. 범주표시는 단순히 분류학적 기술에 그치기 때문에, 음운행위를 설명하려는 입장에서는 순수히 음운론적으로 해결하기 어려운 경우에 끌어오는 방법이어서 그만큼 많은 부담을 문법기술에 지우게 된다. 우리는 형태음소론적, 또는 음운론적 방안으로 접근하기 어려운 경우에 다시 이 방안을 고려해 보아야 할 것이다.

2.3.2.2. 다음으로 접근할 수 있는 방안은 어휘음운론적 해결을 시도해 보는 것이다. 그러나 이 방안 역시 문제의 해결에 도움을 줄 것 같지는 않다. 어휘음운론에서 전제로 내세우는, 음운규칙의 영역domain과 형태론의 영역에 어떤 합치성을 발견할 수 없기 때문에, 그에 따른 음운행위의 차이를 층위이론으로 설명하기 어렵기 때문이다. 다시 말해서 파생층위 derivation stratum에 속하는 부사화접미사, 명사화접미사는 굴절층위 inflection stratum에 속하는 동명사어미, 부동사어미와 동일하게 행동하는데 반해,15) 왜 파생층위에 속하는 피(사)동접미사는 부사화접미사나 명사화접미사와 다르게 행동하는지 설명하기 어렵다.

2.3.2.3. 다음으로 생각해 볼 수 있는 해결방안은 형태음소론적인 차원에서 접근해 보는 것이다. 이 방안은 김완진(1972a)에서 시도된 바 있는 것으로, 'ㆍ, ㅡ'로 끝나는 용언에 부사화접미사가 통합될 때에는, 어간의

---

15) 명사나 대명사의 경우에는 마지막 모음 'ㆍ'나 'ㅡ'가 모음으로 시작되는 접사 앞에서 탈락하지 않는 예들도 있고('어느, 그' 등), 'ㆍ'나 'ㅡ'가 탈락하는 예들도 있어('ㅅ' 또는 'ㅆ, ㅃ' 등) 일률적으로 말하기 어렵다. 그러나 15세기 국어에서 보여주는 'ㆍ, ㅡ' 탈락의 전체적인 틀을 고려하면, 용언에서는 피사동의 경우만 제외하면 'ㆍ'나 'ㅡ'가 탈락하는 것이 일반적이기 때문에 체언에서도 'ㆍ, ㅡ'가 탈락하지 않는 경우가 예외적이라 할 수 있을 것이다.

'·, ㅡ'가 탈락하지만 피(사)동접미사가 통합될 때에는 어간의 '·, ㅡ'가 탈락하지 않는 이유를, 부사화접미사의 형태음소는 yi인데 반해, 피(사)동접미사의 형태음소는 i이기 때문이라고 보는 것이다. 즉 부사화접미사의 형태음소인 yi의 y때문에 선행하는 용언 어기의 '·'나 'ㅡ'는 탈락되지만, 피(사)동접미사는 그러한 제약을 가하는 y를 缺결하고 있기 때문에 '·, ㅡ'가 탈락되지 않는다고 보는 견해이다. 그러나 이러한 견해에는 몇 가지 문제점이 있는 것으로 보인다.

첫째, 파생에서는 순정의 i를 포함하는 다른 모음 앞에서 용언의 '·, ㅡ'가 탈락하지 않는 것이 일반적인 현상인 데에 반하여, 굴절에서는 '·, ㅡ'가 탈락하는 것이 일반적인 현상이라 하게 됨으로써 파생과 굴절의 음운현상에 괴리를 가져오게 된다. 이것은 문법기술에 큰 부담을 주게 될 것이다.

둘째, 피동접미사는 i이고, 부사화접미사는 yi라고 한다면, 순정의 i인 피동접미사는 'ㄹ'로 끝나는 용언 뒤에 하나의 음절을 구성하는데 yi인 부사화접미사는 선행 음절말 'ㄹ'과 함께 하나의 음절을 구성하는 차이점도 설명하기 어렵다. 더욱이 이러한 차이는 'ㄹ'로 끝나는 용언 다음에 피동접미사가 통합되는 경우와 사동접미사가 통합되는 경우 사이에도 보이는 것이다.

(19) 피동접미사 : 예 (5) 참조

(20) 부사화접미사 :
머리(←멀-, 杜初 15 : 5), ᄀᆞᄂᆞ리(←ᄀᆞ놀-, 杜初 21 : 28), 거츠리(←거츨-, 능 2 : 93), 갓ᄀᆞ리(←갓ᄀᆞᆯ-, 능 2 : 12), 기리(←길-, 杜初 15 : 5), 드리(←들-, 杜初 6 : 21), ᄃᆞ리(←둘-, 月釋 8 : 97), 그우리(←그울-, 釋 6 : 30), 어디리(←어딜-, 능 5 : 40), 모디리(←모딜-, 法華 5 : 70)

셋째, 피동접미사가 i이고, 부사화접미사가 yi라면, 순정의 i 인 피동접
미사는 독립적인 음절을 구성하는 것이 일반적인 표기인데 반해, yi인 부
사화접미사는 선행 음절의 모음과 이중모음을 구성함으로써 독립적인 음
절을 형성하지 못한다는 것도 특이한 표기라고 하지 않을 수 없다. 굴절이
기는 하지만, 순정의 i 라고 할 수 있는 주격의 '-이'나 iy라고 할 수 있는
지정사 '이-'는 선행하는 형태소가 모음으로 끝날 때 선행 형태소의 마지
막 모음에 결합하여 이중모음을 형성함으로써, 김완진(1972a)에서 yi라고
본 부사화접미사와 행동을 같이 하고, i로 간주했던 피동접미사와는 그 행
동에 차이를 보이는 것이다.

(21) ㄱ. 피동접미사 : 이어이는, 뽀일쎄, 논호이여, 가도이거나, 스엿ᄂ니라.
　　　ㄴ. 부사화접미사 : 해(하-+이), 즈래(즈라-+이), 오래(오라-+이), 내
　　　　　(나-+이)
　　　ㄷ. 주격 : 네, 데, 공지, 부톄, 흙배
　　　ㄹ. 지정사 : 긔라, 네라, 데오, 젼치니, 내어니

　마지막으로, 'β>w'의 변화형인 w가 부사화접미사 '이' 앞에서 탈락하는
것이 형태음소 yi의 y때문이라고 한다면, 피동접미사 '이' 앞에서도 'β>w'
의 w가 탈락할 경우 피동접미사의 '이'도 yi로 보아야 하는 난관에 부딪히
게 된다. 다음의 예는 피동접미사 '이' 앞에서 'β>w'의 결과인 w가 탈락했
음을 보여주는 것이다.

(22) 사ᄅ미 몰게 들이며 <u>볼이며</u>(븛-, 救 下 : 15b)
　　　<u>볼인</u> 사ᄅ미(← 븛-, 救간 6 : 70)

사동접미사가 통합된 예이긴 하지만 '더러이-, 누이-' 등도 '이' 앞에서 w가 탈락하여 표면에서 실현되지 않았음을 보여준다. 따라서 '이'계 이형태가 순정의 i였기 때문에 어간의 'ㆍ'나 'ㅡ'가 탈락하지 않는다고 보기는 어렵다.

2.3.2.4. 이제 우리가 마지막으로 접근할 수 있는 방안은 순수히 음운론적인 층위에서 해결방법을 모색해 보는 일이다.

15세기 표기법의 원칙은 음절 중심의 표기였다. 가령, '알-'[知] 다음에 자음으로 시작하는 어미가 오게 되면 '알오, 알면'으로, 모음으로 시작하는 어미가 오게 되면 '아롬, 아라'로 표기되어 충실하게 음절에 대응했던 것이다. 그런데 '르'로 끝나는 용언 다음에 피동접미사 '이'가 오게 되면, 자음이 오는 경우처럼 용언말 'ㄹ'은 다음 음절로 이동하지 않고 용언의 마지막 음절에 고정되어 표기되는 것이다(예 (5) 참조). 이렇게 용언말 'ㄹ'이 다음 음절로 이동하지 못하는 것은, 15세기 표기법의 원칙으로 보아, 피동접미사 '이'의 초성에 자음이 있다고 볼 수밖에 없으므로 피동접미사 '이'의 'ㅇ'이 자음의 기능을 하고 있다고 보지 않을 수 없게 된다. 이러한 표기상의 특징은 이기문(1962)에서 논의된 특수어간 교체와 동일한 모습을 보이기 때문에 'ㅇ'에 대한 이기문(1962)의 논의를 받아들여, 피동접미사 '이'의 'ㅇ'을 ɦ의 표기로 간주한다.16) 결국 용언의 'ㆍ, ㅡ'가 피동접미사 '이'

---

16) 'ㄹ, ㅿ'으로 끝나는 용언이나 'ㄹ�//르'불규칙 용언, 'ㄷ'불규칙 용언의 어간말 'ㄹ'과 'ㅿ'뒤에서 사동접미사의 표기 '이'는 ɦi였다는 논의에 대해서는 이기문(1972b : 15~27)참조. 그러나 사동접미사의 경우에 'ㄹ'로 끝나는 용언 다음에는 '이'가 아니라 'ㅣ'가 통합되고 있기 때문에(용례는 앞의 (6)을 참조.) ɦi가 통합되었다고 일률적으로 말할 수 없게 된다. 대신에 피동접미사의 경우에는 동일한 환경에서 규칙적으로 '이'가 표기된다. 이에 대해서는 앞의 1.3을 참조.

를 만나더라도 탈락하지 않는 이유는 ‘ㆍ, ㅡ’와 i 사이에 자음 ɦ가 개재하기 때문이었던 것으로 해석된다.

2.3.2.5. 이러한 관점에서 피(사)동접미사의 표기에만 나타나는 ‘ㆀ’에 대한 해결 가능성도 그 실마리를 찾을 수 있을 듯하다. ‘ㆀ’은 지금까지, ‘ㆀ’이 출현하는 음운론적인 환경과 관련하여 논의되어 왔다. 이기문(1972b)에서는 “어중의 yy 또는 yi[17]에 나타나는 긴장된 狹窄협착을 나타내고자 한” 것으로 보았으나 ‘ㆀ’이 피(사)동접미사를 포함하는 구성에만 나타나는 편재성을 설명할 수 없다. 가령 ‘희예’나 ‘드외욘디라’와 같이, 어중의 yy를 구성하는 다른 어떠한 경우에도 ‘ㆀ’은 나타나지 않는 것이다. 허웅(1975)에서는 /i, y, u/의 된소리로 간주하였으나, 모음의 된소리가 무엇을 의미하는지 모호하고, 설사 ‘ㆀ’을 /i, y, u/의 된소리임을 인정한다 하더라도 왜 /i, y, u/의 된소리는 피(사)동사의 경우에만 가능한지 추가의 설명이 필요하다. 한편 김완진(1972a)에서 “‘ㆀ’ 앞에 pause가 있는 것을 나타내기 위하여, 字形上자형상 不可避불가피하여 삽입된 ‘ㅇ’의 앞에 ‘ㅇ’를 再加재가한 것으로, 특수한 환경 하에서의 juncture phoneme의 표기”방법으로 간주하여, 다른 환경에 있어서의 보통 ‘ㅇ’과 同價동가의 것으로 이해하였다. 그러나 음절 사이에 pause를 상정하는 것은 부자연스러운 해결 방안으로 보이고,[18] 따라서 juncture phoneme 설정의 필연적인 이유를 찾기

---

17) 안병희(1978)에서는 ‘뮈워-’의 예가 발견되기 때문에 w를 선행하는 환경이 추가되어야 할 것임을 지적하고 있다. ‘뮈워-’는 ‘뮈-’에 사동접미사가 통합된 것으로 ‘ㆀ’의 출현 이유에 대해서 구체적인 접근이 이루어져야 할 필요가 있으나 본고에서는 피동접미사를 대상으로 하고 있기 때문에 보류해 두기로 한다. 아마도 ‘뮈-’ 다음의 ɦi에 다시 ‘우’가 덧붙여진 형태에서 hiatus를 피하기 위해 y-glide화 현상을 일으켰으나, ‘뮈ᄢᅦ’와 같은 표기를 할 수 없는 제약으로 인해 생긴 표기가 아닌가 여겨진다.

18) 정연찬(1989)에서도 김완진(1972a)의 juncture phoneme을 받아들이는 견해를 볼 수

가 어렵기 때문에 피동접미사 '이'가 ɦi였으리라는 우리의 관점에서 해석을 내려보기로 한다.

15세기 표기체계에서, ɦ에 대한 표기는 alif의 기능을 갖는 'ㅇ'과 같았기 때문에 어중에서 피(사)동접미사를 포함하는 XVy\$ɦi\$(y)V 연결체를, XVy\$(y)V 연결체와 구분한 표기는, 각각 '미이여' '미여'와 같이 나타나는 것이었다. 그러나 피(사)동접미사를 포함한 연결체에서 동음의 중출로 인해 hiatus가 발행하게 되면서 i나 y가 탈락하여 음절이 하나 없어진 XVy\$ɦyV와 원래 피동접미사가 없는 XVy\$yV를 구분하여 표기할 수가 없게 된다. y 뒤에 표기되는 'ㅇ'은 ɦ를 나타내기도 하고 zero를 나타내기도 하기 때문이다. 따라서 '미여'와 같은 표기를 놓고, mʌy\$yə의 표기인지 mʌy\$ɦyə의 표기인지 구분할 방도가 없게 되는 것이다. 이러한 혼란을 방지하기 위하여, 즉, 피(사)동접미사 ɦi의 ɦ를 표시해 주기 위하여 기존의 'ㅇ'에 'ㅇ'을 재가함으로써 mʌy\$ɦyə를 y와 구분시켜 줄 수 있었던 것으로 이해된다. 좀더 구체적으로 'ㅇㅇ'의 표기에서 앞의 'ㅇ'은, 피(사)동접미사 ɦi에서의 ɦ를, 뒤의 'ㅇ'은 원래 alif로서 음절의 초성을 나타내기 위해 사용되었던 zero에 대한 표기로 이해되는 것이다. 'ㅇㅇ'은 이렇게 특수한 환경에서 ɦ를 표시해 주기 위한 의도적인 표기였기 때문에 훈민정음의 용자례에서 '괴여'와 '괴ㅇㅇ'를 구분시켜주는 대립쌍으로 제시하였지만 음소로서 존재한 것은 아니기 때문에 초성체계에서 제외된 것으로 간주된다.

2.3.2.6. 피동접미사 '이'가 ɦi이었다고 하더라도 모든 환경에서 '이'가 ɦi이었다고 볼 수 있는 것은 아니다. 15세기에 이미 선행 용언의 마지막

있다. 차이점은 'ㅇ'을 공음소로 보고 공음소 앞에 juncture가 있다고 보는 것인데, 위와 동일한 이유로 해서 받아들이기 어렵다.

모음과 이중모음을 형성하기도 하였던 것으로 보아 이미 ɦ는 일부 환경에
서 소실되었던 것으로 볼 수 있다. 이기문(1972a, b)의 논의대로 (1) r__,
(2) z__, (3) ‘y__’의 환경에 있는 피(사)동접미사 ‘이’(또는 ‘에’)의 ‘ㅇ’만 ɦ
음가를 유지하고 있었던 것으로 보인다. 따라서 피동접미사 ‘이’계 이형태
는 i, ɦi, ri(『능엄경언해』 이후 ‘ㄹ’ 다음의 위치에서)이었던 것으로 간주
된다.

2.3.3. 이제 지금까지 보류해 두었던 ‘ㅈ, ㅅ’ 또는 ‘ㅁ, ㄿ’으로 끝나는
용언 다음에 통합되는 피동접미사를 논의하기로 한다. 기존의 논의에서는
‘ㅈ’으로 끝나는 용언 다음에는 ‘ㅣ’가, ‘ㅅ, ㅁ, ㄿ’으로 끝나는 용언 다음에
는 ‘기’가 통합된다고 기술되어 왔다.

2.3.3.1. ‘ㅈ’으로 끝나는 용언의 경우부터 살펴보기로 한다. ‘잇기-’에 대
한 분석가능한 유형은 다음과 같다.

(23) ㄱ. 읽-＋이 → 잇기-
　　　 ㄴ. 잇그-＋이 → 잇기-
　　　 ㄷ. 읽-＋기 → 잇기-
　　　 ㄹ. 잇-＋기 → 잇기-

(23ㄱ)는 종래의 분석 방법이다. 그러나 지금까지의 우리 논의를 토대
로 하면 ‘ㄱ’ 다음에는 ‘히’가 통합되어 ‘잇키-’가 도출되어야 하기 때문에
(23ㄱ)의 분석은 타당하지 않다. (23ㄴ)의 분석도 타당하지 않다. ‘잇그-’
에 피동접미사 ‘이’가 통합되면 어간의 ‘ㅡ’ 모음이 탈락되지 않으므로, ‘잇
그-’가 도출되어야 하기 때문이다. (23ㄷ)의 분석도 (23ㄱ)와 같은 이유에

서 타당한 분석이 될 수 없다. 결국 우리는 (23ㄹ)와 같이 '엱-'의 어말자음군이 'ㅅ'으로 단순화된 다음, 거기에 '기'가 통합된 것으로 분석하게 된다. 이렇게 분석할 때 'ㅅ'은 무성마찰음이기 때문에 앞서의 무성장애음 뒤에 '히'가 통합된다는 우리의 논의를 해치지 않는다. 또한 15세기에 'ㅺ'을 어말자음군으로 가지고 있던 어사들은 (24)와 같이 자음으로 시작하는 어미 앞에서 자음군단순화 과정을 거쳐 'ㅅ'만 실현되던 규칙이 있었기 때문에 (23ㄹ)의 분석은 정당하게 받아들일 수 있을 것으로 보인다.

(24) 섯디 아니호몬(←셨-, 月釋 1 : 3a)
道닷는 사룸(←닭-, 月釋 2 : 14b)
外道ᄂᆞᆫ 밧 道理니(←밨, 月釋 1 : 9a)
홁ᄂᆞᆫ 깃블 씨니(←젌-, 釋 9 : 6)
우리둘히 至極 ᄀᆞᆺ보고(←ᄀᆞᆽ-, 月釋 14 : 76)

(23ㄹ)의 분석을 받아들이면, 'ㅅ'으로 끝나는 용언 다음에 '기'가 통합되는 경우도 포괄하여 기술할 수 있는 장점도 가지게 된다.

2.3.3.2. 'ㅁ'이나 'ㄻ'으로 끝나는 용언 다음에 피(사)동접미사가 통합되는 '줌기-'에 대한 분석도 다음의 3가지 유형이 가능하다.

(25) ㄱ. 줌-+기→줌기-
ㄴ. 줌ㄱ-+이→줌가-
ㄷ. 줌ㄱ-+이→줌가-
ㄹ. 줌ㄱ-+기→줌가-

(25ㄱ)는 종래의 분석 방법인데 별다른 문제점을 발견할 수 없다. (25

ㄴ)는 '줌긔-'가 되어야 하기 때문에, (25ㄷ)는 'ㄱ' 다음에 '히'가 통합되어 '줌키-'가 도출되어야 하기 때문에 타당하지 않다. '줌ㄱ-'에서 어말자음군 단순화를 겪어 '줌-'이 된 다음, 거기에 '기'가 통합되는 것으로 보는 (25ㄹ)는 (25ㄱ)와 다를 것이 없지만, 15세기 'ㅁ(ㄻ)'을 가지는 모든 용언이 'ㄱ'을 말음으로 가졌다고 볼 수는 없으며, 또한 'ㄱ+ㄱ'이 'ㄱ'으로 실현되었을 가능성이 희박하기 때문에 받아들이기 어렵다. 'ㄻ'을 말음으로 가지는 용언의 경우까지 고려하면, (25ㄱ)의 분석을 정당하게 받아들일 수가 있을 것이다.

2.4. 결국 15세기 피동접미사의 이형태에는 "이'계와 히, 기'가 있으며 '이'계는 i, ɦi, ri, '히'는 hi, '기'는 ki로 실현되었으며, 각각 다음과 같은 환경에 따라 교체되었던 것으로 간주된다.

(26) i : 모음으로 끝나는 용언 다음
  ɦi : y, r, (β), z로 끝나는 용언 다음
  hi : 무성폐쇄음으로 끝나는 용언 다음(단, 'ㅅ'은 자음군단순화를 먼저
    겪기 때문에 이 환경에 포함되지 않음)
  ri : r 뒤의 ɦi가 ri로 변화함으로써 15세기 후기에 출현함.
  ki : 'ㅁ'('ㄻ' 포함), 'ㅅ'('ㅆ' 포함)으로 끝나는 용언 다음

3. 피동접미사와 관련된 음운변화에 대한 추론

3.1. 피동접미사의 이형태 통합은 굴절층위에서 이루어지는 겸양법 선어말어미 {-ᅀᆞᆸ-}의 통합과는 그 교체조건에서 상이한 특성을 보여준다.

중세국어와 근대국어에서 {-숩-}의 통합은 선행하는 용언 말음의 음성적 환경에 지배되었으나 15세기 피동접미사의 경우에는 그 형태음소에 지배되었던 것이다. 가령 15세기에 'ㄷ, ㅈ, ㅊ'으로 끝나는 용언 다음에 겸양법 선어말어미의 이형태는 '-줍-'이 선택되었고, 'ㅅ'이나 'ㅎ'으로 끝나는 용언 다음에는 '-숩-'이 선택되었으나, 17세기 국어를 반영한 『仁祖大王行狀인조대왕행상』과 『癸丑日記계축일기』에서는 'ㄷ, ㅈ, ㅊ'으로 끝나는 용언 다음에는 물론, 'ㅅ, ㅎ'으로 끝나는 용언 다음에도 '-줍-'이 통합되었음을 보여준다. 'ㅅ, ㅎ'으로 끝나는 용언 뒤에 통합되는 겸양법 선어말어미의 이러한 변화는 음절말(또는 어간말) 자음의 중화 현상과 관련되어 설명될 수 있는 것으로서, 15세기에 음절말 'ㄷ, ㅈ, ㅊ'은 [t˺]로 실현되었기 때문에 '-줍-'이, 음절말 'ㅅ, ㅎ'은 [s]로 실현되었기 때문에 '-숩-'이 통합되었으나, 17세기에는 음절말 'ㅅ'과 'ㅎ'도, 'ㄷ, ㅈ, ㅊ'처럼 [t˺]로 중화되어 실현되었기 때문에 '-줍-'이 통합되기에 이르렀다고 할 수 있는 것이다.[19]

그러나 피동접미사의 통합은 사정이 다르다. 15세기 음절말 치음의 중화 현상에 따라 피동접미사의 이형태가 통합되었다면, 'ㅈ'이나 'ㅊ'으로 끝나는 용언, 즉 '및-', '좇-' 다음에 피동접미사가 통합되면, 15세기 문헌에 일관되게 나타나는 '미치-, 조치-'가 아니라 '미티-, 조티-'로 실현되어야 했을 것이다. 그러나 '미티-, 조티-'와 같은 표기는 기대할 수 없고 오로지 '미치-'와 '조치-'만 보일 뿐이다. 이러한 사실은, 15세기에 피동접미사의 통합이 선행하는 용언말 자음의 형태음소에 지배되고 있었음을 보여준다. 이렇게 형태음소에 지배되는 이유는, 용언말 자음의 중화 현상이 일어나기 이전에 피동접미사의 통합규칙이 형성되었고 그 통합규칙은, 음절말

---

19) 음절말 치음의 음성적 실현과 겸양법 선어말어미 {-숩-}의 통합에 대한 자세한 논의는 이 책의 제1부 "1. 후기 중세국어 음절말 치음의 음성적 실현과 표기" 참조.

자음의 중화 현상이 일어난 이후에도 계속 그대로 이어져 왔기 때문이라고 할 수 있다. 따라서 15세기 피동접미사의 통합은 15세기 이전의 음운사적 사실을 반영하고 있다고 할 수 있다.

이러한 관점에서 'ㅸ, ㅿ'을 마지막 자음으로 가지고 있는 용언이나 'ㄷ' 불규칙 용언에 통합되는 피동접미사의 이형태 통합을 통해, 15세기 이전 시기의 음운사적 사실을 알 수 있다. 'ㅸ'이나 'ㅿ'은 휴지나 무성자음 앞에서 각각 'ㅂ'과 'ㅅ'으로 중화되는 현상이 있었고 그러한 음운현상에 순응하여 피동접미사의 이형태가 통합되었다면, '볿-'[踏답]이나 '앗-'[奪탈]의 피동사는 '볼피-'와 '앗기-'가 되어야 했을 것이다. 그러나 '볼피-'와 '앗기-'와 같은 피동사는 15세기 문헌에서 발견되지 않고 '볼이-'와 '앗이-'와 같은 형태만 보일 뿐이다. 'ㄷ'불규칙 용언인 '듣-'[聞문]의 경우에도 '드티-'는 보이지 않고 '들이-'만 발견될 뿐이다. 피동접미사의 통합에서 나타나는 이러한 특징을 통해, 현대국어의 관점에서 피동접미사의 두 이형태가 통합될 수 있는 환경을 갖는 소위 불규칙 용언의 경우에, 왜 특정의 형태를 가지는 하나의 피동사만이 허용되는지를 알 수 있다.

동일한 맥락에서 우리는 피동사에 나타나는 ㅸ과 ㅿ이 15세기뿐만 아니라 그 이전의 시기에도 음소로 존재했었다는[20] 내적증거internal evidence를 확보할 수 있게 된다. 적어도 음절말 'ㅈ, ㅊ'이 [t˺]로 중화되지 않고 파열되던 시기에 피동접미사가 통합되어, 15세기까지 이어진 것으로 간주되기 때문에, 'ㅸ'이나 'ㅿ'이 'ㅂ'이나 'ㅅ'으로 중화되지 않고 β나 z로 실현되었던 시기가 있었던 것으로 볼 수 있기 때문이다. β와 z에 대한 내적증거는 β, z가 *γ와 하나의 유성마찰음 계열을 형성하는 것으로, 15세기 이전의

---

20) 이에 관한 전반적인 논의로 이기문(1972 a, b)을, 방언을 통한 외적 증거external evidence에 대해서는 최명옥(1978)을 참조.

어느 이른 시기에 유성마찰음이 하나의 계열로서 존재했었으리라는 이기문(1962, 1972a, b)의 논의를 지지해 줄 수 있는 것으로 보인다. 그러나 피동접미사의 이형태 통합과 관련하여, 이른 시기에 *δ가 존재했었는지에 관해서는 아직 어떠한 구체적인 추론도 할 수 없다.21) 'ㄷ'불규칙 용언의 피동형에 보이는 'ㄹ'이 *δ의 변화인지 확인하기 어렵기 때문이다.

3.2. 15세기 피동접미사의 이형태 통합이 항상 용언말 자음의 형태음소에 지배되고 있지는 않았다는 사실을 지적할 필요가 있다. 3.1에서 논의한대로 피동접미사의 이형태는 거의 모두 선행하는 용언의 형태음소에 지배되어 통합되었지만, 유독 'ㅅ'을 말음으로 가지는 용언의 경우에는, 자음군단순화 과정을 통해 'ㄱ'이 탈락된 다음, 'ㅅ' 뒤에 올 수 있는 'ㄱ'가 이형태로 선택되고 있었기 때문이다. 이것은 선행하는 용언의 형태음소에 지배된 것이 아니라, 표면의 음성형에 따라 이형태가 통합된 것으로, 'ㄹ'으로 끝나는 용언의 경우에 'ㅎ'가 통합될 수 있었던 것을 보면 15세기 피동접미사의 이형태 통합에서는 특이한 현상이 아닐 수 없다.

이러한, 'ㅅ'으로 끝나는 용언 다음에 통합되는 이형태 통합이 특이한 현상인 이유를 다음의 두 방면에서 찾을 수 있을 것이다. 첫 번째는 15세기 이전의 국어에서 *γ와 관련된 'ㄱ'의 특수성에서 그 이유를 찾는 것이다. 즉 피(사)동접미사의 기원적인 어형이 *γi(후술 3.3. 참조)이었다고 한다면 'ㅅ'의 'ㄱ'과 *γ가 비슷한(혹은 동일한) 영역에서 조음되었을 것인데, 15세기 이전의 어느 이른 시기에 유성마찰음 *γ와 관련되는 어떤 제약현상이 있지 않았을까 생각해 보자는 것이다. 이러한 추측은 'ㄱ'이나 'ㄹ'으

---

21) 그러나 15세기 문헌에 보이는 y 뒤의 'ㄷ~ㄹ'의 교체에 있어서나 현대국어 'ㄷ'불규칙 용언의 기술을 위해서 편의상 *δ를 사용하는 경우를 목격할 수 있다.

로 끝나는 용언 다음에 사동접미사의 이형태로, 피동접미사의 경우와 달리 'ㅣ'가 선택되었다는 점에서 가능한 접근 방법인 것처럼 보인다. 그러나 아직 고대 국어의 어간말 'ㄱ'에 대한 구체적인 논의[22]가 이루어지기 어렵다는 점에서, 그리고 피동의 경우에도 'ㄱ'이나 'ㄹㄱ'으로 끝나는 용언 다음에는 '히'가 선택되고 있었다는 점에서 아직은 접근하기 어렵다는 문제를 안고 있다. 두 번째로 가능한 접근은 15세기 이후의 피동접미사의 이형태 통합의 발달에서 그 이유를 찾고자 하는 것이다. 즉 15세기까지 선행하는 용언의 형태음소에 매우 규칙적으로 지배되던 피동접미사의 이형태 통합이, 음절말 자음들의 상이한 음운변화를 이겨내지 못하고 점차 표면음성형에 의지하게 됨으로써 더 이상 형태음소에 지배되는 규칙으로 남지 않게 되는데, 그 초기의 모습이 'ㅅ'으로 끝나는 용언 다음에서의 이형태 통합에서 나타났다고 이해하는 것이다. 다시 말해서 현대 국어의 피(사)동접미사를 15세기 이후에 발달한 것으로 간주되는 다양한 유추analogy 현상에 의해, 표면음성에 지배되는 이형태 통합규칙으로 변화되는 상태를 보여주는 것으로 간주해 보는 것이다. 이러한 접근방안은 'ㅅ'이 자음군이고 이형태 '기'도 존재하고 있었기 때문에 형태음소에 지배되던 통합규칙이 표면음성형에 바탕을 두는 다양한 유추 작용으로 넘어가는 과도기적 현상으로 근대국어, 현대국어의 경우와 관련하여 생각해 볼 수 있는 것이다. 그러나 이러한 접근이 첫 번째 방안과 별개의 접근방안이 아니라 상호관여적일 수도 있기 때문에 결국 'ㅅ'으로 끝나는 용언 뒤에서 보여주는 피동접미사 통합의 특수성을 이해하기 위해서는 15세기 이전과 그 이후의 국어에 대한 논의가 절실하게 요구된다고 할 수 있다.

---

22) 국어의 어중·어말 'ㄱ'의 성격에 대한 전반적인 논의로 이현희(1987)를 참조.

3.3. 사동접미사와 피동접미사의 상사성에 바탕을 두고, 우리는 피동접미사의 기원적인 단일형에 대하여 이기문(1972b : 94~95)의 논의를 그대로 받아들이고자 한다. 이기문(1972b)의 논의를 따라 피동접미사를 *ɣi로 재구하게 되면 15세기 피동접미사의 이형태는 통시적으로 다음과 같은 과정을 통하여 분화된 것으로 보인다.

> (27) ㄱ. *ɣ>ɦ / 유성음___(ㅁ은 제외) ⇒ ɦi
> 　　ㄴ. *ɣ>h / 무성폐쇄음___ ⇒ hi
> 　　ㄷ. *ɣ>k / {ㅅ, ㅁ}___ ⇒ ki

(27ㄱ)는 'ㅁ'을 제외한 유성음 다음에서 *ɣ가 ɦ로, (27ㄴ)는 무성폐쇄음 다음에서 *ɣ가 h로, (27ㄷ)는 'ㅅ'과 'ㅁ' 다음에서 *ɣ가 k로 변화함으로써 *ɣi에서 15세기 피동접미사의 이형태 ɦi, hi, ki가 분화된 과정을 보여준다. ɦi에서 ɦ의 변화에 따라, 다시 ɦi에서 15세기의 이형태 i, ri가 분화되었음을 다음과 같이 정리할 수 있다.

> (28) ㄱ. ɦ>ø / 모음___ ⇒ i
> 　　ㄴ. ɦ>r / ㄹ___ ⇒ ri

4. 결론

4.1. 음운론적으로 조건지어진 공시적인 이형태들의 상호 관계를 통시적으로 설명하려는 관점에서, 이 글에서는 15세기 피동접미사의 이형태와 그 교체환경을 공시적으로 분석하고 나서 그들의 분화 과정을 통시적으로

접근해 보았다. 논의한 내용의 결과를 간단히 요약하고 앞으로의 과제를 언급하는 것으로 이 글을 마무리 짓고자 한다.

4.2. 먼저 서론에서 피동접미사와 사동접미사의 상사성과 상이성을 논의하고 피동접미사만을 본고의 대상으로 하게 된 이유를 제시하였다. 2장에서는 15세기 피동접미사의 이형태와 그 교체환경을 공시적인 관점에서 분석하였다. 그 과정에서 우리는 체계를 중시하는 입장에 서서 'ㅈ'으로 끝나는 용언 다음에 '히'가 통합되는 것으로 분석하였다. 그렇다면 'ㅊ'으로 끝나는 용언 다음에도 '히'가 통합되는 것으로 분석해야 체계적인 분석이 될 것이라고 주장하고, 마찬가지로 유기음으로 끝나는 용언 다음에도 '히'가 통합되는 것으로 보아야 한다고 주장하였다. 이러한 논의 결과, 일부의 환경('ㅅ, ㅺ, ㅁ, ㄻ'으로 끝나는 용언)을 제외하면, 무성폐쇄음으로 끝나는 용언 다음에는 '히'가, 유성음으로 끝나는 용언 다음에는 '이'계 이형태가 통합된다고 할 수 있었다.

그런데 '이'계 이형태는 'ㆍ, ㅡ'로 끝나는 용언 다음에 통합되더라도, 선행하는 용언의 'ㆍ, ㅡ'가 탈락하지 않는 특성을 보이는 바, 그 이유를 다각적으로 검토한 결과 그 음가가 ɦi였기 때문이라는 결론을 끌어낼 수 있었다. 그 결과 피동접미사와 관련하여 제기되는 몇 가지 특이한 사실, 즉 '이'계 이형태 앞에서 용언의 'ㆍ, ㅡ'가 탈락하지 않는 이유, 피(사)동접미사에만 나타나는 'ㆀ'의 표기, '믈이-, 쓸이-'와 같은 표기의 출현 이유 등을 음운론적으로 설명할 수 있었다. ɦ는 15세기에 y, z, r 뒤에서만 제 음가를 유지하였다는 이기문(1972a, b)의 논의를 바탕으로 15세기 피동접미사의 '이'계 이형태로 i, ɦi, ri가 析出석출될 수 있었다.

이러한 논의를 바탕으로 'ㅅ, ㅺ, ㅁ, ㄻ'으로 끝나는 용언 다음에 '기'가

통합되는 것으로 볼 수밖에 없음을 논의한 결과, 15세기 피동접미사의 이
형태와 그 교체환경은 다음과 같이 기술될 수 있었다.

> (29) 15세기 피동접미사의 이형태와 그 교체환경
> i : 모음으로 끝나는 용언 다음
> $\hbar i$: y, r, (β), z로 끝나는 용언 다음
> hi : 무성폐쇄음으로 끝나는 용언 다음(단 'ㅅ'은 자음군단순화를 먼저
> 겪기 때문에 'ㅅ'으로 끝나는 용언과 같이 행동함.)
> ri : r로 끝나는 용언 다음(단, 15세기 후기에 출현함.)
> ki : 'ㅁ(ㄻ), ㅅ(ㄳ)'으로 끝나는 용언 다음

4.3. 3장에서는 피동접미사와 관련되는 음운사적 문제에 대하여 논의하
였다. 15세기 국어에서 피동접미사의 이형태 통합은, 표면음성형에 지배
되는 것이 아니라 선행하는 용언의 형태음소에 지배되고 있었다. 이것은
피동사 형성규칙이 15세기 이전의 어느 이른 시기에 생겼고, 그 당시의
규칙이 15세기에도 그대로 이어지고 있었음을 보여주는 것으로 이해하였
다. 이러한 맥락에서 현대국어 불규칙 용언의 15세기 어형으로 보아 두
형태의 피동사가 가능한데 특별히 하나만 허용되었던 이유도 찾을 수 있
었다. 또한 이 과정에서 'ㅸ, ㅿ'이 15세기 이전에 음소로 존재하였다는 내
적증거를 추가할 수 있었다.

그러나 이 시기의 피동접미사의 이형태 통합 방식이, 항상 선행하는 용
언의 형태음소에 지배되는 것만은 아니었다는 사실에 주목하였다. 즉 'ㅅ'
을 말음으로 가지는 용언은, 자음군단순화를 거친 후 이형태가 선택되는
것으로 분석할 수밖에 없었는데, 그것은 용언의 형태음소에 지배되는 다
른 모든 경우와 달리, 표면음성형에 지배되는 특이한 통합이었다. 이 경우

용언말 'ㄱ'과 관련된다는 점에서, 또한 사동접미사의 이형태 통합에서도 유독 'ㄱ'을 말음으로 가지는 경우에 'ㅣ'가 통합되는 특이성을 보여준다는 점에서 고대국어에서의 'ㄱ'의 특수성과 관련하여 그 이유에 대해 접근할 수 있음을 지적하였다. 또한, 15세기 이후에 점차 용언의 형태음소에 지배되는 교체 방식이 허물어지고, 다양한 유추 현상이 작용하게 되는 점과 관련하여 그것이 피동접미사의 이형태 통합방식의 변화를 반영하는 것으로도 이해하였으나, 그 구체적인 논의는 보류해 두었다.

마지막으로 우리는 이기문(1972b)의 논의를 바탕으로 피동접미사의 기원형을 *ɣi로 재구한 다음, 그 이형태로의 분화 과정을 통시적으로 다음과 같이 추정하였다.

(30) 피동접미사의 이형태 분화
　　ㄱ) *ɣi>ɦi / 유성음___(ㅁ제외)
　　　 *ɣi>hi / 무성폐쇄음___
　　　 *ɣi>ki / {ㅅ, ㅁ}___
　　ㄴ) ɦ>ø / 모음___
　　　 ɦ>r / ㄹ___

즉 ㄱ)에 의해 ɦi, hi, ki가, ɦi에서 ɦ의 변화에 따라 i, ri가 분화되어 15세기에는 다섯 가지 이형태가 존재하게 되었다.

4.4. 이상에서 피동접미사의 이형태와 그 분화 과정에 대한 논의를 전개하였으나 아직 남은 문제는 산적해 있다. 사동접미사와의 불규칙성과 관련하여, 피동접미사와 사동접미사의 상호 관계에 대한 논의는 중요한 과제로 남아 있다. 15세기 피동접미사의 이형태와 그 교체환경에 관련되

는 통시적 음변화의 시기 추정 작업과 아울러 15세기 이후의 변화과정이 논의된 다음에라야 피동접미사의 통시적 발달 과정이 하나의 축 선상에서 정리될 수 있기 때문이다. 특히 본고에서 통시적인 변화를 다룬 부분은 그 내용이 아직 초보적인 논의에 그쳤음을 시인하지 않을 수 없다. 이 외에도 앞으로 논의되어야 할 문제는 적지 않다. 시일을 두고 차근차근 접근하여야 할 것이다.

③ 15세기 색채형용사의 분화형과 그 통시적 특성*

1. 서론

중세국어 문헌에 보이는 고유어 색채형용사는 검다黑, 희다白, 프르다靑, 누르다黃, 븕다赤 등의 다섯 계열이 보인다. 이 다섯 계열의 각 계열별 어휘들은 그 형태가 매우 다양하면서도 형태들의 음상에 있어서 많은 有緣性유연성을 드러낸다. 청색을 형용하는 형태를 한 예로 들면, "프른, 프르니, 프르러, 퍼러코, 파라케, 퍼런, 파란, 퍼러ᄒ고, 파라ᄒ니" 등이 있다. 이 형태들간의 유연성은 다섯 가지 색채형용사에 거의 평행적으로 나타나는 체계성을 보여준다.

이러한 색채형용사의 유연성과 체계성을 바탕으로 색채형용사의 여러 형태들을 유형적으로 분류하여, 각 유형의 상호 관계를 통시적인 관점에서 체계적으로 검토하면 색채형용사의 분화 과정에서 드러나는 여러 가지 특징을 논의할 수 있을 것이다. 그런데 색채형용사에 대한 그동안의 연구

---

* 이 글은 같은 제목으로 『基谷기곡 강신항 박사 정년퇴직기념 국어국문학논총』(태학사, 1995 : 7~27)에 수록되었다.

는 주로 공시적 형태 분류의 관점에서 이루어졌다. 그리하여 다양한 형태들의 역사적인 분화 과정에 대해서는 그다지 체계적으로 논의된 적이 없었던 듯하다. 이에 색채형용사 분화형의 상호 관계를 통시론적인 관점에서 체계적으로 살펴본다면, 색채형용사의 분화 과정, 나아가서 국어 어휘 분화의 통시적 특징에 대해 이해의 폭을 넓힐 수 있을 것으로 기대된다.

이러한 관점에서 이 글에서는 색채형용사의 여러 유형이 분화되는 과정을, 음운론적·형태론적 특성을 고려하면서 검토해 보고자 한다. 이들 음운론적·형태론적 특성은 구체적으로 모음체계, '흐-'와의 통합현상이 중심이 될 것이다. 그러므로 이 글에서는 이러한 통시적 현상을 중심으로 색채형용사의 각 분화형에 대한 특징과 상호 관계를 살펴보고자 하는 것이다.

2. 색채형용사의 분화 과정과 통시적 음운현상

중세국어에서 한 계열의 색채를 형용하는 데에 다양한 형태가 사용되었다. 예를 들어 청색을 형용하는 형태로 "프르-, 프르-, 프를-, 퍼렇-, 파랗-, 퍼러흐-, 파라흐-" 등이 사용되었으나, 이 형태들이 분명하게 다른 색채의 차이를 구분하는 어휘들이 아니다. '프르-'는 녹색을 지칭하고, '프르-'는 청색을 지칭한다든가 하는 것이 아니며, '프르다/프르다', '퍼런/파란', '퍼러흐니/파라흐니', '퍼러케/파라케' 등도 마찬가지이다. 각 형태들은 같은 계열의 색채에 대한 정감의 상대적인 차이를 반영하거나 용법이나 분포에 있어서 차이를 보이는 것이다.

이들 다양한 형태는 다섯 종류의 색채마다 거의 평행적으로 나타난다.

'黑흑', '白백', '黃황', '赤적'의 의미를 나타내는 경우에도 '청'의 경우와 거의 같은 특징을 보여주는 것이다. '흑'에 대해서는 "검고, 감아, 거머케, 가마케, 거머ᄒ니, 가마ᄒ니" 등이 있으며, '백'에 대해서는 "희고, 히고, 허연, 허여케, 하야케, 허여ᄒ야, 하야ᄒ야" 등이 사용된다. 마찬가지 방식으로 '황'에 대해서는 "누르니, 노르니, 누러케, 노라케, 노라ᄒ야, 누러ᄒ야" 등이, '적'에 대해서는 "블거, 벌건, 벌거ᄒ고" 등이 사용되고 있는 것이다. 이렇게 각 계열의 색채를 형용하는 여러 형태들이 다섯 가지 색채에 대체로 평행적으로 나타난다는 점에서, 그리고 각 형태들 간의 깊은 유연성이 드러난다는 점에서 색채형용사의 특징이 잘 드러난다.

이 글에서는 색채형용사들의 여러 형태들에 대한 분화 과정을 체계적으로 검토하는 데에 관심을 둔다. 그러므로 먼저 '청, 흑, 백, 황, 적'을 형용하는 데에 평행적으로 나타나는 형태들을 유형화하고 나서 각 유형화된 어형들의 상호 관계를 통시적인 관점에서 검토함으로써 색채형용사의 분화 과정을 검토해 보기로 한다. 먼저 대표적으로 청색 계통의 색채를 형용하기 위해 사용된 형태들을 중심으로 유형화한 다음 각 유형별로 다섯 색채의 특성을 살펴보기로 한다. <표1>에서 각 형태들을 체계적으로 유형화하고 그 예들을 (1)에 제시한다.[1]

<표1>		A	B	C	D
	a	프르-	퍼러-	퍼러ᄒ-	퍼렇-
	b	프ᄅ-	파라-	파라ᄒ-	파랗-

---

[1] 우리의 논의 대상에서 '프를-'과 '누를-'은 제외한다. 이들 두 형태는 다른 계열의 색채형용사에는 보이지 않아 색채형용사의 체계성에서 벗어나기 때문이다. 이들 어휘에 대해서는 별도의 고찰이 있어야 할 것으로 생각된다.

(1) マ른미 <u>프른니</u> 새 더옥 히오(杜初 10 : 17a)
　　<u>프른</u> 프를 帶ᄒ얫ᄂ니(杜初 6 : 50a)
　　<u>퍼런</u> 뫼히 새집 對ᄒ미라(南明 上 : 2a)
　　눈 <u>파란</u> 되ᄂ 達磨룰 슬오니(南明 上 : 68a)
　　<u>퍼런</u> 뫼히 새집 對ᄒ미라(南明 上 : 2a)
　　눈 <u>파란</u> 되ᄂ 達磨룰 슬오니(南明 上 : 68a)
　　묽 나못그티 <u>퍼러ᄒ고</u>(杜初 6 : 48b)
　　妙有實相ᄋ 버들 <u>파라ᄒ며</u>(南明 上 : 7b)
　　구루믈 니서 <u>퍼러커늘</u>(南明 上 : 20b)
　　눈 소밴 瞳人이 <u>파라코</u>(金三 3 : 48)

　　<표1>의 분류는 가로축과 세로축에 따라 그 분류의 기준이 다르다. 세로축의 분류는 음성모음형과 양성모음형의 분류이다. a열에 있는 형태들은 음성모음형이고 b열에 있는 형태들은 양성모음형이다. 이러한 세로축에서의 a열과 b열에 의한 대립형은 발화자의 색채에 대한 주관적인 정감을 상대적으로 드러내는 특성을 보인다고 지적되어 왔다. 음성모음형과 양성모음형의 계열은 각각 심중한 느낌을 주거나 경박한 느낌을 준다는 것이다.[2] 다시 말하면 양모음 계열은 가볍고 밝고 경쾌한 느낌을 주는 반면, 음성모음 계열은 보다 무겁고 어둡고 둔중한 느낌을 준다는 것이다.

　　기존의 연구에서, 세로축의 어형이 음운론적인 관심을 끌었던 것이라

---

2) 이숭녕(1960/1988 : 149)에서는 모음 대립의 상관성적 particularité를 구명함으로써 모음조화와 음색의 양자의 대립이 동기원의 분기적 발달이라고 주장하면서 국어 모음의 대립이 '음색'이란 상관성으로 대립되는 것으로 간주한다. 이 과정에서 음색적 상관성이란 술어를 만든다. 여기에서 음색이란 sense의 대립의 차이를 구유한 것이고 그것이 나아가서 의미까지 대립하게 만드는 것이 국어 음색의 대립이라고 설명한다. 그러한 대립이 meaning에 다음과 같은 sense를 부과하는 것으로 간주하고 있다.
　　경박 계열 : 경, 명, 심, 탁, 후, 유, 원, 소, 조, 대, 다, 광, 완, 장,……
　　심중 계열 : 중, 암, 천, 청, 박, 강, 근, 친, 밀, 소, 소, 협, 급, 단,……

면, 가로축의 어형들은 형태론적인 관심을 끌었던 것들이다. 가로축의 A, B, C, D항은 형태들이 부분적으로 같으면서도 부분적으로 달라, 형태론적 분석에 관심이 두어졌던 것이다. 그런데 <표1>의 가로축에서 특이하다고 할 수 있는 점은 유형(B)의 설정이다. 유형(B)는 최명옥(1988b)에서 단일 기저형 설정의 문제점을 논의하는 자리에서 제시되었던 형태이다. 이 유형 (B)에 대한 세부적인 논의는 다른 유형과의 관련성을 중시하면서 논의하는 과정에서 그 성격이 드러나게 될 것이다.

<표1>에서 분류한 가로축을 순서대로 검토해 보기로 한다. 먼저 A항을 검토하기로 한다. <표1>에 분류된 유형 가운데 15세기에 가장 널리 쓰였던 유형은 A유형(즉 Aa와 Ab)이다. 물론 색채에 따라 차이는 있으나 유형(A)는 어떠한 환경에서나 거의 제약 없이 사용되었으며, 각 색채를 형용하는 데에 가장 널리 사용되었던 형태라고 할 수 있다. 유형(A)의 형태를 각각의 색채별로 살펴보면 다음의 <표2>와 같다. 각각의 형태에 대한 예문은 그 아래에 들기로 한다.

<표2>	흑	백	청	황	적
음모음	검-	희-	프르-	누르-	븕-
양모음	감-	히-	프ᄅ-	노ᄅ-	붉-

(2) 터리 슬피 <u>검고</u>(杜初 17 : 6a)

　　<u>가몰</u> 현 玄(字會 中 : 29b)

　　<u>흰</u> ᄆᄃ 서르 비취엿도다(杜初 25 : 2)

　　ᄀᄅ미 <u>프르니</u> 새 더옥 히오(杜初 10 : 17a)

　　<u>프른</u> 프를 帶ᄒ얫ᄂ니(杜初 6 : 50a)

　　<u>프론</u> 시미 어즈럽도다(杜初 7 : 36)

　　츳뿔 ᄒ 져봄 <u>누르게</u> 봇그니와롤(救簡 6 : 38a)

비치 <u>노르고</u> 香氣저스니라(月釋 1 : 44b)
<u>블근</u> 곳갈 슨(杜初 6 : 5a)
馬寶논 무리니 비치 <u>불가ᄑᆞ라코</u>3)(月釋 1 : 27b)

　　<표2>에 제시된 유형(A)의 색채형용사들의 기원형이 모두 분명하게
밝혀져 있지는 않다. 그러나 기존의 논의를 바탕으로 할 때, 각 색채형용
사들의 기원형에 보다 근접된 유형은 대체로 음모음형이다. '*플'에서 '프
르-'가 나왔고 '*블'에서 '붉-'이 만들어졌다는 추정4)이 그러한 것이다. 그
러나 '희-'[白]나 '검-'[黑]의 기원형을 분명하게 제시하기 어려운 상태에 있다.
'회-/희-'를 '힉'[日]에서 기원을 찾으려는 태도나 '검-/감-'에 대한 기원형을
추정하기 어려운 현 상황에서는 음모음형이 기원형에 가깝다고 일률적으
로 단정할 수는 없다.5)

　　이러한 점을 염두에 두면 대체로 색채형용사는 어떤 기원형에서 하나의

---

3) '불가ᄑᆞ라코'의 '불가'가 '적'을 의미하는지는 분명하지 않다. 어찌보면 '明명'을 의미하는
　 것으로 보이기도 하기 때문이다. 본문에서 지적한 대로 '불가'가 단독으로 사용된 예는
　 찾을 수 없었다. 그러나 '벌거'가 단독으로 사용된 예가 보이고, '발간' 등을 통하여 '벌거'
　 가 있었으리라 추정할 수 있다.
4) 위의 표에서 우리는 '붉-'의 모음조화상의 대립쌍인 '붉-'을 색채형용사의 전 체계를 고려
　 하여 赤적의 의미를 가지고 있는 것처럼 제시하였다. 그러나 '붉-'은 15세기에 赤적의 의
　 미가 아니라 明의 의미로 사용되었다. 그러나 다른 색채형용사와 체계성을 고려하거나
　 '발간'과 '벌건', '빨강색'이나 '빨간색' 등을 고려하여 '붉-'도 한 때 赤적의 의미를 가졌던
　 것으로 추정한다.
5) 만일 국어의 모든 색채형용사의 기원에 가까운 어형이 음모음형이라고 한다면 국어의
　 모음교체는 음모음형을 기본형으로 간주할 수 있는 근거를 마련해 준다고 할 수 있다.
　 그리하여 국어의 모음교체는 음모음형에서 양모음형으로 행해진다는 논의를 할 수도 있
　 을 것이다. 그러나 적어도 국어 색채형용사에 있어서 그러한 주장을 하기는 어렵다. 이
　 것을 바꾸어 말하면 모음교체를 보이는 어형이 어느 시기에 모두 양모음형이 기본형이
　 었고 거기에서 음모음형으로 모음교체가 이루어졌다고 할 수 없다. 다시 말하면 아주 이
　 른 시기라 하더라도 모음조화상의 대립을 바탕으로 모음교체를 보이는 어형들에 대해
　 어느 한 유형을 일률적으로 기본적인 어형이라고 단정 짓는 문제에 있어서는 신중을 기
　 할 일이다.

형태가 먼저 만들어지고 난 다음, 모음조화에 따른 모음의 교체를 통하여 대립을 보이는 형태가 만들어졌다고 할 수 있다. 즉 음모음형이 기본형에 보다 가깝다면 거기에서 모음교체를 통하여 양모음형으로 만들어지고, 양모음형이 기원형에 보다 가깝다면 거기에서 모음교체를 통하여 음모음형이 만들어졌다고 할 수 있다. 이러한 논의 결과는 국어 색채형용사의 기원형에 가장 가까운 유형이 <표1>의 유형(A)이라는 점과, 유형(A)의 어떤 어형이 기원형에 보다 가깝다면 유형(A)의 다른 어형은 모음교체에 의해 생성되었다는 것을 말해 준다.

유형(B)는 기존의 논의에서 그 독자적인 중요성을 인정받지 못하던 형태들이다. 그 각각의 형태들이 나타나는 환경과 사용상의 특징을 살펴보기로 한다.

<표3>		흑	백	청	황	적
	음모음	거머-	헤여(허여-)	퍼러-	누러-	벌거-
	양모음	가마-	해야(하야-)	파라-	노라-	발가-

(3) 四面이 <u>거머</u> 어득 져믓 天地寂寞 가치노을 썻논듸(靑丘 120)

누니 <u>가마</u> 어듭거든(救簡 6 : 48)

비 우희 <u>허여</u> 셴 沙工이(靑丘 27)

<u>해야</u> ᄀᆞᄅᆞ맷 고기는(杜初 23 : 31)

<u>퍼런</u> 뫼히 새집 對호미라(南明 上 : 2a)

눈 <u>파란</u> 되는 達磨를 술오니(南明 上 : 68a)

<u>누러</u> 이우더니(金三 5 : 45)

<u>벌건</u> 화로(南明 上 : 69)

<표3>에는 예6)를 찾지 못한 형태로 '노라'와 '발가' 둘이 있다. 이러한

형태들은 현대국어에서 '노란', '빨간' 등으로 미루어, 그리고 동일 계열의 '누러'와 '벌거' 등을 통하여 모음조화상 대립되는 양모음의 형태로 '노라'와 '발가'가 있었으리라 추정된다.

유형(B)의 어형들은 전통적으로 "거머ᄒ-, 허여ᄒ-(또는 헤여ᄒ-), 퍼러ᄒ-, 벌거ᄒ-" 등의 유형(C)에서 "ᄒ-"가 수의적으로 탈락된 어형으로 간주되어 왔다. 다시 말하면 유형(B)에 제시된 형태들은 "어간+부동사어미 '-아/어'+'ᄒ-'"로 구성되는 유형(C)의 형태들 중에서 구성의 앞부분 즉 "어간+부동사어미"로 되었다는 것이다.7) 이러한 주장은, 그 어간형을 '거머'와 '가마'가 유형(A)로서 존재하는 '검-'과 '감-'에 부사형 어미 '-아/어'를 결합시킨 구성에서 추정한 것이다. 그러나 이러한 주장에는 검토되어야 할 문제가 있다. 유형(B)를 "어간+부동사어미"의 구성으로 이해하게 될 때, 각 어형의 어간은 '검-'과 '감-', '허(헤)-'와 '하(해)-', '펄-'과 '팔-', '눌-'과 '놀-', 그리고 '벍-'과 '밝-'이 되는데, 이 가운데 '검-'과 '감-'을 제외하면 이들을 어간으로 볼 수 있는 근거가 무엇인가 하는 문제가 생기게 되는 것이다.8)

먼저 위에 제시된 형태를 그대로 어간으로 잡아도 문제가 없느냐 하는 것이다. 이러한 어간 형태들이 부사형 어미와의 통합 외에 다른 어미와의 통합이 보이지 않는다는 점에서 문제가 단순한 것이 아님을 말해 준다. 유

---

6) 15세기 문헌에서 예를 찾지 못한 경우에는 그 이후의 문헌도 보조자료로 이용하였다. 그리고 각 문헌에 대한 약칭은 국어학계의 관례에 따른다. 초간본과 중간본을 표시하지 않은 문헌은 초간본을 가리킨다.
7) 유창돈(1975), 허웅(1983), 이현희(1985) 등을 참조.
8) 이현희(1985, 1986)에서 추정한 '눌-'과 '놀-'을 받아들인데 있어서의 문제점은 이들 어간에 부사형 어미 '-아/어'가 결합된 것으로 볼 때 그 다음에 다시 관형사형 어미 'ㄴ'이나 'ㄹ'이 결합된다는 점이다. '거먼, 파란, 누런, 하얄, 벌걸' 등이 어떻게 가능한가? 또한 '눌-'과 '놀-', '펄-'과 '팔-'은 "-아/어 ᄒ다" 구성의 통합 이외에는 다른 어떤 어미와의 통합 예도 보이지 않는다는 점도 해결해야 할 문제이다.

형(B)의 형태들 가운데 '검-'과 '감-'은 그러한 제약을 보이지 않으나, 그 나머지 어형은 모두 그러한 제약을 보이고 있기 때문이다.

그런데 문제는 여기에 그치지 않는다. 유형(A)와 유형(B)가 상호 밀접한 관련을 가지면서 어느 한 유형에서 다른 한 유형이 분화된 것이라고 한다면, 기원형에 보다 가까운 유형(A)에서 유형(B)가 생성된 것으로 보아야 할 것이다. 그런데 유형(A)에서 모음교체를 통하여 이들 어간이 형성되었다고 할 때, 2음절 어간인 경우에 문제가 제기된다. 2음절 어간이 모음교체를 통하여 새로운 어간형이 만들어지면서 왜 1음절 어간형으로 되었느냐는 문제이다. '프르-'와 '푸르-'가 모음교체를 하면 '파라-'와 '퍼러-'가 될 텐데 어떻게 '팔-'과 '펄-'이 되었느냐 하는 문제가 제기된다. 이러한 문제점은 유형(A)에서 2음절 어간형인 '노라'와 '누러'의 경우에도 그대로 제기된다. '노라'와 '누러'는 모음교체를 하지도 않았는데 어떤 과정을 거쳐서 '놀-'과 '눌-'로 어간이 재형성되었느냐 하는 것이다.[9]

이런 점에서 이 글에서는 유형(B)의 어형들은 유형(A)에서 모음교체를 통하여 분화된 것으로 받아들인다.[10] 그러므로 곧바로 유형(B)의 어형들

---

9) 물론 이러한 분석에서도 '누르-/노라'보다 '-아/어 ᄒ다' 구성의 분석을 통하여 분석해 낸 '눌-/놀'이 기원형에 가깝다고 간주할 수도 있다. 그러나 이런 관점에 설 때, 분석의 과정은 '퍼러ᄒ-/파라ᄒ-'에도 동일하게 적용해야 할 것이다. '퍼러ᄒ-/파라ᄒ-'를 '누러ᄒ-/노라ᄒ-'와 동일한 방식으로 분석하면 어간형이 '펄-/팔-'이 되는데, 아무래도 '펄-/팔'에 형태소 자격을 줄 수는 없기 때문에 이러한 분석보다는 기존의 논의에 따르는 것이 좋을 듯하다. 즉 '팔'에서 '프르-'가 형성되고 거기에 모음교체가 이루어져 '푸르-'가 만들어진 것으로 간주한 다음 이들 어형이 모음교체를 거쳐 '퍼러'와 '파라'가 형성된 것으로 보는 것이 보다 자연스러운 설명이 된다고 생각된다.

10) 이러한 태도는 사실은 새로운 것이 아니다. 이미 이기문(1954)이나 유창돈(1975)에서도 이러한 관점에서 논의를 전개하고 있으며, 명시적인 언급은 없지만 허웅(1975)도 이러한 관점 위에 있는 것으로 생각된다. 물론 이러한 태도를 형성하게 된 과정이 명시적으로 기술되어 있지 않다. 그리하여 그 어간(또는 어근)에 대한 논의로 나아가지 못하고 있는 것이다.

이 "어간+부동사어미 '-아/어'"로 되었다고 할 수는 없다. 앞에서 지적한 대로 '검-'과 '감-', '허(또는 헤)-'와 '하(또는 해)-', '펄-'과 '팔-', '눌-'과 '놀-', '벍-'과 '밝-' 가운데 '펄-'과 '팔-', '눌-'과 '놀-'은 합당한 분화형이 아니기 때문이다. 여기에서 우리는 모음교체를 재검토할 필요를 느끼게 된다.

'검-/감-'을 제외한 나머지 어형은 유형(A)에서 모음교체를 통하여 형성되었다는 것이 일반적인 견해이다. 그런데 색채형용사의 유형(B)가 유형(A)에서 모음교체를 통하여 만들어지는 과정에 대해서 언급하고 있는 유창돈(1975 : 362)에서는 '검-'과 '감-'만이 아니라 '누르다/노르다'가 '너렇다/나렇다'로 되지 않은 점도 논의하고 있다. 즉 유창돈(1975)에서는 '누르다/노르다'가 '너렇다/나렇다'로 되지 않은 이유가 어간의 모음이 'ㆍ'나 'ㅡ'가 아니기 때문이라고 함으로써 제1음절의 모음교체에만 관심을 보이고 있다. 그러나 어간이 2음절로 되어 있는 '프르다/프르다'나 '누르다/노르다'의 경우에는 제2음절의 모음교체에 대해서도 논의가 필요하다. 기존의 논의에서 유형(B)의 어간(또는 어근)을 추출해 내는 과정에서 생기는 문제가 여기에 이유가 있는 것으로 보이기 때문이다.11)

그런데 그 모음교체는 1음절에서만 허용되는 것처럼 간주되어 오고 있다. 그러나 이들 유형(A)의 2음절로 된 어간에서 제2음절의 모음은 ablaut현상과 무관하다고 할 아무런 근거는 없는 것으로 생각된다. 1음절에서 'ㆍ'나 'ㅡ'가 각각 'ㅏ'나 'ㅓ'로 교체되듯이 제2음절에서도 어간의 'ㆍ'나 'ㅡ'는 'ㅏ'와 'ㅓ'로 교체되는 것으로 간주하는 것이 자연스러운 태도라고 생각된다.12) 이러한 관점에서 이 글에서는 '프르-'와 '프르-', '누르-'와 '노르-'의

---

11) 유창돈(1975)에서는 제2음절에서의 모음교체를 고려하지 않았기 때문에 '누러ᄒ다/노라ᄒ다'가 '너렇다/나렇다'로 되지 않은 것을 '퍼러ᄒ다/파라ᄒ다'와 다른 것으로 간주하고 있다. 이러한 태도가 그동안의 논의에 지배적이었던 것으로 생각된다.

12) 물론 제2음절에서의 모음교체도 "자음들이 같다고 해서, 의미에 일면적 유사성이 있다

2음절에 있는 'ㆍ'와 'ㅡ'가 'ㅏ'와 'ㅓ'로 교체가 이루어진 것으로 간주한다. 즉 모음교체를 통하여 '프르-'와 '프르-'는 '퍼러'와 '파라'로, '노르-'와 '누르-'는 '노라'와 '누러'가 된다. 이렇게 생성된 어형이 표면적으로는 부사형 어미가 결합된 모습을 띠게 된다. 그러므로 '거머', '가마'의 패러다임이 평준화되어 '허여', '하야', '퍼러', '파라', '누러', '노라', '벌거', '발가'도 부사형의 모습을 띠게 된다고 할 수 있다. 그러나 모음교체된 어간이 그대로 패러다임의 평준화를 통하여 되었다는 주장보다는 그 어간형에 각각 부사형 어미가 결합되었으니 부사형 어미는 선행 어간의 마지막 모음과 동일 모음이기 때문에 히아투스 회피 현상이 일어난 것으로 이해하는 것이 보다 자연스러운 해석이 될 것으로 보인다.

  그런데 이현희(1985, 1986)에서 '펄-'과 '팔-', '놀-'과 '눌-'로 어간을 잡으면서 중시한 내용은 사실 모음교체와 관련되는 음운현상이 아니었다. 오히려 그 과정에서 중시한 내용은 특수어간의 교체와 관련되는 형태음소론적 현상이었다. 이현희(1985, 1986)에서는 黃色황색을 논의의 주 대상으로 하였는데 '노라'의 어간형을 '노르-'와 '누르-'로 잡을 경우 중세 국어 시기에 보이는 특수어간 교체에 따르는 어형이 된다. 그렇다면 어간이 부동사어미 '-아/어'와 통합되면 '놀라'나 '놀아', '눌러'나 '눌어'가 되어야 하는데 그러한 특수어간 교체의 모습을 보이지 않기 때문에 어간을 '눌-'과 '놀-'

고 해서 다 同源語동원어라고 볼 수 없기 때문에, 원칙적으로 'ㅇ/ㅡ', 'ㅏ/ㅓ', 'ㅗ/ㅜ' 등에 국한해야 할 것이다(이기문, 1983 : 152). 그러나 본고에서의 모음교체는 이미 앞에서 많은 논의를 하였듯이 체계적으로 'ㆍ'와 'ㅡ'가 각각 'ㅏ'와 'ㅓ'로 되는 모습을 보이기 때문에 이러한 부류의 체계적인 모음의 교체도 ablaut 현상에 포괄하는 입장을 취한다. 그러나 이러한 'ㆍ'와 'ㅡ'의 'ㅏ'와 'ㅓ'로의 모음교체는 한정된 범위에서 체계성이 확인될 경우에 국한된다. 다시 말하면 본고에서도, 이기문(1983)에서 지적된 바와 같이, '붉-[明]과 '붉-'[赤], '늙-'[古]과 '늙-'[老], '남-'[越, 餘]과 '넘-'[越] 등의 모음교체에 대해서는 온당하다고 생각하지만, '및-'과 '못-', '놀-'과 '놀-'과 '닐-', '실'[絲]과 '살'[箭]과 '솔'[松] 등의 예들은 모음교체에 의한 분화로 받아들이지 않는다.

로 잡았던 것으로 추정된다.

그러나 유형(A)의 어간 '노른-'와 '누르-'가 제2음절에서도 모음교체를 하면 특수어간 교체를 하는 어형이 아니게 된다. 즉 어간(또는 어근)이 '노라-'와 '누러-'로 만들어지게 되므로 특수어간 교체와는 무관한 어형이 만들어지게 되는 것이다. 이러한 현상은 '프르-'와 '포른-'가 모음교체를 통하여 생성되는 '파라-'와 '퍼러-'에서도 마찬가지로 나타난다.13) '거머/가마', '하야(해야)/허여(헤여)', '벌거/발가' 등을 고려하면, 이렇게 모음교체를 통하여 형성된 '누러-'와 '노라-', '퍼러-'와 '파라-'에 부사형 어미 '-아/어'가 결합되는 것으로 간주된다. 결국 이들 모음교체된 어형인 '누러-'와 '노라-', '퍼러-'와 '파라-'에 부사형 어미가 결합되면 히아투스 회피 현상이 일어나 동일한 모음 가운데 하나가 탈락되게 되는 것이다. 이러한 관점에서 우리는 위의 유형(B)는 모음교체와 히아투스 회피 현상이 적용되어 만들어진 어형으로 간주한다.

결국 유형(B)의 어형들은 유형(A)의 어간에 모음교체 현상이 일어나 만들어진 것이라 할 수 있다. '검-'과 '감-'은 이미 어간이 'ㅏ'나 'ㅓ'로 되어 있으므로 모음교체와는 무관하다. 그러므로 이들 어간은 제1유형의 부사형과 다르지 않다. '하이-'(또는 해-)와 '허이-'(또는 '헤-')는 유형(A)의 '희-'와 '히-'에서 'ㅡ'와 'ㆍ'가 'ㅓ'와 'ㅏ'로 모음교체가 일어나 형성된 것이다. 그리고 '퍼러'와 '파라'는 유형(A)의 '프르-'와 '포른-'에서 제1음절과 제2음절 모두에 모음의 교체현상이 일어나 만들어진 것이며, '누러-'와 '노라-'는 유형(A)의 '누르-'와 '노른-'의 제2음절의 모음에 교체현상이 일어나 만들

---

13) 이기문(1954), 유창돈(1975), 허웅(1975), 이현희(1985, 1986) 등에서는 제2음절의 모음교체에 대해서는 언급하고 있지 않다. 그러면서도 '-아/어 ᄒᆞ다' 구성과 결합된 것으로 간주함으로써 어간(또는 어근)이 어떤 형태로 어떠한 과정을 통하여 형성되었는지 구체적인 논의를 하지 않았다.

어진 것으로 간주된다. 마지막으로 '벌거'와 '발가'는 '븕-'과 '붉-'에서 제1 음절에 모음교체 현상이 일어나 만들어진 어형이라고 할 수 있다.14)

유형(C)는 유형(B)에 'ᄒ다'가 결합된 유형이다.

<표4>	흑	백	청	황	적
음모음	거머ᄒ-	허여ᄒ-	퍼러ᄒ-	누러ᄒ-	벌거ᄒ-
양모음	가마ᄒ-	하야ᄒ-	파라ᄒ-	노라ᄒ-	발가ᄒ-

   (4) 거머ᄒ야 아디 몯홀시(南明 下 : 70)

      서근 뼈 허여ᄒ야(杜初 16 : 33)

      物이 하야ᄒ야(杜初 8 : 53)

      묽 나못그티 퍼러ᄒ고(杜初 6 : 48b)

      妙有實相온 버들 파라ᄒ며(南明 上 : 7b)

      ᄀᆞᄅᆞ미 雲霧ㅣ 누러ᄒ도다(杜初 10 : 45)

      곳 벌거ᄒ 뜨디라(南明 上 : 7b)

유형(C)에서도 몇몇 예를 찾지는 못하였다. '가마ᄒ-', '노라ᄒ-', 그리고 '발가ᄒ-' 등의 세 예를 발견하지 못한 것이다. 이들 예들도, 유형(B)와 마찬가지 방식으로 빈칸이 채워질 수 있으리라 생각된다.

유형(C)는 "형용사어간+부동사어미 '아/어'+'ᄒ-'"의 구성으로 간주되

---

14) 여기에서 '붉-'이 이미 15세기에 '赤적'의 의미가 아니라 '明명'의 의미로 사용되고 있었다는 점에서 '붉-'에서 '밝-'(그리하여 부사형 어미가 통합되면 '발가'가 된다.)이 분화된 것이 아니라고 할 수도 있다. 다시 말하면 이러한 유형(2)의 분화 과정에서 보여주는 모음교체가 'ㅡ'와 'ㆍ'가 각각 'ㅓ'와 'ㅏ'로 되는 것이 아니라고 할 수도 있다. 물론 그런 입장을 받아들인다면 모음교체는 음모음형에서만 일어나고 그러한 모음교체를 통하여 만들어진 음모음형에서 다시 양모음형이 만들어졌다고 할 수 있을 것이다. 이러한 논의는 모음교체에 대한 논의가 앞으로 더 정밀하게 이루어져야 할 것임을 말해 준다. 이 글에서는 모음체계를 고려하여 'ㅡ'는 'ㅓ'로 'ㆍ'는 'ㅏ'로 모음교체가 일어난 것으로 간주한다.

어 왔다(유창돈, 1975 ; 허웅, 1975 ; 이현희, 1985 등). 여기에서 '호-'는 선행 어간의 상태성을 강조하기 위해 결합되었다고 한다(이현희, 1985, 1986). 그러나 일반적으로 상태동사에 '호-'가 결합되면 상태성이 동작성으로 전환된다(심재기, 1982). 그런데 색채형용사의 경우에는 상태성이 동작성으로 전환되는 것이 아니라, 상태성을 강조하는 기능을 가진다고 할 때 그 특이성을 설명하기 어렵다. 여기에서 상태성의 강조가 무엇을 의미하는지 분명하지 않다. '호-' 없이도 상태성을 나타낼 수 있는 용언어간에 굳이 상태성이 강조되는 것은 무엇이며 그러한 상태성을 강조한 결과가 상태성을 강조하지 않은 경우와 어떻게 차이가 나느냐 하는 것인데 그것이 분명히 드러나지 않는 것이다. 말하자면 '호-'가 있고 없음의 차이를 통하여 강조 효과를 발견할 수 없는 것이다.

우리는 유형(B)와 '호다'가 결합된 유형(C)의 분포에 주목한다. 다음의 예 (5ㄱ)과 같이 유형(B)는 주로 수식 구성에 사용되는 반면, 유형(C)는 예 (5ㄴ)과 같이 서술 구성에 사용된다.15)

(5) ㄱ. 퍼런 뫼히 새 집 對호미라(南明 上 : 2a)
　　　 파란 옷 니븐 각시라(月釋 2 : 43a)
　　　 *누니 가마 어듭거든(救簡 6 : 48)
　　　 *비 우희 허여 셴 沙工이(青丘 27)
　　　 해얀 ㄱ른맷 고기는(杜初 23 : 31)
　　　 누런 고지(永嘉 上 : 116)
　　 ㄴ. 됴훈 프리 퍼러호야(杜初 17 : 25b)

---

15) 허웅(1983)에서는 '호'가 고룸소리 씨끝 위에서 흔히 줄어지는 일이 있다고 하면서 줄지 않은 어형으로 다음의 한 예를 제시하고 있으나, 그 예도 선행하는 주어의 서술어 역할을 수행하는 관계관형절에 사용된 예이다. 예 : ㄱ룺ㄱ싀 蓋 퍼러호 듯호도다(杜初 18 : 21).

ᄀᆞᄅ미 雲霧ㅣ <u>누러ᄒᆞ도다</u>(杜初 10 : 45)
두 즘게 남기 다 <u>하야ᄒᆞ야</u>(南明 上 : 51a)
<u>벌거ᄒᆞ미</u> 어긔엿도다(杜重 10 : 38)
性에 ᄣᅥ 이시면 어드워 <u>거머ᄒᆞ니라</u>(南明 下 : 15a)

위의 예16)를 통하여 알 수 있듯이, 유형(B)는 관형사형 어미가 결합되어 주로 수식 구성에 사용되는 반면 유형(C)는 주로 주 문장의 서술어 역할을 하는 것이다.17) 분포를 중시하는 우리의 입장은 유형(B)와 유형(C)가 동일 기능을 수행한다고 볼 수도 있지만, 'ᄒᆞ다'에 의해서 양자 사이에는 그 분포와 용법에 차이가 있다고 보는 것이 타당하다고 생각한다. 다시 말해 유형(A)에서 모음이 교체된 유형(B)는 수식 기능을 담당하고 'ᄒᆞ다'가 결합된 유형(C)는 서술 기능을 수행한다는 것이다. 이러한 관점에서 동일한 형태에 'ᄒᆞ다'가 결합됨으로써 서술 구성에 사용되는 유형(C)의 특징은 'ᄒᆞ다'의 특성에 기인하는 것이라고 할 수 있다. 다시 말하면 유형(C)는 유형(B)와 동일하지만 'ᄒᆞ다'가 결합됨으로써 서술 기능을 부여받게 되는 것으로 간주된다.

그런데 여기에서 문제되는 것은 유형(B)가 기존의 논의에서는 유형(C)

---

16) 위에서 *표시를 한 '가마'와 '허여'는 수식 구성이 아니라고 할 수도 있다. 그러나 이러한 '가마'와 '허여'는 유형(A)에서 모음교체를 통하여 형성된 어간에 바로 부사형 어미 '-아/어'가 결합된 어형이므로 수식구성을 만족시키지 않는다고 해도 우리의 논의에 큰 문제가 되지는 않는다. 이러한 구성은 유형(B)가 만들 수 있는 비통사적 합성어가 아니라, 유형(B)의 어간에 부사형 어미가 결합된 통사적 구성으로도 충분히 가능한 형태이기 때문이다.

17) 물론 여기에서 유형(A)는 배제된다. 유형(A)는 관형사형 어미와도 결합되어 수식 구성에도 자유롭게 사용되면서 또한 서술 구성에도 특별한 제약 없이 사용된다. 이러한 특성으로 인하여 유형(A)는 다른 유형과 달리 독립 형태소라 할 만한 것이고, 나머지 유형은 그 분포와 기능을 고려하여 형태소와 이형태 관계가 논의되어야 함을 의미한다. 그러나 본고에서는 색채형용사의 분화 과정에 관심을 두기 때문에 형태소와 이형태 관계에 대해서는 논의하지 않기로 한다.

또는 유형(D)와 같은 것으로 간주되어 왔다는 점이다. 그러나 유형(B)의 어형을 유형(C)나 유형(D)와 완전히 동일한 것으로 간주할 수는 없는 것으로 보인다. 왜냐하면 유형(C)나 유형(D)는 유형(B)와는 달리 'ᄒ다'가 있거나 'ᄒ다'와 관련되는 음이 표면에 드러나 있다. 그러나 유형(B)에는 'ᄒ다'와 관련되는 어떤 음상도 보이지 않는다. 이런 특성을 기존의 연구에서는 'ᄒ다'의 'ᄒ-'가 탈락한 것으로 간주하였다. 말하자면 유형(B)가 유형(C)와 동일하지만 유형(C)에서 'ᄒ-'가 탈락된 어형이라는 것이다.

그러나 이러한 주장에는 다음과 같은 몇 가지 문제가 있다. 왜 'ᄒ-'가 수식 구성에서는 필수적으로 탈락되며 서술 구성에서는 그렇지 않은가? 그것은 'ᄒ-'가 상태성을 강조하기 위하여 첨가된 것이라는 주장에서도 떠안게 되는 문제점이라고 할 수 있다. 이러한 어려움을 해결하는 방안은 유형(B)와 유형(C)(또는 유형(D))의 동일한 형태를 보이는 부분, 즉 "색채 형용사의 어근(또는 어간) + 부사형 어미 '-아/어'"로 구성된 것으로 보이는 어형을 동일한 형태로 간주하는 것이라고 할 수 있다.

그렇다면 이제 우리의 논의 대상은 이들 유형(B), 유형(C), 유형(D)에서 동일한 형태를 보이는 유형(B)의 성격이다. 이 어형이 어간 자체에 부동사어미가 결합된 것이라든지 아니면 모음교체를 통해 형성된 어근에 부동사어미가 결합된 것이라고 하는 것은 이들이 분화되는 과정에서의 문제이다. 그러므로 이들이 실제로 유형(B)와 유형(C) 또는 유형(D)에서 사용될 때에도 이러한 통사론적 구성으로 보아야 할 것인가 하는 문제가 생긴다. 이러한 문제는 유형(B)가 주로 수식 구성에 사용된다는 점 때문이다. 이들이 수식 구성에서 사용될 때, 이들 어형에 관형사형 어미 '-ㄴ'이나 '-ㄹ'이 결합되어 사용된다. 문제는 여기에 있다. 국어에서 부사형 어미 다음에 관형사형 어미가 다시 결합되는 경우는 없기 때문이다.18) 국어에서 부사형 어미, 관형사형 어미, 명사형 어미는 모두 동일한 서열에 속하는 전성어미들인 것이다. 결국 이러한 국어의 일반적인 구성 방식을 고려한다면 유형(B)는 그 자체가 어간의 기능을 하는 것으로 보지 않을 수 없을 것이다. 유형(B)의 형태들이 모두 어간이어야 그 다음에 관형사형 어미가 결합될 수 있기 때문이다.

우리의 이러한 분석은 '-서'와 '-지다'와 결합될 수 있는 다음과 같은 예들에 있어서도 마찬가지로 적용된다.

⟨표5⟩	흑	백	청	황	적
음모음	거매	허예	퍼레	누레	벌게
양모음	가매	하얘	파래	노래	발개

⟨표5⟩의 형태들은 현대 국어에서 부사형으로서 굳어진 어형으로 간주된다. 이 어형을 '퍼렇다'나 '파랗다'와 관련지음으로써 그 생성과정의 설명이 자연스럽게 되지 않고 있다. 이미 최명옥(1988b)에서 지적되었다시피, '퍼런, 파란, 퍼럴, 파랄' 등을 '퍼렇다'나 '파랗다'와 관련지을 필요가 없는 것으로 생각된다.19) 다시 말하면 유형(B)를 독립된 어형으로 설정하면 중세 국어에서 부사형을 만드는 데에 생산적으로 활용되던 접사 'ㅣ'가 어간 다음에 결합된 것으로 간주하면 되기 때문이다. 'ㅎ'불규칙 용언을 설정

---

18) 물론 여기서 말하는 부사형 어미는 전성어미가 아니라 연결어미로 간주될 수도 있다. 그렇다고 하더라도 연결어미 다음에 관형사형 어미가 결합되는 경우는 없기 때문에 역시 어미 통합에 문제가 생기게 된다.

19) 물론 최명옥(1988b)은 공시적 관점에서의 태도이고, 본고의 논의는 통시적 관점이라는 차이는 있다. 그러나 최명옥(1988b)에서의 공시적 태도가 통시적인 근거를 바탕으로 논의되고 있기 때문에 역사적인 분화 과정을 보는 시각에 있어서는 크게 다르지 않다고 할 수 있다.

하는 한 근거가 되었던 <표5>의 어형들이 유형(B)에서도 쉽게 노출될 수 있을 뿐만 아니라 metathesis와 같은 인위적인 것처럼 보이는 규칙을 설정하지 않아도 되기 때문에 'ㅎ'불규칙을 설정함으로써 생기는 문제점을 자연스럽게 해결할 수 있을 것으로 생각되는 것이다.[20]

기존의 논의에서처럼 '퍼러'나 '파라'를 하나의 독립된 어간으로 간주하지 않는다면 기저형을 '퍼렇다'나 '파랗다'로 잡을 수밖에 없었지만, 어간을 '퍼러'와 '파라'로 잡는다면 이들 어간에 부사형 어미(또는 부사화접미사) '-이'나 관형사형 어미가 결합될 수 있을 뿐만 아니라 <표6>의 예들도 자연스럽게 설명될 수 있게 된다. 유형(B)가 어간으로 굳어진 어형이라면 위의 예들이 음운론적으로 설명이 가능해진다. 어간 다음에 관형사형 어미가 결합되는 것은 자연스러운 현상이며, 어간 다음에 부사형 어미와 유사한 접사가 결합되는 것도 자연스러운 현상이기 때문이다.

이러한 관점에서 우리는 유형(B), 유형(C)(나아가서는 유형(D)에 있어서까지) '거머-/가마-, 허여-/하야-, 퍼러-/파라, 누러-/노라-, 벌거-/발가-' 등을 어간으로 간주하고자 한다. 이러한 우리의 견해는 기존의 논의에서 유형(C)를 통사론적 구성으로 본 것과는 달리 비통사적 합성어로 간주하게 된다. "어간(또는 어근)+부사형 어미"가 다시 어간으로 굳어진 다

---

20) 이런 점에서 유형(B)를 어간으로 간주해야 할 필요성이 생긴다. 15세기 공시적으로 '거머/가마, 허여/하야, 벌거/발가' 등은 '어간+부사형 어미'로 분석하는 것이 가능하지만, '퍼러/파라, 누러/노라'는 동일한 분석이 불가능하다. 이들의 경우에는 앞에서 언급한 대로 어간에 다시 부사형 어미 '-아/어'가 결합되고 동일 모음 연결에 인해 히아투스 회피 현상이 일어난 것으로 간주하면 된다.
그런데 유형(B)에 'ㅣ'가 결합되어 위의 <표5>의 어형들이 만들어지는 과정을 생각하면 유형(B)를 어간으로 보아야 하며, 그리하여 유형(C)는 기존의 논의대로 비통사적 합성어로 간주해야 한다. 부사화접미사(또는 부사형 어미) 'ㅣ'가 결합되어 부사형을 만들기 위해서는 부사형 어미 '-아/어'와 그에 유사한 기능을 하는 'ㅣ'가 직접 통합될 수 없기 때문에 유형(B)도 결국 어간으로 간주해야 하기 때문이다.

음 "ᄒᆞ다"가 결합된 것이기 때문에 어간과 어간의 결합으로 간주되기 때문이다. 이렇게 하여 유형 (B)는 형용사의 관형형을 취하는 자리, 혹은 'V1 +V2' 합성어의 V1의 자리 등에 나타나게 된 것으로 생각된다. 이러한 분포상의 제약을 해소하고 서술어로서 기능하도록 하는 통사적인 특징을 부여하기 위하여 'ᄒᆞ-'를 결합시키게 된 것으로 여겨진다.

유형(D)는 유형(C)에서 'ᄒᆞ-'의 'ㆍ'가 탈락된 형태로 간주되어 온 유형이다.

<표6>	흑	백	청	황	적
음모음	거멓-	허옇-	퍼렇-	누렇-	벌겋-
양모음	가맣-	하얗-	파랗-	노랗-	발갛-

(6) <u>거머케</u> ᄒᆞ고(救簡 1 : 95)
<u>가마케</u> 서거(痘經 27)
다 <u>허여케</u> 셰엿더라(三譯 2 : 20)
<u>하야켄</u> 아니홀 디니라(杜初 25 : 50)
구루믈 니어 <u>퍼러커늘</u>(南明 上 : 20b)
눈 소밴 瞳人이 <u>파라코</u>(金三 3 : 48)
터리는 <u>프러누러코</u>(杜重 16 : 40)
믈외야 <u>노라커든</u>(救簡 上 : 3)
<u>벌거케</u> 구워(救簡 3 : 79)

유형(D)의 '발갛-'에 대한 예도 찾지 못하였다. 그러나 현대국어 '빨갛다'를 고려하면 그 예도 있었으리라 추정된다. 유형(D)는 유형(C)와 이미 15세기에 자유변이 관계에 있었다. 대체로 유형(C)는 모음어미와 'ㄴ'으로 시작되는 어미 앞에서 사용되고, 유형(D)는 어간의 말음 'ㅎ'이 후행하는

어미의 폐쇄음과 축약되어 유기음으로 나타나는데 그 유기음은 'ㅋ'이 대부분이어서, 유형(D)의 어간은 주로 'ㄱ'으로 시작되는 어미 앞에서 출현한다고 할 수 있다. 이것은 'ㄱ'으로 시작되는 어미가 많아서이기 때문이라고 할 수 있다. 15세기에 'ㅂ'이나 'ㅈ'으로 시작되는 어미는 거의 없었으며, 'ㄷ'으로 시작되는 어미가 오면 'ㅎ'가 그대로 나타나기도 하기 때문이다.21) 유기음이 있는 장애음 앞이라고 일반화한 것은 당시의 'ㅎ-'나 'ㅎ'의 특성과 관련지은 것이다.

사실 15세기 자료만으로 유형(C)와 유형(D)의 선후 관계를 따지기는 어렵다. 유창돈(1975), 송철의(1987), 허웅(1983), 이현희(1985, 1986) 등 대부분의 논의에서 이러한 견해를 분명히 하고 있다. 15세기 국어에 있어서 'ㅎ다'의 교체현상에 대해서는 안병희(1978)과 이현희(1985, 1986)에서 단순어간인 경우와 단순어간이 아닌 경우(조동사적이거나 접미사적인 'ㅎ다'의 경우)로 나누어 그 음운론적 환경에 따른 교체 모습에 대하여 자세히 논의하고 있다. 이러한 지금까지의 연구를 바탕으로 하면 'ㅎ-'가 갖는 특수한 교체 현상으로 인하여 유형(C)에서 유형(D)가 만들어진 것으로 보는 것이 일반적인 견해이다.

이렇게 색채형용사의 분화형을 유형(A), 유형(B), 유형(C), 유형(D)로 나누어 살펴본 결과, 이러한 여러 유형이 현대 국어에서도 대체로 거의 그대로 사용되고 있음을 알 수 있다. 그러나 형태나 음의 변화로 인해 우리가 지금까지 살펴본 여러 유형의 체계성은 깨어져 버렸다. 'ㆍ'의 변화에 따라 'ㅡ'와 'ㆍ'에 의한 음모음형 대 양모음형의 대립이 없어졌고, 'ㅎ-'나

---

21) 다음과 같이 어미 '-도-' 앞에서는 유형(C)가 사용되었다.

荇草ㅣ 퍼러ㅎ도다(杜初 8 : 31)

거머ㅎ도다(杜重 13 : 12)

雲霧ㅣ 누러ㅎ도다(杜初 10 : 45)

'·'의 변화와 관련되어서인지 유형(D)와 자유변이 관계에 있었던 유형 (C)도 현대 국어에서는 찾아볼 수 없다.

3. 결론

지금까지 15세기 색채형용사의 여러 분화형을 통시적인 관점에서 논의 하였나. 국어의 색채형용사에는 정색, 백색, 흑색, 황색, 적색 등의 다섯 종류가 있었다. 이 다섯 종류의 색채형용사 형태들을 네 가지 유형으로 나 뉘는데, 청색을 대표로 하여 각 유형별로 제시한 다음, 논의된 통시적 음 운현상을 정리하기로 한다.

<표7>	유　형	A	B	C	D
	음성모음	프르-	퍼러-	퍼러흐-	퍼렇-
	양성모음	포ᄅ-	파라-	파라흐-	파랗-

유형(A)는 15세기에 가장 일반적으로 쓰이던 어형이다. 이 유형의 양 성모음형과 음성모음형 가운데 어느 한 어형이 다른 어느 형태보다 기원 형에 가장 가까운 어형이다. 그 어형에서 제1단계의 모음교체, 즉 '·'는 'ㅡ'로, 'ㅡ'는 '·'로의 모음교체가 일어나 'ㅡ'와 '·'에 의한 대립쌍을 구성 한 것이다.

유형(B)는 유형(A)에서 제2단계의 모음교체가 일어나 형성된 어간에 부사형 어미 '-아/어'가 결합되어 만들어진 어형들이다. 즉 어간 모음의 'ㅡ'는 'ㅓ'로, '·'는 'ㅏ'로 모음교체가 일어난 것이다. 물론 '검-/감-'의 경우에는 모음교체가 일어나는 환경이 아니어서 모음교체와는 무관하지만, '희-/히-', '프르-/포르-', '누르-/노르-', '븕-/붉-'은 모음교체가 일어나고 거기에 부사형 어미 '-아/어'가 결합되어 각각 '허여(또는 헤여)/하야(또는 해야)', '퍼러/파라', '누러/노라', '벌거/발가'로 된 것이다. 여기에서 유형 (A)의 어간이 2음절로 된 '프르-/포르-'와 '누르-/노르-'의 경우에는 제2음절에서도 모음교체가 일어나 각각 '퍼러-/파라-'와 '누러-/노라-'로 되었다. 여기에 '거머/가마'처럼 부사형 어미가 결합되었으나 히아투스 회피 현상이 일어나 어간의 'ㅏ/ㅓ'가 탈락되었다.

유형(C)는 유형(B)에 '호다'가 결합된 것이다. 유형(B)가 서술어를 구성하는 경우가 거의 없고 수식 구성에 주로 나타나는 반면, 유형(C)는 서술 구성에 주로 나타난다는 특성을 근거로, 유형(C)의 서술성은 '호-'가 부여해 주는 것으로 이해하였다. 유형(C)는 기존에 통사적 구성으로 간주되어 왔으나, '어간+부사형 어미ㄴ'가 다시 어간이 된 것으로 이해되었으므로 본고에서는 '어간+호-'의 비통사적 합성어로 간주하였다.

유형(D)는 격음이 있는 장애음으로 시작되는 어미 앞에서 나타나는 어형이다. 이 유형은 유형(B)가 나타나는 환경에는 보이지 않으면서 유형(C)와는 자유변이 관계에 있다. 그러므로 유형(B)는 수식 구성을, 유형(C)와 유형(D)는 서술 구성을 이루는 데에 사용되면서 유형(C)와 유형(D)는 자유변이 관계에 있는 것이다. 유형(C)와 유형(D)의 상호 관계에 대하여는 '호-'의 특성과 관련된 기존의 논의를 받아들였다.

이 글에서는 색채형용사의 분화형을 중심으로 각 분화형의 상호 관계를 통시적인 관점에서 검토하였다. 그러나 색채형용사의 여러 형태를 각 유형으로 분류하고, 각 유형의 상호 관계를 체계적으로 검토하고자 하였으나, 모음교체에 대하여 모음체계와 관련되는 음운사적 의미를 구명하는 데까지 나아가지 못하였으며, '흐-'에 대해서도 음운론적 사실과 형태론적 조건을 부각시키지 못하였다. 더욱이 각 분화형이 생산되는 과정에 대한 문제에만 치중하여 생성된 각 유형이 어떠한 이유로 분포상의 제약을 보이며, 어떠한 방향으로 확산되어 가는가에 대해서도 언급하지 못하였다. 앞으로 이러한 문제들에 대한 보다 포괄적이고 깊이 있는 연구가 이루어져야 할 것이다.

④ '병'의 [순음성] 관련 현상과 ɦ로의 약화*

1. 논의의 방향

일반적으로 '병'은 w로 바뀐 것으로 간주되어 왔다. 'β>w'로 공식화된 이러한 설명은, '고봐>고와'의 변화에서 보듯이, '병'이 사라지고 나타난 w를 통하여 당연한 것으로 받아들여져 왔다. 그런데, '병'이 w로 바뀐 것을 확인할 수 없거나 w로 바뀐 것으로 보지 않을 수 있는 경우도 있다. '고뵈>고이'의 '이'에는 w가 나타나지 않으며, '고봉니>고오니'의 '오'를 'w+ ·'의 실현형으로 보아야 할 필연성이 있는 것도 아니다. '고봉니>고오니'의 '오'는 '·'에 [원순성]이 가미된다 하더라도 실현될 수 있기 때문이다.

'병'의 변화와 관련된 이러한 모음의 변화와 달리, '병'이 사라진 초성의 자리에는 후음 'ㅇ'이 표기되었다. 이 'ㅇ'은 선행 음절의 말음이, 다음 음절의 초성 자리로 이동하지 못하도록 하는 특성을 보여주는 음운론적 기능을 바탕으로 이 'ㅇ'의 음가는 ɦ로 추정되어 왔다(이기문, 1972b ; 김주

---

* 이 글은 같은 제목으로 『국어학』 38(국어학회, 2001 : 27~54)에 수록되었다.

필, 1988b ; 김경아, 1991). ɦ는 '봉'의 자리를 직접 대치했다는 점 외에도, '봉'과 [유성성]과 [지속성]의 공통점을 갖는다는 점에서 '봉'의 변화와 직접적으로 관련될 가능성이 매우 크다. 그러나 '봉'이 ɦ와 관련된다고 할 때, ɦ는 '봉'의 [순음성]을 갖고 있지 않다. '봉'이 ɦ와 관련되는 변화를 했다고 가정한다면, '봉'의 [순음성]은, w 또는 [원순성]이 관련되는 후행 모음의 변화에서 찾아볼 수 있다. '봉'의 [순음성]은 그 다음에 오는 후행 모음에서 [원순성] 관련 현상을 일으킬 수 있기 때문이다.1)

　이러한 맥락에서 이 글에서는 '봉'의 자질과 두 가지 변화 모습을 모두 중시하는 관점에서 '봉'의 변화를 자질 변경의 과정으로 이해하고자 한다. 즉 '봉'의 자리에 나타나는 ɦ의 [＋유성성]·[＋지속성]과, 그 후행 모음에서 일어나는 w나 [원순성] 관련 현상을 함께 고려하여 '봉'의 변화를 자질들의 변경 과정으로 재조명해 보고자 하는 것이다. 이러한 관점에서 이 글에서는, 유성·양순·마찰음으로서의 '봉'이 후행 모음에 [순음성]의 영향을 미쳐 [원순성] 관련 현상을 일으키고, 그로 인해 '봉'이 가지고 있던 [순음성]이 잉여자질이 됨으로써, '봉'은 [순음성]을 갖지 않는 [유성성]과 [지속성]의 ɦ로 약화된다는 논의를 전개하고자 한다.

---

1) 순자음이 갖는 [순음성]은 자음을 위한 자질로, 원순모음이 갖는 [원순성]은 모음을 위한 자질로 사용된다. 그러나 흔히 일어나는 순자음 아래에서의 원순모음화를 설명할 경우에 문제가 생긴다. 가령, 이 현상을 생성음운론의 일반적인 자질체계로 규칙화하는 경우에 [원순성]을 이용하게 되는데, 이 규칙은 비원순모음이 원순모음으로 바뀐다는 사실은 드러내 주지만, 동화현상이라는 사실은 드러내 주지 못하는 문제점이 있다. 이는 생성음운론의 일반적인 자질체계에는 순자음과 원순모음에 공통되는 자질이 설정되어 있지 않기 때문이다(송철의, 1996 : 349). 이러한 문제점을 해결하기 위해 송철의(1996)에서도 순자음과 원순모음의 공통되는 자질로 [순음성]을 설정하는 것이 바람직하다는 주장을 하고 있다. 본고에서도 이러한 주장을 받아들인다. 그러면서도 비원순모음의 원순모음화 현상을 논의하는 경우에는 [원순성]도 사용하기로 한다.

2. '봉'의 연구사와 [원순성], w, ɦ

'봉'의 변화에 대한 그동안의 연구를 검토해 보면, '원순성(또는 순음성)', 'w', "봉'의 자리에 표기된 'ㅇ'"이 연구사의 주요 흐름을 형성하면서 순차적으로 부각되어 왔음을 알 수 있다. 그래서 '봉'의 변화를 논의하기에 앞서 이 논의 대상들이 부각된 연구사적 배경과 '원순성(또는 순음성)', 'w', 'ɦ'의 부각이 갖는 의미를 검토해 보기로 한다.

'봉'의 변화에 대한 본격적인 논의는 이숭녕(1954a)에서 처음 이루어졌다. 이숭녕(1954a)에서는 '봉'의 변화를 다음 네 유형으로 나누어 설명하고 있다.

> (1) ㄱ. '봉'의 원순성 유지
> ㄴ. '봉'의 완전 탈락
> ㄷ. 'ㅂ'으로의 환원
> ㄹ. 기타 'ㅂ'음 탈락

이 네 유형 중에서 (1ㄹ)은 독립적인 유형으로 보기가 어렵다. (1ㄹ)은, "'갈비[肋骨]>가리, 터[垈]+밭[田]>터앗, 알밤[卵+栗]>알암, 올벼[早稻]>오려, 넓은[廣]>너른, 귀[耳?]+보리[麥]>귀오리' 등과 같이 어원이 불분명하나 필연코 'ㅂ'음이 '봉'음을 경과하고 탈락한 듯한" 일반 예들을 모아놓은 유형이기 때문이다.[2]

---

2) '너른'은 '너르-'가 있기 때문에 봉이 포함된 용언으로 볼 이유가 없다. '귀보리'가 '귀오리'로 된 것은 (1ㄷ)이나 (1ㄴ)에 포함시킬 수 있는 유형이다. '오려(올벼), 터앗(터밭), 알암(알밤)' 등은 '봉'이 w로 바뀐 다음 탈락된 것인지 '봉'이 바로 탈락된 것인지 확인하기 어렵다. 그러나 이 예들이 방언형이라는 점을 고려하면 '봉'의 일반적인 변화를 따랐고,

(1ㄷ)도 '빙'의 독립적인 변화 유형으로 보기가 어렵다. (1ㄷ)은 '대밭[竹田]>대밧(밭), 대범[大虎]>대범, マ롤빙[細雨]>가랑비' 등에서와 같이, 복합어나 합성어의 두 번째 요소의 첫 자음이 'ㅂ>빙' 변화를 겪은 다음, 다시 'ㅂ>빙' 변화를 겪은 것으로 본 유형이다.3) 그러나 'ㅂ>빙>ㅂ' 변화의 상정은 자연스러운 것으로 보이지 않는다. 복합어나 합성어가 형성될 때, 두 번째 요소의 첫소리 'ㅂ'이 '빙'으로 바뀐 다음 'ㅂ'으로 환원된 것처럼 보이는 예들도 있지만 그렇지 않은 예들도 보이기 때문이다. 따라서 'ㅂ>빙>ㅂ'의 과정으로써 이 유형에 포함된 예들을 두 유형의 변화로 명확하게 설명한 것으로 보기 어려워 보이기 때문에 'ㅂ>빙'이라는 변화를 거친 다음 다시 'ㅂ'으로 환원된 것으로 설명하기보다는, 해당 규칙이 적용된 어형과 그렇지 않은 어형이 공존했고 그 공존형 중에서 어느 한 어형이 화자들에 의해 점진적으로 선택된 것으로 이해하는 것이 타당하다고 생각된다(이기문, 1972b ; 김주필, 1998).

(1ㄴ)은 '수빙>수이, 므거빙>므거이' 등의 부사와 '므거빙>무게, 둗거빙>두께'4) 등에서처럼 'ㅣ' 앞에서 '빙'이 탈락한 것으로 본 유형이다. 이

그 후 일련의 변화가 일어난 것으로 간주한다면, 위의 세 하위 유형에 포함시킬 수 있다.

3) 용언 '넓-, 엷-, 떫-' 등도 이 유형에 포함시켜 설명하고 있다. 그러나 다음의 ①과 같이 이 용언들도 (1ㄱ)유형의 변화를 따랐음이 문헌에서 확인된다. 이들이 (1ㄷ)유형의 변화를 따른 것처럼 보이는 것은 다음의 ②와 같이 근대국어 시기에 이루어진 어간 재구조화 때문이다. 어간 뒤에 결합된 피사동접미사가 '이'에서 '히'로 교체된 데에서도 그 사실을 알 수 있다.

① 十方애 노녀 불오디(능 8 : 23), 家鄉ㅅ길흘 불와사(금삼 3 : 17)

時俗이 열우나(두초 8 : 44), 열운 風俗 업수믈(법화 3 : 72)

쓰며 떨운 거시(법화 6 : 51), 싁오 떨워(두초 18 : 16)

② 불피다(역유 하 : 23), 넓히이다(역유 보 : 26), 넓피다(동문 상 : 26)

4) 명사화접미사가 결합된 것으로 간주한 '므거이>므게' 변화는 문제가 있는 것이다. 이 시기에 부사가 '므거이(므거이 너기리로다, 두초 18 : 13)'였으며, 명사는 '므긔(므긔 닐굽돈만 흘닐, 구간 1 : 53)'였기 때문이다. 이러한 오류는 '*둗게'에서도 마찬가지로 나타난다. '*둗게'는 부사이고, 명사는 '*둗긔(반잣 둗긔만 질오, 구간 1 : 72)'이기 때문이다. 이들

유형에서처럼 'ㅣ' 앞에서 '병'이 탈락된 이유를 이숭녕(1954a)에서는 "문법형 통일에 의한 심리적 요인"(243 : 6~7)으로 간주하고, 이 유형의 변화를 음운론의 범위를 일탈한 유추 변화로 파악하였다. (1ㄴ)의 예들과 달리, '병'과 'ㅣ'가 결합하여 'ㅚ'나 'ㅟ'로 '치ᄫᅵ>치위, 더ᄫᅵ>더위, -디ᄫᅵ>-디위(>지위)' 등의 예들은 '병'이 변화한 'ㅗ/ㅜ'와 'ㅣ' 사이에 일어난 축약 현상으로서 음운론적인 변화로 만들어진 형태로 간주하였다. 그러나 이 유형의 변화도 김완진(1972a)과 김경아(1997)에 오면 또 다른 음운론적인 관점에서 설명되기에 이른다.

(1ㄱ)은 다시 세 개의 하위 유형으로 나뉜다. ①'병'의 [원순성]을 후행 모음에 가미하는 유형('ᄫᅡ>오', '벟>우'), ②후행 모음에 아무런 변이가 보이지 않는 유형('ᄫᅩ>오', '봏>우'), ③원순성을 w음적인 구실로 유지하여 이중모음을 형성하는 유형('ᄫᅡ>와', '벟>워', '병>위') 등이 그것이다. 이들 (1ㄱ)의 하위 유형은 "'병'의 순음성 또는 원순성을 그 후행 모음에 가미하여 그에 후속된 비원순음은 원순성으로 변이된 것"(241 : 2~3)으로서, '병'은 "결합적 발달을 한 것이어서 '병'음이 후속된 모음을 끼고서 '오/우' 음으로 변이한"(241 : 6~7) 것으로 이해되었다. 그러므로 이숭녕(1954a)에서는 (1ㄱ)의 유형을 '병'의 일반적인 변화 유형으로 파악하였다. 그리고 (1ㄱ)의 변화가 후행 모음의 [순음성] 또는 [원순성]을 중심으로 그 후행 환경에 따라 달리 진행됨으로써 상이한 모습을 보인다는 입장을 취한 것이다. 이러한 접근을 통하여 '병'의 변화가 [순음성] 또는 [원순성]을 부각시키고, 그러한 자질 특성이 후행 모음에 [원순성] 관련 변화를 일으킨 것으로 파악하였다는 점에서 이숭녕(1954a)은 '병' 변화에 대한 논의의 토대

형태에서 확인되는 명사화접미사는, '-익/의'였던 것이다(이기문; 1972b).

를 매우 잘 구축하였던 것으로 생각된다.

김완진(1972a)에서는 'β>w'라는 하나의 음운론적 변화 공식으로 모든 'ㅸ'의 변화를 설명하고자 하였다. 다시 말하면, 유추 변화로 설명되어 오던 부사화접미사 앞에서의 'ㅸ' 탈락 현상('뷔>이'변화)뿐만 아니라 '뷔>위' 변화까지도 모두 포괄하여, 모든 경우의 'ㅸ' 변화를 'β>w'로써 설명하고자 한 것이다. 이러한 설명은 '오'와 '우'를 'w+ᄋ'와 'w+으'로 재음소화하는 한편, 부사화접미사 '이'의 형태음소를 주격조사나 명사화접미사와 달리 yi 로 설정함으로써 가능하였다. 이러한 'β>w'에 대한 논의는 'ㅸ'의 모든 변화를 음운론적인 기제로 설명할 수 있음을 보여주었다는 점에서, 그리고 한 음소의 변화가 당시의 음운체계나 음운현상과 얼마나 밀접하게 관련되어 있는가를 치밀한 논의를 통하여 보여주었다는 점에서 국어 음운사 연구의 수준을 한 단계 끌어올린 것으로 생각된다.

그러나 이러한 논의는, 다양한 표면형들을 하나의 강력한 규칙으로 설명하고자 한 초기 생성음운론의 추상적인 접근 방법을 활용함으로써, 추상적 생성음운론이 안고 있던 부담을 공히 가지고 있는 것으로 보인다. 하나의 규칙으로 다양한 표면형을 모두 설명하기 때문에 'ㅸ'의 변화를 설명하는 규칙은 매우 간단하면서 강력하게 작용하지만, 이러한 규칙으로 인하여 기저형에서 다양한 표면형을 도출해 내는 과정은 그만큼 부담을 안게 되는 것이다. 부사화접미사의 추상적인 형태음소의 설정,5) 'ㅗ'와 'ㅜ'

---

5) 부사화접미사의 형태음소를 yi로 설정한 근거는, '어느+이→어늬[熟]'과 '크-+이→킈[丈]'와 같이 주격조사와 명사화접미사 '이'는 어간의 '으'와 어울려 '의'라는 이중모음을 이루지만, 부사화접미사의 경우에는 '크-+-이→키'와 같이 어간 말의 '으'모음을 탈락시킨다는 것이다. 후자의 경우 '으'가 탈락되는 이유가 바로 부사화접미사의 형태음소 yi의 y에 있다는 것이다. 결국 김완진(1972a)에서는 중세국어의 모음체계에서 '오, 우'를 재음소화하는 일과, 부사형접미사의 형태음소로 yi의 존재를 인식할 것을 주장하면서 w가 갖는 음운결합의 특이성을 바탕으로 하여 'ㅸ'의 발달 과정을 'β>w'라는 하나의 공식으로

의 재음운화('w+ㆍ', 'w+ㅡ'),6) 그리고 이렇게 설정된 형태음소나 재음소화된 음소들과 '붕'이 변화된 음들 사이의 제약 등으로 발견되는 여러 가지 복잡하고 추상적인 문제점들은 '붕'의 모든 변화를 'β>w'라는 하나의 음운변화 규칙으로 설명하고자 한 데에 기인하는 것으로 간주된다.

'β>w'가 갖는 이러한 문제점을 보완하기 위해 '붕'의 변화를 점진적인 음운변화의 관점에서 재접근한 김경아(1991, 1997)에서는 β는 단순한 w로 변한 것이 아니라 ɦw로 변화하되, 결과적으로 '붕'의 변화는 'β>w'로 설명할 수 있는 것으로 보았다. 이러한 접근은 'β>w'를 받아들이면서도, '글왈, 셜웝(說法), 셜워' 등에서처럼 '붕'의 자리에 나타나는 'ㅇ'이 음운론적으로 재인식되어야 한다는 데에서 출발하였다. 즉 '붕'의 자리에 나타나는 'ㅇ'의 선행 음절말음이 이 'ㅇ'의 자리로 이동하지 않는다는 점에서, 이 'ㅇ'의 음가를 ɦ로 추정하고, 이 ɦ를 'β>w'라는 음운변화의 중간 과정으로 받아들여 'β>ɦw>w'를 제안한 것이다.7)

설명하고자 하였다. 그래서 w가 갖는 음운결합의 특이성에 주목하여 'β>w'의 변화에서 나타나는 'wi→üy(또는 uy)'나 'wyi→i'의 과정을 관장할 일정의 음운규칙으로서 전자의 경우(w와 i 사이)에는 모종의 모음을 삽입하는 규칙으로서, 그리고 후자의 경우('w+yi')에는 w를 제거하는 규칙을 설정함으로써 '붕'의 사적 변화에 관한 공식에는 오직 'β>w'가 있을 뿐이라고 주장하였다.

6) 이에 대해서는 후술 Ⅲ.1장의 구체적인 논의로 미루고자 한다.

7) 김경아(1997)에서는 이러한 주장을 위해 먼저 ①'봐, 벼>와, 워'의 경우나 ②'붕, 보>오', '봇, 붑>우'의 경우 모두 'β>w'의 공식에 부합됨을 확인한다. 모음체계와 관련되는 ②의 논의에서 '오'와 '우'를 각각 'w+ㆍ'와 'w+ㅡ'로 재음운화한 논의가 궁극적으로 'β>w'를 손상시키지 않는다고 보아 긍정적으로 수용한다. 그리고 '뷔'의 변화에 대해 ①'뷔>(외, 위, 왜, 웨)' 변화, ②'뷔>위' 변화, ③'뷔>이'(부사화접미사나 피사동접미사 앞) 변화로 나누어 모두 음운론적인 변화로서 간주하여 이러한 변화를 모두 'β>w'의 공식에 포함시키고자 하였다. 이 중에서도, ②유형을 ③유형의 '뷔>이' 변화와 달리 '뷔>위' 변화로 간주함으로써 '붕'의 모든 변화를 음운론적으로 설명하고자 하였다. ③유형의 변화는 '붕'이 변한 w가 그 변이음인 ɥ로 실현되어, i 앞에서만 일어나는 미시적인 변화 과정으로서 'βi>ɥi>wi'를 거치지만, 거시적인 변화 과정인 'β>ɦw>w'에 포함되도록 함으로써 결과적으로 '붕'의 모든 변화를 'β>w'로 설명할 수 있는 것으로 보았다.

그러나 이 논의는 중간 과정을 설정하여 '붕'의 변화를 궁극적으로 'β>w'로 설명하려 하였지만, 그 중간 과정에 적지 않은 문제가 있는 것으로 생각된다. '붕'이라는 하나의 음소가 ɦ와 w라는 두 분절음으로 바뀌는 과정이 특이하고, 그 ɦ와 w가 다시 하나의 음소 w로 되는 과정 또한 매우 특이하다. ɦ가 w와 함께 새로 나타났다가 w와 함께 w로 통합되는 중간 과정은 일반적인 음운변화의 과정으로 이해하기 어려운 것이다. 이 외에도 ɦ와 w의 관계, wi와 ɰi의 관계, ɰi와 ɦi의 관계, 'ㅗ'와 'ㅜ'의 재음소화 문제, 미시적인 변화과정인 'βi>ɰi>wi'와 거시적 음운변화인 'βi>ɦwi>wi'의 관계 등 분명하게 논의되지 않은 이들 분절음들의 상호 관계 문제도 대부분 중간 과정의 설정 때문에 생긴 문제점들로 추정된다.

그러나, '붕'의 변화에서 중간 과정 설정에 많은 문제점이 보임에도 불구하고, 김경아(1991, 1997)은 '붕'의 변화에서 간과할 수 없는 중요한 의미를 담고 있는 것으로 생각된다. 이 논의의 중요성은 무엇보다 그동안의 논의에서 간과해 왔던 '붕'의 자리에 나타나는 후음 'ㅇ'을 음운론적인 차원에서 재인식했다는 것이다. 표기 'ㅇ'이 일부 환경에서 보여준 자음으로서의 기능은 이전부터 ɦ로 간주되어 온 경우가 많았지만, '붕'의 자리에 나타나는 후음 'ㅇ'에 대해서는 거의 주목을 하지 않았던 것이다.[8]

그러나 김경아(1997)에서의 문제점은 β를 w와 함께 '붕' 변화의 중간 과정으로 이해한 것이라고도 할 수 있지만, 그 중간 과정이 일반적인 음운

---

[8] 사실 '붕'이 사라진 후에 보이는 이 후음 표기 'ㅇ'에 대한 관심이 전혀 없었던 것은 아니었다. 박종희(1983)에서는 탈락된 음운의 흔적(null segment)이라는 관점에서 소실된 음소의 자리에 나타나는 표기 'ㅇ'을, 그 어떤 음운이 존재했던 phonotactic 상의 위치에 흔적을 남긴 것으로 이해하고, 그러한 흔적이 음운론적으로 작용한다고 보고 있다. 탈락된 음운의 흔적으로서 표기된 'ㅇ'에 대한 논의에서는 그 음가는 'ㆆ'보다 약한 [ʔ]로 파악하여 lax glottal stop으로 간주하고 tense glottal stop인 'ㆆ'와 대립되는 것으로 간주하였다.

변화에서 용인하기 어려운 분절음들을 기계적으로 대응시켰다는 데에 있는 것으로 생각된다. ‘β>ɦw>w’에서 중간 과정으로 설정된 두 분절음이 모두 ‘병’의 변화와 관련됨을 부인할 수 없다면, 그리고 그 두 분절음을 대등한 ‘병’의 변화 과정으로 설명하는 것을 용인하기 어렵다면, 이러한 문제를 분절음의 층위에서 해결하기에는 어려울 것으로 생각된다. 그렇다면 한 분절음이 두 분절음과 관련을 맺으면서 변화하는 이러한 문제는 분절음보다 낮은 자질의 층위에서 접근해야 함을 말해주는 것으로 생각된다. 사실, ‘병’이 유성·양순·마찰음으로서 갖는 특징들은 [원순성], w, ɦ들로서, ‘병’의 연구사에서 주요 흐름을 형성하면서 부각되고 논의되어 왔다. 이들 [원순성], w, ɦ는 각각 ‘병’과 음성적 특징을 공유하기도 하면서 그 분포에서 차이를 보인다. 그러므로 [원순성], w, ɦ의 분포와 음성적 특성을 함께 고려하면서 ‘병’의 변화를 자질의 층위에서 검토하는 것이 필요하다고 생각된다.

후음 ‘ㅇ’은 자음으로서 ‘병’이 사라진 자리에 나타나는 반면, [원순성]이나 w는 후행하는 모음과 관련하여 나타난다. 이들의 음성적 특성을 ‘병’과 비교해 보면, 후음 ‘ㅇ’은 ‘병’과 [유성성]·[지속성]을 공유하는 반면, [원순성]이나 w는 β와 [순음성]과 관련된다. 양순음이 갖는 [순음성]은 모음의 관점에서는 [원순성] 관련 현상을 유발할 수 있다는 점에서 w나 [원순성]은 ‘병’의 [순음성]이 후행하는 모음에 미친 영향의 결과라고 추정할 수 있다. 그렇다면, ‘병’의 변화 과정은 ‘병’의 [순음성]이 후행 모음에 미친 원순성 관련 현상과, ‘병’의 자리에 나타나는 ɦ로 나누어 검토해 볼 필요가 있다. 전자의 현상은 ‘병’을 후행하는 모음의 변화를 검토하는 과정이 될 것이고, 후자는 ‘병’ 자체의 변화를 검토하는 과정이 될 것이다.

3. '성'의 변화

3.1 '성'의 [순음성] 관련 현상

'성'은 훈민정음이 창제되고 얼마 되지 않아 사용하지 않게 된다. '성'이 엄격하게 사용된 문헌은 『訓民正音훈민정음』(해례본), 『龍飛御天歌용비어천가』 정도이다. 『月印千江之曲월인천강지곡』(상)에서도 '성'은 대체로 사용되었지만, '드외-, 가온디' 등의 일부 단어에서 '성'을 사용하지 않고 있다. 『釋譜詳節석보상절』, 『月印釋譜월인석보』 등에 이르면, 용언어간의 활용이나 겸양법 선어말어미 '-숩-'의 표기를 제외한, 대부분의 단어에서 '성'이 사용되지 않는다. 그 이후의 문헌에서 '성'을 사용한 문헌은 『佛說阿彌陀經諺解불설아미타경언해』와 『牧牛子修心訣諺解목우자수심결언해』 정도이다. 이들 문헌에 보이는 '성' 관련 예들을 후행하는 모음에 따라 '·'와 'ㅡ', 'ㅗ'와 'ㅜ', 'ㅏ'와 'ㅓ', 'ㅣ' 순서로, 그 변화의 특성을 검토해 보기로 한다.

'·'와 'ㅡ' 앞에서 '성'이 사라지면 (2)와 같이 '·'와 'ㅡ' 는 각각 'ㅗ'와 'ㅜ'로 나타난다.[9]

> (2) 드외싫 돌(월천 상 : 5), 드외야(월천 상 : 6, 36, 95), 드외샤(월천 상 : 12), 가온디(월천 상 : 28, 월석 2 : 47b, 51b), ᄒᆞ오ᅀᅡ(월천 상 : 20, 66), 가온딘(월천 상 : 70), 가온딧소리(훈정 언해본), 드욀(훈정 언해본), 이울어든(월석 서 : 16), 이울며(월석, 2 : 13b), 녀름 드욀(월석 서 : 25a)

---

9) 이 글에서 활용한 문헌자료의 서지 사항에 대한 약호는 국어사 연구의 관행을 따르며 그렇지 않은 자료들에 대해서는 김주필(1994)을 따르기로 한다.

(2)는 '드뵈-, 가본더, ᄀ뵰, 이볼-' 등에서 '병'이 사라지고 '·'와 '一'가 각각 'ㅗ'와 'ㅜ'로 바뀌었음을 보여준다. '·'나 '一'의 이러한 변화는 『월인천강지곡』(상)부터 나타난다. '·'나 '一'에 일어나는 이러한 변화는 'ㅗ'나 'ㅜ', 'ㅏ'나 'ㅓ', 'ㅣ'인 경우보다 상대적으로 이른 시기에 그리고 많이 나타난다.

이숭녕(1954a)에서는 이러한 예들을, "'병'이 남긴 '순음성 또는 원순성'이 '·'와 '一'에 가미되어 각각 'ㅗ'와 'ㅜ'로 실현된 것"으로 이해하였다. 그러나 그 이후의 논의에서는 '병'이 w로 바뀌고 그 w가 '·'나 '一'와 함께 각각 'ㅗ나 'ㅜ'로 실현된 것으로 설명해 왔다. 그러나 '·'나 '一'가 각각 'ㅗ나 'ㅜ'로 실현되는 현상이, [원순성]으로 인해 일어난 것인지, w로 인해 일어난 것인지 분명하지 않다. 그러므로 '·'와 '一'가 각각 'ㅗ'와 'ㅜ'로 실현되는 과정에 대한 이들 두 관점을 비교해 봄으로써 어느 설명이 보다 자연스럽고 타당한지를 검토하기로 한다.

다음에서 (3)은 w가 '·'나 '一'에 w가 결합되어 'ㅗ나 'ㅜ'로 실현되는 과정을 보인 것이고, (4)는 [원순성]이 '·'나 '一'에 가미되어 'ㅗ나 'ㅜ'로 실현되는 과정을 보인 것이다.

(3) 1) w + · → ㅗ
    2) w + 一 → ㅜ

(4) 1) [원순성] + · → ㅗ
    2) [원순성] + 一 → ㅜ

(3)은 분절음 w가 다른 분절음 '·'나 '一'와 결합되어 제3의 다른 분절음인 'ㅗ나 'ㅜ'로 각각 바뀌어 실현되는 현상이다. (3)의 음운 과정은 두

개의 분절음이 결합되어 제3의 한 분절음으로 바뀌어 실현되는 현상이므로 축약 현상이 된다. 그러나 (4)는, 이 현상을 유발하는 음운론적 환경을 제외하면, 그 입력부와 출력부의 결과는 원순모음화 현상과 같다. 즉 [원순성]이 'ㆍ'나 'ㅡ'에 추가되어 비원순모음인 'ㆍ'나 'ㅡ'가 원순모음인 'ㅗ'나 'ㅜ'로 각각 실현되는 현상인 것이다. 여기에 [원순성]과 관련되는 음운론적 환경을 설정할 수만 있다면 이 현상은 원순모음화 현상이 된다. 국어 음운사나 방언의 음운현상에서 (3)과 같은 현상은 찾을 수 없다. 그러나 (4)와 같은 현상은 근대국어나 현대국어 방언에서 쉽게 찾아볼 수 있다. 그러므로 (3)보다는 (4)가 국어의 음운현상으로서 일반성을 갖는다고 할 수 있다. 그러나 'ㅸ'과 관련되는 (2)의 예들은 (3)으로 설명되어 왔기 때문에 (2)의 현상을 (3)으로 설명하는 것이 타당한가에 대한 검토가 필요하게 된다.

국어에서 w나 y가 인접 모음과의 연쇄에서 반모음이 탈락됨으로써 음절 축약을 일으키거나 인접하는 음절로 반모음이 이동하는 것이 가능하다. 그러나 반모음과 핵모음이 축약됨으로써 제3의 음소로 실현되는 현상은 찾아보기 어렵다. 그러므로 w와 'ㆍ', 'ㅡ'의 연쇄가 국어에서 필연적으로 불가능한 음 연쇄인가를 검토해 필요가 있다. 만일 그렇다면 (2)의 현상은 이 경우에만 적용되는 특수한 (3)의 규칙으로 설명할 수도 있을 것이기 때문이다. 그러나 w와 'ㆍ'나 'ㅡ'의 연쇄가 전혀 불가능한 것이 아니라면 (2)의 현상을 (3)으로 설명하는 것은 타당하지 않은 것으로 생각된다. 후자의 경우라면, [원순성]을 포함하는 분절음 w를 더 이상 분석하지 않음으로써, (4)로 설명하여야 할 것을 (3)으로 설명했을 가능성이 큰 것을 생각되기 때문이다.

문헌 자료에서 wʌ나 wɨ 연결체를 찾는다는 것은 쉽지 않다. 그러므로

w와 그 특성이 유사한 반모음 y의 경우를 참고해 보기로 한다.『훈민정음』 해례의 합자해는 “ㆍㅡ起ㅣ聲 於國語無用 兒童之言 邊野之語 或有之 當合 字而用 如긴之類”라 하여 당시의 어떤 방언에 yʌ, yi가 존재했다는 증언을 해주고 있다. 이것은 yʌ, yi가 국어에서 필연적으로 불가능한 분절음 연쇄가 아니었음을 말해준다. ‘여라’와 ‘여러’의 공존형을 설명하기 위한 *yʌra의 재구나 15세기의 ‘여듧[八]’에 대한 소급형으로서 *yʌtʌrp의 추정도, 그리고 ‘여러’와 ‘여라’의 재구형 *yʌra나 ‘여듧’의 소급형 *yʌtʌrp에 대응되는 제주도 방언의 [yɒra]와 [yɒdɔp]도 y와 ‘ㆍ’, ‘ㅡ’의 연결이 필연적으로 불가능한 것이 아님을 말해준다(이기문, 1977, 1998 : 152). 핵모음을 형성하지 못하는 y와 w의 공통점을 중시하는 관점에서, y와 ‘ㆍ’, ‘ㅡ’가 통합될 수 있음을 보여주는 이러한 예들은 ‘w+ㆍ’나 ‘w+ㅡ’의 연결도 불가능한 연쇄가 아니었음을 보여준다. 그러므로 w가 ‘ㆍ’나 ‘ㅡ’와 축약되어 제3의 음소인 ‘ㅗ’나 ‘ㅜ’로 실현된다는 (3)으로 (2)의 현상을 설명하는 것은 재고의 여지가 있다.

　(4)와 (3)은 음운 과정으로서 큰 차이가 없다. (3)의 입력부는 w와 ‘ㆍ’나 ‘ㅡ’의 연쇄이지만 (4)의 입력부는 [원순성]과 ‘ㆍ’나 ‘ㅡ’의 연쇄이고, (3)과 (4)의 출력부는 ‘ㅗ’나 ‘ㅜ’로서 동일하다(여기에서 편의상 음운론적 환경은 언급하지 않기로 한다). (3)은 w와 ‘ㆍ’, ‘ㅡ’가 축약되어 제3의 음소인 ‘ㅗ’, ‘ㅜ’를 도출해 내는 반면, (4)는 [원순성]이 비원순모음인 ‘ㆍ’, ‘ㅡ’에 추가되어 원순모음 ‘ㅗ’와 ‘ㅜ’를 도출해 낸다. 이러한 (4)의 과정은 원순모음화 과정과 동일하다. 그러므로 (4)는 일반성을 포착해 내는 데 반해 (3)은 그렇지 못하다는 결론에 이르게 된다.

　원순모음화 현상을 바탕으로 (4)가 (3)보다 일반성을 포착한다면, 그것은 입력부의 분절음 w와 자질 [원순성]의 차이에 기인한다. w와 [원순성]

을 비교하면, w는 [원순성]을 포함하는 분절음이라는 점이다. 그러므로 [원순성]이라는 자질을 바탕을 한 (4)가 일반성을 포착한다면 (3)이 갖는 문제점은 분절음 w를 그 이하의 자질로 더 분석하지 않아 생긴 것임을 알 수 있다. 그러므로 'ㆍ'나 'ㅡ'가 'ㅗ'나 'ㅜ'로 되는 (2)의 현상에 관여하는 것은 w 전체가 아니라, w가 갖는 [원순성] 자질임에도 불구하고, 그 자질을 포함하는 분절음 w를 가지고 (2)의 예들을 설명하였기 때문에 국어 음운론에서 일반성을 갖지 못하게 된 것이라고 할 수 있다.

(4)는 국어의 원순모음화 현상의 과정이다. 이러한 원순모음화 현상은 모음체계에서 보여주는 [원순성]에 의한 자연부류를 바탕으로 한다. 근대국어나 현대국어 방언에서 보여주는 원순모음화 현상은 모음체계에서 'ㅡ'와 'ㅜ', 'ㆍ'와 'ㅗ'가 [원순성]에 의한 자연부류를 이룰 때 자연스럽게 일어날 수 있는 현상인 것이다. 그렇다면, (4)로써 (2)의 현상을 설명하기 위해서는 후기 중세국어의 모음체계에 [원순성]에 의한 자연부류가 있느냐가 문제된다. 그런데, 중세국어에 있어서도 'ㅡ'와 'ㅜ' 및 'ㆍ'와 'ㅗ'는 [원순성]에 의한 자연부류였음이 일찍이 지적되었다(이병근, 1976 : 131). 그러한 주장은 (5)로써 뒷받침된다.

(5) ㄱ. 흐녀고론(월석 2 : 71b), 흔 쩨 계도록(월석 7 : 9b), 우호로(두해-초 8 : 28) 나조히 뭇도록(두해-초 16 : 66a), 외쏘로(금삼 1 : 11a), 쏘로(금삼 1 : 11b, 3 : 44a), 안호로(금삼 4 : 17a), 밧고로 도(몽산법어 : 64a)

ㄴ. 쏟시이 나시노소니(월석 2 : 49a), 나오리로소이다(월석 2 : 49a), 곧도소이다(월석 7 : 12b), 노로(훈민정음, 용자례)

(5ㄱ)의 '흐녀고론, 계도록, 우호로, 뭇도록, 외쏘로, 쏘로, 안호로, 밧

고로도' 등은 각각 'ᄒᆞ녀ᄀᆞ론(또는 ᄒᆞ녀그론), 계ᄃᆞ록, 우ᄒᆞ로(또는 우흐로), 뭋ᄃᆞ록, 외ᄡᆞ로, ᄡᆞ로, 안ᄒᆞ로, 밧ᄀᆞ로도'가 변한 예들로서, 후행하는 원순모음에 영향을 받아 일어난 원순모음화 현상의 예들이다. (5ㄴ)의 '나시노소니, 나오리로소이다, 곧도소이다, 노로'는 각각 '나시노ᄉᆞ니,[10] 나오리로ᄉᆞ니, 곧도ᄉᆞ이다, 노ᄅᆞ'가 변한 예들로서, 선행하는 원순모음의 영향을 받아 일어난 원순모음화 현상의 예들이다. 이 시기의 원순모음화 현상은 개재 자음이 [지속성]을 갖는 'ㄹ'과 'ㅅ'에, 그리고 동화주가 원순모음 'ㅗ'나 'ㅜ'인 경우로 한정된다는 특징이 있지만, 15세기에 'ㅗ'와 'ㆍ', 'ㅜ'와 'ㅡ'가 [원순성]에 의해 대립되는 자연부류를 형성하고 있었음을 보여준다. 이들 외에도 정승철(1995)에서는 '나비(능엄 7 : 83)'와 '나뵈(두해-초 15 : 32)', 'ᄌᆞᄆᆞ(두해-초 7 : 6)'와 'ᄌᆞ모(능엄 1 : 22)', '다폴다폴(법화 6 : 137)'과 '다폴다폴(법화 7 : 9)', '그울-(월석 10 : 6)'과 '구울-(원각, 상2-3 : 20)', '그위(석보 6 : 24)'와 '구위(두해-초 15 : 5)' 등에서처럼 'ㆍ'와 'ㅗ', 'ㅡ'와 'ㅜ'가 교체를 보여준다는 점에서 15세기 당시의 문헌어에서 'ㆍ'와 'ㅗ', 'ㅡ'와 'ㅜ'가 원순적 대립을 유지하고 있었던 것으로 보고 있다.[11]

---

10) 'ᄒᆞ시도소이다'와 같은 예들에서 감동법 선어말어미에 보이는 원순성 동화현상에 대해서는 고영근(1995)에서 심도있는 논의가 이루어졌다. 한편 'ᄒᆞ도소이다'에 대한 'ᄒᆞ도ᄉᆞ이다'형은 고려시대의 구결 자료에 보인다고 한다(이승희, 1996 : 宛然無異 乃至于今 3 年六十ち 亦無有異ソ刀士ヽ丨). 후기 중세 시기의 자료에는 'ᄒᆞ도ᄉᆞ이다'는 나타나지 않는다. 그것은 이 환경에서의 원순성 동화현상이 이미 15세기 이전에 일어났음을 말해주는 것으로 추정된다. 석주연(1996)에서도 'ᄒᆞ도소이다'형이 나타난 기림사본『능엄경』의 연대가 13~15세기 초임을 고려하면 이러한 원순모음화 현상도 그 시기에 일어난 것이 아닌가 추정하였다(225~226면의 각주 9를 참조).

11) 15세기 문헌어에서 'ᄇᆞᄅᆞ-(석보 9 : 9), 부르-(월석 9 : 38, 飽), ᄇᆞᆯ-(구간 2 : 2), 블-(구간 2 : 74, 吹)'에서처럼 어두음절에서도 ㅡ와 ㅜ의 교체를 보여주는 듯한 예가 나타나기도 한다고 한다(남광우, 1974 : 33, 오광근, 1993 : 28~32). 한편 정승철(1995)에서는 15세기 또는 그 이전부터 'ㆍ'와 'ㅗ', 'ㅡ'와 'ㅜ'가 [원순성]에 의한 자연부류를 이루고 있었음을 보여주는 다른 한 가지 사실을 추가하고 있다. 중세국어 문헌어의 'ㆍ'나 'ㅡ'는 선행하는 음소가 순음일 때 이를 후행하는 자음은 언제나 치음이나 설음이라는 분

   이러한 관점에서 15세기에 [원순성]에 의해 대립되는 자연부류가 존재하였다고 할 수 있으므로, 이러한 자연부류를 바탕으로 (2)의 예들도 (5)의 예들과 함께 (4)로써 설명하는 것이 일반성을 가진다. 여기에서, (2)의 현상에 있어서 'ㆍ'나 'ㅡ'를 선행하는 자음이 양순음 'ㅸ'이라는 점을 중시할 필요가 있다고 생각된다. 양순음은 [순음성]을 가지며, 그 [순음성]은 후행 모음 'ㆍ'나 'ㅡ'에 [원순성]의 영향을 미쳐 원순모음화 현상을 유발할 수 있기 때문이다. 그러므로 (2)의 예들은 'ㅸ'의 [순음성]에 의해 후행하는 비원순모음인 'ㆍ'와 'ㅡ'가 원순모음화된 것으로 이해할 수 있다.

   'ㅸ'이 'ㅗ'나 'ㅜ'를 만난 경우에 'ㅸ'의 변화형은 표기를 통하여 확인되지 않는다. 이 경우만을 놓고 볼 때, 후행하는 w나 'ㅗ'나 'ㅜ'의 [원순성]으로 인하여, 'ㅸ'이 후행 모음에 영향를 미치지 못하고 탈락한 것인지 확인하기 어렵다. 그러나 원순모음화 현상을 고려하면, 'ㅗ'와 'ㅜ'가 원순모음이기 때문에 'ㅸ'의 [순음성]이 영향을 미치지 않았다고 할 수 있다. 이러한 특성은 근대국어 시기에 일어나는 순자음 다음에 오는 'ㆍ'나 'ㅡ'의 원순모음화 현상이 활발하게 진행될 때에도 순자음이 원순모음 'ㅗ'나 'ㅜ'에는 영향을 미치지 못한다는 점과 다르지 않다.

   'ㅏ'와 'ㅓ' 앞에서 'ㅸ'이 사라지면 다음과 같이 w가 나타난다.

   (6) 글와리라(훈민정음, 언해본), 글왈(석보 서:5), 글월(월석 서:11,
       서:19a), 애와텨(월석 서:16a), 애와틸(월석 서:15b), 니른왇ᄂ니
       (월석 1:36b), 니르와ᄃ샤(월석 2:55a), 위와ᄃ며(월석 2:710),
       믈리왇디 말라(월석 7:54.2b), 위왇는(월석 2:70a)

포상의 제약을 가지고 있다. 이는 'ㆍ'나 'ㅡ'가 '순음 __ 순음, 아음'의 환경에서는 나타날 수 없다는 것으로서, 이를 우연한 빈칸으로 간주할 수는 없다는 것이다. 정승철 (1995)에서는 이러한 빈칸의 이유를 "아마도 15세기 또는 그 이전 시기에 '순음 __ 순음, 아음'의 환경 아래에서 ㆍ>ㅗ, ㅡ>ㅜ의 원순모음화가 있었던 것"으로 추정하였다.

(6)의 예들에서 보듯이 ‘ᄫ’은 ‘ㅏ’, ‘ㅓ’ 앞에서 w로 바뀐다. 이 환경에서의 ‘ᄫ’ 변화는 이숭녕(1954a)에서부터 w로 바뀌어 실현된 것으로 본다는 점에서 다른 이견이 없다. 이숭녕(1954)에서는 ‘ᄫ’ 다음의 모음이 ‘ㅏ’나 ‘ㅓ’인 경우에 “그 원순성을 w음적인 구실로 유지하여 이중모음을 형성하는” 것으로 간주하였으며, ‘β>w’로 이 변화를 설명하던 관점에서는 ‘ᄫ’이 w로 바뀐 것으로 간주하였다. ‘ᄫ’의 변화에 관한 이러한 주장은 후행하는 모음에서 드러나는 특징을 중심으로 보면 바람직한 접근으로 보인다. ‘ᄫ’이 가지고 있는 [순음성]이 후행 모음에 [원순성]으로 작용하여 ‘ㅏ’나 ‘ㅓ’가 [원순성]에 대립되는 모음을 갖지 못하는 특성으로 인하여 w를 첨가하는 방식으로 [원순성]을 실현하는 것으로 이해되기 때문이다.

그러나 [순음성] 또는 [원순성]이 ‘ㅏ’, ‘ㅓ’와 결합되어 w로 실현됨으로써 이중모음을 형성하게 되었다는 것은 일견 특이한 현상으로 보일 수도 있다. 그런데 우리는 이와 유사한 현상을 구개음화의 관련 현상으로 일어난 구개성 반모음 첨가 현상에서 찾아볼 수가 있다(김주필, 1994). 현대국어의 움라우트 현상에 대응되는 근대국어 시기의 구개성 반모음 첨가 현상은 y계 이중모음이 단모음화되기 이전에 i나 y 앞에서 선행하는 핵모음에 반모음 y를 첨가하는 현상이다. 경상도 방언의 문헌 자료에서 그 예를 들기로 한다.

(7) 돌기 쇠릴(두해-중 8 : 21), 편안히 녜겨(두해-중 2 : 13a), 바리미 노ᄒ야(두해-중 16 : 73a), 법을 뵈히샤(임종-수 3b), 쥐기디(보권-동 23b), 나모래며(보권-동 20a), 귀경ᄒ니(보-동권 53b), 모되기을(경민-울 서), 쎼히면(경민-울 7), 만닉면(경민-울 9), 위김질노(경민-울 12), 에린이을(경민-울진 천), 업슈이 녜기리(십구 1 : 91b)

이 예들은 근대국어 시기의 경상도 방언 문헌 자료에서 추출한 구개성 반모음 첨가 현상의 예들이다(김주필, 1994). 경상도 방언의 y계 하향이 중모음들이 단모음화되지 않은 상황이었다면, 위의 예들은 구개음화의 환경인 i나 y 앞에서 구개성 반모음 y가 선행하는 음절의 핵모음에 첨가된 예들로 해석할 수 있다. 그렇다면, 이 예들은 [+고음성, −후설성]의 자질을 갖는 i나 y에 의해, 이러한 자질을 갖지 않는 [−고음성, +후설성]의 선행 음절 모음에 구개음화의 동화주가 갖는 [+고음성, −후설성]의 자질을 첨가하는 특성을 보여준다. 넓은 의미에서의 구개음화에 포함시킬 수도 있는 이러한 구개성 반모음 첨가 현상은12) 'ㄱ, ㅋ, ㄲ'이 갖는 [+후설성]의 자질이 그 뒤에 오는 i나 y의 [−후설성]의 자질에 영향을 받아 [−후설성]으로 교체되는 ㄱ구개음화와 일면 유사한 특성을 보이는 현상으로 간주된다.13)

구개성 반모음 첨가 현상은 모음 간의 hiatus 환경을 피하기 위한 현상이기는 하지만, 인접한 원순모음의 [원순성]으로 인해, 'ㅏ'나 'ㅓ'에 w를 첨가하는 현상도 'ㅏ', 'ㅓ' 앞에서 w가 첨가되는 [원순성] 관련 현상과 크게 다르지 않은 것으로 생각된다. 『金剛經三家解금강경삼가해』에 나타나는

---

12) 그러나 이러한 현상을 구개음화의 일종으로 보아야 할지는 더 많은 논의가 필요하다. 구개음화는 동화주의 자질이 피동화음에 영향을 미쳐 자질이 변경되는 현상인데 반해, 이러한 현상은 동화주의 자질을 선행 음절의 핵모음에 첨가하는 현상이기 때문이다. 만일 'ㅸ'의 변화 과정에 보이는 'ㅏ, ㅓ' 앞에서의 w첨가를 이와 같은 관점에서 접근한다면, w가 첨가되는 현상 역시 원순모음화 현상이라고 할 수 있을지는 더 많은 논의가 필요하다. 그리하여 본고에서는 이러한 현상들은 [원순성] 관련 현상이라 하기로 한다.

13) (7)의 예들이 보여주는 현상과 ㄱ구개음화 사이의 차이는 전자는 인접한 분절음의 연결체 내에서 일어난 현상인 데 반해, 후자는 인접한 분절음의 연결체가 속한 음절을 뛰어 넘어 선행 음절의 핵모음에 해당 자질을 갖는 y를 첨가함으로써 y계 이중모음을 형성한다는 것이다. 이러한 두 현상의 유사점과 차이점은 원순모음화 현상과 [원순성]이 w로 첨가되어 w계 이중모음을 형성하는 (6)의 현상 사이의 관계와 다르지 않다.

몇 예만 보이기로 한다.

(8) 모도와(1 : 5a, 3 : 43a, 63a, 4 : 26a), 고졸 픠우워(1 : 7a), 文殊보와
　　무로디(2 : 23a), 나토와(2 : 27b), 보와눈(3 : 43a, 63a, 4 : 5a), 견주
　　워(2 : 65a), ᄀ초와(3 : 52a), 므슴 두워(5 : 16a)

(8)의 예들은 부사형 어미 'ㅏ'와 'ㅓ'에 선행하는 용언 어간말의 원순모
음 'ㅗ'와 'ㅜ'에 의해 w가 첨가된 현상이다. 여기에서 w는 모음 간에 생긴
hiatus 환경을 피하기 위해 첨가되는 것으로 간주된다. 그런 점에서 (8)
에서 보여주는 현상은, '병'의 [순음성]에 의해 일어나는 것으로 보이는 w
와 그 성격이 다르다. 그러나 (8)에서 hiatus를 피하기 위해 w가 나타나
는 이유는 인접 모음인 'ㅗ'와 'ㅜ'의 [원순성] 때문이라고 할 수 있다. 그렇
다면 (6)에 보이는 w를 '병'이 갖는 [순음성]으로 인해 [원순성]이 첨가된
것으로 이해한다면, (2)의 예들과 일관된 관점에서 'ㅏ'와 'ㅓ'에서 [원순성]
관련 현상이 w 첨가 현상으로 나타났다는 해석이 가능하다. [원순성] 또는
[순음성]이 'ㅏ'와 'ㅓ'에 영향을 미칠 때, w를 첨가하는 현상으로 나타나는
이유는 'ㅏ'와 'ㅓ'의 특성에서 찾을 수 있을 듯하다. 즉 'ㅏ'와 'ㅓ'는 [원순
성]에 의해 대립되는 단모음이 없기 때문에 [원순성]을 가진 반모음을 첨
가함으로써 이중모음을 형성하게 된 것으로 이해된다. 이러한 현상은 구
개성 반모음 첨가 현상에서도 'ㅏ'와 'ㅓ'가 [−후설성]에 의해 대립되는 단
모음이 없기 때문에 반모음 y를 첨가하여 이중모음을 형성한 것과 동질적
인 현상으로 이해할 수 있다.

　그러나 이러한 주장은 표기를 통해서 뒷받침되지는 않는다. 당시의 문
헌 자료에서 '병'과 w가 함께 나타나는 예들은 '병'이 남아 있으면서 w 첨
가를 보여주는 예들을 전혀 보여주지 않기 때문이다. 그럼에도 불구하고

'ㅸ'이 사라지고 새로 나타난 w을 'ㅸ'의 [순음성] 때문에 첨가된 것으로 이
해하는 이유는 'ㅸ'이 사라진 자리에 나타나는 후음 'ㅇ' 때문이다. (6)의
예들에서 보듯이 'ㅸ'이 있던 자리에 나타나는 후음 'ㅇ'은, 선행 음절말 자
음이 'ㅸ'이 있던 음절의 초성 자리로 이동하는 것을 막고 있다. 그러한 'ㅇ'
은 이른바 적극적 기능의 'ㅇ'(이기문, 1972b), 즉 ɦ와 같은 음운론적 기능
을 수행하고 있으므로 그 음가는 ɦ로 추정할 수 있다(김경아, 1991). 그
렇다면 이 ɦ는 'ㅸ'이 있던 자리에서 'ㅸ'을 대체했다는 사실 외에도, 'ㅸ'과
는 [유성성]과 [지속성]의 자질을 공유한다는 특성을 갖는다. 이러한 관점
에서, 'ㅸ'의 변화가 후음 'ㅇ'과 매우 밀접한 관련을 가진다고 추정한다면,
그 ɦ와 공유하지 않는 [순음성]은 이러한 후행 모음의 변화에서 보이는 현
상과 밀접한 관련을 가진다고 추정할 수 있다.

마지막으로 'ㅣ' 앞에서 일어나는 'ㅸ'의 변화에 대하여 검토하기로 한다.
'ㅣ' 앞에서는 'ㅸ'이 [원순성] 또는 w로 바뀌어 실현되는 예들과 그렇지 않
은 예들로 나뉜다고 논의되어 왔다. 이러한 이견에 대해서는 다음의 예를
가지고 논의하기로 한다.

(9) ㄱ. 고이 히오(법화 2 : 140), 수이 보디 몯ᄒ리라(남명 하 : 29), 셜이
　　　 너기디(두해-초 15 : 49)

　　 ㄴ. 거츤 드르헤 누이며(월석 18 : 39), 오ᄉᆞᆯ 더러이고(두해-초 8 : 18)

　　 ㄷ. 치위 다ᄋᆞ고(두해-초 15 : 45), 더위 가고 치위 오매(남명 상 : 59)

(9ㄱ)은 부사화접미사 '-이' 앞에서 'ㅸ'이 사라지고 'ㅣ'에 변화가 없음을
보여주며, (9ㄴ)은 피·사동접미사 앞에서 역시 표면적으로는 'ㅣ' 앞에 아
무 변화가 없음을 보여준다. (9ㄷ)의 예들은 '칩-, 덥-'이 형용사이므로 명
사화접미사를 '-ᄋᆡ/의'로 설정한다면, 이 예들은 (2)의 예들과 함께 분류되

어야 할 것이다. 그러므로 (9ㄷ)의 예들은 기존의 논의대로 'ㅣ' 앞에서 w
로 된 것이라기보다는 'ㆍ'나 'ㅡ'가 '병' 다음 위치에서 'ㅗ'나 'ㅜ'로 실현되
는 경우와 함께 논의되는 것이 타당하다. 그러므로 (9ㄱ)의 경우처럼 'ㅣ'
앞에서 '병'은 ɦ로 약화되는 것으로 간주된다.

그런데, (9ㄱ)과 (9ㄴ)은 그 성격이 다르다. 이 시기의 피·사동접미사
'-이-'는 ɦi로 간주되므로(이기문, 1972b ; 김주필, 1988), '병'과 'ㅣ' 사이
에는 ɦ가 있다고 보아야 할 것이기 때문이다.14) 그러므로 (9ㄴ)의 경우에
'병'은 모음에 영향을 끼치지 못하였다고 할 수 있다. 그러나 (9ㄱ)은 부사
화접미사이므로 부사화접미사 'ㅣ' 앞에서는 w가 나타나지 않는다. 이것은
'ㅣ' 앞에서 '병'의 [순음성]이 후행 모음에 영향을 끼치지 못했음을 의미한
다. 이러한 이유를, 김완진(1972a)에서처럼 wi가 존재하지 않았기 때문
이라고 한다면, (9ㄱ)의 특징은 매우 간명하게 설명된다. 그러나 당시의
음성 층위에서조차 wi가 실현되지 않았는지를 확인할 수는 없으며, 어느
시기인지는 모르지만 'ㅟ'도 결국 wi로 실현되기에 이르므로 wi의 연쇄가
당시에 존재하지 않아 (9ㄱ)의 현상이 일어났는지 분명하게 말하기는 어
렵다.

'병'이 'ㅣ' 앞에서 탈락하는 이러한 특성과 관련하여, 'ㅗ'나 'ㅜ'에 인접
하는 'ㅣ'에서도 [원순성] 관련 현상이 일어나지 않는다는 점이 주목된다.
'ㅗ'나 'ㅜ'에 인접한 'ㅣ'에서 [원순성] 관련 현상이 일어나지 않는 이유는

---

14) 피·사동접미사 ɦi 앞에서 '병'이 탈락하는 이유는 언제 어떠한 과정을 통하여 일어났는
지 현재로서는 분명히 알 수가 없다. '병'이 이 환경에서 탈락하여 실현되지 않는 것이
어간말의 β가 ɦ와 갖는 제약에 의한 것일 수도 있으며, β가 p로 되는 현상으로 인한
것일 가능성도 있다. 또한 '병'이 변한 ɦ와 피·사동접미사 ɦi의 연쇄에서 ɦ의 중출로 인
한 제약일 가능성도 있다. 그러나 이미 훈민정음으로 된 문헌 자료에 피·사동접미사
앞에서 어간말의 '병'은 실현되지 않는 것으로 보아 이 환경에서의 '병' 탈락은 다른 환
경에서와 달리 보다 이른 시기에 변화를 보인다고 할 수 있다.

[원순성]의 의해 'ㅣ'에 대립되는 단모음이 없기 때문이다. [원순성]에 의해 'ㅣ'에 대립되는 단모음 즉 'ㅚ[ö]'나 'ㅟ[ü]'가 없었기 때문에 'ㅸ'이 'ㅣ'에 아무런 영향을 미치지 못하고 탈락된 것으로 이해되는 것이다. 이러한 설명은, 'ㅚ[ö]'나 'ㅟ[ü]'가 없는 근대국어나 현대국어 방언에서도 동일한 특징을 보인다는 점에서 당시의 이중모음에 wi기 없었기 때문이라는 설명보다는 자연스러운 것으로 생각된다. 그러므로 'ㅸ'의 변화 과정에서 'ㅸ'이 후행하는 'ㅣ'에 아무런 영향을 미치지 못하고 탈락한 이유는 당시에 [원순성]에 의해 'ㅣ'와 대립하는 단모음이 존재하지 않았기 때문이라고 할 수 있다.

'ㅣ' 앞에서 w로 바뀌는 것으로 기술된 (9ㄷ) 유형의 예들을 (4)의 규칙으로 해결한다면15) 'ㅣ' 앞에서의 변화는 'ㅸ'의 [순음성]이 후행 모음에 아무런 영향을 미치지 않았다고 할 수 있다. 'ㅸ'이 'ㅣ'에 아무 영향을 미치지 못한 이 환경에서의 예들은 'ㅸ'이 사용되는 문헌에서 쉽게 발견되지 않는다. 『월인석보』에서조차 'ㅣ' 앞에서 'ㅸ'의 표기가 사라진 예들은 거의 보이지 않는다. 다른 환경에서와 달리 'ㅣ' 앞에서는 대체로 'ㅸ'이 고수되는 특징을 보이는 것이다. 이러한 사실은 'ㅣ' 앞에서 'ㅸ'이 가장 늦은 시기에 그 변화에 참가하였음을 말해주는 것으로 보인다. 'ㅣ' 앞에서 'ㅸ'이 가장 늦은 시기까지 고수되는 이유는 'ㅸ'이 후행 모음에 [원순성]의 영향을 미치지 못했기 때문이라고 추정할 수 있을 듯하다. 'ㅸ'이 다른 후행 모

---

15) 사실, 본고는 여기에서 하나의 문제를 안게 된다. '-디ᄫᅵ>-디이'의 변화를 본고에서는, '*-디ᄫᅬ(또는 *-디ᄫᅱ)>-디위, 디외'로 보아야 하지만, 문헌에는 '-디ᄫᅵ'만이 나타날 뿐이라는 점이다. 참고로 김경아(1997)에서도 '*-디ᄫᅬ'를 재구함으로써 그 변화의 틀 내에서 이를 해결하고자 하였다. 그러나 그 재구형 '*-디ᄫᅬ'는 문증되지 않고, '*-디ᄫᅬ'를 재구한다 하더라도 여전히 그 후대형인 '-디외, -디위, -디웨'의 '-디웨'를 설명하기 어려운 문제점은 여전히 남는다. 현재로서는 '-디ᄫᅵ'의 선대형이나 그 형태론적 구성을 정확히 알 수 없기 때문에 앞으로의 과제로 남겨두기로 한다.

음에서 자신의 [순음성]과 같은 [원순성]을 남기지만, ‘ㅣ’ 앞에서는 탈락되면 [순음성]을 잃어버리게 됨으로써 ‘ㅣ’ 앞에서 ‘ㅸ’이 상대적으로 오래 고수된 것으로 추정된다.

‘ㅣ’ 앞에서의 ‘ㅸ’이 탈락되는 정확한 시기를 추정하는 것은 어렵다. ‘ㅏ’나 ‘ㅓ’, ‘·’나 ‘ㅡ’, ‘ㅗ’나 ‘ㅜ’ 앞에서는 ‘ㅸ’이 표기되지 않은 어형과 ‘ㅸ’이 표기된 어형이 공존하는 데에 반해서 ‘ㅣ’ 앞의 경우에는 공존하는 예들을 거의 찾을 수 없기 때문이다. 음운변화가 점진적으로 이루어진다는 관점에서 음운변화가 반영된 개신적인 어형과 기존의 어형을 고수하는 보수적인 어형이 공존하면서도 개신형의 출현 빈도가 점차 많아지면서 음운변화가 일어난다는 일반적인 흐름을 생각하면 ‘ㅣ’ 앞에서의 ‘ㅸ’ 표기가 고수되다가 갑자기 사라지는 것은 특이한 현상이 아닐 수 없다.16) 그렇지만, ‘ㅣ’ 앞의 ‘ㅸ’이 다른 환경의 ‘ㅸ’보다는 늦게 변화에 참가하게 된 것은 사실로 받아들여야 할 것이고, 그렇다면 그 이유는 ‘ㅸ’의 변화 후에 초래되는 ‘ㅸ’이 가진 [순음성]의 존속 여부를 가지고 설명될 수 있을 듯하다. ‘ㅸ’의 [순음성]이 후행 모음에 영향을 끼쳐 남는 경우와 ‘ㅸ’ 자체가 없어지는 경우 사이에는 적지 않은 차이가 있기 때문이다.

3.2. ‘ㅸ’의 ɦ로의 약화

‘ㅸ’의 변화와 관련하여 김경아(1991, 1997)에서는 그동안 주목받지 않았던 중요한 새로운 문제를 제기하였다. 즉 “‘ㅸ’이 변화한 초성의 자리에, 선행 음절말음이 이동하지 못하고 후음 ‘ㅇ’이 표기된 사실에 주목하여” β

---

16) 이러한 특이성은, 훈민정음 창제 후 얼마 되지 않은 시기에 일어났다는 점에서 표기의 규범성을 가지고 설명할 수는 있을 것이다.

는 단순한 w로 변한 것이 아니라 ɦw로 변화한 것이라는 새로운 가설을 제안하였던 것이다. 이 가설에서 주목되는 점은 'ㅸ'이 변화한 자리의 'ㅇ'은 다음의 (10)에서와 같이 선행 음절의 말음을 초성 위치로 이동되지 못하도록 한다는 것이다.

(10) 셜이 너기디 (두해-초 15 : 49), 時俗이 열우나(두해-초 8 : 44), 쓰며 뗼운 거시(법화 6 : 51), 글와롤(월석 2 : 69), 글워를 시러(두해-초 7 : 28), 크시닷 슬오련마론(법화 4 : 71), 활와치(박초 상 : 59)

(10)에서 음절의 말음 'ㄹ'이 'ㅇ'의 자리로 이동되지 못하도록 한 것은 w나 'ㅗ/ㅜ'가 아니라 'ㅸ'의 자리에 표기된 'ㅇ'이다.17) 이러한 'ㅇ'의 특성은 유성・후두・마찰음인 ɦ의 음운론적 기능과 같다. 그렇다면, 'ㅸ'이 변화한 다음 단계는 'ɦ+w'의 구성으로 실현되고 있었음을 말해준다(김경아, 1991 : 302). 이러한 'ㅸ'의 변화형을 'ɦ+w'의 구성으로 이해한 김경아(1997)에서는 'β>ɦw>w'라는 변화 공식을 만들어 내게 된다.

그러나 이러한 접근은 두 가지 면에서 문제점이 있다. 첫째는, 'ㅸ'이 그 변화의 다음 단계에서 'ɦ+w'의 구성으로 실현되고 있다고 하더라도 'β>ɦw'는 하나의 분절음이 두 개의 분절음으로 분화된 것으로 설명하자는 것인데, 'ㅸ'이 왜 이런 분화의 과정을 거치는지를 설명하기는 어려울 것으로 보인다. 'β>ɦw'의 변화가 분화 현상이 아니라면, 'β>ɦw'의 ɦw는 'ㅸ'이 변한 한 분절음과 새로 첨가된 다른 분절음의 결합으로 받아들여야 하는데, 이러한 과정도 자연스럽게 설명하기 어려운 것으로 보인다. 'β>ɦw>w' 공

---

17) '가리오-(석보 13 : 10)'의 '-오-'를 'ㅸ/ㅹ'에 소급시킬 수 있다면, 이 경우 '-오-'에 선행하는 ㅣ에 의해 y가 첨가되는 현상이 일어나지 않았다는 점도 후음 표기 'ㅇ'이 하나의 자음으로서 기능을 하고 있는 예로 삼을 만하다.

식에서 생기는 또 다른 문제는 두 번째 변화 과정에 있다. 즉 ‘ɦw>w’는 분화된 두 개의 분절음이 다시 하나의 음소로 바뀌는 현상이다. 그런데 ɦw에서의 ɦ가 탈락하여 w로 되는 것이 아니라 ‘β>…>w’의 중간 과정으로 설정된 ɦw가 w가 된다는 것이다. 다시 말해 표면적으로 분명히 ɦ의 탈락으로 보이는 ‘ɦw>w’ 현상이 ɦ의 탈락 현상이 아니라 ‘ㅸ’의 변화 과정이라는 것이다.

 ‘β>ɦw>w’에서 설정된 중간 과정을 두 단계의 변화로 나누어 검토해 보기로 하자. ‘β>ɦw>w’에서 첫 번째 단계의 변화는 ‘β>ɦw’이고, 두 번째 단계의 변화는 ‘ɦw>w’이다. 이러한 두 단계의 변화를 ‘ㅸ’의 결과론적인 공식이라 하는 ‘β>w’와 비교해 보면, 중간 과정을 설정함으로써 ‘ㅸ’의 변화 과정이 매우 복잡해진 것 같지만, 사실은 그 중간 과정의 특징은 매우 간단하게 설명된다. 즉 첫째 단계에서 ɦ가 하나 더 있다는 것이 특징적이고, 둘째 단계에서 그 ɦ가 탈락되었다는 것이 특징적이다. 그러므로 이 공식에서 ‘ㅸ’의 변화 과정에서 생긴 ɦ와 β의 관계에 관한 문제와, 중간 과정에서 생긴 ɦ와 ‘ㅸ’의 궁극적인 변화형인 w와의 관계에 관한 문제가 발생한다.

 ɦ와 관련하여 중간 과정을 설정한 ‘β>ɦw>w’를, 결과론적인 공식 ‘β>w’와 비교해 보면, 사실 ‘β>ɦw>w’는 ‘β>ɦ’와 ‘β>w’의 두 공식을 합쳐 놓은 것에 불과하다. 다시 말하면 이 공식은 ‘β>w’를 수용하면서도, ‘ㅸ’이 사라진 자리에 나타나는 ‘ㅇ’을 설명하기 위해서 ‘β>ɦ’ 공식을 설정한 것이라고 추정된다. ‘β>ɦw>w’에서 저절로 드러나듯이 ɦ와 w는 상호 밀접한 관련이 없는 분절음들이기 때문에, 왜 첫 번째 단계에서 ɦ가 삽입되고, 그리고 왜 두 번째 단계에서 그 ɦ가 다시 탈락하게 되는지를, β를 통하여 연결하지 않는 한, 합리적으로 설명하기 어렵게 된다. 다시 말하면, ‘β>ɦw>w’에서 ɦ와 w는 β를 매개로 해서만 설명이 자연스럽게 이루어질 수 있는 것이다.

이러한 사실은 β가 ɦ로 되는 규칙과 w로 되는 규칙을 결합하고 있음을 말해주는 것이라고 생각된다.

이 두 개의 규칙, 즉 'β>ɦ'와 'β>w'의 성격을 3.1에서 행한 본고의 관점 중에서 자질을 중심으로 검토해 보기로 한다. 'ㅸ'은 먼저 후행 모음과 관련하여 자신이 가지고 있던 [순음성]으로 인해 후행하는 모음에 [원순성]과 관련된 변화를 일으킨다. 그런데 'ㅸ'이 있던 자리에 후음 'ㅇ'이 표기되며, 그 'ㅇ'은 적극적 기능을 수행하면서 자음으로서의 기능을 한다. 후음 'ㅇ'이 'ㅸ'의 자리에 남아 있는 이유는 'ㅸ'이 사라진 결과에 기인하는 것으로 간주된다. 'ㅸ'이 사라졌으나, 그 자리에 유성・후두・마찰음 ɦ가 나타났다는 것은 'ㅸ'이 약화되었음을 의미한다. 여기에서 약화 현상이란 유성・양순・마찰음으로서의 'ㅸ'이 가지고 있던 [유성성]・[순음성]・[지속성] 중에서 ɦ는 [유성성]과 [지속성]만 가지게 됨으로써 'ㅸ'이 가지고 있던 [순음성]이 사라진 현상을 말한다. 'ㅸ'이 ɦ로 약화되어 [순음성]을 가지고 있지 않게 되었다 하더라도, 'ㅸ'이 가지고 있던 [순음성]은 후행 모음에 [원순성] 관련 현상을 통하여 남아 있게 된 것으로 이해된다. 다시 말하면, 'ㅸ'의 [순음성] 자질은 후행 모음에 일어난 [원순성] 관련 현상을 통하여 생긴 'ㅜ'나 'ㅗ'에도 [원순성]으로 존재하기 때문에 'ㅸ' 자신이 가지고 있던 [순음성]은 잉여적인 자질이 되었다고 할 수 있다. 이 잉여적인 자질을 제거하면 'ㅸ'이 곧 ɦ로 약화되는 것이다. 이러한 두 현상을 반영한 표기 예가 바로 '치ᄫᅱ'와 '더ᄫᅱ'인 것으로 생각된다.

'치ᄫᅱ'와 '더ᄫᅱ'는 그 동안 설명이 쉽지 않았던 특이한 예들이다. 'ㅸ'이 사라진 자리에 나타나는 후음 'ㅇ'의 존재로 많은 고민을 하였던 김경아(1997)에서는 'β>ɦw>w'에서 'ㅸ'이 ɦ와 w로 동시에 변한 것으로 간주한다 하더라도 'ㅸ'과 w의 동시적 존재는 설명하기가 쉽지 않다. 그러나 본고의 관점에서는 '병'과 w가 동시에 존재하는 이 예들이 오히려 본고의 주장을 지지해 주는 예라고 생각한다. '치뷔'(석보 9 : 9b, 월석 9 : 26a)와 '더뷔'(석보 9 : 9b, 월석 9 : 26a)는 형용사인 '칩-'과 '덥-'을 명사로 만들어주는 명사파생접미사 '-의(이)'가 결합된 형태인 '치븨'와 '더븨'가 변화된 형태로 분석된다. 『월인석보』의 '치븨롤'(월석 25 : 15b)은 이러한 조어론적 특성을 보여준다. 다시 말하면 '치뷔'와 '더뷔'는 '치븨'와 '더븨'의 제2음절에서 '병'에 의해 'ㅡ'가 'ㅜ'로 [원순성]에 의한 자질변화 현상을 일으켜 만들어진 형태로서, 이 형태에서 원순모음화 현상으로 인해 '병'에서 잉여적 자질이 된 [순음성]이 사라지고 [유성성]과 [지속성]만 남게 되어 '치위'(능엄 8 : 82), '더위'(구방 상 : 11)로 변화되었다고 설명할 수 있는 것이다.

훈민정음을 창제하던 시기에도 언어는 변하고 있었을 것이고, 그렇다면 진행 중인 음운변화에 대해서는 하나의 일관된 기준을 정하지 않을 수 없을 것이라고 생각한다. '병'과 w, 또는 '병'과 원순모음화된 예들의 공존은 표기자의 관점에서 보면 하나의 일관된 기준을 정하지 않고는 표기의 혼란을 막기 어려웠을 것으로 생각된다. 그리하여 '병'과 원순모음의 규범적인 표기형을 선택하여 적도록 기준을 정하였지만, 15세기 후기에 '치뷔'와 '더뷔'는 그러한 틈새에서 당시의 음운변화의 특성을 보여주는 소중한 표기인 것으로 생각된다.

이러한 관점에 설 때, 'ㅣ' 앞에서의 '병'의 탈락이 가장 늦은 시기에 거의 한꺼번에 나타나는 이유도 이해할 수 있다. 표기에서 '병'이 가장 먼저 사라지는 음운론적 환경은 'ㆍ'와 'ㅡ' 앞에서이다. 이 환경에서의 변화는 『월인천강지곡』(상)에 이미 보인다. 그러나 'ㅣ' 앞에서는 『월인석보』에서도 '병'이 거의 모두 표기되는 특성을 보여준다. 다시 말하면, '병'의 표기가 사라지는 그 짧은 기간 내에서 표기의 규범성을 지키기는 하였으나,

'ㅸ'의 환경에 따라 'ㅸ'은 'ㆍ'와 'ㅡ' 앞에서 가장 먼저 사라지고 'ㅣ' 앞에서 가장 늦은 시기에 사라지는 특성을 보여주는 것이다. 이러한 특성은 'ㅸ'의 변화에 참여한 음소 연쇄의 입력부와 출력부 사이에 ㅸ의 [순음성]과 관련된 유사성과 차이점에 기인하는 것이 아닌가 여겨진다. 즉 'ㆍ'와 'ㅡ'의 경우에는 'ㅸ'의 [순음성]이 그대로 모음에 영향을 미쳐 'ㅸ'의 자질이 모음에 [원순성]으로 보존되지만, 'ㅣ' 앞에서는 그 [순음성]이 실현되지 못하게 되는 특성으로 인해 가장 늦게 변화의 대열에 합류한 것이 아닐까 추정되는 것이다.

4. 마무리

'ㅸ'의 변화 현상은, 유성·양순·마찰음으로서 'ㅸ'이 가지고 있던 [유성성]·[순음성]·[지속성] 가운데, [순음성]이 후행 모음에 [원순성] 관련 현상으로 영향을 미치자, 'ㅸ'이 가지고 있던 [순음성]은 잉여자질이 됨으로써 [유성성]과 [지속성]을 가진 ɦ로 약화되는 현상으로 이해하였다.

먼저 'ㅸ'은 후행하는 모음의 특성에 따라 ㅸ의 [순음성]이 후행 모음에 영향을 미치는데, 이 현상은 [순음성]의 특성으로 인해 모음에서는 [원순성] 관련 현상으로 일어난 것으로 이해하였다. 'ㆍ'와 'ㅡ' 앞에서는 [원순성]을 'ㆍ'와 'ㅡ'에 추가하여 각각 'ㅗ'와 'ㅜ'로 실현되도록 하고, 'ㅏ'와 'ㅓ' 앞에서는 w를 첨가하는 현상으로 나타났다. 원순모음 'ㅗ'와 'ㅜ' 앞에서는 [원순성]의 영향을 미치지 못하며, 'ㅣ' 앞에서는 [원순성]으로 'ㅣ'에 대립되는 모음이 없어서 [원순성]의 영향을 미치지 못한 것으로 간주하였다.

'병'의 [순음성]으로 인해 '병'이 이렇게 후행모음에 영향을 미치고 나자, '병'이 갖는 [순음성]은 잉여자질이 되어 사라짐으로써, '병'은 [순음성]이 없는 'ㅇ[ɦ]'로 약화되어 결국 탈락된 것으로 간주하였다. 이렇게 하여 분절음으로서의 '병'은 국어의 자음체계에서 사라져 버렸지만, '병'이 갖고 있던 [순음성]을 후행 모음에 남기고, [유성성]과 [지속성]은 ɦ에 남기게 됨으로써 '병'의 변화 과정은 결국 자질 변경의 과정이었던 것으로 이해하였다.

'병'의 변화 과정을, '병'의 [순음성]이 후행 모음에 영향을 미치고, '병' 자체는 ɦ로 약화된 것으로 이해할 때, 이러한 변화의 과정이 표기에 반영된 경우도 있었지만, 그렇지 않은 경우도 있었다. 특히 '병'이 후행 모음에 [원순성] 관련 변화를 일으켰다고 할 때, '병'이 남아 있으면서, 후행 모음이 [원순성] 관련 변화를 보여주는 표기는 거의 보이지 않았다. 이러한 표기상의 특징은, 훈민정음의 창제 후에 보일 수 있는 진행 중인 변화에 대한 규범적인 표기 원칙에 따른 결과로 이해하였다. 그러나 기존의 논의에서는 설명할 수 없었던 '치뵈'나 '더뵈'의 출현은 표기원칙의 틈새를 뚫고 진행 중인 변화의 모습을 보여주는 중요한 용례로 이해하였다.

그럼에도 불구하고, 표기에 가려진 '병'의 변화 과정을, '병'이 가지고 있던 자질 변경의 과정으로 이해하고자 한 본고의 논의가, 정치하게 이루어진 기존의 논의에 누가 되지 않을까 두렵다. 훈민정음의 창제 후 얼마 되지 않아 사라지는 음소의 변화 과정을 다루면서 추론과 추정이 계속될 수밖에 없는 한계를 느끼면서도, 기존의 연구사에서 부각된 논의 내용을 바탕으로 통시적인 음운 연구도 새로운 각도에서 접근될 필요가 있음을 알게 된 것을 위안으로 삼고자 한다. 기존의 논의를 바탕으로 본고의 논의가 가능할 수 있었듯이, 또 다른 새로운 논의에 본고가 조그마한 도움이라도 되기를 바랄 뿐이다.

⑤ 후기 중세국어의 음운현상과 모음체계*

1. 논의의 필요성과 방향

음운론에서는 공시적 연구에 있어서 뿐 아니라 통시적 연구에 있어서도 체계의 개념이 강조되어 왔다. 그리하여 "모든 음운변화는 그것이 일어난 체계와의 관련에서 다루어져야 한다."는 R. Jakobson(1931)의 지적은 통시음운론의 제1원리가 되어 왔다(이기문, 1972b : 3~5). 이러한 체계에 대한 인식의 바탕 위에서, 공시적 변동이든 통시적 변화이든 국어 음운론 연구에서 음운현상과 음운체계는 떼려야 뗄 수 없는 표리의 관계에 있는 것으로 간주되어 왔다.

이러한 관점에서, 국어음운사 연구에서 후기 중세국어의 모음조화는 음운체계에 대한 특별한 관심을 불러일으켰다. 모음자와 외국어 음과의 대응관계, [縮축]을 중심으로 한 『訓民正音훈민정음 解例本해례본』(이하『훈민정음』이라 하기로 함)의 모음에 대한 설명을 중심으로 모음체계를 수립하

---

* 이 글은 같은 제목으로 『어문연구』 117(어문교육연구회, 2003 : 5~30)에 수록되었다.

고, 그 모음체계를 바탕으로 모음조화에 대한 논의로 나아갔던 것이다. 그 결과 모음체계와 모음조화에 대한 연구는 다른 어떤 분야보다도 많은 성과를 축적해 왔다.[1] 그러나 후기 중세국어의 모음체계에 대한 그동안의 연구가 모음조화 중심으로, 그리고 『훈민정음』의 '縮축' 중심으로 이루어져 왔다는 점에서는 재고의 여지가 없지 않다. 모음조화가 당시의 대표적인 음운현상이었으며, '縮축'이 『훈민정음』에서 모음을 설명하는 주요 특성이었음은 인정한다 하더라도, 당시의 음운현상에 모음조화만 있었던 것은 아니며, 모음을 설명하는 『훈민정음』의 용어에 '縮축'만 있었던 것도 아니기 때문이다.

이에 이 글에서는 후기 중세국어의 모음과 관련되는 여러 음운현상을 중심으로 모음체계의 윤곽을 잡아, 이를 『훈민정음』의 설명을 바탕으로 재해석함으로써 15세기 국어의 모음체계에 접근해 보고자 한다. 2장에서는 원순모음화와 비원순모음화 현상, 'ㆍ'의 변화, 모음조화 현상 등을 통하여 모음체계를 재구할 것이다.[2] 그러나 이 모음체계는 '縮축, 口蹙구축, 口張구장'을 중심으로 하는 『훈민정음』의 설명과는 차이를 보일 수 있다. 그리하여 3장에서는 2장의 논의 결과를, 『훈민정음』의 관점에서 재해석하여 당시 모음체계의 특징에 대하여 살펴보기로 한다.

---

1) 모음체계와 모음조화에 대한 그동안의 연구 업적의 성과는 『국어연구 어디까지 왔나』(서울대 대학원, 국어연구회 편, 1990)의 모음체계(김영진 : 55~67)와 모음조화(최태영 : 68~76) 부분을 참조하기 바람.
2) 이 글에서는 공시적 음운 변동과 통시적 음운변화를 엄격하게 구분하지 않을 것이다. 공시적 교체 현상들이 시간의 흐름을 타고 일정한 방향성을 가지고 진행된다면 통시적 결과를 가져오게 될 것이므로, 모음체계 관련 현상들을 공시적인 것과 통시적인 것으로 구분하지 않고 모음체계와 관련된 논의에 포괄적으로 활용하기로 한다.

2. 모음 관련 음운 현상과 모음체계

2.1. [원순성] 관련 현상

2.1.1. 원순모음에 의한 비원순모음의 원순모음화 : 1482년에 간행된 『金剛經三家解금강경삼가해』와 『南明集諺解남명집언해』에 '현대 언어학적 연구'3)에서 말하는 원순모음화 현상이 보인다(김주필, 1993a). 이 두 문헌에는 'ㅗ, ㅜ'의 [원순성]에 의해 비원순모음 'ㆍ, ㅡ'가 각각 'ㅗ'나 'ㅜ'로 되는 [원순성]의 동화현상이 나타나는 것이다. 이러한 [원순성] 관련 현상은 그 특성에 따라 몇몇 유형으로 나눌 수 있을 정도로 15세기 후기에 활발하게 일어나고 있었다(석주연, 1996).4) 그 가운데 원순모음에 의한 비원순모음의 원순모음화 현상으로 간주되는 예들과 그 특성을 간단하게 살펴보기로 한다.

> (1) ㄱ. 호녀고론(月釋 二 : 45, 71~74), 호 빼 계도록(月釋 七 : 9), 우호로(杜初 八 : 28), 나조히 못도록(杜初 十 : 20), 외또로(金三 一 : 11a), 또로(金三 一 : 11b, 三 : 44a), 안호로(金三 四 : 17a), 밧고로도(蒙山法語 63~65), 우후로(飜老 上 : 8b)
>
> ㄴ. 聖人이 나시노소니(月釋 二 : 51), 나오리로소이다(月釋 二 : 51), 곧도소이다(月釋 七 : 12), 아니토소이다(月釋 二十五 : 11a), 王ㄷ 외리로소이다(月釋 二十五 : 69b), 모로ᅀᆞᆸ리(月釋 七 : 49)

---

3) 여기서 말하는 '현대 언어학적 연구'는 『훈민정음』의 음운론적인 접근 방법으로 이루어진 연구에 대비되는 말로서 『훈민정음』의 '縮축, 口礕구축, 口張구장' 등을 사용하지 않고, 개구도, 원순성, 혀의 전후 위치 등의 모음 분류 자질을 활용하는 음운론적 연구를 의미한다.

4) 석주연(1996)에서는 크게 5가지 유형으로 나누어 제시하고 있다. 대표적으로 한 예씩만 제시하면 다음과 같다. 제1유형 : '그울다~구울다'형, 제2유형 : 'ᄀ외~고외'형, 제3유형 : '어듭다~어둡다'형, 제4유형 : '도ᄅᆞ혀~도로혀'형, 제5유형 : '드록~도록'형.

(1ㄱ)은 'ㆍ'나 'ㅡ'가 후행하는 'ㅗ'나 'ㅜ'의 영향을 받아 각각 'ㅗ'나 'ㅜ'로 바뀐 예들이다. (1ㄴ)은 감동법 선어말어미 {-놋-, -롯-, -돗-}의 'ㅗ'에 영향을 받아 후행하는 어미의 'ㆍ'가 'ㅗ'로 되었거나(고영근, 1995), '모로 ᄉᆞᄫᆞ리'에서처럼 선행하는 어간의 'ㅗ'에 영향을 받아 'ㆍ'가 'ㅗ'로 바뀐 예들이다. (1ㄱ)은 역행의 방향으로, (1ㄴ)는 순행의 방향으로 일어난 원순모음화 현상인데, (1)의 예들은 당시의 원순모음화 현상이 'ㄹ'이나 'ㅅ'이 개재자음이면서, 동화주가 원순모음 'ㅗ, ㅜ'인 경우에 한정되며, 'ㅡ'보다는 'ㆍ'에서 민감하게 일어났음을 보여준다. 이 예들은 15세기에 'ㅗ, ㅜ'와 'ㆍ, ㅡ'가 [원순성]에 의해 대립되는 자연부류를 형성하고 있었음을 보여준다.5)

(2) 15세기 국어의 원순모음화 현상
　　　 [−원순성]　　 [+원순성]
　　　　 ㅡ　 →　 ㅜ
　　　　 ㆍ　 →　 ㅗ

2.1.2. 'ㅸ' 변화 과정에서의 [원순성] 관련 현상 : 'ㅸ'은 'β>w' 규칙에 의해 w로 바뀌는 것으로 널리 인정되어 왔다(김완진, 1972a). 'β>w' 규칙

---

5) 정승철(1995)에서는 '나비'와 '나뵈', 'ᄌᆞᄆᆞ'와 'ᄌᆞ모', '다폴다폴'과 '다폴다폴', '그울-'과 '구울-' 등에서처럼 'ㆍ'와 'ㅗ', 'ㅡ'와 'ㅜ'가 교체를 보여준다는 점에서 15세기 문헌어에서 'ㆍ'와 'ㅗ', 'ㅡ'와 'ㅜ'가 원순적 대립을 유지하고 있었던 것으로 간주하였다. 또한 정승철(1995)에서는 15세기 또는 그 이전부터 'ㆍ'와 'ㅗ', 'ㅡ'와 'ㅜ'가 [원순성]에 의한 자연부류를 이루고 있었음을 보여주고 있다. 중세국어 문헌어의 'ㆍ'나 'ㅡ'는 선행하는 음소가 순음일 때 이를 후행하는 자음은 언제나 치음이나 설음이라는 분포상의 제약을 보여준다는 것이다. 이러한 특성은 'ㆍ'나 'ㅡ'가 '순음 __ 순음, 아음'의 환경에서는 나타날 수 없다는 것으로서, 이러한 분포상의 제약을 우연한 빈칸으로 간주할 수는 없다고 하였다. 그러면서 이러한 제약은 15세기 또는 그 이전 시기에 '순음 __ 순음, 아음'의 환경 아래에서 'ㆍ>ㅗ, ㅡ>ㅜ'의 원순모음화가 있었기 때문에 가능한 것으로 추정하였다.

은 'ㅗ'와 'ㅜ'를 각각 'w+·, w+ㅡ'로 재음소화하는 한편, 부사 형성 접미사 '-이'의 형태음소를 주격조사나 명사 형성 접미사 i와 달리 yi로 설정함으로써 가능하였다. 그러나 이러한 논의는, 형용사 어간에 결합되는 명사 형성 접미사 '-익, -의'를 '-이'로 간주하고 설정한 형태음소, 'ㅗ'와 'ㅜ'의 재음소화, 음소들 사이의 추상적인 제약 관계 등에서 몇 가지 문제점을 보여준다. 이 문제점들은 하나의 기저형에서 추상적인 규칙이나 제약을 적용하여 다양한 표면형을 도출해 내던 초기 생성음운론의 접근 방법에 바탕을 둠으로써 안게 된 부담에 기인한 것으로 보인다.

그런데 'ㅸ'의 변화 예들을 검토해 보면 'ㅸ'의 변화가 w로만 나타나는 것이 아니라는 사실에 주목할 필요가 있다(김경아, 1991). 'ㅸ'이 사라지면서 그에 후행하는 모음이 변화를 보이지만, 또한 'ㅸ'이 사라진 초성의 자리에는 후음 'ㅇ'이 표기되었던 것이다. 이 'ㅇ'은 선행 음절의 종성을 'ㅸ'이 있던 초성의 자리로 이동하지 못하도록 하는 기능을 보여주는데, 이러한 기능을 갖는 'ㅇ'은 [ɦ]로 추정되어 왔다(이기문, 1972b ; 김주필, 1988 ; 김경아, 1991).

'ㅸ'이 사라진 자리에 나타나는 'ㅇ'이 'ㅸ'의 변화와 무관한 것이 아니라면, 'ㅸ'의 변화는 'ㅸ'의 자리에 나타나는 'ㅇ'[ɦ]와 그 후행 모음의 변화가 모두 관련되는 것으로 보아야 할 것이다. [ɦ]는 'ㅸ'의 자리를 직접 대치했다는 점 외에도, 'ㅸ'과 [유성성]과 [지속성]의 공통성을 갖는다는 점에서 'ㅸ'의 변화와 직접적으로 관련될 가능성이 매우 크다. 그렇다면, [ɦ]는 'ㅸ'의 [순음성]을 갖고 있지 않으므로, 'ㅸ'의 [순음성]은 후행 모음의 [원순성] 관련 현상에서 찾을 수 있는 것이다. 이러한 관점에서 김주필(2001)에서는 'ㅸ'의 [순음성]이 후행 모음에 영향을 미쳐 [원순성] 관련 변화를 일으키고, 'ㅸ'의 [순음성]이 잉여적으로 되면서 탈락되어 'ㅸ'이 'ㅇ'으로 약화되는 것으로 파악하였다.6) 이러한 관점에서 (4)의 예들은 'ᄫ'이 w로 직접 바뀌는 (3ㄴ)로 설명해야 할 것이 아니라, 'ᄫ' 자체의 변화가 일어나기 전에 'ᄫ'의 [순음성]에 의해 (3ㄱ)과 같은 후행 모음의 [원순성] 관련 현상이 먼저 일어난 것으로 설명하여야 할 것으로 보인다.7)

(3) ㄱ. [원순성] + · → ㅗ　　　ㄴ. w + · → ㅗ
　　　[원순성] + ㅡ → ㅜ　　　　　 w + ㅡ → ㅜ

(4) 드외야<드ᄫᅵ-(月千 上 : 6, 36, 95), 가온디<가ᄫᆫ디(月千 上 : 28, 159),
　　ᄒᆞ오ᅀᅡ<ᄒᆞᄫᅀᅡ(月千 上 : 20, 66), 이울어든<이ᄫᅮᆯ어든(月釋 序 : 16),
　　ᄀᆞ올히<ᄀᆞᄫᆯ히(月釋 二 : 52~53)

(4)의 예들을 (3ㄴ)과 같이 'β>w'로 설명한다면, 분절음 '·'나 'ㅡ'에 분절음 w가 결합되어 제3의 다른 분절음인 'ㅗ'나 'ㅜ'로 각각 바뀌어 실현되는 축약 현상으로 설명하고자 하는 접근 방법이다. 그러나 w와 '·', 'ㅡ'가 각각 'ㅗ'나 'ㅜ'로 실현되는 이러한 축약 현상은 위의 예들에 적용한 경우를 제외하면, 국어의 어떤 현상에서도 찾아보기 어려운 ad hoc한 현상이

---

6) 순자음이 갖는 [순음성]은 자음의 자질로, 원순모음이 갖는 [원순성]은 모음의 자질로 사용된다. 이러한 자질 분류로는 순자음에 의해 일어나는 원순모음화 현상과 원순모음에 의해 일어나는 원순모음화 현상을 동질적인 현상으로 기술하기가 어렵다. 이러한 문제점을 극복하기 위해서 순자음과 원순모음 모두를 포괄할 수 있는 공통 자질을 설정하든가, 두 자질 중의 어느 한 자질을 사용할 수도 있지만, 어느 것을 택하든 문제점이 완전히 해소되지는 않는다. 송철의(1996)에서는 원순모음화 현상이 동화현상이라는 점을 드러내 줄 수 있도록 하기 위해서는 [순음성]을 사용하는 것이 바람직하다고 제안하였다. 본고에서도 이러한 주장에 동의하면서, 편의에 따라 [원순성]과 [순음성]을 모두 사용하기로 한다.
7) 김주필(2001)에서는 'ᄫ'의 후행 모음이 '·'나 'ㅡ'가 아닌 경우, 구체적으로 말해서 'ㅏ'나 'ㅓ'인 경우, 'ㅗ'나 'ㅜ'인 경우, 'ㅣ'인 경우 등 후행 모음의 특성에 따라 'ᄫ'은 각기 다른 변화 과정을 거치는 것으로 이해하였다. 이에 대한 자세한 내용은 김주필[이 책의 제1부 "4. 'ᄫ'의 [순음성] 관련 현상과 ɦ로의 약화"]를 참조 바람.

되어 버린다. 결국 (3ㄴ)을 가지고 (4)의 예들을 설명한다면 국어에서 일반화하기 어렵게 되므로, (3ㄴ)은 (3ㄱ)으로 대체하는 것이 타당하다. (3ㄱ)은 통시적으로 근·현대국어에 보이는 [원순성] 관련 현상과 동질성을 포착할 수 있는 규칙일 뿐만 아니라, 공시적으로도 (4)의 현상을 (1)의 현상과 묶을 수 있어, 국어의 음운현상에서 일반성을 가질 수 있게 되는 장점이 있다.

'·, ㅡ'에 [원순성]이 가미되어 'ㅗ, ㅜ'로 된다는 주장은 'β〉w' 규칙으로는 설명하기 어려웠던 '치뷔, 더뷔'의 생성 과정을 설명해 준다. '치뷔, 더뷔'는 'ㅸ'과 w가 공존하고 있어 'β〉w'로 설명하기 어려웠던 예들이다. 이 예들에 대해 김주필(2001)에서는 '칩-, 덥-'에 명사 형성 접미사 '-의'가 결합된 다음, 'ㅸ'의 [순음성]으로 인해 'ㅡ'가 'ㅜ'로 되어 '치뷔, 더뷔'가 생성된 것으로 이해하였다. 그러나 이러한 설명은 'β〉w' 규칙으로 설명할 수 없었던 '치뷔, 더뷔'의 생성 과정은 설명할 수 있었지만, '치븨, 더븨'의 부재로 인해 'ㅸ'의 변화 과정을 구체적으로 보여줄 수는 없었다. 그런데『月印釋譜월인석보』25권의 다음 예는 그 문제점을 해소해 준다.

(5) 치븨롤(月釋 二十五, 15b)

'치븨'는 '치뷔'가 '칩-+-의'로서, '치븨〉치뷔〉치위'의 변화 과정을 문증해 준다. '치븨'를 통하여 '치뷔'는 '치븨'의 원순모음화를 거쳐 만들어졌음을 확인할 수 있는 것이다. 그러므로 '치븨'는 'ㅸ' 다음의 'ㅡ'가 'ㅜ'로 되었음을 지지해 주는 동시에, 'ㅸ'이 바로 w로 되는 것이 아니라 'ㅸ'의 후행 모음이 'ㅸ'의 영향을 받아 '·'나 'ㅡ'가 'ㅗ'나 'ㅜ'로 된다는 주장을 지지해 준다.

   2.1.3. 비원순모음화 : ‘·’와 ‘ㅡ’를 ‘ㅗ’와 ‘ㅜ’에 대립되는 비원순모음으로 간주하는 주장은 후기 중세국어 시기에 일어난 비원순모음화 현상에 의해서도 뒷받침된다. 최전승(1975)에서는 ‘ㅸ’의 변화 이후에 나타나는 다음 예들을 통하여 당시에 비원순모음화 현상이 있었음을 보여주었다.

   (6) 돕-(助) : 도ᄋᆞ샤(楞 一 : 37), 도올(楞 八 : 57), ᄋᆞ시며(楞 五 : 55), 도
            ᄋᆞ리며(內訓 三 下 : 62), 도온(南明 上 : 65)
       곱-(麗) : 고ᄋᆞ니로(法華 二 : 140), 고ᄋᆞ며(法華 二 : 73), 고온(楞 八 :
            63)
       굽-(炙) : 구은 그르시(杜初 十五 : 32), 구으니와(救急方 上 : 1), 구을
            시라(救急方 上 : 14), 구으니와(飜朴 上 : 4)
       눕-(臥) : 누은(楞 四 : 101), 누으며(金剛經 二 : 23), 누을제(救急方
            上 : 57)

   ‘ㅸ’이 변화한 이후, (6)의 ‘돕-, 곱-, 굽-, 눕-’에 ‘·, ㅡ’로 시작하는 어미가 결합되면, 어미의 모음 ‘·’나 ‘ㅡ’는 각각 ‘ㅗ, ㅜ’로 실현되는 것이 일반적이었다. 그런데 같은 시기에 (6)과 같이 어간 모음이 ‘ㅗ, ㅜ’로 끝나는 경우에는 ‘·, ㅡ’로 실현되는 예들도 나타나는 것이다. 어간말 모음이 ‘ㅗ’나 ‘ㅜ’가 아닌 경우에는 이러한 교체를 보여주지 않는 것으로 보아, 이런 특징은 어간 모음이 갖는 [원순성]과 관련되는 것으로 생각할 수 있다. 1음절로 된 용언 어간말 모음이 ‘ㅗ, ㅜ’가 아닌 ‘ᄇᆞᆲ-(踏답), 읿-(枯고), 칩-(寒한), 덥-(暑서), 엷-(薄박)’ 등에서는 (6)과 같은 교체 현상을 전혀 보여주지 않는 것이다. 그러므로 (6)에 보이는 현상은 어간 모음 ‘ㅗ, ㅜ’가 갖는 [원순성]에 기인하는 것으로 간주되며, 어간과 어미의 [원순성] 중복을 피하기 위해 일어난 일종의 비원순모음화 현상으로 간주된다(최전승, 1975 : 16~20). 그렇다면 (6)에 보이는 현상은 ‘ㅗ, ㅜ’가 원순모음이고 ‘·, ㅡ’

가 비원순모음이라는 앞에서의 주장을 지지해 준다. 결국 (6)의 예들도, 앞의 (1), (4)의 예들과 함께 후기 중세국어 시기에 'ㅗ'와 'ㅜ', 'ㆍ'와 'ㅡ'가 [원순성]의 유무에 의한 자연부류를 형성하고 있었음을 말해준다고 할 수 있다.

2.2. 'ㆍ'의 변화

일반적으로 'ㆍ'는 두 단계의 변화를 기치는 것으로 공식화되어 왔다. 제1단계는 'ㆍ'가 비어두음절에서 'ㅡ'로 변한 것이고 제2단계는 어두음절에서 'ㅏ'로 변한 것이다(이숭녕, 1940, 1957). 제1단계 변화는 15세기에 시작하여 16세기에 완성되었으며, 제2단계 변화는 17세기 후기에 시작되어 18세기 중엽에 완성되어 'ㆍ'가 비음운화된 것으로 추정되어 왔다(이기문, 1972b : 118~122).

그런데 한영균(1994)에 따르면 'ㆍ'와 'ㅡ'의 교체는 이미 15·6세기에 형태소 경계에서 상당히 일반화되어 있었다. 그리고 'ㆍ'가 'ㅡ'로 교체되는 예들만 보이는 것이 아니라 'ㅡ'가 'ㆍ'로 교체되는 예들도 보이고 있었다.8) 물론 점진적인 음변화의 관점에서 보면 'ㆍ'와 'ㅡ'의 교체가 15·6세기에 상당히 일반화되어 나타난다는 사실은 그 이전 시기에 이미 그러한 교체가 시작되었음을 의미한다. 또한 비어두음절의 'ㆍ' 중에는 끝까지

---

8) 한영균(1994)에서는 후기 중세국어 문헌에 보이는 'ㅡ → ㆍ' 교체에도 주목하면서 이 현상을 보여주는 예들을 역표기 현상으로 돌릴 것이 아니라 'ㅡ'가 'ㆍ'로 교체되는 실제 음성 현상으로 보아야 한다고 주장하였다. 즉 'ㆍ>ㅡ'라는 변화가 진행 중인 시기에 나타나는 비어두음절에서의 'ㆍ'와 'ㅡ'는 실제 발음 상의 차이가 있었으며, 'ㆍ'와 'ㅡ'의 교체는 이러한 발음 상의 변이가 화자들 사이에 용인되었기 때문에 가능한 것으로 해석하였다. 그리하여 '업스니이다'와 '업스니이다', '드르니'와 '드르니' 등과 같이 양형이 수의적으로 교체되면서 공존할 수 있었다는 것이다.

'·>ㅡ' 변화를 겪지 않은 예가 많을 뿐 아니라 16세기 자료 중에서 '·>ㅡ'라는 변화를 겪은 어형을 보여주는 것은 일부 문헌에 국한되고 있다는 사실로 미루어 '·>ㅡ' 변화가 16세기에 완성되었다고 하기도 어려워 보인다(한영균, 1994). 이러한 관점에서 '·'의 제1단계 변화는 15세기 이전에 이미 시작되었으며, 16세기에 완성된다고 말하기는 어려워 보인다.

'·'의 제1단계 변화는 (7)과 같이 '·'와 'ㅡ'가 인접한 위치에 있었기 때문에 가능했던 것으로 추정할 수 있다.

    (7) ㅡ ↔ ·

한편 17·8세기 교체기부터 일어나는 '·'의 제2단계 변화인 '·>ㅏ' 변화도 후기 중세국어의 모음체계를 이어받아 진행된다는 점에서 후기 중세국어의 모음체계에 대한 논의에 관심을 둘 필요가 있다. '·>ㅏ' 변화에서 나타나는 '·'와 'ㅏ'의 교체도 '·'와 'ㅡ'의 교체와 마찬가지로 'ㅏ'와 '·'가 인접한 위치에 있었기 때문에 가능한 것으로 보인다. 그렇다면 '·'와 'ㅡ'의 교체와 함께, '·'와 'ㅏ'의 교체를 통하여 'ㅡ'와 'ㅏ'는 (8)과 같이 '·'에 인접한 모음이었던 것으로 추정할 수 있다.

    (8) ㅡ ← · → ㅏ

2.3. 모음조화와 그 예외 현상

15세기 국어의 모음조화는 형태소 내부와 형태소 경계로 나누어 살펴볼 수 있다. 먼저 형태소 내부에서는 양모음 계열인 '·, ㅗ, ㅏ'와, 음모음 계열인 'ㅡ, ㅜ, ㅓ' 사이에 대체로 엄격하게 모음조화가 지켜졌었다. 형태소 경계에서는 모음으로 시작된 접미사는 모음조화의 일반 경향을 따랐으나, 자음으로 시작되는 접미사는 모음조화의 일반 경향을 따르지 않았다. 가령 부동사어미 '-고, -긔'는 동사 어간의 모음이 양모음이거나 음모음이거나 그것과 조화를 보여주지 않았던 것이다. 그런데 형태소 내부에서 모음조화가 엄격하게 지켜지기는 하였으나, (9)와 같이 'ㅕ'의 경우에는 모음조화를 지키지 않았다(김완진, 1963).

 (9) 여라, 여듧, 보션, 며느리

 (9)는 음모음 계열에 속하는 'ㅕ' 다음에 모음조화에 따르는 음모음 계열이 오지 않고 'ㆍ' 같은 양모음 계열이 옴으로써 모음조화를 지키지 않는 모습을 보여주는 예들이다. 모음조화의 예외를 보이는 이 예들 중의 일부, 즉 '여라, 여듧'은 '여러, 여듧'과 공존하는 특성을 보여준다. 이러한 특성에 주목하여, '여라, 여듧'도 애초에는 모음조화를 지키다가 일종의 음운변화의 결과 모음조화에 예외를 보이게 된 것으로 추정해 왔다(이기문, 1972b).[9] 이러한 '여라'와 '여러'의 공존, 제주 방언의 '죱, 즈르-, 줄르-'와 중세국어의 '졉, 뎌르-, 뎌르' 등을 바탕으로 *yʌ를 재구하고,(이기문, 1977) 이러한 예외적 특성을 보이는 'ㅕ'는 '*yʌ>yə' 변화를 겪은 것으로 추정해 왔던 것이다.

 '*yʌ>yə' 변화의 설정은 y 뒤에서의 '*ʌ>ə' 변화를 설정하는 것과 같다. 이 규칙은 y 뒤 ʌ의 일부가 이미 ə로 합류되었음을 의미한다. 이 합류는 ʌ가 y에 이끌려(y의 영향으로 인해) ʌ가 y에 보다 가까운 위치로 변하는

---

9) '*yʌ>yə'를 상정함으로써 '여라, 여듧'과 '여러, 여듧'의 공존 문제, y계 이중모음체계에서 보여주는 *yʌ의 빈칸 문제와 'ㅕ'가 갖는 모음조화의 예외 현상 등을 어느 한도 내에서 설명할 수 있는 것으로 보인다.

현상으로 간주되는바, ʌ보다 ə가 y에 가까운 위치에 인접해 있을 때에 가능하므로 'ㅓ'가 'ㆍ'보다 y에 더 인접한 음이었음을 암시한다.10) 그러나 이러한 변화가 언제 일어났는지를 구체적으로 말하기 어렵고, 이러한 재구형에 또 다른 변화가 개입되었을 가능성도 배제할 수 없다. 그러므로 현재로서는 이 현상을 가지고 후기 중세국어의 모음체계에서 갖는 'ㅓ'의 특성을 추정하기에 어려운 점이 있다.

3. 후기 중세국어의 모음체계

3.1. 후기 중세국어 모음 상호 간의 관계

이 시기의 원순모음화와 비원순모음화 현상을 통하여 'ㅡ'와 'ㅜ', 'ㆍ'와 'ㅗ'는 (11)과 같이 [원순성] 자질에서만 차이가 있고, 개구도와 혀의 전후 위치는 같았던 것으로 추정할 수 있다.

> (11) ㅡ ↔ ㅜ
>   ㆍ ↔ ㅗ

'ㅜ'와 'ㅗ'가 개구도상에서 각각 'ㅡ, ㆍ'와 같거나 유사하다고 가정한다

---

10) 사실 이러한 규칙의 설정은 '縮축', '口張구장' 등을 바탕으로 하는 『훈민정음』의 설명에 따르면 해결하기 어려운 문제점을 갖는다. '縮축'을 중심으로 하는 斜線的사선적 배열의 모음들 사이에, 그리고 '口張구장'에 의해 'ㆍ, ㅡ와 'ㅏ, ㅓ'가 대립되는 모음체계에서 'ㆍ'와 'ㅓ'는 '縮축'과 '口張구장' 모두에서 대립되기 때문이다. 이에 대한 보다 구체적인 논의는 후술할 2장 2절의 마지막 부분을 참조하기 바람.

면, 이 모음들의 개구도 자질은 '·'의 변화를 통하여 추정할 수 있다. '·'
와 '一'의 교체에 의한 비어두음절에서의 '·>一' 변화라는 '·'의 제1단계
변화와, '·'와 'ㅏ'의 교체에 의한 어두음절에서의 '·>ㅏ' 변화라는 '·'의
제2단계 변화를 통하여 '一, ·, ㅏ'의 위치도 앞에서 살펴본 바와 같이,
(12)처럼 '·'를 가운데 두고 그 양쪽에 '一'와 'ㅏ'가 각각 위치했던 것으로
추정할 수 있다. 'ㅜ'와 'ㅗ'가 외국어 음의 u와 o에 각각 대응된다는 사실
이나(이기문, 1972b), '·'가 중국 자음과의 대응관계에서 언제나 중설적
특성을 보여준다는 사실도 이러한 추정을 지지해 준다(강신항, 1978).

(12) 고모음(+high)   一   ㅜ
     중모음(−high, −low)   ·   ㅗ
     저모음(−low)   ㅏ

그런데 이기문(1979/1998 : 21~22)에서는 'ᄋ'가 Chomsky and Halle
(1968)에서 제안한 일반언어학적 모음체계의 ɔ에 해당됨을 지적하면서 ɔ
가 원순성을 가진 모음이라는 점이 문제됨을 언급하고 있다. 그리고
"Chomsky and Halle(1968)의 모음체계에서 두 개의 원순·저모음이 설
정된 것은 비원순·저모음과 비교할 때 원순·저모음은 상대적으로 다소
높은 위치에서 발음된다."고 하면서 이러한 무리한 설정은 모음의 높이를
셋으로 구분한 데에서 온 결과로 이해하였다. 또한 국어의 'ᄋ'가 15세기
이전의 어느 단계에서는 미약한 [원순성]을 띠고 있었을 것임을 지적한 일
이 있음을 상기시키면서 15세기에서도 'ᄋ'를 원순모음으로 처리한다고 해
도 대단한 문제는 되지 않을 것으로 보았다.

그러나 '·'가 'ㅗ'로 되는 후기 중세국어의 현상을 고려하면, '·'가 [원
순성]을 띠고 있었다고 할 수 없다. 적어도 현대적 관점에서 후기 중세국

어 모음들이 [원순성]에 의한 대립관계를 형성하고 있었고, '·, ㅡ'가 'ㅗ, ㅜ'로 되는 현상이 [원순성] 자질의 변경으로 인해 일어난 현상이었다고 한다면, 이 현상은 오히려 '·'나 'ㅡ'가 [원순성]을 가지고 있지 않았음을 말해주는 것으로 간주하지 않을 수 없다. 그렇다면 당시의 '·'는 [원순성]을 갖는 'ㅗ'와 개구도가 같거나 유사한 비원순모음으로서, 저모음인 'ㅏ'보다는 높고, 고모음인 'ㅡ'보다는 낮은 중모음 ʌ였던 것으로 추정할 수 있다.11) 이러한 관점에 설 때, 비로소 '·'가 [원순성]을 갖는 중모음 'ㅗ'로 되는 현상이나 '·'가 'ㅡ'나 'ㅏ'로 바뀌는 두 단계의 변화를 그 체계의 외연으로서 일어난 현상으로 설명할 수 있다.

후기 중세국어의 7개의 단모음 중에서 (12)에 제시된 모음들과 전설·비원순·고모음에 위치했다는 데에 이견이 없는 'ㅣ'를 제외하면, 후기 중세국어의 모음체계에서 문제되는 것은 'ㅓ'이다. 'ㅓ'의 특성으로 *yʌ의 재구형에 적용했던 '*yʌ>yə' 변화를 활용할 수도 있지만, *yʌ의 재구와 '*yʌ>yə' 변화에 대해서는 그 시기와 조건을 분명히 알 수 없을 뿐만 아니라, 해결해야 할 문제들이 남아 있다고 생각하여 본고의 모음체계 재구에는 활용하지 않기로 한다. 단지 '·→ㅗ, ㅡ→ㅜ' 교체와 외국어 음의 전사에서 보여주는 'ㅓ'의 특성이 mid-front wide sound였던 사실을 바탕으로12) 'ㅓ'를 전설·중모음이었던 것으로 추정하고자 한다.

결국 (12)에 'ㅣ'와 'ㅓ'를 추가하여, 현대언어학적인 관점에서 본 후기 중세국어의 모음체계를 정리하면 (13)과 같아진다.

---

11) '·'는 중국 자음과의 대응에서 후설모음에 대응되는 것이 아니라, 언제나 중설적인 면을 보여준다고 한다.(강신항, 1978)

12) 이기문(1972)에서는 중국음을 표사한 『四聲通解사성통해』의 八思巴파사파 문자 e, é에 정음 문자 'ㅕ'가 대응되는 것으로 제시하고 있다.

(13) ㅣ   ㅡ   ㅜ
   ㅓ   ·   ㅗ
      ㅏ

(13)은 원순모음화와 비원순모음화 현상, '·'의 변화 등을 바탕으로 현대언어학적 접근 방법으로 재구한 결과이다. 그런데 모음에 대한『훈민정음』의 설명은 현대언어학의 그것과 같지 않다. 그러므로 다음 절에서는『훈민정음』의 설명을 기초로 (13)의 모음체계를 조정하고,『훈민정음』의 설명을 바탕으로 수립된 후기 중세국어 모음체계의 구체적인 특성에 대하여 논의해 보기로 한다.

3.2. 후기 중세국어 모음체계의 특성

『훈민정음』에서는 7모음에 대해 다음과 같이 설명하고 있다.

(14) · 舌縮而聲深, ㅗ與·同而口蹙, ㅏ與·同而口張
    ㅡ 舌小縮而聲不深不淺, ㅜ與ㅡ同而口蹙, ㅓ與ㅡ同而口張
    ㅣ 舌不縮而聲淺

(14)의 '舌縮설축, 舌小縮설소축, 舌不縮설불축', '聲深성심, 聲不深不淺성불심불천, 聲淺성천', '口蹙구축, 口張구장'은 각각 하나의 대립축을 형성하는 용어로 생각된다. 그런데 이 가운데 '舌縮설축, 舌小縮설소축, 舌不縮설불축'과 '聲深성심, 聲不深不淺성불심불천, 聲淺성천'은 동일한 분류 개념을 갖는 용어로 간주된다. '縮축'과 같이 3등급으로 된 이 '深심·淺천'이 '縮축'과는 반대 방향으로 적용되고 있을 뿐 다른 특별한 변별적 차이를 가져오지 않

기 때문이다. 이러한 관점에서 이 글에서는 '縮축'과 '深심·淺천' 가운데 일 반언어학적 보편성을 갖는 것으로 논의되어 온 '縮축'을 택하여, '口蹙구축, 口張구장'과 함께 『훈민정음』에서 설명한 모음의 특성에 대하여 앞에서 재구한 (13)의 체계를 중심으로 살펴보기로 한다.

먼저 '縮축, 口蹙구축, 口張구장'을 중심으로 (14)의 내용을 도식화하면 (15)와 같다.

(15)

口		舌		
		不縮	小縮	縮
		ㅣ		
	＋蹙		ㅜ	ㅗ
	－蹙, －張		ㅡ	·
	＋張		ㅓ	ㅏ

(15)에서 드러나듯이, 『훈민정음』의 모음 분류 기준은 '혀'와 '입의 모양' 둘이다. 다시 '입의 모양'은 '蹙축'과 '張장'으로 세부 분류된다. 그리고 나서 '혀'는 '縮축'의 정도에 의해 '舌縮설축, 舌小縮설소축, 舌不縮설불축'으로 하위 분류되고, '입 모양'의 '蹙축'과 '張장'은 그 특성의 유무로 하위 분류된다.

'舌縮설축, 舌小縮설소축, 舌不縮설불축'의 '縮축'은 김완진(1978), 김주원 (1993), 한영균(1990, 1994, 1996), 김종규(2000) 등에서 논의된 바와 같이, 일반언어학에서 말하는 the retraction of the tongue root(이하 [RTR]로 하기로 함)으로 일반화할 수 있다. '縮축' 개념에 대해 현대 언어학의 자질로 일반화한 김완진(1978)에서는, 『훈민정음』에 보이는 용어들이 분명한 음성 관찰을 반영했다는 점을 바탕으로 '縮축'이 '혀의 위치'와 동일한 개념은 아니라고 주장하면서, 舌縮설축, 舌小縮설소축, 舌不縮설불축 가운데 모음도 상의 왼쪽 위의 끝에 위치하는 '이'에서는 舌不縮 상태였다가 후설 쪽으로 갈수록 '縮축'의 정도가 증대될 뿐만 아니라, 개구도의 증대에 따라서도 '縮축'의 정도가 반비례하여 늘어난다고 함으로써 '縮축'이 모음도를 斜線的사선적으로 달리며 작용하는 자질로 해석하였다. 이러한 해석의 관점에서 말하는 '縮축' 자질은, 만주·퉁구스 제어의 모음조화와 아프리카의 여러 언어에서 발견되는 [RTR] 자질로 일반화할 수 있으며, 이 [RTR] 자질을 바탕으로 하는 모음체계는 일반적으로 사선적 모음도를 보여주는 특징을 갖는다(김주원, 1993 ; 한영균, 1990b, 1994, 1996a). 이 글에서도 이러한 논의를 받아들여, '縮축'을 모음체계 상에서 모음들의 사선적 대립관계를 보여주는 후기 중세국어 모음의 분류 자질로 받아들이기로 한다.

『훈민정음』의 [縮축]에 대한 설명을 바탕으로 후기 중세국어의 모음체계를 재구한 김완진(1978)의 모음체계, 구례 지역어의 음운현상을 바탕으로 재구한 이승재(1977)의 모음체계, 근대 경상도 방언의 음운현상을 통하여 추정한 백두현(1988)의 모음체계는 대체로 (13)과 일치한다. 그러나 이승재(1977)와 백두현(1988)은 '縮축'을 고려하지 않아 김완진(1978)과 같은 관점에서 [縮축]을 중심으로 하는 체계에 대한 논의가 필요한 것으로 보인다. [縮축]을 중심으로 재구한 김완진(1978)의 모음체계는, 2장에서 논의한 바와 같이, '오'와 '우'를 'w+ᄋ→오', 'w+으→우'라는 내적증거를 바탕으로 재음소화함으로써 당시의 모음체계를 5모음체계로 보았다는 점에서, 그리고 '口蹙구축, 口張구장'을 모음체계의 수립에 중요한 자질로 간주하지 않았다는 점에서13) 앞으로 전개될 본고의 논의와 차이가 있을 것으로 생

---

13) 가령 '口蹙구축'은 'ㅗ'와 'ㅜ'의 재음소화 과정에 활용한 정도이며, '口張구장'에 대해서는 구체적인 논의를 보여주지 않고 있다.

각된다.

　『훈민정음』의 [縮축] 가운데, 대립적인 특성을 갖지 못하는 '舌不縮설불
축'을 제외하고 '舌縮설축'과 '舌小縮설소축'의 [縮축]을 [RTR]의 개념에 따라
적용하면, 현대 언어학적 접근 방법으로 재구했던 (13)은 (16)으로 바뀌
어야 할 것이다.

(16)

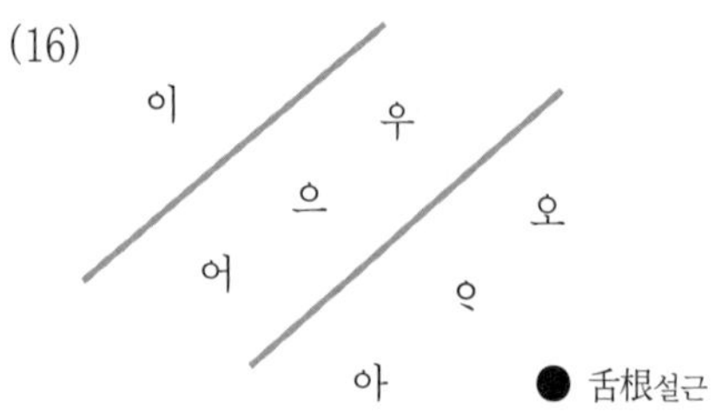

　(16)을 바탕으로 하면, 당시의 모음조화는 김완진(1978), 김주원(1993),
한영균(1990b, 1994), 김종규(2000)에서 논의한 바와 같이, [縮축]을 기
반으로 하여 일어나는 현상이 된다. 모음조화에 무관모음인 'ㅣ'를 제외하
면, 모음조화의 대립항인 'ㅡ'와 'ㆍ', 'ㅜ'와 'ㅗ'는 일견 혀의 고저 위치에
의한 대립항으로 보이지만, 'ㅓ'와 'ㅏ'가 혀의 고저에 의해서만 대립하는
것은 아니므로 모음조화가 개구도를 바탕으로 일어난다고 할 수는 없다.
'ㅓ'와 'ㅏ'는 개구도 외에도 혀의 전후 위치에도 차이가 있기 때문에 모음
조화의 대립항인 'ㅓ'와 'ㅏ'는 개구도에 의한 대립관계에 있다고 할 수는
없다. 'ㅓ'와 'ㅏ'의 관계를 [縮축]에 의한 대립관계로 파악할 때, 모음조화
의 모든 대립항들에 대해 평행적으로 설명할 수 있다. 그러므로 김완진
(1978)에서와 같이, 모음조화는 『훈민정음』의 [縮축]을 중심으로 설명하
는 것이 타당한 것으로 보인다. 이러한 관점에서 모음조화는 [縮축]에 의

한 사선적 대립관계를 바탕으로 일어난 현상으로서, [+縮축]의 모음인 'ㅏ, ·, ㅗ'는 이들 [+縮축] 모음들끼리, [−縮축]의 모음인 'ㅓ, ㅡ, ㅜ'는 이들 [−縮축] 모음들끼리 어울리는 [縮축]의 조화 현상으로 설명할 수 있다.

[縮축]에 의한 사선적 대립관계를 바탕으로, '·'의 변화, 원순모음화 등의 음운현상과 『훈민정음』의 '口蹙구축, 口張구장'의 관계에 대하여 검토해 보기로 한다. '·'와 'ㅡ'의 교체에 의한 '·'의 제1단계 변화는 '·'와 'ㅡ'가 모음조화에서의 대립항이므로 [縮축]으로 설명할 수도 있고 개구도로 설명할 수도 있다. 그러나 모음조화가 [縮축]에 기반을 둔 현상이라면, 그리고 [縮축]이 모음들을 사선적으로 배열하는 특성을 갖는 자질이라면, '·'가 'ㅡ'로 되는 현상은 개구도보다, [縮축]으로 설명하는 것이 타당한 것으로 보인다. '·'는 [+縮축]의 모음이고 'ㅡ'는 [−縮축]의 모음이므로 '·>ㅡ'는 [+縮축]의 모음이 [−縮축]으로 되는 현상으로서, 이 현상을 [縮축]을 가지고 명명한다면 非縮化비축화 현상이 될 것이다.

'·'가 'ㅏ'로 변하는 '·'의 제2단계 변화는 [縮축]으로 설명할 수 없다. 그리하여 '·>ㅏ' 변화는 모음들의 대립관계가 바뀌어 혀의 고저 위치, 즉 개구도를 중심으로 설명하는 방법이 자연스럽게 보일 수도 있다. '·'와 'ㅏ'는 [縮축]에 의해 대립되는 모음들이 아니기 때문이다. 그러므로 '·'가 'ㅏ'로 변하는 '·'의 제2단계 변화가 일어나는 17~8세기에 이르면 [縮축] 은 상당히 약화되고, 개구도가 음운현상의 기반이 되는 것으로 간주할 수도 있다(한영균, 1990b, 1996a). 그러나 '·>ㅏ' 변화를 반드시 [縮축]에 의해 일어나는 현상이라는 전제를 가질 필요는 없다. 왜냐하면 『훈민정음』에서 '·'와 'ㅏ'는 [縮축]에 의한 대립항이 아니라 [口張구장]에 의한 대립항으로 설정되어 있기 때문이다. '·'는 [−口張구장]의 음이고 'ㅏ'는 [+口張구장]의 음이므로, '·'의 제2단계 변화는 [−口張구장]의 음인 '·'가 [+口

張구장]의 음인 'ㅏ'로 변화되는 현상인 것이다. 그러므로 『훈민정음』의 설명에 따라 이 현상을 명명한다면 口張化구장화 현상이 된다.

『훈민정음』의 모음 분류 기준 가운데 [口蹙구축]은 'ㅗ, ㅜ'와 'ㆍ, ㅡ'를 분류하는 기준으로 설정되어 있다. 그러므로 이들 네 모음이 관여하는 원순모음화 현상을 설명하기 위해서 [口蹙구축]과 [원순성]의 관계를 정리할 필요가 있다. [원순성]이나 [口蹙구축]은 모두 'ㆍ, ㅡ'와 'ㅗ, ㅜ'에 적용되므로 양자를 동일 내용을 함축하는 용어로 간주할 수도 있다. 그런데 문제는 [원순성]은 개구도를 바탕으로 하는 모음체계에 적용되는 데에 반해서 [口蹙구축]은 [縮축]을 바탕으로 하는 모음체계에 적용되는 개념이라는 데에 있다. 그런데 [원순성]의 교체에 의한 원순모음화 현상은 개구도가 같은 모음들 간에 일어나지만, 후기 중세국어의 'ㆍ→ㅗ, ㅡ→ㅜ' 교체에 참가하는 'ㆍ'와 'ㅗ', 'ㅡ'와 'ㅜ'는 이미 [縮축]을 바탕으로 사선적으로 배열된 음들이므로 개구도가 동일하지 않은 것이다. 이런 특징으로 인해 [口蹙구축]은 [원순성]과 완전히 동일한 용어라고 할 수 없으며, 후기 중세국어의 'ㆍ→ㅗ, ㅡ→ㅜ' 교체 현상은 교체되는 자질의 특성으로 미루어 현대국어의 원순모음화 현상과 동일하지 않다. 이러한 [口蹙구축]의 특성을 바탕으로 하면, 후기 중세국어의 'ㆍ→ㅗ, ㅡ→ㅜ' 교체 현상은 [−口蹙구축]의 모음인 'ㆍ, ㅡ'가 [＋口蹙구축]의 모음인 'ㅗ, ㅜ'로 각각 바뀌는 口蹙化구축화 현상이라 할 수 있다.

『훈민정음』에서 'ㆍ'와 'ㅡ'는 모두 [−口蹙구축]이면서 [−口張구장]인 음으로 설정되어 있지만, 『훈민정음』에 'ㅏ, ㅓ'의 설명에는 [口蹙구축]이 언급되어 있지 않으며, 'ㅗ, ㅜ'의 설명에는 [口張구장]이 언급되어 있지 않다. 이러한 설명을 바탕으로 하면 [口蹙구축]과 [口張구장]의 관계에 대해서는 두 방향에서 접근이 가능하다. 그 첫 번째 접근 방법은 개구도에서 [고음성]과 [저음성]을 동시에 적용하여 고모음, 중모음, 저모음의 세 단계를 구분해 주는 것처럼, [口蹙구축]과 [口張구장]도 동시에 적용하여 'ㅗ'와 'ㅜ'를 [+口蹙구축, -口張구장], 'ㆍ'와 'ㅡ'를 [-口蹙구축, -口張구장], 'ㅏ'와 'ㅓ'를 [-口蹙구축, +口張구장]의 세 단계로 나눌 수 있다고 보는 것이다(한영균, 1996a).

이러한 관점에서는 『훈민정음』의 설명에 대하여 'ㅏ, ㅓ'는 [口蹙구축]에 대하여, 'ㅗ, ㅜ'는 [口張구장]에 대하여 잉여자질이기 때문에 언급하지 않은 것으로 해석하면 될 것이다. 두 번째 접근 방법은 [口蹙구축]과 [口張구장]은 각각의 독립 자질로서, 'ㅏ, ㅓ'는 [口蹙구축]과 무관하고, 'ㅗ, ㅜ'는 [口張구장]과 무관한 것으로 해석하는 것이다. 이러한 해석은 'ㆍ'와 'ㅡ' 중심으로 모음을 설명하는 『훈민정음』의 태도를 그대로 받아들이는 관점으로써 후기 중세국어의 음운현상을 해당 자질 중심으로 설명할 수 있다는 점에서 효과적이라 생각된다. 口蹙化구축화 현상에 'ㆍ, ㅡ, ㅗ, ㅜ' 등 [口蹙구축]의 자질을 부여받은 모음들만 참여하며, 'ㅏ, ㅓ'는 [口蹙구축]에 의한 대립항이 없다는 점에서 口蹙化구축화 현상의 무관모음으로 처리하는 것이 타당하다고 생각된다. 이러한 관점에서 이 글에서는 'ㅣ'는 [縮축] 관련 현상에, 'ㅣ'와 'ㅏ, ㅓ'는 [口蹙구축] 관련 현상에, 'ㅣ'와 'ㅗ, ㅜ'는 [口張구장] 관련 현상에 참여하지 않는 무관모음으로 간주하고자 한다.

이상의 논의를 바탕으로, [縮축], [口蹙구축], [口張구장]의 관계에 대하여 정리하기로 한다. 'ㆍ, ㅡ'는 [口蹙구축]과 [口張구장] 모두에 포함되지만, 'ㅏ, ㅓ'는 [口蹙구축]에, 'ㅗ, ㅜ'는 [口張구장]에 무관항으로 이해된다는 점에서, 이 두 자질은 [縮축]의 특성을 전제로 적용되는 것으로 생각된다. 즉 [縮축]이 [口蹙구축]과 [口張구장]보다 상위의 자질이었던 것으로 이해되는 것이다. 『훈민정음』에서 [縮축]은 모든 모음을 대상으로('ㅣ'는 무관모음이

기는 하지만) 다른 자질들보다 먼저 적용하고,14) 이러한 [縮축]의 설명을
이어 받아, 일부 모음들에 [口蹙구축]과 [口張구장]을 적용하여 설명하고 있
기 때문이다. 다시 말하면, [口蹙구축]과 [口張구장]은 [縮축]에 의해 분류된
해당 모음들에만 국부적으로 적용하는 부차적인 자질로 설명하고 있는 것
이다. 이러한 관점에서 [縮축]은 모음의 주요 분류 자질로, [口蹙구축]과
[口張구장]은 [縮축]의 특성을 이어받아 적용되는 부차적인 분류 자질로 간
주된다.

그렇다면 [口蹙구축]에 관련되는 모음들은 사선적으로 달리는 [縮축] 선
상의 오른편에 위치하는 'ㆍ, ㅡ, ㅗ, ㅜ'가 되고, [口張구장]에 관련되는 모
음들은 사선적으로 달리는 [縮축] 선상의 왼편에 있는 'ㅏ, ㅓ, ㆍ, ㅡ'가 된
다. [口蹙구축]과 [口張구장]은, 모음체계도에서 사선적으로 달리는 [縮축]
선상에서 의미를 갖는 자질이기 때문에 [縮축]과 분리되는 별도의 독립적
인 자질이 아니다. [口張구장]의 유무에 따라 'ㅏ, ㅓ'와 'ㆍ, ㅡ'를, [口蹙구
축]의 유무에 따라 'ㅗ, ㅜ'와 'ㆍ, ㅡ'를 나누는 자질인 것이다.15) [縮축]을
전제로, [口蹙구축] 모음들의 관계를 그림으로 보이면 (17)과 같았으리라
추정된다.

---

14) 물론 'ㅣ'는 '舌不縮설불축'으로 설명함으로써 [縮축]을 정도 자질인 것처럼 기술하고 있지
　　만, 이분법적 대립관계에서 보면 'ㅣ'는 [縮축]에 무관항이 된다.
15) 한영균(1990b, 1996a)에서도 [口蹙구축]과 [口張구장]을 각각 원순모음과 평순모음으로
　　대응시키지 않고 별개의 자질로 간주했다는 점에서 본고와 유사한 해석을 하고 있다.
　　그러나 [口蹙구축]과 [口張구장]을 [縮축]과 연계되지 않은 독립적인 자질로 간주할 뿐만
　　아니라, 이 글에서 [口蹙구축]에 대해 무관모음으로 설정한 'ㅏ, ㅓ'와, [口張구장]에 대해
　　무관모음으로 설정한 'ㅗ, ㅜ'에 대해서도 각각 [-口蹙구축]과 [-口張구장]으로 자질을
　　부여한다는 점에서 이 글의 논의와 차이가 있다.

(17)

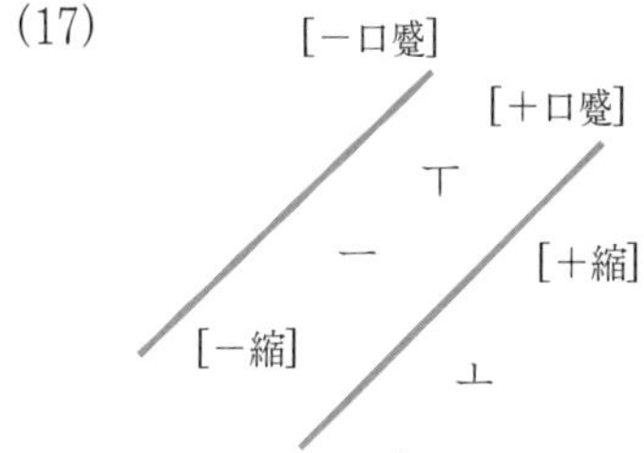

　[口蹙구축]과 마찬가지로 [口張구장]도 [縮축]의 선상에서 적용되는 자질로 이해된다. 『훈민정음』에서 설명하고 있듯이 'ㅓ'와 'ㅡ', 'ㅏ'와 'ㆍ'는 [口張구장]의 유무에 의해 분류되는 자연부류라고 할 수 있다. 그러므로 이 모음들도 주요 분류 자질인 [縮축] 선상의 왼편에 위치하는 네 개의 음, 즉 'ㅏ, ㅓ'와 'ㆍ, ㅡ'를 분류하는 부차적인 자질이라고 할 수 있다.16) 이 네 개의 음소를 [縮축] 선상에서 [口張구장]의 유무에 따라 분류하면 (18)과 같았던 것으로 추정된다.

---

16) [縮축]에 의한 사선적 배열로 인해 [縮축], [口蹙구축]과 [口張구장]에 대한 해석이 구구할 수밖에 없었다고 생각된다. [縮축]이 [RTR]로 해석되기 이전까지 '舌小縮설소축'과 '舌縮설축'을, '전설모음과 후설모음', '고모음과 저모음', '전설 또는 고모음과 후설 또는 저모음' 등으로 보아 의견이 분분하였으며(김주원, 1993 : 90~91), [口蹙구축]과 [口張구장]도 마찬가지였다. [口蹙구축]과 [口張구장]에 대해, '口張구장, 口蹙구축'의 개념에는 입술의 모양(장순, 원순)과 개구도가 아울러 포함되었을 가능성도 있을 것으로 본 이기문(1972b : 136)의 지적은 [口蹙구축]과 [口張구장]의 특징을 정확하게 잡아낸 것으로 생각되는데, 이러한 특성은 바로 [口蹙구축]과 [口張구장]이 [縮축]을 전제로 하여 적용되는 부차적인 분류 자질이기 때문인 것으로 생각된다.

(18)

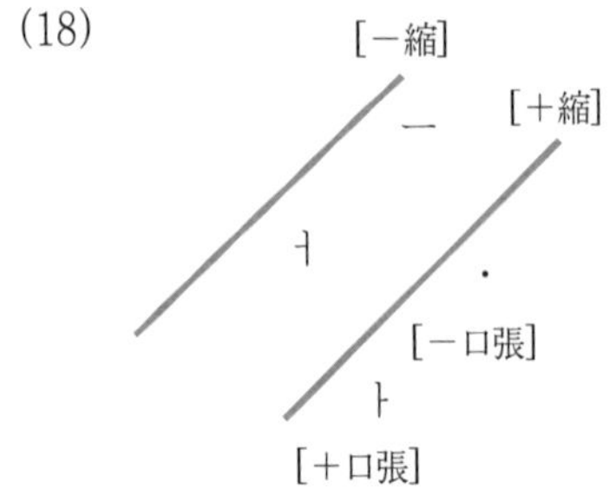

‘ㅏ’와 ‘ㅓ’는 [+口張구장]의 모음이고, ‘·’와 ‘ㅡ’는 [-口張구장]의 모음
이다. 여기에서도, 『훈민정음』에서 [口張구장]에 대해 언급하지 않은 ‘ㅗ’와
‘ㅜ’는 무관모음이 된다. [口張구장]과 관련되는 현상으로는 앞에서 말한
‘·’의 제2단계 변화가 있다. 앞에서 명명한 대로, ‘·’가 ‘ㅏ’로 변하는 ‘·’
의 제2단계 변화(‘ㅡ’가 ‘ㅓ’로 교체되는 현상이 있다면 이 현상도 동일하게
설명할 수 있을 것이다)는 [-口張구장]의 모음인 ‘·’가 [+口張구장]의 모
음인 ‘ㅏ’로 바뀌는 현상이므로, 이 현상은 口張化구장화 현상이라고 할 수
있다.17)

이상의 논의를 정리하면, 후기 중세국어의 모음체계는 (19)와 같았을
것으로 추정된다.

---

17) 이러한 [구축]과 [구장]은 [축]을 바탕으로 적용되는 상대적인 자질들이므로 현대언어학
의 관점에서 그대로 대응되는 용어를 찾기는 어렵다. 그러나 이들 용어를 현대언어학
의 관점에서 본다면, [구축]은 [축]의 세 모음들 중에서 [-저음성]의 모음 부류를, [구
장]은 [+고음성]의 모음 부류를 지칭하게 된다. 후기 중세국어의 모음들이 [축]에 의해
사선적으로 배치되므로, 그리고 [축]을 전제로 하여 [구축]과 [구장]이 적용된다는 점에
서 현대언어학의 접근 방법과는 자질 특성에 차이를 드러내는 것으로 이해된다.

(19) 후기 중세국어의 모음체계

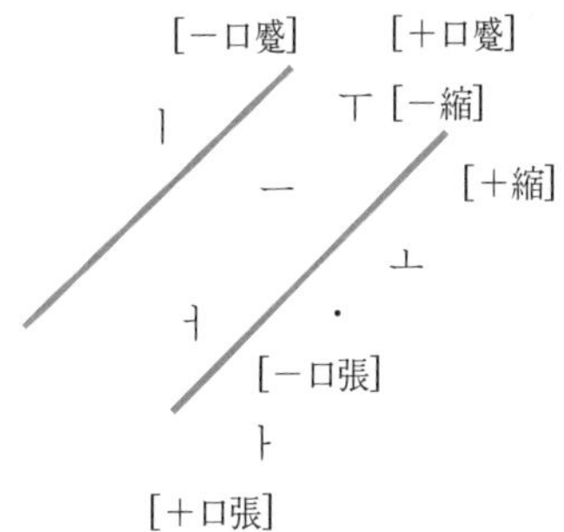

마지막으로 2장에서 언급한 현상 가운데, 아직 설명하지 않은 '*yʌ>yə' 변화에 대해서 간단히 언급하기로 한다. '*yʌ>yə' 변화에서 포착되는 'ʌ>ə' 변화는 반모음 y 다음에 오는 'ㆍ'가 'ㅓ'로 바뀌는 현상이 일어났음을 말한다. 그러나 'ㆍ'와 'ㅓ'의 교체 현상은 『훈민정음』의 모음 분류 자질로 설명하기 어렵다. 'ㆍ'는 [+縮축], [-口蹙구축], [-口張구장]인데 반해, 'ㅓ'는 [-縮축], [+口張구장]이므로 'ㆍ'와 'ㅓ' 사이에 설정되는 [縮축]과 [口張구장] 모두에서 대립되기 때문이다. 그러므로 『훈민정음』의 설명을 바탕으로 이 변화나 교체를 설명하기가 어렵다.18) *yʌ의 재구 과정은 합당한지,19)

---

18) [縮축]을 중심으로 하는 사선적 모음체계에서, 그리고 [口張구장]이 갖는 'ㆍ, ㅡ'와 'ㅏ, ㅓ'의 대립관계를 바탕으로 할 때, 'ㆍ'와 'ㅓ'는 [縮축]과 [口張구장]에서 모두 대립되기 때문에 *yʌ의 재구를 통하여 설정되는 'ʌ>ə' 변화는 설명하기가 어렵다. 이러한 특징은 백두현(1988)에서 설정된 'ㆍ→ㅜ', 'ㅡ→ㅗ' 교체를 근대국어 모음체계에서 설명하기 어려운 사정을 연상시킨다. 그러나 근대국어의 'ㆍ→ㅜ, ㅡ→ㅗ' 교체 현상에 'ㆍ>ㅡ, ㅡ>ㆍ'와 같은 내적 변화를 상정하면 큰 어려움 없이 해결된다. '*yʌ>yə' 변화에서 상정되는 'ㆍ>ㅓ' 변화에도 다른 내적 변화가 개입되었을 가능성을 배제할 수 없다. 김주원(1993 : 276~277)에서는 *yʌ의 반사형이 서울이나 중부 방언에서 발견되지 않는다는 점, '*yʌ>yə' 변화가 대체로 제1음절이라는 분포상의 제약을 갖는다는 점 등 *yʌ의 재구에 대해 몇 가지 문제점을 제기하고 제주 방언 외의 몇몇 방언형의 자료를 보다 많이 수집하여 모음조화에 예외적인 모습을 보이는 'ㅓ'에 대해 *yʌ보다는 *ya로 재구하는 것이 타당하다는 논의를 하고 있다.

*yʌ의 재구가 합당하다면 *yʌ가 기원형인지 아닌지, 그 재구형에 다른 변화가 개입되지는 않았는지 현재로서는 알 수 없어 후일의 과제로 남긴다.

4. 결론

이상에서 후기 중세국어의 모음과 관련되는 몇몇 음운현상들을 중심으로 모음체계에 접근하여, 『훈민정음』의 설명을 재해석함으로써 당시 모음체계의 특징에 대하여 구체적으로 논의하였다.

후기 중세국어의 모음체계는 [縮축]을 근간으로 하면서 [口蹙구축]과 [口張구장]에 의해 대립관계를 갖는 사선적 모음체계였다. [縮축]은 'ㅏ, ·, ㅗ'와 'ㅓ, ㅡ, ㅜ'를 자연부류로 나누는 주요 분류 자질이었으며, '·, ㅡ'와 'ㅗ, ㅜ'를 나누는 [口蹙구축]과 '·, ㅡ'와 'ㅏ, ㅓ'를 나누는 [口張구장]은 이 [縮축] 위에서 적용되는 부차적인 분류 자질이었다. [縮축] 관련 현상에 'ㅣ', [口蹙구축] 관련 현상에 'ㅣ, ㅏ, ㅓ', [口張구장] 관련 현상에 'ㅣ, ㅗ, ㅜ'는 관여하지 않는 무관모음으로 이해하였다. 부차적 자질인 [口蹙구축]과 [口張구장]은 [縮축]을 전제로 적용해야 하므로 [口蹙구축]과 [口張구장] 관련 현상에 참여하는 모음들은 현대언어학의 수평적인 체계와는 차이가 있었다. 그러므로 현대국어의 모음체계와 같은 수평적인 체계를 바탕으로 '원순모음화, ·>ㅡ, ·>ㅏ' 등의 현상을 설명하는 것보다는 사선적으로

---

19) 사실 '여라~여러'와 같이 'ㅏ'와 'ㅓ'가 교체된 몇 예만 제외하면 '여듧~여듧, 며느리~며느리' 등과 같이 '·'와 'ㅡ'가 교체되는 예들이 대부분이다. 그러므로 *yʌ 재구에 활용된 대부분의 예들은 형태소 내부, 2음절 이하(비어두음절)의 '·'와 'ㅡ'의 교체로 설명될 수도 있다. 15세기에 이미 '·'와 'ㅡ'는 교체가 상당히 이루어지고 있었기 때문이다.

배열되는 당시 모음의 체계와 구조를 반영한『훈민정음』의 관점에서 설명하는 것이 타당하고 합리적인 것으로 파악하였다. 그리하여 [縮축]을 바탕으로 모음조화를 [縮축]의 조화 현상으로, ‘·>—’ 변화를 非縮化비축화 현상으로 설명할 수 있었으며, [−口蹙구축]의 모음이 [+口蹙구축]의 모음으로 되는 ‘·→ㅗ, —→ㅜ’ 원순모음화 현상을 口蹙化구축화 현상으로, [−口張구장]의 모음이 [+口張구장]의 모음으로 되는 ‘·>ㅏ’ 현상을 口張化구장화 현상으로 설명할 수 있었던 것이다.

후기 중세국어의 사선적 모음체계는 ‘·’의 비음운화로 새로운 대립관계를 형성할 수밖에 없었던 것으로 보인다. 후기 중세국어 이전부터 시작된 ‘·’ 관련 변화들은 ‘·’ 주변의 여러 음으로 바뀌어 비음운화됨으로써 [縮축]을 근간으로 형성되었던 [口蹙구축]과 [口張구장]의 대립관계에 직접적인 영향을 미치게 되는 것이다. 즉 [縮축]에 의해 ‘—’와, [口蹙구축]에 의해 ‘ㅗ’와, [口張구장]에 의해 ‘ㅏ’와 대립되던 ‘·’가 사라짐으로써 이러한 대립관계는 완전히 무너질 수밖에 없게 되는 것이다. ‘·’가 주변 모음들로 바뀌는 시기와 환경에는 차이가 있었지만, 모음체계의 근간이던 [縮축]의 대립관계가 일차적으로 무너지고, 그 근간 위에서 적용되던 [口蹙구축]과 [口張구장]의 대립관계도 무너지게 됨으로써 후기 중세국어의 사선적 모음체계는 근대국어에 들어서 완전히 새로운 모습으로 재편되기에 이르는 것으로 간주된다.

중성에 대한『훈민정음』의 설명을 바탕으로 당시의 모음체계에 접근하면서, 모음에 대한『훈민정음』창제자들의 정확한 관찰과 분석에 놀라지 않을 수 없었다. 당시 모음의 특성에 대한 정확한 관찰과 분석이 현대의 일반언어학적인 방법론으로도 도달할 수 없는 설명력과 설득력을 가져왔음을 새삼 느끼게 된 것이다. 이러한 관찰과 분석을 바탕으로 확립된 당시의 과학적인 모음 분류 방법은 모음의 변화로 인해 새로운 관찰과 분석이 요구된다. 그리하여 새로운 모음체계로 재편되는 근대국어에 대한 연구도 이러한 방향에서 새로이 조명될 필요성을 느끼기는 하지만, 『훈민정음』 창제자들의 언어를 바라보는 태도와 정신은, 변함없이 우리의 귀감이 될 것이라 확신한다.

6 '드빙-'의 형태 변화와 음운규칙*

1. 서론

15세기 '드빙-'[1]는 '드빙->드외->되-'의 과정을 거친 것으로 설명되어 왔다. '드빙-'의 'ㅸ'에 'β>w' 규칙이 적용되어 '드외-'가 되고, '드외-' 외 'ㆍ' 와 'ㅚ'라는 모음 연쇄에서 'ㆍ' 탈락 규칙이 적용되어 '되-'로 되었다는 것이다. 그러나 이러한 설명은 '드빙-'의 변화 형태를 모두 포괄하여 설명하지 않았다는 점에서 문제가 있다. '드빙-'가 변화한 15·6세기의 형태는 '드

---

* 이 글은 같은 제목으로 『이병근 선생 퇴임기념 국어학논총』, 태학사(2006 : 211~234)에 수록되었다.

1) 15세기의 '드빙-'는 현대국어의 '되-'와 같이 동사 '드빙-'와 접미사 'N+-드빙-'의 두 종류 가 있었다. 이 가운데 동사 '드빙-'와 달리 접미사 {-드빙-}는 선행어의 음운론적 환경에 따라 '-드빙-, -르빙-'로, 후행어의 음운론적 환경에 따라 '-둡-, -롭-'으로 교체되었다. 이 이형태들 중에서 '-드빙-'는 '-되-'로 변화되고, '-둡-'은 '-답-'으로 변화되었다. '-둡-'에 부 사파생접미사 '-이'가 결합된 경우에는 '-드빙-'의 변화와 같이 'N+-도이' 형태가 되었다 가 'N+-되이'로 되기도 하고, '-둡->-답-'의 변화에 따라 '-다이'로 되기도 하였다. '-르빙 -'와 '-롭-'은 '-롭-'으로 바뀌었다. 이렇게 다양한 변화를 거치게 되는 15세기의 '드빙-' 관 련 형태들 가운데 본 연구에서는 '드빙->되-'의 변화를 거치는 동사 어간 '드빙-'와 이 '드 빙-'와 같은 음운변화를 거치는 이형태만을 대상으로 하여 '드빙-'가 '되-'로 변화하는 과 정에 나타나는 형태들과 그 형태들에 관여하는 음운규칙에 관심을 두기로 한다.

외-' 외에도 '도외-, 도의-, 도익-' 등 여러 형태가 나타나기 때문이다. '드외-, 도익-, 도의-' 등은 모두 2음절로서 '드외-'의 제1음절이 그대로 유지되고 있다는 점에서 '드외-'에서 'ㆍ'가 탈락되어 '되-'로 축약되었다고 설명할 수 없음을 보여준다.

'드뵈'의 여러 변화 형태들은 시간의 흐름에 따라 달리 나타난다. 15세기 중기에 이미 '드외-'로도 나타나는 '드뵈-'의 변화 형태는, 15세기 후기에 '드외-' 외에 '도외-'도 나타나며, 16세기 전기에 이르면 '드외-'는 거의 사라지고 '도외-, 도의-, 도익-, 도y-' 등이 공존하다가 16세기 후반에 이르러 '되-'로 거의 단일화되어 나타난다. 이처럼 '드뵈-'는 같은 시기에도 변화된 몇몇 형태들이 공존하면서 점진적으로 '되-'로 단일화되는 것이다. 그러므로 '드뵈-'의 변화 과정을 '드뵈->드외->되-'로 간주한 기존의 도식화는 '드뵈-'의 변화 과정을 제대로 보여주지 못한, 지나치게 단순화되고 기계적인 설명으로 간주된다.

일반적으로 형태의 변화는 음운규칙이 주도한다는 점에서, '드뵈-'의 형태 변화도 개별 형태 그 자체의 변화라기보다 음운규칙이 적용되어 변화한 결과라는 점을 다시 한 번 인식할 필요가 있다. 기존의 연구에서 '드뵈->드외-'를 'β>w' 규칙의 적용으로, '드외->되-'를 'ㆍ' 탈락 규칙의 적용으로 설명하기는 하였으나, 형태의 변화와 음운규칙의 관계, 또는 형태의 변화를 주도하는 규칙들의 관계에 대해서는 거의 주목하지 않았기 때문이다. 이에 본 연구에서는 '드뵈-'의 형태들이 출현하는 빈도와 변화를 통하여 각 형태를 생성하는 데에 적용된 음운규칙들의 관계와 변화를 검토함으로써 국어 음운변화의 과정에 대하여 논의해 보고자 한다.

2. '도ᄫㅣ-'의 형태 변화

'도ᄫㅣ-'의 활용 형태는 15세기 중기 문헌부터 "도ᄫㅣ니이다(『龍歌』 69장), 疑心도ᄫㅣᄂ(『月釋』 1 : 15)" 등 '도ᄫㅣ-'의 활용형, "도외아라(『月釋』 22 : 69b), 도외논(『月釋』 11 : 64a)" 등 '도외-'의 활용형, "도외여(『續三』 열 : 5a), 망녕도왼(『飜小』 七 : 23a)" 등 '도외-'의 활용형, "도의게(『飜朴』 38b), 아당도의고(『飜朴』 25a)" 등 '도의-'의 활용형, "망녕도이여(『飜小』 9 : 89a), 도이ᄂ니(『禪家』 23a)" 등 '도이-'의 활용형, "도여서(『續三』 열 : 3a), 도엿더니(『飜小』 9 : 106a)"[2] 등 '도y-'의 활용형, "되어든(『瘟疫』 24b), 춤 될 장(莊, 『石千』 41b)" 등 '되-'의 활용형 등 7가지 형태가 나타난다.

그럼 먼저 이 7가지 형태 가운데 15세기 문헌에는 어떤 형태가 어느 정도 나타나는지 보기로 한다.[3]

---

2) '精誠도이(『內訓』 1 : 77a), 아롬도이(『內訓』 1 : 67b), 일펀도이(『飜老』 상 : 41b)' 등의 'N도이'는 'N듷-+-이'의 변화형으로서 '-도ᄫㅣ-'의 이형태라고 할 수 있다. '-듷-'은 '-닯-'에 합류되기도 하지만, '-듷-'에 소급하는 것으로 보이는 '-도이' 형태는 '도(ㅣ)-'에 넣어서 다루기로 한다.

3) '도ᄫㅣ-' 어간이나 접미사 형태의 빈도와 용례는 국립국어연구원에서 사전 편찬을 목적으로 만든 단어열 검색프로그램인 Hgrep.exe를 활용하였다. 각 시기의 문헌 자료를 일정한 방식에 따라 텍스트 파일로 만든 다음 Hgrep을 활용하여 필요한 용례를 추출하여 Excel 프로그램으로 전환하여 계량화하여 도표에 제시하였다.

(1) 15세기 중·후기 문헌의 'ᄃᆞ외-' 변화 형태와 빈도

	용가 (1447)	월석 (1459)	법화 (1463)	내훈 (1475)	금삼 (1482)	육조 (1496)
ᄃᆞ뵈-	1	13	0	0	0	0
ᄃᆞ외-	0	478	493	72	123[4]	32
도외-	0	0	1	1	0	0
도익-	0	0	0	0	0	0
도의-	0	0	0	0	0	0
도y-	0	0	0	2	0	0
되-	0	0	0	0	0	0

- 『龍飛御天歌 용비어천가』(1447) : *ᄃᆞ뵈-(1회) : ᄃᆞ뵈니이다〈69장〉
- 『月印釋譜 월인석보』(1459) : *ᄃᆞ뵈-(13회) : 利益ᄃᆞ뵐〈8 : 95b〉, 妄量ᄃᆞ뵈오〈2 : 11a〉, 샹ᄃᆞ뵌〈1 : 43a〉, 辱ᄃᆞ뵌〈2 : 25a, 4 : 27a〉, 疑心ᄃᆞ뵈니〈1 : 15a〉, 疑心ᄃᆞ뵌〈서1 : 20a, 1 : 15a〉, 吉慶ᄃᆞ뵈며〈22 : 66b〉, 吉慶ᄃᆞ뵈〈10 : 14a〉, 病ᄃᆞ뵈〈17 : 19b, 13 : 27a〉, 아롬ᄃᆞ뵈〈17 : 93a〉. *ᄃᆞ외-(478회) : ᄃᆞ외아라〈22 : 69b〉, ᄃᆞ외논〈11 : 64a〉, ᄃᆞ외니〈1 : 39b〉, ᄃᆞ외니라〈4 : 8b〉, ᄃᆞ외니잇고〈18 : 74a〉, ᄃᆞ외ᄂᆞ니〈2 : 21a〉, ᄃᆞ외ᄂᆞ니라〈14 : 35b〉, ᄃᆞ외논〈12 : 40b〉, ᄃᆞ외더라〈2 : 24a〉, ᄃᆞ외디〈9 : 21b〉, ᄃᆞ외디뵈〈11 : 24a〉, ᄃᆞ외릴ᄊᆡ〈11 : 15a〉 등
- 『法華經諺解 법화경언해』(1463) : *ᄃᆞ외-(493회) : ᄃᆞ외나〈4 : 153a〉, ᄃᆞ외노니〈2 : 27a〉, ᄃᆞ외니〈2 : 82b〉, ᄃᆞ외니며〈7 : 146a〉, ᄃᆞ외닌〈5 : 205b〉, ᄃᆞ외ᄂᆞ니〈1 : 24a〉, ᄃᆞ외ᅀᆞ와〈4 : 46a〉, ᄃᆞ외아지라〈2 : 27a〉, ᄃᆞ외앳ᄂᆞ니〈2 : 217a〉 등. 衰殺ᄃᆞ욀〈2 : 117b〉, 辱ᄃᆞ이〈序18a〉, 疑心ᄃᆞ외니라〈1 : 47b〉, 疑心ᄃᆞ왼〈1 : 47b〉 등. *도외-(1회) : 도외니〈6 : 1a〉
- 『內訓諺解 내훈언해』(1475) : *ᄃᆞ외-(72회) : ᄃᆞ외니〈2下 : 73a〉, ᄃᆞ외리니〈1 : 38b〉, ᄃᆞ외리라〈3 : 65b〉, ᄃᆞ외리이다〈2下 : 48b〉, ᄃᆞ외린댄〈3 : 66b〉, ᄃᆞ

4) 이 문헌에는 '疑윙心심ᄃᆞ이'(『금강경삼가해』 5 : 41b, 5 : 41b, 5 : 41b)가 3회 나타난다. 이 'Nᄃᆞ이'는 'Nᄃᆞ뵈'의 후대형이라는 점에서 여기에 포함할 수도 있고, 'N닯-'으로 변화하므로 대상에서 제외할 수도 있다. 여기에서는 용례에 포함하여 계산한다.

외며⟨1 : 18b⟩, 도외오⟨3 : 3b⟩, 도외옷⟨1 : 25b⟩, 도외요니⟨2 : 64a⟩, 도
외요미⟨序 : 3a⟩, 도외ᄂᆞ니⟨2下 : 15b⟩, 도외ᄂᆞ니라⟨3 : 3b⟩, 도왼⟨1 : 9a⟩
등,5) 샹도왼⟨1 : 28a⟩, 아당도왼⟨1 : 2a⟩, 辱도왼⟨1 : 58a⟩, 疑心도왼⟨1 :
8a⟩, 忠貞도외디⟨2上 : 22a⟩. *도외-(1회) : 도외디⟨2下 : 14a⟩. *도y-(2
회) : 精誠도이⟨1 : 77a⟩, 아롬도이⟨1 : 67b⟩

- 『金剛經三家解금강경삼가해』(1482) : *도외-(123회) : 도외나⟨2＋ : 39b⟩,
  도외논⟨3 : 51b⟩, 도외니⟨4 : 15a⟩, 도외ᄂᆞ니⟨2 : 34b⟩, 도외리어니와⟨4 :
  64a⟩, 도외며⟨5 : 14a⟩, 도외옛ᄂᆞ니⟨1 : 20a⟩, 도외오⟨2 : 57a⟩, 도외오져
  ⟨3 : 51b⟩, 도왼⟨2 : 28a⟩, 도윌⟨4 : 15a⟩ 등, 疑心도이⟨5 : 41b, 5 : 41b, 5 :
  41b⟩, 쥬변도외니⟨5 : 31b⟩, 쥬변도외도다⟨5 : 14a⟩, 쥬변도외며⟨5 : 38a⟩ 등
- 『六祖法寶壇經諺解육조법보단경언해』(1496) : *도외-(32회) : 도외니⟨上 :
  5a, 上 : 19b⟩, 도외닌⟨序 : 5b⟩, 도외ᄂᆞ니⟨中 : 42a⟩, 도외야도⟨下 : 85a⟩,
  도외에⟨序 : 4a⟩, 도외오⟨中 : 42a⟩, 도외오⟨上 : 4b⟩, 도외오⟨上 : 4b⟩, 도
  외오⟨上 : 4b⟩, 도외오⟨中 : 41b⟩, 도외오⟨上 : 4b⟩, 도외오⟨中 : 42a⟩, 도
  외요미⟨中 : 75b⟩, 도외요몰⟨上 : 18b, 上 : 95b⟩, 도외욜⟨中 : 77b⟩ 등

훈민정음 창제 직후의 문헌인 『용비어천가』에는 '도ᄫᅵ-'의 활용형인 '도
ᄫᅵ니이다(9장)' 한 예가 나타난다. 『월인석보』에는 '도ᄫᅵ-'가 13회,6) '도외-'
가 476회 나타나 '도ᄫᅵ-'보다 '도외-'가 널리 확산되어 나타났다. '도외-'는
'도ᄫᅵ-'의 'ᄫ'이 변화한 형태로 설명되므로 『월인석보』에 '도외-'가 널리 나
타난다는 사실은 'ᄫ'이 포함된 형태도 사용되었으나 'ᄫ'이 변화한 형태가

---

5) 이 문헌에는 '되다'의 의미를 지닌 '도오-'가 1회 나타난다. 예 : 외니 올ᄒᆞ니 ᄒᆞ며 할아며
기리논 스ᅀᅵ예 ᄠᅩ히 모맷 ᄣᅵ {도올} 만ᄒᆞᄂᆞ니라(1, 13a). 그러나 이러한 의미의 형태가
있었는지 단순한 오기인지 알 수가 없다.
6) '利益도ᄫᅵᆫ⟨08 : 95b⟩, 妄量도ᄫᅵ오⟨02 : 11a⟩, 샹도ᄫᅵᆫ⟨01 : 43a⟩, 辱도ᄫᅵᆫ⟨02 : 25a⟩, ⟨04 :
27a⟩, 疑心도ᄫᅵ니⟨01 : 15a⟩, 疑心도ᄫᅵᆫ⟨서1 : 20a⟩, ⟨01 : 15a⟩, 아롬도ᄫᅵ⟨17 : 93a⟩, 吉慶
도ᄫᅵ며⟨22 : 66b⟩' 등 10회의 예가 '도ᄫᅵ-'형으로서, 10회 모두 파생접미사 'N도ᄫᅵ-'이고
용언 어간 '도ᄫᅵ-'는 하나의 예도 보이지 않는다. '吉慶도ᄫᅵ⟨10 : 14a⟩, 病도ᄫᅵ⟨17 : 19b⟩,
⟨13 : 27a⟩' 3회는 파생접미사 '-둡-'의 활용형이므로 '도ᄫᅵ-'의 용례에서 제외하는 것이
타당할 수도 있지만, 각주 2번의 기준에 따라 '도ᄫᅵ-'의 형태에 포함하기로 한다.

일반적인 형태로 인정되고 있었음을 보여준다.[7]

 『월인석보』 이후의 문헌에는 'ᄃᆞᄫᆡ-'는 몇몇 특수한 경우를 제외하면 보이지 않고 주로 'ᄃᆞ외-'로 나타났으며, 문헌에 따라 '도외-'와 '도이-'로도 몇 예씩 나타났다. 『법화경언해』(1463)에는 'ᄃᆞ외-' 493회, '도외-' 1회, 『내훈언해』에는 'ᄃᆞ외-' 72회, '도외-' 1회, '도y- 2회, 『금강경삼가해』와 『육조법보단경언해』에는 'ᄃᆞ외-'만 각각 123회, 32회 나타났다. 그러므로 15세기 후기의 문헌에는 'ᄃᆞᄫᆡ-'의 변화형은 'ᄃᆞ외-'가 널리 사용되고 '도외-'나 '도(이)-'가 나타나기 시작하였다고 할 수 있다. 이 변화형들 가운데 'ᄃᆞ외-'가 'ᄃᆞᄫᆡ-'에서 'ᄫ'이 변화한 형태라면 '도외-'는 'ᄃᆞ외-'의 변화 형태라 추정할 수 있으며, '도y-'는 'ᄃᆞ외-'나 '도외-'의 변화 형태라 추정할 수 있다.

 16세기 문헌에 이르면, 'ᄃᆞᄫᆡ-'의 변화 형태는 15세기와는 또 다른 양상으로 나타난다.

(2) 16세기 문헌의 'ᄃᆞᄫᆡ-' 변화 형태와 빈도

	속삼 (1514)	번노 (1517)	번박 (1517)	번소 (1518)	온역 (1542)	칠대 (1569)	선가 (1579)	소학 (1588)	맹자 (1590)	대학 (1590)	효경 (1590)	논어 (1590)	중용 (1590)
ᄃᆞᄫᆡ-	0	0	0	0	0	0	0	0	0	0	0	0	0
ᄃᆞ외-	4	2	0	34	0	12	0	0	0	0	0	0	0
도외-	5	0	0	9	4	1	0	1	2	1	2	0	0
도이-	0	0	0	24	0	0	2	0	0	0	0	0	0
도의-	0	11	10	9	1	0	0	0	0	0	0	0	0
도y-	1	1	0	13	0	0	0	10	2	4	0	2	0
되-	1	0	0	29	2	0	14	136	92	1	9	31	14

7) 『월인석보』에 'ᄃᆞᄫᆡ-'는 "吉慶ᄃᆞᄫᅵ〈10 : 14a〉, 利益ᄃᆞᄫᆡᆫ〈08 : 95b〉, 妄量ᄃᆞᄫᅵ오〈02 : 11a〉, 샹ᄃᆞᄫᆡᆫ〈01 : 43a〉, 辱ᄃᆞᄫᆡᆫ〈02 : 25a, 04 : 27a〉, 疑心ᄃᆞᄫᅵ니〈01 : 15a〉, 疑心ᄃᆞᄫᆡᆫ〈서1 : 20a, 01 : 15a〉, 吉慶ᄃᆞᄫᅵ며〈22 : 66b〉" 등과 "病ᄃᆞᄫᅵ〈17 : 19b, 13 : 27a〉, 아롬ᄃᆞᄫᅵ〈17 : 93a〉" 등으로서, 모두 접미사에 한정되어 나타나고 그 나머지는 모두 'ᄃᆞ외-'로 나타난다. 김완진(1974)에 지적된 바와 같이 파생어를 형성하는 접미사에 분포하는 음소가 용언어간에 소속된 음소보다 변화에 있어서 보수적임을 보여준다.

• 『續三綱行實圖속삼강행실도』(1514) : *도외-(4회) : 도외여시니〈열 : 3a〉, 도왼〈열 : 10a〉, 도외리니〈열 : 13a〉, 도외여〈열 : 14a〉. *도외-(5회) : 도외여늘〈열 : 1a〉, 도외여〈열 : 5a〉, 도외니라〈열 : 9a, 열 : 12a〉, 도왼〈열 : 16a〉. *도y-(1회) : 도여서〈열 : 3a〉. *되-(1회) : 일 홀어미 된 주를〈열 : 26a〉

• 『飜譯老乞大번역노걸대』(1517) : *도외-(2회) : 도외어〈下 : 49a〉, 도외여셔〈下 : 73b〉. *도의-(11회) : 도의도록〈下 : 56a〉, 도의디〈下 : 43b〉〈下 : 44b〉, 도의리라〈下 : 43b〉, 도의며〈下 : 45b〉, 도의면〈下 : 43a, 下 : 43b〉, 도의여〈下 : 17b, 下 : 43b〉〈下 : 48b〉, 도왼〈上 : 42b〉. *도y-(1회) : 일편 도이〈上 : 41b〉

• 『飜譯朴通事번역박통사』(1517) : *도의-(10회) : 도의게〈38b〉, 도의니의〈25b〉, 도의ᄂᆞ니라〈57b〉, 도의도록〈34b〉, 도의디〈64a〉, 도의리니〈07b〉, 도의여〈50b〉, 도의여셔〈72b〉, 도의엿ᄂᆞ니〈33b〉, 아당도의고〈25a〉

• 『飜譯小學번역소학』(1518) : *도외-(34회) : 도외도록〈七 : 09b〉, 도외리라〈六 : 37a〉, 도외며〈七 : 08b〉, 도외오져〈六 : 31b〉, 도왼〈六 : 14a〉, 도욀〈六 : 24a〉, 도욀고〈九 : 100b〉, 뎡샹도왼〈九 : 100a〉, 망령도외면〈六 : 17a〉, 슉도왼〈六 : 22b〉 등. *도외-(9회) : 도외리니〈七 : 02b〉, 도외면〈八 : 11b〉, 도외에〈七 : 35a〉, 도외여〈七 : 35b〉, 도외여셔〈六 : 03b〉, 도욀〈十 : 11a〉, 망녕도왼〈七 : 23a〉, 의심도왼〈八 : 35b〉, 정성도왼〈七 : 25b〉. *도이-(24회) : 도이게〈九 : 14a〉, 도이ᄂᆞ니〈九 : 97a〉, 도이디〈九 : 30a〉, 도이며〈八 : 39b〉, 도이면〈十 : 29a〉, 도이야〈十 : 15b〉, 도인〈十 : 10a〉, 도일〈九 : 05b〉, 망녕도이여〈九 : 89a〉, 망녕도이유믈〈八 : 10b〉, 망녕도인〈八 : 42b〉, 욕도인〈八 : 10b〉, 정셩도인〈七 : 25a〉 등. *도의-(9회) : 도의니〈七 : 16a〉, 도의디〈六 : 33a, 32b, 33b, 33b, 32b, 32b〉, 도의면〈十 : 31a〉, 도욀가〈七 : 18b〉. *도y-(13회) : 도여셔〈七 : 08b〉, 도엿는〈七 : 05a〉, 도엿더니〈九 : 106a〉, 도요매〈九 : 48a〉, 도이디〈九 : 28a〉, 도인〈九 : 09b〉, 도일〈九 : 12b〉, 욕도이〈六 : 17b〉, 아롬도이〈七 : 41b〉, 일편도이〈七 : 41b〉, 정셩도이〈八 : 26a〉, 정셩도욤과〈九 : 13b〉, 병도이〈九 : 19b〉. *되-(29회) : 되어〈九 : 7a〉, 되에〈六 : 4b〉, 되여셔〈九 : 92a〉, 되여실〈七 : 14b〉, 되엿는〈七 : 4b〉, 되오〈八 : 11a〉, 되오디〈九 : 90a〉, 되오져

〈六 : 32b〉, 되요려〈六 : 34a〉, 졍셩되여〈九 : 20b〉, 졍셩되오〈六 : 11b〉,
졍셩된〈7 : 29b〉 등

• 『分門瘟疫方분문온역방』(1542) : *도외-(4회) : 도외니와〈24b〉, 도외ᄂ니〈2b〉,
도외며〈2a, 2a〉. *도의-(1회) : 도의거든〈26a〉. *되-(2회) : 되어든〈24b, 26a〉

• 『七大萬法칠대만법』(1569) : *ᄃ외-(12회) : ᄃ외ᄂ니잇고〈21b〉, ᄃ외디〈12a〉,
ᄃ외ᄃ〈17a〉, ᄃ외락〈12b, 12b〉, ᄃ외며〈14a〉, ᄃ외야〈14a, 21b〉, ᄃ외
오〈3b〉, ᄃ왼논디〈17a〉, ᄃ욀〈20b〉, ᄃ욀시〈12b〉. *도외-(1회) : 도욀〈20a〉

• 『禪家龜鑑諺解선가귀감언해』(1579) : *도의-(2회) : 도의ᄂ니〈23a〉, 도의며
〈23a〉. *되-(14회) : 되오몰〈05a〉, 되요매〈60a〉, 되요미〈50a〉, 되욜〈56b〉,
되욤〈14b〉, 되이ᄂ니라〈40a〉. 되이디〈61a, 19a〉, 되이리니〈17b, 17b〉,
되이리라〈55b〉, 되이며〈56b〉, 되일시〈9a〉, 되며〈17b〉

• 『小學諺解소학언해』(1588) : *도외-(1회) : 도욀〈5 : 41b〉. *도y-(10회) : 도
얏더니〈6 : 56b〉, 도여실〈6 : 132a〉, 도엿논〈5 : 38b〉, 욕도욤애〈6 : 44a〉,
망녕도이〈5 : 12b〉, 병도이〈6 : 8b, 17b〉, 튱셩도이〈2 : 18a〉 등. *되-(136
회) : 되야〈2 : 33b〉, 되야셔〈6 : 97b〉, 되얏더니〈6 : 23a〉, 되어셔〈5 : 34a〉,
되여〈1 : 6b〉, 되여쩌니〈5 : 78a〉, 되염즉ᄒ니〈6 : 11b〉, 되게〈3 : 4b, 3 :
27a〉, 될가〈5 : 51a〉, 망녕되욤을〈5 : 90b〉, 망녕되이〈6 : 42b〉, 욕되이〈2 :
37a〉, 의심되야〈5 : 113b〉, 거즛되며〈6 : 42b〉, 근심되니라〈4 : 1b〉, 일편
되며〈5 : 73a〉, 졍셩된〈5 : 57b〉 등

• 『孟子諺解맹자언해』(1590) : *도외-(4회) : 도외디〈7 : 14a〉, 도외샤〈8 : 24b〉,
도왼〈7 : 37a〉, 도욈을〈8 : 24b〉. *도y-(2회) : 도연논〈14 : 14b〉, 도엿거
든〈13 : 28a〉. *되-(92회) : 되게〈8 : 28b, 9 : 30b〉, 되고〈14 : 8b〉, 되고
쟈〈7 : 7a〉, 되논〈9 : 35b〉, 되다〈6 : 23a〉, 되디〈6 : 18a〉, 되샤〈10 :
22a〉, 되샤디〈9 : 4b〉, 되심애〈3 : 36a〉, 되야〈14 : 14b〉, 되야쇼디〈12 :
17a〉, 되여서〈7 : 24a〉, 되욤이〈1 : 12a〉, 되욤이니이다〈5 : 13a〉, 되욤을
〈7 : 32b〉, 된〈4 : 22a〉 등

• 『大學諺解대학언해』(1590) : *도외-(1회) : 도왼〈19a〉. *도y-(4회) : 도여논
〈6a, 6a, 6b, 6b〉. *되-(1회) : 되ᄂ니라〈21b〉

• 『孝經諺解효경언해』(1590) : *도외-(2회) : 도왼〈8b〉, 버릇도왼〈8b〉. *되-(9
회) : 되니라〈17b〉, 되ᄂ니〈3a〉, 되논〈8a〉, 되리오〈24b〉, 되미라〈25b〉,

되야⟨17a⟩, 되야셔⟨17b⟩, 되엿ᄂ니⟨8a⟩, 되엿는⟨7b⟩

- 『論語諺解논어언해』(1590) : *도y-(2회) : 도요디⟨1 : 47b⟩, 病도이⟨2 : 13b⟩. *되-(31회) : 되고⟨4 : 45b, 2 : 7a⟩, 되ᄂ니라⟨4 : 25a⟩, 되디⟨3 : 55a, 4 : 72a, 2 : 7a, 2 : 45a, 3 : 47a⟩, 되리오⟨3 : 17b⟩, 되리이다⟨4 : 18a⟩, 되면⟨3 : 55a,3 : 17b⟩, 되샴이여⟨2 : 35b⟩, 되얀는⟨3 : 34b⟩, 되여셔⟨4 : 46a⟩, 되연는⟨3 : 44a⟩, 되염즉⟨1 : 42a⟩, 되염즉ᄒ니라⟨1 : 13b⟩, 되엿더니⟨2 : 3b⟩⟨2 : 7b⟩, 되옴을⟨3 : 43a⟩, 되옴이⟨3 : 42a, 3 : 42a, 3 : 42a⟩, 되욤을 ⟨3 : 15b⟩, 될⟨3 : 46a⟩, 될이니라⟨3 : 56a, 3 : 55b⟩ 등
- 『中庸諺解중용언해』(1590) : *되-(14회) : 되고⟨20b, 20b⟩, 되ᄂ니⟨47a⟩, 되는디라⟨47a⟩, 되며⟨47a⟩, 되시고⟨19b, 17a, 17a⟩, 되신⟨41a⟩, 되얏거든⟨20b, 20b⟩, 되여⟨43a⟩, 된⟨41a⟩, 되옴이신뎌⟨5a⟩

도표 (2)와 그 아래의 용례를 통하여 알 수 있듯이, 16세기 초기에 간행된 『속삼강행실도』, 『번역노걸대』, 『번역박통사』, 『번역소학』에 '드외-'의 변화 형태는 '드외-, 도외-, 도이-, 도의-, 도y-, 되-' 등으로 다양하게 나타난다. 이 가운데 '도외-'는 15세기 후기에 『법화경언해』와 『내훈』에 각각 1회, '도y-'는 『내훈』에 2회 나타났고, '도이-'와 '도의-'는 16세기 초기 문헌에 처음 나타난 예들이다.

『속삼강행실도』에는 '드외-'가 4회, '도외-'가 5회 나타났으며, '도y-'가 1회, '되-'가 1회, 『번역노걸대』에는 '드외-'가 2회, '도의-'가 11회, '도y-'가 1회 나타났으며, 『번역박통사』에는 '도의-'만 10회 나타났다. 『번역소학』에는 매우 다양한 형태들이 혼재하여, '드외-'가 34회, '도외-'가 9회, '도이-'가 24회, '도의-'가 9회, '도y-'가 13회, '되-'가 29회 나타났다. 이 가운데 16세기 초기 문헌으로서 이질적인 『번역소학』을 제외하면, 전반적으로 15세기 후기에 상대적으로 많이 나타나던 '드외-'가 쇠퇴하고 '도의-'가 널리 나타나는 특성을 보이며 '도y-'와 '되-'가 새로운 변화형으로 나타났다.

16세기 초기의 문헌에서 『번역소학』8)을 제외하더라도, 두드러지게 많이 사용된 '드뵈-'의 일반적인 변화 형태를 말하기는 쉽지 않지만, 15세기 중·후기와 16세기 초기 문헌들의 전체적인 흐름으로 볼 때 대체로 '도의-'형이 널리 확산되어 나타났다고 할 수 있다. 15세기 후기의 주된 흐름이 '드외-'였다면, 16세기 초기에는 15세기 후기의 '드외-'에서 '도의-'형으로 변화하는 경향을 보여주는 것이다. 그렇지만 16세기 문헌에도 '드외-'가 완전히 사라진 것도 아니며, '드외-' 외에도 '도외-, 도익-' 등도 나타나며, 나아가 '도y-'나 '되-'형도 나타나고 있어서 '드뵈-'의 변화 형태를 '드뵈-> 드외->되-'로 단순화하여 도식화할 수 없음은 분명하게 드러난다.

'드뵈-'의 변화 형태는 16세기 중·후기 문헌에서는 16세기 초기와는 또 다른 양상으로 나타난다. 『분문온역방』(1542), 『칠대만법』(1569) 등에서는 각각 '도외-' 4회, '도의-' 1회, '되-' 2회와 '드외-' 12회, '도외-' 1회 나타났다. 『분문온역방』에서는 '드외-'가 나타나지 않았지만, 『칠대만법』에서는 총 13회 가운데 12회가 '드외-'로 나타났다.9) 『칠대만법』을 제외하면 16세기 중기 이후의 문헌에는 '도외-, 도익-, 도의-' 등이 산발적으로 나타나고 '되-'나 '도y-'가 널리 확산되어 『선가귀감언해』(1579), 『소학언해』(1588)에 이르면 '되-'나 '도y-'로 대체로 단일화되는 특성을 보여준다. 『선가귀감언해』에 '도익-'가 2회, 『소학언해』에 '도외-'가 1회 나타났으나,

---

8) 『번역소학』은 15세기 중엽에 나타난 '드뵈-' 형태를 제외한 모든 변화 형태가 나타난다는 점에서 16세기 초기의 다른 문헌과는 차이가 있다. 『번역소학』에는 '드뵈-' 이외의 변화 형태가 모두 나타나 '드외-'만을 '드뵈-'의 유일한 변화 형태로 간주한 기존의 태도에 문제가 있음을 말해준다. 그러나 이 변화 형태들이 15·6세기의 다른 문헌에는 일정한 시간의 흐름에 따라 순차적으로 나타는 데에 비해 '드뵈-'의 변화형들이 모두 공존한다는 점에서 『번역소학』은 당시의 다른 문헌과 비교하여 매우 이질적임을 말해준다.

9) 『칠대만법』이 경상도에서 간행된 불서류라는 점에서 보다 정밀한 검토가 필요하다. 위의 도표와 그 용례를 보면 '드뵈-'의 변화 형태와 관련하여 16세기 후기의 다른 문헌과는 상당한 차이를 보여준다.

『선가귀감언해』에 ‘되-’가 14회, 『소학언해』에 ‘도y-’가 10회, ‘되-’가 136회 나타났기 때문이다.10)

17세기 이후의 문헌에서 ‘드뷔-’의 변화 형태는 대부분 ‘되-’와 ‘도y-’로 나타난다.

(3) 17 · 8세기 문헌의 ‘드뷔-’ 변화 형태와 빈도

	두창 (1608)	태산 (1608)	동국 (1617)	가례 (1632)	경민중 (1656)	노걸 (1670)	박통 (1677)	오전 (1721)	종덕 (1758)	박신 (1764)	중노 (1795)
드뷔-	0	0	0	0	0	0	0	0	0	0	0
드외-	0	0	0	0	0	0	0	0	0	0	0
도외-	0	0	0	0	0	1	0	0	0	0	0
도의-	0	0	0	0	0	0	0	0	0	0	0
도의-	0	0	0	0	0	0	0	0	0	0	0
도y-	0	4	14	1	2	1	1	0	0	2	1
되-	50	20	260	142	30	12	14	143	175	18	10

- 『痘瘡集要두창집요』(1608) : *되-(50회) : 되여〈하 : 64b〉, 되오믄〈상 : 50b〉, 되요디〈상 : 46b〉, 되엇거든〈상 : 18a〉, 되거든〈하 : 14b〉, 되고〈상 : 2a〉, 되기를〈상 : 38b〉, 되니〈상 : 2b〉, 되니도〈하 : 70a〉, 되니는〈상 : 43a〉, 되니롤〈하 : 24a〉, 되디〈상 : 31a〉, 되는〈상 : 1a〉, 되믄〈상 : 50b〉, 의심되여〈상 : 12b〉, 일위되디〈상 : 32b〉 등
- 『胎産集要태산집요』(1608) : *도y-(4회) : 도야〈8a〉, 망냥도이〈37a〉, 일편도이〈11a, 11a〉. *되-(20회) : 되여〈50b〉, 되ᄂ니라〈1a〉, 되디〈1b〉, 되게〈11b〉, 되거돈〈27b〉, 되거든〈35b〉, 되ᄂ니〈37a〉, 되니롤〈50a〉 등
- 『東國新續三綱行實圖동국신속삼강행실도』(1617) : *도y-(14회) : 도여〈烈5 : 18b〉, 도여는〈烈3 : 91b〉 등. *되-(260회) : 되야〈烈1 : 37b〉, 되여늘〈烈

---

10) ‘도y-’와 ‘되-’는 반모음 ‘ㅣ’[y]가 어느 음절에서 실현되느냐의 차이만 갖는 동일한 변화 형이라고 할 수 있으므로, 16세기 후기 문헌에 이르면 ‘드뷔-’의 변화형들은 대체로 ‘되-’로 단일화되어 나타난다고 할 수 있다.

6 : 57b〉, 되엿거늘〈烈3 : 55b〉, 되거늘〈忠1 : 72b〉, 되고〈烈7 : 28b〉, 되
디〈忠1 : 28b〉, 되라〈烈5 : 70b〉, 되려니와〈烈2 : 89b〉, 되매〈忠1 : 84b〉,
되면〈烈8 : 34b〉, 되믈〈忠1 : 40b〉, 졍셩되고〈烈4 : 66b〉〈烈4 : 18b〉, 튱셩
되고〈忠1 : 29b〉, 욕되이〈烈4 : 80b〉 등

- 『家禮諺解가례언해』(1632) : *도이-(1회) : 망녕도이〈6 : 5a〉. *되-(142회) :
  되야〈1 : 42b〉, 되얏ᄂ니〈6 : 34a〉, 되어〈7 : 23b〉, 되여〈10 : 10b〉, 되여
  셔〈7 : 28b〉, 되여시매〈2 : 1b〉, 되여시며〈2 : 3a〉, 되엿거든〈3 : 14b〉, 되
  거든〈2 : 15a〉, 되게〈10 : 10a〉, 되고〈1 : 14b〉, 되니〈1 : 14b〉, 되시는디
  라〈1 : 16b〉, 疑心되도다〈6 : 30a〉, 病되이〈1 : 40a〉, 忠誠되이〈2 : 13b〉 등
- 『警民編諺解경민편언해』(1656) : *도y-(2회) : 망녕도이〈29b, 26a〉. *되-(30
  회) : 되고〈23a〉, 되기예〈10a, 30a〉, 되ᄂ니라〈9b〉, 되리라〈20a, 30b〉,
  되면〈26a〉, 되미〈39b〉, 되연ᄂ니〈28a〉, 되연는〈19b〉, 되엿는〈22a〉, 되오
  미〈16a, 21b〉, 되와〈13a〉, 될〈40b〉, 됨이〈35b〉 등
- 『老乞大諺解노걸대언해』(1670) : *도외-(1회) : 도왼〈上 : 38b〉. *도y-(1회) :
  도여셔〈下 : 65b〉. *되-(12회) : 되여〈下 : 40b〉, 일편되이〈上 : 37b〉, 되면
  〈下 : 38a〉, 되ᄂ니라〈下 : 38a〉, 되디〈下 : 38b〉, 되리라〈下 : 39a〉 등
- 『朴通事諺解박통사언해』(1677) : *도y-(1회) : 도엿ᄂ니〈上 : 31a〉. *되-(14
  회) : 되여〈下 : 23b〉, 되여셔〈上 : 63b〉, 되여시니〈下 : 11b〉, 되엿더니
  〈下 : 59a〉, 되게〈上 : 35b〉, 되며〈中 : 21b〉, 망녕되이〈下 : 16b〉

도표 (3)은 17세기 이후의 문헌에서는 ‘ᄃᆞ외-’의 변화 형태가 ‘되-’로 단
일화되어 사용되었음을 보여준다. 『노걸대언해』에 나오는 ‘도왼〈上 : 38b〉’
을 제외하면 17세기 이후의 모든 문헌에서 ‘ᄃᆞ외-’의 변화 형태가 ‘도y-’나
‘되-’로 나타나기 때문이다. “너희 손 도왼 양 말오〈上 : 38b〉”에 나오는 『노
걸대언해』의 ‘도왼’은 『번역노걸대』에 “너희 손 도왼 양 말오〈上 : 42b〉”와
문장이 같은 것으로 보아 『번역노걸대』의 영향을 받은 것이 아닌가 여겨
진다. 따라서 17세기 이후에는 ‘ᄃᆞ외-’의 변화형이 ‘도y-~되-’로 단일화되
었다고 할 수 있다.

3. '드뷔-'의 변화 과정과 음운규칙

2장에서 검토한 '드뷔-, 드외-, 도외-, 도이-, 도의-, 도y-, 되-' 등의 형태들이 출현하는 빈도의 추이를 보이면 대체로 표 (4)와 같다.

(4) '드뷔-' 형태의 변화 추이

	15세기 중기	15세기 후기	16세기 초기	16세기 중기	16세기 후기	17세기 초기	17세기 중기	17세기 이후
드뷔-	△	×	×	×	×	×	×	×
드외-	●	●	▲	×	×	×	×	×
도외-	×	△	▲	△	△	×	×	×
도이-	×	×	△	△	△	×	×	×
도의-	×	×	○	△	×	×	×	×
도y-	×	×	△	×	○	○	○	○
되-	×	×	▲	▲	●	●	●	●

출현 빈도 : ●＞○＞▲＞△

(4)에서와 같이, 15세기 중기에는 '드뷔-'와 '드외-', 15세기 후기에는 '드외-'와 '도외-', 16세기 초·중기에는 '드외-', '도외-', '도의-', '도이-', '도y-', '되-' 등이 공존한다. 이 형태들이 공존하는 이유는 각 시기, 즉 15세기 중기에 '드외-', 15세기 후기에 '도외-', 16세기 초기에 '도이-, 도의-, 도y-, 되-'가 새로 생성되어 사용됨에도 불구하고 이 형태들이 나타나기 이전에 사용되던 형태도 여전히 사용되고 있기 때문이다. 다시 말해 어떤 형태가 새로 생성되어 사용된다 하더라도, 그 형태가 생성되어 사용되는 순간 곧 바로 기존의 형태가 사라지지는 않는다는 것이다. 새로 만들어진 형태가 사용된다 하더라도 기존의 형태도 새 형태와 함께 사용되며, 기존

의 형태와 새 형태 가운데 어느 형태가 지속적으로 사용되느냐는 화자나 필자(또는 화자)의 선택에 따라 결정되는 것으로 판단된다.

15세기 중기에 '드외-', 15세기 후기에 '도외-', 16세기 초기에 '도의-, 도의-, 도y-, 되-' 등 새로 나타나는 형태들은 기존의 형태들과 매우 유사한 음소 연쇄를 보여준다. 15세기 후기의 '드외-'와 '도외-', 15세기 중기의 '드외-'는 '드뷩-', 15세기 후기의 '도외-'는 '드외-', 16세기 초기의 '도의-'는 '도외-', '도의-'는 '도의-', '도y-, 되-'는 '도의-'나 '도의-'(또는 '드외-')와 대체로 하나 정도의 음소에 있어서 차이를 보인다. 이러한 음소의 차이가 흔히 음운변화로 간주되어 해당 음소들의 변화와 그 변화를 유발한 음운규칙에 관심이 쏠려 왔다. 그러므로 같은 시기에 공존하면서도 대체로 이전 시기부터 나타나는 형태를 기저형으로 하는 입력부에 새 음운규칙을 적용하면 새 형태를 도출할 수 있다는 점에서 이들 형태들은 상호 밀접한 관계에 있다고 할 수 있다.

15세기 중기에 보이는 '드뷩-'와 '드외-'의 관계는 'ㅸ'의 변화, 즉 '드뷩-'의 'ㅸ'이 'β>w'의 변화로 '드외-'가 되었다고 설명되어 왔다. 그러나 이러한 설명은 'ㅸ'이 후행하는 모음을 원순모음화시킨 다음 [ɦ]로 약화되어 탈락했다는 김주필(1999)의 주장에 따르면 두 개의 음운규칙이 적용된 것으로 이해할 수 있다. 그 하나는 'ㅸ'이 후행하는 'ㆍ'를 'ㅗ'로 원순모음화하는 규칙이고, 다른 하나는 'ㅇ', 즉 'ㅸ'[β]가 약화되어 [ɦ]로 되는 음운규칙이 그것이다. '드뷩-'와 '드외-'의 관계는 기존의 설명이든 김주필(1999)의 설명이든 큰 차이가 없지만, 이 두 설명 가운데 어느 주장을 따르느냐에 따라 '드외-'와 '드외-'의 변화 형태, 그리고 '도외-, 도의-, 도의-, 되-' 등의 관계를 설명하는 데에는 큰 차이를 가져온다.

'드뷩-'의 'ㅸ'이 'β>w'의 변화로 '드외-'가 되었다는 기존의 설명에 따르면, '드ᄫᅵ-'에서 'ᄫ'이 w로 변한 '드외-'는 hiatus를 피하기 위해 '·'[ʌ]가 탈락하여 '되-'가 생성된다. 이렇게 되면 '도외-, 도의-, 도이-' 등의 형태가 생성되는 이유를 설명할 수 없게 되며, 따라서 '드ᄫᅵ-'의 변화 과정을 충분히 설명할 수 없게 된다. 사실 '도외-, 도의-, 도이-' 등의 형태들이 2음절로 유지된다는 사실은 '드외-'가 곧바로 '되-'로 바뀐 것이 아니라는 사실을 말해준다. 또한 '드외-'에서 이 형태들이 변한 것이라고 할 때, 이 형태들의 제1음절이 '도'로 나타난다는 사실은 '드외-'에서 '·'가 hiatus를 피하기 위해 탈락된 것이 아니었음을 말해주는 것으로 판단된다. 그러므로 적어도 '도외-, 도의-, 도이-' 등의 음운연쇄는 'ᄫ'의 변화를 'β>w'로 설명하는 기존의 주장보다는 'ᄫ'이 후행하는 모음을 원순모음화시킨 다음 [ɦ]로 약화되어 탈락했다는 김주필(1999)의 주장이 보다 설득력이 있음을 보여준다.

김주필(1999)에 따르면 '드ᄫᅵ-'의 제2음절은 'ᄫ'이 '·'를 원순모음화시키고 'ᄫ'이 약화된 'ㅇ'이 자음의 기능을 수행하기 때문에 '도외-, 도의-, 도이-' 등의 형태가 하나의 음절로 축약되지 않고 두 음절로 나타난다고 그 이유를 설명할 수 있다. 또한 '도외-, 도의-, 도이-' 등의 제1음절이 '도'로 나타나고 '드외-'의 변화 형태가 2음절로 유지된다는 사실도 음운규칙을 적용하여 이 형태들을 도출할 수 있기 때문에 '드외-'에서 이 형태들이 어떻게 생성될 수 있었는가를 자연스럽게 설명할 수 있다. 제1음절 '도'는 제2음절 모음 'ㅗ'의 [원순성]에 제1음절의 '·'가 영향을 받아 역행의 방향으로 [원순성]의 동화현상이 일어났다고 할 수 있으며,[11] 같은 맥락에서 제1음절의 '·'가 'ㅗ'로 바뀌고도 제2음절의 모음이 '오, 의, 이' 등으로 유지되는 이유도 설명할 수 있기 때문이다.

---

11) 이러한 [원순성]의 동화현상은 15·6세기의 교체기에 나타나는 일반적인 현상이다(최전승, 1975).

‘ㆍ’가 ‘ㅗ’의 [원순성]에 영향을 받아 ‘ㅗ’가 되었다면 동화주와 피동화음 사이에 개재하는 ‘ㅇ’의 성격도 자연스럽게 추정할 수 있다. ‘ᄃ외-’의 두 모음 사이에 개재하는 ‘ㅇ’이 음가가 없다면 ‘ᄃ외-’는 두 모음의 연쇄로 형성되는 hiatus 현상을 피하기 위해 약모음인 ‘ㆍ’가 탈락하여 ‘되-’가 되었을 것이다. 그러나 ‘ᄃ외-’의 ‘ㆍ’가 탈락되지 않고 ‘ㅗ’의 [원순성]에 영향을 받아 원순모음이 되었다는 것은 ‘ㆍ’와 ‘ㅗ’ 사이에 hiatus가 형성된 것이 아니었음을 말해준다. 이와 같이 ‘ᄃ외-’의 두 모음이 hiatus를 형성하지 않았다면 그 이유는 두 모음 사이에 개재하는 ‘ㅇ’에서 찾을 수밖에 없다. 이러한 관점에서 ‘ᄃ뵈-’의 ‘ㅸ’[β]가 약화되어 ‘ㅇ’[ɦ]로 변화한다는 김주필(1999)의 논의를 받아들이면, ‘도외-, 도의-, 도이-’ 등이 두 음절을 그대로 유지하면서 제1음절 ‘도’가 후행하는 ‘ㅗ’의 [원순성]에 영향을 받아 만들어진 것을 자연스럽게 설명할 수 있다.

‘ᄃ외-’가 ‘ᄃ뵈-’에 음운규칙이 적용되어 만들어지고, ‘도외-’가 ‘ᄃ외-’에 음운규칙이 적용되어 만들어진 것과 같이, ‘도이-’도 ‘도외-’에 음운규칙이 적용되어 만들어진 것으로 설명할 수 있다. ‘ᄃ외-’에 원순모음화 현상이 일어나 만들어진 ‘도외-’의 두 모음이 [원순성]을 갖는 ‘ㅗ’의 연쇄로 되어 제2음절 ‘ㅗ’의 [원순성]이 잉여적인 자질로 약화되었을 것으로 추정된다. 이에 두 원순모음의 연쇄에서 잉여적인 제2음절 ‘ㅗ’의 [원순성]이 탈락되어 ‘도외-’가 ‘도이-’로 되었다고 설명할 수 있다.12) ‘도의-’는 ‘도이-’에 ‘ㆍ’가 ‘ㅡ’로 교체되어 만들어진 것으로 설명할 수 있다. 비어두음절의 ‘ㆍ’가 ‘ㅡ’로 교체되는 현상은 이미 15세기에도 나타났던 현상으로서, 16세기 초기에는 이 규칙이 상당히 널리 확산되어 있었다고 볼 수 있기 때문이다.

---

12) 15세기 후기와 16세기에는 [원순성] 자질을 갖는 모음의 연쇄에서 이러한 비원순모음화를 보여주는 현상이 있었다(최전승, 1975).

나아가 '도이-' 형태보다 '도의-' 형태가 16세기 문헌에 더 많이 나타나는 것은 'ㆍ'가 비어두음절에서 'ㅡ'로 되는 음운규칙이 그만큼 널리 적용되고 있었기 때문이라고 할 수 있다.

16세기 초기에 '도y-'와 '되-'는 음성 실현의 측면에서 크게 다른 형태는 아니었던 것으로 간주된다. '도y-'는 '도' 다음의 'ㅣ'가 후행하는 음절에서 실현되는 형태로서, [toy]로 실현되었을 것으로 추정되는 '되-'와 비교하면 y가 실현되는 음절에서 차이를 보일 뿐이기 때문이다. '도y-'나 '되-'는 '도의-' 또는 '도이-'에서 'ㆍ'나 'ㅡ'가 탈락되어 만들어진 형태로 이해할 수도 있고, '도외-'에서 제2음절의 'ㅗ'가 탈락되어 만들어진 형태로 이해할 수도 있다. 전자의 경우라면 'ㅇ'의 [ɦ]가 사라진 이후에 만들어진 'ㅗ'가 'ㆍ'나 'ㅡ'와 hiatus 현상을 일으키게 되어 약모음인 'ㆍ'나 'ㅡ'가 탈락되어 '도y-'가 되었다고 할 수 있다. 후자의 경우라면 'ㅇ'의 [ɦ]이 사라진 이후 'ㅗ'와 'ㅚ'의 'ㅗ' 중 어느 한 모음이 탈락되어 '도y-'가 되었다고 할 수 있다. '되-'는 제2음절의 '이'나 '의', 또는 '외'에서 'ㆍ'나 'ㅡ' 또는 'ㅗ'가 탈락된 후 남게 되는 y가 선행하는 '도'와 하나의 음절을 형성하면 '되-'가 되고, 후행하는 모음어미와 하나의 음절을 형성하면 '도y-'가 되는 것이다.

이상의 논의를 토대로 하면, '두뷔-'의 변화 형태들은 다음과 같이 정리할 수 있다.

(5) '두뷔-'의 변화 형태와 음운규칙

    15C중기   두뷔->두외-(규칙1, 규칙2)

    15C후기   두외->도외-(규칙3)

    16C초기   두외-~도외->도이-(규칙4)

                  도이->도의-(규칙5)

                  두외-~도외-~도이-~도의-13)>도y-~되-(규칙6, 규칙7)

도y->되-(규칙8)

   (6) 형태 변화에 적용된 음운규칙

     ① 규칙1 : '병'의 [순음성]에 의한 '·, ㅡ'의 [원순성] 동화

     ② 규칙2 : '병'과 'ㅗ'([순음성]-[원순성]) 연쇄에서 잉여적인 '병'의 [순음성] 탈락(='β>[ɦ]')

     ③ 규칙3 : 제2음절 'ㅗ'의 [원순성]에 의한 제1음절 '·, ㅡ'의 [원순성] 동화

     ④ 규칙4 : [원순성]-[원순성] 연쇄에서 잉여적인 제2음절 'ㅗ'의 [원순성] 탈락

     ⑤ 규칙5 : 비어두음절에서 '·'를 ㅡ로 교체(='·>ㅡ' 변화)

     ⑥ 규칙6 : 모음 사이의 [ɦ] 탈락

     ⑦ 규칙7 : 모음 연쇄에서 '·, ㅡ, ㅗ' 탈락

     ⑧ 규칙8 : 음절 축약

'드뷔-'는 2장의 검토에서와 같이 앞의 도표(4)와 같이 나타났으며, 도표(4)에서 새로 생긴 변화 형태는 (5)와 같은 순서로 (6)의 규칙들이 적용되어 만들어졌다고 할 수 있다. 이러한 '드뷔-'의 형태 변화는 어휘사에서는 형태 변화로, 음운사에서는 음소 변화로 간주되지만, 어휘의 형태 변화나 음소 변화는 어휘 형태에 적용되는 음운규칙의 생성과 확산에 의해 일어나므로 별개의 현상이 아닌 것이다. 그러므로 여기에서는 앞에서의 논의 과정에서 드러난 어휘 형태의 변화와 음운규칙의 관계에 대하여 살펴보기로 한다.

먼저 지적할 수 있는 것은, 『용비어천가』의 '드뷔-'에서 변화한 '드외-,

---

13) '되다'가 반드시 '도의-'에서 만들어졌다고 할 수는 없다. '도의-'에서 'ㅗ'와 '·l' 사이에 hiatus 현상이 일어나 '·'가 탈락되었다고 할 수도 있고, '도외-'에서 'ㅗ'와 'ㅚ' 사이에 동일모음 'ㅗ' 탈락 현상이 일어난 것으로 볼 수도 있다. 여기에서는 편의상 '도의-'에서 순차적으로 만들어진 경우만 제시하기로 한다.

도외-, 도의-, 도의-, 도y-, 되-' 등의 변화 형태들은, 이 형태를 만드는
데에 필요한 기저형과 변화 형태들을 도출하는 데에 필요한 음운규칙을
확인할 수 있다면 '드븨-'의 변화 형태로 간주되어야 한다는 것이다. 다시
말해 15·6세기 문헌에 보이는 '드븨-'의 변화 형태들은 기존의 어떤 형태
에 음운규칙이 적용되어 만들어진 형태들이라는 추정이 가능할 때, 이 형
태들을 도출하는 데에 필요한 기저형과 음운규칙이 당시의 문헌에서 확인
된다면, 확인된 기저형에 당시에 적용되던 음운규칙을 적용하여 만들어진
이 형태들은 당시에 사용된 어휘로 간주되어야 한다는 것이다. 예를 들어
어떤 시기에 또는 그 이전 시기의 문헌에 '드외-'가 확인되고, '드외-'에 적
용하여 '도외-'를 도출할 수 있는 [원순성]의 동화 규칙이 확인된다면, '도
외-'도 당시에 사용된 형태라고 인정하여 '드븨-'의 변화 형태로 인정하는
것이 타당하다고 생각된다. 이러한 관점에서 15·6세기에 보이는 '드븨-'
의 변화 형태들은 모두 당시에 사용된 어휘로 인정될 수 있다.

'드븨-'의 변화형들이 다양하고, 시간의 흐름에 따라 몇몇 형태들이 공
존한다는 점에서, 새 형태가 나타났다고 하여 기존의 형태가 곧 바로 사라
진다고 볼 수는 없는 것이다. 『월인석보』와 같은 15세기 중기 문헌에 '드
외-'가 나타나지만, '드븨-'도 13회나 나타났으며, 『법화경언해』에 '도외-'
가 새로 나타났지만, '드외-'도 13회나 나타났다. 『내훈』에 이르러 '도y-'가
새로 나타났지만, '도외-'도 나타났으며, 전체적으로는 '드외-'가 널리 사용
되었다. 『속삼강행실도』에 '되-'가 새로 나타났지만, '드외-, 도외-, 도y-'
도 나타났던 것이다.14) 새 형태가 기존의 형태에 음운규칙이 적용되어 만

---

14) 『번역소학』에는 '드븨-'를 제외하면 어느 한 형태가 압도적인 우위를 보이지도 못한다고
    할 정도로 다양하게 나타났다. 1569년에 초간된 『칠대만법』에서는 '드외-'가 12회, '도
    외-'가 1회 나타나 15세기 후기의 『법화경언해』나 『내훈』과 유사한 상태를 보여준다.

들어졌다고 할 때, 구형태가 신형태로 변화하는 과정에서 신구 양 형태가 공존하는 이유는, 새로운 음운규칙의 적용으로 만들어져 활성화된다고 하더라도 기존의 형태를 생성하는 규칙도 일정 기간 존속되었기 때문이라고 할 수 있다.

기존의 형태에 음운규칙이 적용되어 만들어진 새 형태가 기존의 형태와 공존하게 되면, 그것은 기존 형태와 의미의 차이는 없으면서도 동일한 환경에서 자유변이 관계에 놓이게 된다. 그리하여 새 형태들은 기존의 형태와 의미에 차이가 없고 형태도 유사할 뿐 아니라 상호 자유롭게 교체하여 사용할 수 있다는 점에서 기존의 형태와 이형태 관계에 놓이게 된다. 그러나 새 형태는 기존의 형태에 음운규칙이 적용되어 만들어졌기 때문에 기존의 형태와 대비하여 음운론적으로 조건화된 이형태 관계에 놓이지만, 배타적인 관계에 놓이는 것은 아니었다. 음운변화를 주도하는 음운규칙은 기존의 형태에 필연적으로 적용된 것이 아니라 화자들의 선택에 의해 수의적으로 적용되어 기존 형태와 함께 공존하기에 이르렀기 때문이다. 그러므로 음운변화 과정에서 생기는 이와 같은 기존의 형태와 새 형태의 관계는 일반적인 형태소 설정 기준으로 설명할 수 없는 새로운 유형의 이형태 관계를 형성한다. 이러한 형태들의 관계를 본 연구에서는 '역사적인 변이관계'라 하고 기존의 형태에 대해 새 형태를 '역사적인 변이형 또는 역사적인 변이형태'라 하기로 한다.

음운규칙에 의해 조건화된 역사적인 이형태는 음운변화를 지배하는 음운규칙에 의해 생성된 이형태라는 점에서 음운변화의 과정에 나타난다. 그러므로 이 음운변화의 과정에서 음운규칙에 의해 조건화된 역사적인 이형태는 이전의 형태에 새로운 음운규칙이 적용되어 생성된 새로운 이형태라 할 수 있다. 그러므로 어떤 형태소에 음운규칙에 의해 조건화된 역사적인 변이형이 생겨났다는 사실은 새로운 음운규칙이 만들어져 해당 조건에 맞는 어휘에 적용되었음을 의미한다. 새로운 음운규칙이 기존의 형태에 적용되어 새 형태들이 생성되었다는 점에서 이 새 형태는 언젠가 다른 음운규칙의 입력부가 될 가능성도 있다. 새로 만들어진 이 형태가 다른 음운규칙의 입력부가 된다면 새로운 표면형이 만들어져 형태에 변화를 가져오게 되는 것이다.

지금까지 검토한 '드비-'의 다양한 역사적 변이형이 시간의 흐름에 따라 달리 나타난다는 사실은 각각의 형태를 만드는 데에 적용된 음운규칙이 시간의 흐름에 따라 변화해 감을 의미한다고 할 수 있다. 어떠한 형태소의 역사적 변이형이 생겼다는 것은 그 변이형을 만드는 음운규칙이 적용되기 시작되었음을 의미하며, 그 변이형이 확산되어 간다는 것은 해당 음운규칙이 보다 활성화되어 보다 생산적으로 적용되어 간다는 것을 의미한다. 또한 여러 개의 변이형들이 함께 사용된다는 것은 그러한 변이형들을 만드는 각각의 음운규칙이 공존함을 의미하며, 어떤 변이형이 사용되지 않게 되었다는 것은 그 변이형을 만드는 데에 활용된 음운규칙이 사라져 갔음을 의미한다. 그러므로 어떤 문헌에 사용되는 역사적 이형태들이 보여주는 빈도의 차이는 곧 해당 이형태를 만드는 음운규칙의 활성화 정도를 반영하는 것으로 생각된다. 다시 말해 여러 이형태들 가운데 특정의 이형태로 단일화되는 경향을 보인다면, 그것은 곧 변이형들을 만드는 데에 활용된 여러 음운규칙 가운데 어느 한 음운규칙만 활성화되어 남고 다른 음운규칙은 잠재화되거나 화자의 기억 속에서 사라져 감을 의미한다고 할 수 있다.

이러한 관점에서 '드비-'의 변화가 보여주는 바와 같은 음운규칙으로 설명할 수 있는 형태의 변화는 곧 음운규칙의 변화를 말하며, 다양한 역사적

이형태의 공존은 그 다양한 이형태를 만드는 데에 필요한 다양한 음운규칙의 공존을 의미한다. 그러므로 다양한 음운규칙의 공존을 의미하는 다양한 형태들의 공존은 어떤 어휘에 적용되는 새로운 음운규칙이 생겼다고 하더라도 그 음운규칙이 해당 어휘에 동시에 적용되는 것은 아니며, 나아가 그 음운규칙의 조건을 만족시키는 모든 어휘에 동시에 적용되는 것도 아니라는 사실을 말해준다. 그리고 공존하는 여러 형태들이 시간의 흐름에 따라 출현하는 빈도가 달라지는 것은 곧 해당 형태를 도출하는 데에 필요한 음운규칙이 그만큼 많이 적용되었음을 의미한다. 또한 어떤 문헌에 여러 형태가 공존하면서도 어느 한 형태의 출현 빈도가 다른 형태들보다 월등하게 높게 나타난다면 그것은 그 형태를 도출하는 데에 필요한 음운규칙이 다른 음운규칙보다 활성화되어 널리 적용되고 있었음을 말해준다. 이러한 관점에서 새로운 음운규칙이 화자에게 생겼다 할지라도 그 음운규칙은 해당 조건을 갖춘 일부의 환경에서 수의적으로 적용되기 시작하여 점차 그 규칙이 적용되는 음운론적 환경을 확장해 나가면서, 해당 규칙은 점차 같은 환경에 있는 다른 어휘에도 확대적용되어 그 규칙이 적용된 형태의 사용 빈도가 높아진다면 그 음운규칙은 어휘적으로 확산되어 나타나게 된다고 할 수 있다.

4. 마무리

이상에서 '드빅-'의 변화 형태와 음운규칙의 관계에 대하여 구체적으로 살펴보았다. 이를 간단하게 정리하고 앞으로의 과제에 대하여 제시하면서 본고를 마무리하기로 한다.

2장에서는 15세기 중기 문헌에서 17·8세기 문헌에 이르기까지 '드빕-'의 변화 형태와 빈도를 확인하였다. 그 결과 15세기 중기에는 '드빕-'와 '드외-', 15세기 후기에는 '드외-'와 '도외-', 16세기 초·중기에는 '드외-', '도외-', '도의-', '도익-', '도y-', '되-' 등이 공존하다가, 16세기 후기에 이르면 '되-'로 단일화되는 것으로 나타났다. 그러므로 15·6세기의 문헌에서 '드빕-'의 변화 형태들은 변화의 과정이 다른 몇몇 형태로 공존하면서 시간의 흐름에 따라 사용 빈도에 차이를 보이며 점차 '되-'로 단일화되어 간 것으로 확인하였다.

3장에서는 새로 만들어진 '드빕-'의 변화 형태들은 그 이전 시기의 형태에 음운규칙이 적용되어 만들어진 것으로 파악하고, 그 형태를 도출할 수 있는 기저 형태와 음운규칙이 확인되면 해당 형태는 당시에 실제로 사용된 어휘로 간주해야 한다고 주장하였다. 또한 새 형태들이 이전 시기의 형태들과 공존하는 사실에 주목하고, 공존하는 변화 형태들이 보여주는 교체 관계, 형태상의 유사성, 의미와 분포 특성 등을 고려하여 이 형태들을 음운변화의 과정에 나타나는 '역사적인 이형태'라 명명하였다.

음운변화의 과정에 나타나는 이 역사적인 이형태들은 이전 시기의 형태가, 그 형태에 음운규칙이 적용되어 만들어진 새 형태가 나타난 뒤에도 여전히 함께 사용됨으로써 나타나게 되는 것으로 파악하였다. 이러한 특성은 이전의 형태를 만드는 데에 적용되는 음운규칙과 새 형태를 만드는 데에 적용된 음운규칙이 공존하고 있었음을 보여주는 것으로 이해하여 음운변화의 과정을 이해하기 위해서는 이러한 역사적인 이형태에 주목할 필요가 있음을 논의하였다. 이러한 관점에서 '드빕-'의 형태들의 변화 과정은 곧 그 형태를 만드는 데에 필요한 음운규칙의 변화 과정으로 이해하였다.

그리하여 역사적 변이형들이 시간의 흐름에 따라 달리 나타난다는 사실은 각각의 형태를 만드는 데에 적용된 음운규칙이 시간의 흐름에 따라 변화해 감을 의미하는 것으로 파악하였다.

　앞으로의 연구에서는 어떤 어휘 형태의 변화가 언제나 그 변화를 주도하는 음운규칙의 변화를 반영하는지 보다 많은 사례를 통하여 검토되고 논의해야 할 것이다. 어떤 음운규칙이 어휘에 적용될 때에는 한 어휘에도 시간의 차이를 가지기도 하며, 동일 환경에 있는 다른 어휘들에 적용되는 시기에도 차이가 나기 때문이다. 구개음화의 경우 『중간노걸대언해』(1795) 에서는 거의 100%에 가까운 확산 비율을 보이지만 20세기 초기의 문헌에도 구개음화 규칙이 적용되지 않은 소수의 예들이 발견되며, 원순모음화의 경우 동일한 원순모음화의 환경에 있으면서도 명사와 동사 어간에 있어서 그 적용에 차이를 보인다는 점에서 어휘 형태와 음운규칙의 관계를 밝히기 위해서는 보다 심도 있는 논의가 이루어져야 할 것이다. 또한 '드뷔-'와 같은 개별 어휘의 변화에 여러 음운규칙이 적용되는 과정과 함께 구개음화, 원순모음화, 'ㆍ'의 변화 등과 같은 개별 음운규칙이 여러 어휘에 적용되는 과정에 대한 연구도 병행되어야 할 것이다. 국어의 음운변화는 어휘 형태의 변화에 적용되는 음운규칙의 변화만이 아니라 여러 음운규칙의 변화가 개별 어휘들에 적용되는 특성도 검토되어 국어 음운변화의 특성을 다양한 각도에서 총체적으로 이해할 수 있을 때 그 기제가 밝혀질 수 있을 것으로 생각되기 때문이다.

제2부

근 대 국 어

① 음운변화와 표기의 대응관계*

1. 문제의 제기

흔히 근대국어 표기의 특징으로 혼기를 든다. 그 혼기는, 15세기 이후 국어의 여러 층위에서 변화가 일어났음에도 문자체계나 표기법이 그러한 변화를 따르지 못한 데에 원인이 있는 것으로 간주되어 왔다. 그러나 이러한 접근 태도에는 음운사적인 관점에서 몇 가지 문제가 제기된다.[1]

첫째, 근대국어 표기의 한 특징으로 거론되는 혼기는 근대국어 표기에 대한 구체적인 접근의 결과 도출된 결론이 아니라는 점이다. 근대국어 시기는 중세국어에서 현대국어로 넘어오는 과도기라는 인식으로 인하여 혼기가 지나치게 강조된 감이 없지 않은 것이다. 둘째, 혼기 현상의 원인을 표기의 보수성에서 찾으면서도 정작 표기의 보수성에 대한 구체적인 개념

---

* 이 글은 같은 제목으로 『국어학』 32(국어학회, 1998 : 49~76)에 수록되었다.
1) 국어사 자료에 혼기가 나타나게 된 원인이 음운변화에만 있는 것은 아니다. 표기, 음성, 음운, 형태, 통사, 의미, 방언 등의 여러 방면에서 원인을 찾을 수 있을 것이다. 이러한 여러 원인들 중에서 보다 중요한 원인은 음운변화와 관련되는 표기, 음성, 음운의 상호 관계의 변화에 있는 것으로 생각된다.

이 설정되지 않았다는 점이다. 표기의 보수성은 음운변화 과정을 언급하지 않고서는 개념이 규정되기 어려움에도, 음운변화에 대한 연구가 선행되지 않은 상황에서 이 술어를 적용시켜 왔던 것이다. 셋째, 혼기라는 술어는 음운론자들이 이끌어 낸 것이면서도 결과적으로는 음운론적 접근이 차단되는 장치가 되었다는 점이다. 표기 : 음성이 1 : 2의 대응관계에 있든 2 : 1의 대응관계에 있든 1 : 1 대응관계를 가지지 않는다면 모두 혼기라고 함으로써 관심의 초점을 문자론적인(또는 표기사적인) 데로 돌려 버리게 되는 결과를 가져온 것이다.

이러한 맥락에서 근래의 논의에서는 다양한 표기들의 현실음을 추정하면서 혼기의 부류에 속하는 표기들을 유형화하고, 각 유형의 특징을 근대국어의 음운현상과 관련짓고자 하는 노력을 보이고 있다. 이러한 노력들은 음운변화와 표기의 대응관계에 접근하는 기틀이 되는 작업으로서, 근대국어의 음운론적 연구의 기반을 마련하는 작업이라고 할 수 있다. 그러나 이러한 작업 역시 아직은 개별 음운현상 중심으로 이루어지고 있어 음운변화와 표기의 대응관계에 대한 일반화된 틀을 마련하지는 못하고 있는 실정이다.

이에 이 글에서는 기존의 음운론적 연구 성과를 바탕으로 음운변화와 표기의 대응관계를 음운사적인 관점에서 검토하고자 한다. 구체적으로 말하면 음운변화의 대표적인 두 현상이라 할 수 있는 ㄷ구개음화와 'ㆍ'의 변화를 중심으로 다양한 표기와 음성형의 대응관계를 음운변화의 진행과정에 따라 검토하고 그 과정에서 추출되는 여러 유형의 혼기들이 음운사 연구에서 갖는 의미를 논의하고자 한다.

2. 음운변화 과정에서의 표기 유형과 음성형

2.1. ㄷ구개음화와 관련되는 표기 유형과 음성형

ㄷ구개음화와 관련되는 표기는 문헌에 다음 4가지 유형으로 나뉜다.『오
륜전비언해』(1721)에서 추출한 자료를 유형별로 제시하기로 한다.

> (1) ㄱ. 'ㄷ'을 'ㄷ'으로 표기한 경우 : 엇디(一 22b), 잡디 말고(二 44b), 뎌
> (三 6b), 됴커니와(五 16b), 놈을 티라(五 23a)
> ㄴ. 'ㄷ'을 'ㅈ'으로 표기한 경우 : 져기(五 16b), 혓긋치(一 25b), 쓴허
> 지디(四 21b), 옴기지(七 6b), 흔들과쟈(八 13b)
> ㄷ. 'ㅈ'을 'ㄷ'으로 표기한 경우 : 가디면(一 23a), 딤(一 56b), 맛티디
> (三 8b), 肥已코뎌(五 20b), 안티라(七 14b), 듕(一 9b)
> ㄹ. 'ㅈ'을 'ㅈ'으로 표기한 경우 : 집(二 28a), 가지가지(四 9a), 혼짐(四
> 35a), 짓궤ᄂ뇨(五 21a), 致仕코져(八 36a)

(1ㄱ)은 i나 y앞의 'ㄷ'을 'ㄷ'으로 표기한 유형이다. (1ㄴ)은 ㄷ구개음화
가 적용된 유형이다. 이 유형의 표기에는 구개음화된 음성형이 반영되었
다는 데에 이견이 없다. (1ㄷ)은 ㄷ구개음화에 대한 과도교정의 표기 유
형이다. (1ㄹ)은 원래의 'ㅈ'을 'ㅈ'으로 표기한 것으로서 당연히 표기에 음
성형이 반영된 유형이다. 위의 이들 4유형에서 문제가 되는 유형은 (1ㄱ)
과 (1ㄷ)이다.

유형(1ㄱ)은 구개음화의 진행 상태에 따라 음성형이 반영된 것으로 추
정할 수도 있고, 음성형이 반영되지 않은 것으로 추정할 수도 있다. 기존
의 연구에서는 대체로 구개음화가 보이기 시작되는 시기의 (1ㄱ)은 표기
와 음성이 같았지만 구개음화가 상당히 확산된 이후에는 구개음화된 음성

형이 표기에 반영되지 않은 보수적인 표기로 간주해 왔다. 그러나 주로 근대국어 시기에 확산되는 구개음화의 통시적인 과정에서는 그렇게 단정하기에 어려운 점이 있다.2)

먼저 구개음화의 발생 초기에 있어서 (1ㄱ)에 대한 태도는 표기에 음성형이 반영되었다는 주장과 그렇지 않았다는 주장으로 나누어 생각해 볼 수 있다. 구개음화의 발생 초기에 (1ㄱ)의 표기와 음성형이 대응되지 않는다고 간주한다면, 즉 「디」가 [지]의 표기라면3) 그것은 구개음화가 일시에 일어나는 것으로 간주하는 관점에 서게 된다. 표기가 보수적인 특성을 가지기 때문에, 음운변화는 일어났지만 표기에 음성형이 반영되지 못했다는 것이다. 이와 달리 구개음화의 발생 초기에 보이는 (1ㄱ)이 음성을 그대로 반영한 표기라고 한다면, 그것은 구개음화가 점진적으로 일어난다고 보는 관점에서 가능하다.

두 관점 가운데 전자의 관점은 표기를 통하여 음운사를 연구하는 것이 거의 불가능하게 된다. 이 관점에서는 규칙이 일시에 일어나지만 표기에 음성형이 반영되지 못한 경우가 대부분이기 때문이다. 그러나 국어사 자료의 역사적 변화나 방언의 공시태를 생각하면 이러한 관점은 받아들이기 어렵다. 국어사 문헌에서 음운변화를 반영한 표기가 후대로 올수록 일정한 경향을 보이며 확산되는 모습을 보이기 때문이다. 또한 어떤 공시적인 시기의 언어 상태도 모두 변화의 과정에 있으며 그러한 변화의 과정에서 방언차가 생긴다는 통시적인 관점도 전자에 동조할 수 없도록 한다. 이러

---

2) 기존의 연구에서는, (1ㄱ)의 표기 유형을 구개음화가 진행되는 전 과정에서 논의한 경우를 찾아보기 어렵다. 그것은 "구개음화가 일어나는"이라는 말을 사용하면서 "일어나는"에 해당되는 시기나 음운변화의 조건을 함께 언급하지 않았기 때문이다.
3) 이 글에서 표기는 「 」로, 음성형은 [ ]로 구별하기로 한다. 그러나 표기와 음성이 문제되지 않거나 특별히 구별할 필요가 없을 때에는 표시를 하지 않을 것이다.

한 점들은 오히려 음운변화가 점진적으로 일어난다고 보는 후자의 관점을 지지해 준다.

그러나 후자의 관점에 선다고 할 때에도 표기와 음운변화의 대응관계에 접근하는 것은 쉬운 문제가 아니다. (1ㄱ)에 대한 음성형의 추정 작업은 구개음화가 진전될수록 어려움에 부딪히게 되는 것이다. 즉 구개음화의 발생 초기에 보이는 유형(1ㄱ)이 [디]를 반영한 것이라면, 구개음화가 진행되는 시기에 보이는 (1ㄱ)의 음성형이 [디]인지 [지]인지를 판별하는 것이 어려워진다. 왜냐하면 구개음화가 완성되고 난 이후의 「디」는 [지]일 것이므로, 구개음화의 발생부터 완성 시기까지의 「디」가 어느 시기까지 [디]이고 어느 시기부터 [지]인지 표기만으로 알 수 없기 때문이다. 사실 음운변화의 추이를 고려하면서 표기와 음성형의 대응관계에 접근하고자 할 때 제기되는 문제는 음운변화가 일어나고 있는 시기의 표기와 음성형의 대응관계에 대한 추정 작업인 것이다.

구개음화가 발생하여 점차 확산되고 마침내 완성되기에 이른다고 할 때, 확산되는 과정에 있는 시기와 완성된 시기를 어떻게 추정하며, 그 시기에 표기와 음성의 대응관계는 어떻게 해석되어야 하는가가 문제된다. 구개음화가 생산적으로 되었다는 것이 무엇을 의미하는지 분명하게 정의할 수 없고, 따라서 어느 시기에서부터 표기 「디」가 [지]로 실현되었는지 분명히 말할 수 없기 때문이다. 그러므로 점진적인 음운변화의 관점에서는 구개음화가 발생하고 난 이후의 표기 「디」의 음성실현형을 추정하기 어렵게 되는 것이다. 이것이 근대국어의 표기상의 특징을 '혼란'으로 간주하게 된 장본이 아니었나 생각된다.

그러면 이제 「디」가 언제부터 [지]로만 실현되기에 이르게 되었으며 그것은 어떻게 알 수 있는가 하는 문제가 제기된다. 다시 말하면 구개음화가 어떻게 확산되며 그 완성 시기는 언제인가 하는 문제가 제기되는 것이다. 그러나 구개음화, 나아가 어떤 음운변화의 완성시기를 해당 표기만 가지고 찾아낸다는 것은 거의 불가능하다.

그런데 다행히도 구개음화의 완성 시기 추정에 과도교정의 표기, 즉 유형(1ㄷ)이 중요한 시사를 해 준다고 생각된다.4) 왜냐하면 과도교정이 구개음화에 대한 거부 의식에서 일어난 현상이라면, 구개음화와 과도교정은 구개음화의 진행 과정에 따라 상대적인 모습을 보일 것이기 때문이다. 즉 구개음화가 일어나기 시작하는 시기라면 과도교정이 많이 생길 수 있겠지만, 구개음화가 확산되면 확산될수록 과도교정은 줄어들 것으로 생각되는 것이다. 그렇다면 구개음화의 완성 시기에는 과도교정은 현저하게 줄어들거나 거의 나타나지 않게 되리라고 추정할 수 있다. 실제로 18세기 후기나 19세기 초기의 자료에 과도교정의 표기는 거의 나타나지 않을 뿐 아니라,5) 과도교정이 거의 보이지 않는 시기에는 「디」의 거의 대부분이 「지」로 표기되어 나타난다는 사실은 이러한 추정을 뒷받침해 준다.

한동안 (1ㄷ)에서의 과도교정은 음성적인 층위에서 일어난 것이 아니라

---

4) 일본 요코하마에서 간행된 『Grammaire Coréene』(1881)에 다음과 같은 표기와 음성형에 대한 설명이 제시되어 있어 늦어도 19세기 후기에는 「디」가 [지]로 실현되었음을 알 수 있다.

Devant i et les voyelles ou diphthongues dans lesquelles l'i entre comme élément, le ㄷ t prend un son écrasé qui a quelque ressemblance avec tch. Ainsi 됴타 tio-tha, être bon, se prononce presque TCHO-tha.

이 기술은 유형(1ㄱ)의 표기가 1881년 경에는 [지]로 실현되고 있었음을 알려준다. 그러므로 늦어도 이 시기 이전의 어느 시기에 「디」 는 [지]로 실현되기에 이르렀던 것으로 생각된다.

5) 이런 점에서 남부 방언을 반영한 자료에 보이는 과도교정형의 표기는 다른 관점에서 접근되어야 할 것으로 생각된다. 남부 방언을 반영한 문헌 중에는 19세기 후기에도 구개음화의 과도교정이 나타나는데 그러한 과도교정형의 출현에는 필자의 의식이나 과도교정의 적용층위와 관련되는 다른 별도의 이유가 있을 것으로 생각된다.

표기의 층위에서 일어난 것으로 간주되어 왔다. 그러나 근래의 연구에서 (1ㄷ)은 ㄷ구개음화에 대한 과도교정으로서 음성적 층위에서 일어났음이 지적되고 있으며, 그러한 주장은 상당한 설득력을 가지는 것으로 판단된다. 왜냐하면 ㄱ구개음화나 ㅎ구개음화의 경우에 과도교정 현상이 일어났는데, 그 과도교정은 음성층위에서 일어났기 때문이다.

ㄷ구개음화에 대한 과도교정이 실제의 음성형을 반영한 것이라는 근거는 현대 국어의 방언에서도 찾아볼 수 있다. 함경방언6)에서는 다음과 같이 ㄷ구개음화에 대한 과도교정형이 오늘날에도 사용되고 있는 것이다.7)

(2) 됴심[操心](<조심) : 경흥,회령   됴용하다(<죵용하다) : 회령
    덕다(<젹다) : 종성, 회령   뎡(<정, 정말) : 경흥, 종성, 회령
    듕(<즁) : 종성, 회령   뎡월(正月)(<정월) : 회령
    언텨살다(<언쳐살다) : 종성   티부[置簿](<치부) : 종성

이러한 자료를 근거로 하여 이 글에서는 중앙어에서의 ㄷ구개음화에 대한 과도교정도 음성형에서 이루어진 것으로 받아들이고자 한다. 그러므로 과도교정형의 표기인 유형(1ㄷ)이 실제 음성형을 반영한 것이라고 추정하고자 하는 것이다.

과도교정에 대한 우리의 주장과 유형(1ㄱ)에 대한 앞서의 논의를 종합하면, 구개음화의 진행시기에 보이는 「디」는 [디]로도 실현되고 [지]로도 실현되었으리라고8) 추정된다. 즉 유형(1ㄱ)의 표기 가운데 일부는 표기

---

6) 김태균 교수가 편저한 『함북방언사전』(1986)에서 추출한 것임.
7) 이 외에도 곽충구(1994)에서는 육진방언에서 이러한 과도교정형이 실제로 사용되고 있음을 논의하고 있으며, 푸찔로의 『로훈즈뎐』과 『Azbuka dlja Korejtsev』에서도 과도교정형을 찾아내어 원래의 어형과 과도교정형이 모두 실제로 발음되었다는 점을 논의하고 있다.

와 음성형이 일치하고 일부는 일치하지 않았으리라 생각된다. 그렇다면 이 기간에 보이는 「디」에 대해 더 이상 접근하기가 어려워진다. 적어도 이 시기에 있어서 「디」는 경우에 따라 [디]나 [지]로 실현되었다고 간주할 수밖에 없기 때문이다.

그러나 표기 「디」가 경우에 따라 [디]나 [지]로 실현될 수 있었다 하더라도, 중요한 것은 그것이 음운론적 접근을 완전히 차단하는 것은 아니라는 점이다. 오히려 이러한 혼기의 범위와 시기를 분명히 할 수만 있다면 음운변화에 대한 접근은 큰 어려움 없이 이루어질 수 있을 것으로 생각된다. 「디」가 구개음화의 진행 시기에 [디]나 [지]로 실현될 수 있다는 것은 바로 해당 환경에서 구개음화가 일어나고 있음을 보여주는 것이기 때문이다. 이러한 혼기는 표기 : 음성이 1 : 2의 대응관계를 보이기는 하지만, 그리하여 표기에 대한 음성형을 예측할 수는 없지만, 그 예측할 수 없는 이유를 음운변화와 관련지어 해석할 수 있기 때문에 음운론적으로 중요한 의미를 가진다고 할 수 있다.

2.2. 'ᆞ'의 변화에 있어서 표기 유형과 음성형

'ᆞ'의 제1단계 변화 시기에는 제2음절 이하의 'ᆞ'와 관련되는 표기도 다음과 같이 4가지 유형이 있다. 예들을 『노걸대언해』(상)(1670)에서 추출하여 제시한다.9)

---

8) 여기에서 「디」가 [디]로도 실현될 수도 있고 [지]로도 실현될 수도 있었다고 하는 것은 임의의 「디」가 자의적으로 [디]나 [지]로 될 수 있었다고 하는 것이 아니다. 단지 「디」로 표기된 예들 중 일부는 [디]로 실현되었으며, 일부는 [지]로 실현되었으나 어떤 「디」가 [디]로 실현되었고 어떤 「디」가 [지]로 실현되었는지를 예측할 수 없다는 뜻이다.

9) 'ᆞ' 표기 관련 예들을 형태소 경계와 형태소 내부로 나누는 것이 타당하다고 생각되나 여기서는 편의상 그러한 경계의 차이는 구분하지 않기로 한다.

(3) ㄱ. ‘·’를 ‘·’로 표기한 경우 : ᄀ래ᄂ니 잇ᄂ냐(6b), 쟉도논(17b), 다
　　　론 이(33b), ᄆ르니(54b), 갑술(57a)

　　ㄴ. ‘·’를 ‘ㅡ’로 표기한 경우 : 다믄(5), 싸흐라(19a), 아므란(23a), 밧
　　　븐(27a), 몰들을(52), 앏흐로(53b)

　　ㄷ. ‘ㅡ’를 ‘·’로 표기한 경우 : 서ᄅ(16a), 서눌흔 ᄃ(24b), 그릇(39a),
　　　번ᄃ시 (27a), 거룸이(11a)

　　ㄹ. ‘ㅡ’를 ‘ㅡ’로 표기한 경우 : 우믈이(32b), 너희(49a), 둘흐로 ᄒ야
　　　(50b), 허믈 말라(53a), 술을(56b)

　이들 표기 유형의 성격도 ㄷ구개음화의 경우와 동일하다. 물론 이들 표
기 유형과 음성형과의 대응관계도 동일하게 접근할 수 있다. 그러나 ‘·’의
변화과정이 ㄷ구개음화의 진행과정과 차이가 있으므로 표기와 음성형의
대응관계에 있어서도 차이가 있을 수 있다.

　(3ㄱ)은 이전 시기의 ‘·’를 ‘·’로 표기한 예들이다. 이들 예도 (1ㄱ)의
예들과 그 성격이 같다. (3ㄴ)은 ‘·’의 제1단계 변화를 보이는 표기형이므
로 표기대로 실현되었다고 할 수 있다. (3ㄷ)은 ‘·’의 제1단계 변화와는
반대 방향의 표기를 보이는 예들이다. (3ㄹ)은 이전 시기의 ‘ㅡ’를 ‘ㅡ’로
표기한 예들이다. 이 표기 유형은 음성적으로도 그대로 실현되었으리라
여겨진다. 여기에서도 표기와 음성형의 대응에 문제가 되는 것은 (3ㄱ)과
(3ㄷ)이다.

　(3ㄷ)부터 검토해 보기로 한다. (3ㄷ)은 ‘·>ㅡ’ 변화와 반대 방향의 표
기를 보이는 예들인데,10) 이러한 예들도 표기 그대로 실현되었던 것으로

---

10) 이 유형을 과도교정이라고 해야 할지는 좀 더 연구해 보아야 한다. 한영균(1990)에서
　　는 15·6세기 문헌 자료에서 이러한 예들을 추출하여, ‘·>ㅡ’ 변화의 역방향을 보여주
　　는 이러한 표기들이 ‘ㄴ, ㄹ, ㅅ, ㅎ’ 등의 구개 자음 다음에 일어난다(80면)는 특징을
　　근거로 과도교정과 다른 하나의 음운변화로 간주하고 있기 때문이다. 그러나 한영균
　　(1990)의 근거만으로는 ‘ㅡ’가 ‘·’로 되는 이 현상이, 모음조화의 약화로 인한 변화라는

간주된다. 이 유형의 예들이 실제의 음성형을 반영했으리라는 우리의 주장은 원순모음화 현상을 통하여 지지받을 수 있다.

원순모음화 현상은 선행하는 순자음이나 선후에 있는 원순모음의 영향을 받아 'ㆍ'나 'ㅡ'가 원순모음이 되는 현상이다. 원순성이 추가되면 'ㆍ'는 'ㅗ'로 되고, 'ㅡ'는 'ㅜ'로 된다.11) 다음의『번역노걸대』(16세기 초)에 보이는 원순모음화 현상들은, 'ㆍ'와 'ㅡ'에 따라 원순모음화의 결과가 달랐으며, 그러한 결과를 통하여 'ㆍ'와 'ㅡ'의 음성형을 추정할 수 있도록 해 준다.

(4) ㄱ. ᄆᆞᅀᆞ모로(상 6a), 우호로(상 10b)
    ㄴ. 지부로(상 44b), 우후로(상 9a), 앏푸로(상 10a)

(4)는 「ᄋᆞ로」가 원순모음화 현상을 일으켜 「오로」로 되었으며, 「으로」가 「우로」로 되었음을 보여준다. 그런데 (4)의 경우, 선행 명사의 마지막 모음으로 보아 「우호로」와 「앏푸로」는 'ㅡ'가 'ㆍ'로 된 현상과 'ㆍ'가 'ㅡ'로 된 현상을 상정해야 자연스럽게 원순모음화 현상이 설명된다. 즉 (4ㄱ)의

'ㆍ>ㅡ'와 동인이 다른 별개의 음운변화로 보기에는 불충분하지 않나 생각된다. 왜냐하면 이러한 변화가 일어나는 환경인 'ㄴ, ㄹ, ㅅ, ㅎ'이 'ㆍ'나 'ㅡ' 앞에서는 구개음이라는 자연부류로 묶일 수가 없으며, 한영균(1990)에서의 주장대로 이들 자음을 어떤 공통적인 음운자질을 갖는 자연부류로 묶는다 하더라도 그것이 'ㅡ'가 'ㆍ'로 바뀔 음성적 동인이 될 가능성은 적다고 생각되기 때문이다. 또한 구개음이라는 자연부류의 예외로 간주한 'ㄱ, ㅁ, ㅂ, ㅇ, ㅎ' 등도 한영균(1994 : 80)에 제시한 대로 분명한 예외로 보기에 어려운 점도 있다. 마지막으로 'ㆍ>ㅡ' 변화의 예보다 'ㅡ'가 'ㆍ'로 된 예가 많다는 통계상의 수치가 두 현상이 별개라는 주장의 근거로 삼기에는 부족하다고 생각된다. 본고에서는 'ㅡ'가 'ㆍ'로 된 예들이 'ㆍ>ㅡ'와 다른 음운변화라 하더라도 동일한 분절음의 입력부와 출력부만이 바뀐 이들 두 현상이 무관하지 않다고 생각하며, 'ㅡ'가 'ㆍ'로 표기되는 예들이 대부분 'ㆍ>ㅡ' 변화에 합류된다는 점을 중시하여 'ㅡ>ㆍ'를 일단 과도교정 현상으로 간주하고 논의를 진행하기로 한다.

11) 이러한 현상은 15세기 후기에 이미 보인다. 15세기의 예들에 대해서는 김주필(1993)과 석주연(1996)을 참조할 것.

「우호로」는 (4ㄴ)에 있는 예처럼 「우후로」로 되어야 당시의 모음조화 현상을 반영한 것이다. 그럼에도 「우호로」로 되었다는 것은 「으로」의 '一'가 '·'로 바뀌어 「ᄋ로」로 되고 거기에 원순성이 추가되어 「우호로」로 되었다고 해야 자연스러운 설명이 된다. 모음조화에 맞지 않는 「앏푸로」 역시 「ᄋ로」가 「으로」로 된 다음 원순모음화 현상이 일어나 「앏푸로」로 되었다고 보는 것이 자연스럽다. 그러므로 이 예들은 '一'가 '·'로 바뀐 표기나 '·'가 '一'로 바뀐 표기가 모두 음성형이 반영된 것임을 보여주는 자료라고 생각된다.12)

17세기의 다음 예들은 음성형이 표기에 반영되었음을 보여준다.

> (5) 너모더(태산 60b),13) 부도로(태산 63b), 그몸끠(노언 상 : 1b), 너모
> (노언 상 : 17b), 무롭도리로(박언 중 : 51a), 너모(박언 상 : 18b, 30b,
> 중 : 49b)

(5)의 예들도 원순모음화가 일어난 예들이다. 원순모음이나 순자음의 영향을 받아 '·'나 '一'에 원순성 w가 가해져 원순성을 갖게 된 예들인 것이다. 그런데 17세기 후반(1670년)에 원래의 '一'였던 것이 순자음 'ㅁ' 다음에서 'ㅗ'로 원순모음화되었음을 보여준다. 이것은 원래의 '一'가 '·'로 되었고 그 '·'에 원순성이 가해져 'ㅗ'로 바뀐 것으로 이해하지 않으면 설명이 어렵다. 그러므로 이 예들도 '一'에서 바뀐 '·'가 실제의 음성형임을 보여준다고 할 수 있다.

---

12) 한영균(1994 : 160~164)에서도 16세기의 자료에 보이는 '一'가 '·'로 표기된 예들이 실제의 음성형이 반영된 것이라는 주장을 6가지 유형으로 나누어 예를 제시하면서 구체적인 논의를 보이고 있다.

13) 「너모더(태산 60b)」와 함께 「너무더(태산 60b)」도 보이며, 「너모(노언 상 : 17b, 박언 상 : 18b)」와 함께 「너무(박언 상 : 15b)」도 보인다.

이제 (3ㄱ)이 문제로 남아 있다. 사실 'ㆍ'가 'ㅡ'로 바뀌는 현상을 보이는 시기에 있어서 'ㆍ'의 음가도 구개음화의 경우와 마찬가지라고 생각된다. 'ㆍ'로 표기된 예들은 대부분 'ㆍ'로 실현되었으리라 여겨진다. 그러나 일부의 경우 [ㅡ]로 실현되지만 'ㆍ'로 표기된 예들도 있었으리라 생각된다. 그렇다면 이러한 'ㆍ'의 표기는 혼기의 부류에 속한다. 왜냐하면 'ㆍ'가 [ㆍ]로도 실현될 수 있고 [ㅡ]로도 실현될 수 있었던 상황에서 어떤 것이 [ㆍ]로 실현되었고 [ㅡ]로 실현되었는지를 예측할 수 없기 때문이다. 이러한 혼기, 즉 하나의 표기가 둘 이상의 음성형으로 실현될 수 있는 상황에서 그 실현형을 예측할 수 없다면 그러한 표기를 가지고 음운사적 연구를 한다는 것은 거의 불가능하다. 그럼에도 불구하고 이러한 혼기는 'ㆍ'와 'ㅡ' 사이에 음운변화가 일어나고 있음을 말해주기 때문에 음운론적으로 중요한 의미를 가질 수 있다.

'ㆍ'의 제2단계 변화 시기의 'ㆍ'와 관련되는 표기 유형에 대해 논의하기로 한다.

(6) ㄱ. 'ㆍ'를 'ㆍ'로 표기한 경우 : 몰(노언 상 : 31b), 비화지라(노언 상 : 32a), ᄉ나희논(노언 상 : 33a), ᄀ장(노언 상 : 34a), 희(노언 상 : 35a)

ㄴ. 'ㆍ'를 'ㅏ'로 표기한 경우 : 술 차다(역어 上 : 59a), 가이(역어 下 : 15a), 해여ᄇ리고(노언 상 : 17a)

ㄷ. 'ㅏ'를 'ㆍ'로 표기한 경우 : ᄀ나희가(박언 上 : 49a), ᄲ이논(박언 中 : 46a)

ㄹ. 'ㅏ'를 'ㅏ'로 표기한 경우 : 다론(노언 상 : 33b), 나논(노언 상 : 34a), 알퍼(노언 상 : 36a), 다만(노언 상 : 37a)

(6ㄱ)의 이전 시기의 'ㆍ'를 'ㆍ'로 표기한 예들이다. 이 예들도 (1ㄱ)이

나 (3ㄱ)의 예들과 마찬가지 성격을 갖는 예들이다. (6ㄴ)은 [·]가 [ㅏ]로
바뀐 것을 표기에 반영한 것이다. 그러므로 이 유형의 표기는 '·'의 제2단
계 변화를 반영한 것으로 간주되어 온 표기 유형이다. (6ㄷ)은 '·'의 제2
단계 변화와는 반대 방향의 표기를 보여주는 유형이다. 이 예들 역시 (1
ㄷ)이나 (3ㄷ)과 성격이 같다. (6ㄹ)은 이전 시기의 'ㅏ'가 이 시기에도
'ㅏ'로 표기된 경우이다. (1ㄹ)이나 (3ㄹ)과 같이 음성형을 그대로 반영한
표기로 간주된다. 여기에서도 문제되는 것은 (6ㄱ)과 (6ㄷ)이다.

먼저 (6ㄷ)의 음성형부터 검토하기로 한다. 그러나 이 유형의 음성형이
무엇이었는지를 밝히는 것은 쉽지 않다. (1ㄷ)이나 (3ㄷ)과 달리 이 유형
의 표기에 실제의 음성형이 반영된 것인지 반영되지 않은 것인지를 판단
할 근거를 찾기가 어렵기 때문이다. 이 글에서는 '·'의 변화가 점진적으로
일어났고 그래서 '·'의 음가가 제1음절뿐만 아니라 제2음절에도 남아 있
었던 것으로 생각되므로14) 이 유형의 표기도 (1ㄷ)과 (3ㄷ)에 평행적으
로 해석하여 실제의 음가를 반영한 것으로 간주하고자 한다. 이러한 우리
의 견해는 이 유형의 과도교정 예들이 점차 줄어든다는 점에서 지지받을
수 있으리라 생각된다.

(6ㄱ)은 이 시기의 「·」가 제2단계 변화의 초기에는 [·]로 실현되었겠
지만, 이 변화가 확산되면서 [ㅏ]도 담당하였으리라 생각된다. 다시 말하
면 '·'의 제2단계 변화에 따라 원래의 [·]가 [ㅏ]로 변한 것, [ㅏ]로 바뀌
지 않고 원래의 [·]로 실현되던 음성형의 표기 등이 함께 공존하였다고
생각한다. 그렇다면 「·」는 [·]와 [ㅏ]를 모두 담당하고 있어서 「·」가
[·]와 [ㅏ] 중 어떤 음으로 실현되었는지 예측할 수 없게 된다.

---

14) '·>ㅏ' 변화의 시기에도 제2음절 이하의 '·'가 모두 'ㅡ'로 바뀐 것이 아니며 그러한 '·'
　　는 'ㅏ'로도 바뀔 수 있었다는 점은 한영균(1994)에서도 찾아볼 수 있다.

3. 음운변화와 표기의 대응관계

앞에서 살펴본 바와 같이, 혼기는 표기와 음성의 대응관계가 2 : 1인 경우와 1 : 2인 경우로 나뉜다. 이 가운데, 표기와 음성의 대응이 2 : 1이고, 음성 1에 대한 표기 2의 상황이 예측될 수 있는 전자의 경우라면, 그 표기는 음운론적으로 문제되지 않는다. 그 반대로 표기와 음성의 대응이 1 : 2이고, 표기 1의 음성형이 예측되지 않는 후자의 경우라면, 그 표기는 음운론적으로 중요한 문제를 야기할 수가 있다. 표기의 음성형을 대상으로 하는 음운사 연구에서 표기의 음성형이 추출되지 않는다면 연구의 대상 자료를 추출할 수 없기 때문이다.

이러한 관점에서 우리는, 표기와 음성이 1 : 2의 관계로 대응됨으로써 표기의 음성형을 예측할 수 없게 하는, 그리하여 음운론적인 문제를 야기하는 경우에 주목할 필요가 있다. 우리는 이러한 혼기가 음운사적인 연구에 장애가 되는 것임을 이해하면서도, 다른 한편으로 이러한 유형의 혼기가 새로운 규칙을 첨가하는 음운변화의 과정과 밀접하게 관련되리라는 점을 중시하여 "음운론적으로 의미있는 혼기"(이하 줄여서 '음운론적 혼기'라 하기로 함.)라 하기로 한다.

음운론적 혼기가 많을수록 음운사 연구는 어려움에 봉착한다. 음운론적 혼기가 많으면 많을수록 표기와 음성형의 대응관계를 예측하기 어려워지기 때문이다. 그러므로 음운사 연구에서는 음운론적 혼기를 가능하면 정확하게 추출하여 그 출현 조건이나 환경을 분명하게 하는 작업이 필요하다. 음운론적 혼기는 어떤 시기에 표기와 음성이 1 : 1의 대응관계를 보이다가 새로운 규칙이 발생할 때에 관습화된 표기 : 음성의 대응관계에 새로운 변화가 일어나기 쉽기 때문이다. 다시 말하면 음운변화가 일어나는 과정에서 표기 : 음성이 기존의 1 : 1 대응관계에 새로운 음운규칙으로 도출되는 음성형이 반영되어 변화될 가능성이 많은 것이다.

이러한 관점에서 음운론적 혼기가 음운변화의 과정에 따라 어떻게 변하는지를 구개음화의 경우부터 논의해 보기로 한다.

(7)　　　　　　　　제1기　　　제2기　　　제3기　　　제4기
　　　(1) 유형
　　　(2) 유형
　　　(3) 유형
　　　(4) 유형

위의 표는 ㄷ구개음화의 진행 과정을 편의상 4시기로 간략하게 나눈 것이다. 제1기는 구개음화가 일어나지 않은 시기이다. 제2기는 ㄷ구개음화가 비어두음절에서 일어나는 시기이다.[15] 제3기는 어두음절에서 일어나는 시기이다. 제4기는 구개음화가 완료된 이후의 시기이다. 이들 가운데 제2기와 제3기는 각각의 구개음화가 반영된 표기와 과도교정된 표기를 통하여 그 경계 시기를 잡을 수 있다. 제4기, 즉 구개음화가 완성된 시기는 과도교정이 보이지 않는 시기를 기준으로 하기로 한다. 과도교정이 구개음화에 대한 반작용으로서 생긴 현상이라면, 구개음화가 완성된 이후에는 거의 나타나지 않거나 현저히 줄어든 모습을 보일 것이기 때문이다. 이 4시기 가운데 표기 「디」가 혼란된 표기로 간주되는 것은 제2기와 제3기이

---

15) 비어두음절은 몇 가지 세부 환경으로 다시 나뉠 수 있다. 비어두음절에서의 형태소 첫 음절, 형태소 내부, 형태소 경계 등이 그것이다. 이들 세부적인 유형을 중심으로 다시 더 세분화하여 시기를 나눌 수 있으나 본고에서는 편의상 이들을 묶어 간략하게 비어 두음절 위치에서 구개음화 현상이 일어나는 시기로 보기로 한다.

다. 이 시기에서 구개음화가 일어나는 환경에서 「디」는 [디]나 [지]로 실현되었으리라 추정되기 때문이다.

이러한 접근 방식은 기존의 음운변화 과정에 대한 접근 태도와 차이가 있다. 기존의 연구에서는, 대체로 어떤 음운변화가 일어나면 해당 음운변화가 일어나는 조건을 찾아 규칙화하고, 그러한 규칙이 해당 조건에서 모두 일어나 적용되는 것처럼 기술해 왔다. 그리하여 해당 음운변화가 일어나면 해당 음운변화가 반영되지 않은 표기형은 보수적인 표기라고 간주함으로써 근대국어 시기의 많은 표기를 혼란된 표기로 간주해 왔던 것이다.16)

그러나 통시적인 자료 예들을 바탕으로 설정되는 음운변화 규칙은 필연 규칙이 아니다.17) 다시 말하면 17세기 초기에 구개음화된 어형이 몇몇 보인다고 하여, 구개음화 규칙이 해당 조건의 모든 어휘에 적용되었다고 할 수 없는 것이다. 그 이유는 음운변화 규칙은 일시에 생긴다고 할지라도 각각의 환경이나 조건이 동일한 어휘에 적용될 때에는 점진적으로 적용되는 경향을 보이며, 각각의 조건이나 환경도 시간의 추이에 따라 점진적으로 확산되는 경향을 보이기 때문이다. 그러므로 이러한 통시적인 규칙은 음운변화가 일어날 수 있는 가능성, 또는 동일한 조건의 어휘에 적용될 수 있는 가능성을 가지고 있을 뿐이지 그 규칙이 필수적으로 동일 조건을 갖

---

16) 이러한 관점은 통시적인 음운변화 현상에서 포착되는 음운규칙을, 현대 국어의 규칙적인 음운현상을 기술하기 위해 설정하는 공시적인 음운규칙과 동일시한 데에 그 이유가 있지 않나 생각된다. 그러한 음운규칙은 대체로 조건이 같으면 어느 경우에나 필수적으로 적용되는 필연 규칙으로 적용되고 있기 때문이다.

17) 언어의 변화 법칙이 자연 현상의 필연 법칙과는 달리 가능의 법칙으로 보고서 하나의 음운변화를 경향을 중시하는 관점에서 연구되어야 한다고 한 논의는 Sapire(1921/1961), 이숭녕(1935, 1940), Rudi Keller(1994) 등을 참고 바람. 음운변화라는 규칙의 발생(첨가)과 확산에 대해서는 King(1969), Labov(1972) 등을 참조할 것.

는 모든 어휘에 적용된다고 할 수는 없는 것이다.

　이러한 맥락에서 본고에서는 음운변화의 규칙은 해당 환경에서 일시에 발생하지만 그 규칙의 적용은 점진적으로 적용되는 것으로 간주한다. 새로운 규칙이 발생하면 화자나 필자는 새로이 발생한 음운규칙이 적용된 음성형과 그렇지 않은 음성형을 자의적으로 선택하여 사용할 수가 있을 것이다. 우리는 여기에서 새로이 첨가된 규칙이 해당 환경의 어휘에 점진적으로 적용되며 그 적용 환경도 점진적으로 확산되는 것으로 이해한다. 즉 음운변화의 확산은, 화자에게 새로운 규칙이 추가되고 그 추가된 규칙을 해당 환경의 어휘에 적용하고, 또한 규칙의 적용 환경을 넓혀 나가는 과정이라고 할 수 있다. 그러므로 음운론적 혼기는, 해당 혼기와 관련된 음운규칙이 해당 환경에서 일어나기는 하였으나 그 적용은 점진적으로 되는 과정에서, 화자나 필자가 기존의 규칙과 새 규칙 중 하나를 선택하는 경향의 변화 시기에 나타나는 것으로 해석하는 것이다.

　이제 이러한 관점에서 문헌자료를 통하여 설정될 수 있는 통시적인 규칙이 확산되는 과정을 논의하기로 한다. 앞에서 보았던 표기 유형을 바탕으로 음운변화 과정을 논의하기 위해, 원래의 「디」가 [디]로 실현되는 현상(1), 원래의 「디」가 [지]로 실현되는 현상(2), 원래의 「지」가 [디]로 실현되는 현상(3), 그리고 원래의 「지」가 [지]로 실현되는 현상(4)를 구개음화의 진행과정, 그중에서도 제2기와 제3기를 중심으로 논의하기로 한다.

　제2기는 중앙어에서 고유어의 구개음화가 제2음절 이하에서 일어나던 시기이다.

(8) 제2기[18]

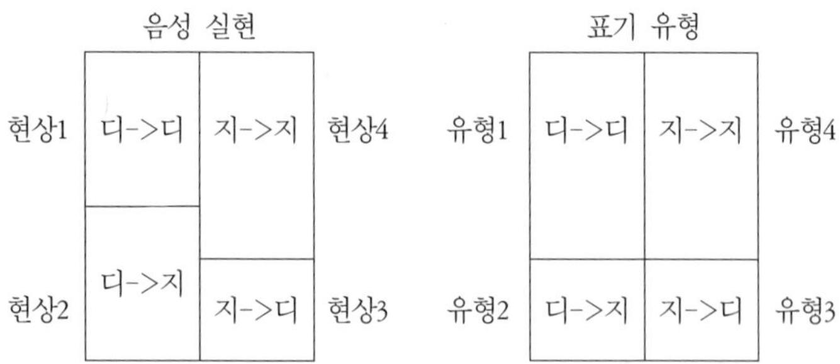

비어두음절의 [디]에 대해 현상(1)과 현상(4)만이 존재하던 제1기에서 현상(2)가 생겼다는 것은 비어두음절에서 구개음화가 일어나기 시작했다는 것을 의미한다. 이 새로운 현상(2)에 대한 반작용으로 현상(3)이 발생한다. 이러한 단계에서 화자는 기존의 「디」 연결체에 대해 현상(1)과 현상(2) 중 어느 것을 적용시킬지 선택의 입장에 서게 될 것이다. 이러한 선택의 갈림길에서 현상(3)이 생기게 되어, 화자는 초기에는 현상(1)을 많이 적용시키면서도 현상(2)와 현상(3)도 간혹 적용시키다가 점차 현상(2)를 많이 선택하는 것으로 보인다. 이러한 경향이 확산됨으로써 구개음화 규칙은 확산될 것으로 간주되기 때문이다.

이러한 상황에서 화자는 자신의 선택형을 그대로 표기에 반영하지 않고 이전의 표기형(또는 어형)을 고수하는 것으로 간주된다. 기존의 연구에서는 이렇게 화자의 입장과 표기자의 입장에 차이가 나는 이유를 표기의 보수성에서 찾았던 것으로 이해된다.[19] 여기에서 음운론적인 혼기가 생기

18) 도표에서 음성 실현 쪽에는 「디→지」에 대해서 [ ]를 사용하여 [디]→[지]로 해야 하고, 표기유형 쪽에서는 「 」를 사용하여 「디」→「지」로 해야 하나 편의상 생략하였다. 이하의 도표에서도 마찬가지로 생략한다.

19) 그러나 이러한 혼기가 표기의 보수성에만 이유가 있는 것으로 보이지는 않는다. 말을 할 때와 글을 쓸 때에는 분명한 인식의 차이가 있기 때문이다. 즉 말을 할 때에는 언어

는 것으로 간주된다. 말하자면 표기 유형(1)이 현상(2)의 부분을 일부 담당함으로써 「디」가 [디]로 실현된 것인지 [지]로 실현된 것인지 예측할 수 없도록 한 것으로 생각되는 것이다.

원래의 [지]에 대해서도 마찬가지라고 생각된다. 원래의 [지]에 대해 화자들은 현상(4)와 현상(3) 중에서 하나를 선택하여 실현시키게 될 것이다. 이 경우에 현상(3)은 현상(2)와 밀접하게 관련되어 있다. 현상(3)이 현상(2)에 대한 반작용으로서 생긴다면 그러한 선택은 화자나 필자의 인식의 층위 위에서 일어나므로 현상(2)의 발생과 확산에 따라 변화를 보일 것이다. 그러므로 앞에서 논의한 대로 현상(3)이 음성의 층위에서 일어났다고 하더라도 현상(2)가 널리 확산되면 다시 줄어들 가능성이 많은 것이다. 그리하여 그 실현형이 오래 지속되든 금세 사라지든 표기 유형(3)은 음성형에 그대로 대응된다고 할 수 있다.

현상(2)와 현상(3)이 새로 생긴 상황의 초기에 화자들은 현상(2)가 적용될 수 있는 어휘에도 현상(1)을 적용하는 경우가 많았을 것이다. 그렇다면 당연히 제2기의 초기에는 현상(1)의 표기가 많아질 수밖에 없다. 그러다가 현상(2)가 많아지는 경향을 보이게 되는데, 그것은 화자가 현상(2)를 선택하는 빈도가 그만큼 많아지고 그 현상(2)가 적용되는 범위를 확산해 나갔기 때문이라고 할 수 있다. 물론 앞에서 논의한 대로 이 시기에 표기 「디」는 비어두음절에서 현상(1)이 적용된 [디]로 실현될 수도 있고, 현상(2)가 적용된 [지]로 실현될 수도 있을 것이다. 초기에는 현상(1)이 많이 선택되었을 것이지만 후기로 올수록 현상(2)가 많이 선택되었으

형식보다는 그 내용에 관심을 갖지만, 글을 쓸 때에는 언어 형식에도 상당히 많은 관심을 갖기 때문이다. 다시 말하면 글을 쓸 때에는 인식의 층위에서 현상(1)과 현상(2)에 대해 남부 방언의 표지인(또는 새로운 변화형인) 현상(2)를 기피하는 경향을 보였을 수도 있는 것이다.

리라 추정된다. 이러한 선택의 과정은 현상(4)와 현상(3)에 대해서도 마찬가지일 것이다. 이러한 방향으로 점차 나아가 그 환경과 조건을 확산시키게 되면 제3기에 이르게 될 것이다.

(9) 제3기

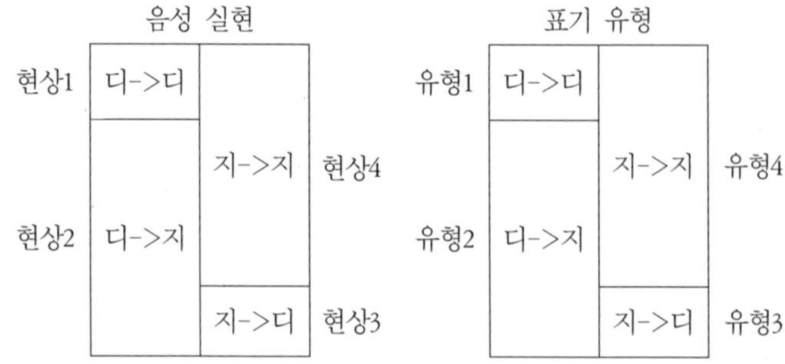

구개음화 규칙이 확산되면 확산될수록 구개음화가 반영된 현상(2)의 도출형이 현상(1)의 도출형보다 많아지게 될 것이다. 이 시기에는 구개음화가 상당히 확산되어 그에 대한 반작용으로 일어나던 현상(3)은 다시 줄어드는 경향을 보이게 된다. 이 시기에는 제2기보다 표기의 혼란은 보다 많아질 것이라고 추정할 수 있다. 왜냐하면 제2기보다 구개음화를 말하는 현상(2)를 적용하는 경우가 그만큼 확산되기는 하였으나 그에 병행하여 음성 [지]를 반드시 「지」로 표기한 것은 아닐 것이기 때문이다. 여기에서 표기 유형(1)이 음운론적 혼기가 된다. 현상(2)가 확산되어 표기 「디」나 「지」가 모두 [지]로 실현되는 경우가 일반화되기에 이르면 과도교정형을 도출하는 현상(3)은 점차 사라지는 모습을 보이게 되었을 것으로 추정된다. 그 결과 제4단계에 이르면 ㄷ구개음화가 완성되어 어휘의 재구조화가 일어나게 되는 동시에 유형(1)은 사라지게 될 것이다. 『인어대방』(1790)

과 『중간노걸대언해』(1795)에는 「디」가 거의 다 「지」로 바뀌어 「디」로 남
아 있는 예는 다음에 보이는 예들 정도이다.

  (10) ㄱ. 인어대방 : 뎐도히(五 : 16b), 겨뎡을(七 : 2a), 역뎡내여(十 : 11b)
      ㄴ. 중간노걸대언해 : 엇디(上 : 1a), 뎜쥬인아(上 : 56a, 56b), 사발뎝
         시(上 : 62b), 됴쿠즘은(下 : 15b), 뎡한(下 : 11b, 12b, 19b), 됴
         히(下 : 22), 한 뎜(下 : 27b), 됴흔(下 : 36a), 벗듕에(下 : 41b),
         시톄예(下 : 45b), 입사한 토환(下 : 62b)

이들 문헌에는 대부분이 구개음화가 반영된 표기를 보인다. 단지 몇몇
어휘의 경우 구개음화가 반영되지 않은 표기를 보이지만, 과도교정의 표
기는 거의 찾을 수가 없다. 이것은 구개음화가 널리 확산되었지만, 아직
구개음화되지 않은 현상(1)이 필자의 인식에 남아 있는 경우이거나[20] 표
기의 보수성으로 인하여 「디」로 된 것이라고 할 수 있다. 그러나 과도교정
형인 유형(3)이 거의 보이지 않는 것으로 보아 구개음화 현상이 일반화된
것이 아닌가 생각된다. 그렇다면 이 시기 이후에 보이는 「디」는 [지]로 실
현되었으리라 추정할 수 있다.[21]

  이런 점에서 중앙어가 반영된 자료에서 과도교정형이 줄어드는 것은 그
만큼 구개음화가 확산되었다는 것을 의미하는 것으로 받아들여도 좋지 않
나 생각된다. 물론 과도교정형이 줄어드는 만큼 구개음화가 반영된 표기
가 많이 확산되어 나타난다. 구개음화가 많이 확산되면 확산되는 만큼 과
도교정형은 화자나 필자의 인식 내부에서 구개음화에 대한 반작용으로서

---

20) 여기에서 현상(1)이 화자의 인식에 남아 표기에 반영된 것이라면 구개음화가 완성되었
    다고 하기 어려울 것이다.
21) 이러한 혼기는 음운론적 혼기가 아니라 문자론적 혼기이다.

의 힘을 상실하게 되어 현상(3)보다는 현상(4)를 선택하는 방향으로 기울어질 것이기 때문이다. 그리하여 제4기에 이르면 「디」든 「지」든 모두 [지]로 실현되기에 이르게 되는 것으로 생각된다.

‘ㆍ’변화의 경우에도 ㄷ구개음화의 경우와 유사하지만, 2단계의 변화를 거친다는 점에서 좀 더 복잡한 양상을 띠게 된다. 다시 말하면 ‘ㆍ’의 경우에도 대체적으로는 도표(7)과 같은 과정을 거치면서 변화했으리라 생각되지만, ‘ㆍ’는 두 단계의 변화 과정을 거치기 때문에 도표(7)에서 보여주는 변화와는 다소 차이가 있었으리라 생각된다. 그 변화 과정을 다음과 같이 간략화하여 살펴보기로 한다.

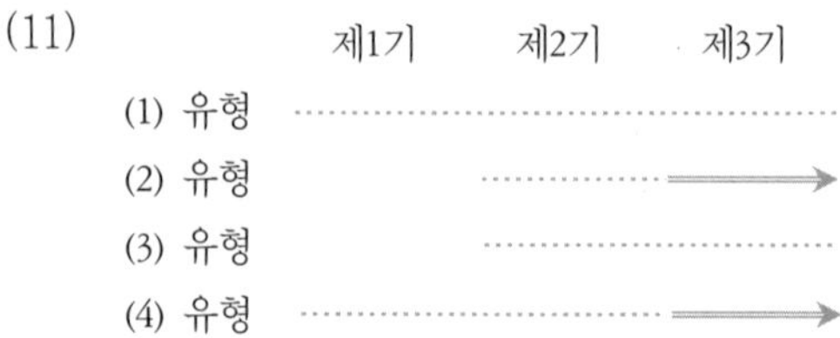

‘ㆍ’의 제1단계 변화에 있어서도 진행과정은 구개음화의 경우와 크게 다르지는 않지만 두 단계의 변화를 보이는 점과 두 단계가 일어나는 시기와 변화가 적용되는 환경이 다소 다르다. ‘ㆍ’의 제1단계 변화와 제2단계의 변화는 각각 3시기로 나누어 살펴볼 수 있다. ‘ㆍ’의 제1단계 변화 시기에 있어서 제1기는 ‘ㆍ’의 변화가 일어나지 않은 시기이다. 제2기는 ‘ㆍ’가 비어두음절에서 ‘ㅡ’로 바뀌는 규칙이 생긴 시기이다. 이 시기에는 역시 ‘ㆍ’가 ‘ㅡ’로 바뀌는 현상에 대한 반작용으로 원래의 ‘ㅡ’가 ‘ㆍ’로 바뀌는 규칙이 생기는 시기이기도 하다. 제3기는 ‘ㆍ’의 제2단계 변화가 시작되는 시기이다.

여기에서도 제1기에는 ‘·’는 [·]로 ‘ㅡ’는 [ㅡ]로 실현되었을 것이므로 혼란을 보이지 않을 것이다. 제2기에는 ‘·’가 ‘ㅡ’로 바뀌는 규칙이 생긴 동시에 ‘ㅡ’가 ‘·’로 바뀌는 과도교정이 생긴 시기이므로 「·」가 [·]와 [ㅡ]를 담당하게 되어 음운론적 혼기가 보일 수 있는 시기이다. 물론 이 시기의 음운론적 혼기는 제2음절 이하의 「·」 표기에 국한된다. 제3기는 이러한 상황이 계속되는 시기이지만, ‘·’가 ‘ㅡ’로 바뀌는 규칙을 많이 선택하는 상황으로 바뀌었으므로 원래의 ‘ㅡ’를 ‘·’로 과도교정하는 상황이 많이 줄어든 동시에 상당히 많은 ‘·’가 ‘ㅡ’로 바뀐 시기이다. 그러므로 당연히 이전 시기의 ‘·’를 ‘ㅡ’로 표기한 예들이 많아진 시기이기도 하다. 이 시기의 음운론적 혼기 역시 비어두음절에 있는 표기에 한정되며 음성형과 표기의 대응관계는 구개음화의 제2기와 유사하리라 생각된다.

이러한 상황에서 제2단계의 ‘·’ 변화가 다음과 같이 진행되었으리라 여겨진다.

(12)　　　　　　　제1기　　　제2기　　　제3기
　　　(1) 유형　　………………………
　　　(2) 유형　　　　　………………→
　　　(3) 유형　　　　　…………
　　　(4) 유형　　………………………………→

제1단계 변화가 제2음절 이하의 ‘·’를 중심으로 진행된 데에 비해 ‘·’의 제2단계 변화는 제1음절을 중심으로 진행된다. ‘·’의 제2단계 변화에 있어서 제1기는 ‘·’의 제2단계 변화가 일어나지 않은 시기이다. 제2기는 ‘·’가 ‘ㅏ’로 바뀌는 규칙이 생기는 동시에 원래의 ‘ㅏ’가 ‘·’로 바뀌기도 하는 시기이다. 그러므로 이 시기는 제1단계 변화의 제3기에 해당된다.

‘·’의 제2단계 변화 시기에 있어서 제3기는 ‘·’가 ‘ㅏ’로 모두 바뀐 시기이다. 그러므로 이 시기에 있어서도 ‘·’의 음운론적 혼기가 문제되는 것은 제2기이며 이 시기 혼기의 특성은 ‘·’의 제1단계 변화의 연장선상에 있으므로 보다 복잡해진다.

먼저 논의되어야 하는 것은, 기존의 논의대로 ‘·’의 제2단계 변화가 시작되는 때에는 ‘·’의 제1단계 변화가 끝났느냐 끝나지 않았느냐의 문제이다. ‘·’의 제2단계 변화가 시작된다는 것이 ‘·’의 제1단계 변화가 끝났다는 것을 입증할 만한 근거가 될 수는 없기 때문이다. 음운변화가 점진적으로 변한다는 본고의 관점에서는, 오히려 ‘·’가 제2단계 변화를 시작하는 시기에 비어두음절의 ‘·’가 모두 ‘ㅡ’로 바뀐 상태라고 보는 것이 바람직하지 않다. 실제로 ‘·’의 제1단계 변화가 끝나는 것으로 간주되어 온 17세기 후기 문헌에 보이는 다음의 예들은 우리의 이러한 주장을 지지해 주는 것으로 간주된다.

(13) ㄱ. 너모더(태산 60b), 부도로(태산 63b), 그믐끠>그몸끠(노언 상 : 1b), 무르료>무로료(노언 상 : 15b), 너모(노언 상 : 17b, 35a, 하 : 9b), 무롭도리로(박언 중 : 51a), 너모(박언 상 : 18b, 30b, 중 : 49b)

ㄴ. 마몰라>마몰라(노언 상 : 13a), 모르는>모로는(노언 상 : 15a), 모르료>모로료(노언 하 : 26b), 고르고>고로고(노언 하 : 56a), 모조라면>모조라면(노언 하 : 56b)

위의 예들은 ‘·’가 원순모음화를 일으킨 예들이다. (13ㄱ)은 ‘ㅡ’에서 과도교정된 ‘·’에 원순성이 더해져 원순모음이 된 경우이고, (13ㄴ)은 원래의 ‘·’에 원순성이 더해져 원순모음이 된 경우이다. 이 예들은 16세기에는 조사나 어미, 또는 형태소 경계에서 이루어지던 원순모음화 현상이 17세기경부터 형태소 내부로 확산되는 것을 보여주는 예들이다. 그러므로 이 예들은 17세기에 제2음절 이하에서도 '·'가 실제로 실현되었음을 보여주는 예들이라고 할 수 있다.

『중간노걸대언해』(1795)에 보이는 다음의 예들은 '·'의 제2단계 변화가 일어나는 18세기 후기에도 비어두음절의 '·'가 실제로 발음되었으리라는 가정을 하게 한다.

(14) 다돗게야(상 : 1b), 朝鮮ㅅ사룸(상 : 2a), 다돗거든(상 : 3b), ᄇᆞ롬을
(상 : 18a), 굴리쩍을(상 : 18b), 다ᄃᆞ라(상 : 13b), 다ᄃᆞ르면(상 : 41b),
다돗도록(상 : 49a), 구ᄐᆞ여(상 : 63b), 기ᄃᆞ리라(하 : 1b), 젹으ᄆᆡ
(하 : 3b), 구ᄐᆡ여(하 : 25a), 기ᄃᆞ려(상 : 19b), 네ᄃᆡ로(하 : 26a)

이 예들은 비어두음절의 '·'가 현대국어에 'ㅏ'로 실현되는 예들이다. 이 예들은 『중간노걸대언해』에서도 '·'가 'ㅡ'로 바뀌지 않고 '·'로 표기되어 있다. 그렇다고 [ㅏ]로 실현되었다는 증거를 찾기도 어렵다. 아마도 이들 '·'가 'ㅏ'로 바뀔 때까지 [·]음가를 지니고 있었지 않았나 생각된다.

그러나 '·'의 제2단계 변화의 제2기에 있어서 어두음절의 「·」는 [·]나 [ㅏ]로 실현되었을 것이므로 음운론적 혼기라고 할 수 있다. 혼란의 양상을 보이는 '·'는 제1음절에서 'ㅏ'로도 실현되고 '·'로도 실현될 수 있어 음운론적 혼기라고 할 수 있다. 그런데 제2음절 이하에서 보이는 '·'의 혼기 상황은 '·'는 'ㅡ'로도 실현될 수 있고, '·'로도 실현될 수 있을 뿐 아니라 심지어 'ㅏ'로도 실현될 수 있어 상당히 복잡한 상황에 있었던 것으로 추정된다. 그러므로 이 시기에 있어서 제2음절 이하에 있는 「·」는 상당히 복잡한 양상을 띠는 음운론적 혼기라고 할 수 있다. 그러나 이미 제2음

절 이하에서 ‘ㆍ’는 대부분이 제1단계 변화를 따르고, 일부의 예들이 제2단계 변화의 적용을 받아 [ㅏ]로 변하는 경우도 있었던 것으로 추정된다.

이상에서 살펴본 바와 같이 음운론적 혼기는 음운변화와 밀접하게 관련되어 있다. 음운변화 진행 정도에 따라 동일한 표기 유형이 혼기일 수도 있고 혼기가 아닐 수도 있는 것이다. 혼기는 음운변화의 특성, 진행과정에 따른 시기, 해당 음운변화가 일어나는 환경 등을 복합적으로 고려하여 추출되어야 하는 것이다. 이런 점에서 음운론적 혼기는 음운사 연구에서 각별한 의미를 갖는다고 할 수 있다.

4. 결언

이상에서 구개음화와 ‘ㆍ’의 변화를 중심으로 음운변화의 진행 과정에 따라 음운변화와 표기의 대응관계에 대하여 논의하였다. 논의된 내용을 간략히 정리함으로써 결론으로 삼고자 한다.

먼저 구개음화와 ‘ㆍ’의 변화와 관련된 표기를 4가지 유형의 표기로 나누고 각 표기 유형과 음성형과의 대응관계를 논의하였다. 논의 결과 표기와 음성의 대응관계가 1 : 1의 관계에 있지 않은 경우를 2 : 1의 관계에 있는 경우와 1 : 2의 관계에 있는 경우로 나누어 전자는 “문자론적으로 의미 있는 혼기”라 하고 후자를 “음운론적으로 의미 있는 혼기”라 하였다. 표기의 음성형을 추정하기 어려운 음운론적으로 의미 있는 혼기는 음운변화가 일어나는 시기에 발생하는 것으로, 음운변화가 점진적으로 일어나기 때문에 생기는 것으로 추정하였다.

이 글에서 음운변화는 해당 환경에서 일시에 발생하지만 그 규칙은 점진적으로 적용되어 확산되는 것으로 간주하였다. 그러므로 음운변화가 점진적으로 일어난다는 것은 화자나 필자가 새 규칙이 적용된 음성형을 임의로 선택하여 사용하는 빈도가 점진적으로 변한다는 것을 의미한다. 우리는 이 과정에서 음운론적인 혼기가 나타나는 것으로 이해하였다. 그러므로 음운론적 혼기는 해당 음운변화가 진행되고 있음을 보여주게 된다고 추정하였다.

이러한 논의를 바탕으로 ㄷ구개음화의 확산 과정을 4시기의 단계로 나누어 논의하였다. 구개음화된 어형과 과도교정형의 추이에 따라, 구개음화가 일어나지 않은 제1기, 비어두음절에서의 구개음화 규칙이 발생하여 확산되는 제2기, 어두음절에서의 구개음화가 발생하여 확산되는 제3기, 구개음화가 완성되는 제4기로 나누어 구개음화 규칙의 확산 과정에 따른 표기와 음성형의 대응관계를 논의한 것이다. 이러한 확산 과정에서 음운론적 혼기는 제2기에 비어두음절에서, 제3기에 어두음절과 비어두음절에서 보이는 것으로 추정하였다.

이와 유사한 방법으로 ‘·’의 변화 시기를 두 단계로 나누어 제1단계와 제2단계를 각각 3시기로 나누어 ‘·’의 변화 과정과 표기의 대응관계를 논의하였다. ‘·’의 제1단계에 있어서 제2기는 비어두음절에서 ‘·’가 ‘ㅡ’로 변화하는 시기이며 제3기는 ‘·’의 제2단계 변화, 즉 어두음절에서 ‘·’가 ‘ㅏ’로 변화하는 현상이 시작되는 시기이다. 여기에서 제2단계에 ‘·’와 ‘ㅡ’ 사이에 음운론적 혼기가 보이는 것으로 추정하였다. 역시 제3기로 나눈 ‘·’의 제2단계에서 제1기는 ‘·’의 제2단계 변화가 시작되지 않은 시기로 제1단계의 제2기에 해당된다. 제2기는 ‘·’가 ‘ㅏ’로 변화하는 현상이 일어나기 시작한 시기로서 제1단계의 제3기에 해당된다. 이 시기에는 ‘·’, ‘ㅡ’

와 'ㅏ' 사이에 음운론적 혼기가 보이는 시기이다. 제3기는 'ㆍ'가 'ㅏ'로 되는 변화가 완료되는 시기로서 음운론적 혼기가 보이지 않는 시기이다.

논의 과정에서 우리는 화자나 필자의 당시 상황에서 표기를 이해하고 그 표기 유형의 특성과 음운규칙의 확산 과정을 함께 관련지어 이해하고자 하였다. 음운론적 혼기를 음운규칙의 점진적인 확산 과정과 밀접하게 관련되어 있는 것으로 이해하고자 한 것이다. 물론 문헌 자료를 대상으로 접근하는 방법으로는 해결할 수 없는 많은 문제점이 있음을 인정하지 않을 수 없다. 그럼에도 불구하고 문헌 자료가 던져주는 풀기 어려운 문제들을 문자의 속성으로 돌려 방기하기보다는 음운론적인 관점에서 나름대로 이해하고 해석하는 방법을 모색하다 보면 언젠가는 하나의 실마리를 찾지 않을까 생각된다.

② The Dynamic Pattern of t-Palatalization and its Hypercorrection*
Historical Data from the Korean Central Dialect

1. Introduction

t-Palatalization in Korean is the phenomenon whereby t, th, and t′ changed to ʧ, ʧh, and ʧ′, respectively, before [i] or [y].[1] The origin and propagation of this phenomenon was based on the consonantal system of late Middle Korean(the 15th century~the 16th century). There was no palatal phoneme in the consonantal system of the Korean central dialect[2] in late Middle Korean,

---

* 이 글은 같은 제목으로 『SEOUL JOURNAL OF KOREAN STUDIES』 14(2001 : 37~57)에 수록되었다.

[1] Various kinds of palatalization and its related phenomena took place between the 16th and 19th centuries in Korean : the change of alveolar /ts/ to palatal /ʧ/, t-palatalization, k-palatalization, h-palatalization, n-deletion and n-insertion before i or y, off-glide y insertion in the nucleus vowel of the syllable preceding i or y.

[2] the consonantal system in the 16th century Korean central dialect :

even though there were a few palatal allophones before [i] and [y]. So alveolar /ts/ first changed to palatal /ʧ/ to fill the empty position of the palatal in the consonantal system. t-Palatalization is thought to have taken place at the almost same time or at a later period than the change of alveolar /ts/ to palatal /ʧ/ in the consonantal system(K. M. Lee 1977 ; J. P. Kim 1985).

It has been generally claimed that t-Palatalization took place in the central dialect around the turn of the 17th to the 18th century, influenced by southern dialects(Kyŏngsang dialect and Chŏlla dialect), and completed in the end of the 18th century. The dating of t-palatalization is based on the written materials in Han'gŭl(the Korean writing system) and the testimony of Hee, Yu(1773~1837) in *Eonmunji*(Hee, Yu. 1824), which states "知和 [ti.hwa] was distinguished from 至和 [ʧi.hwa][3] in the days of the great great grandfather of his teacher, Cheong Tong-Yu(1744~1808)."

But, if we carefully investigate the data published in the latter half of the 17th century, we can find words in which t-palatalization

labial	alveolar	palata	velar	laryngeal
p	t, ts		k	
p^h	t^h, ts^h		k^h	
p't,	t', ts'		k'	
	s			h
	s'			
m	n		ŋ	
	l			

3) 知和 [ti.hwa] and 至和 [ʧi.hwa] are personal names.

applied. The appearance of these words at that time did not coincide with the testimony in *Eonmunji*. Therefore, the dating of t‑palatalization might be different, in which case its spreading process could be more definitively clarified if we give careful consideration to the correspondence between writings and sounds related to t‑palatalization, and reinterpret the testimony in *Eonmunji*.

At this point, I will : 1) investigate the correspondence between writing types and their sounds in the historical data related to t‑palatalization, 2) apply the concept of hypercorrection against t‑palatalization to the sound change which was reflected on one kind of writing type, and 3) shed light on the dynamic pattern of t‑palatalization and its hypercorrection, which was found in the development of palatalizations in Korean.

2. Writing Types Related to t-palatalization and Their Sounds

The following examples show two kinds of writing types related to t‑palatalization :

(1) a. examples of {ti}>{ʧi}
 {om.ki.ti}>{om.ki.ʧi} (F, Ⅲ, 16a)[4] *to move*
 {tyə.ki}>{ʧyə.ki} (F, Ⅴ, 16a) *'a little'*
  b. examples of {ʧi}>{ti}
 {ka.ʧi.myən}>{ka.ti.myən} (F, Ⅰ, 23a) *'to have'*,
 {ʧyuŋ}>{tyuŋ} (F, Ⅰ, 9b) *'the monk'*

As one can see, (1.a) is the writing on which reflects t-palatalization because the change of {t} to {ʧ} before [i] or [y] is the process of that phenomenon. (1.b) shows the converse change : the appearance of {t} in place of {ʧ} before [i] or [y] in historical documents. This kind of writing type has been considered false regressive writings, caused by a confusion in writing that could appear to writers after the propagation of t-palatalization.

But such a claim for (1.b) must be modified because the historical materials show (1.b) in the same or earlier period than C. G. Kwak(1980) claims that t-palatalization began. In addition, there were few or no writings of the type (1.b) at the end of the 18th century, which is claimed to be the period in which the phenomenon was completed in the central dialect.

---

4) In example (1) below, { } stands for letters, not pronunciations and '.' stands for syllabic boundary. The capital letter stands for one of books which are introduced at the last page in this paper. The Roman numerals stand for volume of the book in which the datum appeared. Numbers such as '23' out of '23a' or '23b' stand for the page in which the datum occurred. And 'a' is the front page, whereas 'b' is the back page.

In fact, the writings similar to (1.b) also appear in the case of k-palatalization from the second half of the 18th century documents. k-Palatalization has been said not to have taken place in the central dialect. However, the following examples demonstrate the sound changes that have occurred in the central dialect :

(2) examples of [ʧi]>[ki]
ʧit>kit (H, IX, 15a), *a feather,*
ʧi.say>ki.ya (I, 398a) *a tile of the roof,*
ʧhi>khi (I, 386a), *a rudder,*
ʧim.chɨy>kim.chɨy (>kim.chi) (J, 67a), *kimchi.*

Example(2) shows that palatal [ʧ] changed to velar [k] before i or y in the same way as examples of (1b) did. This change in writing demonstrates the sound change that took place in the Korean central dialect, [i] or [y]. This phenomenon was caused by the conscious rejection of speakers of k-palatalization, because they considered rustic the words in which k-palatalization applied.[5] If so, there is no reason why (1b) should be approached differently from than (2), because there would be no difference between writing type (1b) and (2), except that while (2) survives

---

5) All words in which k-palatalization applied were abolished from the standard form in Korean. But the type of (2) partially acquired the qualification of the standard Korean, for example, 'kimchi'(the Korean sidedish), 'kit'(the wing), etc..

in the current central dialect, (1b) does not. In addition, if we consider the fact that (1b) occurred at the same period that (1a) began to appear, and the fact that (2) occurred in a situation where k-palatalization hardly or never occurred in the Korean central dialect, (1b) should also be interpreted in the same light as (2) : speakers′ conscious rejection of t-palatalization, not writers′ errors caused by the spreading of t-palatalization. In this respect, I will consider (1b) the writing type in which actual sound changes are reflected.

Thus, this claim is supported by the Yukchin dialect, spoken in the northeasternmost area of Korea, and which is the most conservative dialect in Korean(C. G. Kwak, 1994). This dialect, in which t-palatalization partially applied, provides us with the evidence that writing type (1b) reflected the change at the phonetic level, as shown in (3)(T. K. Kim 1986) :

(3) examples of [ʧi]>[ti]
    ʧyək.tʼa>tyək.tʼa *to write*,   ʧyəŋ.wəl>tyəŋ.wəl *January*,
    ʧyuŋ>tyuŋ *a monk*,   ʧʰi.pu>tʰi.pu a *housekeeping notebook*,
    -ʧʰyə.rəm>-tʰyə.rəm *like*,   ʧʰaŋ.ho.ʧi>ʧʰaŋ.ho.ti a *paper for the door*,
    ən.ʧʰyə.sal.ta>ən.tʰyə.sal.ta *to live depending on someone*.

Examples in (3) show that the original [ʧ] in the Yukchin dialect changed to [t] before [i] or [y] in the phonetic level. These sound changes are the same as those reflected in writing type

(1b). Therefore our claim that writing type (1b) reflects the sound change is supported by the examples in (3).

In current Korean society, k-palatalization, h-palatalization, umlaut phenomena, n-deletion in the medial of the word, etc., are markers of rural speech that are similar to those of the lower class. So Koreans in general classify the words in which palatalizations applied under the heading of sat[h]uri. [h]uri is the term that is used to ridicule in a group called sat[h]uri. sat[h]uri is the term that is used to ridicule speakers who use words that are not part of the Seoul dialect or standard Korean. Therefore, sat[h] uri is the term that includes sociolinguistic sense, contrasted to the Seoul dialect or standard Korean[6].

Related to the Korean attitude, P. K. Lee(1972) provides us with an interesting report. In January of 1972, Professor Lee did a fieldwork study at Yŏngtŏk area, which is located in the eastmost seaside part of Kyŏngsang Province. Professor Lee reports that the adoption of k-palatalization was different between Sangwŏn village and Mulphyun village in the Yŏngtŏk area. While speakers in Mulphyun village, descendants of fishermen, always use the words in which k-palatalization

---

6) Most Koreans tend to think that the Seoul dialect equals the standard form. In general, the Korean standard forms are based on the current Seoul dialect, which educated people in Seoul use, but the Seoul dialect doesn't exactly match to the Korean standard forms. This results from giving the feature [+privilege] to the Seoul dialect.

applied, speakers in Sangwŏn village, the descendants of the Yangpan(high class), never use k-palatalization forms.[7] Professor Lee explains the linguistic differentiation of these two villages by means of socio-cultural forces of Korean traditional society(i. e., educational, economical forces, and folkway, etc.). In other words, such a linguistic differentiation comes from the social awareness of Sangwŏn speakers, who try to regard themselves in the same light with Seoul dialect speakers, and subsequently try to differentiate themselves from speakers of the rural dialects or the lower class groups. The social attitude that the speakers in the Sangwŏn area show against t-palatalization which was taking place at that time, was influenced by southern dialects. In this respect, example (2) above can be considered a hypercorrection of k-palatalization.

If so, it would be fair to approach t-palatalization of the early modern central dialect in the same way. t-Palatalization is not different from k-palatalization, except while the latter did not take place, the former was completed in the central dialect. In addition, the fact that (1.b) had appeared at the beginning period of t-palatalization allows us to infer that this phenomenon, or words in which this phenomenon applied might also be considered

---

7) In the Choseon dynasty, social classes had been differentiated into four classes : the high class(Yangpan), the middle class(Jung'in), the low class(Phyeongmin), and the lowest class(Cheonmin).

the marker of the rural dialects or the lower class groups, and then be rejected by the central dialect speakers. With this socio-linguistic attitude in mind, I will consider writing type (1.b) as a hypercorrection against t-palatalization, in which the phonological change of [ʧi] to [ti] is reflected.

t-Palatalization and its hypercorrection both began to appear in the second half of the 17th century in the central dialect. The difference between two phenomena is their distribution in the phonological word. The data show that t-palatalization appeared in non-initial syllables of the morpheme-internally, and hypercorrection mainly appeared in initial syllables of words.[8]

(4) a. examples of t-palatalization : ti>ʧi
     pʌy.pɨ.rɨl.syən.tyəŋ>pʌy.pɨ.rɨl.syən.ʧyəŋ (A, 13b), *even though,*
     a.roŋ.ti.ta>a.roŋ.ʧi.ta (A, 34b), *to be colorful,*
     kol.tin.kal>kol.ʧin.kal (E, II, 17a), *to be hollow.*
  b. examples of hypercorrection : ʧi>ti
     ʧi.tal.sʼa.ta>ti.tal.sʼa.ta (E, II, 34a), *a kind of farming tool,*
     ʧi.kə.ta>ti.kə.ta (D, II, 22a) *to lose,*
     (kan) ʧʰi.ta>(kan) tʰi.ta (E, II, 38b), *to put in (season),*

---

8) In the data which t-palatalization and its hypercorrection that appeared in documents, data of the Chŏlla dialect is earlier than that of Kyŏngsang dialect. But the data from both these dialects show that examples of hypercorrection appeared in the same period or earlier than those of t-palatalization.

	t-palatalization	hypercorrection
Kyŏngsang dialect	1603	1567
Chŏlla dialect	1562	1562

ʧyo.hʌy>tyo.hʌy, (B, 13a), *a paper.*

Based on these data, t-palatalization must have begun at least around the second half of the 17th century from the non-initial syllable ; and hypercorrection must have taken places in initial syllables at almost the same period.

But this inference brings up a new problem : that these appearances of t-palatalization in written materials would then not coincide with the testimony in *Eonmunji*. This discrepancy is presumably caused by the difference between t-palatalization, change from below, and its hypercorrection, change from above (Labov, 1972). Even though t-palatalization was taking place in non-initial syllables, speakers in Seoul influenced by southern dialects, did not recognize that t-palatalization had occurred. If so, speakers must have thought that they were not using words in which t-palatalization applied, regardless of the fact that t-palatalization was in progress in the non-initial syllables. This difference between objective fact and subjective awareness explains the discrepancy between t-palatalization in progress and the testimony in *Eonmunji*, which states "[ti.hwa] was distinguished from [ʧi.hwa] in the days of the great great grandfather of his teacher, Cheong tong-yu(1744~1808)."

3. The Process of t-palatalization and its Hypercorrection

As I mentioned above, t-palatalization appeared in non-initial syllables of the morpheme-internally, while its hypercorrection mainly occurred syllable-initially in materials from the second half of the 17th century. In the first half of the 18th century, these two phenomena began to appear more than ever. And hypercorrection occurred more than t-palatalization, not only in onsets of initial syllables, but also in onsets of non-initial syllables. At this time, two phenomena also occurred at the boundaries between lexical morphemes and functional morpheme, as seen in (5) below :

(5) a. t-palatalization in the morphological boundary : $t^hi>\mathfrak{f}^hi$
  hyətkʼith+-i; hyət.kʼi.t^hi>hyət.kʼi.$\mathfrak{f}^hi$ (F, I, 25b).
  hyət.kʼit^h : the blade of the tongue, -i : nominative case marker.
 b. hypercorrection in the morphological boundary : $\mathfrak{f}^hi>t^hi$
  anʧ-+-hi-+-ra; an.$\mathfrak{f}^hi$.ra>an.t^hi.ra (F, VII, 14b),
  anʧ- : to sit down, -hi- : causative suffix, -ra : imperative ending.
  maʧ-+-hi-+-ti; ma.$\mathfrak{f}^hi$.ti>ma.t^hi.ti (F, I, 4b),
  maʧ- : to be right, -hi- : causative suffix, -ti : negative ending.

Materials in the middle of the 18th century show that t-palatalization had been extended to all environments, even though words to which this phenomenon had not applied still appeared frequently in onsets of non-initial syllable or at morphological boundaries. But these materials show only a few examples of hypercorrection. The fact that while the former examples became greater, the latter examples became fewer than before, informs us that the former was gradually extending, but latter was diminished. Thus we can conclude that t-palatalization was losing its function as the marker of the rural dialects or the lower class groups. Related to this process of t-palatalization and its hypercorrection, we can now understand why hypercorrections of k-palatalization, as demonstrate in example (2), began to appear in this period.

Speakers seemed for the first time to have recognized that speakers of the central dialect considered k-palatalization the maker of the southern dialects. So, at this time, examples such as (2) began to appear for the first time.

But this was caused by the speakers' rejection of k-palatalization, in spite of the fact that k-palatalization did not occur in the central dialect. If so, this would not be parallel to hypercorrection which interacted with t-palatalization in the central dialect. Even though k-palatalization never occurred in the central dialect at that time, speakers knew that k-palatalization was taking place in southern dialects[9]; thus they considered k-palatalization to

---

9) At that time, k-palatalization could be partially taking place to the extent that speakers could recognize it in the central dialect, even if materials did not show

be the marker of southern dialects. So speakers hypercorrected palatal [ʧ] into velar [k] before [i] or [y]. Therefore, speakers began to hypercorrect k-palatalization instead of k-palatalization instead of k-palatalization. In the second half of the 18th century, while hypercorrection of t-palatalization greatly lessened, hypercorrection of k-palatalization began to appear.

This development of t-palatalization and its hypercorrection is shown below :

(6) The process of t-palatalization in materials
    1) The 1st stage : t-Palatalization began to apply to non- initial syllables within phonological words in the 2nd half of the 17th century.
    2) The 2nd stage : t-Palatalization extended to the boundary between the lexical morpheme and the grammatical morpheme in the first half of the 18th century.
    3) The 3rd stage : t-Palatalization extended to initial syllables of phonological words in the middle of the 18th century.
    4) The 4th stage : t-Palatalization almost arrived at the completed stage in the end of the 18th century.

(7) The process of hypercorrection in materials
    (There was no hypercorrection in the first half of the 17th century.)
    1) The 1st stage : Hypercorrection against t-palatalization mainly occurred on the initial syllables in the 2nd half of the 17th

---

examples.

century.

2) The 2nd stage : Hypercorrections appeared in every environment and appeared more often than examples of t-palatalization did in the first half of the 18th century.

3) The 3rd stage : Most hypercorrections disappeared, except for a few words in the middle of the 18th century, and hypercorrection of k-palatalization began to appear on initial syllables of words.

4) The 4th stage : Hypercorrection rarely appeared in the end of the 18th century, and hypercorrection of k-palatalization continually appeared on initial syllables of words.

t-Palatalization gradually extended throughout interactions of t-palatalization and hypercorrection. The relative tendency of these two phenomena seems to be explained by the speaker's attitude towards phonological change in progress at that time, i, e., speakers were extending t-palatalization which is change from below, and rejected the usage of words in which t-palatalization applied above the level of consciousness. But it seems that they gradually extended t-palatalization by choosing words containing t-palatalizations over those containing hypercorrections. In this process of the propagation of t-palatalization, the fact that the appearance of words with hypercorrections gradually lessened, signifies that t-palatalization was thought of less and less as the marker of the rural dialects or the lower class groups. Therefore, from the middle of the 18th century, t-palatalization continually extended, but hypercorrection suddenly lessened.

By the end of the 18th century, words to which t-palatalization applied were common, while hypercorrection hardly appeared. In addition, hypercorrection of k-palatalization continually appeared. In this respect, t-palatalization was almost completed by the turn of the 18th century to the 19th century central dialect.

4. The Dynamic pattern of t-palatalization and Hypercorrection

If speakers considered t-palatalization the marker of the rural dialects or the lower class groups, they would have at first tried not to use words to where t-palatalization had applied. At the same time, they more than likely would have tried to turn back to the original form for words in which t-palatalization had already applied. But at this stage, hypercorrection might not have yet appeared, because the speakers might not have hypercorrected the words which originally had palatal [ʧ] before [i] or [y]. Therefore one can infer that hypercorrection appeared in the next stage.

After the period in which t-palatalization had spread to the extent that it could be recognized by speakers, they might have confused the original [ʧ], which was not palatalized, with the [ʧ], which palatalized before [i] or [y]. At this stage, they might have confused the original [ʧ], which was not palatalized with the [ʧ], which palatalized before [i] or [y]. At this stage, they might have hypercorrected even the original palatal [ʧ] to non-palatal [t] such as example (1.b), even though the segment originally was palatal, not palatalized. Here, we can infer that t-palatalization had begun earlier than the period in which hypercorrection appeared.

Here we need to focus on the fact that the hypercorreted words were not borrowed from the southern dialects, because hypercorrection resulted in speakers' rejection of words which had characteristics of the southern dialects. Furthermore, we cannot claim that hypercorrected words were formed by analogy, because hypercorrection was based not only on its similarity with t-palatalization, but also on its difference from t-palatalization; because hypercorrection occurred above the consciousness of the speakers who tried to reject the words to which t-palatalization applied.

Speakers took advantage of the paradigmatic relation of phonemes that alternated between the palatal /ʧ/ and the non-palatal /t/ before [i] or [y] on the one hand; and the syntagmatic relation with the phoneme that triggered the alternation on the other hand, namely the palatal /ʧ/+[i] or [y], or the non-palatal /t/+[i] or [y]. Here the input and the output of these two phenomena were decided by the paradigmatic relation ; and the environment that triggered the paradigmatic alternation was conditioned by the syntagmatic relation. The two rules of t-palatalization and its hypercorrection generalized throughout the processes of these analyses.

In fact, if our discussion is limited only to t-palatalization, we cannot decide whether the sound change had taken place by means of lexical diffusion by borrowing or analogy ; or by means of a rule. But if we put t-palatalization and hypercorrection in our discussion together, we would then be able to conclude that this sound change took place by means of a rule internalized to speakers.

The above-mentioned hypercorrection is the change from above. Even though t-palatalization were influenced by the southern dialects, hypercorrection was based on the central dialect at that time. The speakers changed the original palatal [ʧ] into the alveolar [t] in the central dialect, because they sensed that the [ʧ] before [i] or [y] was palatalized, in spite of the fact that the target segment was not palatalized, but an original palatal. Therefore, one cannot claim that hypercorrection of t-palatalization was the result of borrowing or lexical analogy. Instead, one could claim that speakers knew about the rule of t-palatalization and took advantage of this rule during the process in which they hypercorrecting the original palatal sound. Therefore, hypercorrection gives us the evidence that the t-palatalization rule existed in the speakers′ consciousness, i.e., the interaction of these two phenomena informs us that a rule of sound change existed in speakers′ consciousness as psychological reality.

In this respect, we can could conclude that speakers had these two rules from the stage of t-palatalization in which hypercorrection first appeared. Therefore, in the process of the propagation of these two competing rules, speakers either gradually selected one of these two rules and applied it to words; or gradually selected words to which it had already applied. Therefore, if the period of this propagation was a very long one, the other rule could have been in a competing relation with rule.

③ 영조의 『어졔』에 나타난
'ㆍ'와 'ㅡ'의 표기와 음성 실현 양상*

1. 연구의 방향

본 연구에서는 장서각 소장의 유일본인 영조의 『어졔』를 대상으로, 'ㆍ'와 'ㅡ'의 표기를 계량적으로 추출하여 음성 실현 양상을 검토함으로써, 비음운화된 시기로 알려져 있는 18세기 중·후기의 'ㆍ' 관련 표기와 변화의 특성을 구체적으로 살펴보고자 한다.

장서각(도서 번호, K4-3534) 소장의 『어졔』[1]는 반흘림체의 한글로 된

---

* 이 글은 같은 제목으로 『어문학논총』 23(2004 : 87~107, 국민대학교 어문학연구소)에 수록되었다.

1) 『어졔』는 『셕년을 튜모ᄒ여』(6면), 『경셰편 언희』(10면), 『어졔 ᄌ셩 면틱 눈음』(5면), 『어졔 빅힝원』(6면)이 차례로 묶여 있는 1책 27장의 반흘림체 필사본이다. 책의 크기는 세로 28.7cm, 가로 18.5cm이며, 반곽은 세로 21cm, 가로 14.5cm이다. 사주쌍변의 무계로서 본문은 반엽 10행에 25~30자로 일정하지 않다. 주註는 쌍행으로 『어졔빅힝원』에만 있다. 어미는 상하 내향 삼엽 화문어미이다. 판심제는 글이 시작하는 첫 번째 면에만 '어졔', '경셰편', '눈음', '빅힝원'으로 되어 있다. 장차는 글이 시작할 때마다 한글 '일, 이, 삼, ᄉ……' 등으로 적혀 있다. 『어졔』에 대한 자세한 서지 사항은 이래호(2000)을 참조할 것.

1책(27장)의 필사본으로서, 여기에는 『慕昔年誦聖訓書示冲子모석년송성훈
서시충자』(영조 문집 소재)를 언해한 『셕년을 튜모ᄒᆞ여 튱ᄌᆞ롤 뵈노라』, 『경
셰편 언희』, 『어졔 ᄌᆞ셩 면틱 눈음』, 『어제 빅힝원』 등 네 편의 글이 실려
있다. 장서각 소장의 영조의 『어뎨 조훈』, 『어제 경세문답』, 『어제 경세문
답 속녹』 등과 함께 18세기 중기 자료로 활용할 수 있는(안병희 1999, 이
현희 1999) 것으로 보고된 이 자료는, 『모석년송성훈서시충자』가 만들어
진 1762년에서 영조의 퇴위년인 1779년 사이에 편찬된 자료로 추정되는
바,[2] 18세기 중·후기의 왕실 자료로 활용할 수 있을 것으로 생각된다.

　국어음운사 연구에서 『어졔』와 같은 왕실에서 편찬된 자료들은, 사역원
간행의 일반 역학서와 함께 국어사 자료로 널리 활용되어 왔다. 그러나 왕
실 자료에 관여한 언어 사용자는 역학서에 관여한 역학자들의 언어 사용
과는 여러 면에서 차이가 있을 수 있다. 그러한 언어 사용상의 차이가 있
었다면, 그 차이는 언어 자료에 반영되어 있을 가능성이 있다. 그러나 아
직까지 이러한 언어 사용자의 집단을 중심으로 국어의 음운변화를 논의한
경우는 거의 없었던 같다. 이에 본 연구에서는, 언어 사용자 집단에 따른
언어 사용상의 특성에 대한 논의의 기반을 마련하기 위해, 18세기 중·후
기의 왕실 자료인 영조의 『어졔』[3]에 나타나는 ‘·’와 ‘ㅡ’의 표기와 음성

---

2) 『셕년을 튜모ᄒᆞ야』의 원 한문이 1762년(영조 69세), 한문본 『御製警世編어제경세편』이 1764
　년(영조 71세)이고, 한문본 『御製百行源어제백행원』이 1765년(영조 72세)으로 가장 늦게
　만들어졌다고 한다(이래호, 2002). 언해본의 정확한 편찬 연대는 알 수 없으나, 영조 대
　의 한문본인 『御製常訓 어제상훈』을 1745년에 목판본으로 간행하면서 언해본인 『어졔 상
　훈 언희』도 같은 해에 간행해 냈다는 사실을 고려하면, 유일본인 영조의 『어졔』도 1765
　년에서 그리 멀지 않은 시기에 편찬된 것으로 보여, 본 연구에서는 18세기 중·후기의
　왕실 자료로 간주하기로 한다.
3) 이 글에서 『어졔』는 3편의 글 모음집을, "셕년을 튜모ᄒᆞ야……"로 시작하는 글은 『셕년』,
　『어제 경세편』은 『경세』, 『어제 ᄌᆞ셩 면틱눈음』은 『눈음』, 『빅힝원』은 『빅힝』으로 약칭
　하기로 한다.

실현 양상을 검토해 보고자 한다.

국어 음운사에서 18세기 중·후기는 ‘·’가 비음운화된 시기로 널리 알려져 있다(이기문, 1972 ; 송민, 1986). ‘·’는 15·6세기에 비어두음절에서 ‘ㅡ’로 바뀌고, 어두음절에서 18세기 초·중기에 ‘ㅏ’로 바뀌어 늦어도 18세기 중기 이후에는 ‘·’가 국어 모음체계에서 사라진 것으로 추정하고 있는 것이다. 그러나 18세기 중기 이후에도 한글 문헌에 ‘·’는 계속 표기되어 나타나며, 『어제』에서도 ‘·’와 ‘ㅡ’ 표기는 ‘·’가 비음운화되기 이전 시기인 17세기 후기의 역학서와 비교해도 큰 차이가 없을 정도이다. 그러므로 ‘·’의 변화와 관련하여 『어제』의 ‘·’와 ‘ㅡ’ 표기와 음성 실현에 대한 검토는 ‘·’의 비음운화 과정에 대한 논의를 위해서뿐 아니라, 『어제』와 같은 자료의 언어 사용자에 따른 ‘·’의 비음운화 과정에 대한 논의를 위해서도 필요한 작업이라 생각된다.

2. ‘·’와 ‘ㅡ’ 표기의 양상과 특징

『어제』의 ‘·’와 ‘ㅡ’ 표기는 18세기 중·후기에 ‘·’가 비음운화되었다는 ‘·＞ㅡ’ 변화에 대한 일반 논의를 반영하지 않는다. 『어제』가 18세기 중·후기의 자료임에도 불구하고, 제1음절의 ‘·’와 ‘ㅡ’는 원래의 모습대로 나타나며, 제2음절 이하에서도 ‘·’가 모두 ‘ㅡ’로 바뀐 것으로 간주하기는 어렵기 때문이다. 제2음절 이하에서의 ‘·’나 ‘ㅡ’는 원래의 ‘·’와 ‘ㅡ’가 그대로 표기된 경우도 있지만, ‘·’가 ‘ㅡ’로 표기된 경우나 ‘ㅡ’가 ‘·’로 표기된 경우도 있어 ‘·’와 ‘ㅡ’의 표기는 상당히 복잡한 양상을 띤다.

『어졔』의 ‘ㆍ’와 ‘ㅡ’는 제2음절 이하의 위치에서 이미 ‘ㆍ’의 변화가 진행되어, 후기 중세국어와 같이 선행 음절의 모음에 지배되지는 않는 듯하다. 오히려 선행하는 자음에 따라 ‘ㄹ, ㅅ, ㄷ, ㅈ, ㅊ’ 뒤에서는 ‘ㆍ’가 나타나고 그 나머지 자음 뒤에서는 ‘ㅡ’가 나타나는 뚜렷한 경향을 보인다.4) 그래서 ‘ㆍ’와 ‘ㅡ’가 선행 모음과 어떠한 관계에 있는지 ‘ㄹ’이 두 모음 사이에 개재하는 환경의 예들을 추출해 보았다.5) (1)은 ‘모음＋ᄅ(X) / 르(X)’ 환경에서, ‘ᄅ/르’의 ‘ㆍ’와 ‘ㅡ’가 선행 모음의 특성에 따라 나타나는 예들을 추출한 결과이다.

> (1) 1) ᄅ : 총 323회
>> ㄱ. 양성모음 뒤 ; ㆍ : 30회, ㅏ : 61회, ㅗ : 24회, ㅑ : 3회, ㅛ : 5회.
>> ㄴ. 음성모음 뒤 ; ㅓ : 18회, ㅜ : 14회, ㅡ : 8회, ㅕ : 2회, ㅠ : 3회.
>> ㄷ. 중성모음 뒤 ; ㅣ : 121회, ㅢ : 2회, ㅐ : 5회, ㅚ : 9회, ㅟ : 2,
>> ㅖ : 16회.
>
> 2) 르 : 총 1회(ㅓ 뒤, 게어르게).

(1)과 같이 ‘모음＋ᄅ(X)/르(X)’ 환경을 검토해 본 결과, ‘게어르게’를 제외한 모든 경우에 ‘ᄅ’로만 나타났다. 이러한 결과는 선행 음절의 모음이 ‘ㆍ’와 ‘ㅡ’의 선택에 영향을 미치지 못하였음을 말해주는 동시에 ‘ㄹ’이 ‘ㆍ’의 선택에 영향을 미치고 있음을 시사해준다. ‘게어르게’를 제외하면, ‘ㄹ’

---

4) 이러한 경향의 단초는 이미 15세기 자료에 보이기 시작하는 듯하다. 한영균(1994 : 80)에 따르면 ‘ㅡ가 ‘ㆍ’로 바뀐 예들이 ‘ㄱ, ㄴ, ㄹ, ㅁ, ㅂ, ㅅ, ㅇ, ㅎ’ 등 거의 모든 범주의 자음 다음 위치에서 나타나지만, 주류를 이루는 환경은 ‘ㄴ, ㄹ, ㅅ, ㅎ’에 한정된다고 한다. 이 가운데 ‘ㅎ’을 제외하면 15세기에 이미 특정의 자음에 ‘ㅡ가 ‘ㆍ’로 바뀌는 초기 모습을 보인다고 할 수 있다.

5) 자료 추출의 계량화 작업에는 국립국어연구원에서 개발한 용례 검색 프로그램인 hgrep97을 이용하였다.

뒤에서 원래의 모음이 무엇이었느냐에 관계없이 모두 ‘·’로 표기되어 나
타나기 때문이다.

　이러한 관점에서 ‘ㄹ’ 외의 자음 뒤에서도 유사한 결과를 보여주는지 검
토해 보았다. (2)는 ‘ㄱ’ 뒤 나타난 ‘·’와 ‘—’ 표기의 음절별 빈도이다.

　(2) 1음절 : ㄱ(76)6), 그(253), 2) 2음절 : ㄱ(8), 그(24), 3) 3음절 : ㄱ
　　　(6), 그(0), 4) 4음절 : ㄱ(0), 그(1), 5) 5음절 이상 용례 없음.

　(2)는 ‘ㄱ’ 뒤에서 ‘·’ 표기가 1음절에서 76회, 2음절에서 8회, 3음절에
서 6회 나타나지만, 4음절과 5음절에서는 나타나지 않았다. ‘ㄱ’ 뒤의 ‘—’
표기는 1음절에서 253회, 2음절에서는 24회, 4음절에서 1회 나타났으나
3음절에서는 나타나는 예가 없었다. 그러나 이 빈도만으로 ‘ㄱ’ 뒤에서 ‘·’
와 ‘—’의 표기가 선택되는 특성을 알 수는 없다. 그래서 ‘·’나 ‘—’가 선택
된 용례들의 특성을 검토해 보았다.

　(3) 1) ㄱ. 1음절 ‘ㄱ’ : 76회 모두 어휘형태소의 제1음절임.
　　　　ㄴ. 1음절 ‘그’ : 253회 모두 어휘형태소의 제1음절임.
　　　2) ㄱ. 2음절 ‘ㄱ’ : 근근히, 집ㄳ티, 훈굘ㄳ치(6).
　　　　ㄴ. 2음절 ‘그’ : 고금이, 궁극히, 근근ᄒ며, 근근ᄒ야, 반급을, 붓그
　　　　　러오-～붓그럽-(5), 붓그리(6), 빅금을, 작금, 져그면, 즉금, 지
　　　　　극히, 지극혼, 쳔근ᄒ나
　　　3) 3음절 ‘ㄱ’ : 훈굘ㄳ치(6).
　　　4) 4음절 ‘그’ : 교득치근을.

　‘ㄱ’ 뒤에서는 ‘·’와 ‘—’가 대부분 어휘형태소 내부에 있던 원래의 ‘·’나

---

6) 용례 뒤에 제시되는 ( ) 속의 숫자는 『어제』에 나타나는 해당 용례의 빈도를 나타낸다.

'ㅡ'가 그대로 표기되었다. 그리고 2음절의 '져그면(눈음 2a)'에 나타나는 '-으면'을 제외하면 'ᄀ'나 'ㄱ'로 시작하는 문법형태소는 전혀 나타나지 않는다. 'ㄱ'으로 끝나는 체언이나 용언어간에 모음으로 시작하는 조사나 어미가 결합되면 거의 모두 분철 표기되었기 때문이다.

(4)는 'ㅋ' 뒤 'ㆍ'와 'ㅡ' 표기의 음절별 빈도이고 (5)는 그 용례들이다.

(4) 1음절 : ᄏ(0), 크(9), 2음절 : ᄏ(5), 크(0), 3음절 이상 : 용례 없음.

(5) 1) 1음절 '크' : 크-(9).
    2) 2음절 'ᄏ' : 일ᄏ-~일콜-(5).

'크-'가 9회, '일ᄏ-~일콜-'이 5회 나타나, 이 환경에서의 'ㆍ'의 표기는 어휘형태소에 한정되어 있다.

(6)은 'ㅁ' 뒤 'ㆍ'와 'ㅡ' 표기의 음절별 빈도이고 (7)은 그 용례들이다.

(6) 1음절 : ᄆ(49), 므(27), 2음절 : ᄆ(2), 므(41), 3음절 : ᄆ(2), 므(30),
    4음절 : ᄆ(0), 므(40), 5음절 : ᄆ(0), 므(3).

(7) 1) ㄱ. 1음절 'ᄆ' : ᄆ더니, ᄆ르디, ᄆᄋᆷ(41), ᄆ초미라, ᄆ춤내(3), 몰을, ᄆ고.
       ㄴ. 1음절 '므' : 므릇(2), 므스, 므슴(7), 므어슬, 므엇고(2), 믁이, 믄득(2), 믄허디논, 믈(水, 4), 믈러오믄, 믈욕(2), 믈(物, 3).
    2) ㄱ. 2음절 'ᄆ' : 다ᄆᆺ(2).
       ㄴ. 2음절 '므' : ᄀ믄(去), 너믈가, 놀ᄆ로뼈, 되믈(2), 드므다, 드믈게, 들믄(2), 디믄, 만믈을(2), 미믈이오, 민믁ᄒ리오, 일믄, 져므러시니, 져믄, 져믈고, 지믈(5), 허믈티, ᄒ므로(3), ᄒ믄(3), ᄒ믈며(11).

3) ㄱ. 3음절 ‘ᄆ’ : 니르몬, 어르몬디시니.

　　ㄴ. 3음절 ‘므’ : 곤ᄒ믈, 그르믈, 니르믈, 닙으믄, 다르믄, 담ᄒ므로
　　　　ᄡᅥ, 맛디믈, 못ᄒ믄(3), 밧들믈, 블(不)ᄒ믄, 브라믈, 셤기믄(2),
　　　　쇠ᄒ믈, 쉬오믄, 씨치믈, 아니믄, 아니믈, 업스믈, 여트믈, 이시
　　　　므로ᄡᅥ라, 이시믄(2), 임ᄒ믄, 타ᄒ믄, 홍ᄒ믈, ᄒ시므로(2).

4) 4음절 ‘므’ : 감동ᄒ믈, 개연ᄒ믈(2), 거슯디므로, 게어르믈, 근노ᄒ
　　믈, 긴졀ᄒ믈, 노쳐ᄒ믈, 님군되믈, 말미아므니, 말미아므디, 말미아
　　믄디라, 명텰ᄒ믄, 명ᄒ시믄, 믈러오믄, 방죵ᄒ므로, 복명ᄒ믈, 복정
　　ᄒ믈, 부조ᄒ믈, 식당ᄒ므로, ᄉ랑ᄒ므로ᄡᅥ, ᄉ랑ᄒ믈, ᄉ모ᄒ믈, 아
　　니ᄒ믄(2), 아니ᄒ믈, 암험ᄒ믈, 어려오므로, 어려오믄, 억졔ᄒ믄,
　　영오ᄒ믈, 오열ᄒ믈, 용퇴ᄒ믈, 인도ᄒ믄, 젼연ᄒ믄, 죵속ᄒ믈, ᄌ닙
　　ᄒ므로, 탄식ᄒ믈, 튜모ᄒ믈, 패연ᄒ믈.

5) 5음절 ‘므’ : 드리오시믈, 븟그러오믄, 븟그러오믈.

　　(6)과 (7)에서 드러나듯이, ‘ᄆ’ 뒤에서도 어휘형태소 내부의 ‘ㆍ’와 ‘ㅡ’
는 ‘ᄒ믈며’만을 제외하면 모두 이전의 모습 그대로 표기되었다. 문법형태
소에서는 모두 ‘ㅡ’로만 표기되었다. 특히 ‘(X)ᄒ므로, (X)ᄒ믄’ 등과 같이
명사형 어미가 결합된 경우는 예외 없이 ‘ㅡ’로만 나타난다.

　　(8)은 ‘ㅂ’ 뒤 ‘ㆍ’와 ‘ㅡ’ 표기의 음절별 빈도이고 (9)는 그 용례들이다.

(8) 1음절 : ᄇ(25), 브(42), 2음절 : ᄇ(9), 브(9), 3음절 : ᄇ(0), 브(5), 4
　　음절 : ᄇ(0), 브(3), 5음절 : ᄇ(0), 브(1)

(9) 1) ㄱ. 1음절 ‘ᄇ’ : ᄇ라(仰, 2), ᄇ라-(望, 15), ᄇ라보와(2), ᄇ람(2),
　　　　ᄇ리고(3), ᄇ이

　　　ㄴ. 1음절 ‘브’ : 브득이, 브즈러니, 브즈런ᄒ며, 븍, 블과(2), 블러
　　　　(2), 블븟는, 블식ᄒ샤디, 블이ᄒ고, 블쵸드려, 블쵸ᄒ-(4), 블
　　　　츼(2), 블티옴, 블ᄒ(10), 블ᄒ믄, 븟그러오-~븟그럽-(5), 븟

그려(5), 붓그리고, 붓쳐

2) ㄱ. 2음절 'ᄇ' : ᄀᄇ야온, 져ᄇ리-(8)

ㄴ. 2음절 '브' : 녜브터, 더브러(4), 더브로(2), 블붓는, 비브롬과

3) 3음절 '브' : 녜로브터, 뎌로브터(2), 쌔로브터, 일칙블황과

4) 4음절 '브' : 어려셔브터(2), 지우현블쵸의

5) 5음절 '브' : 즈음으로브터

전반적으로 'ᄇ' 다음에는 '一'가 선택되었다. 그러나 'ᄇ' 말음어간이 모음어미를 만나면 분철 표기되고, 'ᄇ'으로 시작되는 조사나 어미가 없기 때문에 문법형태소의 'ᄇ' 다음에 일률적으로 '一'가 선택된다고 말하기는 어렵다. '브터'는 'ᄇ' 다음에 '·'가 아니라 '一'가 선택되었으나, '브터'에는 '븥-'의 의미와 기능이 남아 있으므로 어휘형태소의 표기에 따른 것으로 간주할 수 있다.

'ᄑ' 뒤에서도 어휘형태소 내부에서 '·'나 '一'가 원래의 모습 그대로 나타난다는 특성만 보여준다. 'ᄑ' 뒤에서는 제2음절에서 '프'만 43회 나타나는데, (11)의 예에서 알 수 있듯이 모두 어휘형태소의 내부에 있는 '슬프-'의 '프'가 그대로 표기된 것이다.

(10) 'ᄑ' 뒤 ; 2음절 : 푸(0), 프(43), 2음절부터 용례 없음.

(11) 2음절 '프' : 슬프-(43).

이제 [-grave]의 자음인 'ㄹ, ㄷ, ㅌ, ㅅ, ㅆ, ㅈ, ㅊ, ㄴ' 다음에 오는 '·'와 '一'의 표기 양상을 검토해 보기로 한다. 먼저 ㄹ의 경우를 보기로 한다. (12)는 'ㄹ' 뒤 '·'와 '一' 표기의 음절별 빈도이고, (13)은 그 용례들이다.

(12) 1음절 : 른(0), 르(0), 2음절 : 른(204), 르(0), 3음절 : 른(100), 르
(1), 4음절 : 른(19), 르(0), 5음절 이상은 용례 없음.

(13) 1) ㄱ. 2음절 ‘른’ : 거른매, 계론, 고른-(2), 교론, 구롬(2), 그른-(2),
긔론, 기른-(3), ᄀ론치-(4), 너론(2), 녀롬, 녜론(2), 니른-
(60), 니론-, 니른-, 니른혀, 니른히(2), 다른-(12), 도론(5),
드론미(2), 드론디어다, 모른ᄂ냐, 무른면(5), 므룻(2), ᄆ른디
(2), 바론(4), 비론, 사롬(38), 서른(5), 시른며, ᄶ론(4), ᄯ
롬(2), ᄶ론, 아롬다이, 아롬답다, 어른ᄆ디시니, 어롬에, 오
롬, 의론, 이론(8), 쟈론(2), 져론, 쥬론, 하론, 호론, ᄒ른날
의, ᄒ른밤, 희론 등.
2) ㄱ. 3음절 ‘른’ : 게어른-(5), 게으른-, 녯사롬, 비브롬과, 씨드른-
(3), 일ᄏ른-(3), 간즈론, 감지론, 감패론, 공부론, 글귀론, 나
모론, 늙기론 등 목적격 조사 ‘론’(85).
ㄴ. 3음절 ‘르’ : 게으르게.
3) 4음절 ‘른’ : 고으니론, 며ᄂ리론, 어버이론 등 목적격 조사 ‘론’ (19).

　(12)와 (13)에서 ‘게으르게’를 제외하면 ‘르’ 다음에는 어휘형태소의 내
부에서이건 문법형태소에서이건 어떤 환경에서나 모두 ‘ㆍ’가 선택되었
다.7) 이것은 ‘르’ 뒤에서 원래의 ‘ㆍ’는 그대로 나타나고, 원래의 ‘ㅡ’는 ‘ㆍ’
로 바뀌어 나타남을 말해준다. 이와 같이 ‘르’ 뒤에서 대부분 ‘ㆍ’로 나타나
는 이유는 ‘르’이 ‘ㆍ’의 선택에 영향을 미쳤기 때문이라고 추정된다.
　(14)는 ‘ㄷ’ 뒤 ‘ㆍ’와 ‘ㅡ’ 표기의 음절별 빈도이고, (15)는 그 용례들이다.

---

7) ‘게으르게’의 어간도, 이 자료에서의 일반적인 어형은 ‘게어른-’이고, ‘게어른-’의 ‘어’가 ‘으’
　로 교체된 경우에도 ‘게으른-’와 ‘게으르-’가 공존하므로, ‘르’ 뒤에 ‘ㅡ’가 결합된 어형은
　어휘형태소 내부의 ‘ㆍ’가 ‘ㅡ’로 바뀌기 시작하는 규칙과 ‘르’ 뒤에서 ‘ㆍ’가 선택되는 규칙
　의 충돌에서 빚어진 형태로 간주된다.

(14) 1음절 : ᄃᆞ(10), 드(18), 2음절 : ᄃᆞ(25), 드(13), 3음절 : ᄃᆞ(4), 드
(1), 4음절 : ᄃᆞ(0), 드(5), 5음절 : ᄃᆞ(0), 드(3)

(15) 1) ㄱ. 1음절 'ᄃᆞ' : ᄃᆞ리여, ᄃᆞ토와, ᄃᆞᆯ[月](5), ᄃᆞᆺᄒᆞ-(3)
          ㄴ. 1음절 '드' : 들-(2), 들~듣-(7), 드러-(2), 드므다, 드믈게,
              들기시니, 들믄(2), 들치-(2), 듕진ᄒᆞ며
      2) ㄱ. 2음절 'ᄃᆞ' : 기ᄃᆞ리-(3), 너ᄃᆞ려, 믿ᄃᆞᆯ-(3), 반ᄃᆞ시(8), ᄶᅵᄃᆞᆮ-~
              ᄶᅵᄃᆞᆯ-(6), 아ᄃᆞᆯ, 애ᄃᆞᆯ온, 애ᄃᆞᆯ와, 여ᄃᆞᆲ이오
          ㄴ. 2음절 '드' : 교득치근을, 맛드리고, 믄득(2), 바드미, 밧들- (4),
              얻-(3)
      3) ㄱ. 3음절 'ᄃᆞ' : 기우ᄃᆞ록, ᄀᆞ다둠고져, 블쵸ᄃᆞ려, 형뎨ᄃᆞ려
          ㄴ. 3음절 '드' : 닙은들
      4) 4음절 '드' : 그러커든, 뉘우츤들, 니ᄅᆞ거든, 다ᄅᆞ거든, 어렵거든
      5) 5음절 '드' : 그러ᄒᆞ거든(2), 아니ᄒᆞ거든

    (14)와 (15)의 예들을 보면 알 수 있듯이, 대체로 'ㄷ' 뒤에서 어휘형태
소 내부의 'ㆍ'와 'ㅡ'는 그대로 표기되었다. 어휘형태소가 아닌 경우에는
'Xᄃᆞ려'나 'Xᄃᆞ록'에서는 'ㄷ' 뒤에 'ㆍ'가 그대로 나타났으나, '닙은들, 뉘우
츤들'의 '들'에서는 'ㅡ'로 나타났으며, '다ᄅᆞ거든, 어렵거든, 그러ᄒᆞ거든, 아
니ᄒᆞ거든' 등에서처럼 원래의 'ㅡ'는 모두 원래의 'ㅡ' 그대로 나타났다. 그
러나 [-grave] 자음 뒤에서 'ㆍ'가 선택되는 『어졔』의 일반 특징과는 차이
가 있다.

    (16)과 (17)은 각각 'ㅌ' 뒤 'ㆍ'와 'ㅡ' 표기의 빈도와 용례를 검색한 결
과이다.

(16) 1음절 : ᄐᆞ(2), 트(2), 2음절 : ᄐᆞ(14), 트(1), 3음절 : ᄐᆞ(5), 트(0), 4
    음절 이상 용례 없음

(17) 1) ㄱ. 1음절 '트' : 트고(2)

　　　ㄴ. 1음절 '트' : 특별이, 특심ᄒ니

　　2) ㄱ. 2음절 '트' : 고툿(2), ᄀᆺ트-(11), 쾌트록

　　　ㄴ. 2음절 '트' : 여트믈

　　3) 3음절 '트' : 이러트시, 이러툿(4)

(16)과 (17)에서도 대부분 어휘형태소 내부의 'ㆍ'나 'ㅡ'가 그대로 나타남을 보여준다. '드록'의 예도 'ㄷ' 뒤에서와 다르지 않고, '여트믈'에서 원래의 'ㅡ'가 그대로 나타나는 것도 'ㄷ'의 경우와 같다.

(18)은 'ㄴ' 뒤 'ㆍ'와 'ㅡ' 표기의 음절별 빈도이고, (19)는 그 용례이다.

(18) 1음절 : ᄂᆞ(5), 느(68), 2음절 : ᄂᆞ(104), 느(4), 3음절 : ᄂᆞ(60), 느(0), 4음절 : ᄂᆞ(54), 느(0) 5음절 : ᄂᆞ(16), 느(0), 6음절 : ᄂᆞ(4), 느(0)

(19) 1) ㄱ. 1음절 'ᄂᆞ' : ᄂᆞ준, ᄂᆞ호-(3), ᄂᆞᆺ치

　　　ㄴ. 1음절 '느' : 늙기에, 늠연티, 늠쳑ᄒ미, 늣-(3), 능재, 능히(61).

　　2) ㄱ. 2음절 'ᄂᆞ' : 며ᄂᆞ리롤, 오ᄂᆞᆯ날(3), 하ᄂᆞᆯ(16), 어ᄂᆞ(4)를 제외하면, '가ᄂᆞ니(3), 삼ᄂᆞ-(3), 이ᄂᆞᆫ(14), 치ᄂᆞᆫ(2), 펴ᄂᆞ니, 듣ᄂᆞᆫ, 업ᄂᆞᆫ디라'의 'ᄂᆞ'와 'ᄂᆞᆫ'임

　　　ㄴ. 2음절 '느' : 목능이, 무능타, 무능ᄒ야, 일능과.

　　3) 3음절 'ᄂᆞ' : 원래 양성모음이었던 어형을 제외하면 "되엿ᄂᆞᆫ(3), 미처ᄂᆞᆫ, 붕우ᄂᆞᆫ, 블붓ᄂᆞᆫ, 꿈꾸ᄂᆞᆫ, 일윗ᄂᆞᆫ, 쟈류ᄂᆞᆫ, 형뎨ᄂᆞᆫ, ᄒ여ᄂᆞᆯ" 등은 음성모음형 '으'였던 것이'ᄋᆞ'로 바뀌어 나타나는 예들임

　　4) 4음절 'ᄂᆞ' : '(X)ᄒ-'를 제외하면, '니르러ᄂᆞ뇨, 니르러ᄂᆞᆫ(3), 다스리ᄂᆞᆫ, 도리어ᄂᆞᆯ, 말미암ᄂᆞᆫ디라, 믇허디ᄂᆞᆫ, 부부에ᄂᆞᆫ, 붕우에ᄂᆞᆫ, ᄇᆞ리기ᄂᆞᆫ, 셤기옵ᄂᆞᆫ, 아니어ᄂᆞᆯ, 아래로ᄂᆞᆫ, 어딜거ᄂᆞᆯ, 합ᄒ엿ᄂᆞ니, 형뎨에ᄂᆞᆫ' 등 'ㅡ'가 'ㆍ'로 바뀌어 나타난 것임.

   5) 5음절 'ᄂ' : 계명미됴ᄂ, 근원이어ᄂ, 건절ᄒ시ᄂ니, 망팔ᄒ엿ᄂ디
      라, 못ᄒ시거ᄂ, 벼슬ᄒ매ᄂ, 셩댱ᄒ야ᄂ, 슈령되매ᄂ, 아니ᄒ야ᄂ,
      아니ᄒ얏ᄂ뇨, 아니ᄒ엿ᄂ라, 알리오마ᄂ, 영감ᄒ엿ᄂ디라, 좌이디
      됴ᄂ, ᄒ나ᄒ로ᄂ(2).
   6) 6음절 'ᄂ' : 골골역역ᄒᄂ뇨, 니르리오마ᄂ, ᄆᆞ음이언마ᄂ, 아니ᄒ
      엿거ᄂ.

   1음절과 2음절 위치에서는 'ㄴ' 다음에 'ㅡ'가 사용되기도 하지만 이들은
모두 어휘형태소 내부에 있던 원래의 'ㅡ'가 그대로 표기된 것이다. 문법형
태소에 있어서는 'ㄴ' 다음에 'ㆍ'만 나타나는데, 원래 'ㅡ' 였던 경우에도
모두 'ㆍ'로 바뀌어 나타난다. 주제의 보조사와 현재 진행의 선어말어미와
같이 'ᄂ'과 '는'의 이형태를 갖는 경우에도 모두 'ᄂ'으로 바뀌어 나타나며,
'-어늘, -거늘' 등에서는 'ㄴ' 다음의 'ㅡ'가 'ㆍ'로 바뀌어 나타난다.
   다음 (20)은 'ㅅ' 뒤 'ㆍ'와 'ㅡ' 표기의 음절별 빈도이고, (21)은 그 용례
들이다.

(20) 1음절 : ᄉᆞ(42), 스(74), 2음절 : ᄉᆞ(92), 스(8), 3음절 : ᄉᆞ(4), 스(0),
     4음절 이상 용례 없음

(21) 1) ㄱ. 1음절 'ᄉᆞ' : ᄉᆞ, ᄉᆞ긔(2), ᄉᆞ라딜디라, ᄉᆞ랑ᄒ-(9), ᄉᆞ리, ᄉᆞ모
          ᄒ-(6), ᄉᆞ방, ᄉᆞ십년, ᄉᆞ십일년, ᄉᆞ십지롤, ᄉᆞᄉᆞ로이(3), ᄉᆞ양
          ᄒ리오, ᄉᆞ욕을(3), ᄉᆞ위롤, ᄉᆞ의, ᄉᆞ이, ᄉᆞ지롤(3), ᄉᆞ희(2),
          술진, 술피-(2)
       ㄴ. 1음절 '스' : 스승(2), 스ᄉᆞ로(22), 슬과(2), 슬프-(43), 습을
          (1), 습이(1), 승노반과(2), 승션의(1)
   2) ㄱ. 2음절 'ᄉᆞ' : 거ᄉᆞ, 거술(12), 결ᄉᆞᄒᄂ니, 고ᄉᆞ의, 군ᄉᆞ의(2),
          농ᄉᆞᄂ, 농ᄉᆞ우튁에, 다ᄉᆞ리-(9), 다ᄉᆞ(5), 말ᄉᆞᆷ이, 므스, 므슴

(7), 벼슬을, 벼슬ㅎ-(2), 슈ᄉ롤, ᄉᄉ로(22), ᄉᄉ로이(3), 업ᄉ나, 업ᄉ니(4), 업ᄉ라, 업ᄉ면(3), 업ᄉ믈, 업ᄉ미, 업손, 업손디, 업술고, 업슴만, 여숫, 요ᄉ이, 우ᄉ니, 인ᄉ롤, 젼ᄉ롤, 죵ᄉ롤

ㄴ. 2음절 'ᄉ' : 거슳디므로, 거슳디면, 당슙(3), ᄉ승(2), 창승월 광은

3) 3음절 'ᄉ' : ᄌ오술, 닙국ᄉ군을, 므어술, 지가ᄉ친은

'ᄉ' 뒤에서도 어휘형태소 내부의 'ㆍ'와 'ㅡ'는 대부분 그대로 나타나지만, 'ᄉᄉ로, 우ᄉ니, 여숫' 등과 같이 일부 예에서는 'ㅡ'가 'ㆍ'로 바뀌어 나타나기도 한다. 그러나 'ㅡ'가 'ㆍ'로 바뀌어 표기되는 예들은 어휘형태소에 있어서도 비어두음절에 한정된다. 어휘형태소와 달리 문법형태소에서는 'ᄉ' 뒤에서 모두 'ㆍ'로 나타난다. 그리하여 '없-'과 같이 'ᄉ'을 마지막 자음으로 갖는 어간에 모음어미가 결합되면 어김없이 'ㆍ'가 선택된다.

(22)와 (23)은 'ㅈ' 뒤 'ㆍ'와 'ㅡ' 표기의 빈도와 그 용례들이다.

(22) 1음절 : ᄌ(28), 즈(13), 2음절 : ᄌ(49), 즈(3), 3음절 : ᄌ(8), 즈(0), 4음절 : ᄌ(1), 즈(0) 5음절 : ᄌ(1), 즈(0)

(23) 1) ㄱ. 1음절 'ᄌ' : ᄌ(4), ᄌ강ᄒ야, ᄌ닙ᄒ므로, ᄌ데, ᄌ되, ᄌ라기의, ᄌ면ᄒ는, ᄌ셩의, ᄌ손(2), ᄌ식(9), ᄌ약ᄒ야, ᄌ양이, ᄌ여는, ᄌ의, ᄌ지, ᄌᄌᄒ야

ㄴ. 1음절 '즈' : 즈음(4), 즉금, 즉조혼(2), 즐기-(2), 증ᄌ(3), 증험

2) ㄱ. 2음절 'ᄌ' : 간ᄌ롤, 경ᄌ년, 군ᄌ슉녀의, 글ᄌ의, ᄀ족디, 난ᄌ(2), 남ᄌ의, 니ᄌ니, 니ᄌ미, 니줄디라, 나존, 댱ᄌ셔명의, 모ᄌ와, 뭇ᄌ오매, 뭇줍더시니, 민ᄌ건은, 민ᄌ건이여, 밍ᄌ(2), 부ᄌ(3), 안ᄌ(3), 애ᄌ, 어ᄌ러여, 어ᄌ러이고, 외ᄌ와, 인ᄌ

(2), 일즈와, 죵즈롤, 쥬즈의, 증즈의(2), 즈즈ᄒ야, 쳐즈(7),
튱즈(4)

ㄴ. 2음절 '즈' : 브즈러니, 브즈런ᄒ며, 편즙ᄒ시고

3) 3음절 '즈' : 경지즘의, 니론죽, 닐럼죽디, 못ᄒ죽(2), 아닌죽, 어졔
즈셩면틱눈음, 일인죽[8]

4) 4음절 '즈' : 법바담죽

5) 5음절 '즈' : 경계ᄒ얌죽

'ㅈ' 뒤에서도 역시 어휘형태소 내부의 'ㆍ'나 'ㅡ'는 대부분 그대로 나타
난다. 그러나 '어즈러여, 어즈러이고' 등에서는 어휘형태소 내부에서도 'ㅡ'
가 'ㆍ'로 바뀌어 표기되는 경우가 보이는데 비어두음절 위치에서만 이러
한 현상이 보인다. 그러나 어휘형태소 내부의 'ㆍ'가 'ㅈ' 뒤에서 'ㅡ'로 바
뀐 예들은 보이지 않는다. 문법형태소의 경우에는 'ㅈ' 뒤에서 'ㆍ'만이 나
타난다. '니즈니, 니즈미, 니줄디라'와 같은 예들은 후기 중세국어 자료에
서는 'ㅡ'로 나타나던 어미들이지만 이 자료에서는 예외 없이 'ㅈ' 뒤에서
'ㆍ'로만 나타난다. 한자어 '卽'[즉]에 기원하는 '니론죽, 못ᄒ죽, 아닌죽'의
'죽'이나, '-암직'의 계승형인 '닐럼죽디, 법바담죽, 경계ᄒ얌죽'의 '-암직'이
'-암죽'으로 바뀐 것도 특이하다.[9]

다음 (24)는 'ㅊ' 뒤 'ㆍ'와 'ㅡ' 표기의 음절별 빈도이고, (25)는 그 용례
들이다.

---

8) '니론죽, 못ᄒ죽(2), 아닌죽, 일인죽'의 '죽'은 한자 卽의 음인 '즉'으로서 1음절로 된 어휘
형태소로 보는 것이 타당할 것이다. 그러나 이 '즉'은 의존적으로 사용되어 여기에서는 1
음절로 간주하지 않았다.

9) 15세기에는 "다ᄉ가짓 功이 ᄀᆞ즈며 六千德이 圓ᄒ야 法 바담직홀씨(석 十九 : 25), 東녀그
로 萬里예 녀가 興을 탐직ᄒ니(두초 七 : 2), 곧마다 綠楊이 볼 미얌직ᄒ고(金三 四 : 48)"
등과 같이 '-암직ᄒ다'로 나타났다.

(24) 1음절 : 츳(5), 츠(0), 2음절 : 츳(18), 츠(0), 3음절 : 츳(2), 츠(0), 4
   음절 이상 : 용례 없음

(25) 1) 1음절 ‘츳’ : 츳비의, 츳마(2), 춤으나, 츳졔
   2) 2음절 ‘츳’ : 낙츳와, 미츠리오, 미츠매(2), 밋츳매, 미츳미라, 마춤
      내(3), 부춤과, 아춤의, 우츳흡다, 쟝촛(5), 초츳
   3) 3음절 ‘츳’ : 뉘우츨, 뉘웃츤들

‘츳’ 뒤에서도 어휘형태소 내부의 ‘ㆍ’와 ‘ㅡ’는 바뀌지 않고 각각 그대로
표기되어 나타난다. 그러나 문법형태소에 있어서는 ‘츳’ 뒤에서 ‘ㆍ’만이 나
타난다. ‘및-’의 활용형인 ‘미츠리오, 미츠매, 미츳미라’ 등은 ‘미츠리오, 미
츠매, 미츠미라’는 나타나지 않으며, ‘뉘웃-’의 활용형도 ‘뉘우츨, 뉘웃츤들’
등으로 나타나 ‘츳’ 다음에 원래의 ‘ㅡ’가 ‘ㆍ’로 바뀌어 나타난다.
   다음 (26)은 ‘ㅎ’ 뒤 ‘ㆍ’와 ‘ㅡ’ 표기의 음절별 빈도이고, (27)은 그 용례
들이다.

(26) 1음절 : ᄒᆞ(286), 흐(6), 2음절 : ᄒᆞ(260), 흐(25), 3음절 : ᄒᆞ(421),
   흐(20), 4음절 : ᄒᆞ(5), 흐(0), 5음절 : ᄒᆞ(4), 흐(0)

(27) 1) ㄱ. 1음절 ‘ᄒᆞ’ : ‘ᄒᆞ-, ᄒᆞᄅᆞ, 혹문, 혼갓, 홍일에’ 등 어휘형태소 1음
         절에 있는 ㆍ임
      ㄴ. 1음절 ‘흐’ : 흡흐야, 흥망이, 흥흐-(4)
   2) ㄱ. 2음절 ‘ᄒᆞ’ : 한자음, 또는 ‘ᄒᆞ-, X(ᄒᆞ-), ᄯᅩᄒᆞᆫ’ 등 어휘형태소 내
         부에 있는 ㆍ임
      ㄴ. 2음절 ‘흐’ : ‘범흘흐면(눈음 2b)’를 제외하면, 갑흐랴, 갑흐리오,
         깁흐나, 깁흔, 나흐시고, 나흐시며, 놉흐신, 덥흐며, 만흐니, 만
         흐디, 만흐롸, 만흐며, **ᄲᅡ흔, ᄶᅡ흔**, ᄶᅡ흘, 올흔, 우흐로(2), 우
         흐로ᄂᆞᆫ 등 총 24회가 조사나 어미의 ㅡ임

3) ㄱ. 3음절 '훙' : 모두 '(X)훙-, X훙-' 등 파생어나 복합어에 있는 '훙
  -'의 ·임
  ㄴ. 3음절 '흐' : 나라흔, 나라흘(3), 훙나흐로눈(2), 훙나흔(11), 훙
  나흘(3)

4) 4음절 '훙' : 두려워훙-(4), 브즈런훙-(1)

5) 5음절의 '훙' : 골골역역훙ᄂᆞ뇨, 닙신양명훙야, 분화판탕훙더, 빅뎨
  죵녕훙다

'훙' 뒤에서도 어휘형태소 내부의 '·'나 'ㅡ'는 거의 대부분 그대로 나타
나며, '(X)훙-'도 음절의 위치에 관계없이 항상 '(X)훙-'로 나타난다. 그러
나 '만훙-'는 '만흐니, 만흐더, 만흐롸, 만흐며'와 같이 '·'가 'ㅡ'로 바뀌어 나
타나며, 문법형태소의 '훙' 뒤에서는 'ㅡ'가 선택되어 나타난다.10) '만흐-' 외
에도 '갑흐랴, 갑흐리오, 나흐시고, 나흐시며, 놉흐신, 빠흔, 따흔, 따흘,
올흔' 등의 어미는 모두 '·'를 취하던 것들이지만, 모두 'ㅡ'로 바뀌어 표기
되어 나타난다.

3. '·'의 표기와 음성 실현 양상

이 장에서는 2장의 검토를 바탕으로 '·'의 음성 실현 양상을 논의하기
로 한다. 먼저 '·'나 'ㅡ'의 표기 특성은, 2장에서의 논의 방향에 따라 어휘

---

10) '훙'종성 체언의 '훙'은 사라진 경우가 많지만, '훙'이 남아 있는 경우라면, '나라흔, 나라
  흘, 훙나흐로눈, 훙나흔, 훙나흘' 등과 같이 그 '훙' 다음의 조사는 항상 'ㅡ'를 취한다.
  결국 실질적인 의미를 갖는 형태소에 속한 '·'를 제외하면 '·'나 'ㅡ'로 시작하던 조사
  나 어미는 모두 'ㅡ'로만 표기되어 나타난다.

형태소와 문법형태소로 나누어 검토하기로 한다.

어휘형태소 내부의 'ㆍ'와 'ㅡ'는 대부분 원래의 'ㆍ'나 'ㅡ'가 그대로 표기되었다. 일부의 예들에서 'ㆍ'가 'ㅡ'로 바뀐 표기가 보이지만, 대체로 원래의 'ㆍ'나 'ㅡ'가 그대로 표기된 것이다. 그러므로 이전형을 따르는 이러한 표기들은 그대로 음성형을 표기에 반영한 것으로 보아야 할 것이다. 'ㆍ'가 'ㅡ'로 표기된 예들은 고유어 어휘형태소의 비어두음절에서 나타났다. '흐들며, 만흐니, 만흐디, 만흐롸' 등 'ㅁ'이나 'ㅎ' 뒤의 'ㆍ'가 'ㅡ'로 바뀌어 나타났다. 'ㆍ'의 제1단계 변화를 반영하는 이러한 표기도, 'ㆍ'의 일반적인 변화를 고려하면 실제의 음성형이 반영된 것으로 보아야 할 것이다. 'ㆍ'의 제1단계 변화를 반영하는 이러한 변화와 달리, 어휘형태소 내부에 있는 'ㅡ'가 'ㆍ'로 바뀐 표기의 예들도 나타났다. '구룸, 그르-, 녀룸, 므릇, 서르, 어르만디-, 어룸에, 게어르-, (여듧), 므슴, (벼술), 스스로, (여슷,), 어즈러여, 어즈러이고' 등이 그 예들인데, 주로 'ㄹ, ㅅ, ㅈ' 뒤에서 나타났다. 이 예들은 'ㆍ'의 일반 변화 과정에서도 나타난 예들로서 이 'ㆍ'도 실제의 음성형이 반영된 것으로 보아야 할 것이다. 결국 『어제』에 표기된 어휘형태소의 'ㆍ'와 'ㅡ'는 모두 실제 음성형이 반영된 것으로 보아야 할 것이다.

문법형태소의 경우에는 어휘형태소의 경우와 달리 'ㆍ'와 'ㅡ'의 표기 양상이 매우 복잡하다. 문법형태소의 'ㆍ'와 'ㅡ'의 표기는 일률적으로 'ㆍ'의 제1단계 변화를 따르지는 않는다. 중자음이 아닌 'ㅎ, ㅁ, ㅂ, ㄱ' 뒤에서는 'ㅡ'로 표기되었지만, 중자음 'ㄴ, ㄹ, ㄷ, ㅌ, ㅅ, ㅈ, ㅊ' 뒤에서 'ㆍ'로 표기되었다. 이러한 표기 특징은 'ㆍ'의 제1단계 변화가 'ㅎ, ㄱ, ㅂ' 등의 [+grave]의 자음에서부터 시작되었다는 송민(1986)의 논의와 유사하다. 그러므로 'ㆍ'의 제1단계 변화를 고려하면 [+grave]의 자음 뒤에서 'ㆍ'가

'―'로 표기된 것은 일단 실제 음성형의 반영으로 보는 것이 타당하다. [+grave]의 자음 다음에 '·'가 모두 '―'로 바뀐 표기가 '·>―'라는 '·'의 1단계 변화를 반영하는 실제 음성형의 반영이라면, [-grave]의 자음 다음에 '―'가 '·'로 바뀐 표기도 실제 음성형이 반영된 것으로 보아야 할 것이다. [+grave]의 변자음 다음에 표기된 '―'는 음성형의 반영이고, [-grave]의 자음 다음에 표기된 '·'는 실제 음성형이 반영된 것이 아니라고 할 수는 없기 때문이다.

　어휘형태소와 문법형태소로 나누어 검토한 '·'와 '―'의 표기가 실제 음성형의 반영이라면 18세기 중·후기의 『어제』에 나타나는 '·' 관련 표기는 '·' 변화의 과정을 보여준다고 할 수 있다. 『어제』에 나타나는 '·'의 변화는 근대국어 기존에 논의된 '·' 변화와 유사한 점도 있지만 상이한 점도 적지 않다. 먼저 '·'의 일반 변화와 유사한 점을 보기로 한다.

　일부 어휘형태소의 비어두음절에서 나타나듯이 『어제』의 '·'는 제1단계 변화의 확산 과정을 보여주지만, 제2단계 변화의 모습을 거의 보여주지 않는다. 'ᄇᄅᆷ>ᄇ람'이 두 예 보일 뿐, 제1음절에서는 '·'가 'ㅏ'로 바뀌어 나타나는 예가 전혀 보이지 않는 것이다. 비어두음절에 있어서도 어휘형태소 내부에 있는 '·'는 거의 원래의 모습 그대로 나타나며, 고유어의 몇몇 예들에 있어서 '―'로 바뀐 모습을 보여줄 뿐이다. 그러나 어휘형태소 내부의 '·'가 '―'로 바뀐다는 일반 논의와 달리, 'ㄹ, ㅅ, ㅈ' 뒤에서는 '―'가 '·'로 바뀌어 나타나기도 한다. '구름, 그ᄅ-, 녀름, 므릇, 서릇, 어릇만다-, 어름에, 게어ᄅ-,' 등은 'ㄹ' 뒤에서, '(여듧), 므슴, (벼술), 스스로, (여슷,)' 등은 'ㅅ' 뒤에서, '어즈러여, 어즈러이고'는 'ㅈ' 뒤에서 '―'가 '·'로 바뀐 모습을 보여주는 것이다. 이러한 '·'와 '―'의 실현은 '·>―'로만 간주해온 '·'의 제1단계 변화 공식이 너무나 단순화되어 있음을 말해준다.

설사 ‘·’의 제1단계 변화 공식을 ‘·>—’로 설정할 수 있다 하더라도 기존 논의에서 ‘—>·’변화에 대해서 관심을 두지 못하였다는 점이 지적되지 않을 수 없다. [-grave]의 자음 뒤에서 일어나는 ‘—>·’ 변화에 대해 특정의 환경에서 일어난 음성적인 층위의 변화라는 사실을 포착하지 못한 이유는 ‘—>·’변화를 표기상의 문제로 간주해 왔기 때문이었던 것으로 보인다.

문법형태소의 ‘·’와 ‘—’의 실현 양상은 매우 다양하지만, 후기 중세 국어에서와 같이 ‘·’와 ‘—’의 선택이 모음조화에 따르지는 않는다. 그러므로 문법형태소의 ‘·’와 ‘—’의 선택이 선행하는 모음이 양성모음이냐 음성모음이냐에 지배되지 않는다. ‘·’의 변화에 따라 어미의 모음이 어간의 마지막 모음에 지배되지 않는다는 본고의 지적은 기존의 논의와 다르지 않다. 그러나 기존의 논의에서는 ‘·>—’변화로만 규정되는 ‘·’의 제1단계 변화가 일어난 것에서 기인하여 어미의 모음인 ‘·’나 ‘—’가 어간의 모음에 지배되지 않는 것으로 이해되어 왔다. 즉 ‘·’가 비어두음절에서 —로 바뀌었기 때문에 모음조화를 따르지 않게 되었다는 것이다. 그런데 『어졔』의 용례들은 ‘·’와 ‘—’의 선택이 선행 자음에 영향을 받는 것으로 나타난다. ‘·’와 ‘—’가 선행 자음에 따라 영향을 받는다는 사실은 선행 자음에 따라 ‘·’가 ‘—’로 변화하는 규칙과 ‘—’가 ‘·’로 변화하는 규칙이 적용되고 있었음을 말해준다. 그러므로 문법형태소에서 나타나는 ‘·’와 ‘—’의 실현 양상의 통시적인 특징은 두 규칙의 상호 관계 속에서 검토되어야 할 것이다.

‘·’의 제1단계 변화에 해당하는 ‘·’가 ‘—’로 변화하는 규칙은 [+grave]의 자음 뒤에서 적용되고, ‘—’가 ‘·’로 변화하는 규칙은 [-grave]의 자음 뒤에서 적용된다. 이 두 규칙은 입력부와 출력부가 상반되기는 하지만, 적용되는 환경이 다르므로 상호 배타적인 것은 아니다. 그렇다고 하여 [+grave]의 자음 뒤에서 ‘·’가 ‘—’로 변화하는 규칙이 반드시 적용되는 것도 아니며, [-grave]의 자음 뒤에서 '—'가 '·'로 변화하는 규칙이 반드시 적용되는 것도 아니다. 다음의 분철 표기의 용례들은 이 두 규칙이 해당 환경에서 필수적으로 적용되는 것이 아님을 잘 보여준다. ㄱ으로 끝나는 체언이나 용언어간 다음에 '·'나 '—'로 시작하는 조사나 어미가 결합되는 경우부터 보기로 한다.

> (28) 1) 'ㄱ]+—'[11) ; 1음절 : 15회, 2음절 : 16회, 3음절 : 0회, 4음절 : 2회
> 2) 'ㄱ]+ ·' ; 1음절 : 0회, 2음절 : 0회, 3음절 : 0회, 4음절 : 0회

> (29) 1) 1음절 : 닉으며(빅힝 6a), 닉은다라(경셰 6a), 덕을(빅힝 1a, 셕년 1b), 먹으며(눈음 4a, 셕년 5a(2회), 5b), 식을(셕년 4a), 욕을(경셰 9b, 셕년 3b(2회)), 젹으니(빅힝 1b), 젹으롸(빅힝 2b), 젹으며(빅힝 2b).
> 2) 2음절 : 견식을(셕년 6a), 난역을(경셰 8a), 녀곽을(셕년 5a), 문빅을(경셰 4a), 민국을(경셰 2a), 식식을(경셰 6a), 스욕을(눈음 2a, 4a, 셕년 3b), 양휵을(경셰 3b), 의식은(경셰 6a), 인욕을(눈음 2a), 일국을(눈음 2a), 즈식을(빅힝 3a), 향츅을(경셰 6b), 훈셕을(셕년 1a).
> 3) 4음절 : 명쥬빅곡으로(경셰 3a), 됴셕운벽은(경셰 4a).

(28)과 (29)에서 보듯이 'ㄱ'으로 끝나는 체언이나 용언어간 다음에는 거의 예외 없이 분철 표기된다. 이 분철 표기에서 드러나는 특징은 항상 조사나 어미는 '—'가 선택된다는 것이다. 그러면 다른 자음으로 끝나는 환경에서는 어떻게 나타나는지 거의 모두 분철 표기되는 'ㄴ, ㅁ, ㅂ, ㅇ'의 경우를 검토해 보고 분철 표기와 연철 표기가 함께 나타나는 'ㄹ'과 'ㅅ'의

---

11) 'ㄱ] + —'에서 'ㄱ]'은 'ㄱ'으로 끝나는 명사나 용언어간을 말하며, '+'는 형태소 경계를, 그 뒤의 '—'는 '—'로 시작하는 조사나 어미의 이른 바 매개모음 '—'를 말한다.

경우를 함께 검토해 보기로 한다.

(30) 1) ‘ㄴ]+ㅡ’ ; 1음절 : 20회, 2음절 : 49회, 3음절 : 4회, 4음절 : 4회, 5
음절 : 0회

2) ‘ㄴ]+ㆍ’ ; 1음절 : 0회, 2음절 : 0회, 3음절 : 0회, 4음절 : 0회, 5음
절 : 0회

(31) 1) 1음절 : 문을(빅힝 5b), 본을(경세 2b), 분을(경세 3b, 5a(2회), 4b,
5b, 9(2회)) 총7회, 슌을(빅 힝원 3b), 신[履]을(셕년 2a), 인을(셕
년 3a, 3b), 인㼱을(셕년 3b), 친을(경세 4b), 편을(경세 1a(2회),
빅힝 6b(2회)), 훈을(빅힝 5b)

2) 2음절 : 공안을(경세 1b), 근본은(셕년 3b, 경세 2b, 4b), 긔운으
로(빅힝 4a), 님군은(셕년 2b, 뉸음 3a, 3b), 님군을(경세 3a,
7b(3회), 4b, 셕년 2a, 2b(2회), 뉸음 1b, 2a, 2b), 듁슌을(경세
4b), 만민을(뉸음 5a), 미인을(경세 3a), 방촌으로(빅힝 6b), 방
촌은(경세 10a), 범인은(뉸음 3b), 비단을(셕년 5a), 비분을(경세
5a), 삼년을(빅힝 2a(2회)), 샹인으로뻐(빅힝 5b), 셔민은(뉸음
5a), 셔민을(뉸음 1a), 셕년을(셕년 1a, 빅힝 6a), 셩훈을(셕년
1a, 경세 8a), 신닌을(셕년 4b), 십만은(경세 3b), 오륜은(경세
4b), 위인을(빅힝 3a), 인군은(뉸음 3b), 죠션을(경세 7b(2회)),
즁인은(뉸음 3b), 칠년을(셕년 4b), 팔쥰을(경세 3a), 한문은(경
세 3a), 혹문을(경세 1b(2회))

3) 3음절 : 무일편을(경세 4a), 민ᄌ건은(빅힝 1b), 삼신산을(뉸음
1b), 수십년을(경세 1a)

4) 4음절 : 교득치근을(경세 5b), 남경졔신은(경세 7b), 닙국ᄉ군을
(경세 7a), 지가ᄉ친은(경세 7a)

(32) 1) ‘ㅁ]+ㅡ’ ; 1음절 : 15회, 2음절 : 53회, 3음절 : 0, 4음절 : 1회

2) ‘ㅁ]+ㆍ’ ; 1음절 : 0회, 2음절 : 0회, 3음절 : 0, 4음절 : 0회

(33) 1) 1음절 : 금을(빅힝 2a, 4b), 남으미(경셰 1b), 남은(경셰 8a), 몸으
　　　　로뻐(늉음 5a, 셕년 1b, 경셰 2a, 6a), 몸을(늉음 3b), 삼으니(경
　　　　셰 6a), 삼으면(경셰 8b), 삼을딘대(빅힝 2b), 츰으나(경셰 7a),
　　　　품을(빅힝 2a), 품음과(빅힝 1a)

　　 2) 2음절 : 고심을(빅힝 3b), 광졈으로(경셰 5b), 구룸을(빅힝 6a),
　　　　귀감을(빅힝 6b), ᄆᆞ음으로(빅힝 2b, 경셰 5b, 어졔 5a), ᄆᆞ음으
　　　　로뻐(빅힝 2b(2회)), ᄆᆞ음을(빅힝 1b, 2b(3회), 3a(2회), 5a, 5b,
　　　　어졔 6a, 늉음 2b, 4b, 5a, 경셰 7a, 8b(2회), 9a), 보감을(어졔
　　　　4a), 부렴을(경셰 1b), 빅금을(경셰 3a), 사룸으로(어졔 2b, 경셰
　　　　7b), 사룸을(늉음 1b, 2b, 빅힝 6a, 어졔 2a, 2b, 경셰 5a, 8b),
　　　　셩심으로(늉음 1b), 심감을(경셰 2a), 오품은(빅힝 1a), 욕심을
　　　　(어졔 3a, 빅힝 5a(2회), 5b, 경셰 3b, 9a, 10a, 늉음 3b), 일홈
　　　　을(경셰 2a, 4b, 빅힝 6b), 즈음으로부터(경셰 1b), 증험을(늉음
　　　　1b)

　　 3) 4음절 : 일부군감을(셕년 6a)

(34) 1) 'ㅂ]+一'; 1음절 : 9회, 2음절 : 7회, 3음절 : 0회, 4음절 : 0회
　　 2) 'ㅂ]+·'; 1음절 : 0회, 2음절 : 0회, 3음절 : 0회, 4음절 : 0회

(35) 1) 1음절 : 닙으매(셕년 5a, 빅힝 6a), 닙으믄(빅힝 2a), 닙은(늉음 2a),
　　　　닙은들(빅힝 2a), 밥을(셕년 5a), 습을(경셰 5a), 업을(경셰 3a,
　　　　셕년 1b)

　　 2) 2음절 : 당습은(경셰 7b, 8a), 당습을(경셰 8a), 문답으로뻐(경셰
　　　　2a(2회)), 문답을(늉음 2a), 반급을(경셰 5a)

(36) 1) 'ㅇ]+一'; 1음절 : 11회, 2음절 : 40회, 3음절 : 2회, 4음절 : 4회
　　 2) 'ㅇ]+·'; 1음절 : 0회, 2음절 : 0회, 3음절 : 0회, 4음절 : 0회

(37) 1) 1음절 : 공을(경셰 9b), 당은(경셰 8a), 명을(경셰 2b), 셩으로(셕
　　　　년 2a(2회), 3a(2회), 경셰 2b), 셩을(경셰 9b), 탕은(셕년 2a),

향을(뉸음 4b)
2) 2음절 : 남경을(경셰 7b), 뉴경을(경셰 3b), 빅셩으로(경셰 5b(2
회)), 빅셩은(뉸음 3a (2회), 셕년 2b, 3a, 빅힝 4b), 빅셩을(뉸음
4a(2회), 2b, 5a, 빅힝 4b, 5b, 셕년 2b, 4a), 셰샹을(경셰 10b,
빅힝 6b), 스승을(셕년 2b), 신공을(경셰 8a), 아셩으로(셕년 2a,
경셰 9b), 용밍을(빅힝 5a(2회)), 인졍으로뻐(빅힝 4b), 졍셩으로
(경셰 7a), 지셩으로(빅힝 3b), 츈방으로(셕년 6a), 츈방을(셕년
6a), 텬명을(뉸음 5a), 텬샹을(셕년 4a), 튱셩을(빅힝 2b, 4a),
피창을(뉸음 2b, 경셰 6a), 현종은(경셰 3b), 홍양으로(경셰 3a),
환셩은(경셰 3b), 훼방을(경셰 5a)
3) 3음절 : 금슈댱을(경셰 3a), 뉵아쟝을(빅힝 1b)
4) 4음절 : 창셩월광은(경셰 4a), 희동신공은(경셰 10a), 억만싱녕은
(뉸음 4b), 대쇼신공은(뉸음 5a)

'ㄱ, ㄴ, ㅁ, ㅂ, ㅇ'으로 끝나는 어간은 '·'나 '一'로 시작하는 어미가 뒤
에 오면 거의 모두 분철 표기되었다. 분철 표기에서 모음어미는 항상 '一'
로 나타난다. [+grave]의 자음인 'ㄱ, ㅁ, ㅂ, ㅇ'으로 끝나는 체언이나 용
언어간 뒤에서 '一'가 선택된다는 사실은 앞에서의 검토와 일치한다. 그러
나 'ㄴ'으로 끝나는 체언이나 용언어간 뒤에서 '一'로 시작하는 어미가 선택
된다는 사실은 [-grave]의 자음인 'ㄴ' 뒤에서는 '·'가 선택되는 연철 표기
의 경우와 일치하지 않는다. 이러한 사실이 무엇을 의미하는지를 논의하
기 위해 [-grave]의 자음에 속하는 'ㄹ'과 'ㅅ'으로 끝나는 체언과 용언어간
의 경우를 검토해 보기로 한다.

'ㄹ'과 'ㅅ'은 'ㄱ, ㄴ, ㅁ, ㅂ, ㅇ'처럼 체언이나 용언어간과 모음어미를
항상 분철 표기하는 것은 아니다. 분철 표기의 예와 연철 표기의 예를 함
께 제시하기로 한다.

(38) 1) 'ㄹ]+·'; 1음절 : 0회, 2음절 : 0회, 3음절 : 0회, 4음절 : 0회

　　　 2) 'ㄹ]+ㅡ'; 1음절 : 44회, 2음절 : 18회, 3음절 : 0회, 4음절 : 2회

(39) 1) 1음절 : 걸은(셕년 2a), 결을티(경셰 1b, 눈음 2b), 굴을(빅힝 1a),
　　　 글을(경셰 6b, 10b), 날은(셕년 5b), 날을(빅힝 1a(4회), 경셰 9b,
　　　 빅힝 6b, 셕년 5b, 빅힝 6a, 눈음 2b, 경셰 7a, 경셰 9a, 셕년 3b,
　　　 경셰 6b, 경셰 5a, 10b, 셕년 5a), 돌을(경셰 2b, 6b, 9b), 말을
　　　 (경셰 8a, 8b, 빅힝 3b, 6b), 믈은(빅힝 4b), 믈을(빅힝 6a), 뿔을
　　　 (셕년 5a, 빅힝 1a), 셜을(빅힝 1a), 일은(셕년 2b), 일을(셕년
　　　 4a, 경셰 2b, 눈음 3b), 줄을(눈음 3b(2회), 경셰 1b, 8, 빅힝
　　　 2b).
　　　 2) 2음절 : 경알을(경셰 8a), 구졀을(셕년 4b), 만믈을(셕년 3a(2회)),
　　　 면줄을(셕년 4b), 명일을(경셰 2b), 방일을(경셰 8a), 버슬을(셕년
　　　 2a), 쇼일을(경셰 2a), 지믈을(경셰 5a, 빅힝 5a(2회), 5b), 칠질
　　　 을(경셰 2a), 하늘을(경셰 8b, 셕년 1b, 4, 눈음 4b).
　　　 3) 4음절 : 구마쳔필을(셕년 2a), 유정유일은(셕년 3a).

　　분철 표기한 경우에는 'ㄱ, ㄴ, ㅁ, ㅂ, ㅇ'으로 끝나는 체언이나 용언어
간 다음의 어미 선택과 마찬가지로 예외 없이 'ㅡ'형의 어미를 선택하였다.
이러한 표기는 '·>ㅡ'라는 '·'의 제1단계 변화를 반영하는 것으로 간주되
어 왔다. 사실 이러한 표기를 실제 음성의 반영으로 간주하지 않을 수 없다.
　　그러나 이러한 분철 표기와 달리, 앞에서 살펴본 연철 표기에서는 예외
없이 'ㄹ' 뒤에서 '·'가 선택되어 나타났다. 실제로 동일한 환경, 즉 ㄹ로
끝나는 체언이나 용언어간에 '·'나 'ㅡ'로 시작하는 어미가 결합되는 형태
를 연철 표기한 경우에는 1음절에서 0회, 2음절에서 204회, 3음절에서
100회, 4음절에서 19회 모두 '·'를 선택하였던 것이다. 이와 같이 『어졔』
에서는 'ㄹ' 뒤에서 '·'와 'ㅡ'의 선택이 연철 표기와 분철 표기에 서로 상

반되게 나타나는 것이다. 연철 표기의 이러한 특성이 이전 시기의 표기를 그대로 답습한 것은 아니므로, 이러한 연철 표기의 특성도 분철 표기에 대한 해석과 마찬가지로 당시의 실제 음성을 표기에 반영한 것으로 보아야 할 것이다. 이러한 표기 특성은 ㅅ에서도 유사하다.

 ‘ㅅ’은 연철 표기에서는 ‘·’가 선택되었다. 분철 표기에서는 어떻게 나타나는지 먼저 검토해 보기로 한다.

(40) 1) ‘시]+·’; 1음절 : 7회, 2음절 이상 : 용례 없음.
　　 2) ‘시]+一’; 용례 없음.

(41) 1) 1음절 : 쯧을(셕년 1a, 2b, 6b, 경셰 1a, 눈음 4b(2회), 빅힝 5a).
　　 2) 2음절 이상은 모두 연철 표기되어 용례가 없음.

 (40)과 (41)에서 보듯이, ‘ㅅ’ 말음어간을 분철 표기한 예는 ‘쯧을’에만 7회 나타나는데, 7회 모두 ‘一’를 선택하였다. 이러한 표기 특성은 모든 분철 표기에 일관되게 나타나는 경향이다. 이러한 일반 경향에 ‘ㅅ’이 말음인 어간의 경우는 예외적인 특성을 보인다. ‘ㅅ’ 말음어간을 모두 연철 표기한 2음절의 경우에, ‘·’가 92회, ‘一’가 8회 나타나며, 3음절의 경우에 4회 모두 ‘·’를 선택한 것과 달리, 분철 표기에서는 모음이 ‘·’나 ‘一’가 모두 나타난다는 점이 특이하다.

 분철 표기에서는 선행하는 어간의 자음에 관계없이 문법형태소는 ‘·’와 ‘一’ 중에서 ‘一’를 선택하였다. 분철 표기의 이러한 선택은 ‘·’가 ‘一’로 바뀌는 ‘·’의 제1단계 변화와 같다. 연철 표기, 다시 말해서 체언과 조사, 어간과 어미를 통합하여 표면 음절을 표기에 반영한 표기에서는 ‘·’의 제1단계 변화와 상반되는 변화형인 ‘·’가 선택되었지만, 극히 일부의 예(예를 들어 연철 표기에서 'ㅅ' 어간 다음에 'ㅡ'가 선택된 경우)에서는 'ㆍ'의 제1단계 변화를 반영하는 표기도 나타난 것이다. 이러한 분철 표기에서 드러나는 특성이 당시의 실제 음성을 반영하였다면, 마찬가지로 연철 표기도 당시의 실제 음성을 반영한 것으로 보아야 할 것이다. 연철 표기에서 드러난 선행 자음의 조음 위치 자질인 [grave]를 가지고 'ㆍ'와 'ㅡ' 선택의 표기 기준을 정했다고 어려울 뿐 아니라, 분철 표기와 연철 표기의 일관된 표기 기준을 적용한다는 측면에서도 『어제』의 'ㆍ'와 'ㅡ' 표기는 당시의 실제 음성이 반영된 것으로 이해된다.

이러한 관점에서, 『어제』에 관여한 언어 사용자들의 경우, 'ㆍ'의 제1단계의 변화가 진행 상태에 있었던 것으로 이해되어야 함을 말해준다. 분철 표기와 연철 표기에서 'ㆍ'가 'ㅡ'로 바뀌어 나타나는 예들은 'ㆍ'의 제1단계 변화가 진행되고 있었음을 보여준다. 그러나 『어제』는 연철 표기에서 보듯이 'ㆍ'의 제1단계 변화와 상반되는 변화도 진행되고 있었음을 보여준다. 문법형태소에서 [-grave]의 자음 뒤에서 'ㅡ'가 'ㆍ'로 바뀌어 표기된 예들은 이러한 변화를 반영하는 것으로 추정할 수 있다. 이것은 'ㆍ'의 제1단계 변화도 상당히 확산된 상태에 있기는 하였으나, 기존의 논의에서 말하듯이 'ㆍ'가 모두 'ㅡ'로 바뀐 것이 아님을 말해준다. 그러나 'ㆍ'의 제2단계 변화를 보여주는 예들은 전혀 보이지 않았다. 단지 'ᄇᄅᆷ>ᄇ람'과 같이 제2음절에서 'ㆍ'가 'ㅏ'로 교체된 2예가 보였는데, 이는 'ㆍ'의 제2단계 변화가 일어나기 시작하거나 일어나기 직전의 상태를 보여줄 뿐이다. 『어제』에 나타나는 이러한 'ㆍ'의 특성은 'ㆍ'가 비어두음절에서 'ㆍ>ㅡ'라는 제1단계 변화를 거치고, 어두음절에서 'ㆍ>ㅏ'라는 제2단계 변화를 거친다는 식의 단순한 변화를 통하여 비음운화되는 것이 아니라, 표기의 특성(분철 표기와 연철 표기에 의해 형성되는 음절 특성), 선행 자음의 [grave]에 따른 위치 자질, 어휘형태소와 문법형태소 등의 다양한 층위에서 일어나는 역동적인 과정을 통하여 비음운화되는 것으로 이해되어야 함을 말해준다.

4. 마무리

본 연구에서는 18세기 중·후기에 쓰여진 영조의 『어제』에 나타난 '·'와 'ㅡ'의 표기를 계량적으로 검토하면서 그 음성 실현 양상을 논의하였다. 이상의 검토와 논의를 간략하게 정리하면서 본 연구를 마무리하기로 한다.

『어제』에 나타나는 '·'와 'ㅡ'의 표기는 어휘형태소와 문법형태소에 따라 달리 나타났다. 어휘형태소 내부에서는 대체로 원래의 '·'나 'ㅡ'가 그대로 표기되었다. 일부 어휘형태소의 비어두음절에서 '·>ㅡ' 변화가 반영된 표기가 몇몇 나타나기도 하고, 'ᄇᆞ람(<ᄇᆞᄅᆞᆷ), ᄣᅢ(<ᄣᆡ)'와 같은 어휘의 표기에서 '·>ㅏ'의 초기 변화를 반영한 예들이 나타나기도 하였다. 그러나 대부분의 예들에서 어휘형태소 내부의 '·'와 'ㅡ'는 이전 시기의 '·'와 'ㅡ' 그대로 표기되었다. 이러한 표기는 당시 '·'와 'ㅡ'의 음성 실현을 그대로 드러내는 것으로 이해하였다. 그러므로 『어제』가 편찬된 18세기 중·후기의 왕실 자료는 어휘형태소 내부의 '·'가 제2단계 변화가 일어나기 시작하는 초기 단계에 있었음을 보여주는 것으로 추정하였다.

문법형태소에 있어서는 원래의 '·'가 'ㅡ'로 표기된 경우나 원래의 'ㅡ'가 '·'로 표기된 경우가 있어서 '·'와 'ㅡ'의 표기가 매우 복잡한 모습을 보여주었다. 먼저 연철 표기에 있어서 '·'와 'ㅡ'는 대체로 이전처럼 모음조화에 따라 선행 음절의 모음 특성에 따라 선택되는 것이 아니라, 선행 자음의 조음 위치 자질에 따라 [-grave] 자질을 갖는 'ㄴ, ㄹ, ㄷ, ㅌ, ㅅ, ㅈ, ㅊ' 다음에서는 'ㆍ'가 선택되고, [+grave] 자질을 갖는 'ㄱ, ㅋ, ㅎ, ㅁ, ㅂ, ㅍ' 다음에서는 'ㅡ'가 선택되는 것으로 나타났다. 'ㆍ'와 'ㅡ'의 선택 조건이 선행 자음들의 조음 자질 조건에 의해 결정된다는 것은 거의 불가능하다고 판단되어, 이러한 표기 특성을 당시의 실제 음성형이 반영된 표기들로 추정하였다. 이러한 추정은, [+grave]의 자음 뒤에서 'ㆍ>ㅡ' 변화가 시작되었다는 논의를 지지해 주는 동시에, [-grave]의 자음 뒤에서 원래의 'ㅡ'가 'ㆍ'로 교체되는 현상도 음운 층위에서 일어난 현상이었다는 논의를 지지하였다. 특히 후자의 현상, 즉 'ㅡ'가 'ㆍ'로 바뀌는 현상을 유발하는 [+grave] 자음 중에서도 'ㄹ, ㅅ'은 'ㅡ'가 'ㆍ'로 교체되는 규칙을 적용하는 매우 강력한 환경으로 작용하여 어휘형태소 내부에서도 이들 자음 뒤의 'ㅡ'는 대부분 'ㆍ'로 교체되어 나타나는 것으로 이해하였다.

연철 표기와 달리, 자음어간과 모음어미를 분철 표기한 경우에는 선행 음절의 마지막 종성자에 관계 없이, 'ㆍ'나 'ㅡ'의 매개모음으로 시작하는 어미는 예외 없이 'ㅡ'형의 어미가 선택되어 나타났다. 이러한 분철 표기에서는 예외 없이 'ㆍ>ㅡ'라는 'ㆍ'의 제1단계 변화를 반영하는 표기를 보여 주는 것이다. 'ㆍ'가 'ㅡ'로 바뀐 이러한 표기들은 'ㆍ>ㅡ'라는 'ㆍ'의 변화를 반영하는 표기로 이해하지 않을 수 없었다. 이와 같은 맥락에서 선행 자음에 따라 선택되는 연철 표기나 항상 'ㅡ'형의 어미가 선택되는 분철 표기는 모두 『어제』의 표기자들이 음절을 정확하게 관찰하여 표기에 반영한 결과인 것으로 추정하였다.

결국 『어제』의 'ㆍ'와 'ㅡ'는 표기의 기준, 음운론적 환경, 형태론적 단위에 따라 달리 표기되어 나타났으며, 그러한 다양한 표기는 각각의 층위에서 'ㆍ'가 다양하게 변화해 가는 특성을 반영한 것으로 이해하였다. 연철 표기와 분철 표기, 선행 자음의 조음 위치 자질, 어휘형태소 내부와 문법형태소 등 ‘ㆍ’가 분포하는 각 층위에 따라 ‘ㆍ’의 변화는 다양하게 변화하는 특성을 가졌으며 『어제』의 표기는 ‘ㆍ’변화의 그러한 특성을 잘 보여주는 것으로 이해되었던 것이다. 이러한 관점에서 18세기 중·후기의 왕실 자료인 『어제』를 비음운화 과정에 있는 ‘ㆍ’의 변화 과정을 밝힐 수 있는 매우 좋은 자료로 간주하였다. 이러한 왕실 자료에 나타나는 ‘ㆍ’의 특성을, 한편으로 18세기 전기와 후기의 왕실 자료와 비교하고, 다른 한편으로 역학서와 같은 자료에 나타나는 ‘ㆍ’의 특성과 비교해 본다면, ‘ㆍ’변화 과정, 나아가 국어의 음운변화 과정에서 드러나는 특성을 밝힐 수 있을 것으로 생각된다.

 경상도 방언의 'ㅔ'와 'ㅐ'의 합류 과정에 대하여*

1. 서언

이 글에서는 경상도 방언의 'ㅔ'와 'ㅐ'의 합류[1] 과정을 통시적인 관점에서 검토하고자 한다. 각 방언의 'ㅔ'와 'ㅐ'의 합류 결과에 대해서는 공시적인 연구에서 자주 언급되어 왔지만, 합류 과정에 대한 논의는 찾아보기 어렵다. 경상도 방언의 경우를 다룬 백두현(1992)가 'ㅔ'와 'ㅐ'의 합류 과정을 다룬 유일한 논문이 아닌가 생각된다.

백두현(1992)에서는 경상도 방언의 'ㅔ'와 'ㅐ'의 합류에 대해 'ㆍ'의 비

---

* 이 글은 같은 제목으로 『이기문 교수 정년퇴임 기념논총』(신구문화사, 1996 : 116~137)에
수록되었다.

1) 'ㅔ'와 'ㅐ'의 변별성이 없어지는 이러한 경우에 대해, '합류'가 "어느 한 음운이 다른 음운
으로 일방적으로 통합된" 경우를 가리킨다는 점에서 공시적인 연구에서 자주 사용되는
'중화'라는 용어가 사용되기도 한다. 그러나 이 경우에 사용되는 '중화'라는 용어는
Trubetzkoy의 '중화' 개념에서 벗어날 뿐 아니라, 중화 환경을 설정할 수 없어 생성 음운
론의 '절대 중화'의 인상까지 줄 우려도 있다. 따라서 통시적인 관점에서 논의를 전개하
는 이 글에서는 이기문(1972)에서 사용된 '합류'라는 용어를 그대로 사용하고자 한다. 따
라서 용어상의 혼란을 피하기 위해 기존의 논의에서 '중화'라는 용어를 사용하였더라도
'합류'라는 용어로 바꾸어 사용하기로 한다.

음운화로 인해 생긴 모음간 대립관계의 변화라는 구조적인 관점으로 접근
하였다. 즉 경상도 방언의 'ㅔ'와 'ㅐ'의 합류는, 'ㆍ'의 비음운화로 인해 모
음체계에서 舌縮설축의 대립관계가 불안정하게 되자, 확고한 대립관계를
갖지 못한 고저 대립에 변화가 생겨 초래된 필연적인 귀결이라는 것이다.
'ㅔ'와 'ㅐ'의 합류에 대한 이러한 주장은 문헌에 보이는 'ㅔ'와 'ㅐ'의 혼기
예들을 대상으로 하여 이루어졌다.2)

그런데 이러한 주장은 논의 대상과 관련하여 중요한 문제가 제기된다.
백두현(1992)에서는 'ㅔ'와 'ㅐ'의 단모음화 추정 시기보다 이른 시기에 보
이는 'ㅔ'와 'ㅐ'의 혼기 예를3) 'ㅔ'와 'ㅐ'의 합류와는 무관한, 모음조화의
혼란으로 간주하였다. 'ㅔ'와 'ㅐ'의 혼기를 단모음화 추정 시기 이전의 것
과 이후의 것으로 나누어 상호 무관한 별개의 현상을 반영한 표기로 해석
하게 된 이유는, 'ㅔ'와 'ㅐ'의 단모음화를 합류의 전제로 삼았기 때문이었
다. 그러나 이들을 동일한 성격의 혼기로 간주하여 'ㅔ'와 'ㅐ'가 이중모음
으로 실현되던 단계에 합류가 시작되었다고 본다면, 'ㅔ'와 'ㅐ'의 합류 과
정에 대한 논의는 달라지지 않을 수 없게 된다. 'ㅔ'와 'ㅐ'의 합류 과정에
대한 논의의 초점은 이중모음인 'ㅔ'와 'ㅐ'의 핵모음의 동요 문제에 놓이게
되기 때문이다. 이러한 논점을 중심으로, 본고에서는 경상도 방언의 'ㅔ'와
'ㅐ'의 합류 과정을 내적재구의 방식으로 검토하고자 한다. 여러 음운변화

---

2) 중앙어를 대상으로 한 것이기는 하지만, 이러한 태도를 홍윤표(1993), 김경훤(1995)에서
   도 볼 수 있다. 이들 논문에서도 'ㅔ'와 'ㅐ'의 혼기가 단모음화된 이후에 'ㅔ'와 'ㅐ'가 합류
   된 것으로 보고, 이를 통하여 단모음화 시기를 추정하는 문제를 다루고 있다.
3) 김주원(1984)에서 동화사본 『普勸念佛文보권염불문』(1764)에 '새배'와 '새베'의 예가 보인다
   고 지적되었으며, 백두현(1992)에서도 『重刊杜詩諺解중간두시언해』(1632), 『語錄解어록해』
   (1657)에 보이는 예들을 제시하여 설명하고 있다. 이 예들에 대해, 백두현(1992)에서는
   "이 시기의 'ㅐ, ㅔ'는 이중모음이었음이 확인되므로 이 예들은 합류를 반영한 예들로 간
   주될 수 없고, 모음조화의 혼란에 의한 교체라고 보아야 한다."고 주장하였다. 이들 자료
   에 대한 본고의 입장은 후술할 제3장을 참조할 것.

가 반영된 다양한 형태들을 음운변화의 역동적인 특성을 중시하는 관점에서 비교하여, 내적재구 방법을 통하여 'ㅔ'와 'ㅐ'의 합류 과정을 추정해 보고자 하는 것이다. 그리하여 다양한 표기 형태가 보이는 필사본 『경민편언해』(1806)⁴⁾를 주 자료로 삼고,⁵⁾ 그 선후 시기의 자료를 이용하면서 논의를 전개해 나가기로 한다.

2. 'ㆍ'의 표기와 음가

　울진본 『警民編諺解경민편언해』(다음부터 '이 자료'라 하기로 한다.)에서도 'ㆍ'는 원칙적으로 제2음절 이하에서는 'ㅡ'로('ㆍ'의 제1단계 변화), 제1음절에서는 'ㅏ'로('ㆍ'의 제2단계 변화) 바뀌었다. 'ㆍ'의 제1단계 변화와 제2단계 변화를 반영한 표기는 국어사 자료에서 거의 공통적으로 드러나는데, 이 자료도 큰 차이가 없다.⁶⁾

---

4) 이 자료는 1657년에 이후원이 간행한 개간본 계통 『경민편언해』(필사본)로서, 간기(嘉慶二十一年丙子十二月日가경21년병자12월일), 필사지(울진 셔면 승부리)가 분명하고 글자의 획이 뚜렷한 자료이다. 이 자료에 대한 서지 사항은 김주필(1994)를 참조할 것. 이 자료는 조동일 교수 소장본으로, 필자가 본 것은 「한국정신문화연구원」에 마이크로 필름화되어 있는 자료이다. 이 자료를 마이크로 필름으로 복사하여 누구나 이용할 수 있도록 해 준 조동일 교수께 감사드린다.
5) 이런 점에서 본고의 "경상도 방언의…"이라는 제목이 논의 내용보다 넓다고 생각된다. 그러나 실제로 자료가 많지 않아 '이 자료'에 국한하지 않고, 경상도 방언이 반영된 것으로 간주되는 17・8세기 자료의 예들은 함께 추출하여 논의를 전개할 것이다. 현대 경상도 방언 중에서 ㅔ와 ㅐ가 구별되는 지역도 있을 수 있지만 본고의 논의 내용은 합류된 방언의 과정을 내적재구 방식으로 추론하고자 하는데 국한된다.
6) 울진본 『경민편언해』 자료예 출처의 약호는 다음과 같이 하기로 한다(부등호(>)의 앞에 규장각본 『경민편언해』(1656)의 예를 제시하여 비교할 수 있도록 한다).
　던령 : 던령 셔면 쇼민 등, 1 : 父母第一부모제일, 2 : 夫妻第二부처제이, 3 : 兄弟姉妹第三형제

(1) 나ᄒᆞ시니>나흐신이(1), 다ᄅᆞᆫ>달은(2), ᄆᆞ올히>마으리(3), ᄀᆞ올히>가
을게(8), 아ᄋᆞ>아은(고령), ᄂᆞ즈니는>느즌이는(서산), 반ᄃᆞ시>반드시
(서산), 올ᄒᆞᆫ 일>올흔 일(훈민), 다ᄅᆞ랴>다르랴(훈민), 오ᄉᆞᆯ>오슬(훈
민)

(2) ᄃᆞ토와>닷투어(1), ᄎᆞᆷ으며>참으며(2), ᄆᆞ올히>마으리(3), ᄂᆞᆺ고>낫고(4),
눌연장으로>날년쟝의(7), ᄀᆞ올히>가을게(8), ᄎᆞᆷ디>참지(11), 흑문홈
이>학문홈이(고령), ᄀᆞ쟝>가쟝(서산), ᄀᆞ티>갓치(서산), ᄇᆞ리기>바리
기(권유문), ᄀᆞ업숀>가업숀(훈민), 풀목>팔목(훈민)

(1)은 제2음절 이하에서 '·'가 'ㅡ'로 된 예들이고, (2)는 제1음절에서
'·'가 'ㅏ'로 된 예들이다. 이러한 예들은 '·'가 '·'의 제1단계 변화와 제2
단계 변화를 겪었음을 보여준다.

그런데 이 자료에는 제2음절 이하에서도 '·'가 'ㅏ'로 된 예들이 많이 보
인다.

(3) ᄀᆞᄅᆞ치고>가라치고(1), 반ᄃᆞ시>반다시(3), ᄇᆞ롬과>바람과(8), 다ᄃᆞ라
셔는>다다라서는(8), 사ᄅᆞᆷ이>사람이(8), ᄀᆞᄐᆞ니>갓탄이(11), 모ᄃᆞᆫ>모
단(서산), 일ᄏᆞ라>익가라(서산), 칙도ᄃᆞ시>치도다시(훈민), 아ᄃᆞᆯ>아달
(훈민), ᄆᆞ출로다>맛찰노라(훈민)

(3)은 제2음절 이하에서 원래의 '·'를 'ㅏ'로 표기한 예들이다. 이기문
(1959)에서 지적된 바와 같이, 제2음절 이하에서도 '·'가 'ㅏ'로 바뀌는

현상이 있었음을 말해준다. 대체로 선행 환경이나 후행 환경이 'ㅏ'일 때에 많이 나타나지만 '여람, 모단, 열람, 치도다시' 등을 보면 그렇지만은 않다. 이렇게 제2음절 이하에도 'ㆍ'의 제2단계 변화가 적용되면 'ㆍ'는 비음운화되어 'ㅏ'와 동일 음가를 표기하는 다른 문자가 된다.

다음 예들에서는 'ㅏ'가 'ㆍ'로 표기되어 나타난다.

   (4) ㄱ. 짜>쯔(1), 참ᄒ고>춤ᄒ고(2), 사ᄂ니>스ᄂ니(2), 싸ᄒ고>쓰ᄒ고(3),
       하쇼쩌리면>ᄒ쇽쩌리면(3), 사름과>스람과(7), 남진과>늠진과(고
       령), 나타나>ᄂ트ᄂ(서산), 싸화>쓰와(권유문)
     ㄴ. 사름마ᄃ(뎐령), 가지거나>가지거ᄂ(3), 이시나>이스ᄂ(4), (게을
       리) 마라아>마라스(8), (틈이) 미자>미즈(서산), 말찌어다>말올지
       어ᄃ(권유문), 양지조차>양즈조츠(훈민)

(4ㄱ)은 제1음절에서, (4ㄴ)은 제2음절 이하에서 'ㅏ'가 'ㆍ'로 표기된 예들이다.[7] 이 자료에서 'ㆍ'는 'ㅏ'와 동일한 음가를 표기한 문자라는 점에서 (4ㄱ)과 (4ㄴ)의 예들은 (2)와 (3)의 현상을 바탕으로한 단순한 역표기라고 할 수 있다. 이들 (2)~(4)의 예들에서 보듯이 'ㆍ'와 'ㅏ'는 상호 교체될 수 있으므로 동일한 음가를 표기하는 다른 문자라 할 수 있다.

다음 예들도 동일한 맥락에서 이해할 수 있다.

---

7) 이러한 'ㆍ'를 'ㅏ'로 표기한 예들과 그에 대한 논의는 박정규(1989)와 최전승(1989)를 참조할 것. 최전승(1989)에서는 제2음절 이하에 나타나는 'ㆍ>ㅏ' 표기를 (1) 단순한 표기상의 과도교정, (2) 비어두음절에서의 'ㆍ>ㅏ' 변화, (3) 'ㆍ>ㅏ' 표기의 과도교정을 거친 후 발음이 표기에 적용되어 버린 철자식 발음 등의 세가지 가설을 설정하고 있다. 위의 가설 중에 (1)의 가능성은 희박한 것으로 간주되며, (3)의 가능성보다는 (2)의 가능성이 클 것으로 생각된다. 'ㆍ'의 제2단계 변화가 제2음절 이하에도 그대로 적용된 것으로 간주되기 때문이다.

(5) 내>닉(1,4), 므춤내>맛춤닉(3), 주그매>주그민(6), 해ᄒᆞᄂᆞ니라>힉ᄒ
　　　난이라(8), 샹해ᄒᆞᄂᆞᆫ>샹힉ᄒᆞᄂᆞᆫ(8), 살해ᄒᆞ야>살힉ᄒᆞ야(13), 이쇼매>
　　　이스민(서산), 족해야>족힉야(훈민), 새거다>싀게다(훈민)

　　(5)는 음절 위치에 관계없이 'ㅐ'를 'ㆎ'로 표기한 예들이다.[8] 이 예들은
'ㅐ'와 'ㆎ'의 표기가 동일한 음가를 반영하고 있다고 해석할 수 있는 근거
가 된다. 그런데 이들 'ㅐ'와 'ㆎ'가 단모음으로 실현되었다는 근거를 찾기
는 쉽지 않다. 음운변화가 점진적으로 이루어지는 점을 생각하면, 몇몇 예
에서 단모음화된 것으로 보이는 예들이 보인다고 하여 모든 'ㅐ'와 'ㆎ'가
단모음으로 실현되었다고 단정 지을 수는 없기 때문이다.
　　다음은 'ㅔ'와 'ㅐ'가 이중모음으로 실현되었음을 보여준다.

(6) ㄱ. 가비아이>가ᄇᆞ야니(서산), 드듸여>드드여(서산), 드듸어(서산)
　　　ㄴ. 법에>볍의(1,4), 법에>법의(9), 빅에셔>빅의셔(12), 환난에>환난
　　　　　의(서산), 츄셩에>츄셩의(9), 크게>크긔(서산)
　　　ㄷ. 족하와>족희와(4), 오라디>오러지(12), 만난댄>만닌틴(권유문),
　　　　　나모로미>닉모롬이(권유문), ᄌᆞ뢰ᄒᆞ며>지로ᄒᆞ미(서산), 디나간>
　　　　　지닌간(훈민)
　　　ㄹ. 아ᄋᆞ누의와>아으누으와(3), 가래 다롬이니>가라 달으미니(4), 작
　　　　　폐ᄒᆞ면>작퍼ᄒᆞ면(10), 겨틔 인논>겻틔 잇논(13), ᄌᆞ뢰ᄒᆞ며>지로
　　　　　ᄒᆞ미(서산)

　　(6ㄱ)은 15세기에 'ㆎ'와 'ㅢ' 등이 이중모음으로 실현되었음을 보이는
증거로 삼았던 유형이다. 이 예들이 15세기에 'ㅣ'상합자[9]들이 이중모음

---

8) 물론 제2음절 이하에서 'ㆎ'가 'ㅢ'로 바뀐 예들도 있다. 예 : 나라힉도>ᄂᆞ라의셔도(3), 아
　이>아의(훈민) 등. 그리고 (6)의 예와 반대로 'ㆎ'를 'ㅐ'로 표기한 예도 있다. 예 : 디답
　ᄒᆞ며>대답ᄒᆞ며(7) 등.

으로 실현되었음을 보이는 증거라면 이 시기에도 마찬가지로 적용될 수 있을 것이다. (6ㄴ)의 'ㅟ'와 'ㅔ' 사이의 혼기도 'ㅔ'와 'ㅟ'가 이중모음이었기 때문에 가능한 것으로 보인다. 이들이 이중모음이 아니었다면 이러한 혼기는 불가능했으리라 생각되기 때문이다. 'ㅟ'와 'ㅔ'가 이중모음으로 실현되었다면, 'ㅐ'와 'ㆍㅣ'의 혼기도 이중모음으로 실현되었음을 보여주는 것으로 생각할 수 있다.

(6ㄷ)과 (6ㄹ)은 이 시기의 자료에 흔히 보이는 예들로서 반모음이 첨가되거나 탈락되는 예들로 간주되어 온 예들이다. 반모음이 첨가되거나 탈락되었다면(그 이유는 잘 모르지만), 'ㅔ'와 'ㅐ'는 이중모음으로 실현되었음을 보이는 증거가 된다. (6ㄷ)과 (6ㄹ)과 유사한 현상은 'ㅗ'나 'ㅜ'의 경우에도 흔히 보이는데, y가 첨가되거나 탈락되는 예들의 음운론적 환경을 무시한다면, 이 예들은 구개성 반모음 첨가 현상과 그 궤를 같이 한다.

필자는 김주필(1994)에서 구개성 반모음 첨가 현상을 논의하면서 이 시기의 자료에 보이는 'ㅣ'상합자들이 이중모음으로 실현되는 경우가 있었을 것으로 추정한 바 있다. 이들 자료는 구개성 반모음 첨가 현상도 매우 활발하게 일어났음을 보여주는데, 구개성 반모음 첨가 현상이 'ㅔ'와 'ㅐ'가 이중모음이었을 때에 일어난 현상이라는 관점에서 보면 이 시기의 'ㅔ'와 'ㅐ'는 이중모음으로 실현되고 있었다고 할 수 있다.[10] 물론 본고에서 이

---

9) 'ㅣ'相合字상합자 : y계 하향 이중모음을 표기하기 위해 마련된 'ㅔ, ㅐ, ㅟ, ㆍㅣ, ㅖ, ㅒ, ㅟ, ㅚ' 등의 문자들을 총칭하기 위한 김주필(1994)의 용어. 『훈민정음』 해례본의 '與ㅣ相合字 여ㅣ상합자'에서 따온 것임.

10) 구개성 반모음 첨가 현상도 18세기 초기부터 활발하게 보인다. 그 예들에 대한 구체적인 논의는 김주원(1984), 백두현(1992), 김주필(1994)를 참조할 것. 참고로 이 자료에 보이는 구개성 반모음이 탈락되거나 첨가된 몇 예를 제시한다.

　(ㄱ) 귀향가고>구향가고(4), 되면>도면(4), 지변이>조변이(권유문)

　(ㄴ) 싸이면>쌔히면(7), 만나면>만늬면(9), 우김질로>위김질노(11), 죽을>쥐길(11), 어린의>에린이의(서산), 모도기를>모되기을(서산), 어린이롤>에린이을(권유문)

자료의 모든 'ㅣ'상합자들이 이중모음으로 실현되었다고 주장하는 것은 아
니다. 음운변화가 점진적으로 일어난다는 점을 고려하면, 'ㅔ'와 'ㅐ' 등이
한편에서 이중모음으로 실현되고 있었다 하더라도, 다른 한편에서는 이들
의 단모음화가 진행되고 있었다고 보는 것이 타당하다고 할 수 있다.11)

이런 점에서 본고에서는 음운변화가 변화되기 이전의 것을 그대로 유지
하는 경우와 변화되는(또는 변화된) 경우가 공존하고 있었던 것으로 간주
한다. 여기에서 우리는 'ㅔ'와 'ㅐ'의 합류와 관련하여 이들이 이중모음으로
실현되는 경우에 주목하고자 한다. 변화하기 이전의 상황과 변화하고 있
는(또는 변화한 후의) 예들이 공존한다고 하더라도, 그리하여 변화하기
이전의 상황에서 어떤 변화가 시작되어 'ㅔ'와 'ㅐ'의 단모음화 과정이 계속
진행됨으로써 일부의 예에 단모음화가 일어난 상황에서 결과적으로 'ㅔ'와
'ㅐ'의 합류가 일어난 것으로 보일 수도 있기 때문이다.

'ㆍ'의 제2단계 변화가 일어난 상황에서 보이는 예 (3)의 'ㆍ>ㅏ' 변화나
다음에 제시되는 예 (7)의 'ㅡ>ㅏ' 변화가 이러한 주장을 뒷받침해 준다.

> (7) 녀름>여람(8), 조츠니롤>조찬이을(12), 조츠니롤>조찬이랄(13), 녀름
> 지이>열람지이(고령, 권유문), 브를 거시니>불알 거신니(훈민)

---

11) 백두현(1992 : 90~91)에서는 18세기 중엽 이후에 'ㅔ'와 'ㅐ'가 단모음화되었다는 증거
로 다음 세 가지를 들고 있다. 1) 'ㅔ'를 'ㅖ'로 표기한 예가 보인다는 점, 2) 'ㅕ>ㅔ'의
모음축약을 반영한 예가 보인다는 점, 3) 'ㅔ'를 'ㅐ'로 표기한 예가 보인다는 점(이것은
단모음 'ㅔ'와 'ㅐ'의 존재를 동시에 보여주는 증거로 보았음). 여기에 해당되는 예들이
'이 자료'에도 보인다. 그런데 백두현(1992)에서 3)을 단모음화의 근거로 삼는 데에는
논의의 과정에 서 문제가 드러난다. 'ㅔ'와 'ㅐ'의 단모음화에 대한 논의에서는 3)을 단
모음화를 확인하는 근거로 삼으면서, 'ㅔ'와 'ㅐ'의 중화(=합류)에 대한 논의에서는 (단
모음화되고 난 후의 혼기와 나누어) 단모음화되기 이전의 'ㅔ'와 'ㅐ'의 혼기를 "단모음
화되지 않은 상태이기 때문에 'ㅔ'와 'ㅐ'의 중화(=합류)를 반영한 것으로 볼 수 없으며,
모음조화의 혼란과 관련된 것"으로 간주하고 있는 것이다.

(7)에 보이는 밑줄 친 음절의 'ㅏ'는 원래 'ㆍ'였으리라 추정되는 예들도 있고 'ㅡ'에서 변한 것으로 보이는 예들도 있다. '조찬이랄'의 '찬'은 선행모음이 양성모음이므로 원래 'ㆍ'였을 것으로 추정되며,12) '여람'의 '람', '열람지이'의 '람', '불알 거신니'의 '알'은 선행모음이 음성모음이므로 원래 'ㅡ'였던 것인데 'ㅏ'로 바뀐 것이다. 원래의 'ㅡ'가 'ㅏ'로 바뀌게 된 것은, 'ㅡ'가 'ㆍ'의 제1단계 변화에 대한 과도교정으로 'ㆍ'로 되었고, 그 'ㆍ'가 다시 제2단계 변화의 적용을 받아 'ㅏ'로 실현되었기 때문이라고 생각된다. 이러한 (7)의 예들을 앞의 예(2), 예(3)과 함께 검토해 보면, 'ㆍ'의 제1단계 변화 시기에 모든 'ㆍ'가 'ㅡ'로 변한 것은 아니며, 또한 제1단계 변화가 일어났다고 하여 모든 'ㆍ'가 'ㅡ'로 바뀐 것이 아니라는 해석을 하게 된다.

'ㆍ'가 'ㅡ'로 바뀌지 않고 그대로 실현되다가 'ㆍ'의 제2단계 변화에 따라 'ㅏ'로 실현되었음을 보여주는13) (7)의 예들은 우리에게 중요한 두 가지 정보를 제공해 준다. 먼저 (7)의 예들은 'ㆍ'의 변화 과정에서 두 가지 현상이 계기적으로 일어난 음운변화의 역동적인 특성14)임을 드러내 준다. 'ㆍ'의 1단계 변화에 대해 일어난 'ㅡ>ㆍ'라는 과도교정과 그 'ㆍ'가 제2단계 변화의 적용을 받아 일어난 'ㆍ>ㅏ'라는 현상이 순차적으로 일어났음을

---

12) 규장각본에서 'ㆍ'가 'ㅡ'로 되어 있는 것은 중앙어의 이 시기에 'ㆍ'의 제1단계 변화가 일어났기 때문이라고 할 수 있다.

13) 다음 예들도 이러한 견해를 뒷받침해 주는 것으로 보인다.

財지物믈을>지믈을(12, 서산), 믈과>몰과(13)
호믜 메오->호모 며고(훈민), 느미 오술->남모 오슬(권유문)
느미 밥을->남오 밥을(훈민)

이 예들에서 원순모음화 현상이 'ㅜ'가 아닌 'ㅗ'로 일어났다는 사실은 원래의 'ㆍ'이든 'ㅡ'에서 바뀐 'ㆍ'이든 'ㆍ'가 실제로 발음되는 시기가 있었음을 보여준다.

14) 음변화의 역동적인 특성에 대해서는 김주필(1994)를 참조할 것. 김주필(1994)에서는 이러한 계기적인 관계에 있는 특성을 '급여규칙순의 특성'으로, 어떤 음변화에 과도교정의 관계에 있는 특성을 '작용과 반작용의 특성'으로 유형화하고 있다.

보여주는 것이다. 그러므로 (7)의 예들을 통하여 ‘·’의 제1단계 변화에 대한 과도교정이 있었다는 사실을 알 수 있고, 과도교정형이 실제로 발음되었다는 사실도 알 수 있다.

(7)의 예들을 통하여 알 수 있는 또 하나의 정보는 ‘·’의 제2단계 변화가 일어나던 시기에 ‘·’의 음가가 완전히 사라지지 않았다는 점이다. 이미 ‘·’의 제1단계 변화가 완료된 것처럼 지적되어 왔으나, 적어도 (7)의 예들은 ‘·’의 제2단계 변화가 적용되던 시기에도 ‘·’가 일부 실현되고 있었음을 보여주는 것이다. 그렇지 않다면 예 (7)과 같은 음성형이 도출될 수 없기 때문이다. 결국 이러한 특징은 제2음절 이하에서 ‘·’가 ‘ㅡ’로 바뀔 때 ‘ㅡ’가 ‘·’로 바뀌는 현상이 ‘·’의 제2단계 변화가 일어나던 어느 시기까지 공존하였음을 말하며, 이러한 공존 현상으로 인해 제2음절 이하에서 ‘·’는 ‘ㅏ’로 바뀔 수 있었던 것으로 간주된다.

3. ‘ㅔ’와 ‘ㅐ’의 합류 과정

이제 ‘·’의 비음화 과정에서 보여주는 ‘·’의 역동적인 변화 양상을 바탕으로, ‘ㅔ’와 ‘ㅐ’의 합류 과정에 접근하고자 한다. 이중모음으로 실현되던 ‘ㅔ’와 ‘ㅐ’의 핵모음의 동요로 인해 합류가 일어나게 되었을 것으로 추정하는 본고에서는 ‘ㅔ’와 ‘ㅐ’의 핵모음인 ‘ㅏ’와 ‘ㅓ’의 동요에 관심을 둔다. 핵모음 ‘ㅏ’와 ‘ㅓ’의 동요에는 ‘·’의 변화가 중요한 변수로 작용하였다고 생각한다.

먼저 ‘·’의 변화를 통하여 음운변화의 특징에 대하여 간단히 논의하기로 한다. 경상도 방언에서도 'ㆍ'는 'ㆍ'의 제1단계 변화에 의해 'ㅡ'로 바뀐다. 이러한 변화는 점진적으로 진행되기 때문에 'ㆍ'가 'ㅡ'로 바뀌는 시기에 'ㆍ'는 그대로 실현될 수도 있고 'ㅡ'로 실현될 수도 있었을 것이다. 이렇게 'ㆍ'에 대하여 두 가지 음이 수의적으로 선택될 수 있게 된 것은 'ㆍ'가 'ㅡ'로 바뀌는 새 규칙이 생겼기 때문이다.

그런데 'ㆍ'가 'ㅡ'로 바뀌는 새 규칙이 생겼다는 것은 화자의 인식에 'ㆍ'가 'ㅡ'로 실현될 수 있는 새로운 규칙이 발생한 것을 말한다. 새로운 규칙이 발생하면, 화자는 한동안 이전의 언어 관습에 따라 기존의 음으로 실현시킬 수도 있고 새로운 규칙을 적용하여 변화된 음으로 실현시킬 수도 있을 것이다. 이러한 상황에서, 화자는 'ㆍ'를 'ㆍ' 그대로 실현시키는 규칙을 가지고 있으면서 동시에 이전의 'ㆍ'를 'ㅡ'로 바꾸어 실현시키는 규칙을 가지게 된다.

두 규칙 중에서 화자는 어느 규칙이든 임의로 한 규칙을 선택할 것이다. 음운변화는 이러한 화자의 선택이 새로운 규칙을 선호할 때에 일어난다고 할 수 있다. 그러므로 새로운 규칙이 적용된 예들이 점차 많이 나타나게 되는 것은, 화자가 두 개의(또는 둘 이상의) 규칙 중에서 새 규칙을 점진적으로 많이 선택하는 방향으로 나아가는 것을 의미하게 된다. 이러한 변화는 (8)의 도식과 같이 (A)시기에서 (B)시기로 변화가 일어나는 것을 의미하며, 또한 (A)시기보다 (B)시기에 이를수록 새로운 규칙인 R2를 선택하는 쪽으로 바뀌게 되는 것을 의미한다.

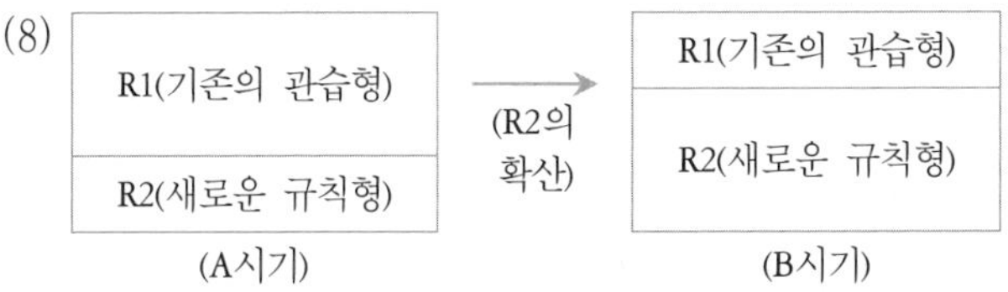

이러한 음운변화의 관점에 설 때, (2)와 (3) 그리고 (7)의 예들이 공존하는 이유를 알 수 있다. 즉 'ㆍ'의 제2단계 변화가 일어나고 있을 때에 제1단계 변화를 거치지 않은 'ㆍ'나 제1단계 변화를 나타내는 'ㆍ>ㅡ'에 대한 과도교정형으로서의 'ㆍ'가 실제로 발음되고 있었으며, 그 'ㆍ'가 'ㆍ'의 제2단계 변화의 적용을 받을 수 있었음을 이해할 수 있다.

그러나 'ㆍ'의 제1단계 변화가 일어나면 이미 모든 'ㆍ'가 'ㅡ'로 바뀐 것으로 추정하는 입장에서는, 예 (7)과 같이 'ㆍ'의 제2단계 규칙이 적용되던 시기에 'ㆍ'가 실현되고 있었다는 점을 쉽게 설명할 수 없다. 'ㆍ'의 제1단계 변화가 이미 끝난 것으로 간주하기 때문에 제2단계 변화의 규칙의 적용을 받은 'ㅡ'에서 'ㆍ'로 바뀐 예들을 화석형이라 할 수도 없으며, 또한 그 이전 시기에 일어난 통시적인 변화의 결과라고 할 수도 없기 때문이다. 이러한 설명에서는 새로운 규칙 R2가 발생하게 되면 그 새로운 규칙에 의해 만들어진 출력부가 다른 새로운 규칙의 입력부가 될 수는 있어도, 같은 시기에 공존하는 규칙 R1의 출력부가 새로운 규칙의 입력부가 될 수 있다는 점에 대해서는 관심을 두지 않았다고 할 수 있다. 그러나 (8)과 같이 음운변화가 점진적으로 일어나는 것으로 보는 본고에서는 새로운 규칙이 발생하여 새로운 어형이 도출될 수 있는 것처럼, R2의 변화가 완전히 자리잡기 이전에는 R1의 출력부에 대해서도(음운변화의 동기만 부여된다면) 얼마든지 음운변화가 일어날 수 있다고 생각된다. 이러한 주장은 예 (8)을 통하여 지지받을 수 있다.

이러한 음운변화의 기재는 'ㆍ'가 제1음절에서 'ㅏ'로 바뀌는 규칙이 생겼을 때에도 마찬가지로 적용되어야 할 것이다. 'ㆍ'가 'ㅏ'로 변하는 규칙이 발생하고 나서 화자는 한동안 기존의 방식대로 'ㆍ'를 'ㆍ'로 실현시키는 경우와 새로운 규칙을 적용한 'ㅏ'로 실현시키는 경우 중에서 임의로 어느 한 규칙을 선택하는 시기가 있었을 것이다. 그러다가 점차 제1음절의 'ㆍ'를 'ㅏ'로 실현시키는 방향으로 나아가게 되었고, 이어 제2음절 이하에까지 확장된 것이라고 할 수 있다.15) 이러한 특성은 'ㅔ'와 'ㅐ'의 단모음화 과정에 대해서도 적용되어야 한다. 이런 점에서 'ㅔ'와 'ㅐ'의 단모음화가 한편에서 진행된다 하더라도 이중모음이었던 'ㅔ'와 'ㅐ'의 합류가 시작될 수 있었다고 추정된다.

　이제 'ㆍ'의 역동적인 변화양상과 관련하여 경상도 방언에서의 'ㅔ'와 'ㅐ'의 합류 원인을 살펴보기로 한다. 먼저 앞의 예 (6)에 보았던 'ㅔ>ㅟ' 표기와, (5)에서 보았던 'ㅐ>ㆍㅣ' 표기에 주목하기로 한다. 우리는 앞에서 이 시기의 'ㅔ'와 'ㅟ', 'ㅐ'와 'ㆍㅣ'는 이중모음이었으리라 추정하였다. 이들이 이중모음이었다면 'ㅐ'와 'ㆍㅣ'의 혼기는 "ㅐ = ㆍㅣ, ㅔ = ㅟ"라는 등식이 성립된다. 이 등식에서 문자 'ㆍ'의 음가는 [a]였을 것이기 때문에 문제가 없지만, 'ㅔ'와 'ㅟ'의 경우에는 문제가 하나 제기된다. 이 시기에 'ㅟ'와 'ㅔ'가 이중모음이었다 하더라도 그 음가가 같지 않기 때문이다.

　그런데 이 자료에는 다음과 같이 'ㅡ'와 'ㅓ'의 혼기가 보인다.16)

---

15) 'ㆍ'가 'ㅏ'로 되는 규칙을 적용하는 시기에 있어, 제2음절에 있는 'ㆍ'는 대부분 'ㅡ'로 실현시키는 쪽으로 기울어졌지만, 'ㆍ'를 그대로 고수하고 있던 어형도 있었을 것이다. 이런 경우에는 이전의 제1음절 'ㆍ'를 'ㅏ'로 실현시키는 새로운 규칙을 제2음절 이하의 남아 있는 'ㆍ'에도 적용하게 된 것이 앞의 (3)과 (7)의 예들이다.

16) 이러한 'ㅡ'와 'ㅓ'의 혼기 예들은 『중간두시언해』에 이미 보이기 시작하며(백두현, 1992) 18, 9세기 문헌에는 자주 발견된다. 『이륜행실도』(1730), 『임종정념결』(1741), 『부모효양문』(1741), 『왕랑반혼전』(1753), 『노계가사』(19세기에 간행된 17세기 가사)에 보이는 몇 예만 제시하기로 한다.

　　녀옹의 집의 지나드니(이륜 40a), 곽을 자바 둘의니(이륜 33b), 주검을 저허말며(임종 1b, 왕랑3b), 주검은 큰 니리니(임종3b), 효즈슌손더려 이르나니(부모2b, 왕랑1b), 주검을 지다리며(왕랑4a), 구든 덧도(노계 2a), 짤온 덧도(노계 14a), 둘러 메고(노계2b)/자바 민야(노계 10a), 엇거제(노계18b), 唐뭇롤 그재 본 덧(노계28), 어제 본 덧(노계28a).

　이외 경상도 방언을 반영한 여러 문헌에 보이는 'ㅡ'와 'ㅓ'의 혼기예는 백두현(1992 :

(9) ㄱ. 녀<u>름</u>의>열<u>럼</u>의(9), 디흐니는>지허는(13)[17]
   ㄴ. 처<u>엄</u>의>처<u>음</u>의(권유문), 겨레>겨릐(서산)

(9ㄱ)은 '—'를 'ㅓ'로,[18] (9ㄴ)은 'ㅓ'가 '—'로 표기되어 나타난 예들이다. 『중간 두시언해』부터 보이는 이러한 예들의 '—'와 'ㅓ'의 상호 혼기를 바탕으로 하면, 이미 17, 8세기에 'ㅓ'와 '—'는 동요되고 있었다고 할 수 있다. '—'와 'ㅓ'의 혼기는 두 음의 유사성을 전제로 할 때에 가능하기 때문이다.

이와 유사한 예가 이중모음인 'ㅔ'와 'ㅢ'의 경우에도 보인다. 'ㅔ'의 'ㅣ'가 탈락된 예들이 보이고 또 다른 한편으로 'ㅢ'에서 'ㅣ'가 탈락된 예가 보이는데,[19] 'ㅢ'를 'ㅓ'로, 'ㅓ'를 'ㅢ'로 표기한 예들이 보이는 것이다.

(10) 비러 머<u>거</u>>비러 먹<u>의</u>(12)

(11) 동긔<u>의</u> 난>동긔<u>어</u> 논(4), 너<u>희</u>>너<u>허</u>(권유문), 임<u>의</u>>임<u>어</u>(군효문), 텬<u>효</u>의>쳔효<u>어</u>(권효문), 그 글<u>의</u>>그 글<u>어</u>(권효문)

(10)은 'ㅓ'를 'ㅢ'로, (11)은 'ㅢ'를 'ㅓ'로 표기한 예들이다. 'ㅢ'에서 'ㅣ'가 탈락되는 현상이 있었다면, 이 예들은 '—'를 'ㅓ'로 표기한 것으로 간주된다.

129~136)을 참조할 것.
17) "디흐니는>지허는"에서는 울진본에서 필사할 때에 '니'가 누락된 듯하다.
18) "여름>열람"은 'ㆍ'가 변한 '—'에서 'ㅓ'로 바뀐 것 같지만, 원래는 '녀름'이므로 'ㅓ'가 'ㅕ'로 바뀐 것이다. 이 자료에는 순음 'ㅁ, ㅂ' 그리고 'ㄹ' 다음의 'ㅓ'는 'ㅕ'로 표기되어 나타나는 예들이 많기 때문에, '—'가 'ㅓ'로 되고 그 'ㅓ'에 어떤 변화가 일어난 것으로 간주할 수 있다.
19) "아ᄋ누의라셔->아으누으로뻐(3), 어긔로며->어그오며(5)" 등은 'ㅢ'가 '—'로, "德으로->덕의로(서산)"는 '—'가 'ㅢ'로 표기되어 나타난다.

한편 'ㆍ'의 제2단계 변화가 일어나고 나면 'ㆍ'의 음가가 사라지고 'ㆍ'는 'ㅏ'를 표기하는 수단이 된다. 그러므로 앞에서 논의한 바와 같이 'ㆎ'와 'ㅐ'는 동일한 음의 다른 표기였다고 할 수 있다. 'ㆍ'와 'ㅏ'가 동일한 음을 표기하였고, 'ㆎ'와 'ㅐ'가 y계 하향이중모음의 표기였다면 'ㆎ'와 'ㅐ'의 핵모음은 [a]였을 것이기 때문이다. 이러한 추론은 체계적인 관점에서 'ㅡ'와 'ㅓ', 나아가서 'ㅢ'와 'ㅔ'에 대해서 동일하게 적용할 수 있다. 'ㅢ'와 'ㅔ'가 상호 혼기되는 것은 'ㅢ'와 'ㅔ'의 핵모음인 'ㅡ'와 'ㅓ'가 합류되었거나 합류되는 과정에 있었기 때문인 것이다.

그런데 'ㅔ'와 'ㅢ', 'ㅐ'와 'ㆎ'의 혼기만 보이는 것이 아니다. 'ㅔ'가 'ㅢ'로 혼기된 것(예 6), 'ㅐ'가 'ㆎ'로 혼기된 것(예 5)만 아니라, 다음 예들과 같이 'ㅔ'가 'ㆎ', 'ㅐ'가 'ㅢ'로 혼기된 예들이 보이는 것이다.

(12) 겨레>겨릭(9, 11), 네 주머괴롤>닉 주머괴를(권유문), ᄒ여실 제>ᄒ
     여실 ᄶᅵ예(훈민)

(13) 혼 ᄣᅢ예>혼 ᄲᅵ예(7), 상슈애>샹슈의(고령), 평싱애>평싱의(훈민)

(12)의 예들은 'ㅔ'를 'ㆎ'로, (14)의 예들은 'ㅐ'를 'ㅢ'로 표기한 예들이다. 그러므로 예 (5), (6), (12), (13)을 바탕으로 하면 'ㅐ'와 'ㅔ'는 다음과 같이 동요를 보였다고 할 수 있다.[20]

(14) ㅔ ——→ 1) ㅢ   ㅐ ——→ 1) ㆎ
          2) ㆎ   2) ㅢ

---

20) 'ㅔ'와 'ㅐ'의 혼기는 앞의 각주 3)과 김주원(1984), 백두현(1992 : 122~129)의 예들을
    참조할 것.

‘ㅡ’와 ‘ㅓ’의 동요에 의해 ‘ㅔ’가 ‘ㅢ’와, ‘ㆍ’의 ‘ㅏ’로의 변화에 의해 ‘ㅐ’가 ‘ㅣ’와 혼기될 수 있게 된다. 또한 ‘ㆍ’의 ‘ㅡ’로의 변화(제1단계 변화)나 ‘ㅡ’의 ‘ㆍ’로의 변화(제1단계 변화에 대한 과도교정)에 의해 ‘ㅢ’와 ‘ㆍㅣ’가 동요되고 그로부터 ‘ㅡ’와 ‘ㅓ’ 동요와 ‘ㆍ’의 제2단계 변화에 의해 ‘ㅔ’와 ‘ㆍㅣ’, ‘ㅐ’와 ‘ㅢ’가 상호 교체될 수 있다. 이렇게 ‘ㅔ’와 ‘ㅐ’가 상호 교체되어 동요되기에 이름으로써 ‘ㅔ’와 ‘ㅐ’가 합류될 수 있는 기반이 마련된 것으로 추정된다. 그러므로 ‘ㅔ’와 ‘ㅐ’가 합류되는 음성적 기반은 ‘ㆍ’의 ‘ㅡ’로의 변화(‘ㆍ’의 제1단계 변화), ‘ㆍ’의 1단계 변화에 대한 과도교정인 ‘ㅡ’의 ‘ㆍ’로의 변화, ‘ㅡ’와 ‘ㅓ’ 동요, 그리고 ‘ㆍ’의 ‘ㅏ’로의 변화를 들 수 있다.

이제 이러한 ‘ㆍ’의 ‘ㅡ’로의 변화(‘ㆍ’의 제1단계 변화), ‘ㆍ’의 1단계 변화에 대한 과도교정인 ‘ㅡ’의 ‘ㆍ’로의 변화, ‘ㅡ’와 ‘ㅓ’ 동요, 그리고 ‘ㆍ’의 ‘ㅏ’로의 변화가 어떻게 작용하여 ‘ㅐ’와 ‘ㅔ’가 합류될 수 있었던가 하는 문제를 논의해 보기로 한다. 먼저 ‘ㆍ’의 제1단계 변화가 일어난 시기의 ‘ㆍ’와 ‘ㅡ’의 변동부터 살펴보기로 한다.

(15) ‘ㆍ’의 제1단계 변화 시기

$$\cdot \longrightarrow \begin{cases} 1)\ \cdot \\ 2)\ - \end{cases} \qquad - \longrightarrow \begin{cases} 1)\ - \\ 2)\ \cdot \end{cases}$$

(15)에서처럼 ‘ㆍ’의 제1단계 변화 시기에 ‘ㆍ’는 당연히 ‘ㅡ’로 변한다. 또한 그에 대한 과도교정으로 ‘ㅡ’는 ‘ㆍ’로 바뀌기도 한다. 물론 이러한 상황에서 ‘ㆍ’가 ‘ㅡ’로 실현되는 경우가 점차 많아졌겠지만, ‘ㆍ’의 제2단계 변화가 일어나게 되는 시기에 이르면 ‘ㆍ’는 다음과 같이 여러 가지 유형으로 실현되기에 이르렀을 것으로 추정된다. 우리는 앞의 예 (3)과 (7)을 통하여 ‘ㆍ’는 제2단계 변화가 일어나는 시기에도 제2음절 이하에서 어느 정

도 실현되었을 것으로 추정된다.

'·'의 제2단계 변화 시기에 이르면 '·'는 다음과 같이 실현되었던 것으로 추정할 수 있다.

(16) '·'의 제2단계변화 시기

$$· \longrightarrow \begin{cases} 1) \ ㅏ \\ 2) \ ㅡ(>ㅓ) \end{cases} \qquad ㅡ \longrightarrow \begin{cases} 1) \ ㅡ(>ㅓ) \\ 2) \ ·(>ㅏ) \end{cases}$$

'·'는 제2단계 변화에 의해 'ㅏ'로 실현된다. 물론 이러한 변화는 제1음절에서 시작되어 점차 2음절 이하에까지 확장됨으로써 결국 '·'는 비음운화되기에 이른다. 이 시기에도 '·'가 'ㅡ'로 되는 제1단계 규칙은 완전히 사라지지 않고 화자에게 남아 있었을 것으로 추정된다. 이러한 규칙에 따라 '·'는 'ㅡ'로 될 수 있었으며, 또한 'ㅡ'에 '·'로의 과도교정이 일어나 애초의 'ㅡ'가 'ㅏ'로 실현되는 경우도 있었다고 하겠다. 이러한 과정은 앞의 (7)을 통하여 알 수 있다. 그리고 'ㅡ'는 각각 'ㅡ>ㅓ' 변화가 적용되어 ㅓ로도 실현될 수 있었을 것으로 생각된다.

이러한 상황에서 'ㅡ'가 'ㅓ'와 합류되는 과정이 일어났다면 애초의 '·'와 'ㅡ'는 다음과 같이 실현되었으리라 추정된다.

(17) 'ㅡ'와 'ㅓ'의 합류 시기[21]

$$· \longrightarrow \begin{cases} 1) \ ㅏ \\ 2) \ ㅡ \\ 3) \ ㅓ(<ㅡ) \end{cases} \qquad ㅡ \longrightarrow \begin{cases} 1) \ ㅡ \\ 2) \ ㅓ \\ 3) \ ㅏ(<·) \end{cases}$$

---

21) 이 시기에도 '·'는 '·' 그대로, 'ㅡ'는 '·'의 제1단계 변화에 대한 과도교정의 결과 'ㅡ'로 실현되었을 수도 있다. 'ㅡ'와 'ㅓ'의 합류에 대한 구체적인 검토를 하지 않은 현재로서는 '·'가 이 시기에도 실현되고 있었는지 분명히 말하기 어렵다.

‘·’가 ‘·’의 제2단계 변화에 따랐다면 ‘ㅏ’로 실현되었을 것이다. 그런데 ‘·’는 제1단계 변화에 따랐다면 ‘ㅡ’로 실현되었을 것이며, 이 시기나 그 이전 시기에 ‘ㅡ’와 ‘ㅓ’가 동요되고 있었다면 수의적으로 ‘ㅓ’로 실현되었을 것이다. ‘ㅡ’의 상황도 이와 비슷했으리라 여겨진다. ‘ㅡ’는 그대로 실현되거나 ‘ㅡ’와 ‘ㅓ’의 동요로 ‘ㅓ’로도 실현되었을 것이다. 또한 ‘ㅡ’는 ‘·’의 제1단계 변화에 대한 과도교정으로 ‘·’로 바뀌었다면 그 ‘·’는 ‘·’의 제2단계 변화에 따라 ‘ㅏ’로 실현되었을 것이다.

이러한 과정이 이중모음 ‘ㆎ’와 ‘ㅢ’의 핵모음인 ‘·’와 ‘ㅡ’에 적용되면 다음과 같다.

$$(18) \quad ㆎ \longrightarrow \begin{cases} 1) \ ㅐ(·ㅣ) \\ 2) \ ㅔ \\ 3) \ ㅢ \end{cases} \qquad ㅢ \longrightarrow \begin{cases} 1) \ ㅢ \\ 2) \ ㅔ \\ 3) \ ㅐ(·ㅣ) \end{cases}$$

$$(19) \quad ㅔ \longrightarrow \begin{cases} 1) \ ㅔ \\ 2) \ ㅢ \\ 3) \ ㅐ(·ㅣ) \end{cases} \qquad ㅐ \longrightarrow \begin{cases} 1) \ ㅐ(·ㅣ) \\ 2) \ ㅔ \\ 3) \ ㅢ \end{cases}$$

(18)에서 보듯이 ‘ㆎ’는 ‘ㅐ(·ㅣ), ㅔ, ㅢ’로 나타난다. ‘ㆎ’의 핵모음인 ‘·’에 제1단계 변화가 적용되면 ‘ㆎ’는 ‘ㅐ’로 실현된다. ‘ㆎ’의 ‘·’가 제1단계 변화를 거쳐 ‘ㅡ’로 되면 ‘ㆎ’는 ‘ㅢ’로도 실현된다. 그 ‘ㅢ’의 ‘ㅡ’가 ‘ㅓ’로 바뀌는 규칙이 적용되면 ‘ㅢ’는 ‘ㅔ’로도 실현된다. 이와 같은 방식으로 ‘ㅢ’는 ‘ㅢ’나 ‘ㅔ’로 실현되거나 ‘ㅐ(·ㅣ)’로 실현될 수도 있었을 것으로 추정된다. 이러한 과정은 (19)에서처럼 ‘ㅔ’나 ‘ㅐ’의 관점에서 검토해도 마찬가지이다. ‘ㅔ’나 ‘ㅐ’는 모두 ‘ㅐ(·ㅣ)’나 ‘ㅔ’, 또는 ‘ㅢ’로 실현될 수 있어 결국 경상

도 방언의 'ㅔ', 'ㅐ'는 합류되기에 이르게 된 것으로 보인다.[22] 이 과정에 참가하는 규칙은 'ㆍ'의 제1단계 변화, 제1단계 변화에 대한 과도교정, 'ㆍ'의 제2단계 변화, 'ㅡ'와 'ㅓ'의 합류 등이다. 이러한 여러 규칙들이 역동적으로 작용함으로써 경상도 방언의 'ㅔ'와 'ㅐ'가 합류되었을 것으로 추정된다.

경상도 방언의 'ㅔ'와 'ㅐ'의 합류는 'ㆍ'의 제2단계 변화가 일어나는 시기, 또는 그보다 약간 후대이면서 'ㅡ'가 'ㅓ'와 동요를 일으키는 시기보다는 후대에 일어났을 것으로 추정된다. 그리고 이러한 현상은 제2음절 이하에서 시작되어 점차 분포와 환경을 확산해 나아가면서 'ㅔ'와 'ㅐ'의 변별성이 없어지게 된 것으로 보이는데, 이러한 변화와는 별도로 또 다른 한편에서 'ㅔ'와 'ㅐ'가 점차 단모음화됨으로써 현대 경상도 방언에서처럼 'ㅔ'와 'ㅐ'는 합류되기에 이른 것으로 생각된다.

이상의 논의 내용을 바탕으로 'ㅔ'와 'ㅐ'의 혼기가 제2음절 이하에서 시작된 이유도 알 수 있게 된다. 'ㅔ'와 'ㅐ'의 합류가 제2음절 이하에서부터 시작된 것은 일차적으로 제2음절 이하라는 위치가 음소의 기능부담량이 적기 때문이라고 할 수 있다. 그러나 이 변화가 'ㆍ'의 비음운화 과정과 밀접하게 관련되어 있기 때문이라는 점도 배제할 수 없는 것으로 보인다. 'ㆍ'와 'ㅡ'가 상호 교체될 수 있는 위치는 제2음절 이하이기 때문이다. 다

---

22) 이러한 논의에 따르면 'ㅢ'는 왜 'ㅔ'와 'ㅐ'의 합류에 동참해야 하지 않느냐고 반문할 수도 있다. 그러나 'ㅢ'는 이미 19세기 초기의 이 자료에 'ㅡ'로 변하는 경우, 'ㅓ'로 변하는 경우, 'ㅔ'로 변하는 경우, 그리고 'ㅣ'로 변하는 경우 등 다양한 모습을 보이고 있으며 현대 국어에서도 다양한 모습으로 바뀌어 실현되고 있다. 'ㅢ'가 갖는 이러한 여러 가지 양상을 바탕으로 'ㅢ'의 변화 과정을 별도로 검토하여야 할 것이다. 간단히 이 자료의 '천주권효문'에 나오는 몇 예만 보이기로 한다.

글으샤티->ᄀ리새디, ᄀ존 후에아->가즌 후의ᄉ, 풍쇽에->풍쇽의, 어믜 병이->어모 병의, 삼년에->삼년의, 밤의 ᄶ(=때)룰->밤에 ᄶ(=ᄶ 또는 쩨)를, 임의->임어, 그 글의->그 글어, 턴ᄒ의 일만가지->쳔ᄒ어 일만가지, 집의 이시며->집에 이스며, 싀골->시골, 알기 어렵거니와->알긔 어렵건이와, 희롱을->흐농을

시 말하면 '·'의 제1단계 변화와 '·'의 제1단계 변화에 대한 과도교정이 제2음절 이하에서 일어날 수 있기 때문에 'ㅔ'와 'ㅐ'의 합류는 제2음절 이하에서부터 시작되는 것으로 추정되는 것이다.[23]

4. 결론

논의된 내용을 요약하고 과제를 간단히 요약·정리함으로써 본고를 마무리하고자 한다.

이 글에서는 경상도 방언의 'ㅔ'와 'ㅐ'가 단모음화된 이후에 합류가 이루어졌다는 기존의 논의와 달리, 'ㅔ'와 'ㅐ'가 이중모음으로 실현되던 시기에 합류의 과정을 거치게 되는 것으로 간주하였다. 그리하여 'ㅔ'와 'ㅐ'의 핵모음의 동요에 관심을 두고 논의를 진행하였다. 'ㅔ'와 'ㅐ'의 핵모음의 동요에는 '·'의 비음운화 과정에서 보이는 다양한 변화가 매개 변인으로 작용했을 것으로 추정하였다.

'ㅔ'와 'ㅐ'는 17세기부터 각각 'ㅢ'와 'ㆎ'로 혼기되어 나타나며, 18, 9세기에는 'ㅐ'는 'ㅢ'로, 'ㅔ'는 'ㆎ'로 또한 혼기되어 나타난다. 이러한 표기상의 변화는 이중모음 'ㅔ'와 'ㅐ'의 핵모음인 'ㅓ'와 'ㅏ'가 각각 'ㅡ'와 '·', 또는 '·'와 'ㅡ'로 혼기되는 것을 말한다. 이러한 혼기는 대부분 '·'의 비음운화 과정에 보이는 여러 현상과 밀접하게 관련되어 있는 것으로 해석하

---

23) 그 외에 속격이나 처격 조사의 변화에서도 그 원인을 찾을 수 있을 것이다. 앞에서 살펴보았듯이 속격조사나 처격조사에서 'ㅢ'와 'ㅔ', 'ㆎ'와 'ㅢ', 'ㆎ'와 'ㅔ', 'ㅐ'와 'ㅔ' 등의 혼기가 많이 보이기 때문이다. 그러나 'ㅢ'가 'ㅡ'나 'ㅣ'로 바뀐 경우도 있어 정밀한 검토를 필요로 한다.

였다. 'ㆍ'의 제1단계 변화에 의해 'ㆍ'는 'ㅡ'와, 그 과도교정에 의해 'ㅡ'는 'ㆍ'와, 'ㆍ'의 제2단계 변화에 의해 'ㆍ'는 'ㅏ'로, 그리고 18, 9세기에 일어난 'ㅡ>ㅓ' 변화에 의해 'ㅡ'는 'ㅓ'와 각각 구별되지 않는 현상이 일어났는데, 이러한 현상이 다각적으로 'ㅔ'와 'ㅐ'의 핵모음과 관련하여 일어남으로써 'ㅔ'와 'ㅐ'는 합류되었을 것으로 추정하였다.

'ㆍㅣ'는 'ㅐ, ㅔ, ㅟ'로 나타난다. 'ㆍㅣ'의 핵모음인 'ㆍ'가 제1단계 변화를 거쳐 'ㅡ'로 되면 'ㆍㅣ'는 'ㅟ'로 실현된다. 그 'ㅟ'의 'ㅡ'가 'ㅓ'로 바뀌는 규칙이 적용되면 'ㅟ'는 'ㅔ'로 실현된다. 이와 같은 방식으로 'ㅟ'는 'ㅔ'로 실현되거나 그대로 'ㅟ'로 실현될 수도 있다. 또한 'ㅟ'의 'ㅡ'가 'ㆍ'로 과도교정되었다면 그 'ㆍ'가 제2단계 변화 규칙에 따라 'ㅏ'로 실현될 수 있게 되고 'ㅟ'는 'ㅐ'로도 실현될 수 있게 된다. 이와 동일한 과정이 'ㅐ'나 'ㅔ'에도 적용되면 'ㆍㅣ(=ㅐ)'나 'ㅟ'로 실현될 수 있어 경상도 방언의 'ㅟ, ㅔ, ㅐ(ㆍㅣ)'는 결국 서로 구별되지 못하여 합류되기에 이른 것으로 추정하였다. 결국 경상도 방언의 'ㅔ'와 'ㅐ'는 'ㆍ'의 제1단계 변화, 제1단계 변화에 대한 과도교정, 'ㆍ'의 제2단계 변화, 'ㅡ'와 'ㅓ'의 합류 등의 현상들이 다각도에서 일어남으로써 이루어진 현상으로 추정한 것이다.

이러한 결론은 방언 문헌 자료들을 두루 검토하지 않은 상태에서 내려진 것이어서 보다 포괄적인 자료의 검토와 해석이 요구된다. 물론 'ㅔ'와 'ㅐ'의 합류를 경험하지 않은 다른 방언 자료에도 이러한 표기 예들이 나타날 수 있다. 그러나 각 방언의 시간과 공간을 고려한 통시적인 음운변화 양상은 각기 달리 진행될 수 있기 때문에 이들 각 자료에 대한 정밀한 검토와 분석이 필요하다. 앞으로 이에 대한 보완 작업이 이루어져야 할 것이다.

5 재구조화의 통시적 과정과 특성*
'ㅅ' 말음어간의 변화를 중심으로

1. 논의의 방향

'기저형의 변화'를 말하는 재구조화(King, 1989 : 39)에는 음운론적 요인이나 비음운론적 요인이 관여한다. 음운론적 요인은 형태소의 내부에서는 물론 형태소 경계에서의 어간 재구조화에 관여하지만, 비음운론적 요인은 형태소 경계에서의 어간 재구조화에 관여하는 것으로 알려져 왔다. 그리고 재구조화에 관여하는 요인들 가운데, 형태소 내부의 재구조화에 관여하는 음운현상[1]은 통시적으로 입증되는 현상이기 때문에 음운규칙을 통하여 자연스럽게 설명할 수 있지만, 형태소 경계에서 어간과 어미가 통합될 때 음운론적 요인에 의해 만들어진 형태의 재구조화에 관여하는 음

---

* 이 글은 같은 제목으로 『심악 이숭녕선생 탄생 100주년 기념 논문집 이숭녕 현대국어학의 개척자』(2008 : 1117~1148)에 수록되었다.

1) 어간형태소의 재구조화에 관여하는 음운론적 요인은 형태소 내부와 형태소 경계에서 차이를 보인다고 한다. 즉 형태소 내부의 재구조화에는 자생적 음운변화나 조건적 음운변화가 모두 관여할 수 있지만, 형태소 경계에서의 어간 재구조화에는 조건적 음운변화만이 관여한다는 것이다(최명옥, 1993 : 231~233).

운현상은 통시적인 것인지 공시적인 것인지 입증하기도 어렵고, 음운규칙에 의해 설명하기도 어렵다고 지적되어 왔다(최명옥, 1993/1998 : 231~259).

그런데 음운변화나 음운규칙의 변화는 시간의 흐름에 따라 음운 환경이나 개별 어휘에 점진적으로 적용되어 확산된다. 따라서 음운규칙이 적용된 신형이 보인다고 하여 그 음운규칙이 적용 가능한 모든 형태에 적용되는 것은 아니므로 신형은 구형과 일정 기간 공존하게 된다. 이러한 상태에서 신형의 사용 빈도가 높아져 일반화되었다고 하더라도, 구형이 사용되는 한, 모두 신형으로 바뀌었다고 할 수는 없다. 그러므로 음운론적 요인에 의한 형태의 변화는 형태소 내부에서든 형태소 경계에서든 재구조화 여부를 판단하기가 오히려 그리 쉽지 않다. 이와 달리 형태소 경계에서 비음운론적 요인에 의해 만들어지는 어간의 재구조화 여부는 판별하기가 어렵지 않다. 비음운론적 요인에 의해 만들어진 신형은 음운론적으로 해당 형태의 생성 과정을 설명할 수 없기 때문에 신형을 바탕으로 곡용이나 활용 패러다임을 검토하면 재구조화 여부를 쉽게 판단할 수 있기 때문이다.

이러한 관점에서 본 연구에서는 'ㅅ'말음어간의 형태 변화를 시간의 흐름에 따라 검토하면서 재구조화의 통시적 과정을 논의해 보고자 한다. 'ㄲ'으로 재구조화되는 'ㅅ'말음어간의 변화는 형태소 내부와 형태소 경계에서 각기 달리 진행되고 형태소 경계에서도 후행 어미의 음운론적, 형태·통사론적 조건에 따라 달리 실현되어, 형태소 내부와 형태소 경계에서 음운론적 요인과 비음운론적 요인이 관여하는 형태의 변화를 다양하게 검토할 수 있기 때문에 재구조화의 통시적 과정과 특성을 이해할 수 있는 적합한 대상으로 간주된다. 그리하여 본 연구에서는 17세기부터 20세기 초기의 문헌에 나타나는 'ㅅ'말음어간의 예들을 구체적으로 추출하여, 재구조화의 통시적 과정과 특성을 논의해보고자 한다.

2. '서'말음어간의 형태 변화

15세기에 '서'[sk]로 끝나던 동사 어간 '볶-[炒], 낚-[釣], 닦-[修]' 등과 명사 '밦[籹]' 등의 '서' 말음어간은 현대국어에서는 기저형이 '볶-, 낚-, 닦-, 밖' 등으로 바뀌었다. 'ㄲ[k']' 말음어간으로 재구조화된 것이다.2) 이러한 '서' 말음어간의 재구조화는 음절말 'ㅅ'[s]의 평폐쇄음 규칙에서 비롯되었다. 이 규칙의 적용으로 어간 {Xsk-}의 'ㅅ'[s]가 평폐쇄음 [t]로 실현됨으로써 음절말 자음체계에서 'ㅅ'[s]가 사라지게 되자 기저형도 {Xsk-}에서 {Xtk-}로 바뀐 것으로 보지 않을 없기 때문이다.

{Xtk-}의 tk는 후행 어미의 음운론적 환경에 따라 달리 실현되었다. 가령 '볶-'이라는 어간은 모음어미가 오면 [k]가 어미의 음절초로 이동하여 '봇가, 봇그니, 봇그면'3) 등으로 나타나고, 자음어미, 그 중에서도 후부변자음어미가 오면 '봇고'로, 중자음어미가 오면 '봇디, 봇는' 등으로 나타났다. 그런데 17세기 문헌에 이르면 '볶-'{potk-}의 t가 k로 바뀐 신형이 나타나기 시작하여, 모음어미가 오면 '복가, 복그니, 복그면' 등으로, 후부변자음어미가 오면 '복고'로, 중자음어미가 오면 '복디, 복는' 등으로 나타난다. 그렇다고 이전에 사용되던 형태가 완전히 사라진 것도 아니어서 구형과 신형이 공존하는 양상을 보인다.

---

2) '서'말음어간은 두 방향으로 변화를 거친다. '볶->볶-, 닦->닦-, 밦>밖' 등과 같이 'ㄲ'를 말음으로 하는 어간이 된 유형과 '닭>돝, 슈>슻' 등과 같이 'ㅌ'이나 'ㅊ'을 말음으로 하는 어간이 된 유형이 그것이다. 그 동안의 연구에서는 이 두 유형 가운데 그 변화 과정을 추적하기 용이한 전자에 보다 많은 관심을 두어 왔다. 본고에서도 '서' 말음어간은 전자의 부류에 한정하여 사용하기로 한다.

3) '봇가, 봇그니, 봇그면' 등의 음성형은 표기대로는 [potka, potkʌni, potkʌmyəm]이지만, 당시의 음절말 p, t, k가 불파음으로 실현되었다면 t 뒤의 k가 경음으로 실현되었을 것으로 추정된다. 이 글에서도 'ㄱ'[k]가 경음으로 실현되었을 가능성이 있는 것으로 추정하나, 여기에서는 경음화 여부를 논의하기 이전이므로 편의상 표기형을 그대로 제시하기로 한다.

먼저 17세기 문헌에서 신형과 구형이 모음어미, 후부변자음어미, 중자음어미의 환경에서 어떻게 나타나는지 살펴보기로 한다.

이 글에서 대상으로 삼은 문헌은 『痘瘡集要두창집요』(1608), 『胎産輯要태산집요』(1608), 『東國新續三綱行實圖동국신속삼강행실도』(1617), 『家禮諺解가례언해』(1632), 『警民編諺解경민편언해』(1656), 『老乞大諺解노걸대언해』(1670), 『朴通事諺解박통사언해』(1677), 『譯語類解역어유해』(1690) 등으로서, 대체로 10년을 단위로 하여 'ᄭ'말음어간의 신형과 구형의 출현 빈도가 변화하는 과정을 살펴보고자 하였다. 이를 위해 이들 문헌에 나타나는 'ᄭ'으로 끝나는 동사 어간이나 명사의 개별 어휘들을 각 문헌의 다음 칸에 제시하였다. 이들 어휘들에 대해 신형과 구형의 출현 빈도를 후행하는 음운론적 환경에 따라 제시하였다. 그리고 그 용례를 도표 아래에 제시하였다.

(1) 17세기 문헌의 'ᄭ' 어간 변화4)

문 헌	어 휘	변화형	모음어미 앞	자음어미 앞	
				후부변자음	중자음
『두창집요』 (1608)	봇-/잣-/섯-/ 닷-/묫-/밧	구형	7/1/7/1/1/43	4/0/0/0/0/2	1/0/0/0/0/0
		신형	0/0/0/0/0/05)	0/0/0/0/0	0/0/0/0/0
『태산집요』 (1608)	봇-/섯-/밧	구형	15/5/5	2/1/0	0/0/0
		신형	0/0/0	0/0/0	0/0/0
『동국신속』 (1617)	잣-/섯-/닷-/ 젓-/짓-/밧	구형	3/2/1/5/3/13	1/0/0/1/0/0	0/0/0/1/0/0
		신형	0/0/0/0/0/0	0/0/0/0/0/0	0/0/0/0/0/0

---

4) (1)에서 문헌은 그 아래에 제시한 '17세기 문헌'을, 어휘 역시 그 아래에 제시한 'ᄭ' 말음어간은 용언어간 '봇-, 잣-, 섯-, 닷-, 묫-'과 명사 '밧'을 순서대로 제시하였다. '변화형'에서 구형은 'ᄭ'을 말음으로 하는 기존의 형태를, 신형은 'ㄲ' 말음어간으로 바뀐 것으로 간주해 왔던 표기형을 말한다(용례는 표 아래에 제시하였다.). 표의 그 다음 칸에 제시한 '모음 앞, 자음 앞(후부변자음, 중자음)'은 이들 'ᄭ'말음어간을 후행하는 음운론적 환경'을 말한다. 이들 환경에서 나타나는 빈도로 제시한 '7/1/7/1/1/43'은 해당 환경에서 '봇-/잣-/섯-/닷-/묫-/밧' 등이 해당 문헌에 나타난 빈도를 말한다.

문 헌	어 휘	변화형	모음어미 앞	자음어미 앞	
				후부변자음	중자음
『가례언해』 (1632)	쟈-/셔-/닭-/ 묾-/져-/저-/밝	구형	4/8/5/5/0/6/70	0/0/0/2/0/0/0	0/0/2/0/0/0/0
		신형	0/0/0/0/1/0/3	0/0/0/0/0/0	0/0/0/0/0/0/0
『경민편언해』 (1656)	셔-/져-/밝	구형	0/0/2	0/1/0	0/0/0
		신형	1/0/0	0/1/0	0/0/0
『노걸대언해』 (1670)	볶-/쟈-/셔-/ 져-/묾-/밝	구형	2/0/2/1/0/3	2/0/1/0/1/0	0/1/0/0/0/0
		신형	1/0/0/0/0/0	1/0/0/0/0	0/0/0/0/0/0
『박통사언해』 (1677)	쟈-/셔-/닭- / 져-/낛-/밝	구형	1/1/0/0/1/11	3/1/1/2/0/0	2/0/1/0/0/0
		신형	1/0/0/0/0/0	1/1/0/0/0	0/0/0/0/0/0
『역어유해』 (1690)	볶-/쟈-/셔-/ 닭-/낛-/밝	구형	0/0/1/0/0/1	0/0/0/0/0	0/1/1/0/0/0
		신형	0/0/0/0/0/0	0/0/0/0/0	1/1/0/1/1/0

- 『두창집요』: 1) 구형 ▼모음 앞 : 봇가(下, 30b 3회), 봇까(下, 63b), 봇
그니(上, 20a), 봇근(下, 9b), 봇ᄀ니로(下, 3a) ; 갓가(下, 21b) ; 섯거
(上, 28a 7회) ; 봇닷근(下, 42b) ; 뭇근(上, 41a) ; 밧그랑(上, 41a), 밧
그로(上, 38b 12회), 밧근(上, 32b), 밧글(上, 52b), 밧긔(上, 25a 6회),
밧기(上, 54a 10회), 밧ᄀ로(下, 50a), 안밧긔(上, 16b 3회), 밧끠(上,
38b,35b), 밧쎄(上, 56b 3회), 안밧쎄(上, 54a 외 1회) ▼자음 앞 ▽후부
변자음 : 봇고(上, 27b 4회) ; 밧과(上, 56a, 2회). ▽중자음 : 봇닷근(下,
42b)
- 『태산집요』: 1) 구형 ▼모음 앞 : 봇가(18a 6회), 봇그니(53b), 봇근
(6a), 봇ᄀ니(2b 5회), 봇ᄀ니과(74a), 봇까(5a) ; 섯거(5a 5회) ; 밧고로
(30b), 밧그로(59b), 밧그로랑(74a), 안밧긔(26a), 밧끠(5a). ▼자음 앞
▽후부변자음 : 봇고(39a 외 1회) ; 섯고(6b)
- 『동국신속삼강행실도』: 1) 구형 ▼모음 앞 : 갓가(烈1, 37b 3회) ; 섯쩌
(續孝, 14b 외 1회) ; 닫가(忠1, 87b) ; 걷거(烈1, 7b), 것거도(忠1, 66b),
것거다-(烈3, 49b 3회) ; 깃거(烈4, 57b, 烈7, 26b) ; 깃쩌(忠1, 20b) ; 밧

---

5) 『두창집요』에도 신형인 '박그로(上, 31b)'가 1회 나타난다. 그러나 이 부분은 붓으로 필
  사된 것으로서, 후대에 가필된 것으로 보인다.

긔(忠1, 5b 3회), 받긔(續忠, 3b 9회), 받끠(三忠, 3b). ▼자음 앞 ▽후부
변자음 : 갓고(烈7, 37b) ; 것고(忠1, 32b). ▽중자음 : 것딜려(忠1, 41b)

• 『가례언해』 : 1) 구형 ▼모음 앞 : 갓가(6, 17a 3회), 갓가도(5, 22b) ; 섯
거(8, 13b 5회), 섯근(7, 24a 2회), 섯글디니(7, 24b) ; 닷가(1, 40a 3
회), 닷그-(10, 8a 외 1회) ; 뭇거(5, 26a 3회), 뭇그-(10, 34a 외 1회) ;
깃거티(2, 9a 3회), 깃거호-(2, 3b 외 2회) ; 밧그로(6, 17a 13회), 밧그
로브터(7, 26b), 밧그로셔(1, 45b), 밧글(6, 15a), 밧긔(1, 11b 38회),
밧긔는(7, 24b 외 1회), 밧긔셔(10, 4b 외 1회), 밧기(2, 16a), 밧기롤
(10, 25b), 안밧글(2, 16a), 안밧긔(2, 16b 2회), 안밧긔는(1, 45a 2회),
받긔(6, 34a), 밧끠(1, 9a 4회). ▼자음 앞 ▽후부변자음 : 뭇고(1, 24a
외 1회) ; ▽중자음 : 닷디(1, 序2b 외 1회). 2) 신형 ▼모음 앞 : 걱거(1,
44a) ; 박그로(2, 11a)(6, 14a), 박끠(2, 10a)

• 『경민편언해』 : 1) 구형 ▼모음 앞 : 밧긔(15b), 밧그로(35b). ▼자음 앞
▽후부변자음 : 것거나(10a). 2) 신형 ▼모음 앞 : 석거(29b). ▼자음 앞
▽후부변자음 : 걱거나(10a)

• 『노걸대언해』 : 1) 구형 ▼모음 앞 : 봇가(上, 19a 외 1회) ; 섯거(上, 29b
외 1회) ; 것근(下, 38b) ; 밧긔(上, 37b), 밧끠(上, 13a 외 1회). ▼자음
앞 ▽후부변자음 : 봇게(上, 19a), 봇기(上, 19b) ; 섯고(上, 19b) ; 뭇고
(上, 16b). ▽중자음 : 갓는(下, 62a). 2) 신형 ▼모음 앞 : 복가(上, 55a).
▼자음 앞 ▽후부변자음 : 복고(上, 55b)

• 『박통사언해』 : 1) 구형 ▼모음 앞 : 갓가다(上, 40a) ; 섯거(下, 25a) ; 낫
가(下, 51a) ; 밧그로(中, 42b), 밧그르(中, 42b), 밧긔(下, 11b 4회), 밧
기(下, 32a), 밧끠(上, 24b 4회). ▼자음 앞 ▽후부변자음 : 갓고(上,
50b), 갓기는(上, 47a), 갓기롤(上, 39b) ; 섯기롤(下, 5b) ; 것고지(上,
40a), 것곳고(上, 40a) ; 싯닷기롤(下, 44b). ▽중자음 : 갓는(上, 39b 외
1회) ; 닷디(中, 24a). 2) 신형 ▼모음 앞 : 깍가(中, 29a). ▼자음 앞 ▽후
부변자음 : 깍고(上, 51a) ; 석기롤(中, 49b)

• 『역어유해』 : 1) 구형 ▼모음 앞 : 섯씬(下, 33b) ; 밧끠(上, 24b). ▼자음
앞 ▽중자음 : 쌋는(下, 17a) ; 섯쟈(下, 13b). 2) 신형 ▼자음 앞 ▽중자
음 : 복다(上, 50b) ; 깍는(上, 30a) ; 닥다(上, 47b) ; 낙다(上, 23a)

17세기 문헌에서 '서'계 어간은 총 286회 나타났는데, 그 가운데 신형이 15회였고 그 나머지는 모두 구형이었다. 신형은 『가례언해』(1632)에서 처음으로 나타났다. 그리고 『경민편언해』에 2회, 『노걸대언해』에 2회, 『박통사언해』에 3회, 『역어유해』에 4회 나타나며 『가례언해』 이후 계속하여 나타난다. 신형은 음운론적 환경에 따라 모음어미, 후부변자음어미, 중자음 앞에서 순차적으로 나타났다.

모음어미 앞에서는 『가례언해』(1632)에서 '걱거(1, 44a), 박그로(2, 11a, 6, 14a), 박끠(2, 10a)' 등이 나타난 이후, 『경민편언해』(1656)에 '석거(29b)'.『노걸대언해』에 '복가(上, 55a)', 『박통사언해』(1677)에 '싹가(中, 29a)' 등 계속하여 나타나는 경향을 보여준다. 후부변자음어미 앞에서는 『경민편언해』(1656)에서 처음 '걱거나(10a)'가 나타난 이후, 『노걸대언해』에 '복고(上, 55b)'.『박통사언해』에 '싹고(上, 51a), 석기롤(中, 49b)' 등으로 계속하여 나타났다. 중자음어미 앞에서는 17세기 후기의 『역어유해』(1690)에 '복다(上, 50b), 싹는(上, 30a), 닥다(上, 47b), 낙다(上, 23a)' 등이 처음 나타났다.

『가례언해』(1632)에서 신형이 처음 나타난 이래로 이후 문헌에서 계속적으로 나타나지만, 전체적으로 구형이 압도적으로 많이 사용되었다고 할 수 있다. 이는 '서'말음어간이 사용된 총 286회 가운데 총 15회만이 신형이 사용되었고, 나머지는 271회는 구형이 사용되었기 때문이다. 신형으로 나타난 15회도, 모음어미 앞에서 7회, 후부변자음어미 'ㄱ' 앞에서 4회, 중자음 'ㄷ'[t]나 'ㄴ'[n] 앞에서 4회로 나타난 것이 전부였다. 그러므로 이 시기 문헌에서 '서'말음어간은 대부분 구형으로 사용되면서, 신형이 사용되기 시작된 상태로서, 후기로 갈수록 신형이 다소 확산되는 경향을 보인다고 할 수 있다. 모음어미 앞에서는 『가례언해』에 '겪-'의 신형이 1회, '밝'의 신형이 3회,

『경민편언해』에 '섰-'의 신형이 1회, 『노걸대언해』에 '볶-'의 신형이 1회, 『박통사언해』에 '갔-'의 신형이 1회 나타났으며, 후부변자음 앞에서는 『경민편언해』에 '겼-'의 신형이 1회, 『노걸대언해』에 '볶-'의 신형이 1회, 『박통사언해』에 '갔-'과 '섰-'의 신형이 각각 1회 나타났고, 중자음 앞에서는 『역어유해』에 '볶-, 갔-, 닦-, 낚-'이 각각 1회씩 나타났을 뿐이었다.

신형이 나타나기 시작한 17세기 문헌에서 구형과 신형 두 유형의 출현이 배타적인 것은 아니었다. 모음어미 앞에서는 신형이 모두 7회 나타났다. 『경민편언해』에 '섰-'이 신형만 1회 나타났고 나머지 개별 어휘들은 신형이 구형과 공존하였다. 후부변자음어미 앞에서도 이러한 사정은 마찬가지였다. 『경민편언해』에는 '겼-'의 신형이 1회 나타났지만 구형도 1회 나타났으며, 『노걸대언해』에서는 '볶-'의 신형이 1회 나타났지만, 구형도 2회 나타났고, 『박통사언해』에서는 '갔-, 섰-'의 신형이 각각 1회 나타났지만 구형도 각각 3회와 1회 나타난 것이다. 중자음어미 앞에서는 『역어유해』에 '볶-, 갔-, 닦-, 낚-'의 신형이 각각 1회 나타났는데, '깠는'과 '깍는'이 함께 나타난 것을 제외하면 모두 '복다, 닥다, 낙다' 등의 신형으로만 나타났다.

18세기 문헌에 이르면 17세기보다 신형이 상당히 확산되어 나타난다.[7]

(2) 18세기 문헌의 'ㅺ' 어간 변화

문 헌	어 휘	변화형	모음 앞	자음 앞	
				후부변자음	중자음
『오륜전비』 (1721)	갔-/닦-/겼-/ 묶-/저-/밖	구형	3/2/1/0/3/14	0/0/0/0/0/0	0/0/0/0/0/0
		신형	1/0/0/1/0/0	0/0/0/0/0/0	0/0/0/0/0/0
『어제내훈』 (1736)	갔-/섰-/닦-/ 겼-/저-/밖	구형	2/1/9/3/20/20	0/0/0/0/0/0	0/0/0/0/0/0
		신형	0/0/0/0/0/0	0/0/0/0/0/0	1/0/1/0/0/0
『천의소감』 (1756)	섰-/닦-/겼-/ 묶-/저-/밖	구형	1/0/0/1/6/38	0/0/0/0/0/0	0/1/0/0/0/0
		신형	0/0/0/0/0/0	0/0/0/0/0/0	0/1/2/0/0/0

문 헌	어 휘	변화형	모음 앞	자음 앞	
				후부변자음	중자음
『어제/경세』 (1764?)	닦-/저-/밝	구형	6/4/13	0/0/0	0/0/0
		신형	0/0/0	0/0/0	3/0/0
『박통사신석』 (1765)	쟈-/셨-/닦-/ 져-/낡-/저-/밝	구형	0/1/1/0/0/1/11	0/0/0/2/0/0/0	0/0/0/0/0/0/0
		신형	2/1/0/0/1/0/0	2/1/0/0/0/0/0	3/0/0/0/0/0/0
『명의록』 (1777)	셨-/닦-/져-/ 저-/밝	구형	1/0/0/5/46	0/0/0/0/6	0/0/0/0/0
		신형	0/3/1/0/0	0/0/1/0/0	0/1/0/0/0
『중간노걸』 (1795)	볶-/쟈-/셨-/ 묽-/저-/밝	구형	0/0/0/1/1/9	0/0/1/0/0/0	0/3/0/0/0/0
		신형	3/0/1/0/0/0	5/0/0/0/0/0	0/0/0/0/0/0
『윤음_정조』 (1781~1795)	쟈-/셨-/닦-/ 져-/묽-/저-/밝	구형	0/3/0/1/1/5/11	0/0/0/0/0/0/0	0/0/0/0/0/0/0
		신형	0/2/1/0/3/0/0	0/0/0/0/0/0/0	2/0/0/0/0/0/0

• 『오륜전비언해』: 1) 구형 ▼모음 앞 : 갓가(1, 7b 외 1회), 쌋가(5, 28a
외 1회) ; 닷고(1, 23a), 닷금만(8, 5a) ; 것거(1, 32a) ; 긋검즉ᄒ나(2,
31a), 긋거ᄒ고(8, 7b), 긋거(8, 39a) ; 밧그로(5, 34a), 밧긔(1, 36b 6
회), 창밧긔(1, 2b), 밧끠(1, 33b 4회), 門밧끠(1, 57b), 믄밧끠(5, 21b).
2) 신형 ▼모음 앞 : 싹근(5, 23a) ; 묵거(3, 11b)

---

6) 18세기 문헌도 대체로 10년을 단위로 'ㅅ'말음어간이 사용되는 양상의 변화를 보고자 하
여 『五倫全備諺解오륜전비언해』(1721), 『御製內訓어제내훈』(1736), 『闡義昭鑑諺解천의소감언해』
(1756), 『어제/경세문답』(18세기 중·후반), 『朴通事新釋諺解박통사신석언해』(1765), 『明義
錄諺解명의록언해』(1777), 『重刊老乞大諺解중간노걸대언해』(1795), 정조 대의 『倫音윤음』(1780
~1795) 등에서 용례를 선별하였다. 『윤음』은 정조 대의 『윤음』(규장각 소장, 전북대 영
인본) 가운데 "御製濟州大靜旌義等邑父老民人書(1781), 諭京畿大小民人等綸音(1782), 諭湖
西大小民人等(1782),   諭中外大小臣庶綸音(1782),   諭京畿洪忠全羅慶尙原春咸鏡六道綸音
(1783), 諭京畿民人綸音(1783), 諭湖南民人等綸音(1783), 諭慶尙都事兼督運御史金載人書
(1783), 諭京畿洪忠道監司守令等綸音(1783), 諭慶尙道觀察使及賑邑守令綸音(1783), 御製諭
咸鏡道南關北關大小士民綸音(1783), 御製諭原春道嶺東嶺西大小士民綸音(1783),   字恤典則
(1783), 御製賜畿湖別賑資綸音(1784), 御製諭濟州民人綸音(1785), 御製王世子冊禮後各道臣
軍布折半蕩減綸音(1785), 御製咸鏡道南北關大小民人等綸音(1788), 御製諭楊州抱川父老民人
等書(1792), 諭濟州大靜旌義等邑父老民人書(1793), 諭諸道道臣綸音(1794), 諭湖南六邑民人
等綸音(1794), 御製養老務農頒行小學五倫行實饗儀式鄕約條例綸音(1795)" 등을 대상으로
하였다.

- 『어제내훈』 : 1) 구형 ▼모음 앞 : 갓그니라(二, 46a), 갓ᄀ실시(二, 54a) ; 섯거(一, 3b) ; 닷가(二, 56a), 닷그-(二, 110a 외 3회), 닷ᄀ-(三, 22a 외 3회) ; 것거(三, 34a), 것곰을(序, 6a), 것금은(序, 6b) ; 깃거(一, 32b 10회), 깃거티(三, 35a), 깃거호더(二, 55b), 깃거ᄒ-(一, 18a 외 3회), 깃그-(二, 19b 외 2회), 깃기시며(二, 81b) ; 밧그로(三, 15b)(一, 55a), 밧글(三, 9b), 밧긔(一, 4b 12회), 밧긔셔(序, 4b), 밧긧(一, 4a), 밧긧(二, 57a), 밧ᄀ로는(三, 15a), 받긔(三, 35a). 2) 신형 ▼자음 앞 ▽중자음 : 싹더니(二, 54a) ; 닥는(二, 58a)

- 『천의소감언해』 : 1) 구형 ▼모음 앞 : 섯기여시되(4, 19b) ; 뭇거(1, 68b) ; 깃거ᄒ-(1, 17a 외 4회), 깃거(2, 14a) ; 밧그로(1, 17b 4회), 밧그로브터(1, 42b), 밧긔(범녜, 01b 25회), 밧긔나(1, 12a), 밧긔는(1, 64a 3회), 밧긔셔(2, 66a), 밧기니(4, 28a), 밧기라(4, 56a), 밧기오니(1, 60b). ▼자음 앞 ▽중자음 : 닷는(2, 64b). 2) 신형 ▼자음 앞 ▽중자음 : 닥는(2, 69a) ; 꺽는(4, 23b), 꺽즈오실(1, 47b).

- 『어제/경세문답』 : 1) 구형 ▼모음 앞 : 닷가(눈음, 5a), 닷그-(警問, 01a 외 4회) ; 깃거ᄒ-(빅힝원, 3b 외 3회) ; 밧그로(警問, 20a), 밧긔(어제, 5b 8회), 밧긔셔(警問, 36b), 밧기라(어제, 5b 3회). ▼자음 앞 ▽중자음 : 없음. 2) 신형 ▼자음 앞 ▽중자음 : 닥디(어제, 1b 3회)

- 『박통사신석언해』 : 1) 구형 ▼모음 앞 : 섯거(3, 45b) ; 닷가(1, 31a) ; 깃거홈과(2, 30a) ; 밧근(3, 18a), 밧긔(3, 43b)(1, 46b), 밧긔는(1, 17a), 밧긔셔(3, 19b)(1, 29a), 밧끠셔(1, 13a), 밧끠(3, 35b 4회). ▼자음 앞 ▽후부변자음 앞 : 것고지(1, 43a), 것곳고(1, 43a). 2) 신형 ▼모음 앞 : 싹가(1, 43a 외 1회) ; 석근(1, 05a) ; 낙가(3, 50a). ▼자음 앞 ▽후부변자음 : 싹기롤(1, 43a), 싹고(1, 51b)(1, 55a) ; 석기롤(1, 25a). ▽중자음 : 싹는(1, 42b 3회)

- 『명의록언해』 : 1) 구형 ▼모음 앞 : 섯겨(首下일긔, 31a) ; 깃거(首上11b 외 1회), 깃김을(首下일긔, 66b), 깃거ᄒ고(2, 35b), 깃기리라(2, 47b) ; 밧긔긔(首上, 1b), 담밧긔(首上, 3b), 밧게(首下일긔, 11b), 밧그로(首下일긔, 63a 9회), 밧그로는(2, 42b 3회), 밧그로부터(首上, 1a), 밧근(首上, 17a 4회), 밧긔(首下일긔, 12a 21회), 밧긔는(2, 51a), 밧긔도(首上,

13b), 밧긔셔(首下눈음, 15b), 밧긔야(2, 25a), 안밧그로(2, 34b). ▼자음 앞 셧- ▽후부변자음 : 밧겻(首上, 62a 외 5회). 2) 신형 ▼모음 앞 : 닥가(首下일긔, 50a)(首下일긔, 50b), 닥그되(首下일긔, 50a) ; 썩기이고 (2, 21a). ▼자음 앞 ▽후부변자음 앞 : 썩고(跋, 2b). ▽중자음 : 닥지(首下일긔, 41b)

- 『중간노걸대언해』: 1) 구형 ▼모음 앞 : 뭇고(上, 16a) ; 깃거ᄒ리오(下, 41b) ; 밧긔(上, 38b 9회). ▼자음 앞 ▽중자음 : 썃다(下, 54b 외 2회). 2) 신형 ▼모음 앞 : 복가(上, 19b 3회) ; 석거(上, 56b). ▼자음 앞 ▽후부변자음 : 복게(上, 19a), 복고(下, 50a 외 1회), 복기(上, 19a 외 1회)
- 『정조 대 윤음』: 1) 구형 ▼모음 앞 : 섯그리라(中外4a), 섯기기(諭原8a), 섯거(咸鏡1a) ; 썻그질녀(湖南04b) ; 뭇금(京畿2b) ; 깃거ᄒ-(賜畿3b 외 4 회) ; 밧그로(字恤4a), 밧그로논(中外6b), 밧긔(慶尙道4a 9회). 2) 신형 ▼모음 앞 : 석기이가(監司2a), 석긔도다(咸鏡2b) ; 닥가(養老5a) ; 묵거(王世2b 외 2회). ▼자음 앞 ▽중자음 : 싹두시(湖南2b 외 1회).

18세기 문헌에서는 'ㅅ'말음어간이 총 305회 나타났다. 그 가운데 구형이 262회, 신형이 43회로서, 17세기 문헌에서보다는 신형이 확산되어 나타났다. 모음어미 앞에서는 'ㅅ'말음어간이 270회 나타났는데, 그 중 구형이 250회, 신형이 20회로서 신형이 다소 확산되기는 하였으나 10%에도 미치지 못하였다. 후부변자음어미 앞에서는 총 20회 나타났는데, 그 중 구형이 9회, 신형이 11회로서 17세기보다 신형이 상대적으로 많이 확산되었다. 중자음어미 앞에서는 'ㅅ'말음어간이 총 15회 나타났는데, 그 중 구형이 3회, 신형이 11회로서, 역시 신형이 구형보다 상대적으로 많이 나타났다. 시간의 흐름에 따라 'ㅅ'말음어간은 18세기 후기로 올수록 구형이 줄어들고 신형이 많이 나타나는 경향을 보인다.

모음어미 앞에서는 신형이 점차 많이 나타나기는 하지만, 뚜렷하게 확산되는 경향을 보여주지는 않는다. 신형이 단 한 예도 나타나지 않은 '밨'

의 경우를 제외하면,7) 구형이 83회, 신형이 20회로 나타나, 신형이 전체의 20%에 미치지 못한다. 『오륜전비언해』에 신형이 2회 나타났으나 그 이후 『어제내훈』, 『천의소감언해』, 『어제/경세문답』 등에는 신형이 한 예도 나타나지 않았으며8), 후기의 『박통사신석언해』에 4회, 『명의록언해』에 4회, 『중간노걸대언해』에 4회, 정조 대『윤음』에 6회 나타나 전체의 7.5% 정도의 빈도를 보인다. 이와 같이 모음어미 앞에서는 신형이 다소 확산되지만, 전체적으로 구형이 신형보다 압도적으로 많이 사용되는 특성을 보여준다.

후부변자음어미나 중자음어미 앞에서는 구형과 신형의 공존 양상이 모음어미 앞에서와는 판이하게 다르다. 후부변자음어미 앞에서는 『박통사신석언해』(1765)에서 '겼-'이 2회, 『중간노걸대언해』(1795)에서 '셨-'이 1회 나타나고, 나머지 9회는 모두 신형으로 나타났다. 이들 두 문헌이 이전의 판본 영향을 받은 중간본이라는 점에서 이전 판본의 영향을 받아 구형을 사용한 것으로 볼 수도 있다. 중자음 앞에서는 『천의소감언해』에 구형 '닦-'이 1회, 『중간노걸대언해』(1795)에 '걌-'이 2회 나타난 것을 제외하면 나머지(14회)는 모두 신형으로 나타났다. 이와 같이 모음어미 앞에서와 달리 후부변자음어미와 중자음어미 앞에서는 신형이 구형보다 일반화되어 나타난다.

이러한 관점에서 18세기에는 'ㅅ'말음어간이 구형에서 신형으로 넘어가

---

7) '밝'의 신형인 '밝ㄱ' 형은 17세기 문헌에도 나타났으나 18세기 문헌에는 특이하게도 모든 환경에서 구형이 사용되어 용언어간의 경우와 대조적인 특성을 보여준다.

8) 18세기 문헌 가운데 왕실 문헌인 『어제내훈』, 영조 내의 『어제/경세문답』, 『천의소감언해』, 정조 대의 『윤음』 등에서는 모음어미 앞에서 거의 모두 구형으로 나타났다. 이러한 특징은 『오륜전비언해』, 『박통사신석언해』, 『중간노걸대언해』 등의 역서류 문헌에서는 신형이 많이 나타난 것과 대조적이다. 그러나 왕실 문헌에서도 후부변자음어미나 중자음 어미 앞에서는 모두 신형만 나타났다.

는 과도기 상태에 있었다고 할 수 있다. 이러한 과도기는 구형과 신형이 공존하는 시기로서 대체로 구형과 신형이 개별 어휘에 따라서 달리 나타났으며, 개별 어휘도 어간이 나타나는 음운 환경에 따라 배타적으로 사용되는 경향을 보인다. 모음어미 앞에서는 『오류전비언해』에서 '쟈-'이 구형 3회, 신형 1회, 『박통사신석언해』에서 '섰-'이 구형과 신형이 각각 1회, 정조 대의 『윤음』에서 '셔-'이 구형 3회, 신형 2회가 나타났으며, 그 나머지는 모두 구형만 사용되거나 또는 신형만 사용되었다. 나타난 용례가 적기는 하지만 후부변자음과 모음어미 앞에서는 『천의소감언해』에서 '닭-'의 구형과 신형이 각각 1회씩 사용된 것을 제외하면 모두 구형만 사용되거나 신형만 사용되었다.

모음어미 앞에서는 대부분 구형으로 나타났다. 후부변자음어미 앞에서는 신형이 우세하게 나타났고, 중자음어미 앞에서는 신형이 우세하게 나타났다. 모음어미 앞에서는 형태소 내부에 관여한 음운론적 요인에 의해, 후부변자음 앞에서는 형태소 경계에서 관여한 음운론적 요인에 의하여, 중자음어미 앞에서는 형태소 경계에서 비음운론적 요인이 관여하는 환경이라는 점에서 각각 차이가 있다. 이러한 차이를 고려하면 이들 신형이 확산되는 과정의 차이는 음운론적 요인과 비음운론적 요인, 형태소 내부와 형태소 경계라는 특성이 복합적으로 작용하여 초래된 결과가 아닌가 추정된다.

기존의 연구에서는 'ㅅ'말음어간이 신형으로 변화하는 과정이, 형태소 내부에 위치하는 모음어미 앞에서 'ㄷ'이 'ㄱ'으로 바뀌는 후부변자음화 규칙의 적용이 가장 먼저 일어나고, 후부변자음어미 앞에서 이 음운규칙이 형태소 경계로 확장된 다음, 그에 유추되어 중자음 앞에서도 'ㄲ' 말음어간으로 바뀐다고 추정해 왔다. 이러한 추정은 17·8세기 문헌에서 나타나는 순서로 보면 부합된다. 그러나 신형이 나타나는 바로 그 시기에 모든 구형이 신형으로 바뀌어 실현되는 것은 아니었으므로, 양자가 공존하면서도 구형이 신형으로 바뀌어 나타나는 과정을 중시한다면, 반드시 그렇게 일반화할 수 없을 것으로 생각된다. 18세기까지 모음어미 앞에서는 구형이 신형으로 바뀌어 가는 정도가 매우 낮지만, 후부변자음어미와 중자음어미 앞에서 구형이 신형으로 대부분 바뀌어 나타난다는 점에서 기존의 추정과 차이가 있기 때문이다.

　동일한 음운론적 환경에서 어휘에 따라 신형과 구형이 사용되는 특성은 17세기의 경우와 대체로 유사하지만 세부 환경에서는 차이가 있었다. 후행하는 어미의 환경에 따라서 보면 모음어미 앞에서는 신형으로 나타나는 대부분의 어휘에 구형이 사용되면서 신형이 일부 나타났지만, 후부변자음어미와 중자음어미 앞에서는 신형이 나타나면 구형이 나타나지 않는 경향을 보여주는 것이다. 'ㅅ'계 어간의 예들이 많지는 않아 일반화하기는 어렵지만, 대체로 후부변자음어미 앞에서나 중자음어미 앞에서는 신형이 나타나면 구형이 나타나지 않고 구형이 나타나면 신형이 나타나지 않는 상호 배타적인 특성을 보여준다.[9]

　어휘에 따라서는 특별히 어떤 어휘가 먼저 확산되는 뚜렷한 경향을 보여주지는 않는다. 용언의 경우에는 신형이 꾸준히 확산되는 경향을 보이지만, 체언인 '밖'의 경우에는 단 한 예도 신형으로 나타나지 않았다. 17세기 『가례언해』에 '박그로(2회), 박끠(1회)' 등으로 3회 나타났다는 사실에 비추어 18세기 문헌에서 '밖>박'의 변화 예가 단 하나의 예도 나타나지 않는다는 사실은 음운규칙의 적용이 문법적인 부류에 따라 달랐음을 보여주는 것으로 생각할 수도 있다. 그러나 '밖' 하나만 가지고 일률적으로 단정

---

9) 중자음어미 앞에서는 『천의소감언해』에 '닷눈'과 '닥눈'과 같이 구형과 신형이 공존하는 예가 하나 나타났다.

하기에는 이르다.10)

　19세기에도 18세기 후기의 변화 경향이 이어질 것으로 기대되므로 19
세기 후기 문헌에서 'ㅅ'말음어간의 용례를 검토해 보기로 한다.11)

　　(3) 19세기 후기 문헌의 'ㅺ'계 어간 변화

문 헌	어 휘	변화형	모음 앞	자음 앞	
				후부변자음	중자음
『태상감응』 (1852)	쟉-/셕-/닥-/ 격-/뭇-/젓-/밧	구형	0/2/5/0/0/12/17	0/0/0/0/0/0/0	0/0/0/0/0/0/0
		신형	1/0/0/0/1/0/0	0/0/2/0/0/0/0	2/0/1/2/0/0/0
『한불ᄌ뎐』 (1880)	봇-/쟉-/셕-/ 닥-/뭇-/격-/낫-/밧	구형	0/0/2/0/0/0/0/3	0/0/0/0/0/0/0/0	0/0/0/0/0/0/0/0
		신형	0/1/1/2/3/2/0/0	0/0/0/0/0/0/0/0	2/3/2/4/2/1/1/0
『이언언해』 (1884)	쟉-/셕-/닥-/ 격-/뭇-/젓-/밧	구형	0/7/0/0/0/3/28	0/0/0/0/0/0/0	0/0/0/0/0/0/0
		신형	1/2/11/9/1/0/0	3/0/3/1/0/0/0	0/0/1/2/0/0
『ᄉ민필지』 (1889)	쟉-/셕-/닥-/밧	구형	0/1/0/13	0/0/0/0	0/0/0/0
		신형	1/1/2/0	0/0/19/0	0/0/0/0
『독립신문』 (1896, 4. 5. 6)	쟉-/셕-/닥-/ 격-/뭇-/밧	구형	0/0/3/0/0/19	0/0/0/0/0/2	0/0/0/0/0/0
		신형	2/3/0/1/1/0/0	12/0/1/0/0/0	1/0/0/0/0/0

　• 『태상감응편도설언해』 : 1) 구형 ▼모음 앞 : 셧거(2, 59a 외 1회) ; 닷가
(2, 50b 외 1회), 닷그라(1, 10b), 닷그심만(4, 03a), 닷글식(2, 24a) ;
깃거(2, 42a 7회), 깃거ᄒ고(2, 33a), 깃거ᄒ더라(4, 49a), 깃거ᄒ며(2,
18a), 깃거ᄒ여(4, 14a)(3, 56a) ; 밧그로(2, 54b 3회), 밧그로셔(4,
25a), 밧긔(5, 45a 12회), 밧긔셔(1, 19b). 2) 신형 ▼모음 앞 : 싹가(3,
29a) ; 묵금을(5, 35b). ▼자음 앞 ▽후부변자음 : 닥고(1, 37b)(4, 14a).

---

10) 'ㅅ'으로 끝나는 명사가 거의 없어 이것만으로 일반화하기는 어렵다. 이에 대해서는 더
　　많은 자료를 대상으로 다각도로 검토될 필요가 있다.
11) 19세기 후기 문헌은 『太上感應篇圖說諺解태상감응편도설언해』(1852), 『한불ᄌ뎐』(1880), 『易
　　言諺解이언언해』(1889), 『士民必知사민필지』(1889), 『독립신문』(1890년 4호, 5호, 6호)을
　　대상으로 하였다.

▽중자음 : 깍지(2, 74a), 깍지이니(2, 74a) ; 닥는(3, 30b) ; 꺽지르며(大文解, 06a, 06b).

• 『한불ㅈ뎐』: 1) 구형 ▼모음 앞 : 셧기다(408), 셧기우다(408) ; 밧기(277 3회). 2)신형 ▼모음 앞 : 깍가(122) ; 셕기다(397) ; 닥기다(453, 453) ; 묵거(251 3회) ; 꺽기다(143), 꺽긴(143). ▼자음 앞 ▽중자음 : 복다(332), 들복다(481) ; 각다(369), 깍다(122 2회) ; 셕다(397), 뒤셕다(500) ; 닥다(392 4회) ; 묵다(251 2회) ; 꺽다(143) ; 낙다(263).

• 『이언언해』: 1) 구형 ▼모음 앞 : 뒤셧그며(4, 33a), 셧거(2, 50a 4회), 셧기고(4, 17a), 셧기지(1, 19a) ; 깃거(1, 30b)(2, 05a), 깃거ㅎ지(4, 45a) ; 밧그로(1, 03b 9회), 밧그로는(1, 06b)(跋, 06b), 밧글(3, 52a), 밧긔(4, 25a 13회), 밧긔는(序, 02a), 밧긔셔(自序, 01b)(4, 33a). 2) 신형 ▼모음 앞 : 깍글(序, 02b) ; 셕거(1, 29a), 셕그니(2, 17b) ; 닥가(跋, 09a)(1, 05b), 닥그며(3, 54b 9회) ; 꺽거(4, 54a 3회), 꺽거시니(3, 56a), 꺽그니(1, 02a), 꺽그며(3, 29b), 꺽기고(3, 56a), 꺽기리라(2, 51a), 꺽기면(1, 24b) ; 묵근둣(4, 61b). ▼자음 앞 ▽후부변자음 : 깍게(4, 62a), 깍고(序, 02b), 깍기는(4, 62b) ; 닥게(3, 54a), 닥고(3, 28b) (1, 37a) ; 꺽고(3, 42a). ▽중자음 : 닥는(4, 24a) ; 꺽지르나(3, 58a)

• 『ㅅ민필지』: 1) 구형 ▼모음 앞 : 셧기여(137) ; 밧게(131, 11회), 밧게는(94), 밧게는(143). 2) 신형 ▼모음 앞 : 깍그더(85) ; 셕거(128) ; 닥가(31), 닥갓시니(37). ▼자음 앞 ▽후부변자음 : 닥고(23, 19회)

• 『독립신문』: 1) 구형 ▼모음 앞 : 닷가(960507), 닷가야(960509) (960616) ; 밧근(960509), 밧긔(960507 4회), 밧긔는(960604), 밧긔로(960505), 밧긔셔(960414), 일밧긔(960425), 일밧긔는(960604), 밧끠(960421 6회), 문밧끠(960421), 밧끠다(960512), 밧끠셔는(960611). ▼자음 앞 ▽후부변자음 : 밧갓(960519)(960414). 2) 신형 ▼모음 앞 : 깍그라(960611), 깍근(960611) ; 셕기기(960411 3회) ; 꺽그랴고(960611) ; 묵거(960613). ▼자음 앞 ▽후부변자음 : 깍고(960526 12회) ; 닥고(960609). ▽중자음 : 깍는(960526).

19세기 후반에는 18세기보다 신형이 많이 나타났다. 그렇다고 하여 이 시기에도 신형만 사용된 것은 아니었다. 모음어미 앞에서는 총 160회 가운데 신형이 46회 나타나고 구형이 114회 나타났다. 그러나 후부변자음어미와 중자음어미 앞에서는 각각 41회, 23회 모두 신형으로만 나타났다. 그러므로 19세기의 'ㅅ'말음어간은 모음어미 앞에서만 신형과 구형이 모두 나타나고, 후부변자음어미와 중자음어미 앞에서는 신형만 나타나는 특징을 보여준다.12) 이와 같이 이 시기의 'ㅅ'말음어간은 후부변자음어미와 중자음어미 앞에서는 신형만이 나타나며, 모음어미 앞에서는 신형과 구형이 공존하는데, 분포로 보아 신형이 모든 환경에서 사용되고 구형은 모음어미 앞에서만 나타나는 특성을 보인다.

이 시기의 문헌에서 모음어미 앞에서만 신형과 구형이 모두 사용되고 있었다는 점은 주목할 만하다. 모음어미 앞에서 구형만 사용되는 어휘도 있으나, 대부분의 어휘가 신형이 사용되면 구형이 사용되지 않는 배타적인 특성을 보여준다. 즉 신형과 구형의 공존은 19세기 문헌에서 모음어미 앞에 한정된다. 이와 같이 모음어미 앞에 한하여 구형과 신형이 공존하는 이유는 'ㅅ'말음어간이 모음어미 또는 후행 모음과 결합될 때 tk의 k가 다음 음절초로 연음되므로 형태소 내부에서 적용되는 음운규칙의 적용이 어휘에 따라 점진적으로 확산되기 때문인 것으로 이해된다. 말하자면 모음어미 앞에서 신형이 만들어지는 과정에 순수히 음운론적 요인이 작용하기 때문인 것으로 간주된다.13)

---

12) 17~19세기 문헌에 나타나는 예 가운데 특이한 것은 '밖'의 신형은 17세기의 『가례언해』에 3회 보인 후 19세기 후기까지 보이지 않는다는 점이다. '밖'이 명사이기 때문에 그러한 특성을 보이는지 다른 이유가 있는지 현재로서는 알 수 없다.

13) 명사 '밖'의 경우에는 본고에서 검토한 19세기의 모든 문헌에서 신형으로 나타난 예가 하나도 없었다는 점을 특징으로 지적할 수 있다.

이와 달리 자음어미 앞에서는 대부분 신형이 나타난다는 점도 주목할 만한 사실이다. 이러한 상태는 18세기 문헌에서도 나타나던 현상으로서 19세기 문헌에서도 자음어미, 그 중에서도 중자음어미 앞에서는 거의 신형으로만 나타난다는 점에서 모음어미 앞에서의 경우와 매우 대조적인 것이다. 이러한 특성은 중자음어미 앞에서의 형태 변화가 음운규칙에 의한 것이 아니라는 점에서 기존의 논의와 달리 중자음어미 앞에서 나타나는 신형이 '시'말음어간의 재구조화 과정에 보다 중요한 역할을 하는 것으로 추정된다. 이에 대해서는 다음 장에서 구체적으로 논의하기로 한다.

3. '시' 말음어간의 음운론적 변화와 형태·통사론적 인식

15세기에 '시'말음어간들은 16세기 경부터 음절말 'ㅅ'[s]이 평폐쇄음 [t]로 실현되기에 이르러 어간의 기저형이 {Xtk-}로 바뀐 것으로 간주된다. 음절말 'ㅅ'[s]가 항상 평폐쇄음 [t]로 실현됨으로써 음절말 자음체계에서 'ㅅ'[s]가 사라지게 되어 어간의 기저형을 {Xtk-}로 설정하는 것이 자연스럽기 때문이다. {Xtk-}에서 16·7세기에도 p, t, k가 불파음으로 실현되었다면 k가 경음으로 실현되었을 것으로 추정된다. {Xtk-} [t] 뒤에는 항상 자음이 오기 때문에 현대국어에서처럼 불파음 p, t, k 뒤의 평자음은 경음으로 실현되었을 것으로 간주되기 때문이다.

16·7세기 문헌에 보이는 다음 예들은 당시에 음질말 p, t, k 다음에 오는 평음이 경음으로 되는 현상이 있었음을 보여주는 것으로 간주된다.

(4) 밧픠(번노 하 : 7a, 번소 10 : 29a, 선귀 12a, 소언 5 : 87a, 6 : 67a),
밧픠셔(번소 10 : 12a, 29a), 닷짜샤(육자 : 14a), 닷짜(마경 하 : 68a),
선쩌(마경 상 : 87b, 동신 효7 : 69b), 박픠(가례2 : 10a), 역끗편 編(왜
어 하 : 43a)

(4)의 예들은 'ㄷ'으로 평폐쇄음화된 음절말의 'ㅅ' 뒤의 평음이 'ㅅ'계 합
용병서로 표기되어 경음으로 실현되었음을 보여준다. 음절말의 불파음 p,
t, k 다음의 평음이 경음으로 실현되는 현상이 수의적이었을지 필수적이
었을지 확언하기 어렵지만, 당시에도 이 현상이 필수적으로 적용되었을
가능성을 배제할 수 없다. 만일 그랬다면 'ㅅ'말음어간의 기저형은 {Xtk-}
에 경음화 규칙을 적용하기보다 {Xtk'-}로 설정하는 것이 타당할 것이다.
그러나 현대국어의 '없-, 값-'의 경우처럼 필수적으로 경음화가 적용되더
라도 관습에 따라 기저형을 s'로 잡지 않고 s로 잡듯이 기저형을 {Xtk-}로
설정하기로 한다.

그럼 'ㅅ'말음어간의 기저형인 [Xtk-]에 모음어미, 후부변자음어미, 중
자음어미가 올 때 생성되는 신형 어간의 형성 과정과 그것에 관여한 음운
론적 요인과 비음운론적 요인의 특성을 살펴보기로 한다.

{Xtk-}에 'ㅏ'와 같은 모음어미가 결합되면 {Xtk-}의 k가 다음 음절로
이동하여 pot\$ka로 된 다음 경음화 규칙이 적용되면 potk'a가 된다. 그런
데 현대국어의 '볶-'의 기저형은 이 형태에서 경음 k' 앞의 음절말에 위치
한 경음 k' 앞에서 t가 k로 후부변자음화되어 만들어진 것으로 설명해 왔
다.14) 그러나 이러한 설명은 후부변자음화가 경음 앞에서만 일어나는 특

---

14) 'ㅅ'말음어간 다음에 모음어미가 오면 'ㅅ'의 'ㅅ'이 'ㄷ'으로 평폐쇄음화된 이후에 만들어
진 tk의 k가 모음어미를 만나 어미의 음절 첫소리로 이동하여 형성된 -t\$k-에서 t가 k
에 위치동화를 입어 -k\$k로 된 것이라고 설명해 왔다. 음절 경계를 사이에 두고 실현

이성을 설명하기 어렵다. 말하자면 변자음화가 경음 앞에서만 일어나는 음성적 동기화를 찾을 수 없다는 것이다. 이런 점에서 이 형태의 재구조화 되는 과정에 경음의 음성적 특성을 바탕으로 경음 앞에서 중자음이 탈락 되는 현상이 '볽->봒-'의 재구조화 과정에 관여한 것을 생각해 볼 수 있다. 즉 경음은 평음에 비해 폐쇄의 지속시간이 2배 이상 길다는 음성적 특성 을 바탕으로 일어나는 중자음 t 탈락 현상이 '볽->봒-'의 재구조화 현상이 일어날 수 있었던 것으로 설명할 수 있는 것이다.15) 다시 말해 [볼까, 볼 끄니] 등의 경음 'ㄲ' 앞에서 선행 음절의 말음 'ㄷ'이 탈락하여 tk'가 수의 적으로 k'로 실현되었다고 할 수 있는 것이다.

'낙가, 복그니' 등의 'ㄱ$ㄱ'에서 앞 'ㄱ'은 불파음 k로서 그 다음에 오는 k를 경음으로 실현하도록 한다. 그러므로 '낙가, 복그니'는 경음화 규칙에 의해 표기 [낙까, 복끄니] 등으로 발음되었을 것으로 추정된다. 그러나 '낙 가, 복그니'에서의 표기 'ㄱ$ㄱ'을 읽을 때에 경음화 규칙이 적용되어 실현 되었을 것으로 추정되는 kk'는 'ㄱ$ㄱ'을 표기되었다. 음절 경계를 사이에 두고 표기된 'ㄱ$ㄱ'의 연쇄는, 사실 [낟까]나 [볼끄니] 등의 경음 'ㄲ' 앞에 서 평음 'ㄷ'이 탈락되어 [보까], [보끄니]가 만들어지고, 이 형태의 경음 'ㄲ'을 조음하는 과정에서 경음 'ㄲ'과 동일조음 위치의 평자음인 'ㄱ'이 인

된 -t$k-가 -k$k로 된 것은 자음의 음운론적 강도(phonological strength)에 따라, 음 운론적 강도가 센 [+grave]의 변자음 'ㄱ' 앞에서 음운론적 강도가 약한 [-grave]의 자 음 'ㄷ'이 'ㄱ'으로 변자음화를 일으킨 것으로 설명해 왔던 것이다. 그러나 장애음인 경 우에는 변자음화가 경음 앞에서만 실현된다는 점(이혁화, 2002)에서 이러한 설명은 tk 의 k가 경음으로 실현되었다면 타당할 수 있다. 그러나 '곳갈>고깔, 깃브다>기쁘다' 등 의 변화에서처럼 어차피 중자음 탈락 규칙을 적용해야 하기 때문에 폐쇄지속시간이 긴 경음이나 격음 앞에 한정되는 현상들에 대해서는 변자음화보다는 경음이나 격음 앞에 서 중자음이 탈락되거나 삽입되는 규칙을 적용하기로 한다.
15) 이러한 현상은 격음 앞에서도 마찬가지로 일어난다. 격음 또한 폐쇄지속시간이 경음과 마찬가지로 평음의 2배 정도 되기 때문에 시간의 길이를 맞추기 위해 선행 음절말의 중자음은 탈락된다. 이에 대해서는 김주필(1990)을 참조할 것.

식된 결과로 간주되는 것이다. 이 현상은 '놉패[높아], 익키대[익히다], 럭키[러키], 맥콜[매콜]' 등과 같이 폐쇄지속시간이 긴 격음 앞에서 격음과 동일한 조음위치에서 발음되는 평자음이 삽입되는 현상과 동궤의 현상이라 할 수 있다. 다시 말해 '복가 복그니' 등의 음절말 'ㄱ'은 [보까], [보끄니] 등에서 경음 'ㄲ'으로 인해 경음 'ㄲ'과 동일한 조음 위치에서 발음되는 평자음 k가 선행 음절말 위치에 삽입된 것으로 인식되었던 것으로 추정되는 것이다. 이 음성형 [pokk'a]가 근대국어 시기에 나타나던 표기 '복가'였던 것으로 간주된다.

모음어미 앞에서 'ㅅ'말음어간의 형태가 만들어진 과정을 정리하면 다음과 같다.

(5) 모음어미 앞 'ㅅ' 말음어간의 생성 과정16)
　　/볽ㄱ-+아/
　　　↓경음화 규칙(k→k')
　　볽까(표기 : 봇가)
　　　↓평폐쇄 중자음의 탈락 규칙(t→∅)
　　보까(표기 : 나타나지 않음)
　　　↓동일조음의 평자음 삽입 규칙(∅→k)
　　복까(표기 : 복가)

---

16) 이러한 음운과정에서 각 음운현상이 일어난 중간 단계의 형태가 자동적으로 적용되는 음운규칙에 의해서 도출되는 것들이라면 그 어느 단계의 도출형도 표기될 수 있었던 것으로 보인다(김주필, 2005). 즉 '봇가'에서 '복까'에 이르는 과정에 나타나는 형태들은 모두 음운규칙에 의해 도출되는 형태들이라 할 수 있으므로 '봇가>볽가>볽까>보까>복까'의 각 형태들이 표기에 나타날 수 있었던 것으로 보인다. 일련의 음운규칙이 적용되어 도출되는 '봇가, 볽가, 볽까, 보까'는 당시의 표기 방법에 따라 적절한 형태로 표기될 수 있었던 것으로 보인다. 그러므로 '봇가'는 [볽까~보까~복까] 등의 수의적인 교체형이 음성 층위에 있었던 것으로 추정된다. 그러나 '보까'에 대한 표기형으로 '보까'는 보이지 않는다. '복까'는 '복까'로도 나타났다고 할 수 있다.

‘ㅅ'말음어간의 기저형 {볽ㄱ-} 다음에 ‘-고'와 같은 후부변자음어미가 오는 경우에는 먼저 자음군단순화 규칙이 적용되어 어간의 ‘ㄱ'이 탈락한 ‘봇고'가 만들어진다. 이 ‘봇고'에서 [복꼬]가 도출되는 과정에는 모음어미 앞에 적용된 규칙들이 순차적으로 적용되었을 것으로 추정된다. 먼저 음절말의 불파음 t로 인해 역시 후행하는 ‘ㄱ'이 경음화되어 당시에 ‘봇고'로 표기되던 [볻꼬]가 만들어진다. 이 형태에서 경음 ‘ㄲ' 앞에서 음절말 평자음인 ‘ㄷ'이 탈락되는 규칙이 수의적으로 적용되어 [보꼬]와 같은 형태가 만들어졌을 것으로 추정되나 이에 대응하는 표기는 문헌에 나타나지 않는다. 그리고 [보꼬]의 ‘ㄲ'으로 인해 선행 음절 말 위치에 평자음 ‘ㄱ'이 삽입되어 ‘복고'로 표기된 [복꼬]가 만들어진 것으로 추정된다. 이 과정에서 적용되는 규칙들 가운데, ‘ㅅ'의 평폐쇄음화 규칙, ‘ㄱ'의 경음화 규칙은 필수적으로 적용되는 규칙으로 추정되지만, 나머지 규칙은 수의적으로 적용되어 [볻꼬], [보꼬], [복꼬]는 수의적인 교체형이었던 것으로 추정된다. 후부변자음어미 앞 ‘ㅅ'말음어간의 형태가 만들어진 과정을 정리하면 다음과 같다.

    (6) 후부변자음어미 앞 ‘ㅅ'말음어간의 생성 과정[17)

       /볽ㄱ-+-고/

         ↓자음군단순화 규칙(k→∅)

      볻고(표기 : ‘봇고')

         ↓경음화 규칙(k→k′)

      볻꼬(표기 : ‘봇고')

---

17) 이러한 음운과정에서 각각의 개별 음운현상이 일어난 중간 단계의 형태가 자동적으로 적용되는 음운규칙에 의해서 도출되는 형태들이라면 그것은 후기 중세국어 시기부터 표기될 수 있었다(김주필, 2005). 즉 '봇가'에서 '복까'에 이르는 과정에 나타나는 형태들은 모두 음운규칙에 의해 도출되는 형태들이라 할 수 있으므로 ‘봇가>볻가>볻까>보까>복까'의 각 형태들이 표기에 나타날 수 있었던 것으로 보인다.

      ↓중자음의 탈락 규칙(t→∅)
보꼬(표기 : 나타나지 않음)
      ↓동일조음의 평자음 삽입 규칙(∅→k)
복꼬(표기 : '복고')

 'ㅅ'말음어간 다음에 중자음어미가 오는 경우에 모음어미와 후부변자음 어미가 올 때에 적용된 규칙들이 일련의 순서에 따라 적용되면, [볻따]와 [보따]가 만들어진다. '볻ㄱ-' 다음에 '-다'와 같은 중자음어미가 오면 먼저 자음군단순화 규칙이 적용되어 '볻다'가 만들어지고, 이어서 불파음 다음에 오는 평자음이 경음으로 되는 경음화 규칙이 적용되어 '볻따'가 만들어진다. 이 형태에 경음 앞에서 평음인 중자음이 탈락되는 규칙이 적용되어 [보따]가 만들어진다. 여기에서도 [볻따]와 [보따]는 수의적으로 교체되는 이형태였을 것으로 추정되나 [보따]에 대한 표기는 문헌에 나타나지 않는다. 중자음어미 앞에서의 'ㅅ'말음어간의 형태가 만들어진 과정을 정리하면 다음과 같다.

 (7) 중자음어미 앞에서의 'ㅅ' 말음어간
    /볻ㄱ-+-다/
      ↓자음군단순화 규칙(k→∅)
   볻다(표기 : 볏다)
      ↓경음화 규칙(t→t')
   볻따(표기 : 볏다)
      ↓중자음의 탈락 규칙(t→∅)
   보따(표기 : 나타나지 않음)
      ↓동일조음의 평자음 삽입 규칙(∅→t)
   [볻따~보따]

이러한 수의적인 교체형들은 기존의 '서'말음어간에서 도출되는 형태들로서, 17세기 문헌에서 나타나기 시작하는 신형 어간, 즉 '복따'를 음운론적 절차에 따라 형성할 수가 없다. 그러므로 음운론적으로 생성과정을 설명할 수 없는 중자음어미 앞에서의 신형 어간이 나타나기 전까지는 이형태들을 모두 음운론적으로 도출할 수 있었으므로 '복-'의 형태들도 신형이라 할 수는 없었다. 그러므로 비음운론적인 요인에 의해 중자음어미 앞에서의 신형 어간이 생성되기 전까지는 '복-'형이 나타난다고 하더라도 재구조화를 논의할 단계에 이르지 못한 상태였다고 할 수 있다. 다시 말해 이 시기에는 구형의 어간으로 다음과 같이 다양한 교체형이 존재했던 것이다.

(8) '서' 말음어간의 활용

변화형	___+모음어미	___+자음어미	
		___+후부변자음	___+중자음
구　형	볻까~보까~복까	볻꼬~보꼬~복꼬	볻따~보따, 본는

(8)에서와 같이 실현되던 '서'말음어간의 활용형들 가운데 먼저 모음어미 앞에서 수의적으로 교체되던 형태로 '볻까, 보까, 복까'가 있었다고 한다면, '복까'(표기 : 봇가)도 음운규칙에 의해 도출과정을 설명할 수 있는 이형태였다. 말하자면 이 형태도 음운규칙에 의해 설명할 수 있었으므로 새로운 기저형에 의해 만들어진 형태라고 할 수 없는 상태인 것이다. 이러한 사정은 후부변자음어미와 결합된 활용형에 있어서도 마찬가지였다. 후부변자음어미와 결합된 '서'말음어간의 활용형 '볻꼬, 보꼬, 복꼬' 가운데 '복꼬'도 '볻ㄱ-'에서 음운규칙을 통하여 도출해 낼 수 있었던 이형태였다.

그런데 문제는 이 수의적인 교체형들 가운데 중자음어미 앞에서는 [복까, 복꼬]에 대응하는 '복-'(또는 '볶-') 형의 어간이 새로 나타났다는 데에 있다. 모음어미나 후부변자음어미 앞에서 실현되는 교체형들 가운데 중자음어미 앞에서 새로 생긴 [복따](표기 : 복다)에 대응하는 교체형 [복까], [복꼬]는 '볶ㄱ-'에 음운규칙이 적용되어 만들어진 형태들로서, 엄밀하게 말하면 그 표면형에서 '복-'이 석출되기는 어려운 형태들이었다. 모음어미나 후부변자음어미 앞에서 나타나는 '복-'의 음절말 'ㄱ'은 후행하는 경음 'ㄲ'으로 인해 'ㄲ'과 동일한 조음에서 발음되는 평자음이 삽입된 것으로서, 형태소 분석을 한다면 [복까]와 [복꼬]는 '복ㄲ-+-ㅏ'와 '보-+-ㄱ꼬'로 분석되어야 할 것들인 것이다. 그러므로 모음어미나 후부변자음어미 앞에서 나타나는 '복'이 어간이 아님에도 이 형태가 어간으로 새로이 인식되어 중자음어미 앞에서 새로운 형태가 나타났다고 할 수 있는 것이다.

　모음어미와 후부변자음어미 앞에서 나타나는 어간 '복ㄲ-'과 '보-'를 사실 중자음어미 앞에서 나타나는 어간ㄴ '복-'(또는 '볶-')과 대비하면 화자들의 형태소 분석에 오류가 있었지 않았나 생각된다. 모음어미 앞에서의 '복ㄲ-'에서 어미는 '-아'임에도 어간을 '복-'으로 간주하여 '복+-까'로 잘못 분석하였거나 '복가'의 발음이 [pokk'a]임에도 'ㄱ$ㄱ' 연쇄를 'ㄲ'으로 인식하여 분석에 오류가 생긴 것이다. 후부변자음어미가 온 [복꼬]의 분석 과정에서 생긴 오류는 모음어미 앞에서의 오류와는 성질이 다르다. [복꼬]에서는 어미가 '-고'이므로 경음화된 어미 [꼬] 앞에 생긴 'ㄱ'은 경음 'ㄲ' 때문이다. 그러므로 [복꼬]는 '보-+ㄱ꼬'로 분석해야 할 것임에도 '복+꼬'로 형태소를 분석한 것이다. '-고'를 어미로 간주하기는 하였으나 어미의 경음으로 인해 생긴 'ㄱ'을 어미에 소속시키지 않고 어간에 소속시킴으로써 오류가 생긴 것이다. 이러한 형태소 분석의 오류, 다시 말해 형태소의 오분석에 의해 '복-'이 어간으로 인식되기에 이른 것으로 추정된다.

　이러한 형태소의 오분석으로 인해 '복-'을 어간으로 하는 어간의 패러다임을 만들었던 것으로 보인다. 이러한 어간 인식을 바탕으로, 중자음어미 앞에서도 '복-'을 어간으로 하는 활용형을 만듦으로써 '복다[복따], 복는[봉 는]' 등이 나타나게 된 것으로 해석된다. 중자음어미 앞에서의 신형 어간 은 기존의 신형을 바탕으로 하여 "복-+-고 : 복고=X-+-다 : 복다"의 X의 자리에 해당하는 빈칸을 채우는 방식으로 되었으니 유추의 방법으로 만들 어졌다고 할 수 있다. 그러므로 'ㅅ'말음어간의 신형은 음운규칙의 변화, 형태소의 오분석, 패러다임의 빈칸을 채우기 위한 유추 현상 등이 복합적 으로 작용하여 만들어졌다고 할 수 있다.

(9) 'ㄲ' 말음어간의 활용 패러다임

변화형	___+모음어미	___+자음어미	
		___+후부변자음	___+중자음
구　형	볽까~보까	볽꼬~보꼬	볽따~보따, 본는
신　형	복까~보까	복꼬~보꼬	?

↑복따, 복는

　이렇게 만들어진 'ㅅ'말음어간의 신형 어간 '복-(또는 '볶-')'은 모음어미 앞에서 먼저 나타나고, 그 다음에 후부변자음어미 앞에서 나타난 다음, 중 자음어미 앞에서 나타난다. 이러한 새 어간은 모두 17세기에 나타나 시기 적으로 큰 차이는 나지 않지만, 세 환경에서의 신형 어간이 생긴 순서와 그 확산 과정은 국어 형태소의 기저형 변화에 대한 중요한 의미를 함축하 고 있는 것으로 생각된다.

　신형 어간이 문헌에서는 모음어미, 후부변자음어미, 중자음어미 앞이라 는 순서로 나타났다. 모음어미 앞에서는 형태소 내부에서 음운규칙이 적 용되어 나타났으며, 후부변자음어미 앞에서는 형태소 경계에서 음운규칙이 적용되어 나타났다. 말하자면 모음어미와 후부변자음어미 앞이라는 환경에서 신형 어간이 나타난 특징은 음운론적 요인에 의해 만들어진 것은 동일하지만, 모음어미는 형태소 내부이고 후부변자음어미는 형태소 경계라는 점에 차이가 있는 것이다. 이러한 특징을 바탕으로 하면 음운변화나 음운규칙 적용의 변화는 형태소 내부에서부터 시작하여 형태소 경계로 그 적용 영역을 확대해 나간다는 기존 연구가 타당하다는 사실이 'ㅅ'말음어간의 변화에서도 확인된다.

'ㅅ'말음어간의 신형은 중자음어미 앞에서보다는 후부변자음어미 앞에서 먼저 나타났다. 음운론적인 요인에 의해 만들어진 후부변자음어미 앞에서의 신형은 형태소 내부의 환경인 모음어미 앞에서 적용되던 음운규칙이 형태소 경계라는 환경으로 확대 적용된 것이다. 중자음어미 앞이라는 환경도 형태소 경계를 갖는다는 점에서 후부변자음어미 앞과 같다. 그러나 중자음어미 앞에서의 신형은 모음어미나 후부변자음어미 앞에서와 같이 음운론적 요인에 의해 신형이 만들어질 수 없는 환경이어서 유추라는 비음운론적인 요인에 의해 만들어졌다. 이러한 상황에서 'ㅅ'말음어간의 신형은 다음과 같이 확산되어 갔다.

(10) 'ㅅ' 말음어간의 구형과 신형이 나타난 빈도의 변화

		17세기	18세기	19세기
모음 앞	구 형	236(97.11%)	250(92.59%)	114(71.25%)
	신 형	7(2.88%)	20(7.41%)	46(28.75%)
후부 변자음앞	구 형	25(86.21%)	9(45%)	0(0%)
	신 형	4(13.79%)	11(55%)	41(100%)
중자음앞	구 형	10(71.43%)	3(20%)	0(0%)
	신 형	4(28.57%)	12(80%)	23(100%)

『가례언해』에서부터 나타나는 모음어미 앞에서의 신형은 19세기 후기에 이르러도 구형보다 적게 사용되었다. 모음어미 앞에서의 이러한 신형의 사용상태는 새 음운규칙의 적용이라는 음운론적인 요인이 형태소 내부에 관여하여 만들어진 형태로서, 음운변화 또는 음운규칙의 변화가 점진적으로 확산됨을 보여준다. 형태소 경계에서 음운론적인 요인으로 만들어진 후부변자음어미 앞에서의 신형은 모음어미 앞에서보다 다소 늦은 시기에 나타나지만, 모음어미 앞에서처럼 점진적으로 확산되지 않고 18세기에 급속도로 확산되어 그 결과 19세기에는 신형만 나타났다. 이와 달리 형태소 경계에서 비음운론적 요인에 의해 만들어진 중자음어미 앞에서는 중간본에 사용된 세 예를 제외하면 모두 신형으로 바뀌었으며, 19세기에는 신형으로만 나타났다. 이러한 변화 과정에는 'ㅅ'의 새 기저형 형성의 변화가 음운론적 요인에 의해 일어나느냐 비음운론적 요인에 의해 일어나느냐와, 변화가 형태소의 내부에서 일어나느냐 경계에서 일어나느냐의 두 요인이 작용한 것으로 파악된다.

형태의 변화가 확산되는 과정에서 음운론적인 요인에 의해 만들어진 형태는 시간의 흐름에 따라 점진적으로 확산되지만, 비음운론적 요인에 의해 만들어진 형태는 기저형에 대한 화자의 새로운 인식에 의해 갑자기 나타나, 급속도로 확산되는 특징을 보여준다. 모음어미 앞에서의 신형과 비음운론적인 요인으로 만들어진 중자음어미 앞에서의 신형의 확산 과정은 이러한 특성을 대조적으로 잘 보여준다. 즉 음운론적인 요인에 의해 만들어진 모음어미 앞에서의 신형은 시간의 흐름에 따라 서서히 변화를 보임으로써 19세기에도 구형이 상당히 많이 나타났지만, 비음운론적인 요인에 의해 만들어진 중자음어미 앞에서의 신형은 17세기 후기에 나타난 이후에는 거의 신형으로 나타나 갑작스러운 변화를 보이는 것이다.

후부변자음어미 앞에서는 이들 두 환경의 중간적인 변화 모습을 보이는데, 그 이유는 형태의 변화가 형태소 경계에서 일어나기 때문인 것으로 간주된다. 후부변자음어미 앞에서의 신형은 음운론적인 요인으로 만들어져 처음에는 구형의 수의적인 교체형이었으나, 형태소 경계에서 어미의 형태를 중심으로 어간을 잘못 추출함으로써 새로운 어간의 형태가 기저형으로 간주된 것으로서, 이러한 어간에 대한 화자의 새로운 인식으로 신형 어간이 하나의 새로운 패러다임을 형성하기에 이르렀다. 그러므로 후부변자음어미 앞에서의 신형을 바탕으로 중자음어미 앞에서도 신형의 활용형이 사용되고, 구형의 수의적인 교체형이었던 모음어미 앞에서의 형태들을 중심으로 어간 패러다임이 재편되기에 이른 것이다. 그러므로 후부변자음어미 앞에서는 음운론적인 요인에 의해 신형이 만들어졌지만, 형태소 경계에 대한 인식으로 인해 모음어미 앞에서와 같이 점진적으로 확산되지 않고 중자음어미 앞에서와 같은 변화 과정을 거치게 되는 것으로 간주된다. 이러한 형태소 경계에서 변화가 일어난 후부변자음어미와 중자음어미 앞에서는 18세기경부터 구형이 거의 사용되지 않게 되어 다음과 같이 새로운 어간 패러다임을 형성하였다고 할 수 있다.

(11) 18 · 9세기 '서' 말음어간의 상태

변화형	＿+모음어미	＿+자음어미	
		＿+후부변자음	＿+중자음
구 형	볻까(~보까)	—	—
신 형	복까(~보까)	복꼬(~보꼬)	복따, 복는

19세기 후기 문헌에서는 18세기에 보이던 변화의 특성이 보다 잘 나타나 두 변화의 기제가 어떻게 다른가를 보여준다. 19세기 후기 문헌에도

'시'말음어간의 구형이 모음어미 앞에서는 여전히 적지 않게 나타나 신형과 구형이 공존하는 양상을 보여준다. 그러나 후부변자음어미나 중자음어미 앞에서는 신형만 나타났다. 이러한 사실은 '시'계 어간의 재구조화 과정에서 음운론적 요인에 의해 나타난 모음어미 앞에서의 형태 변화가 자음어미 앞에서의 변화를 이끈 것으로 간주한 기존의 논의가 사실에 맞지 않음을 보여준다. 변화의 초기에는 모음어미 앞에서 음운현상에 의해 만들어진 구형의 수의적인 교체형 중의 한 형태가 형태소 경계에서의 어간 재인식에 영향을 끼치기는 했지만, 신형이 기저형으로 인식되는 것은 후부변자음어미 앞에서였으므로, 신형으로 어간의 기저형이 바뀌게 되는 것은 형태소 인식, 다시 말해 비음운론적인 요인, 즉 오분석과 유추에 의해서 주도되었다고 할 수 있다.

4. 마무리

이상에서 논의한 내용을 간략하게 정리하면서 이 글을 마무리하고자 한다. '시'말음어간의 신형은 모음어미 앞에서 『가례언해』(1632)부터, 후부변자음어미 앞에서는 『경민편언해』(1656)부터, 중자음어미 앞에서는 『역어유해』(1690)부터 나타났다. 모음어미 앞과 후부변자음어미 앞에서 나타나는 신형은 일련의 음운규칙이 적용되어 만들어진 형태로서 구형과 수의적으로 교체되었다. 중자음어미 앞에서도 음운규칙에 의해 만들어진 수의적인 교체형이 있었으나 음운규칙으로 신형을 만들 수는 없었다. 그러므로 중자음어미 앞에서 신형이 만들어지기 전에는 모음어미와 후부변자음어미 앞에서의 신형들은 구형의 수의적인 교체형이었다. 음운론적으로 만들어진 이들 수의적인 교체형은 함께 공존하면서 점차 신형으로 확대되는 경향을 보인다.

후부변자음어미 앞에서의 신형은 모음어미 앞에서 적용되던 형태소 내부의 규칙이 형태소 경계에 확대 적용되어 만들어졌다. 중자음어미 앞에서의 신형은 『역어유해』에 처음 나타났는데, 대부분이 기본형인 '-다' 형으로 나타나 음운규칙의 변화에 의해 생성된 신형을 기저형으로 인식한 결과로 이해하였다. 이러한 인식은 중자음어미 앞에서의 형태소 분석을 잘못하여, 다시 말해 오분석으로 인해 결과된 것으로 파악하였다. 가령 [볻꾀]에서 중자음이 탈락된 [보꾀]의 경음 'ㄲ' 앞에 그와 동일조음 위치에서 발음되는 평자음 'ㄱ'이 삽입되어 만들어진 형태로서, '보[po]-+ㄱ꾀[-kk'o]'로 분석해야 할 것을 어미 형태를 '-고'로 분석하여 새로운 어간 '복-'이 만들어진 것으로 파악한 것이다. 이렇게 하여 모음어미나 후부변자음어미 앞에서 '복-'형이 하나의 패러다임을 형성하게 되었으나, '복-'형 어간의 패러다임에서 빈칸으로 남아 있던 중자음어미 앞에서의 형태도 이 후부변자음어미 앞에서의 형태를 유추 적용함으로써 '복-'을 기저형으로 하는 완전한 패러다임을 형성하게 된 것으로 이해하였다.

신형의 패러다임이 만들어지고 나서 형태소 경계에 위치하는 후부전자음어미와 중자음어미 앞에서는 급속도로 신형이 확산되지만, 형태소 내부에서는 구형과 신형이 19세기 말까지도 공존하는 양상을 보여준다. 그러므로 음운론적인 요인에 의해 만들어진 모음어미 앞에서의 신형은 시간의 흐름에 따라 점진적으로 확산되지만, 비음운론적 요인에 의해 만들어진 중자음어미 앞에서의 형태는 기저형에 대한 화자의 새로운 인식에 의해 갑자기 나타나 급속도로 확산되는 특징을 보여준다. 형태소 경계에서 음운론적인 요인에 의해 만들어진 후부변자음어미 앞에서의 신형은, 처음에는 구형의 수의적인 교체형으로서 점진적으로 변화를 보이다가, 형태소의 오분석과 유추의 방법으로 신형이 어간의 기저형으로 인식되고 난 이후에는, 중자음어미 앞에서의 신형과 유사한 변화의 모습을 보여준다. 그러므로 음운론적인 요인에 의해 만들어진 신형은 그것이 형태소 내부이든 형태소 경계이든 상관 없이 시간의 흐름에 따라 점진적으로 변화하여 재구조화의 시점을 판단하기 어렵지만, 형태소 경계에서 형태소에 대한 인식을 바탕으로 비음운론적인 요인에 의해 만들어진 신형은 재구조화 여부를 판단하기가 어렵지 않은 것이다.

지금까지 '시'계 어간이 재구조화되는 통시적 과정과 특성을 살펴보았다. 이상의 논의를 토대로 할 때 '시'말음어간의 재구조화 과정에서 음운현상에 의한 모음어미 앞에서의 형태 변화가 자음어미 앞에서의 변화를 이끈 것으로 간주한 기존의 논의는 사실에 부합되지 않는다. 새 음운규칙의 적용으로 구형의 수의적인 교체형으로 존재하던 형태가 형태소 경계에서 어간의 새 기저형으로 인식되고 그 새 기저형이 중자음어미 앞에 적용됨으로써 새 활용 패러다임이 형성되는 과정에는 형태소의 오분석, 유추 등의 비음운론적인 요인이 결정적인 역할을 한 것으로 간주되기 때문이다. 다시 말해 음운규칙에 의해 만들어진 수의적인 교체형을 잘못 분석하도록 한 데에는 모음어미 앞에서 관여한 음운규칙이 중요한 역할을 하였지만, 형태소의 기저형을 바꾼 재구조화에는 화자의 형태소에 대한 인식, 형태소의 오분석, 중자음 앞에서의 유추적 적용 등이 주도적인 역할을 한 것으로 간주되는 것이다.

⑥ 근대국어 음운론의 쟁점

1. 논의의 방향

국어사에서 '근대국어'는 17세기 초부터 19세기 말까지 사용된 국어를 말한다. 근대국어는 다시 전후 시기로 나누어, 17세기에서 18세기 중반까지 사용된 국어를 '전기 근대국어', 18세기 중반부터 19세기 말까지 사용된 국어를 '후기 근대국어'라 칭해 오고 있다. 지금까지 근대국어 시기의 국어사적 특징들이 많이 밝혀지기는 하였으나, 후기 중세국어와 비교하면 연구의 성과는 상대적으로 미진하다. 그 이유로는 여러 가지 요인이 있겠지만 무엇보다 먼저 근대국어에 대한 인식의 부족을 들 수 있다.

근대국어 시기를 후기 중세국어에서 현대국어로 넘어가는 과도기로 간주하여 후기 중세국어와 현대국어를 연결해 주는 교량 역할을 한 시기로 인식해 왔다. 그동안 당연한 설명으로 받아들여 온 이러한 인식의 저변에는, 근대국어 시기를 그 전후 시기에 비해 상대적으로 덜 중요한 시기로 간주하는 가치 평가의 기준이 반영되어 있다. 국어사의 다른 시기와 마찬가지로 근대국어 시기도 인접한 앞뒤의 시기와 역사적 연속성을 지니는 국어사의 독자적인 한 시기로서, 국어사의 여느 시기와 동등한 비중을 갖는 독립적인 시기임에 틀림없기 때문이다. 그러므로 근대국어 시기가 인접한 두 시기에 의해 규정되는 것은 바람직하지 않으며, 근대국어 자체의 국어사적 의미와 특성에 의해 정당한 시대적 의미가 부여되어야 할 것이다.

근대국어에 대한 이러한 인식의 부족은 후기 중세국어에 대한 지나친 의존과 국어사의 연속성을 간과한 역사 서술의 방법에서 비롯된 부분이 적지 않다. 원시한국어에서 현대국어로 내려오는 전통적인 국어사 서술에서, 후기 중세국어 시기는 훈민정음의 창제로 가능해진 국어의 전면적인 표기를 바탕으로 그 이전의 국어를 재구하는 기반이 되는 동시에, 근대국어를 거치지 않고도 현대국어와 대비되는 국어의 역사적 특징을 보여주는 대표적인 시기로 간주되어 왔기 때문이다. 이러한 국어사 서술로 인하여 근대국어 시기는 그 중요성이 제대로 부각되지 못하고, 논의되어야 할 근대국어의 여러 문제들이 수면 위로 부상하지 못한 채 잠재적인 과제로 남아 있는 것이 사실이다.

이에 본 연구에서는 필자에게 주어진 '국어 음운사의 쟁점'이라는 대주제 하에 필자에게 주어진 '근대국어 음운론의 쟁점'이라는 소주제에 따라 근대국어의 음운사적 문제들을 전반적으로 검토해 보고자 한다. 근대국어의 연구에서 쟁점이 된 개별적인 사안들이 적지 않게 있지만, 근대국어 연구에서 제기될 수 있는 문제들, 즉 근대국어의 시대 구분, 문헌의 이용 방법, 음운변화와 표기의 대응관계, 음변화와 음운변화의 관계, 음운변화의 과정과 패턴, 음운변화와 재구조화 등의 문제를 필자가 그동안 연구한 내용을 바탕으로 정리해 봄으로써 근대국어에 대한 음운사적 연구의 기반을 마련하는 계기로 삼고자 한다.

2. 근대국어 음운론 연구의 기반

2.1. 근대국어와 시대 구분

국어사에서 '근대국어'는 17세기에서 19세기까지 사용된 국어로서, 18세기 중반을 기준 시점으로 그 이전에 사용된 국어를 '전기 근대국어', 그 이후에 사용된 국어를 '후기 근대국어'라 칭해 오고 있다. 국어사 연구가 언어의 내사를 기술하고 설명하는 것이라는 관점에서(이기문 1963/1998), 근대국어 시기의 구분도 17세기에서 19세기 말까지 일어난 언어 변화의 내적인 요인이나 특성에 의해 뒷받침될 필요가 있다. 그리하여 국어사의 다른 하위 분야와 마찬가지로 음운사의 측면에서도 후기 중세국어와 구별되는 근대국어의 음운론적 특성들이 음운체계와의 상관성 속에서 이루어져 왔다.

근대국어의 음운사적 특징으로서, 자음체계와 관련하여 유성마찰음 계열의 소멸, 'ㅈ'의 조음 위치 이동, 'ㅉ'의 음소화, 어두 자음군의 변화, 비음 뒤에서의 경음화 현상의 발생, 구개음화 현상의 발생과 확산 등이 거론되어 왔다. 모음체계와 관련해서는 'ㆍ>ㅏ' 변화와 'ㆍ' 소멸, 'ㅔ, ㅐ, (ㅚ, ㅟ)'의 단모음화와 모음체계의 재편, 원순모음화와 비원순모음화, 움라우트 현상(구개성 반모음 첨가 현상), 'ㅈ' 다음의 'ㅡ>ㅣ' 변화 등이, 그리고 잉여적 자질이던 장음의 변별적 자질화 등이 논의되어 왔다. 물론 이 외에도 다양한 교체, 탈락, 첨가, 축약 현상이 거론되었으며, 어간말 설단 자음의 마찰음화, 어간말 자음군의 변화. 어간의 재구조화 등도 음운변화와 함께 다루어져 오기도 하였다.1)

그러나 국어의 시대적, 지역적 특성을 고려하면 이 현상들이 17~19세기를 특징짓는 현상으로 단정하여 말하기 어렵다. 유성마찰음 계열의 'ㅸ' 은 15세기에, 'ㅿ'은 16세기에 국어의 자음체계에서 사라지지만 'ㅇ[ɦ]'이 자음체계에서 언제 사라지게 되는지 구체적으로 밝혀지지 않은 상태에 있다. 'ㆍ'의 변화도 마찬가지이다. 비어두음절의 'ㆍ>ㅡ' 변화는 16세기, 어두음절의 'ㆍ>ㅏ' 변화는 18세기 중후기에 완성된 것으로 주장되기도 하나 18세기 문헌에도 비어두음절에 'ㆍ'가 적지 않게 나타나며, 'ㆍ>ㅏ' 변화의 예는 18세기 중후기 문헌에 몇몇 예만 나타날 뿐이다. 더욱이 19세기 문헌에는 'ㆍ>ㅏ' 변화가 비어두음절에서도 나타나고, 어두음절이든 비어두음절이든 'ㆍ'가 나타나는 형태도 적지 않아 'ㆍ'의 비음운화 과정이 밝혀졌다고 말하기 어려운 것이다.

일찍이 안병희(1957)에서 지적된 바와 같이, 구개음화, 원순모음화, 움라우트 등을 비롯한 여러 현상들은 시간과 공간에 따라 차이를 보인다.[2] 구개음화 현상의 경우 남부 방언에서는 17세기 이전에도 나타나며, 평안도 방언에서는 오늘날에도 구개음화가 일어나지 않고 있다. 구개음화 현상만이 아니라 원순모음화 현상, 구개성 반모음 첨가 현상, 'ㅔ, ㅐ' 등과 같은 이중모음의 단모음화 등 대부분의 변화가 지역에 따라 달리 나타나며 방언에 따라 시기의 차이를 보인다고 해도 크게 틀린 말이 아닐 것이다. 이와 같이 중세국어와 근대국어의 경계가 되는 시기에 대한 언어 내적

---

1) 전광현(1997)에서는 근대국어의 음운현상으로, 어간말 장애음의 불파음화, 어중 경음화, 양순음화와 연구개음화와 같은 조음 위치 동화현상, 비음화, 반모음화, 모음조화 현상의 축소, 'ㄹ' 탈락 현상, 'ㅎ' 탈락 현상, 자음군단순화 현상, 모음탈락, 반모음 첨가 현상, 격음화 현상 등을 들었다. 그리고 이들 음운현상과 관련되는 표기의 변화로 어두 자음군 표기의 변화, 어중 모음간 ('ㄹ-ㄹ'의) 'ㄹ-ㄴ' 표기, 종성 'ㅅ'과 'ㄷ'의 표기 문제, 어간말 자음군의 표기, 어중 유기음 중철 표기, 모음 'ㆍ, ㅐ, ㅔ, ㅢ'의 표기 문제 등을 다루었다.
2) 남부 방언이 반영된 문헌에는 어두음절에서 'ㆍ>ㅗ' 변화를 보이기도 하지만, 중부 방언이 반영된 문헌에는 그러한 예들이 보이지 않는다. 백두현(1988) 참조.

근거를 찾아내기가 쉽지 않을 뿐 아니라 각 변화의 과정도 지역에 따라 편차를 보이기 때문에 근대국어 시기를 언어 내적으로 규정하는 것은 쉬운 일이 아니다.

언어의 내사를 기술하는 국어사의 각 시대에 언어 외적인 명칭이 사용되는 것도 간과할 문제는 아니다. 중세국어, 근대국어의 '중세'나 '근대'는 국어사적 특징이 아니라 역사학의 시대적 특성을 보여주는 명칭이기 때문이다. 이러한 명칭에도 불구하고 국어사 연구는 중세나 근대의 특징을 드러내는 방향에서 이루어지는 것이 아니라는 점에서 시대의 명칭과 연구 내용이 부합되지 않는 것이다. 이러한 문제는 국어사가 언어 내적인 특성에 의해 기술되어야 한다는 기반 위에 있으면서 각 시대의 명칭은 역사학의 용어를 사용하기 때문에 필연적으로 생길 수밖에 없다. 언어의 변화를 바탕으로 시대를 구분하기도 쉽지 않지만, 각 시대를 구분한다고 하더라도 각 시대의 명칭을 중세 봉건사회와 근대 시민사회의 '중세'나 '근대'를 사용함으로써 연구 내용과 거리가 있을 수밖에 없기 때문이다.

이러한 여러 가지 문제에도 불구하고 언어의 변화를 서술하는 국어사 연구에 기준 시점은 필요하다. 국어사가 "국어가 겪어온 변화들을 밝혀 그 역사를 체계적으로 서술하는 분야"이므로(이기문 1998 : 10), 시간은 국어의 변화를 기술하고 설명하는 중심축이 되기 때문이다. 이러한 관점에서 시기의 구분은 체계적인 국어사 서술을 위해 필요하기는 하지만, 국어사적 변화를 서술할 수 있는 시기를 구분하고자 구체적으로 하면 방언의 구획에서와 같은 어려운 문제가 제기된다. 음운, 형태·통사, 의미(어휘) 등의 언어학적 제 층위에서 일어나는 여러 변화들 가운데 어떤 변화를 중시하고 각 변화의 중요도는 어떻게 평가할 것인가, 언어 외적인 요인이나 상황을 언어 변화에 수용할 것인가, 수용하면 그것을 어떻게 수용할 것인가 등 그 기준을 어떻게 설정하느냐에 따라 시대 구분은 달라질 것이기 때문이다. 그러므로 이러한 시기 구분의 기준에 대한 문제도 앞으로 구체적으로 논의될 필요가 있다.

2.2. 근대국어 문헌의 활용

근대국어 시기에는 후기 중세국어 시기와 비교할 수 없을 정도로 문헌이 많고 다양하다. 그러나 이 시기에는 중간본이 많고, 지방판이 많으며, 필사본이 많은 것이 특징이다. 그리하여 문헌의 집필·편찬·간행에 관련된 정보가 없거나 충분하지 않은 경우가 많다. 이러한 문헌의 특성으로 인하여 근대국어 연구에서는 다른 시기보다 문헌의 성격을 파악하는 작업이 중요한 과제로 등장한다. 문헌의 성격을 제대로 파악하지 못한 상태에서 추출한 용례를 바탕으로 일반화에 이른다면, 국어사의 일부 변화를 일반적인 변화로 과장하게 되거나 섣부른 추정으로 잘못된 결론에 이를 위험성도 적지 않기 때문이다.

문헌을 연구에 활용하기 위해서는 먼저 문헌의 서지 사항을 조사하여 국어사적 연구의 기반을 마련한다. 그러나 이러한 언어 외적 서지 내용도 분명하지 않은 경우가 있어 언어 내적 특징으로 뒷받침될 때에야 비로소 국어사 자료로 안전하게 활용할 수 있다. 이를 위해 기존에는 언어 변화에 대한 특성을 추출하여 비교하는 질적인 변화를 이용해 왔다. 물론 이러한 방법이 매우 유용함에는 틀림없지만, 이러한 방법에 병행하여 언어 변화의 정도를 객관화한 검증 틀을 만들어 언어 외적 사항과 함께 활용하면 보다 안전하게 자료를 활용할 수 있을 것이다. 특히 근대국어 시기의 중간본이나 필사본과 같이 언어 변화의 종류나 특성이 유사하여 그 변화의 특성을 분명하게 파악하기 어려운 경우에 문헌의 특성을 객관화된 검증 틀로 뒷받침할 수 있다면 연구의 결과는 보다 신뢰할 수 있을 것이다. 이러한 객관화된 검증 틀을 세우는 데에 조건적인 음운변화 관련 예들의 출현 빈도를 계량화하여 그 상대적인 비율을 비교하면 유용하다.

조건적인 음운변화에 대한 계량화 작업은 형태론, 통사론, 의미론 분야만큼 어렵지 않고 국어사 문헌을 대량으로 검색할 수 있는 여러 종류의 프로그램이 만들어져 있어서 어떤 문헌에서 해당 음운변화와 관련되는 예들을 추출하여 그 빈도를 계량화하면 문헌의 간행 시기, 지역, 사회적 특성을 파악하는 데에 도움을 받을 수도 있다. 또한 해당 용례가 나타나는 빈도의 상대적인 비율을 음운론적·형태론적 환경에 따라, 그리고 시·공간의 변화에 따라 어휘적으로 확산된 정도를 대비하면 해당 음운변화의 과정을 파악할 수도 있다. 국어 음운사에서 할 수 있는 이러한 계량화 작업에는 상반되는 특성을 보여주는 조건변화들인 구개음화와 원순모음화 현상이 적합하다. 구개음화는 모음에 의해서 자음이 교체되고, 원순모음화는 자음에 의해 모음이 교체되는 조건변화 현상으로서 국어사 문헌에서 시간과 공간에 따라 달리 나타나기 때문에 해당 음운변화의 과정을 살펴보는 데에 유용하게 활용할 수 있다.

계량화의 방법으로 문헌의 성격을 보다 분명하게 밝힌 한 예를 보기로 한다(김주필 2008). 국어사 연구에서, 1797년에 간행된 『오륜행실도』는 18·9세기 교체기의 자료로 이용해 왔다. 그런데 ㄷ구개음화와 원순모음화에 대한 계량적 검토 결과는 이 문헌에 반영된 언어가 이 문헌이 간행된 시기의 국어를 반영하는 것이 아님을 보여준다.

(1) ㄷ구개음화의 출현 빈도

	변화유형	전체	고유어		한자어
			어휘 (어두/비어두)	문법 (경계/문법)	
구개음화	ㄷ>ㅈ	137	27(12/15)	13(8/5)	97
	ㅌ>ㅊ	54	33(2/31)	10(8/2)	11
과도교정	ㅈ>ㄷ	117	18(5/13)	15(0/15)	84
	ㅊ>ㅌ	8	1(0/1)	1(1/0)	6
그대로	ㄷ	1,022	216(91/125)	391(14/377)	415
	ㅌ	135	35(25/10)	74(24/50)	26
	ㅈ	997	442(295/147)	45(0/45)	510
	ㅊ	322	35(13/22)	21(21/0)	266

『오륜행실도』3)에서는 구개음화된 예들의 빈도가 14.17%(총 191회 /1,348회)로 나타나 상당히 낮은 확산 상태를 보여준다. 'ㄷ'은 11.82% (137회/1,159회), 'ㅌ'은 28.57%(54회/189회)로 나타나며, 한자음은 19.67%(108회/549회), 고유어는 10.51%(84회/799회)의 확산 비율을 보여준다. 고유어의 어휘형태소에서는 311회 중 60회(19.29%)로서, 어 두음절에서는 130회 중 14회(10.77%), 비어두음절에서는 181회 중 46회 (25.41%)가 구개음화된 것이다. 문법형태소와 형태소 경계에서는 488회 중 23회(4.71%)가 구개음화되어 나타났다. 형태소 경계에서는 54회 중 16회(29.63%), 문법형태소에서는 434회 중 7회(1.61%)로, 문법형태소 에서는 구개음화가 거의 나타나지 않지만 과도교정이 125회나 나타났 다.4) 그러므로 이 문헌은 구개음화의 확산 비율이 18세기 후기의 다른 문

---

3) 도표(1)에서 세로축이 구개음화와 관련되는 8가지 유형이다. 위의 구개음화된 두 유형 ('ㄷ→ㅈ', 'ㅌ→ㅊ'), 과도교정의 두 유형('ㅈ→ㄷ', 'ㅊ→ㅌ'), 그리고 'ㄷ, ㅌ'이 구개음화되 지 않고 그대로 실현되는 유형과 'ㅈ, ㅊ'이 과도교정되지 않고 그대로 실현되는 유형 등 을 말한다.

헌에 비해 현저하게 낮다. 이 문헌에서 보여주는 14.17%의 비율은 정조 대에 사역원에서 간행된 『중간노걸대언해』(1794)의 96.92%, 정조 대 왕실 문헌인 『윤음』(1780년 이후~1799년)의 88.90%에 미치지 못함은 물론, 영조 대의 『박통사신석언해』(1764)의 51.65%에도 크게 미치지 못하고, 영조 대의 『어제』·『경세문답』(18세기 60년대로 추정됨)의 8.66%보다 다소 확산된 상태를 보여준다(김주필 2005). 그러나 이 문헌은 문법형태소에서 구개음화가 거의 나타나지 않으면서도 과도교정이 많이 나타난다는 점에서, 이 문헌에 반영된 국어는 대체로 18세기 전반기의 후기 상태를 보여준다고 할 수 있다.

 『오륜행실도』는 『삼강행실도』와 『이륜행실도』를 수정·편찬한 문헌으로서, 이들 문헌의 중간본적인 성격을 갖는다. 그리하여 이 문헌의 언해 상태를 1727~1730년에 간행된 『삼강행실도』와 『이륜행실도』를 대비하면, 권1, 권2, 권3은 『삼강행실도』를, 권4, 권5는 『이륜행실도』를 바탕으로 편찬된 것임을 알 수 있다. 나아가 이 문헌의 구개음화와 원순모음화의 빈도에 대한 계량적 연구 결과를 바탕으로 하면서, 언해의 상태 등을 『삼강행실도』, 『이륜행실도』의 이본들과 대비해 보면, 이 문헌의 권1, 권2, 권3은 영조 대 『삼강행실도』(규장각본, 1730)를, 권4, 권5는 영조 대 기영판 『이륜행실도』(규장각본, 1727)을 바탕으로 수정·편찬한 것이라고 추정할 수 있다.

---

4) 'ㅈ>ㄷ' 과도교정이 117회, 'ㅊ>ㅌ' 과도교정이 8회로 나타나 'ㅈ'을 'ㄷ'으로 교정한 예들이 더 많이 나타났다. 또한 한자어에서 90회, 고유어에서 35회 나타나 고유어보다는 한자음에서 많이 나타났다. 'ㅈ'을 'ㄷ'으로 교정한 예는 한자음에 84회, 고유어에 33회 나타났으며, 'ㅊ'이 'ㅌ'으로 교정한 예는 한자음에서 6회, 고유어에서 2회 나타났다. 고유어에 나타난 과도교정은 어휘형태소에서 19회(어두음절 7회, 비어두음절 12회)였으며, 형태소 경계에서 1회, 문법형태소에서 15회 나타났다. 전체적으로 고유어보다는 한자음에서, 고유어에서는 어휘형태소보다 문법형태소에서 과도교정이 많이 나타난 것이다.

그러나 이러한 계량적 연구도 해당 문헌에 반영된 언어 사용의 경향을 파악하지 않은 상태에서 수행한다면 그 결과도 제대로 활용하지 못할 수도 있다. 장서각본『천자문』은 그 체제나 한자의 배열이 석봉『천자문』과 같지만, 이 문헌에는 후기 중세국어에서 19세기 후기 문헌에 보이는 현상이 혼재되어 나타난다. 'ㅂ'계, 'ㅄ'계, 'ㅅ'계 합용병서가 모두 나타나며, 'ㆍ' 표기가 어두 비음두 음절에서 적지 않게 나타난다. 종성 표기에 'ㄷ'과 'ㅅ'이 모두 나타나며, 분철 표기를 하지 않은 예들도 적지 않다. 구개음화, 원순모음화 현상도 이 문헌에는 변화를 보이기 이전 형태와 이후 형태가 같이 나타난다. 이 문헌에 나타난 구개음화 관련 예들을 계량화한 한 예를 보기로 한다(김주필, 2007).

(2) 장서각본『천자문』에 나타난 구개음화 관련 예들의 빈도

	변화유형	전체	훈			음
			고유어		한자어	
			어휘 (어두/비어두)	문법		
구개음화	ㄷ>ㅈ	59	22(7/15	0	9	37
	ㅌ>ㅊ	16	6(3/3)	0	2	10
과도교정	ㅈ>ㄷ	3	0	0	1	0
	ㅊ>ㅌ	0	0	0	0	0
그대로	ㄷ	22	4(1/3)	0	0	18
	ㅌ	22	0	0	0	22
	ㅈ	82	29(16/13)	0	18	35
	ㅊ	38	7(0/7)	0	6	25

이 문헌에서는 총 119회의 환경에서 75회가 구개음화되어 약 63%의 확산 비율을 보여준다.5) 이러한 비율은 18세기 영조 대 왕실 문헌보다 다소 높지만, 정조 대『윤음』의 비율에 크게 미치지 못한다. 그러나 이 문헌

에 나타난 음운변화의 전체적인 변화 양상이나 어휘 사용의 상태는 19세기 후기의 특성을 보여준다.6) 쑥색 비단으로 된 표지에, 질 좋은 닥종이를 사용한 본문은 각 장이 붉은색, 옥색, 노란색, 분홍색, 쑥색, 흰색의 순서로 되어 있어 이 문헌이 왕실에서 편찬된 것임을 알려준다. 그리하여 문헌의 표기 상태가 매우 보수적인 특성을 보이며 그러한 특성은 이 문헌이 왕실 문헌이기 때문이라고 이해하기 쉽다.

그런데 이 문헌을 『천자문』과 대비해 보면, 『석봉천자문』과 훈과 음 모두 동일한 한자가 400자이고, 한자의 훈만 동일한 한자가 390자, 훈이나 음이 동일하지 않은 한자가 210자이다. 이 문헌에서 석봉『천자문』과 동일한 부분을 제외하면 고유어의 2회(딜그릇 도(陶)의 '딜')와 한자음의 6회, 과도교정된 2회를 제외하면 모두 구개음화되어 나타난다. 이와 함께 『석봉천자문』과 같지 않은 한자의 훈과 음에는 어두 'ㄴ'의 탈락 현상과 첨가 현상, 어두 음절에서의 '·> ㅏ' 변화와 '·'가 유지되는 비어두음절 '·'의 특성, 'ㅎ->허-, 브리->버리-, 여듧>여덜' 등에서의 '·> ㅓ' 변화, 양순음 다음의 'ㅗ> ㅏ' 변화, 'ㅓ>ㅡ' 현상 등 19세기 후반에 보이는 음운현상들이 나타나, 이를 종합적으로 판단하면 이 문헌이 1880년대 이후에 편찬된 것임을 알 수 있다.

장서각본『천자문』에서 보여주듯이 음운현상에 대한 계량적 조사 결과가 해당 문헌의 언어 내적 특성을 그대로 보여주는 것은 아니다. 다시 말해 언어 변화에 대한 계량화의 방법은 항상 유용한 것은 아니어서, 문헌의 성격을 파악하는 데에 도움을 주기는 하지만, 계량화의 작업 결과만으로 언어 변화의 특성을 파악할 수 있는 것은 아닌 것이다. 오히려 계량화 작업의

---

5) 도표(2)에서 제시한 구개음화와 관련되는 각 유형의 구체적인 예들에 대해서는 김주필(2007)을 참조할 것.

6) 예컨대, 'ㅈ, ㅅ' 다음의 'ㅡ> ㅣ' 변화, '·'의 변화 상태, 'ㅓ>ㅡ' 고모음화 현상, 'ㅎ->허-' 변화 등의 현상은 19세기 중기 이후의 상태와 흡사하기 때문이다.

결과를 믿을 수 있도록 하는 질적인 작업이 선행되어야 계량화 작업의 방향이 결정될 수 있으며, 계량화 작업의 결과는 질적인 연구를 바탕으로 양적인 변화를 보고자 할 때에 보다 유용하게 활용할 수 있다고 할 수 있다.

2.3. 근대국어 표기의 특징

2.3.1. 표기의 단위 : 근대국어의 표기 단위는 15세기와 같았다. 원칙적으로 통사 단위와 발화 단위가 일치하는 어절을 기본 단위로 하였다. 통사 단위와 발화 단위가 같지 않은 어절인 경우에는 통사 단위로서의 어절을 단위로 하였으나, 의존명사 '이'가 포함되는 경우에는 발화 단위인 '음운론적 단어'나 '음운론적 구' 단위의 표기도 가능하였다.[7]

2.3.2. 표기 단위 내에서의 표기 원칙 : 표기 단위 내에서의 표기 원칙도 표면형을 보여줄 수 있는 형태를 표기하였다는 점에서 15세기와 다르지 않았다. 그리하여 실사에 허사가 결합될 때, 실사나 허사 모두 음운규칙을 적용하여 표면형이나, 표면형을 도출할 수 있는 기저형, 기저형에서 표면형에 이르는 과정에 도출되는 중간형도 표기할 수 있었으나 15세기와 같이 표면형을 표기하는 경우도 적지 않았다. 다시 말해, 실사와 허사의 결

---

7) 『훈민정음』에서는 음소 단위의 문자들을 음절 단위로 모아쓰도록 규정함으로써 15세기 국어의 표기는 음소적·음절적 표기 원칙에 따른 것으로 이해되어 왔다. 그러나 현대국어 맞춤법도 음소적·음절적 표기라고 할 수 있다. 그리하여 현대국어 맞춤법과 달리 15세기 국어의 표기 원칙으로서의 음소적·음절적 표기 원칙은 표면 음소를 음절 단위로 모아쓰는 것으로 해석하여 왔다. 그러나 이러한 개념의 적용에도 불구하고 15세기 국어 표기의 음소적 표기를 현대국어 맞춤법의 형태음소적 표기와 대비되는 것으로 간주하는 것은 다소 문제점이 있는 것으로 보인다. 음소적 표기는 형태소의 모든 음소 연쇄를 대상으로 하지만, 형태음소적 표기는 형태소의 말음에 있어서만 차이가 난다는 점에서 음소적 표기와 형태음소적 표기를 대비하는 것은 타당한 것으로 보기 어렵다.

합에서 실사의 표면형이 음운론적으로 조건지어진 자동적인 교체 현상에 의하여 도출되는 경우에는 기저형, 기저형에서 표면형을 도출해 내는 중간 과정의 형태, 표면형 등의 다양한 표기가 이루어졌다. 그러나 실사의 표면형이 음운론적으로 조건지어진 경우라 하더라도 비자동적인 교체를 보이거나 형태론적으로 조건지어진 이형태라면 표면형을 표기하였다. 이러한 기준은 허사에도 동일하게 적용되었다.

그러나 어절 내부의 표기에 있어서 실사는 기저형에 가까운 형태를 표기하려는 뚜렷한 경향을 보인다. 즉 자음으로 끝나는 실사에 모음어미가 결합되는 경우에는 분철 표기를 하고, 자음으로 끝나는 어간에 자음어미가 결합되는 경우에는 실사의 마지막 음을 8종성으로 표기하려는 경향을 보이는 것이다. 물론 어간의 말음이 8종성에 속하지 않는 자음이면 8종성의 범위 내에서 표기하되, 음운규칙을 적용하여 표면형을 도출할 수 있는 형태로 표기하였다.8) 이러한 근대국어의 표기 특성은 당시의 문헌에 나타나는 표기가, 음운변화로 인해 불투명한 경우를 제외하면 모두 표면형을 도출할 수 있는 형태로 표기되고 있었음을 말해준다. 물론 음운변화로 인해 불투명한 표기도 당시에는 표면형을 이끌어 내는 데에 문제가 없었을 것으로 추정된다.

이러한 표기 원칙에 따라, '탈락, 첨가, 교체, 축약' 등의 음운현상이 일

---

8) 표음문자인 '훈민정음'으로 표기할 때, 실사의 형태를 단일한 형태를 고정시켜 표기하는 한 쪽의 극단과, 발화하는 표면의 다양한 이형태를 그대로 표기하는 다른 한 쪽의 극단의 중간 지점을 중심으로, 15세기 국어의 표기는 표면형 쪽으로 얼마간 치우친 표기를 했다고 한다면, 근대국어의 표기는 기저형 쪽으로 얼마간 더 치우치는 표기의 경향을 보인다고 할 수 있다. 이러한 표기의 차이는 제1단계로 7종성 내에 있는 실사의 마지막 자음과 모음 허사를 분철 표기함으로써, 실사의 마지막 자음이 7종성에 속하지 않는 경우, 실사의 마지막 자음을 형태음소로 고정화함으로써 기저형을 밝혀 적는 원칙이 형성되는 것으로 간주된다. 이와 같이 실사의 형태를 고정하려는 뚜렷한 표기의 경향을 보인다는 점을 제외한다면, 허사의 표기는 15세기 국어 표기와 근대국어 표기, 현대국어 맞춤법 사이에 큰 차이가 없다고 할 수 있다.

어난 경우에는 표면형을 도출할 수 있는 형태가 표기되었다. 그러므로 'ㆍ' 나 'ㅡ'의 탈락, 유음 'ㄹ'의 탈락, 'ㅸ'이나 'ㅿ'의 변화, 속격 'ㆎ'나 'ㅓ' 앞에서의 명사 마지막 모음 'ㅣ'의 탈락, 동일 모음의 연쇄에서 나타나는 어느 한 모음의 탈락, 'ㅣ' 모음이나 'ㄹ' 다음의 'k[g]>ɦ' 변화, 모음 충돌에서 일어나는 'y'의 첨가, 원순모음에 인접한 'ㅏ'나 'ㅓ' 모음 앞의 'w' 첨가, 격음화나 'ㅣ'나 'ㅗ/ㅜ'의 반모음화에 의한 음절 축약 현상 등의 경우에도 이러한 표기 원칙에 준하였다. 음운변화가 진행 중인 경우에도 원칙적으로 진행 중인 음운변화의 환경을 제외한 나머지는 표기 원칙에 따랐다. 음운변화가 진행되거나 진행된 경우에도 음운규칙을 적용하여 대체로 표면형을 도출하는 데에는 문제가 없었으나 일부 '표기 : 음성'의 대응관계가 '1 : 多다'가 되거나 '多다 : 1'인 경우가 있어서 불투명한 경우도 있었다. 일반적으로 '표기 : 음성'이 이러한 관계를 가지는 다양한 표기들을 '혼기'라고 해 왔다. 이런 점에서 다양한 음운변화가 진행되거나 진행된 근대국어 시기 문헌의 표기는 다양한 유형의 혼기가 나타나는 것이 특징이라고 지적되어 왔다.

    2.3.3. 혼기의 문제 : 근대국어 표기는 대체로 15 · 6세기의 표기를 계승하였다. 그리하여 후기 중세국어의 표기와 큰 차이가 없으나 형태를 밝혀 적고자 하는 경향과 음운변화의 결과 '표기 : 음성'의 대응관계에 차이가 생길 수 있었다. 이러한 상황은 대부분 음운변화와 관련하여 나타난 혼기인 것으로 보인다.

    근대국어 표기의 한 특징으로 지적되어 온 혼기는 '표기 : 음성'이 '1 : 1' 대응이 아닌 모든 경우의 표기를 포괄적으로 지칭해 왔다. 일반적으로 혼기는 '표기 : 음성'이 '1 : 1'의 대응관계를 갖지 않는 표기들을 지칭해 왔다. 그런데 혼기 중에는 '표기 : 음성'의 대응이 '1 : 2'로 이루어지는 경우도 있고

'2 : 1'로 이루어지는 경우도 있다. 이러한 관계는 관련 음운변화의 환경과 시점에 따라 달라져, 음운변화가 완료된 시점에는 하나의 음성형이 둘 이상의 문자(표기)에 대응되어 '표기 : 음성'이 '多다 : 1'의 관계를 갖지만, 해당 음운변화가 진행 중인 시점에서는 오히려 '1 : 多다'의 관계를 가질 수 있기 때문이다. 이러한 혼기 가운데 '표기 : 음성'의 대응이 '2 : 1'의 관계에 있는 표기들은 '문자론적으로 의미있는 혼기'라 할 수 있고, 반대로 '1 : 2'의 관계에 있는 표기들은 '음운론적으로 의미있는 혼기'라 할 수 있다(김주필 1998).

  '문자론적으로 의미 있는 혼기', 즉 '문자론적 혼기'는 하나의 음성형을 둘 이상의 문자로 표기한 것으로서, 음운변화는 일어났지만 표기나 문자가 그 변화를 따르지 못하여 생긴 혼기이다. 이러한 예로는 음절말 'ㅅ'이 휴지나 자음 앞에서 'ㄷ'으로 미파음화된 결과 'ㅅ'과 'ㄷ'이 모두 [t]를 담당하는 경우가 해당한다. 이러한 혼기는 하나의 음성형에 대응되는 문자가 둘 이상이라는 점에서 문자론적으로는 문제 삼을 수 있으나 음운론적으로는 문제될 것이 없다. 이에 반해 '음운론적으로 의미 있는 혼기', 즉 '음운론적 혼기'는 하나의 문자에 둘 이상의 음성형이 대응되는 경우로서, 해당 문자의 음성형을 추정하기 어렵기 때문에 음운론적으로 문제가 된다. 이러한 혼기는 진행 중인 음운변화와 밀접하게 관련된다. 예를 들어 구개음화가 진행 중인 과정에 일어나는 '뜻으로써〈오륜 2 : 40a〉, 뜻은〈오륜 4 : 47a〉, 뜻을〈오륜 1 : 21b, 오륜 5 : 7b〉, 뜻을〈오륜 1 : 49b, 오륜 5 : 10b〉' 등에서는 음절말의 'ㅅ'이 [s]를 담당하지만, 종성 'ㅅ'이 {i, y}로 시작되는 조사나 어미 앞과 분철 표기된 '뜻이〈오륜 1 : 7a〉, 뜻이라〈오륜 3 : 31a〉'의 예들은 사정이 다르다. 18세기에는 구개음화가 진행 중이어서 종성 'ㅅ'이 {i, y}로 시작되는 조사나 어미에 연철 표기된 '쓰디〈오륜 2 : 15a, 오륜 2 : 58a〉, 쓰디뇨〈오륜 2 : 47b〉' 등에서는 [t]로 실현됨을 보여주고, '쓰지〈오륜2 : 32b〉' 등에서는

[ʧ]로 실현되어, 'ㅅ'이 그대로 연음되는 경우까지 고려하면 종성의 'ㅅ'은 [s~t~ʧ]로 3가지 음성형으로 실현될 수 있다. 그러므로 이들 표기의 예에서 종성 'ㅅ'은 중화 현상, 구개음화 현상으로 인하여 '쯧이〈오륜 1 : 7a〉, 쯧이라〈오륜 3 : 31a〉' 등에서의 'ㅅ'이 [s]인지 [t]인지를 알 수 없을뿐더러 [t]라고 하더라도 그 [t]가 i나 y 앞에서 그대로 실현되었는지 구개음화되어 [ʧ]로 실현되었는지 표기만 놓고서는 알 수가 없다(황문환, 1996).9) 이러한 표기는 분철된 'ㅅ'이 음절말에서 [t]와 [s]를 모두 담당하며, 또한 i나 y 앞에서는 [t]나 [ʧ]로 실현될 수 있어 이러한 종성 'ㅅ'은 '1 : 3'의 대응관계를 가져 음성형이 불투명하게 되는 것이다. 음운변화와 관련하여 음성형이 불투명하게 된 이러한 표기를 '음운론적 혼기'라고 할 수 있다.

2.3.4. 음운변화와 '표기의 보수성'의 문제 : 흔히 근대국어 시기 문헌에 나타나는 특징으로 다양한 유형의 혼기를 든다. 이러한 혼기는 15세기의 표기를 그대로 따른 유형과 음운변화와 같은 새로운 변인의 등장으로 15세기와 다른 다양한 표기가 나타나기 때문에 나타난 것이다. 일반적으로 혼기는 15세기 이후 국어의 여러 층위에서 변화가 일어났음에도 문자 체계나 표기가 그러한 변화를 따르지 못하여 '표기 : 음성'의 대응이 '1 : 1'이 되지 못하는 결과에 이르게 된 것으로 이해해 왔다. 그리하여 '표기 : 음성'이 '1 : 1'의 관계를 갖지 못하게 되는 표기의 특성을 '표기의 보수적인 특성'이라 해 왔다. 그러나 이러한 접근 태도에는 음운사적인 관점에서 몇 가지 문제가 제기된다.10) 첫째, 근대국어 표기의 특징으로 거론되는 혼기

---

9) 이러한 분철 표기는 '뎌지, 뎌즐'에 대한 '뎟이[뎌디~뎌시], 뎟을[뎌들~뎌슬~뎌즐]', '고치(花)'에 대한 '곳히[고티~고치]', '비치(光)'에 대한 '빗히[비티~비치]', '비출'에 대한 '빗히[비티~비치]' 등과 같이 음운변화나 형태음소의 변화가 겹치면 보다 복잡한 양상으로 나타날 수 있다.

에 대한 개념이 '소리 : 표기'의 대응관계를 통하여 도출된 결과가 아니라는 점이다. 둘째, 근대국어 혼기의 원인을 문자나 표기가 음운변화를 따르지 못한 문자(표기)의 보수성에서 찾으면서도 정작 음운변화의 진행 과정에 대해서는 구체적으로 논의된 바가 없었다는 점이다. 셋째, 혼기라는 술어는 음운론자들이 이끌어 낸 것이면서도 이러한 혼기에 대한 명확한 개념을 규정하지 않아 '표기 : 음성'의 대응관계의 변화 과정을 연구해야 할 근대국어의 음운론적 접근을 차단하는 결과를 가져왔다는 점이다.

표기에 대한 이러한 관점은 음운변화를 바라보는 관점과 밀접하게 관련되어 있다. 예를 들어 '·>ㅡ'변화가 16세기에 끝난다고 하면 17·8세기에 나타나는 '·'는 표기의 보수성으로 인해 남아 '표기 : 음성'의 대응관계가 '2 : 1'로 된 '문자론적 혼기'라는 설명을 하게 된다. 그러나 이러한 주장에는 문헌에서 '·>ㅡ' 변화가 16세기에 완성되었다는 근거가 제시되어 있지 않다. 이러한 주장은 음운변화가 돌발적으로 일어나 그 규칙이 화자에게 내재하게 되면 필연적인 규칙으로서 적용된다는, 서구의 신문법학자들로부터 비롯된 전통적인 관점에 따른 것이다. 현대국어의 방언연구에서처럼 일정한 조건이 주어지면 음운규칙이 자동적으로 적용되는 필연적인 규칙처럼, 음운변화를 이끄는 규칙도 일정한 환경에서 필수적으로 적용되는 일종의 자연법칙으로 간주해 온 것이다. 이러한 관점에서 17·8세기의 문헌에 나타나는 비어두음절의 '·'는 '·>ㅡ' 변화가 완성되었지만 표기는 음운변화를 따르지 않아 남은 것이고, '·>ㅏ' 변화가 18세기 중후기에 완

---

10) 국어사 자료에 혼기가 나타나게 된 원인이 음운변화에만 있다고 할 수는 없을 것이다. 즉 혼기는 표기, 음성, 음운, 형태, 통사, 의미, 방언, 오기, 필자의 무지 등의 다양한 요인이 작용하여 나타났을 가능성이 있는 것이다. 그러나 이러한 여러 원인들 중에서 음운론적인 요인을 중심으로 하면 혼기의 주요 원인은 음운변화와 관련되는 표기, 음성, 음운의 상호 관계에 있는 것으로 생각된다는 뜻이다.

성되었음에도 19세기 문헌에 나타나는 ‘ㆍ’는 표기의 보수성으로 인해 남은 것이라는 설명을 하게 된다.

그런데 18세기 문헌에 나타나는 비어두음절의 ‘ㆍ>ㅗ’ 원순모음화 현상이나 ‘ㅗ>ㆍ’ 비원순모음화 현상은 당시의 모든 ‘ㆍ’가 ‘ㅡ’로 변화하지 않았음을 보여준다.

> (3) 다뭇〈박신 3 : 47a 외 4회〉, 아모란〈박신 2 : 57b 외 2회〉, 말믜아모미〈경세문답 11b〉, 아니ᄒᆞᆫ〈경세문답 07a〉. 아모리〈첩해 초8 : 21a〉, 되오몬〈첩해 초9 : 15b〉, 이러모로〈첩해 초5 : 22b〉, 원ᄒᆞᆫ〈첩해 초9 : 17a〉, 시보다〈개첩 7 : 30b〉, 아모란〈개첩 3 : 19a〉, 스뭇〈개첩 4 : 28b〉, 깃보외〈개첩 2 : 4a〉, 나몬〈개첩 9 : 22b〉, 조보니〈개첩 7 : 5b〉, 이러모로〈개첩 5 : 33a〉, 다몬〈왜어유해 상 : 28a〉, 스뭇〈오륜행실도 열 44a〉

(3)의 예들은 모두 순음 ‘ㅁ, ㅂ’ 다음의 ‘ㆍ’가 원순모음화된 예들이다. 이러한 원순모음화 현상은 어휘형태소 내부, 형태소 경계, 명사형 어미 등 다양한 환경에서 ‘ㆍ’가 ‘ㅗ’로 원순모음화되었음을 보여준다는 점에서 18세기에도 비어두음절의 모든 ‘ㆍ’가 ‘ㅡ’로 변한 것이 아님을 보여준다. 이러한 예들과 함께 근대국어 시기의 문헌에는 중자음 뒤에서 ‘ㅡ’가 ‘ㆍ’로 바뀐 예들이 다수 나타나기도 한다. 그 한 예로 영조의 『어제』와 『경세문답』에서는 ‘ㄹ’ 다음 위치에서는 1예를 제외한 모든 예들이 ‘ㆍ’로 나타난다. 이러한 특성으로 인하여 주제의 보조사 ‘은/ᄋᆞᆫ, 는/ᄂᆞᆫ’이나 목적격 조사 ‘을/ᄋᆞᆯ, 를/ᄅᆞᆯ’의 경우 18세기 후기 문헌에서는 각각 ‘은’과 ‘는’, ‘을’과 ‘를’로 재편되는 경향을 보여준다. 중자음 뒤에서 ‘ㅡ’가 ‘ㆍ’로 교체되는 이러한 현상은 전부변자음이나 후부변자음 뒤에서 일어나는 ‘ㆍ>ㅡ’ 변화와 상호작용하는 현상으로서, 15세기부터 나타나는 현상이라는 점에서(한영

균, 1994) 17·8세기에도 비어두음절의 '·'가 모두 '一'로 바뀌지 않았음을 보여주는 예들이다.

이러한 예들은 음운변화를 이끄는 음운규칙이 필연 규칙이 아니라는 사실을 말해준다. 비어두음절에서 '·>一' 변화가 16세기경에 일어나 17세기 이후에는 '一'로 모두 바뀌었다고 한다면 (3)과 같은 옛글에서 일어난 현상을 설명하기 어렵기 때문이다. (3)의 예들은 음운변화를 이끄는 규칙이 음운환경에 따라, 그리고 어휘에 따라 점진적으로 확산되었음을 보여주는 것으로 간주된다. 사실 음운변화를 이끄는 규칙이 해당 환경에 모두 적용된다고 하는 기존의 관점은 문헌의 자료를 통하여 귀납적으로 얻어진 것이라기보다 음운규칙이 일시에 돌발적으로 일어난다는 소장문법학자들의 전통적인 관점을 국어사 자료에도 연역적으로 적용하였다고 할 수 있는 바, 이러한 전통적인 관점으로 인하여 근대국어 연구의 대상, 내용, 범위, 방법이 상당히 제한되는 결과를 가져온 것으로 간주된다.

근대국어 문헌에 나타나는 '·' 변화, 구개음화, 원순모음화 현상 등 대부분의 음운현상은 점진적으로 변화한다. 그리하여 이들 음운변화 현상은 대체로 후기 문헌으로 올수록 음운론적·형태론적 환경을 넓히면서 어휘적으로 확산되거나 확산되다가 줄어든다. 그러므로 음운변화 과정을 이끄는 규칙은 해당 환경에 수의적으로 적용되어, 점차 그 적용 빈도를 높이면 음운변화가 확산되고, 적용 빈도를 줄이면 음운변화가 위축된다고 할 수 있다. 그리하여 구개음화와 같이 일정 시기가 지나서 형태소 내부에서 그 변화가 완료된 이후에는 형태소 경계에서 규칙이 필수적으로 적용되는 특성을 보인다고 할 수 있다. 그러므로 음운변화를 이끄는 통시적인 규칙이 해당 환경에 수의적으로 적용됨에도 불구하고 필수적으로 적용되는 것으로 간주한 전통적인 관점은, 음운변화가 완료된 이후에 필수적으로 적용

되는 공시적인 규칙을 통시적인 변화의 과정에 적용함으로써 음운변화 과
정을 소홀하게 다루는 결과를 초래한 문제점을 보여주는 것으로 간주된다.

2.4. 근대국어 표기와 음운현상

2.4.1. 격음 표기 : 근대국어의 표기가 다양한 이유는 다양한 음운현상이
표기에 반영되기 때문인 것으로 보인다. 이러한 예의 하나로 격음에 대한
여러 유형의 표기를 들 수 있다. 훈민정음 창제 직후의 표기법에 따르면 격
음은 격음자로 표기하는 것이 원칙이었다. 이러한 원칙은 어두나 음절초의
격음뿐만 아니라 어간이나 음절말의 격음이 다음 음절로 이동하여 음절초
의 위치, 다시 말해 모음 사이의 격음도 마찬가지 원칙에 따라 표기되었다.
　그런데 근대국어 시기에 이르면서 모음 사이의 격음에 대해서는 다양한
표기가 이루어진다. 그리하여 그 표기들을 세 유형으로 나누어 각 유형들
이 나타나는 시기를 고려하여 격음에 대한 표기가 변화를 해 온 것으로 설
명되기 하였다. 격음을 나타내는 표기 유형은 다음 표에서와 같이 세 유형
으로 분류된다.

　(4) 격음의 표기

표기 유형	제1유형	제2유형	제3유형
후부변자음(ㅋ)	ㅋ	ㄱ$ㅋ	ㄱ$ㅎ
중자음(ㅊ)	ㅊ	ㅅ(ㄷ)$ㅊ	ㅅ(ㄷ)$ㅎ
중자음(ㅌ)	ㅍ	ㅅ(ㄷ)$ㅌ	ㅅ(ㄷ)$ㅎ
전부 변자음(ㅍ)	ㅍ	ㅂ$ㅍ	ㅂ$ㅎ

　제1유형은 격음을 격음자로만 표기하는 유형이고, 제2유형은 격음을
'격음같은 조음 위치의 평음자'를 선행 중성 아래에 쓰고 다시 '격음자'를

쓰는 유형이고, 제3유형은 제2유형과 같이 '격음과 같은 조음 위치의 평음자'를 선행 음절의 중성 아래에 쓰고, 다음 음절의 초성으로는 'ㅎ'을 써서 격음화 현상을 적용하여 표면의 격음을 도출하도록 한 표기 유형이다(곽충구 1980, 홍윤표 1987). 다시 말해 [k^h, t^h, ts^h~$tʃ^h$, k^h]라는 음성형을 'ㅋ, ㅊ, ㅌ, ㅍ'로 표기한 것이 제1유형, 'ㄱ-ㅋ, ㅅ-ㅌ, ㅅ-ㅊ, ㅂ-ㅍ'로 표기한 것이 제2유형, 'ㄱ-ㅎ, ㅅ-ㅎ, ㅅ-ㅎ, ㅂ-ㅎ'로 표기한 것이 제3유형이라는 것이다. 그리하여 격음 표기에 있어서 '음성 : 문자 또는 표기'가 '1 : 3'의 대응을 갖는 것으로 설명해 온 것이다.

그러나 이들 각 유형의 유형의 표기가 동일한 음성형을 갖는 것은 아니다. 제1유형은 격음을 격음자로 나타낸 것으로서 그 음성형이 [k^h, t^h, ts^h~$tʃ^h$, k^h]라고 할 수 있다. 그러나 제2유형은 [k^h, t^h, ts^h~$tʃ^h$, k^h]라고 할 수는 없다. 격음자가 있다는 점에서 격음자 앞에 있는 평음자는 격음 앞에서 동일 조음 위치의 평음 첨가 현상이 일어난 결과로서, 제2유형의 음성형은 [$k\$k^h$, $t\$t^h$, $t\$ts^h$~$t\$tʃ^h$, $k\$k^h$]로 보아야 하기 때문이다. 제3유형은 제1유형과 음성형은 같지만 그 음성형을 격음화를 바탕으로 두 문자의 결합을 통하여 표면형을 도출하도록 표기했다는 점에서 제1유형과 다르다. 그런데 근대국어 시기에 이들 세 유형의 사용 빈도는 조음 위치에 따라 뚜렷한 차이를 보인다. 그 한 예로 영조 대『어제』와『경세문답』에 사용된 빈도를 보기로 한다.

(5) 격음의 표기

표기 유형	제1유형(ㅍ)	제2유형(ㅂ$ㅍ)	제3유형(ㅂ$ㅎ)
후부변자음(ㅋ)	총 4회	총 0회	총 99회/ 7회
중자음(ㅊ)	총 56회	총 20회	총 0회/ 0회
중자음(ㅌ)	총 54회	총 14회	총 64회/ 1회
전부변자음(ㅍ)	총 12회	총 0회	총 24회/11회

제1유형의 표기는 'ㅋ'이 4회, 'ㅊ'은 56회, 'ㅌ'이 54회, 'ㅍ'은 12회였다. 제2유형의 표기는 'ㅋ'과 'ㅍ'이 1회도 없었고, 'ㅊ, ㅌ'이 각각 20회, 14회 였다.11) 제3유형에서 빗선 뒤의 수는 '빅힝'이나 '면틱ᄒ니'와 같이 형태소 경계의 격음을 'ㄱ-ㅎ' 연쇄를 표기한 예들의 빈도이고, 빗선 앞의 수는 이를 포함한 모든 3유형의 표기 빈도를 나타낸다. 제3유형의 표기는 'ㅋ'이 7회, 'ㅊ, ㅌ'이 '0회, 1회', 'ㅍ'이 11회로 나타났다.12) 이러한 표기에서 변자음은 제2유형으로 나타나지 않아 제1유형과 제3유형으로 표기되었으나 중자음은 그렇지 않았다. 중자음 중 'ㅊ'은 제3유형으로 표기되지 않고 제1유형과 제2유형으로 표기되었으나, 'ㅌ'은 제2유형의 빈도가 낮기는 하나 세 유형으로 모두 표기되었다.

(5)에서 중자음 'ㅊ'이 제3유형으로 표기되지 않은 것은 'ㅅ+ㅎ'이 'ㅊ'을 도출해 낼 수 없기 때문인 것으로 추정된다. 15세기의 8종성 중 'ㄷ'이 근대국어 시기에 이르러 'ㅅ'으로 표기되기에 이르러 종성 'ㄷ'을 대체한 'ㅅ'이 'ㅎ'과 결합하여 'ㅊ'을 도출하기는 어려웠기 때문에 'ㅊ'은 제3유형으로 표기되지 않은 것으로 보이기 때문이다. 이러한 맥락에서 'ㅌ'도 'ㅅ$ㅌ'으로 표기한 제2유형이 자연스러운 표기라고 할 수 있다. 그러나 종성 'ㅅ'은

---

11) ▼ㅊ(총 20회) : 곳칠〈경세 : 8a〉, 긋치고〈어제 : 3b〉 외 1회, 긋치리오〈눈음 : 2a〉, 긋칠〈눈음 : 3b〉, 깃치며〈빅힝원 : 5b〉, 줏치〈경세 : 9b〉 외 1회, 뉘웃춘들〈빅힝원 : 6a〉, 낫치〈빅힝원 : 4b〉, 밋츠매〈경세 : 6a〉, 볏치〈눈음 : 3a〉, 붓쳐〈경세 : 1a〉, 좃차〈빅힝원 : 5b〉, 혼굴줏치〈어제 : 3b〉 외 5회, ▼ㅌ(총 14회) : 줏티〈경세 : 2a〉, 줏트니〈경세 : 3b〉 외 2회, 줏트딕〈경세 : 8a〉, 줏트랴〈빅힝원 : 4a〉, 줏타시고〈빅힝원 : 4b〉, 줏트시니〈빅힝원 : 4b〉, 줏트여〈어제 : 6a〉, 줏튼디라〈눈음 : 5a〉 외 1회, 줏툴디라도〈빅힝원 : 3a〉, 밧티〈눈음 : 4b〉, 집줏티〈경세 : 6a〉.

12) ▼ㅋ(총 7회) : 딕희디〈경세 : 5b 외 4회〉, 딕희면〈빅힝원 : 4b〉, 딕히디〈경세 : 5b〉. ▼ㅌ(총 1회) : 씃히〈눈음 : 4a〉. ▼ㅍ(총 11회) : 갑흐랴〈빅힝원 : 1a〉, 갑흐리오〈빅힝원 : 2a〉, 깁흐나〈어제 : 4a〉, 깁흔〈어제 : 4b〉, 깁히〈빅힝원 : 6b〉 외 1회, 놉흐신〈눈음 : 4a〉, 놉히〈어제 : 2b〉, 놉히며〈어제 : 2b〉, 닙히믈〈빅힝원 : 4b〉, 덥흐며〈어제 : 3a〉.

이미 'ㄷ'을 담당하고 있었으므로 'ㅅ$ㅎ'으로 표기하더라도 'ㅌ'을 도출할 수 있었다. 그리하여 제3유형으로 표기해도 표면형을 도출하는 데에 문제가 없었다고 할 수 있다. 그러나 변자음 위치에서 조음되는 격음을 제2유형으로 표기하지 않고 제3유형으로만 표기한 것은 중자음의 경우와는 다른 이유가 있었던 것으로 보인다. 즉 15세기부터 'ㄱ, ㅂ'으로 끝나는 한자음에 '-ㅎ-'가 결합된 예들은 모두 제3유형으로 표기되었기 때문에 그 표기사적 전통을 계승하여 제2유형의 표기를 하지 않고 제3유형의 표기를 한 것으로 보인다.

2.4.2. 어두자음군의 표기 : 후기 중세국어의 어두 합용병서로 'ㅄ'계(ㅴ, ㅵ), 'ㅂ'계(ㅂㅅ, ㅂㅈ, ㅂㄷ, ㅂㅌ), 'ㅅ'계(ㅼ, ㅺ, ㅽ)가 있었다. 이들 어두자음군은 표기의 측면에서 다루어지기도 하고 경음화와 관련하여 음운론의 층위에서 다루어지기도 한다. 이 가운데 'ㅄ'계나 'ㅂ'계 합용병서가 자음군을 나타내는 것이라면 우선적으로 음운론적 층위에서 논의되어야 할 것으로 생각된다. 이들이 음운론적 층위에서 논의되더라도 'ㅄ'계나 'ㅂ'계 자음군이 경음으로 바뀌었다는 주장은 재고되어야 할 것으로 생각된다. 왜냐하면 자음군이라면 이들 합용병서는 둘 이상의 자음 연쇄를 표기한 것으로서 중자음이 경음이라는 단일 자음으로 실현되기 위해서는 축약 현상으로 설명해야 하는데 이들 자음군이 축약 현상으로서 경음이 되었다고 설명하는 것은 타당하지 않기 때문이다.

17세기까지 사용된 'ㅄ'계 합용병서가 자음군을 나타낸 것이라면[13] 이

---

13) ▼ㅴ : 납향쪠〈동의 1 : 15〉, 춤빼〈두창 하 : 27〉, 혼쪠〈권념 : 8〉, 빼터〈태산 : 70〉, 뼈디거든〈두창 상 : 40〉, 뼈들며〈동신속 효 : 28〉, 삐논〈여훈 상 : 18〉, ▼ㅵ : 빼〈두창 상 : 6〉, 쁘리고〈태산 : 27〉, 이삭으란 쁘고〈염소 : 7〉, 쁘게 ㅎ야〈염소 : 8〉, ▼ㅴ〉ㅂㅣ : 곡식ㄱ로 가난훈 사롬을 뷔이면〈정속 : 27〉 / 곡식을 쑤이고〈정송 : 23〉, 명일 쁴어든〈이륜 초 : 31〉

들 자음군, 즉 'ㅄ'와 'ㅴ'는 17세기 중엽까지 'ㅂ'의 실현 여부가 문제된다. 만일 이 시기까지 'ㅄ'의 'ㅂ'이 실현되었다면 'ㅄ, ㅴ'가 16세기에 'ㅺ, ㅼ'으로도 표기되다가 17세기 이후 어느 시기에 완전히 'ㅺ, ㅼ14)'으로 표기되더라도15) 'ㅄ, ㅴ'가 'ㅺ, ㅼ'에 합류되었다고 할 수는 없다. 왜냐하면 'ㅄ'에서 'ㅂ'이 실현되고 있었다면 'ㅄ, ㅴ'든 'ㅺ, ㅼ'든 모두 [pk′]와 [pt′]를 표기한 것으로서, 이러한 음성형의 표기가 'ㅄ, ㅴ'에서 'ㅺ, ㅼ'로 바뀌었다고 하더라도 음성형에는 변동이 없기 때문이다. 다시 말해 'ㅺ'이 'ㅄ'을 16세기부터 나타나기 시작하여 17세기 문헌에서 확산되고 18, 19세기에 'ㅅ'으로 나타난다면 18·9세기에 어두자음군의 'ㅂ'이 탈락된 것으로 간주하는 것이 타당하지 않나 생각된다. 그렇다면 표기상의 변화로 'ㅄ>ㅺ>ㅅ (>ㄲ)' 변화나, 'ㅴ>ㅼ>ㅅ' 변화를 상정할 수 없다. 'ㅄ>ㅺ'는 표기상의 변화로서, 'ㅄ'나 'ㅺ'가 'ㅅ'으로 표기되는 것은 어두자음군에서 p가 탈락되어 'ㅂ'을 표기하지 않았다고 할 수 있기 때문이다. 이러한 상황은 'ㅂ'계 어두자음군의 경우도 마찬가지였다고 할 수 있다.

/ 아모쯰〈이륜 초 : 33〉

14) 'ㅴ'이 17세기에 부분적으로 'ㅼ'로 표기되지만, 19세기에 이르러서야 'ㅼ' 표기가 사라진다. 이 경우에도 17세기 중엽까지 'ㅴ, ㅼ, ㅅ'이 모두 표기로서 나타난다 하더라도 이들이 중세국어시기부터 17세기 중엽까지가 표기상의 교체기라고 하기는 어렵다. 예] ㅼ : ᄢᅢ〈時, 두창 상 : 24〉, ᄢᅴ러〈동신 효6 : 26〉, 손가락을 ᄣᅡ〈동신 효5 : 52〉, ᄣᅳ리고〈동신 열5 : 3〉, 흔ᄢᅢ예〈경민 중 : 9〉

15) ▼ㅺ : 두 ᄢᅵ롤〈가례 5 : 5〉, ᄢᅢ텨〈동신 열2 : 26〉, ᄢᅥ나오니라〈동신 효8 : 54〉, ᄢᅥ뎌〈동신 효3 : 56〉 / ᄶᅥ디고〈두창 상 : 2〉, ᄢᅦ텨〈동신 열4 : 8〉 / ᄲᅦ여〈태산 : 47〉, ᄲᅳ려〈동신 효6 : 44〉 / ᄣᅵ려〈동신 충1 : 4〉, ᄢᅢ여〈어록 초 : 2〉 / ᄲᅢ여〈어록 초 : 1〉, 흔ᄢᅴ〈권념 : 8〉, 어느 ᄢᅴ〈두시 중3 : 37〉

3. 근대국어 음운사 연구의 방향

3.1. 음변화와 음운변화

국어사적 연구는 국어학의 제 층위에서 일어나는 변화를 연구하는 일이 주된 임무이다. 그러므로 근대국어에 대한 음운사적 연구도 시간의 축 위에서 변화하는 말소리나 음운의 변화 과정을 연구하는 것이 주된 일이 된다. 이러한 작업을 수행하기 위해서는 시간의 축 위에서 해당하는 시기의 특정 현상의 양상이나 특성을 그 이전 시기나 이후 시기와 대비할 필요가 있다. 이러한 관점에서 근대국어에 대한 음운사적 연구도 후기 중세국어의 연장선에서 수행될 수 있으며, 근대국어에 대한 작업의 결과가 현대국어로 계승되는 양상이나 특성에 대한 연구를 수행할 수 있다. 그러나 국어사의 많은 연구들이 일정한 시점에서 몇몇 문헌을 대상으로 공시적인 연구를 하는 양상을 띤다. 물론 모든 역사적 연구가 통시적인 연구만 할 필연적인 이유는 없겠지만, 변화의 과정을 보여주지 못한다면 통시적인 의미를 찾기가 쉽지 않다는 점에서 음운사 연구는 시간의 축 위에서 그 이전이나 이후 시기와 양적·질적인 대비를 통하여 변화의 과정과 특성을 논의하는 것이 필요하다.

국어 음운에 대한 통시적 연구는 음변화sound change로부터 시작된다. 어떤 음운의 변이음 역을 검토하고 그 변이음 역을 바탕으로 그 음이 속한 음소들의 대립을 통하여 음운체계를 수립하게 된다. 음운체계는 음운현상의 바탕이 되므로 음운현상은 음운체계에서 음소들이 갖는 대립관계를 통하여 설명하는 것이 자연스럽다. 그러므로 어떤 음소가 인접한 다른 음소로 변화한다는 것은 그 변이음 역의 변화로 인하여 해당 음성형이 속한 음소들의 대립관계가 변화하는 현상이라고 할 수 있다. 이러한 현상의 예로 치조 위치에서 조음되던 'ㅈ'이 경구개 위치로 이동함으로써, 자음체계에서 치조음이었던 'ㅈ'이 근대국어 시기에 구개음으로 조음 위치를 이동한 현상을 들 수 있다. 여기에서 'ㅈ'이 후기 중세국어 시기에 치조음이라고 하는 것은 모든 음소가 반드시 치조 위치에서 조음되었다고 하는 것은 아니어서 치조 부위가 아닌 위치에서 조음되던 변이음도 있을 가능성이 열려 있는 것이다. 그러므로 15세기 자음체계에서 'ㅈ'이 치조음이라고 하더라도 'ㅈ'의 변이음으로서 구개음이나 치조구개음이 있을 수 있다고 할 수 있다.

15세기 자음체계에서 치조음이던 'ㅈ'이 근대국어에서는 조음 위치가 구개음으로 이동되었다고 할 때에도 마찬가지이다. 구개음화가 일어나는 i나 y 앞에서 'ㅈ'의 변이음이 구개음으로 실현되고 있었다면 ㄷ개음화가 일어날 수 있으므로 'ㅈ'의 모든 변이음이 구개 위치에서 실현되었는지 여부는 별도로 논의되어야 한다. 가령 남부 방언을 반영한 문헌에서는 16세기 중기, 중부 방언을 반영한 문헌에서는 17세기 후기(또는 17, 8세기 교체기)에 ㄷ구개음화의 용례가 나타나는데, 이 경우 'ㅈ'이 중앙어와 달리 모든 변이음이 구개음으로 실현되고 있었는지는 ㄷ구개음화와 별도로 논의되어야 할 것이다. 왜냐하면 구개음화가 일어날 수 있는 조건은 구개음으로 실현되는 'ㅈ'이 있어야 한다는 말이지 모든 'ㅈ'이 구개음으로 실현되어야 함을 말하는 것은 아니기 때문이다. 이런 점에서 특정의 음운현상이 일어나기 위해 해당 규칙의 출력부로 산출되는 음이 실현될 수 있는 조건은 추상적인 음소가 아니라 구체적으로 실현되는 음성형임을 분명히 할 필요가 있다.

이와 관련하여 15세기의 자음체계에서 치조음이던 'ㅈ'이 근대국어에 구개음으로 조음 위치가 이동했다고 할 때에 'ㅈ'이 실현되는 변이음을 대상으로 주 변이음을 구개음으로 잡을 수 있는 상태가 되었는지는 'ㅈ'의 변이음들에 대한 검토가 이루어진 이후에 가능하다. 그러나 지금까지의 논의로 보아서는 중앙어에 있어서도 ㄷ구개음화가 시작되는 17세기 후기(또는 17·8세기 교체기)에 'ㅈ'의 모든 변이음이 구개 위치에서 실현되었는지는 확인되지 않고 있다.16) 16,7세기에 주로 일어나는 'ㅈ' 뒤에서의 'ㅑ, ㅕ, ㅛ, ㅠ'가 수의적으로 'ㅏ, ㅓ, ㅗ, ㅜ'로 되는 현상은 y 탈락 현상으로서, y를 선행하는 'ㅈ'에 한정된 변이음뿐이어서 'ㅈ'이 구개음으로 실현되었다고 하는 주장의 필요·충분 조건을 갖추지는 못하기 때문이다. 오히려 'ㅈ' 다음에 'ㅏ, ㅓ, ㅗ, ㅜ'가 'ㅑ, ㅕ, ㅛ, ㅠ'로 되는 현상을 통하여 'ㅏ, ㅓ, ㅗ, ㅜ' 앞에서도 'ㅈ'이 구개음으로 실현되는 수의적인 현상이 있었다고 본다면 자음체계에서 'ㅈ'을 구개 위치에 잡을 수 있을 것이다. 그렇다면 자음체계상에서 'ㅈ'이 구개 위치로 이동하여 체계상의 변화가 일어난 시기는 18세기 이후가 되어야 할 것이다(김주필 1985, 이기문 1998).17)

특정의 음운현상이 일어나기 위한 조건으로서 출력부의 음이 실현될 수 있는 음성이 있어야 하듯이 특정의 현상이 일어나지 못하게 하는 제약도 음소가 아니라 음성형이라는 사실도 명심할 필요가 있다. 예컨대 현대국어에서의 움라우트 현상은 i나 y 앞에서 개재 자음이 하나 이상 있을 때에

---

16) 15세기 자음체계에 'ㅈ'의 경음이 있었느냐 없었느냐의 문제도 이러한 논의와 궤를 같이 한다. 어떤 음운현상이 일어나 그 음운현상의 출력부의 음이 실현되기 위해서는 출력부의 음이 속한 음소가 존재함을 말한다는 기존의 논의에 따르면 15세기에 'ㅈ'의 경음은 존재한다고 해야 타당하다. 15세기에 '마쯔비, 연쯉고, 값낄' 등과 같이 음소들의 통합에서 경음화 현상이 보이므로 15세기 자음체계에 'ㅈ'은 경음이 있었다고 하는 것이 타당하다. 음운론적 단어 내에서 일어나는 이러한 경음화 현상으로 도출된 'ㄲ, ㄸ, ㅆ, ㅃ'이 경음이라면 'ㅉ'도 경음으로 인정하는 것이 타당하기 때문이다. 이러한 경음화의 결과도 자음체계에 'ㅈ'의 경음을 인정하지 않는다면 어떠한 과정을 통하여 'ㅈ'의 경음이 음소로 설정되기에 이르는가가 논의되어야 할 것이다.

17) 'ㅈ' 뒤에서 'ㅏ, ㅓ, ㅗ, ㅜ'가 'ㅑ, ㅕ, ㅛ, ㅠ'로 교체되는 현상에 덧붙여, ㄷ구개음화가 널리 확산된 이후에 나타나는 '죄>되, 슌종>슌둉, 주려 죽으리>듀려 둑으리' 등의 과도교정 현상도 'ㅗ나 ㅜ' 앞에서 'ㅈ'이 구개음으로 실현되고 있었음을 보여주는 근거로 삼을 수 있다. 이 과도교정에서는 'ㅈ=ㄷ+y'라는 등식을 통하여 원래의 'ㅈ'을 'ㄷ+y'로 대체하고 있으며, 'ㄷ+y'는 구개음 'ㅈ'으로 보아야 하기 때문이다.

선행하는 후설모음이 해당 높이의 전설모음으로 되는 현상으로서 개재 자음이 구개음인 경우에는 일어나지 않는 특징을 보인다(최명옥 1989). 여기에서 구개음이라 함은 음성형으로서의 구개음을 말하는 것이지 음소로서의 구개음을 말하는 것이 아니다. 왜냐하면 국어에서 'ㄹ'은 음절초에서는 [r]로, 음절말에서는 [l]로 실현되며, '달리다'과 같이 'ㄹ'이 둘 겹치는 'ㄹㄹ'의 경우 그 뒤에 i나 y가 오면 구개음 [ʎ]로 실현된다. 이러한 변이음 가운데 'ㄹ'이 하나만 와서 개재 자음이 [r]인 경우에는 움라우트가 일어나지만, 구개음 [ʎ]이 오는 경우에는 움라우트가 일어나지 않는 제약이 있다. 이러한 제약으로 인하여 움라우트 현상에서 동화주인 {i, y}와 피동화음인 선행 음절의 모음 사이에 구개음이 개재하는 경우에 움라우트 현상이 일어나지 않는다고 할 때, 개재자음이 설음 'ㄹ'의 경우 [+high, −back]의 자질을 갖는 변이음으로서의 [ʎ]인 경우에 한해 움라우트가 일어나지 않으므로 음운현상의 제약으로 작용하는 요소도 음소가 아니라 음성형임이 분명하다.

　이러한 논의는 근대국어 시기에 일어나는 이른바 움라우트 현상이 반드시 'ㅔ, ㅐ, ㅚ, ㅟ'가 단모음화되었음을 보여주는 근거로 삼을 수 없음을 말해준다. 물론 해당 용례가 보이는 시기에 'ㅔ, ㅐ, ㅚ, ㅟ'가 단모음화되어 있었다면 움라우트 현상이 일어날 수 있는 조건을 갖추었다고 할 수 있지만, 움라우트가 일어난다고 하여 'ㅔ, ㅐ, ㅚ, ㅟ'가 단모음화되었다고 주장할 수는 없다는 말이 된다. 움라우트가 일어나던 시기에 'ㅔ, ㅐ, ㅚ, ㅟ'가 어떤 음소의 변이음이었을 수도 있고, 당시에 존재하던 하향이중모음이었을 가능성도 있으며, 그것도 아니면 'ㅔ, ㅐ, ㅚ, ㅟ'가 단모음화하는 과정에 있던 제3의 음성형이었을 가능성도 배제할 수 없기 때문이다. 다시 말해 움라우트가 일어나는 것과 'ㅐ, ㅔ, ㅚ, ㅟ'가 단모음화하는 과정은 별개의 현상이라는 것이다.

이상의 논의와 같이, 애초에 음소의 교체로 시작되는 변화가 없는 것은 아니겠으나, 통시적 연구에서는 일차적으로 음성 실현에 대하여 관심을 가질 필요가 있다. 음운변화는 미미한 음성형의 변화로 시작하여 해당 음성형의 변이음 역이 달라지면 해당 음성형의 변화를 화자들이 인식하는 단계에 이르게 될 것이다. 화자들이 음성형에 일어나는 변화를 인식한다는 것은 화자들이 변이음 역의 변화를 바탕으로 해당 음성형이 인접한 다른 음소(또는 그 변이음)와 새로운 대립관계를 형성하게 되었음을 인식함을 의미하는 바, 이 단계에 이르면 해당 변이음이 속한 음소가 다른 음소들과 갖는 관계를 통하여 음소의 교체를 유발하여 음운변화라는 결과로 이어질 수 있는 것으로 생각된다.

3.2. 음운변화의 발생, 과정, 완성

음운사 연구는 음운변화의 과정, 즉 해당 음운변화가 언제 일어나, 어떠한 과정을 거쳐 언제 완성되는가를 밝히는 것이 주된 임무 중의 하나이다. 대부분의 음운변화가 특정 시기에 시작되어 일정한 변화의 과정을 거쳐 특정 시기가 되면 완성된다. 그러나 문헌의 표기를 대상으로 연구할 때 문헌상의 여러 가지 제약으로 변화의 과정은 어느 정도 확인할 수 있으나 그 시작과 완성의 시기를 알기 어렵다.

통시적인 관점에서의 언어 변화는 공시적 언어 변이형variation의 사용과 그 성격이 유사한 측면이 있다. 통시적인 변화는 관습적으로 사용해 오던 형태에서 벗어난 공시적인 변이형이 시간의 흐름에 따라 변화를 보이는 현상이다. 공시적인 변이형은 대체로 교육 받지 못하였거나 사회에서 인정

받지 못하는 계층, 즉 하류층의 한 하위 집단에 소속된 한 개인어로 사용
되기 시작하여 점차 확산되는 것으로 추정된다. 이러한 변이형의 사용은
화자도 모르는 사이에 무의식적으로 사용되는 것이 일반적이어서 이러한
공시적 변이형의 사용에 의한 변화를 Labov(1972)에서는 '의식 아래에서
의 변화change from under'라고 하였다. 이렇게 한 하위 집단의 개인에
게서 비롯된 변이형의 사용은 사회적 교류를 통하여 같은 집단의 다른 화
자들, 나아가 이웃 집단의 화자들에도 영향을 미치게 되어 변이형의 사용
이 확산되어 간다. 그리하여 일정한 시점에 이르면 사회에서 용인받지 못
하는 이들 변이형에 해당 변이형을 사용하는 화자나 화자가 속한 집단의
표지marker로 간주하여 해당 변이형의 사용에 의식적인 반응을 보이게
된다고 한다. 대체로 변이형은 하위층에서 사용되기 시작되기 때문에 해당
변이형에 대한 가치 판단은 대체로 부정적이어서 해당 변이형을 사용하지
않으려 하거나 원래 형태로 되돌리려는 움직임이 일어나게 되는데, 이 단
계에서 과도한 교정 현상이 일어나기도 한다는 것이다. Labov(1972)에서
는 이와 같이 사용되는 변이형을 원래의 형태로 되돌리려는 노력이 과도하
게 적용되어 일어나 원래 사용되어 오던 바람직한 언어 형태를 과도로 교정
하는 현상을 '과도교정 현상hypercorrection'이라 하고, 과도교정 현상과
같은 언어 변화를 '의식 위에서의 변화change from above'라고 하였다.18)

　　이러한 변이형에 대한 접근 방법이나 과도교정에 대한 이해는 통시적인
변화를 설명하는 데에 상당히 유용하다. 특히 과도교정은 음운변화에 대
한 화자들의 인식을 바탕으로 해당 음운변화가 진행 중에 있다는 심리적

---

18) 남부 방언에서 구개음화가 먼저 일어나 확산되는 과정에서 남부 방언 화자들이 중앙어
　　를 의식하여 과도교정을 하였다 하더라도 과도교정은 구개음화의 확산에 대한 부정적
　　인 가치 판단에서 비롯되는 현상이라 할 수 있다.

인 실재를 보여줄 뿐만 아니라 음운변화와 상호작용하면서 음운변화의 방향을 보여준다는 점에서 중시될 필요가 있다. ㄷ구개음화의 경우 근대국어 시기의 문헌에서 i나 y 앞의 'ㄷ'이 'ㅈ'으로 교체되는 구개음화 현상과 동일한 환경에서 'ㅈ'이 'ㄷ'으로 교체되는 예들도 보인다. 이 예들은 구개음화와 그 입력부와 출력부의 음이 상반되기는 하지만, 교체가 일어나는 환경이 동일하다. 그러므로 'ㄷ'이 'ㅈ'으로 교체되는 현상을 구개음화라고 한다면 그 반대의 교체를 보이는 현상은 과도교정 현상이라 할 수 있다. 이러한 과도교정의 예들은 구개음화의 예들과 거의 같은 시기에 나타나는데, 방언에 따라서는 과도교정의 예들이 더 이른 시기에 나타나기도 한다. 그러므로 과도교정의 예들이 나타나면 구개음화가 완성되었다고 한 기존의 주장은 사실에 부합되지 않음을 보여준다.

중앙어를 반영한 문헌에 나타나는 구개음화와 과도교정의 예들은 다음과 같은 순서로 진행된다. 먼저 ㄷ구개음화는 "1) 17세기 후기(또는 17·8세기 교체기)에 음운론적 단어의 비어두음절에서 나타난다. 2) 18세기 전기에 형태소 경계에서 나타난다. 3) 18세기 전반기에 음운론적 단어의 어두음절에서 나타난다. 4) 18세기 중반기에 크게 확산된다. 5) 18~9세기 교체기에 이르면 대부분의 환경에서 구개음화된 형태로 나타난다. 이와 달리 과도교정의 경우에는 1) 17세기 후반기에 주로 음운론적 단어의 어두음절에서 예들이 나타난다. 2) 18세기 전기에는 어두음절과 비어두음절에 모두 나타나며 ㄷ구개음화의 예들보다 다소 빈번하게 나타나는 경향을 보인다. 3) 18세기 중반기에 이르면 구개음화된 예들의 빈도에 비해 과도교정은 현저하게 줄어든다. 4) 18세기 후기로 갈수록 구개음화는 점차 줄어들고 18·9세기 교체기에 이르면 과도교정은 거의 나타나 구개음화 현상은 과도교정 현상과 상호작용하면서 진행된다(Kim 2001).

　과도교정과 구개음화 규칙은 교체를 유발하는 환경이 {i, y}라는 공통점 위에서, 각 규칙의 입력부와 출력부에서 교체되는 음이 상반된다는 차이를 활용하고 있기 때문에 유추 작용으로 일어난 현상이라고 할 수 없다. 또한 과도교정은 구개음화를 거부하는 방향으로 일어나기 때문에 구개음화가 확산되고 있던 남부 방언의 차용이라고 할 수도 없다. 과도교정은 교체되는 음과 교체를 유발하는 환경인 {i, y}의 통합관계를 바탕으로, [+high, -back]인 'ㅈ'과 [-high, -back]인 'ㄷ'의 대립관계를 이용한다. 과도교정의 입력부는 구개음화의 출력부의 음과 갖는 계열 관계에 의해서 결정되고, {i, y}와의 통합관계에 의해서 교체가 조건화된다. 그러므로 과도교정은 구개음화 규칙을 전제로 하여 성립된다. 그럼에도 불구하고 17, 8세기 문헌에는 과도교정의 예들이 구개음화의 예들과 같은 시기에 나타나거나 오히려 더 이른 시기에 나타나 이러한 전제 조건과 맞지 않는 문제가 발생한다. 이러한 문제는 표기를 하는 과정에서 의식적으로 구개음화된 형태에 대한 표기를 차단하였기 때문에 나타난 것으로 이해된다. 그리하여 한편으로는 구개음화에 대한 거부 의식으로 구개음화된 형태에 대한 표기를 차단하고, 다른 한편으로는 구개음으로 실현되던 형태들을 과도교정하는 현상으로 나타난 것으로 이해된다. 이런 점에서 과도교정 현상은 구개음화 규칙이 이미 화자들에게 내재화되어 있음을 말해주는 규칙인 동시에, 구개음화가 일어나고 있었다는 심리적 실재를 보여주는 근거로 간주된다.

　이러한 관점에서 문헌을 통한 음운사적 연구는 표기에 상당한 제약을 받을 수밖에 없음을 인정하지 않을 수 없다. 음운변화에 대한 연구는 문헌을 통하여 접근할 수밖에 없기 때문에 문헌을 통한 국어 음운사 연구에서는 문헌에 나타나는 예들의 확산 정도를 통하여 그 변화의 대체적인 과정은 알 수 있지만, 구개음화가 언제 어떻게, 왜 시작되었는지 규명하기 어려운 것이다. 이와 마찬가지로 문헌의 표기를 통하여 접근할 수밖에 없는 음운사 연구에서는 음운변화의 완성 시기도 알기 어렵다. 한 예로 19세기에도 구개음화되지 않은 예들이 나타날 때 이 예들은 해당 단어나 형태소의 기저형이 음운변화가 일어난 형태로 바뀌었다고 할 수 있는지 그렇지 않은지를 판단하기 쉽지 않고 이와 함께 동일한 환경에 있는 모든 단어나 형태소도 음운변화가 일어난 형태로 기저형이 바뀌었는지를 판단하기는 더욱 어려운 것이다. 이런 점에서 어떤 음운변화가 언제, 어떻게, 왜 발생하였는지, 또한 언제 무엇을 근거로 완성되었다고 할 수 있는지에 대해서도 연구가 이루어져야 하겠지만, 현실적으로 문헌을 통하여 관찰할 수 있는 음운변화의 시작이나 완성 시기보다는 그 과정에 대한 연구를 우선시할 필요가 있다고 생각된다.

3.3. 음운변화 과정의 패턴

3.3.1. 방법: 음운변화의 과정을 알기 위해서는 동질적인 문헌이 확보되어야 한다. 동질적이라 함은 언어 사용자의 지역적, 사회적 성격이 같은 문헌 부류를 시기에 따라 변화를 관찰할 수 있어야 함을 의미한다. 이러한 기준에 따라 동질적인 문헌 부류를 충분히 확보하는 것은 현실적으로 불가능하다. 이에 대한 차선책으로 사역원 간행의 역학서를 생각해 볼 수 있다. 사역원의 역학서는 역학자들이 언해하여 편찬하였다는 점에서 일정한 한계 내에서는 동질적인 부류의 문헌으로 볼 수 있을 것이다. 사역원 간행의 문헌들은 다시 한학서, 왜학서, 청몽학서 등으로 나누어 비교할 수도 있다. 국어사 문헌 가운데 상대적으로 보다 동질적인 이러한 부류의 언어 현상에 대한 검토가 이루어지면, 점차 왕실 문헌, 유서류, 불서류, 자석류,

소설류, 역사서류 등으로 세분화하여 음운변화의 변화 과정을 역학서와 대비하여 음운변화의 패턴을 탐색해 나갈 필요가 있다.

음운변화의 패턴을 파악하기 위해 김주필(2005, 2006, 2007)에서는 해당 음운변화와 관련되는 예들의 빈도를 다음의 방법과 순서로 추출하여 그 빈도의 변화 양상을 검토하였다. 1)대상 문헌의 자료를 '한글97'의 형식으로 입력한다. 2)구개음화와 원순모음화의 환경에 있는 모든 어절을 ①변화 유형, ②어휘 특성, ③동화주, ④음절 위치 등의 환경으로 나누어 해당 문자열이 포함된 용례를 추출한다. 3)용례는 국립국어원에서 사전 편찬을 위해 개발한 문자열 검색 프로그램(hgrep97.exe)을 이용하여 어절 단위로 추출한다. 4)분류 번호를 표제어 앞에 숫자로 써서 분류 번호, 표제어, 용례 등을 기입한 다음 그것을 엑셀Excel 프로그램의 필드로 각각 전환하여 유형별로 용례를 정리한다. 5)엑셀에서 필요한 예들을 추출하여 계량화하여 음운현상과 문헌별로 대비한다.

3.3.2. 구개음화 : 사역원의 왜학서에 나타난 구개음화 예들의 빈도는 다음과 같다.

(6) 왜학서류 문헌의 ㄷ구개음화

	전 체	고유어	고유어 어휘		고유어 문법		한자음
			어두	비어두	형태소 경 계	문법	
『捷解新語』 (1676)	0.85% 3/355	0.97% 3/308	1.18% 1/85	2.13% 1/47	0% 0/141	2.86% 1/35	0% 0/38
『改捷』 (1748)	71.15% 296/416	72.33% 251/347	47.47% 47/99	71.15% 37/52	56.90% 33/58	97.10% 134/138	65.22% 45/69
『重捷』 (1781)	76.29% 222/291	78.89% 198/251	64.47% 49/76	68.57% 24/35	100% 4/4	93.64% 221/236	60% 24/40

	전 체	고유어	고유어 어휘		고유어 문법		한자음
			어두	비어두	형태소 경 계	문법	
『倭語類解』 (1780년대)	61.87% 232/375	88.16% 67/76	90.48% 19/21	87.50% 42/48	80% 4/5	100% 2/2	55.18% 165/299
『隣語大方』 (1790)	99.38% 482/485	99.78% 443/444	99.28% 137/138	100% 44/44	100% 167/167	100% 95/95	95.12% 39/41

사역원 간행의 왜학서에 나타난 구개음화 예들의 빈도가 후대로 갈수록 높아지는 경향을 보인다. 『捷解첩해』 0.85%, 『改捷개첩』 71.15%, 『重捷중첩』 76.29%, 『倭語왜어』 61.87%, 『隣語인어』 99.38%로서, 『왜어』를 제외하면 후대의 문헌일수록 그 빈도가 높으며, 특히 『개첩』에서 구개음화 예들의 빈도가 급격하게 높아지는 특성을 보여준다. 『왜어』는 거의 같은 시기에 간행된 『중첩』은 물론, 『개첩』보다도 낮은 빈도로 나타났다. 대화체의 구어투 문장으로 된 다른 문헌과 달리, 『왜어』는 간단한 한자어를 풀이한 어휘집으로서 한자어가 유독 많지만 한자음에서 구개음화 규칙이 적용된 예들이 상대적으로 적기 때문이기도 하겠으나, 『왜어』가 더 이른 시기의 판본을 바탕으로 중간되었을 가능성도 배제할 수 없다.

고유어의 구개음화 예들의 시간의 흐름에 따라 빈도도 높아지는 특성을 보여준다. 『첩해』 0.97%에서 시작하여 『인어』에 이르면 99.78%의 빈도를 보여주는 것이다. 전체적으로 보아 구개음화의 빈도가 『첩해』에서는 1%도 되지 않았으나 『개첩』에서 급격하게 증가한 이후 일반화되는 양상을 보여준다. 이러한 양상은 사역원 간행의 한학서나 왕실 문헌에서도 나타나던 특성으로, 이러한 확산의 과정은 시간의 축 선상에 그래프를 그린다면 『첩해』와 『개첩』 사이에 급경사가 생기는 S자 곡선이 된다. 처음에는 미미하던 상태가 일정 시점이 지나면 급격하게 증가하고 그 이후에 일반화되는 변화의 이러한 특성은 문법형태소와 형태소 경계에서도 확인된다.[19) 다음은 사역원 간행의 한학서에 나타난 구개음화 빈도를 정리한 것이다.

(7) 한학서류 문헌의 ㄷ구개음화

	전 체	고유어	고유어 어휘		고유어 문법		한자음
			어두	비어두	형태소 경 계	문법	
『오륜전비』 (1721)	0.20% 6/2988	0.21% 6/2924	0% 0/291	0.69% 2/291	0% 0/29	0.21% 3/1402	0% 0/64
『박 신』 (1764)	51.66% 623/1206	52.30% 591/1130	16.93% 96/567	77.98% 131/168	83.33% 30/36	93.04% 334/359	42.11% 32/76
『중 노』 (1795)	96.92% 786/811	99.20% 747/753	98.64% 362/367	99.15% 117/118	100% 3/3	100% 265/265	67.24% 39/58

한학서에서도 왜학서와 같이 후대로 갈수록 빈도가 높아지는 경향을 보인다. 그런데 이들 두 부류의 문헌에서는 구개음화의 빈도가 동일한 변화 경향을 보이면서도 같은 시기로 놓고 빈도를 비교하면 구개음화 빈도는 한학서보다 왜학서가 전체적으로 높게 나타난다. 다시 말해 구개음화 예들의 빈도가 『五倫全備諺解오륜전비언해』보다 『첩해』가, 『박신』보다 『개첩』이, 『중노』보다 『인어』가 높은 빈도를 보이는 것이다. 이러한 빈도의 차이는 한자음, 고유어, 어휘형태소, 문법형태소, 형태소 경계 등 모든 환경에서 유사하게 나타난다. 이러한 빈도 차이는 결국 왜학서에 반영된 언어에

___

19) 형태소 경계나 문법형태소에서의 구개음화 빈도는 형태소의 특성이나 수에 따라 변화가 많은 것으로 나타난다. 그러나 형태소 경계와 문법형태소의 예를 합하면, 『첩해』 0.57%(1/176회), 『개첩』 56.42%(167/276회), 『중첩』 93.75%(225/240회), 『왜어』 85.71% (6/7회), 『인어』 100%(262/262회)로서 역시 어휘 수가 적은 『왜어』를 제외하면 후기로 갈수록 높은 빈도를 보이며, 0.57%의 『첩해』와 56.42%의 『개첩』 사이에서 급격하게 높아져 형태소 경계와 문법형태소에서도 대체적으로 S자 곡선의 변화를 보인다.

서 한학서에서보다 구개음화가 빨리 확산되어 나타난다고 할 수 있다.

3.3.3. 원순모음화 : 왜학서에 나타난 '—>ㅜ' 변화 예들의 빈도를 정리하면 다음과 같다.

(8) 왜학서류의 '—>ㅜ' 변화

	전 체	고유어	고유어 어휘		고유어 문법		한자음
			어두	비어두	형태소 경계	문법	
『첩해신어』 (1676)	3.96% 9/227	3.74% 8/214	12.07% 7/58	1.69% 1/59	0% 0/69	0% 0/28	7.69% 1/13
『개첩』 (1748)	57.29% 110/192	57.61% 106/184	65.57% 40/61	45.45% 15/33	47.27% 26/55	71.43% 25/35	50% 4/8
『중첩』 (1781)	75.95% 60/79	76% 57/75	76.92% 20/26	76.92% 10/13	33.33% 2/6	83.33% 25/30	75% 3/4
『왜어유해』 (1780년대)	71.54% 88/123	63.16% 60/95	88% 44/50	37.93% 11/29	21.43% 3/14	100% 2/2	100% 28/28
『인어대방』 (1790)	94.81% 128/135	94.74% 126/133	100% 71/71	100% 26/26	46.15% 6/13	100% 23/23	100% 2/2

　왜학서의 '—>ㅜ' 변화도 후대로 갈수록 빈도가 높아져 '—>ㅜ' 변화가 시간의 흐름에 따라 점차 확산되는 경향을 보여준다. 『첩해』 3.96%, 『개첩』 57.29%, 『중첩』 75.95%, 『왜어』 75.54%, 『인어』 94.81%로서, 『중첩』과 『왜어』가 거의 같은 시기에 간행된 것을 고려하면 '—>ㅜ' 변화 예들의 빈도가 후대로 갈수록 높아지는 것이다. 여기에서도 『改捷』에 급격하게 확산된 이후 일반화되는 패턴을 보여준다. 말하자면 '—>ㅜ' 변화도 구개음화의 경우처럼 일정 시점에 이르러 급경사를 이룬 다음 일반화되는 S자 곡선의 변화를 보이는 것이다. 왜학서에서는 고유어에서도 '—>ㅜ' 현상

이 후대로 갈수록 높아지는 경향을 보여준다. 『첩해』 3.74%, 『개첩』 57.61%, 『중첩』 76%, 『왜어』 63.16%, 『인어』 94.74%로서, 『왜어』를 제외하면 시간의 흐름에 따라 빈도가 높아지는 특성을 보여주는 것이다. 여기에서 도 『왜어』는 어휘형태소의 비어두음절에서 빈도가 낮아 다소 이질적인 특 성을 보여준다. 어휘형태소의 어두음절에서는 『첩해』 12.07%, 『개첩』 65.57%, 『중첩』 76.92%, 『왜어』 88.00%, 『인어』 100%로서 후기로 갈 수록 빈도가 높아지지만,20) 비어두음절에서는 『첩해』 1.69%, 『개첩』 45.45%, 『중첩』 76.92%, 『왜어』 37.93%, 『인어』 100%로서 『왜어』에서 특별히 낮은 상태로 나타나기 때문이다.21)

다음은 사역원 간행의 한학서에 나타난 '一>ㅜ' 변화에 대한 조사 결과이다.

(9) 한학서의 '一>ㅜ' 변화 빈도

	전 체	고유어	고유어 어휘		고유어 문법		한자음
			어두	비어두	형태소 경 계	문법	
『오륜전비』 (1721)	17.68% 125/707	17.68% 125/707	23.33% 101/433	5.71% 10/175	8.16% 4/49	19.61% 10/51	0% 0/0
『박 신』 (1764)	40.48% 187/462	40.09% 184/459	59.84% 149/249	14.29% 18/126	7.14% 5/70	85.71% 12/14	100% 3/3
『중 노』 (1795)	10.96% 48/438	10.80% 47/435	14.36% 28/195	10.65% 18/169	0% 0/14	1.75% 1/57	33.33% 1/3

---

20) 이러한 특성은 형태소 경계와 문법형태소에서도 마찬가지이다. 즉 간행 순서에 따라 이 들 문헌은 각각 2.44%, 56.67%, 75.00%, 31.25%, 80.56%로 나타나기 때문이다.

21) 고유어에서도 『첩해』에서 후대로 갈수록 확산되는 경향을 보여준다. 여기에서도 『왜어』 에 다소 이질적인 특성이 발견되기는 하지만, 전체적으로 『첩해』의 낮은 빈도가 『개첩』 에서 급격하게 높아지고 『인어』에서 일반화되어 구개음화에서와 같은 S자 곡선을 그리 는 것이다. 그러나 왜학서들의 이러한 '一>ㅜ' 변화의 과정은 한학서에서와 차이가 있다.

한학서에 나타나는 'ㅡ>ㅜ' 변화의 빈도는 왜학서보다 전반적으로 낮은 비율을 보여준다. 한학서에서는 'ㅡ>ㅜ' 변화가 50%를 넘는 경우가 거의 없으며, 그 빈도도 후대로 갈수록 높아지는 것이 아니다. 『오륜전비』의 17.68% 상태는 『박신』에서는 40.48%로 높아지지만, 『중노』에서는 오히려 떨어져 10.96%로 나타나기 때문이다. 다시 말하면 한학서들의 'ㅡ>ㅜ' 변화는 왜학서에서처럼 S자 곡선의 변화를 보이지 않는 것이다. 이와 같이 한학서와 달리 왜학서의 'ㅡ>ㅜ' 변화는 구개음화의 경우와 같은 S자 곡선의 변화를 보여준다.[22]

(10) 왜학서와 한학서의 ㄷ구개음화 변화

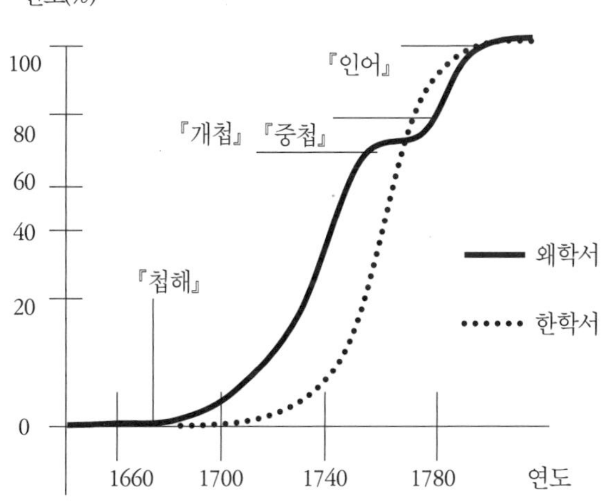

---

22) 이러한 변화의 특성은 고유어 어휘형태소의 어두음절, 비어두음절에도 적용된다.

(11) 왜학서와 한학서의 '一>ㅜ' 변화

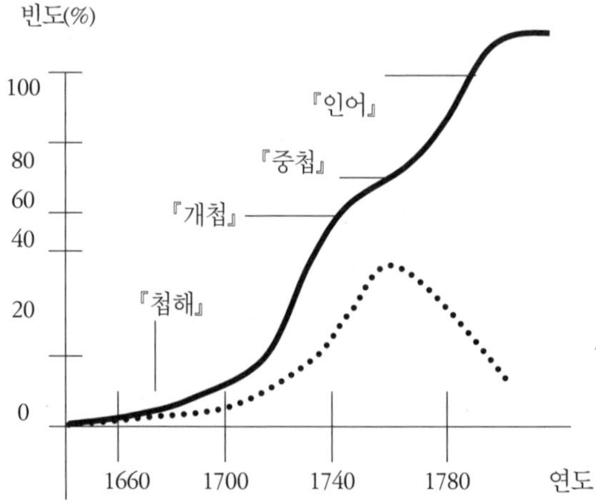

3.3.4. 해석 : 왜학서와 한학서의 구개음화, 왜학서의 '一>ㅜ' 변화의 확산 상태를 보여주는 S자 곡선은 현대 서구의 사회계층에 따른 변이형의 사용 빈도를 보여주는 S자 곡선과 유사하다. 다시 말해 이들 S자 곡선은 서구의 사회언어학에서 중중층, 중하층, 하상층, 하중층, 하하층에서 사용되는 변이형의 빈도 곡선과 유사한 S자 패턴을 보여주는 것이다. 변이형을 거의 사용하지 않는 중중층에서부터 변이형을 가장 많이 사용하는 하하층에 이르기까지 변이형의 사용 빈도를 선으로 이으면 나타나는 S자 곡선(Trudgill, 1974)은, 중류층에서 하류층으로 갈수록, 이들 각 계층에서도 상층에서 하층으로 갈수록 빈도가 높아지는 경향을 보일 뿐 아니라, 중하층에서 하상층 사이에 급경사를 이룸으로써, 변이형 사용의 공시적인 분포가 왜학서의 구개음화와 원순모음화가 확산되는 패턴과 유사하게 나타나는 것이다.

S자 곡선의 변화 패턴은 언어 변이형에 대해 중류층과 하류층이 갖는

인식이나 태도를 반영하는 것으로 해석된다(Labov 1972). 이러한 관점에서 사회언어학에 말하는 S자 곡선과 우리의 왜학서류에 나타나는 S자 곡선은 다소간의 차이를 보여주는 것이 사실이다. 사회에서 인정받는 언어형이 아닌 변이형의 사용 빈도가 하류층에서 높은 이유는 사회에서 용인되는 언어형을 따르고자 하는 태도가 개입되지 않은 데에 기인하는 현상으로서, 이러한 하류층의 언어 사용이 무의식적인 언어 변화를 주도하는 것이다(Labov, 1972). 그러나 왜학서나 한학서의 S자 곡선은 사회계층의 공시적인 변이형의 사용 상태가 아니라 시간의 흐름에 따른 통시적인 변화형의 사용 분포를 나타낸다. 그러므로 변이형 사용의 빈도가 일정한 시점에서 급격하게 확산되는 왜학서나 한학서의 S자 곡선에서 급격한 경사를 보이는 문헌의 시점을 변이형이 사회에서 용인되는 형태로 인식되는 단계를 말해주는 것으로 이해한다면, 사회에서 용인받지 못하는 변이형의 사용에 대한 중류층의 인식과 음운변화로 인해 생긴 변화형의 사용에 대한 국어사 화자들의 인식 사이에 유사한 특성을 발견할 수 있다. 무의식적인 언어 변화가 의식의 위로 드러나는 언어적 현상이 과도교정이라면, S자 곡선에서의 급경사는 해당 변화형을 사회에서 널리 용인하게 되는 인식의 시점이나 단계를 말해주는 것으로 이해되는 것이다.

이러한 관점에서 구개음화와 원순모음화의 S자 곡선과 현대 서구 사회의 계층에 따른 언어 변이형 사용의 S자 곡선 사이에서 드러나는 유사성은 통시적인 변화형의 출현과 공시적인 변이형의 사용이 모두 사회에서 용인 받지 못하는 형태들에 대한 사회적 인식을 바탕으로 한다는 것이다. 이러한 공통성을 기반으로 문헌을 바탕으로 하는 국어 음운변화의 과정에 대한 설명을 하는 데에 공시적인 변이형의 사용에 대한 사회언어학적 접근이 가능하다. 이들 S자 곡선에서 급경사를 이루는 양 끝 지점이, 통시적인 변화형이나 공시적인 변이형에 대한 화자들의 태도나 인식의 차이를 드러내는 지점으로서, 통시적 변화에서는 화자들이 해당 변화를 사회적으로 용인하는 시점을, 공시적 변이형의 분포에서는 변이형을 용인하는 화자들의 계층적 위치를 드러내는 분기점으로 이해할 수 있기 때문이다.

이러한 관점에서 공시적 변이형의 분포에 대한 사회언어학적 접근 방법은 음운변화의 과정에도 적용할 수 있다. 사회계층에 따른 변이형의 사용 분포가 보여주는 S자 곡선의 특성은 근대국어의 음운변화에서 시간의 축 선상에서 유사한 S자 곡선을 보여주기도 하기 때문이다. 이러한 유사성을 바탕으로 하면 공시적 변이형의 사용에 대한 사회언어학적 접근 방법은 언어의 통시적 변화를 설명할 수 있는 방법론적 가능성을 열어 준다. 그리하여 동질적인 국어사 문헌을 확보하여 시간의 축 선상에서 해당 음운변화의 추이를 음운론적·형태론적 환경으로 나누어 어휘적으로 확산되는 과정을 계량적으로 검토하면, 국어 음운변화의 과정을 보다 정밀화할 수 있을 뿐만 아니라, 국어 음운변화의 일반성과 특수성을 밝힐 수 있을 것으로 기대된다.

3.4. 음운변화 과정의 정밀화

3.4.1. '·' 변화 : 일반적으로 '·'는 두 단계를 거치며 모음체계에서 사라지는 것으로 간주되어 왔다. 제1단계 변화는 비어두음절 이하에서 일어나는 '·>ㅡ' 변화를, 제2단계 변화는 어두음절에서 일어나는 '·>ㅏ' 변화를 말하는데, 제1단계는 16세기, 제2단계는 18세기 중엽에 완성되는 것으로 주장되어 왔다. 그러나 근대국어 문헌의 표기를 추출해 보면 '·'의 변화에 대한 이러한 주장에 부합되지 않는다.

18세기 중기 자료인 영조 대 필사본 『어제』류 문헌에 나타나는 비어두 음절의 'ㆍ'와 'ㅡ'를 검토해 보면 15세기와는 상당히 다른 특성을 보여준다(김주필 2004). 15세기에는 'ㆍ'와 'ㅡ'가 선행 음절의 모음이 갖는 자질에 따라 [±축]의 조화 현상을 보였지만, 이들 자료에는 선행 자음에 영향을 상당히 받는 것으로 나타났다. 예를 들어 '(X)모음$르/르(Y)' 환경에 있는 총 312회 가운데 '르'가 311회 나타나고 '르'가 1회 나타나는데(게어르게), '르'를 선행하는 음절은 이른바 [+축]의 모음만은 아닌 것이다.23) 이러한 사실은 'ㆍ'와 'ㅡ'가 더 이상 선행 음절의 모음이 갖는 자질에 따라 선택되는 것이 아니라, 직접 선행하는 자음에 영향을 받았을 가능성을 시사한다. 그리하여 대체적인 경향을 조사한 결과 'ㄹ, ㄴ, ㄷ, ㅅ, ㅊ' 등의 중자음인 경우에 'ㆍ'가 많이 사용되며, 전부변자음과 후부변자음인 경우에는 그렇지 않다는 경향을 보이는 것으로 나타났다. 이에 선행하는 자음의 조음 위치에 따라, 후부변자음, 전부변자음, 중자음으로 나누어 [±축] 자질의 조화 현상을 보인다. 'ㆍ'와 'ㅡ'가 각각 'ㅡ'와 'ㆍ'로 교체된 예들을 추출해 본 결과 다음과 같은 경향으로 나타났다.24)

1) 후부변자음25) 뒤 : 'ㆍ'가 여전히 많이 사용되고 있다. 비어두음절에서 'ㆍ>ㅡ' 변화 예들을 나타난다. 문법형태소에서 'ㆍ>ㅡ' 변화의 예들이 많이 보이지만, 어휘형태소에서는 동일한 변화가 주로 'ㅎ' 뒤에서만 보인

---

23) '르'는 총 311회가 선행 모음에 따라 'ㆍ : 30회, ㅏ : 61회, ㅓ : 17회, ㅗ : 24회, ㅜ : 14회, ㅡ : 9회, ㅣ : 111회, ㅑ : 3회, ㅕ : 2회, ㅛ : 5회, ㅠ : 3회, ㅢ : 2회, ㅐ : 5회, ·ㅣ : 9회, ㅖ : 16회'로 나타나 선행 음절의 모음에 별다른 영향을 받지 않는 것으로 나타났다.

24) 아래에 일반화한 설명의 해당 용례와 그에 대한 구체적인 논의는 김주필(2004)[이 책의 제2부 "3. 영조의 『어제』에 나타난 'ㆍ'와 'ㅡ'의 표기와 음성 실현 양상"]를 참조할 것.

25) 'ㅎ'은 [−anterior, +grave] 자질을 갖는 후부변자음이라고 할 수는 없지만 편의상 여기에 넣어 논의한다.

다. 그러나 'ㅡ>·' 변화 예는 보이지 않는다. 어두음절에서는 'ㄱ, ㅋ, ㅎ' 뒤에서 'ㅏ>·' 변화 예가 하나(ᄀᆞᆺ옷) 보인다.

  2) 중자음 뒤 : 어두음절에서 'ㅏ>·' 변화 예('ᄇᆞ람')가, 비어두음절에서 '·>ㅏ' 예(우ᄎᆞᆸ다)가 보인다. 그러나 어두음절에서 '·>ㅏ'의 예는 보이지 않는다. 비어두음절에서는 어휘형태소 내부에서 '·>ㅡ' 예들이 보이지 않지만, 'ㅡ>·' 예들이 보인다. 특히 'ㄹ' 뒤에서는 모두 '·'로 실현되는 특성을 보인다. 문법형태소에서는 복수 접미사가 '-ᄃᆞᆯ>-들'의 2회만 '·>ㅡ' 변화를 보인다. 'ㅡ>·' 예는 상당수 보이며 'ㄹ' 뒤에서는 '게어르-'를 제외하면 예외 없이 모두 '·'로 나타난다. 이와 같이 중자음 뒤에서는 'ㅡ>·' 변화가 많이 보이지만, 'ㅡ>·' 변화는 거의 보이지 않는다.

  3) 전부변자음 뒤 : 어두음절에서는 변화가 없고, 비어두음절에서 '·>ㅏ' 예로 '다만'이 2회 나타난다. 비어두음절에서는 어휘형태소나 문법형태소에서 '·>ㅡ' 예들이 일부 보이지만, 'ㅡ>·' 예들은 보이지 않는다.

  이 자료는 어휘형태소의 어두음절에서 '·>ㅏ' 변화를 거의 보여주지 않는다. 비어두음절에서 'ᄇᆞ룸>ᄇᆞ람'에서 '·>ㅏ' 변화를 보여주지만, '우ᄎᆞᆸ다, ᄣᅢ(時)' 등은 각각 비어두음절과 어두음절에서 'ㅏ>·' 변화를 보여주나 '·>ㅏ' 변화는 보여주지 않는다. 이러한 특징은 이 자료가 '·'의 제2단계 변화가 완성된 것이 아니라 일어나기 시작하는 단계이거나 그 직전의 상태에 있었음을 보여주는 것으로 이해된다.[26] 또한 '·>ㅡ' 변화도 완

---

26) 한영균(1994)에 따르면, 'ㅡ>·' 변화가 후기 중세국어의 자료에도 보이며, 그러한 'ㅡ>·' 변화는 '·>ㅡ' 변화에 대한 역표기가 아니라 실제 음성 층위에서 일어난 변화로 간주되어야 한다고 논의된 바 있다.

성된 것이 아니라 진행 중에 있음을 보여주는 것으로 판단된다.

 이 자료에서는 문법형태소의 '·'와 '一' 변화가 매우 복잡한 양상으로 나타난다. 문법형태소가 위치하는 비어두음절에서 변자음 뒤에서는 '·>一' 변화의 예들만 나타나 '·'의 제1단계 변화를 보여준다. 그러나 중자음 'ㄴ, ㄹ, ㄷ, ㅌ, ㅅ, ㅈ, ㅊ' 뒤에서는 '·>一' 변화를 보이는 예들은 극히 일부일 뿐이고, 대부분의 예들은 '一>·' 변화의 예들로서 '·'의 제1단계 변화와 상반되는 방향의 변화를 보여준다. 어휘형태소에서도 비어두음절에서는 문법형태소와 동일한 방향의 변화가 나타난다. 일부 어휘형태소의 경우 변자음 뒤의 '·>一' 변화를 보이는 예가 보이지만 그 예는 많지 않다. 중자음 뒤에서는 문법형태소와 마찬가지로 '一>·' 변화의 예들이 대부분인데, 그 예 '·>一' 변화의 예보다 상당히 많다. 이러한 '·'와 '一'의 변화를 바탕으로 하면 '·'는 제1단계의 변화에서 비어두음절의 변자음 뒤에서 주로 나타나는 '·>一' 변화와, 중자음 뒤에서 나타나는 '一>·' 변화가 상호작용하면서 진행된 것으로 파악된다.

 이와 같은 방법으로 정조의 『윤음』(1780년~1799년)에 나타나는 '·'를 검토해 보아도, '·'가 비음운화되었다고 할 수는 없는 것으로 보인다. 『윤음』에는 어두음절에서 '·>ㅏ' 변화가 나타나지만 그 예가 많지 않은 것으로 보아 '·>ㅏ' 변화가 그리 확산된 상태는 아니었던 것으로 추정된다. '·>一' 변화나 '一>·' 변화도 영조 대의 「어졔류」와 동일한 변화 방향을 보여주지만, 「어졔류」와 비교하여 다소의 차이를 보이는 것으로 나타났다. 비어두음절에서의 '一>·' 변화는 위축된 반면, '·>一' 변화가 상당히 확산된 상태로 나타났기 때문이다. 이런 점에서 정조의 『윤음』에서도 '·>一' 변화가 완료되었다고 할 만한 근거는 찾을 수 없었다. 비어두음절에서의 '·>一' 변화가 완성되는 시기는 비어두음절의 중자음 뒤에서 '·>ㅏ'

변화 규칙이 적용되는 19세기 이후라고 할 수 있다.27)

3.4.2. '·' 변화와 표기 : 명사와 조사, 용언어간과 어미가 분철 표기된 경우에는 조사나 어미의 '·'와 'ㅡ'가 앞에서 검토한 연철 표기와 달리 선택된다는 점에서 주목할 만하다. 먼저 영조 대의『어졔류』문헌을 대상으로 자음으로 끝나는 어간에 모음으로 시작되는 어미를 분철 표기한 경우에 나타나는 '·'와 'ㅡ'를 검토한 결과는 다음과 같다.

(12) 자음어간과 모음어미의 분철 표기

어간말음	·/ㅡ	1음절	2음절	3음절	4음절	합계
Xㄱ]	·	0	0	0	0	0
	ㅡ	15	16	0	2	33
Xㄴ]	·	0	0	0	0	0
	ㅡ	20	49	4	4	77
Xㅁ]	·	0	0	0	0	0
	ㅡ	15	53	0	1	69
Xㅂ]	·	0	0	0	0	0
	ㅡ	9	7	0	0	16
Xㅇ]	·	0	0	0	0	0
	ㅡ	11	40	2	0	53
Xㄹ]	·	0	0	0	0	0
	ㅡ	44	18	0	2	64
Xㅅ]	·	7	0	0	0	7
	ㅡ	0	0	0	0	0

---

27)『어졔』와『윤음』에서 '·>ㅡ' 변화 규칙과 'ㅡ>·' 변화 규칙이 상호 작용하면서 진행된 '·'의 변화에는 형태소의 종류, '·/ㅡ'의 음절 위치, '·/ㅡ' 선행 자음의 조음 위치 등의 언어적 변인이 복합적으로 관여하는 것으로 나타났다.

　분철 표기에서 조사나 어미는 어간말 자음이 'ㅅ'인 경우를 제외하면 모두 '一'로 시작되는 어미가 선택되었다. 연철 표기된 경우, 모음어미 앞에는 같은 음절 내에 선행 자음이 있지만, 분철 표기에서는 적어도 표기상으로 모음어미의 앞에는 선행 자음이 없다. 그러므로 연철 표기에서는 선행 자음의 조음 위치 자질에 영향을 받지만, 분철 표기에서는 선행 자음의 영향을 받지 않아 '一'가 선택된 것으로 이해할 수 있다. 자음이 '·'와 '一'의 선택에 영향을 많이 미치는 'ㅅ'이 어간말 자음인 경우에는 대부분 연철 표기되고, 분철 표기된 경우에도 '·'로 시작되는 어미를 선택한 것이나, 'ㄹ'의 경우 분철 표기되면 '一'로 시작되는 어미를 선택하지만, 일반적으로 연철 표기되는 것도 이러한 맥락에서 이해할 수 있다. 연철 표기와 분철 표기가 이렇게 차이나는 이유는 연철 표기에서는 선행 자음의 영향을 받고, 분철 표기에서 선행 자음의 영향을 받지 않았기 때문이라고 할 수 있다.

　이와 같이 연철 표기와 분철 표기에서 '·'나 '一'의 선택에 차이가 나는 이유는 음절 중심의 정확한 발음을 관찰하여 그 음성형을 표기에 반영하였기 때문이 아닌가 여겨진다. 그렇지 않으면 조사나 어미의 이형태 선택이 선행 어간의 마지막 자음에 따라 분철 표기가 연철 표기와 차이가 나는 이유를 설명하기 어렵기 때문이다. 그러므로 표기의 이러한 기준을 받아들인다면, 분철 표기된 음절의 모음이 대부분 '一'로 시작되는 이형태를 선택했다는 사실은 중자음인 'ㅅ'을 제외한 경우에 '·'나 '一'의 교체가 선행 자음의 영향을 받지 않았음을 말해주는 동시에 선행 자음에 영향을 받지 않는 환경에서는 '·>一' 변화라는 일반 규칙이 선택되었음을 말해주는 것으로 이해된다.

3.5. 음운변화와 재구조화 – 어간말 'ㅄ'의 변화

'ㅅ'이 미파음 [t>]로 중화된 이후 '봈-'과 같은 'ㅄ'말음어간은 다음 도표의 구형과 같이 활용하였으나 근대국어 시기에 어간말음이 'ㄲ'으로 바뀌어 도표의 신형을 기저형으로 활용하는 어간으로 재구조화되었다(김주필 2008).

(13) 'ㅄ' 말음어간의 활용 패러다임

변화형	___+모음어미	___+자음어미	
		___+후부변자음	___+중자음
구형	봈까(~보까)	봈꼬~보꼬	봈따~보따, 본논
신형	복까(~보까)	복꼬(~보꼬)	?

↑복따, 복논

'ㅄ'말음어간의 신형 어간 '복-'은 시기적으로 모음어미 앞에서 먼저 나타나고, 그 다음에 후부변자음어미 앞에서 나타난 다음, 중자음어미 앞에서 나타난다. 모음어미 앞에서는 형태소 내부에서 음운규칙이 적용되어 나타났으며, 후부변자음어미 앞에서는 형태소 경계에서 음운규칙이 적용되어 나타났다. 말하자면 모음어미 앞에서 나타나는 신형 어간은 후부변자음어미 앞에서 나타나는 신형 어간과 음운론적 요인에 의해 만들어진다는 점은 같지만, 모음어미 앞에서는 형태소 내부라는 환경에 음운론적 요인이 작용하지만, 후부변자음어미 앞에서는 형태소 경계에서 음운론적 요인이 작용한다는 차이가 있다. 그러므로 'ㅄ'말음어간에 작용하는 음운변화나 음운규칙은 형태소 내부에서부터 시작하여 형태소 경계로 그 적용 영역을 확대해 나갔다고 할 수 있다.

'ㅄ'말음어간의 신형은 중자음어미 앞에서보다는 후부변자음어미 앞에서 먼저 나타났다. 음운론적인 요인에 의해 만들어진 후부변자음어미 앞에서의 신형은 형태소 내부의 환경인 모음어미 앞에서 적용되던 음운규칙이 형태소 경계라는 환경으로 확대 적용된 것이다. 중자음어미 앞이라는 환경도 형태소 경계를 갖는다는 점에서 후부변자음어미 앞과 같다. 그러나 중자음어미 앞에서의 신형은 모음어미나 후부변자음어미 앞에서와 같이 음운론적 요인에 의해 신형이 만들어질 수 없는 환경이어서 유추라는 비음운론적인 요인에 의해 만들어졌다. 이러한 상황에서 'ㅅ'말음어간의 신형은 다음과 같이 확산된다.

(14) 'ㅅ'말음어간의 구형과 신형이 나타난 빈도의 변화

		17세기	18세기	19세기
모음 앞	구형	236(97.11%)	250(92.59%)	114(71.25%)
	신형	7(2.88%)	20(7.41%)	46(28.75%)
후부 변자음앞	구형	25(86.21%)	9(45%)	0(0%)
	신형	4(13.79%)	11(55%)	41(100%)
중자음앞	구형	10(71.43%)	3(20%)	0(0%)
	신형	4(28.57%)	12(80%)	23(100%)

『가례언해』에서부터 나타나는 모음어미 앞에서의 신형은 19세기 후기에 이르러도 구형이 신형보다 많이 사용되었다. 모음어미 앞에서의 신형은 새 음운규칙의 적용이라는 음운론적인 요인이 형태소 내부에 관여하여 만들어진 형태로서, 음운변화 또는 음운규칙의 변화가 점진적으로 확산됨을 보여준다. 형태소 경계에서 음운론적인 요인으로 만들어진, 후부변자음어미 앞에서의 신형은 모음어미 앞에서보다 다소 늦은 시기에 나타난다. 그러나 모음어미 앞에서처럼 점진적으로 확산되지 않고 18세기에 급속도로 확산되어 19세기에 이르면 신형만 나타났다. 이와 달리 형태소 경계에서 비음운론적 요인에 의해 만들어진 중자음어미 앞에서는 중간본에

사용된 세 예를 제외하면 모두 신형으로 바뀌었으며, 19세기에는 신형으로만 나타났다. 이러한 변화 과정에는 음운론적 요인과 비음운론적 요인, 변화에 관여한 형태론적 요인은 형태소 내부와 형태소 경계의 두 종류의 요인이 작용한 것으로 파악된다.

형태의 변화가 확산되는 과정에서 음운론적인 요인에 의해 만들어진 형태는 시간의 흐름에 따라 점진적으로 확산되지만, 비음운론적 요인에 의해 만들어진 형태는 기저형에 대한 화자의 새로운 인식에 의해 갑자기 나타나 급속도로 확산되는 특징을 보여준다. 모음어미 앞에서의 신형과 비음운론적인 요인으로 만들어진 중자음어미 앞에서의 신형의 확산 과정은 이러한 특성을 대조적으로 잘 보여준다. 즉 음운론적인 요인에 의해 만들어진 후부변자음어미 앞에서의 신형은 시간의 흐름에 따라 서서히 변화를 거침으로써 19세기에도 구형이 상당히 많이 나타났지만, 비음운론적인 요인에 의해 만들어진 중자음어미 앞에서는 17세기 후기에 신형이 나타나 그 이후에는 거의 신형만 나타나는 특성을 보이는 것이다.

후부변자음어미 앞에서는 전부변자음어미와 중자음어미의 중간적인 모습을 보이는데, 그 이유는 형태의 변화가 형태소 경계라는 환경에서 일어나기 때문인 것으로 간주된다. 후부변자음어미 앞에서의 신형은 음운론적인 요인에 의해 만들어져 구형과 수의적으로 교체되었으나, 형태소 경계에서 복합적인 음운현상의 적용으로 인하여 어간을 잘못 추출함으로써 새로운 어간을 기저형으로 하는 활용 패러다임을 형성하기에 이르렀다고 할 수 있다.28) 다시 말해 후부변자음어미 앞에서의 신형을 바탕으로 중자음

---

28) 시간의 흐름에 따른 'ㅅ'말음어간의 신형의 출현 빈도와 용례, 'ㅅ'말음어간의 신형을 바탕으로 어간이 재구조화되는 과정에 대한 논의는 김주필(2008)[이 책의 제2부 "5. 재구조화의 통시적 과정과 특성"]을 참조할 것.

어미 앞에서도 신형의 활용형이 사용되고, 구형의 수의적인 교체형이었던 모음어미 앞에서의 형태들을 중심으로 어간 패러다임을 재편하기에 이른 것이다. 그리하여 후부변자음어미 앞에서는 음운론적인 요인에 의해 신형이 만들어졌지만, 형태소 경계에 대한 인식으로 인해 모음어미 앞에서와 같이 점진적으로 변화하지 않고 중자음어미 앞에서와 같은 변화 과정을 거치게 된 것으로 간주된다. 이러한 변화의 결과 18세기경부터 다음과 같이 새로운 어간 패러다임을 형성하였다고 할 수 있다.

(15) 18·9세기 '서' 말음어간의 상태

변화형	＿＿+모음어미	＿＿+자음어미	
		＿＿+후부변자음	＿＿+중자음
구형	볻까(~보까)	—	—
신형	복까(~보까)	복꼬(~보꼬)	복따, 복는

19세기 후기 문헌에서는 18세기에 보이던 변화의 특성이 보다 잘 나타나 두 변화의 기제가 어떻게 다른가를 보여준다. 19세기 후기 문헌에도 '서' 말음어간의 구형이 모음어미 앞에서는 여전히 적지 않게 나타나 신형과 구형이 공존하는 양상을 보여준다. 그러나 후부변자음어미나 중자음어미 앞에서는 신형만 나타났다. 이러한 사실은 '서'계 어간의 재구조화 과정에서 음운론적 요인에 의해 나타난 모음어미 앞에서의 형태 변화가 자음어미 앞에서의 변화를 이끈 것으로 간주한 기존의 논의와 다름을 보여준다. 변화의 초기에는 모음어미 앞에서 음운현상에 의해 만들어진 구형의 수의적인 교체형 중의 한 형태가 형태소 경계에서의 어간 재인식에 영향을 끼치기는 했지만, 신형이 기저형으로 인식되는 것은 후부변자음어미 앞에서였으므로, 신형으로 어간의 기저형이 바뀌게 되는 것은 형태소 인

식, 다시 말해 비음운론적인 요인인 '오분석'과 '유추'에 의해서 주도되었다
고 할 수 있다.

4. 마무리

국어의 변화들을 밝혀 그 역사를 체계적으로 서술하는 것이 국어사 연
구의 목적이라면 국어 음운사 연구는 국어음의 변화들을 밝혀 그 역사를
체계적으로 서술하는 것을 목적으로 한다. 그러므로 근대국어 음운사 연
구의 목적도 17세기에서 19세기에 걸쳐 일어난 국어음의 변화 과정과 그
과정에서 드러나는 특징을 밝혀 국어 음운사, 나아가 국어사의 체계적인
서술에 기여하는 것이다. 이러한 목적을 달성하기 위해서는 음변화나 음
운변화의 과정에 대한 연구가 체계적으로 이루어져야 할 것이다.

음변화 또는 음운변화에 대한 그동안의 연구는 변화의 시작과 완성 시
기에 주로 관심을 두어 왔다. 그러나 문헌의 표기를 대상으로 하는 음운사
연구에서 그 변화의 시작과 완성을 밝히는 것은 쉽지 않다. 오히려 문헌의
표기로 나타나는 문자언어가 음성언어의 실재를 그대로 나타내지 못한다
는 한계를 인정하면, 문헌의 표기에 나타나는 변화의 과정을 정밀하게 연
구하여 그 보편성과 특수성을 밝히는 일이 보다 중요한 작업이 되어야 할
것으로 생각된다. 근래에 이루어진 구개음화나 원순모음화 현상, 또는 '·'
의 변화에 대한 연구는 이들 변화의 과정이 보다 정밀하게 논의되어야 할
필요성이 있음을 잘 보여준다.

기존의 연구 음운변화에 대한 연구에서도 그 과정에 대한 연구를 하지

않은 것은 아니었다. 그러나 음운변화의 과정에 대한 기존의 연구에서는 음운변화를 이끄는 규칙을 현대국어 방언에 적용되는 필연 규칙과 같이 적용하여 해당 음운변화가 어느 정도 확산되면 완성된 것으로 간주하여 문헌에 나타나는 예들을 표기의 보수성으로 간주함으로써 음운변화의 과정에 대한 충분한 논의가 이루어지지 못한 것으로 간주된다. 이런 점에서 음운변화의 진행 과정에 문헌에 나타나는 예들을 바탕으로 충분한 시간의 길이가 도입되어 음운변화를 이끄는 규칙의 적용이 어휘에 따라, 그리고 형태론적·음운론적 환경에 따라 음운변화가 진행되는 과정에 정밀하게 검토할 필요가 있다.

음운변화의 과정에 시간의 길이가 음운규칙의 어휘적, 그리고 형태론적·음운론적 환경에 수의적으로 적용되는 음운변화의 확산 과정을 검토하면, 국어 음운변화의 과정에도 소장문법학자neo-grammarian 이래 음운사 연구의 전통이 되어 버린 '예외 없는 규칙성의 가설'보다는 Wang (1969), Chen et al.(1971) 등의 '어휘적 확산lexical diffusion 가설'이나 Kiparsky(1995)의 '어휘적 유추lexical analogy 가설'이 보다 타당한 것으로 드러난다. 그러나 구개음화나 원순모음화와 같은 조건변화, 심지어 'ㆍ'의 변화에도 일정한 규칙성이 있음을 간과할 수 없기 때문에 규칙성의 가설도 완전히 배제될 성질의 것은 아니라고 생각된다.

이러한 관점에서 본 연구에서는 근대국어 시대 구분의 문제, 문헌의 이용 방법, 음운변화와 표기의 대응관계, 음변화와 음운변화의 문제, 음운변화의 과정과 패턴, 음운변화와 재구조화 등에 대하여 살펴보았다. 이러한 논의는 근대국어의 음운사적 연구에서 제기되는 중요한 과제들로서, 앞으로도 국어사 연구에서 꾸준히 논의되어야 할 것으로 판단된다. 특히 본 연구에서는 음운변화의 어휘적 확산 정도를 파악하는 방법으로 해당 음운변화와 관련된 표기 예들을 계량화하여 상대적인 빈도를 추출하여 비교하는 방법을 제안하였다. 물론 음운변화의 예들을 통한 내재적인 변화를 천착하는 질적인 연구가 없으면 이러한 계량적 방법의 효용성은 상당히 떨어질 것이다. 그러므로 기존의 질적인 연구에 양적인 연구 방법을 병행하면 어휘적·형태론적·음운론적 환경에 따라 달리 확산되는 음운변화의 과정을 보다 구체적으로 파악할 수 있을 것으로 기대된다.

음운변화에 대한 계량적인 방법은 '표기 : 음성'의 일정한 대응관계를 바탕으로 한다. 표기로 대표되는 문자언어와 말소리로 대표되는 음성언어는 근본적으로 일치할 수 없는 독자적인 특성도 가지고 있어서 문헌의 표기를 통한 계량적 연구는 많은 주의를 요한다. 물론 엄격하게 말한다면 문자언어인 문헌의 표기를 통하여 음성언어인 말소리의 변화를 밝히는 작업은 근본적으로 불가능한 일이다. 그럼에도 불구하고 문헌의 표기를 대상으로 하는 음운사 연구가 문자언어의 질서 속에 내재한 음성언어의 질서를 밝힌다는 언어 층위상의 제한을 둔다면, 근대국어 문헌의 문자나 표기는 대체로 당시의 말소리에 대응된다고 할 수 있다.

음소문자인 훈민정음이 창제되고 나서 오랜 시간이 지나 고착화된 것도 아니며, 오늘날의 맞춤법과 같이 인위적으로 규제한 것도 아니기 때문에 근대국어 문헌의 다양한 표기는 대체로 해당 형태소의 음성적·음운론적 특징을 반영하는 것으로 보는 것이 타당하다고 생각된다. 다시 말해 특별한 경우가 아니면 근대국어 표기는 말소리와 일정한 대응관계를 가지며 표기의 변화는 곧 말소리와 관련되는 것으로 보아도 크게 틀리지 않을 것으로 추정된다. 이런 점에서 국어사의 제 단계에서 근대국어 시기는 다른 어떤 시기보다도 진정한 의미에서 국어 음운사 연구를 수행할 수 있는 조건을 구비하고 있는 시기가 아닌가 생각된다. 근대국어의 다양한 표기는 곧 근대국어의 다양한 음운변화를 보여줄 것으로 기대되며, 또한 근대국어 시기의 음운변화를 후기 중세국어나 현대국어와 대비하면 국어 음운변화의 과정을 구체적으로 밝힐 수 있을 것으로 기대되기 때문이다.

① 국어 폐쇄음의 음성적 특징과 음운현상*

1. 서언

국어의 폐쇄음은 평음, 경음, 격음의 세 계열로 나뉜다. 이 세 계열은 전통적으로 평음을 원음소로 하여, 유기성을 상관 징표로 하는 격음과 긴장성을 상관 징표로 하는 경음이 하나의 상관속을 이룬다고 논의되어 왔다. 이러한 프라그 학파적 개념은 구체적인 음성적 특징을 바탕으로 한 것은 아니었다. 또한 격음과 경음은 평음을 통해서만 선조적으로 연결되는 무관적 대립으로 기술되기 때문에 음운현상에서 보여주는 격음과 경음의 동질성을 포착하기가 어려웠다. 생성음운론의 도입 이후에는 유기성을 [aspirate]라는 자질로, 긴장성을 [tense]라는 자질로 대체함으로써 격음과 경음의 동질성은 포착할 수 있게 되었으나, 평음도 유기성을 가질 수 있으며 격음도 경음에 버금가는 근육의 긴장을 동반한다는 점에서 마찬가지로 구체적인 음성적 토대 위에 서 있지는 않다.

---

* 이 글은 같은 제목으로 『基谷기곡 강신항 선생 화갑기념 국어학 논문집』(태학사, 1990 : 451~477)에 수록되었다.

국어 폐쇄음의 대립에 관여하는 음성적 특징을 밝히려는 노력은 1960년대 이후, 특히 Lisker & Abramson(1964)에서 본격적으로 시작되었다. 즉 Lisker & Abramson(1964)에서는 한국어를 포함한 모든 언어의 폐쇄음의 분화에 관여하는 보편적 음성 특징이 조음의 세기(force of articulation)가 아니라 성대 진동의 길이(voicing lag 또는 voice onset time)라고 주장하였다.

그런데 Kim Chin Woo(1965)에서 한국어의 경우를 들면서 이에 대한 반론을 제기하였다. 즉 구체적인 실험 결과를 바탕으로, 국어 폐쇄음의 음성적 특징을 포괄적으로 논의한 최초의 논문이라 할 수 있는 Kim Chin Woo(1965)에서는 국어 폐쇄음의 분화에는 voicing의 길이뿐만 아니라 조음의 세기(즉 tense와 lax)도 관여하기 때문에 조음의 세기와 성대 진동(voicing의 길이)은 언어에 따라 선택적으로 관여하는 것으로 보아야 한다고 하였다. 그러나 Kim Chin Woo(1965)에서의 논의는 언어학에서 쟁점이 되었던 범위 내에서 진행되었기 때문에 '조음의 세기'에서는 '근육의 긴장성'을, 'voicing의 길이'에서는 '조음 시간'을 그 기준으로 택함으로써 상이한 기준을 적용하는 결과를 가져오게 되었으며, 또한 이들 음성적 특징들을 국어의 음운현상과 관련지어 논의한 것도 아니었기 때문에 국어의 음운현상과 관련하여 폐쇄음의 대립에 관여하는 음성적 특징을 논의할 필요가 있다.

이러한 관점에서 이 글에서는 국어 폐쇄음의 음운현상과 음성학자들의 실험 결과를 토대로 국어 폐쇄음의 대립에 관여하는 음성적 특징이 무엇인가를 알아보고, 그 음성적 특징이 국어 폐쇄음의 다양한 음성적·음운론적 현상들에 어떻게 관여하는지를 검토해 보고자 한다.

2. 용언 어간말 'ㅎ'의 음운론적 기능

국어는 음절말 자음 대부분이 장애음과 단어 경계 표지를 앞서는 환경에서 내파화를 겪는 특성을 보여 준다. 비음과 유음도 내파화를 겪는다. 심지어 동일한 환경에서 'ㅎ'도 내파화를 겪음으로써 [tᄀ]로 중화된다는 주장이 제기되어 오기도 하였다. 그러나 음절말 'ㅎ'의 음성 실현에 대해서는 조심스럽게 검토되어야 할 것으로 보인다.

용언의 어간말 위치1)에만 설정되는 음절말 'ㅎ'은2) 장애음으로 시작하는 어미 앞에서는 물론, 모음으로 시작하는 어미가 올 때에도 제 음가대로 실현되는 경우가 거의 없다.3) 따라서 어간말 'ㅎ'은 환경에 따라 다양하게 실현되는 여러 음성형을 통하여 형태음소로 설정되ㅇ고 있다. 이러한 어간말 'ㅎ'의 특성을 고려하여 극단적으로 구체적인 입장에 선다면, 어간이 'ㅎ'으로 끝나는 용언은 없는 것으로 보고 격음으로 시작하는 어미를 이형태로 간주하여, 그러한 어미에 형태론적인 제약을 두든가4) 그런 어간과

---

1) 용언말 'ㅎ'의 설정에 관해서는 이희승(1933)을 참조. 물론 우리의 논의에는 'ㅎ' 변칙용언으로 분류되어 온 용언(빨갛다, 파랗다, 둥그렇다, 말갛다 등)은 포함하지 않는다. 이들 용언에 대한 자세한 논의는 최명옥(1988)을 참조.
2) Renaud Kim(1975 : 123)에서 '수퇘지'나 '수토랑이'를 /수ㅎ/와 /돼지/, /호랑이/로 분석하고 있으나 '수퇘지'나 '수토랑이' 전체를 통시적으로 굳어진 어형으로 보아야 할 것이다. 김차균(1982)에서는 /수ㅎ/-외에 /히읗/을 추가로 들고 있으나 이 말 역시 [히으스로, 히으시, 히읃또, 히읃쫘, 히읃만]으로 보아 기저형을 /히읃/으로 보아야 할 것이다.
3) [노하, 노아, 놔ː 노치, 놓치, 노코, 녹쾨] 등. [노해]도 [노애]나 [놔ː]가 더 일반적인 발화형이다. 모음간 'ㅎ' 탈락 현상에 대해서는 Renaud Kim(1975)를, 비음절화에 따른 보상적 장모음화에 대해서는 이병근(1978)을 참조.
4) 어미 '-고, -게, -지, -다, -도록'뿐만 아니라, 선어말어미 '-더-', 명사형을 만드는 '-기' 등 용언어간에 직접 붙을 수 있으며 'ㄱ, ㄷ, ㅂ, ㅈ'으로 시작하는 모든 접사는 평음으로 시작하는 형태 외에 격음으로 시작하는 이형태를 가지는 것으로 기술하고, 격음으로 시작하는 이형태는 모두 형태론적으로 제약된 특정의 어간 뒤에만 결합되는 것으로 기술해야 할 것이다. 이 태도를 따른다면 모음이나 'ㅅ, ㄴ'으로 시작하는 접사가 오는 경우에

어미의 결합은 분석할 수 없다든가 하는 논의를 할 수도 있을 것이다. 그러나 본고에서는 용언의 어간과 어미의 패러다임을 고려하여, 'ㅎ'을 어간의 말음으로 설정하는 기존의 태도를 받아들이고 장애음 앞에서의 음절말 'ㅎ'의 음운론적 기능을 검토해 보기로 한다.

 (1) 놓-+-고[노코], 놓-+-지[노치], 놓-+-다[노타]
   낳-+-고[나코], 낳-+-지[나치], 낳-+-다[나타]
 (1)′ 놓-+-고[녹코], 놓-+-지[녿치], 놓-+-다[녿타]
   낳-+-고[낙코], 낳-+-지[낟치], 낳-+-다[낟타]

 용언말 'ㅎ'과 그 뒤에 장애음이 오는 경우의 음성형을 보여주는 (1)과 (1)′는 수의적으로 교체된다. 용언말 'ㅎ'은 그 다음에 오는 장애음과 격음화를 일으킨다는 전통적인 기술에 있어서는 (1)의 예들이 중시되었고, 용언말 'ㅎ'이 장애음 앞에서 [tᄀ]로 중화된다는 기술에 있어서는 (1)′의 예들이 중시되었다. 그런데 (1)′의 예들을 중시하여 음절말 'ㅎ'이 장애음 앞에서 [tᄀ]로 중화된다는 논의에 있어서는 (1)의 예들을 포괄하여 기술하였지만 'ㅎ'이 격음화를 일으키는 것으로 간주하였던 논의에서는 (1)′의 예들을 다루지 않았기 때문에 음절말 'ㅎ'의 음운 현상에 대한 기술은 [tᄀ]로의 중화와 관련지어 온 논의(Renaud Kim, 1975 ; 배주채, 1989 ; Chung Kook, 1980)가 더 설득력이 있는 것으로 보인다. 그러나 그러한 주장에도 문제점이 없는 것은 아니다.

 Renaud Kim(1975)에서는 (1)′를 도출하기 위해 'ㅎ' 뒤에 오는 장애음의 격음화와 'ㅎ'의 [tᄀ]로의 내파화 규칙(h-unreleasing), 그리고 위치

대해서도 전반적으로 재검토되어야 할 것이다.

동화 규칙을 적용한다. 이 과정에 적용되는 격음화 규칙은 'ㅎ'과 뒤에 오는 장애음이 축약되는 현상이 아니라 'ㅎ'은 그대로 있고 뒤에 오는 장애음이 'ㅎ'에 동화되는 현상이다.5) 그리고 'ㅎ'의 내파화 규칙이 적용되기 위해서는 격음동화 규칙이 항상 'ㅎ'의 내파화 규칙보다 먼저 적용되어야 하므로 외재적인 규칙순이 허용되어야 한다.

배주채(1989)에서는, 격음화를 동화로 보고 'ㅎ→ㄷ' 규칙을 설정한 Renaud Kim(1975)의 논의를 받아들이되6) 'ㅎ→ㄷ' 규칙의 환경을 제약함으로써 외재적인 규칙순을 허용하지 않았다. 즉 순행적인 격음동화 규칙을 'ㅎ' 뒤에서 평폐쇄음과 평파찰음이 격음화되는 것으로 형식화하고 'ㅎ→ㄷ' 규칙을 'ㄱ, ㄷ, ㅂ, ㅈ, ㅎ'이 아닌 자음 앞에서만 적용되도록 함으로써 외재적인 규칙순을 없앤 것이다. 그러나 'ㅎ→ㄷ' 규칙을 'ㄱ, ㄷ, ㅂ, ㅈ, ㅎ'이 아닌 자음 앞에서 적용되도록 하더라도 규칙의 음성적 동기를 찾을 수 없기 때문에 외재적인 규칙순을 설정하는 것과 차이가 없으며, 격음 앞에서 중복장애음 규칙과 서로 배타적으로 적용되도록 함으로써 따로 분리하여 기술하게 되는 난점이 있다.

한편 Chung Kook(1980)에서는 용언말 'ㅎ'이 장애음 앞에서 [tˀ]로 중

---

5) 따라서 Renaud Kim(1975)에서는 'ㅎ'이 장애음의 앞에 오는 경우와 뒤에 오는 경우로 나누어 전자는 순행적 격음화(progressive aspiration)로서 'ㅎ'에 장애음이 동화되는 규칙으로, 후자는 역행적 격음화(regressive aspiration)로서 장애음과 'ㅎ'이 하나의 segment로 실현되는 축약의 규칙으로 기술하고 있다.

6) 배주채(1989)에서는 격음화 현상과 'ㅎ→ㄷ' 현상에 대해 Renaud Kim(1975)의 논의를 받아들이는 이유는 '논코' 때문이라고 설명하였다. 그러나 '놓-+-고'를 일상적인 발화에서 [논코]로 발음하는 경우가 있는지 의심스럽다. '한국방언자료집'(한국정신문화연구원, 1987)의 충북, 전북편에도 [논코]와 같이 발음되는 유형은 없으며, 이러한 사정은 다른 방언사전류에서도 마찬가지이다. 우리는 '놓고'를 [논코]로 발음하는 경우가 있더라도 다른 자음으로 시작하는 어미보다 'ㄷ'이나 'ㅈ'으로 시작하는 어미가 많기 때문에 유추되었거나, 모든 자음들이 음절말 위치에서 내파화시키는 현상에 이끌려 규칙을 과적용시킨 결과로 이해하고자 한다. 일반적인 발화형은 [노코]나 [녹코]이기 때문이다.

화되고 그 side effect로서 격음화가 일어난다고 하면서 'ㅎ'을 가지고 있는 용언이 격음화를 일으키게 되는 이유를 recoverability라는 심리적인 요인으로 보았다. 그러나 그러한 심리적인 요인이 어떠한 경우에 어떻게 작용하는지에 대한 언급이 없기 때문에 격음화의 기술에 문제가 생기게 된다. 즉 용언말 'ㅎ'이 [t⌐]로 되면 격음화를 일으킬 수 있는 환경이 없어지기 때문에 격음화 규칙이 적용될 것인지, 경음화 규칙이 적용될 것인지 알 수 없게 되므로, 'ㅎ'이 장애음 뒤에 오는 경우와 달리 형태음소로 'ㅎ'을 가지고 있는 용언에만 적용되는 비자동적인 교체로 기술되어야 할 것이다.

이상의 논의를 바탕으로, 우리는 (1)을 격음화의 예들로 간주해 온 전통적인 논의를 정당한 것으로 받아들이고자 한다. 그러기 위해서는 (1)′의 예들에 대한 설명이 요구된다.

(1)′와 유사한 예들이 용언말 'ㅎ'과 관계없는 경우에도 나타난다.

(2) 높이 : [노피], 솥에 : [소테], 꽃이 : [꼬치], 부엌에 : [부어케]
(2)′ 높이 : [놉피], 솥에 : [솓테], 꽃이 : [꼳치], 부엌에 : [부엌케]

(3) 고프다 : [고프다], 바탕 : [바탕], 미치다 : [미치다], 지키다 : [지키다]
(3)′ 고프다 : [곱프다], 바탕 : [받탕], 미치다 : [믿치다], 지키다 : [직키다]

(2)와 (2)′는 격음이 어간의 말음절, 즉 형태소 경계에 있는 경우의 예들이고, (3)과 (3)′는 격음이 한 형태소 내부에 있는 경우의 예들이다. (2)와 (3)의 예들은 하나의 격음을 하나의 분절음segment으로, (2)′와 (3)′의 예들은 하나의 격음을 두 개의 분절음에 대당하는 것처럼 받아들인 것이다. 따라서 (2)와 (2)′, (3)과 (3)′의 예들은, 음운론적으로 하나

인 분절음을 나타내는 방식에 차이를 보이고 있다는 점에서 그리고 앞 음절의 받침으로 의식한 것은 뒷 음절에 있는 격음과 동일한 위치에서 조음되는 평음으로 의식하고 있다는 점에서, (1)과 (1)′의 예들과 평행적인 모습을 보여 주고 있다. 그러므로 (2)와 (2)′, (3)과 (3)′의 예들은 격음과 관련하여 공통성을 가지기 때문에, (1)과 (1)′의 예들도 격음의 특성과 관련하여 논의되어야 할 것으로 보인다.

그러면 용언말 'ㅎ'이 [tᵓ]로 중화를 경험하고 나서 그 뒤에 오는 음의 특성에 따라 달리 실현되는 것으로 간주하였던 다음의 예들은 어떻게 설명되어야 할까?

(4) 놓-+-소 : [노쏘], 낳-+-소 : [나쏘]
(5) 놓-+-는 : [논는], 낳-+-는 : [난는]

우리의 논의와 같이 용언말 'ㅎ'이 뒤의 장애음과 격음화를 일으키는 것으로 본 이승재(1980)에서는 예 (4)와 같이 ㅅ으로 시작하는 어미가 올 경우에 어간말 'ㅎ'은 'ㅅ'의 격음이 체계상의 빈칸이기 때문에 경음으로 실현되는 것으로 간주한 반면, 예 (5)와 같이 'ㄴ'으로 시작하는 어미가 오는 경우에는 내파화나 중화 현상을 거치지 않고 바로 비음화되는 것으로 기술함으로써 어간말 'ㅎ' 다음에 'ㅅ'이 오느냐 'ㄴ'이 오느냐에 따라 다르게 기술하고 있다. 따라서 어간말 'ㅎ'은 'ㅅ'의 격음이 체계상의 빈칸이기 때문에 격음화에 참가하지는 못하고 단지 그 다음에 오는 'ㅅ'을 경음으로 실현시킨다고 함으로써 그 기술이 추상적일 뿐만 아니라, 'ㅅ, ㅆ, ㄷ, ㅈ, ㅊ, ㅎ' 등이 바로 비음에 동화된다고 함으로써 자연스럽지 않은 규칙을 설정하게 된다.

우리는 용언말 'ㅎ'이 그 다음에 오는 장애음과 축약되면서 격음화를 일으키되 해당 장애음에 대응되는 격음이 없을 경우에는 [t˺]로 중화를 겪는 것으로 보고자 한다. 격음으로 될 수 없는 자음이 오게 되면 'ㅎ' 앞에 있는 모음을 조음하는 영역, 즉 치조에서 경구개의 위치에 걸치는 영역에서 폐쇄가 이루어질 것이고, 그렇다면 결과되는 음은 국어에서 [t˺]가 될 것이기 때문이다. 따라서 'ㅎ'이 'ㄴ' 앞에서는 [t˺]으로 된 다음 비음화를 일으키고, 'ㅅ' 앞에서는 [t˺]로 되어 'ㅅ'을 경음화시키고 그 'ㅆ' 앞에서 [t˺]가 탈락하는 것(배주채, 1989 : 99)으로 간주된다. 따라서 용언말 'ㅎ'이 격음화의 동화주가 되는 것도 아니며, 격음화와 관련하여 설정되기도 했던 'ㅎ→ㄷ' 규칙도 격음화 현상과 관련될 것이 아니라 격음화의 결과로서 만들어진 격음의 특징과 관련하여 설명되어야 할 것이다.

3. 격음, 경음, 평음의 음성적 특징

우리는 2장에서 용언말 'ㅎ'은, 대응하는 격음이 있는 자음이 뒤에 오게 되면 격음화에 참가하고 그렇지 않은 자음이 오면 [t˺]로 된다고 보았다. 그리하여 (1)′, (2)′, (3)′와 같은 현상은 격음화의 결과 만들어진 격음의 음성적 특징과 관련하여 설명되어야 할 것으로 간주하였다. 그러면 격음이 갖는 어떠한 음성적인 특성에 의하여 (1)′, (2)′, (3)′와 같은 현상이 일어나는가, 또 그러한 격음의 음성적인 특징이 경음과 평음의 경우와 어떻게 다르며, 국어의 음성적, 음운론적인 현상에 어떻게 관여하고 있는가 하는 문제가 검토되어야 할 것이다.

그런데 격음의 음성적 특징과 관련하여 설명되어야 할 것으로 간주했던 예 (1)´, (2)´, (3)´와 평행되는 현상이 국어의 표기사에서도 나타나는 사실이 주목된다.

(6) 갑푸미(죠군령젹지 : 1a), 놉푼(죠군 : 2a), 압페셔(죠군 : 16a),
   굿티시고(훈서언해 : 6b), 잣취(훈서 : 18a), 낫트나고(죠군 : 1b),
   얽키고(박초 상 : 68b), 동녁키(소언 : 6), 녹코(해동 : 50).

(6)의 예들은 중세 국어의 표기법에 따르면 격음자로만 표기되어야 하는 것이지만,7) 격음과 동일한 위치에서 조음되는 평음자를 격음이 실현되는 앞 음절에 적은 표기 예들이다. 이렇게 격음 'ㅍ' 앞에는 'ㅂ'을, 'ㅌ'이나 'ㅊ' 앞에는 'ㅅ'이나 'ㄷ'을8) 'ㅋ' 앞에는 'ㄱ'을 앞 음절의 받침으로 적는 이러한 표기상의 특징을 홍윤표(1986 : 131)에서는 파열음의 음성적 특징과 관련하여 해석하고 있어 주목을 끌고 있다. 즉 이들 격음을 선행하는 음절의 받침으로 나타나는, 격음과 동일조음 위치의 평음자들은 폐쇄음의 폐쇄지속시간을 나타내는 것으로 이해하였던 것이다.9)

---

7) 물론 이 시기에도 'ㅍ, ㅌ, ㅊ, ㅋ'을 하나의 격음자로 쓰는 것이 일반적인 표기 경향이라 할 수 있으며 (6)과 같은 표기 유형에 있어서도 'ㅌ, ㅊ' 앞에 'ㅅ'이나 'ㄷ'을 쓰는 경우가 많이 나타난다.

8) 15세기 국어에서의 음절말 표기 'ㅅ'과 'ㄷ'의 음성적 실현에 대해서는 김주필(1988)을 참조. 그리고 음절말 표기 'ㅅ'과 'ㄷ'의 역사적 변천 과정에 대해서는 김완진(1976)과 이익섭(1987)을 참조.

9) 이러한 표기상의 특징을 보이는 현상을 홍윤표(1985)에서는 파열음의 음성적 특징과 관련짓고 있으나 파열음 가운데 평음은 제외되어야 할 것이다. 평음의 경우에도 (6)의 예와 유사한 중철표기가 있기는 하지만 'ㅅ'과 'ㄹ'의 경우를 제외하면 주로 16세기 문헌에 국한된다. 평음의 중철표기에 대한 전반적인 논의가 있어야 하겠지만 우리는 평음의 중철표기가 나타나는 것은 해당 문헌(『정속언해』, 『이륜행실도』, 『여씨향약언해』 등)에 특수한 사정이 개입된 것으로 이해한다. 중철표기에 대한 논의로 이익섭(1985), 홍윤표(1985), 오종갑(1988)을 참조.

국어의 폐쇄 자음들의 조음시, 폐쇄된 다음 지속되는 시간이 중요한 음성적 특징이 될 수 있다는 이러한 지적은 표진이(1975), 每田博之우메다 히로유기(1979)의 실험 결과에 의해 뒷받침된다. 국어 폐쇄음의 다양한 음성적 특징을 알아보기 위해 오실로그램을 분석한 표진이(1975)의 실험 결과를 제시하면 다음과 같다.

(7)	음 소	ㅂ, ㅍ, ㅃ	ㄷ, ㅌ, ㄸ	ㄱ, ㅋ, ㄲ
	시 간	10, 26, 27	11, 36, 49	11, 32, 43

* 단위 : msec.

이 실험 결과는 격음이나 경음의 폐쇄지속시간이 평음보다 뚜렷하게 길다는 것을 보여준다. 이러한 특징은 每田博之우메다 히로유기(1979)에서도 동일하다. 동태구개도에 의해 한국어 폐쇄음의 폐쇄지속시간을 조사한 每田博之우메다 히로유기(1979)에 따르면, 'ㅌ, ㄸ'은 각각 10프레임과 14프레임이고, 'ㅊ, ㅉ'은 모두 14프레임인 데 반해서, 'ㄷ'과 'ㅈ'은 각각 5프레임과 7프레임이라는 것이다(1프레임은 1/64초).

우리는 이러한 실험 결과를 바탕으로 (평음보다 긴) 격음의 폐쇄지속시간이 (6)에 반영된 것으로 간주한 홍윤표(1986)의 논의를 타당한 것으로 받아들인다. 이러한 특징은 (1)′, (2)′, (3)′의 예들에도 격음과 관련된다는 점에서 동일하게 적용할 수 있다. 격음과 동일한 조음 위치에 있는 평음을 모음으로 끝나는 선행 음절의 말음으로 인식한 (1)′, (2)′, (3)′나 (6)에서 보이는 현상들은 격음이 폐쇄되고 지속되는 시간이 그만큼 길기 때문에 일어난 것으로 보이는 것이다.

앞에서 보았던 폐쇄지속시간에 관련되는 격음의 예 (1)′, (2)′, (3)′와

동일한 현상을 경음의 경우에도 찾아볼 수 있다.10)

(8)　코끼리 : [코끼리],　　　이끼 : [이끼],　　　어깨 : [어깨],
　　　가뜩이나 : [가뜨기나],　오뚝이 : [오뚜기],　소쩍새 : [소쩍쌔],
　　　고뿔 : [고뿔],　　　　　예쁘다 : [예쁘다],　고삐 : [고삐].

(8)′　코끼리 : [콕끼리],　　　이끼 : [익끼],　　　어깨 : [억깨],
　　　가뜩이나 : [갇뜨기나],　오뚝이 : [옫뚜기],　소쩍새 : [솓쩍쌔],
　　　고뿔 : [곱뿔],　　　　　예쁘다 : [옙쁘다],　고삐 : [곱삐].

(8)과 (8)′는 공시적으로 형태소 내부의 음절초 자음이 경음인 예들인데, 격음의 경우와 마찬가지로 수의적으로 교체되는 음성형들이다.

(9)　깎아 : [까까],　　　섞어 : [서꺼],　　　　밖에[바께],
　　　노끈 : [노끈],　　　저기까지 : [저기까지],　우리끼리 : [우리끼리].
(9)′　깎아 : [깍까],　　　섞어 : [석꺼],　　　　밖에 : [박께],
　　　노끈 : [녹끈],　　　저기까지 : [저긱까지],　우리끼리 : [우릭끼리].

(9)와 (9)′는 형태소 경계에 경음이 있는 예들이다. 이들도 격음의 경우와 마찬가지로 수의적으로 교체되는 음성형이다. 우리는 (8)′, (9)′에서 뒤에 오는 경음과 동일한 조음 위치의 평음이 모음으로 끝나는 선행 음절

---

10) 국어 표기사에서 앞의 예 (6)과 같은 유형이 경음의 경우에는 나타나지 않는 듯하다. 우리는 역사적으로 경음도 동일한 현상을 보였으리라 생각하지만, 격음의 (6)과 같은 유형의 표기가 보이지 않는 이유는 국어의 경음에 대한 표기사적인 전통과 관련되는 것으로 간주된다. 경음이 각자병서에 의해 전반적으로 표기되는 것은 1933년의 한글맞춤법 통일안에 와서의 일이다. 15세기에도 각자병서가 고유어의 표기에 사용되기는 하였지만, 어중에서 제한되어 사용되었고 일반적인 표기는 'ㅅ'계 합용병서였던 것이다. 그러나 15세기에도 'ㆆ'나 소위 '사이시옷'과 같은 표기를 통하여 경음에서도 (6)과 같은 현상이 있었음을 알 수 있다. 이에 대한 자세한 논의는 후술 4장 참조.

의 받침으로 인식되는 이러한 예들도 격음의 (1)′, (2)′, (3)′의 예들과 마찬가지로 경음의 폐쇄지속시간이 평음보다 길기 때문에 나타나는 현상으로 생각한다. 이러한 예들을 통하여 격음과 경음이 폐쇄지속시간에 있어서 동일하게 행동하고 있으며, 이와 동일한 현상을 평음의 경우에는 찾아 볼 수 없다는 점에서 격음과 경음이 폐쇄된 다음에 지속되는 시간의 길이에 의해 평음과 차이 나는 것이 반영된 것이라고 추정할 수 있다.

격음과 경음이 폐쇄지속시간에 의해 평음과 구별된다면, 경음과 격음을 차이 나게 하는 음성적 특징은 무엇인가? 국어 음절말 폐쇄음의 평음, 경음, 격음이 파열되지 않음으로써 그 변별성을 잃어버리는 장애음 중화 현상을 고려하면, 경음과 격음을 변별시켜 주는 특징은 파열 순간이나 파열되고 난 직후의 어떤 조음과정 중에 있을 것이라고 추정할 수 있다. 여기에서 우리는 국어 폐쇄음의 이러한 특성과 관련하여 Lisker & Abramson(1964)의 실험 결과에 주목한다.

Lisker & Abramson(1964)에서는 한국어를 포함한 11개 언어를 대상으로 폐쇄음의 조음 특성을 실험해 본 결과, 폐쇄된 기류를 파열하고 난 후 그 다음에 오는 모음을 조음하기 위한 Voicing이 시작되는 순간까지의 무성의 시간 길이(VOT)[11]가 폐쇄음의 구별에 중요한 매개 변수로 작용하고 있음을 밝혔다. 개별 언어가 가지는 폐쇄음의 대립은 2지적 대립(영어, 독일어), 3지적 대립(한국어) 또는 4지적 대립(힌두어)을 가질 수 있지만, 그러한 언어들의 각 폐쇄음의 대립에 관여하는 중요한 음성적 특징은 VOT라는 것이다. 즉, 폐쇄음이 2지적, 3지적, 또는 4지적 대립을 보인

---

11) Lisker & Abramson(1964)에서는 VOT를 "……time interval between the burst that makes release of the closure and the onset of quasiperiodicity which reflects laryngeal vibration……"이라고 하여 "파열 순간에서 (다음에 오는 모음을 조음할 때 시작되는) 성대 진동까지 이어지는 무성의 시간대"라고 정의하고 있다.

다는 각각의 유형적인 분류가 그 음성적 특징과는 무관하게 기술되어 왔
지만, 그러한 분류는 각 언어의 저변에 깔려 있는 VOT라는 음성적 특징
때문이라는 것이다.

Lisker & Abramson(1964)에서는 범어적으로 논의를 진행하기 위해
한국어에 대한 실험 결과도 보여주고 있는데 그 실험 결과는 다음과 같
다.12)

(10)

	ㅂ	ㅍ	ㅃ	ㄷ	ㅌ	ㄸ	ㄱ	ㅋ	ㄲ
평균치	18	91	7	25	94	11	47	126	19
영 역	10~35	65~115	0~15	15~40	75~105	0~25	30~65	85~200	0~35

* 단위 : msec.

도표(10)에서는 VOT가 격음을 다른 자음들, 즉 경음, 평음과 현저하게
구별시켜 주고 있는 것으로 나타나고 있다. 이러한 실험 결과는 국어 폐쇄
음이 1차적으로 폐쇄지속시간에 의해 평음과 격음, 경음으로 구별되고,
격음과 경음은 폐쇄의 지속 이후에 있는 파열의 과정에 의해 2차적으로
구별된다고 할 수 있다. 따라서 국어 폐쇄음의 음성적 특징은 다음과 같이

---

12) Lisker & Abramson(1964)에서 VOT의 중요성이 인식된 이후 여러 학자들에 의해 국
어 폐쇄음의 VOT에 대한 실험이 이루어져 왔다. Kim Chin Woo(1965, 1967, 1970),
Han & Weitzman(1970), 표진이(1976) 등이 그 대표적인 예이다. 이들 각 연구자들의
실험 결과에는 약간의 차이가 있지만 VOT 수치가 '격음>평음>경음'의 순서를 가지며,
격음의 VOT 수치가 다른 음에 비해 현저하게 높다는 점에서는 차이가 없다.

	ㅂ	ㅍ	ㅃ	ㄷ	ㅌ	ㄸ	ㄱ	ㅋ	ㄲ
Kim(1965)	23	98	9	38	92	15	45	90	13
Han(1970)	2.70	12.90	0.53	3.30	13.30	1.20	6.20	14.80	2.04
표진이(1975)	15.7	83.6	7.6	15.2	68.4	7.6	38	91.2	11.4

* 단위 : Kim(1965) : msec., Han(1970) : centisecond., 표진이(1975) : msec.

위계화되어 있다고 할 수 있다.13)

(11) 국어의 폐쇄음

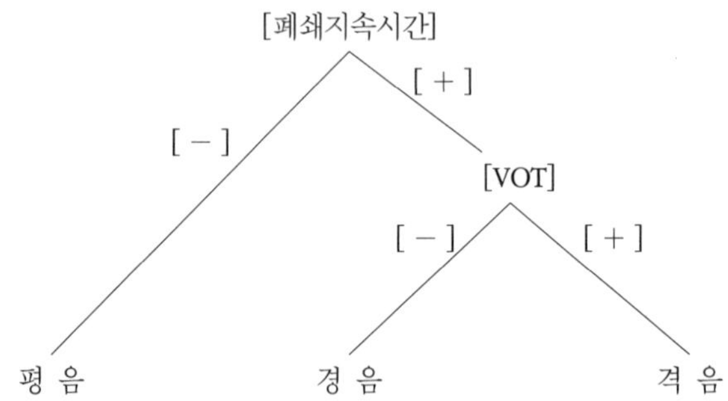

그런데 국어 폐쇄음의 음성적 특징에 관하여 Kim Chin Woo(1965)에서 구체적으로 논의된 바가 있다. Kim Chin Woo(1965)에서는 국어 폐쇄음의 중요한 음성적 특징으로 tensity와 VOT(또는 Vocing lag)14)를 내세우면서 본고의 폐쇄지속시간으로 드러나는 tensity가 1차적으로 중요한 특징으로 작용하며 그 다음에 VOT가 중요한 변인으로 작용하는 것으

---

13) 전통적으로 유기성은 성문마찰음으로 정의되어 왔으나 Kim Chin-Woo(1970 : 111)에 따르면 이러한 정의는 잘못된 것임이 분명하다. 즉 성문마찰음이 되려면 성문의 협착이 있어야 할 텐데, 유기성이 많으면 많을수록 성문은 더 크게 열려지며, 'ㅎ'을 수반하는 소음(turbulence)도 성문에서 만들어지는 것이 아니라 후행하는 모음을 조음하기 위해 협착하는 조음점에서 만들어지기 때문이다. 이러한 특징에 근거하여 Lisker & Abramson(1964)에서는 'ㅎ'의 조음적 특징이 후행모음을 조음하기 위해 후두의 근육이 좁혀져서 성문이 얼마나 열리느냐에 따라 후두근육의 통제에 의한 성문 개방의 시간과 관련되는 것으로 간주하였고 Kim Chin Woo(1970)에서는 성문 개방의 크기와 관련되는 것으로 간주하였다.

14) [t˺]의 탈락의 이유를 굳이 폐쇄지속시간으로 보지 않고, 경음을 조음하는 데 걸리는 시간의 전체 길이 때문이라고 할 수도 있다. 그러나 경음이나 격음의 전체 조음 시간이 긴 이유는 그 폐쇄지속시간 때문이며, 또한 폐쇄나 파열은 이미 다른 음성적 변별 기준으로 기능하는 것으로 보이기 때문에 경음, 격음 앞에 있는 자음 탈락의 음성적인 동기화를 폐쇄지속시간에 두더라도 문제가 없을 것으로 생각된다.

로 간주하여 이들이 순차적으로 위계화되어 있는 것으로 보았다는 점에서 우리의 논의와 큰 차이가 없다.15)

　tensity는 언어학이나 음성학에서 전통적으로 자음의 한 분류 기준으로 사용되어 왔을 뿐 아니라 국어학에서도 경음의 음성적 특징을 드러내는 기준으로 사용되어 왔다. 그러나 지금까지 논의된 국어 폐쇄음과 관련된 현상에 음성적 특징의 내용이 분명하지 않은 tensity로서 음성적 동기화를 부여하기 어려울 뿐 아니라, 폐쇄음의 또 다른 음성적 특징인 VOT와 그 척도가 같지 않기 때문에 우리는 tensity 대신에 폐쇄지속시간을 중요한 음성적 특징으로 택하기로 한다. 다시 말해서 경음, 격음 앞에 내파화된 자음이 수의적으로 삽입되거나 탈락되는 현상의 음성적 동기화를 tensity에서 찾기 어려울 뿐만 아니라, 자음들의 조음과정에서 일어나는 특정 조음의 시간을 그 기준으로 삼고 있는 VOT와 달리 tensity는 조음의 세기를 그 기준으로 삼고 있기 때문에 tensity와 VOT라는 각기 다른 기준 위에서 설정되었다는 문제가 있다. 이러한 난점은 tensity 대신에 폐쇄지속시간을 택함으로써 해결될 수 있다. 즉 폐쇄지속시간을 택하면 국어 폐쇄음의 분화가 폐쇄음의 조음에 필요한 폐쇄, 지속, 파열이라는 조음과정에서 이루어지는 특정의 조음특징을 가지는 시간 길이의 차이에 기인한다고 설명할 수 있으며 폐쇄음과 관련하여 일어나는 여러 음운현상을 '시간'이라는 동일한 기준 위에서 기술할 수 있게 될 것이다.

---

15) 이러한 관점에서 마찰음 'ㅅ'이 왜 격음을 가지지 못하는 지도 이해할 수 있을 듯하다. 'ㅅ'은 혀의 끝 부분과 치조 부근에서 극도의 좁힘이 이루어진(또는 약간의 기류가 있는) 상태에서 혀의 양 옆으로 공기가 흐르게 되는데, 이 공기의 흐름 때문에 파열 순간이 의미 있는 요소로 작용하지 못하는 것으로 간주되는 것이다. 단지 근육의 긴장을 수반하는 후두폐쇄의 지속시간만이 경음을 변별할 수 있는 의미 있는 요소로 작용하는 것으로 보인다. 이러한 음성적인 특징에 의해 'ㅅ'의 격음이 빈칸으로 남게 된다고 할 수 있다.

결국 국어의 폐쇄음은 다음과 같은 조음 과정에 의해 구분된다고 할 수 있다.

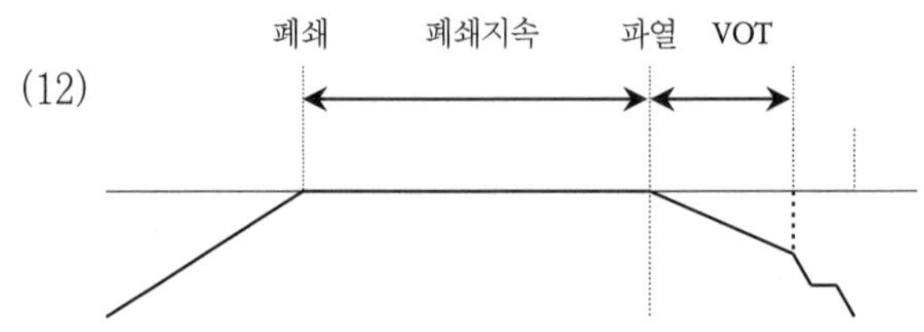

즉 도표 (12)와 같은 폐쇄음의 조음과정에서 폐쇄를 통하여 비음과 구강음(그리고 폐쇄되는 위치에 따른 음)으로 나뉘고, 구강음은 폐쇄지속시간에 의하여 격음, 경음과 평음으로 나뉘며, 그리고 격음과 경음은 VOT에 의해 나뉜다고 할 수 있다.

이제 폐쇄음의 음성적 특징, 즉 폐쇄지속시간과 VOT가 국어의 화자들에게 어떻게 포착되고 있는지를, 격음과 관련하여 나타나는 근대국어의 다양한 표기를 통해 살펴보기로 한다.

근대국어 시기에 격음과 관련된 다양한 혼기는 다음과 같은 세 가지 유형이 있다.

(13)

	곡　용	활　용
유형(1)	겨틔, 비체, 알픠, 녀크로	노희, ᄀᆞ트니, 자피다
유형(2)	겻틔, 빗체, 앏픠, 녁크로	놉피, ᄌᆞ트니, 잡피다
유형(3)	겻희, 빗헤, 앏히, 녁흐로	놉히, ᄌᆞ흐니, 잡히다

유형(1)은 하나의 격음을 하나의 문자소grapheme로 표기한 것이고, 유형(2)와 (3)은 하나의 격음을 두 개의 문자소로 표기한 것이다. 유형(2)와 (3)은 두 개의 문자소로 하나의 격음을 표기하고 있다는 점에서 동일

하지만, 유형(2)는 앞 음절의 종성 위치에 해당 격음과 동일한 위치에서 조음되는 평음자를 쓰고 뒤의 음절 초성의 위치에 해당 격음을 쓴 데 반해, 유형(3)은 앞 음절의 종성 위치에 격음과 동일한 위치에서 조음되는 평음자를 쓰고 뒤의 음절 초성의 위치에는 'ㅎ'을 씀으로써 해당 격음이 표기로 나타나지 않았다는 점에서 다르다.

유형(1)은 15세기 표기법에 따라서 쓴 것인데, 근대국어 시기로 올수록 유형(2)와 (3)의 표기가 많아지게 된다. 유형(2)는 홍윤표(1985)에서 지적한 대로 문법적으로는 어간 의식에 기인하며, 음성적으로는 파열음의 폐쇄지속의 시간이 앞 음절의 종성에 표기된 것이다. 이들 표기 유형(2)에 대한 홍윤표(1985)의 해석은, 폐쇄음의 음성적 특징에 바탕을 두고 내린 현상 (1)′, (2)′, (3)′에 대한 우리의 주장과 일치한다. 유형(3)은 곽충구(1980)에서 "격음을 재음소화하는 인식과 동일한 근거에서 각각의 격음을 해당 폐쇄음과 'ㅎ'으로 분석한" 표기로 설명된 예들이다. 그러나 유형(3)을 재음소화적 표기로 보는 데에는 문제가 있다. 즉 유형(3)에 제시되어 있는 '빗헤'의 경우, 표기상의 'ㅅ'과 'ㅎ'을, 음성적으로 [t˺]와 [h]로 분석한다고 하여 'ㅊ'이 나올 수는 없기 때문이다.

우리는 유형(3)의 예들에 있어서, 유형(2)에 대한 설명과 마찬가지로 앞 음절의 종성 위치에 표기된 평음자는 폐쇄의 지속시간을 포착한 것으로 보는 것이 일관된 설명력을 가질 것이다. '빗헤'의 경우에도 'ㅊ'이 폐쇄되는 조음 위치와 그 지속을 'ㅅ'으로 나타내고 파열 이후의 VOT를 'ㅎ'으로 표기한 것으로 설명할 수 있다. 흔히 파열 후의 무성의 시간대인 VOT는 aspirate 또는 [h]로 인식되기 때문에, 그리고 경구개 위치에서 폐쇄되는 음절말의 'ㅊ'을 표기하려면 'ㅅ'을 이용하는 수밖에 없었을 것이기 때문이다.16)

결국 근대국어 시기에 나타나는 표기의 유형(1), (2), (3)은 격음의 조음시에 필수적인 폐쇄, 폐쇄의 지속, 그리고 파열과 VOT라는 음성적 특징을 표기에 반영하는 방법상의 유형으로 간주된다.[17) 유형(1)은 (14)와 같이, 폐쇄에서 파열의 순간까지 하나의 격음자로 표기한 것이다.

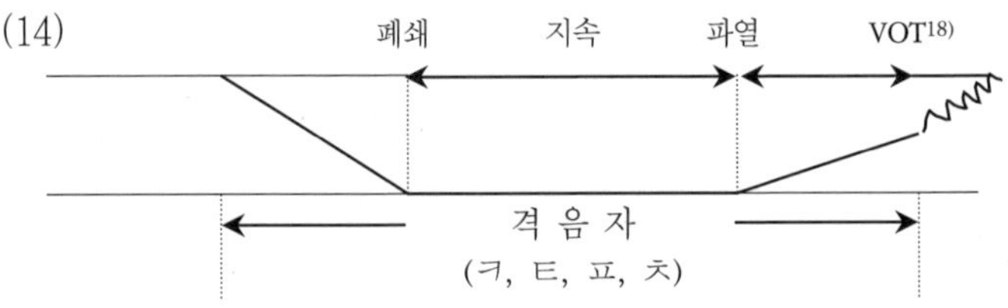

유형 (2)는 (15)와 같이, 폐쇄되고 나서 지속되는 부분을 격음에 선행하는 음절의 받침으로 표기하고, 파열의 순간부터 성대 진동이 이루어지는 무성의 시간대를 격음자로 표기한 것이라고 할 수 있다.

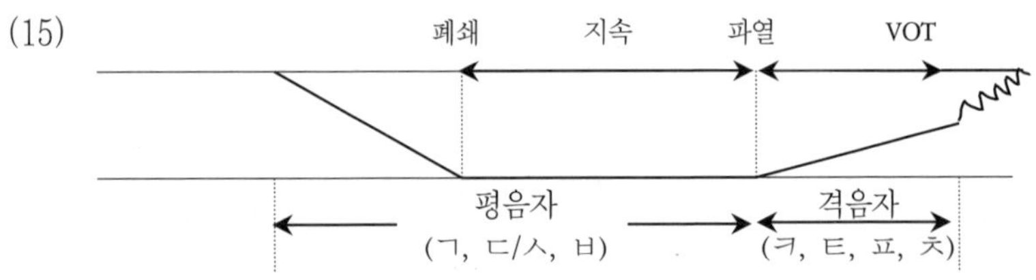

---

16) Lisker & Abramson(1964), Kim Chin Woo(1965, 1970), 표진이(1978) 등에서는 VOT를 [h]로 나타내고 있는데, 이들 논의에서는 'ㅎ'이 무성의 시간대에 상당히 크게 열린 성문에서 소음을 수반하기 때문에 만들어지는 것으로 간주하고 있다. 'ㅎ'의 특성에 대해서는 각주(14)를 참조.

17) 이 세 유형의 표기가 근대국어 시기에 나타난다고 해서 우리의 음성적 특징에 의한 폐쇄음의 분화가 근대국어 시기에 일어났다고 하는 것은 아니다. 15세기의 표기에는 규범성이 개재하며, 그러한 규범성의 개입에 의해 유형(1)의 표기가 일반적인 표기로 채택된 것으로 간주되기 때문이다.

18) VOT(Voice Oneset Time)는 무성의 시간 길이로써, 폐쇄음이 파열하고 난 이후 그 다음에 오는 모음을 조음되는 순간까지의 간격을 의미한다.

그리고 유형(3)은 (16)과 같이, 폐쇄의 순간부터 파열되는 순간까지를 격음의 선행 음절의 받침으로 표기하고 파열된 후에 성대 진동이 이루어지는 무성의 시간대를 'ㅎ'으로 표기한 것이라고 할 수 있다.

(16)

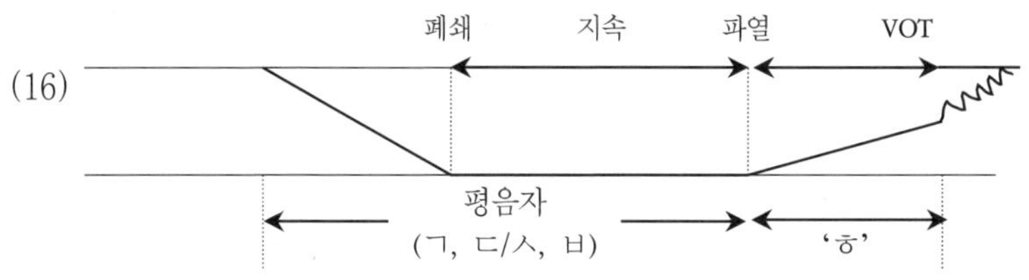

4. 폐쇄음의 음성적 특징과 관련된 현상

음성적 특징은 변별되는 소리군을 나누는 분류학적인 작업의 바탕으로서 필요할 뿐 아니라, 음운현상 특히 음성적 동기화를 갖는 음운현상을 설명하기 위해서도 필요하다. 이러한 관점에서 4장에서는 우리가 설정한 국어 폐쇄음의 음성적 특징이 국어 폐쇄음과 관련된 여러 현상들에 어떻게 반영되고 있는지를 검토하기로 한다.

먼저 영어 폐쇄음과 국어 폐쇄음의 대응관계를 통하여 서로 다른 언어 체계에서 하나의 음소에 속하는 음들이 어떻게 인식되어 재분류되었는가를 검토해 보기로 한다.

(17) bond : [뽄드], dam : [땜],　　game : [께임], gum : [껌]
　　　 bar : [빠],　　dance : [땐스], jam : [쨈],　　jump : [쩜프]

    (18) pen : [펜],   stand : [스탠드],   spike : [스파이크]
           spin : [스핀],   top : [톱],   percent : [퍼센트]

    어두의 위치에서 (17)의 예들은 영어의 유성 자음이 국어의 경음에 대응하며, (18)의 예들은 영어의 무성 자음이 국어의 격음에 대응하고 있음을 보여주고 있다. 피상적으로 생각하면 영어의 어두에 있는 자음이 유성음이든 무성음이든 국어의 평음에 대응되어야 할 것 같은데, 실제로는 영어의 어두에 있는 유성 자음은 국어의 경음에, 무성 자음은 국어의 격음에 대응되고 있는 것이다. 어중에서는 또 다르다. (19)의 예에서처럼 영어의 어중 유성 자음은 국어의 평음에, 그리고 (20)의 예에서처럼 영어의 어중 무성 자음은 국어의 격음에 대응된다.

    (19) bond : 뽄드,   cord : 코드,   stand : 스탠드
           band : 뺀드,   eagle : 이글,   carbine : 카빈

    (20) stand : 스탠드,   spike : 스파이크, jump : 쩜프
           percent : 퍼센트, tent : 텐트,   tape : 테이프

    이렇게 영어와 국어의 폐쇄음은 음소 대 음소로 대응하는 것이 아니라, 각각의 음소가 분포하는 위치와 그 음성적 특징에 따라 다양하게 대응한다. 이들 대응을 [유기성]과 [긴장성]이라는 음성적 특징만으로 설명하기는 어려운 것으로 보인다.

    영어의 어두 무성폐쇄음이 국어의 격음에 대응되는 사실은, 영어의 무성폐쇄음이 영어에서 갖는 VOT의 특성으로 설명될 수 있을 듯하다. 영어 어두의 무성폐쇄음은 영어에서 VOT가 가장 길기 때문에 그 VOT의 길이

에 대한 인식으로 국어의 화자들은 격음에 대응시키는 것으로 간주되는 것이다. 영어의 어중 무성폐쇄음은 국어의 어중 평음이 영어의 유성음에 대등된다는 사실과 관련지어 국어의 격음에 대응시키고, 영어의 어중 유성폐쇄음은 국어의 평음에 대응시키는 것이 자연스럽다. 국어의 평음은 유성음 간에서 유성음이 되므로 계속해서 vocing이 이루어지는 영어의 유성음과 같기 때문이다. 문제는 영어의 어두 유성자음이 국어의 경음에 대응되고 있다는 사실이다. 영어의 어두유성음은 성대가 접근된 채 진동하는 상태가 계속되는 음이다. 이러한 VOT 특성을 갖는 영어의 어두 유성음은, 유성음이 어두음으로 존재하지 않는 국어에서는 파열 후 성대 진동이 가장 빨리 시작되는 경음에 가까운 음으로 인식되기 때문에 국어의 경음에 대응된다고 설명할 수 있다.19)

이러한 음성적 특징의 기반 위에서, 훈민정음 창제시에 한자어와 고유어에 모두 사용되었던 각자병서의 음가 추정에도 유사한 설명을 할 수 있

---

19) 이숭녕·김완진(1987 : 534)에서는 영어에 대한 이러한 발음 경향이 "19세기말 또는 20세기 초엽에 영어를 배웠던 세대의 인식, 즉 영어의 유성음 g, d, b는 국어의 경음 'ㄲ, ㄸ, ㅃ'에 일치한다는 인식과 맥을 같이하는 것으로 보인다."고 하면서 "이들 g, d, b를 수용한 외래어라 해서 그 현실 발음이 모두 경음 일색인 것은 아니라는 점에 주의할 필요가 있다."고 지적하고 있다. 근래에는 영어계 외래어가 물밀듯이 유입되고 그러한 유입과정이 당시의 상황과는 다른 것으로 간주되기 때문에 19세기 말 또는 20세기 초엽에 영어를 배웠던 세대의 인식이라 하더라도 그러한 대응은 영어와 국어의 폐쇄음에 대한 인식을 밝히는 데에는 하나의 경향으로서 받아들여질 수 있을 것이다.
또한 이숭녕, 김완진(1987 : 535)에서는 "영어에 대해서 경음을 지키는 사람이라도 일본어의 유성음 g, d, b에 대해서는 결코 같은 태도를 보이는 일이 없으며 일본어의 유성음과 영어의 유성음 사이에 유표한 음성차가 인지되는 것이 아니고 보면 무언가 다른 데에 원인이 있을 것이라고 본다."고 지적하고 있다. 동일한 폐쇄음에 대해서 프랑스어에 대한 국어 화자들의 태도는 다른 것을 볼 수 있기 때문에 동일한 유성음이라 하더라도 그 음이 해당언어의 자음 체계 내에서 가지는 음성적 특징에 대한 인식이 아울러 검토된다면, 동일한 유성음이라 할지라도 그 음의 특성에 따라 다르게 받아들이는 국어화자들의 인식 태도가 밝혀질 수도 있으리라 생각한다.

는 것으로 보인다. 동국정운식 한자음을 표사하는 데에 사용된 각자병서
는 중국어의 유성음에 대응되기 때문에 유성음으로, 그리고 고유어에 사
용된 각자병서는 국어의 경음에 해당되기 때문에 경음으로 그 음가를 추
정할 수 있을 것이다. 다시 말해 당시의 각자병서가 중국 운서음으로는 유
성음이라 하더라도 그 유성음을 국어의 자음체계에서 본다면 경음으로 간
주해야 할 것이다.

VOT가 국어의 개별 폐쇄음의 분화, 즉 음소들의 계합관계에 중요한 역
할을 하고 있다면, 폐쇄지속시간은 음과 음, 음절과 음절, 형태소와 형태
소간, 즉 음소들의 통합관계에 중요한 역할을 하는 것으로 보인다.

폐쇄지속시간과 관련하여 'ㆆ'의 표기가 우리의 관심을 끈다. 'ㆆ'는 음절
의 초성이나, 모음 사이에서는 사용되지 않으면서 (21)과 같이 관형형 어
미(또는 동명사어미) 다음이나 '사이시옷'의 위치에 쓰였기 때문에 음가
[ʔ]인 된소리 기호로 간주되어 왔다(이숭녕, 1961/1982).

(21) 홇배이셔도(훈민정음),　홇 ᄠᆞ르미니라(훈정), 뿛 디면(훈정),
　　　건너싫 제(용가 18장),　갏 길히(용가 19장),　누리싫 제(용가 110장),
　　　하눓ᄠᅳ디시니(용가 4장), 눓ᄠᅳ들(용가 86장),　선고ㆆᄠᅳᆮ(용가 12장),
　　　쾌ㆆ자(훈정),　　　　　　보ㆆ자(훈정),　　　　허ㆆ자(훈정)

그런데 'ㆆ'를 순수히 된소리 기호로 간주한다면 'ㆆ'에 대한 음가를 설정
하는 그 자체에 문제가 있다. 즉 'ㆆ'가 된소리 기호라면 'ㆆ'가 형태론적인
기능을 가지는 것은 아니므로 'ㆆ'로 인해서 그 다음에 오는 형태소의 두음
이 경음으로 된다고 할 수도 없으며, 또한 'ㆆ+평음'이 경음으로 실현된다
고 할 수도 없기 때문이다. 'ㅭ'이라는 동일한 구성을 갖는 '몯ᄒᆶ 노미'(훈
정)와 같은 예의 'ㆆ' 다음의 'ㄴ'이 경음으로 실현되리라고 기대할 수는 없

기 때문에 결국 'ㆆ'가 음가 [ʔ]를 가지는 것으로 보려면 'ㆆ' 앞뒤의 환경을 상호 관련하여 논의를 전개할 수밖에 없을 것이다.

이러한 맥락에서 우리는 선행어와 후행어의 형태·통사적인 관계에서 경음화 규칙이 적용되어 만들어지는 경음의 음성적 특징 때문에 'ㆆ'가 표기된 것으로 간주한다. 즉 관형형 어미 'ㄹ' 다음이나 '사이시옷'이 개재하는 환경에는 경음화 규칙이 적용되는 환경이고, 경음화 규칙이 적용되어 만들어지는 경음을 조음할 때 그 경음과 관련되는 음성적 특징이 'ㆆ'로 표기된 것으로 보고자 하는 것이다. 여기서 경음의 음성적 특징은 폐쇄지속시간이라 할 수 있다.

이러한 우리의 주장은 다음의 예들에 의해 지지받을 수 있다.

(22) 시혹 얽ᄏᆐ매 나ᄅᆞᆯ 득ᄒᆞ며(능엄경언해 1 : 17a)
생멸 아니ᄒᆞᄂᆞᆫ 성은 얽ᄏᆔ메 잇ᄂᆞ니(능엄경언해 2 : 3b)
두려이 멸ᄒᆞ시니라 잀ᄏᆞᄌᆞ오니(능엄경언해 4 : 59)

(22)의 예들을 단순한 표기상의 오류로 보지 않는다면 이 예들은 'ㆆ'를 된소리 기호로 볼 수 없게 하는 증거가 되는 동시에 'ㆆ'의 표기가 폐쇄지속시간과 관련된다는 견해를 뒷받침해 주는 근거가 된다고 할 수 있다. '얽ᄏᆐ매'나 '얽ᄏᆔ메'는 모두 '얽-'에 피동접미사 '-히-'와 동명사어미 '-옴/움-'이 결합된 형태인데 여기에 나타나는 'ㆆ'를 된소리 기호로 간주할 수는 없을 것이다. 그렇다면 여기에서의 'ㆆ'는 '얽-'의 'ㄱ'과 피동접미사 '-히-'의 두음 'ㅎ'이 격음화를 일으킨 결과로서 나타난 'ㅋ'의 음성적 특징과 관련하여 설명되는 것이 합리적일 것으로 생각된다. '잀ᄏᆞᄌᆞ오니'의 일반적인 표기도 '일ᄏᆞᄌᆞ오니'인데 'ㅋ' 앞에서 'ㆆ'이 나타나는 예로서 동일하게 설명될 수 있다. 즉 격음의 폐쇄지속시간이 길기 때문에 선행음을 내파화시키면

서 'ㅋ'의 조음을 준비하는 음성적 특징이 'ㅎ'의 표기로 나타난 것이라고 할 수 있다. 이러한 관점에서 'ㅎ'는 선행어의 말음을 내파화시키는 음성적 특징을 반영한 것이라고 할 수 있으며 선행어의 말음을 내파화시킴으로써 자동적으로 적용되는 경음화 규칙에 의해 그 후행어의 두음이 경음으로 실현된다고 할 수 있다.

이러한 관점에서 훈민정음과 용비어천가에서 '사이시옷'의 위치에 선행어의 말음이 불청불탁자인 경우 동일한 조음 위치(아음, 설음, 순음, 후음)의 전탁자로 표기하였던 방안도 이해할 수 있다.

(23) 내종ㄱ소리(훈정),　홍ㄱ자(훈정),　형ㄱ뜨디(용가 8장),
　　　군ㄷ자(훈정),　탄ㄷ자(훈정),　몃간ㄷ지븨(용가 110장),
　　　담ㅂ자(훈정),　침ㅂ자(훈정),　사람ㅂ뜨디리잇가(용가 15장),
　　　두ㅸ자(훈정),　담ㅸ자(훈정),　선고ㅎ뜯(용가 12장),
　　　쾌ㆆ자(훈정),　보ㆆ자(훈정),　허ㆆ자(훈정).

(23)의 예들은 쾌ㆆ자, 보ㆆ자, 허ㆆ자에서 보듯이 (21)의 예들과 동일한 특징을 가진다. 단지 차이는 이러한 표기를 보이는 예들은 대체로 선행어가 한자어에 한정된다는 것과 그 선행어의 말음에 따라 그 다음에 개재하게 되는 문자소가 결정된다는 점이다. 따라서 (23)의 예들도 (21)의 예들과 같이 폐쇄지속시간과 관련된 내파화의 표기라고 할 수 있다. 즉 (21)의 예들과 같이 폐쇄지속시간과 관련된 내파화의 표기인 것으로 추정되는 것이다. 다시 말하면 (21)의 예들은 선행어가 모음이나 'ㄹ'로 끝나므로 'ㆆ'를 사용했지만, 다양한 조음위치의 음들로 끝나는 (23)의 경우에는 그 선행하는 폐쇄음의 위치에서 내파화가 이루어지고 내파화가 이루어지는 위치를 해당 문자소가 보여주도록 했다는 것으로 간주되는 것이다.

(21), (23)과 유사한 다음과 같은 예도 동일한 입장에서 설명할 수 있다.

(24) 원ㅈ자(원각경 상 2지2 : 31a), 자ㅈ자(원각 상 2지2 : 51b),
   견ㅈ자(원각 상 2지2 : 69a).

(21), (23)의 예들이 선행어의 말음과 관련되지만, (24)의 예들은 후행어의 두음과 관련된다는 점에서 다르다. 그러나 (24)의 예들도 경음과 관련된다는 점에서는 (21), (23)과 동일하다. (24)의 예들은 '자'자가 경음으로 실현되어, 즉 'ㅈ'이 조음되는 위치에서 폐쇄되어 그 지속되는 시간이 길기 때문에 '사이시옷'이 쓰일 자리에 후행하는 'ㅈ'을 씀으로써 'ㅈ'이 내파되는 것을 나타내고 그리하여 그 다음의 소리가 경음화되는 것으로 나타내기 위해 쓴 것으로 추정되는 것이다. 그러므로 우리의 입장에서는 (24)와 같은 예들도 경음의 폐쇄지속시간이 길기 때문에 후행어의 조음 위치에서 폐쇄되는 경음의 조음적 특성이 표기에 반영된 것으로 이해한다.

우리는 여기서 어두자음군의 발달 과정에 대한 논의에서 'ㅂ'계와 'ㅄ'계의 소멸 과정을 상이하게 기술하고 있다는 점에 주목하게 된다. 15세기에 존재했던 'ㅂ'계 어두자음군은 17세기 초에 된소리로 변해 갔고 'ㅂ'계의 어두자음군은 'ㅂ'이 탈락하여 된소리로 되었다(이기문, 1955 : 홍윤표, 1986)는 설명이 그것이다. 구체적으로 말해서 'ㅂ'계에서는 첫 자음 'ㅂ'이 뒤에 오는 자음에 동화된 것으로, 'ㅄ'계에서는 'ㅂ'이 탈락한 것으로 기술하고 있는 것이다.

'ㅄ'계의 'ㅂ'이 탈락한 것으로 보는 주장은 'ㅅ'계가 경음으로 실현되었기 때문에 무리 없이 설명될 수 있는 것으로 보인다. 경음이나 격음 앞에서 장애음이 탈락하는 현상은 특이한 것으로 보이지 않기 때문이다. 경음이나 격음 앞에서 장애음이 탈락하는 이유는 경음이나 격음을 조음하는 데 걸리는 시간이 평음보다 길기 때문인 것으로 보인다. 15세기의 'ㅂ'계 어두자음군의 'ㅂ'이 파열된 [p]였는지, 내파된 [pㄱ]였는지가 먼저 검토되어야 하겠지만, 우리는 'ㅂ'이 후행하는 자음 앞에서 내파화된 시기가 있었다면 'ㅂ'계의 'ㅂ'도 'ㅄ'계의 'ㅂ'과 동일하게 탈락한 것으로[20] 보아야 합리적인 기술이 될 것으로 생각한다.[21] 'ㅂ'이 그 뒤에 오는 자음에 동화된다고 할 때 그 음성적 동기화를 찾기가 어렵고, 변자음화로 설명될 수 있는 변화도 아니기 때문이다.

'ㅂ'계, 'ㅄ'계의 사적인 변화와 마찬가지로 '미쯔봐', '마쯔봐', '조쯔봐' 등의 도출 과정도 동일하게 설명할 수 있을 것으로 보인다. 이 예들은 각각 '믿-+-줗-+-아', '맞-+-줗-+-아', '좇-+-줗-+-아'로 분석되는데, 이 예들은 음절말 'ㄷ, ㅈ, ㅊ'이 [tㄱ]로 중화를 겪고 난 후 경음화 규칙에 의해 뒷자음이 경음으로 바뀌고 [tㄱ]는 탈락한 것으로 간주되기 때문이다. 여기에서 일어나는 [tㄱ] 탈락도 경음의 긴 폐쇄지속시간이 음성적으로 동기화된 것으로 보인다.[22]

이러한 현상은 근대국어 시기에 나타나는 어간말 'ㅺ'의 'ㄲ'으로의 재구조화 과정에서도 찾아볼 수 있다.

---

20) 종래 변자음화 현상으로 보았던 일련의 현상을 우리는 동화현상으로 보는 것이 아니라 경음이나 격음 앞에서 내파음이 탈락되는 현상으로 파악한다. 이에 대해서는 후술 참조.
21) 이러한 견해를 오정란(1989)에서도 볼 수 있다. 그러나 'ㅲ'의 'ㅂ'과 'ㄷ'의 음운론적 강도는 'ㅂ'이 강한 자음이므로 [tㄱ] 앞에서 음운론적 강도가 큰 [pㄱ]가 탈락할 수 있느냐 하는 문제가 남는다.
22) 이 예들은 15세기 국어의 음절말 'ㄷ, ㅈ, ㅊ'이 [tㄱ]로 실현되었다는 증거로 보아도 좋을 듯하다. 음절말에서 'ㄷ, ㅈ, ㅊ'이 [tㄱ]로 중화되지 않았었다면 이런 경음화 현상은 불가능했으리라 여겨지기 때문이다. 15세기 국어의 음절말 'ㄷ, ㅈ, ㅊ('ㅈ, ㅊ'은 당시의 표기로 'ㅅ')'은 이미 [tㄱ]로 실현되었고, 음절말 'ㅅ'은 [s]로 실현되었으리라는 논의에 대해서는 김주필(1988)을 참조.

(26) 복가(벽온 : 4), 싹기를(마경하 : 68), 석거(경민편 : 29),

　　역글(왜 : 43),　쩌글(왜 : 38),　　　닥가(동문하 : 60).

이 예들은 15세기에 모음으로 시작하는 어미 앞에서 '봇ㄱ-, 갓ㄱ-, 섯ㄱ-, 엿ㄱ-, 젓ㄱ-, 닷ㄱ-'으로 실현되던 용언들인데 17세기경부터 (26)과 같이 'ㄱ' 앞의 'ㅅ'이 'ㄱ'으로 바뀌어 나타나기 시작하는 것이다(전광현, 1969). 이렇게 모음으로 시작하는 어미 앞의 어간 형태가 바뀌는 것은 'ㄳ'을 어간 말음으로 가졌던 어사들의 재구조화 과정에 중요한 변화로 간주되고 있다.

종래, 이러한 변화 현상은 자음동화, 좀 더 구체적으로 말하면 변자음화에 의하여 설명되어 왔다. 즉 음절 경계를 사이에 두고 실현된 -t\$k-가 -k\$k-로 변화된 것으로, 이러한 변화는 자음의 음운론적 강도에 의해 [+grave]의 변자음이 [−grave]의 자음을 변자음화시키는 규칙에 따라 어간의 말음이 바뀌게 되었다는 것이다(곽충구, 1980). 그러나 이러한 접근 방법에는 변자음화를 적용시키는 환경에 있어서 문제점이 제기된다. 구체적으로 국어의 변자음화가 평음 앞의 환경에서도 일어날 수 있는가 하는 것이 그 문제점으로 드러나는 것이다. 적어도 현대 국어 무성폐쇄음과 관련된 변자음화 현상은 경음과 격음 앞에서만 적용되는 것으로 보이기 때문이다.

그런데 다음의 예들은 역사적으로도 이들 변화가 평음 앞에서의 변자음화가 적용된 것이 아니라는 사실을 보여 준다.

(27) 못끌속(천자문 : 41b),　　닷질슈(천자문 : 41a), 랏질됴(천자문 : 39b)

　　갓까올근(천자문 : 30b),　맛쌍당(천자문 : 11b),　잇끌로(천자문 : 29b)

(27)의 예들은 'ᄮ'이 바로 'ㄲ'로 바뀌는 것이 아니라 'ㅅ' 다음에 'ㄱ'이 경음으로 바뀌는 시기가 있었음을 보여준다. 이러한 자료를 기반으로 하면 음절말 'ㅅ'이 [t⌐]로 중화되어 그 다음에 오는 'ㄱ'이 경음화된 다음 경음 [k′] 앞에서 [t⌐]가 탈락하였다고 추정하는 것이 'ᄮ'의 변화를 합리적으로 이해한다고 할 수 있다. 이러한 변화 과정은 경음의 음성적 특징, 즉 경음의 폐쇄지속시간과 관련된 내파장애음 탈락과 동일한 현상으로 기술될 수 있기 때문에 일반성이 포착된다고 할 수 있다. 말하자면 국어의 변자음화는 경음이나 격음 앞에서 일어나는 현대 국어의 내파장애음 탈락과 다르지 않은 것으로 간주하는 것이 국어사에서도 바람직한 것으로 간주되는 것이다.

마찬가지로 다음과 같은 예들의 재구조화 과정도 동일하게 설명될 수 있을 것으로 보인다.

(28) 엇게>어께,　　　엇더->어떠-,　　　곳갈>고깔(또는 꼬깔),
　　　밧고다>바꾸다,　　갓갑다>가깝다,　　붓그럽다>부끄럽다,
　　　갓브다>가쁘다,　　깃브다>기쁘다,　　앗기다>아끼다.

이러한 관점에서 종래 자음동화현상의 일종으로 기술되어온 변자음화 현상도 격음, 경음의 음성적 특징과 관련하여 논의될 수 있는 것으로 보인다. 즉 변자음화 현상을 음성적 동기화를 가지지 않는 위치 동화로 간주하는 것보다는 격음과 경음의 폐쇄지속시간과 관련되는 내파장애음 탈락 현상으로 보는 것이 더 합리적인 해석으로 간주되는 것이다.

먼저 이병근(1978)에서 논의된 예들을 검토해 보기로 한다.

(29) ㄱ. 낮(낯, 낱)보다 → 낟보다 → 낟뽀다 → 납뽀다(···나쁘다)

　　밭보다 → 받보다 → 받뽀다 → 밥뽀다 → (…바뽀다)
　ㄴ. 받고 → 받꼬 → 박꼬(…바꼬)
　　밭가지 → 받까지 → 박까지(…바까지)
　ㄷ. 밥까지 → 박까지(…바까지)

　(29ㄱ)은 [−grave]인 중자음들 즉 치음 및 경구개음들이 [+grave]인 전부변자음인 순음에 의하여 순음으로 동화되는 것으로 기술되어온 전부변자음화의 예이고, (29ㄴ)과 (29ㄷ)은 [−grave]인 중자음뿐만 아니라 [+grave]의 전부변자음인 순음이 [+grave]의 후부변자음인 연구개음에 동화되는 것으로 기술되어온 후부변자음화의 예이다. 이러한 예들은 국어 자음동화의 방향은 비가역적인 역행동화만이 가능하고 그 역행동화에는 [+grave]를 매개변수로 하는 자음의 조음점에 따른 음운론적 강도가 중요한 역할을 하고 있음을 보여준다(이병근, 1972). 그 음운론적 강도는 '후부변자음>전부변자음>중자음'의 순서이다.

　그런데 여기에서의 문제는 위의 예들이 동화현상을 보여준다고 할 때, 그 동화현상은 음성적인 동기화를 가지고 있지 않다는 것이다. 위의 현상을 동화로 간주한 이유는 [신문]~[심문], [신보다]~[심보다]와 같은 비음과 폐쇄음의 연결에서 보여주는 일련의 현상 때문이었는데, 사실 비음은 구강폐쇄음과 음성적인 특징이 다르기 때문에 폐쇄음간에 일어나는 현상과 비음이 관련되어 일어나는 현상은 반드시 같다고 할 수는 없을 것이다. [신문], [심문]의 동화현상은 영어의 il-, in-, im-에서와 같이 보편적인 현상이지만 (29)와 같은 현상은 보편적으로 찾아보기 어렵고, 국어에서 특이하게 나타나는 현상인 것이다. 말하자면 (29)와 같은 현상은 경음과 직접적으로 관련되며 그리하여 경음의 음성적 특징과 함께 고찰하는 것이 타당한 접근 방법으로 간주되는 것이다.

우리는 (29)와 같은 현상은 경음과 관련된다는 점에서 내파장애음 탈락 현상으로 보는 것이 일반성을 포착할 수 있는 것으로 생각한다. (29)에서 동화가 일어나는 것으로 보았던 예들은 내파화된 폐쇄음이 경음을 만나 그 경음의 폐쇄지속시간이 길기 때문에 수의적으로 탈락하고, 통일 조음 위치의 내파화된 자음이 삽입되는 것으로 보이는 것이다. 따라서 (30)과 같은 순서가 아니라,

(30) ㄱ. → 낟뽀다 → 납뽀다 → 나뽀다,
　　　 → 받뽀다 → 밥뽀다 → 바뽀다,
　　 ㄴ. → 받꼬 → 박꼬 → 바꼬,
　　　 → 받까지 → 박까지 → 바까지,
　　 ㄷ. → 밥까지 → 박까지 → 바까지.

(31)과 같은 순서로 기술되어야 할 것으로 간주하는 것이다.

(31) ㄱ. → 낟뽀다[natˀpʼoda] → 나뽀다[napʼoda] → 납뽀다[napˀpʼoda],
　　　 → 받뽀다[patˀpʼoda] → 바뽀다[papʼoda] → 밥뽀다[papˀpʼoda],
　　 ㄴ. → 받꼬[patˀkʼo] → 바꼬[pakʼo] → 박꼬[pakˀkʼo],
　　　 → 받까지[patˀkʼaji] → 바까지[pakʼaji] → 박까지[pakˀkʼaji],
　　 ㄷ. → 밥까지[papˀkʼaji] → 바까지[pakʼaji] → 박까지[pakˀkʼaji].

종래의 변자음화 현상을 일련의 음성적 조건에서 선행 자음이 후행 자음의 위치에 동화되는 현상이 아니라 일련의 후행 자음이 갖는 음성적 음운론적인 조건 하에서 선행 자음이 탈락되는 현상으로 간주한다고 해서 우리가 이병근(1972)의 논의에서 밝히고 있는 제약 현상을 받아들이지 않는 것은 아니라는 점이 지적되어야 할 것 같다. 즉 '집도'가 [지또]로는 되

지 않기 때문에 '중자음<전부변자음<후부변자음'의 순서로 되는 음운론적
강도는 국어 자음의 음운 현상에 여전히 관여하고 있는 것으로 보아야 하
기 때문이다. 따라서 내파화된 중자음(치음이나 경구개음)이 격음이나 경
음의 전부변자음(순음)이나 후부변자음(연구개음) 앞에서, 그리고 내파화
된 전부변자음(순음)이 후부변자음(연구개음) 앞에서 탈락하는 것으로 보
아야 할 것이다.

이러한 입장에서 우리는 국어 자음의 음운론적 강도에 따라, 격음과 경
음 앞에서 내파화된(즉 중화된) 자음이 탈락하는 현상(장애음 탈락규칙)
과 선행 음절이 모음으로 끝나고 격음이나 경음이 다음 음절의 초성일 경
우에 적용되는 동일 조음 위치의 내파화된 자음을 삽입하는 현상(내파화
된 장애음 삽입규칙)에 음성적 동기를 부여할 수 있게 된다.23)

5. 결론

이상에서 우리는 국어 폐쇄음의 중요한 음성적 특징을 검토하면서, 그
러한 음성적 특징이 국어의 다양한 표기, 음성, 음운 현상에 어떻게 관여
하고 있는지를 살펴보았다.

먼저 2장에서 용언말 'ㅎ'의 음운론적 기능을 검토하면서 종래 격음화와

---

23) 이러한 규칙과 배주채(1989)의 세 유형의 중복장애음 규칙 (즉 1) 'ㅃ, ㅍ' 앞에서 순장
애음이, 'ㄸ, ㅌ, ㅉ, ㅊ' 앞에서 치조장애음과 구개장애음이, 'ㄲ, ㅋ' 앞에서 연구개장애
음이 수의적으로 탈락하는 규칙과, 2) 모음과 'ㄲ, ㅋ' 사이에 'ㄱ'이, 모음과 'ㄸ, ㅌ, ㅉ,
ㅊ' 사이에 ㄷ이, 모음과 'ㅃ, ㅍ' 사이에 'ㅂ'이 수의적으로 삽입되는 규칙과, 3) 'ㅆ' 앞
에서 'ㄷ'이 탈락하는 규칙)이 유사하다.

관련되어 논의되기도 했던 용언말 'ㅎ→ㄷ' 현상은 격음화의 결과로서 만들어진 격음의 음성적인 특징과 관련하여 논의되어야 할 것임을 밝혔다. 즉 용언말 'ㅎ'이 그 다음에 오는 장애음이 대응하는 격음을 가지고 있으면 그 장애음과 축약되어 격음화를 일으키지만 대응하는 격음이 없는 자음이 오면 [tㄱ]로 중화되는 것으로 간주하고 종래 'ㅎ→ㄷ' 규칙과 변자음화 현상으로 설명하려 했던 현상은, 격음화의 결과 만들어진 격음의 음성적 특징과 관련하여 설명되어야 할 것이라고 주장하였다.

3장에서는 격음과 관련된 현상이 현대 국어에서뿐만 아니라 근대국어 어중 격음의 표기에도 나타난다는 사실을 포착하고 격음과 관련된 표기에 대한 기존의 논의를 바탕으로 폐쇄지속시간이 격음의 음성적 특징으로 작용하고 있는 것으로 간주하였다. 그리고 폐쇄지속시간은 평음과 달리 격음, 경음에서 큰 차이가 없다는 음성학자들의 실험 결과를 바탕으로, 그리고 격음과 관련하여 일어난 현상이 경음과 관련하여서도 나타난다는 사실을 바탕으로 격음, 경음을 평음과 차이 나게 하는 중요한 음성적 특징은 폐쇄지속시간인 것으로 간주하였다. 이어 우리는 폐쇄지속시간과 음절말 장애음의 중화 현상을 바탕으로 격음과 경음을 차이 나게 하는 조음 과정이 파열 순간 또는 파열이 일어난 다음에 있으리라 추정하고 Lisker & Abramson(1964)에서 제기된 VOT를 중요한 음성적 특징으로 간주하였다. 조음 과정에 있어서의 시간을 기준으로 동일하게 논의할 수 있는 폐쇄지속시간과 VOT는 다음과 같이 폐쇄, 폐쇄지속, 파열과 VOT라는 조음 순서대로 위계화되어 있다는 점을 지적한 후, 국어의 평음, 경음, 격음이 (32)와 같은 음성적 특징에 의해 위계화되어 분화된다고 주장하였다.

(32)

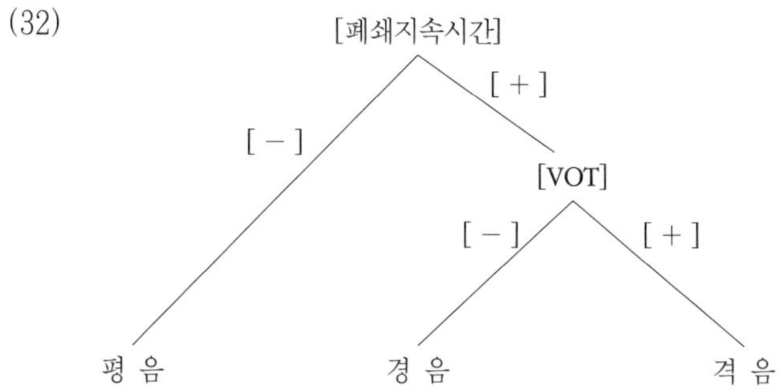

　그리고 나서 이들 음성적 특징이 구체적으로 어떻게 인식되고 있는가를 근대국어의 격음과 관련된 유형적인 표기를 통하여 방증하고자 하였다.

　4장에서는 폐쇄지속시간과 VOT라는 음성적 특징이 국어사와 현대 국어의 음성적, 음운론적 현상에 어떻게 반영되고 있는지를 검토하였다. 그 결과 VOT는 음들의 계합관계에, 폐쇄지속시간은 음과 음, 음절과 음절간, 형태소와 형태소간에서 즉 음들의 통합관계에 중요한 기능을 하고 있는 것으로 나타났다. 즉 VOT는 국어와 영어의 폐쇄음 대응관계, 15세기 각자병서에 대한 음운론적인 인식에, 폐쇄지속시간은 'ㆆ', 'ㅂ'계, 'ㅄ'계 합용병서의 변화과정, 어간말 'ㅅ'의 'ㄲ[k]'로 변화와 변자음화 등 다양한 현상들에 관여하고 있음을 알게 되었다.

　폐쇄지속시간과 VOT를 설정하면 국어 폐쇄음의 음운현상에 음성적 동기를 부여할 수 있다는 점에서도 장점을 가질 것으로 기대된다. 가령 우리의 내파장애음 탈락 규칙과 같다고 할 수 있는 배주채(1989 : 98)의 중복장애음 규칙 (ㄱ)은 (33)과 같이,

$$(33) \quad \begin{bmatrix} +\text{cons} \\ +\text{cons} \\ -\text{son} \\ \alpha\text{ant} \\ \alpha\text{cor} \\ \alpha\text{cor} \end{bmatrix} \rightarrow \varnothing/\text{-cont} \quad \begin{bmatrix} -\text{son} \\ +\text{ten} \\ \alpha\text{ant} \end{bmatrix}$$

형식화되어 있는데, 폐쇄지속시간(편의상 [cct]로 함)을 이용하면,24)

$$(34) \quad \begin{bmatrix} +\text{cons} \\ -\text{son} \\ \alpha\text{ant} \\ \alpha\text{gra} \end{bmatrix} \rightarrow \varnothing/\underline{\quad\quad} \begin{bmatrix} +\text{cct} \\ \alpha\text{ant} \\ \alpha\text{gra} \end{bmatrix}$$

로 간단하게 형식화할 수 있다.

그러나 이들 음성적 특징과 관련하여 좀더 구체적으로 진행되어야 하거나 보완되어야 할 과제는 산적해 있다. 먼저 본고에서는 어두와 어중의 폐쇄음이 차이를 가질 수 있다는 암시를 하기는 하였지만 어중과 어두에서의 폐쇄음이 그 지속시간이나 VOT에 있어서 어느 정도 다른지 구체적으로 접근하지 못하였다. 그리고 음절말 내파화된 장애음이 국어 자음 체계 내에서 차지하는 위치에 대해서도 언급을 하지 못하였다. 음성적으로는 경음에 할당하는 것이 좋을 듯하지만, 국어 화자들은 평음으로 인식하는 것으로 간주되기 때문에 음절말 내파음에 대한 독자적인 위치를 할당하는 것이 바람직한 것인지, 아니면 평음이나 경음 어느 한 계열에 소속시키는

---

24) 국어에서 coronal 자질보다 gravity 자질을 사용해야 함은 이병근(1978)을 참조.

것이 합리적인지 앞으로 논의되어야 할 것이다.

내파장애음의 삽입규칙과 탈락 규칙을 폐쇄지속시간과 관련하여 논의하면서도 그러한 규칙들에 대한 명시적이고 구체적인 설명을 제시하지는 못하였다는 점도 지적하지 않을 수 없다. 일단 그러한 규칙이 수의적으로 적용된다는 점에서, 그리고 기존의 논의에서도 유사하게 기술되어 왔다는 점에서 문제를 피할 수도 있겠지만 내파장애음 탈락 규칙은 'ㅅ'의 'ㄲ'으로의 변화에 관여하여 'ㅅ'으로 끝나는 용언어간의 재구조화에까지 영향을 끼치고 있는 것이다.

결국 국어 폐쇄음과 관련되는 제반 현상들에 대한 기술이 구체적으로, 그리고 정밀하게 논의되기 위해서는 좀 더 포괄적인 조음적, 음향적 실험이 이루어져야 할 것이다. 그리하여 그 결과를 토대로 성조에서의 모라와 같은 어떤 시간 단위가 설정될 수 있다면, 국어 폐쇄음과 관련되는 다양한 음운현상이나 제약 조건이 '시간'이라는 기준 선 위에서 합리적으로 설명될 수 있지 않을까 하는 기대를 해 본다.

2 국어의 음운현상과 음절 구조에 대한 계량적 연구*

1. 서언

1.1. 연구의 목적과 내용

본 연구에서는 국어의 음절과 음운현상을, 음절의 구조 변동과 관련하여 계량적으로 검토하고자 한다. 지금까지 국어 음절에 대한 연구는, 음운현상을 중심으로 한 음운론적 연구에서 부수적으로 다루어져 왔다. 그리하여 음절 구조의 변동을 중심으로 한 음운현상을 다룬 경우는 거의 없는 실정이다. 또한 국어의 음운현상과 음절 구조의 상호 관계를 계량적으로 검토한 연구도 찾아보기 어렵다. 국어 어휘에 대한 계량적 연구를 수행하면서 음운론적 연구를 함께 진행했던 이상억(1986, 1989a, 1989b, 1990a, 1990b)을 제외하면, 국어의 음운현상과 음절 구조에 대한 계량적 연구는 없었다고 해도 과언이 아닌 것이다.

---

* 이 글은 같은 제목으로 『인문연구』 17-1(영남대학교 인문과학연구소, 1995 : 401~427)에 수록된 논문으로서. 영남대학교 국어교육과 서종학 교수와 공동으로 집필한 것이다.

국어 자료를 계량적으로 처리한 이상억(1986, 1989a,1989b, 1990a, 1990b)의 연구는 그 주된 동기가, 음운론적인 현상이나 음절 구조를 검토하는 데에 있었던 것이 아니라, 어휘론적 접근을 하면서 이루어진 것이었다. 그리하여 연구 대상 자료로 국어사전의 표제어를 활용하였는데, 이것은 음운론적인 연구에서는 간과할 수 없는 문제점을 지니고 있다. 즉 국어사전의 표제어는 각 항목이 독립적인 형태나 기본형으로 제시되기 때문에 체언에 조사가 통합되거나 용언에 어미가 통합되면서 일어나는 다양한 음운론적 특징을 보여줄 수 없게 되는 것이다. 언어유형론적인 관점에서 첨가어에 속하는 국어의 경우, 체언의 곡용이나 용언의 활용에서 다양한 음운현상이 일어날 수 있다는 점을 고려하면, 문장 수준의 자료를 연구대상으로 하여 음운현상과 음절 구조의 상호 관계를 계량적으로 검토하는 작업이 필요하다고 할 수 있다.

음운론적인 관점에서 국어의 음운현상과 음절 구조의 변동을 관련지어 검토하려는 이 글에서는, 완결된 문장이 제시되는 초등학교 2학년에서 6학년까지의 1학기 국어 읽기 교과서를 대상 자료로 택하기로 한다. 초등학교 교과서는 대체로 기초 어휘가 포함되어 국어의 음운현상과 음절 구조의 일반적인 특성을 파악하기 위해 계량적으로 접근하는 데에 적절한 자료라고 생각된다. 또한 읽기 교과서는 초등학교의 말하기, 듣기, 쓰기 교과서와 달리, 상당히 많은 분량으로 구성되어 있다. 본고에서는 계량적으로 검토하기에 적절한 분량이라 생각되는 각 학년의 읽기 교과서 가운데 1학기 교과서만을 택하여 대상 자료로 삼기로 한다. 그리고 각 학년의 읽기 교과서 중에서도 1학년용 읽기 교과서는 초보적인 읽기 교육에 필요한 자료에 한정되어 있기 때문에 본고에서는 1학년용 읽기 교과서는 대상 자료에서 제외하기로 한다.

이러한 관점에 입각하여 이 글에서는 국어의 음운현상과 음절 구조 사이의 상호 관계를 계량적으로 검토해 보고자 한다. 이 글의 검토 및 논의 내용은 다음과 같다.

1) 국어에서 한 어절은 대체로 몇 개의 음절로 구성되는가?

2) 국어의 음절 가운데 개음절과 폐음절의 비율은 어떤가?

3) 장애음, 비음, 유음으로 끝나는 폐음절은 총 음절과 총 폐음절에서 각각 어느 정도의 비율을 차지하는가?

4) 음절 통합 과정에서 일어나는 음운현상은 어떠한 특징을 보이며, 각 음운현상의 세부 환경에 따른 출현 빈도수는 어느 정도인가?

5) 음절 통합 과정에서 일어나는 음운현상의 결과 국어 음절은 어떻게, 그리고 어느 정도 변동되는가?

6) 음절 통합 과정에서 일어나는 각 음운현상의 결과 국어의 음절은 어떠한 특징을 보여주는가?

7) 음절 통합 과정에서 일어나는 음운현상의 특징이 국어 화자들의 조음상에 어떠한 의미를 가지는가?

1.2. 연구 진행 방법

본 연구에서는 '한글 문자 검색 프로그램Hgrep'과 검색 프로그램의 명령을 받아 실행된 실제의 용례를 보여주는 '용례 검색 프로그램HDB.EXE'을 활용하여 작업을 진행한다. 이 프로그램들은 '혼글' 2.1로 작성하여 저장한 자료 파일인 2학년 1학기 읽기 교과서reading2.hwp, 3학년 1학기 읽기 교과서reading3.hwp, 4학년 1학기 읽기 교과서reading4.hwp, 5학년 1학기 읽기 교과서reading5.hwp, 6학년 1학기 읽기 교과서reading6.

hwp를 대상으로 작업을 수행한다. 그러나 '혼글' 2.1의 내부 2바이트 코드 체계는 워낙 방대하여, 자체적인 사용자 인터페이스를 갖지 못한다. 그리하여 '혼글' 2.1을 이용해, 특정 작업을 수행하기 위한 명령어가 기술된 *.cmd라는 스크립터 파일script file을 만들고, 미리 작성된 명령어 파일을 텍스트 파일에 적용하여 작업을 수행한다.

　　명령어는 *.cmd와 *.hdb 프로그램에서 약속된 기호를 이용하여 script file에 작성하게 된다. 명령어는 검색대상 파일을 알려주는 '검색 자료'와 '검색형식', '검색 내용'으로 나누어 작성하게 되는데, 검색 내용을 작성하는 방법은 국어 음운론에서 설정된 음운현상의 환경을 약속된 기호로써 변환하는 것이다. 그러므로 본 작업의 진행 방법은 1.자료파일을 '한글' 2.1에 입력한다. 2. 1) '문자열 검색 프로그램'인 *.cmd를 실행하기 전에 그 내부에 있는 스크립터 파일에서 검색 대상 자료 파일을 지정하고, 2) 문자열 용례를 제시해 주는 (그리하여 제대로 실행되었는가를 확인하는) '검색 용례 프로그램'인 *.hdb에 제시될 자료의 용례 제시 형식을 지정한 다음, 3) 검색 형식에서 검색 대상 자료 파일을 지정하고, 4) 검색 형식 스크립터 파일에서 검색 형식을 약정된 형식에 따라 지정한다. 3. 다시 도스 상태로 돌아가서 hgrep을 실행하기 위한 명령어를 제시하면 명령 내용대로 계량화 작업이 진행된다. 작업이 진행되고 나면 계량화된 작업 내용을 *.hdb에서 실행한 용례를 통하여 확인한다.

2. 작업의 진행

2.1. 국어 어절과 음절의 관계

2.1.1. 어절 : 국어는 실질형태소와 문법형태소의 결합에 의해 문장의 성분이 만들어진다. 이러한 문장 성분이 국어에서는 대체로 어절을 형성한다. 국어 맞춤법은 이렇게 실질형태소에 문법형태소가 결합되어 만들어지는 어절을 기본 단위로 하여 띄어쓰기를 하도록 규정하고 있다.[1] 물론 부사, 관형사, 감탄사 등과 같이 곡용이나 활용을 하지 않는 품사의 경우에는 그 단어 자체로 문장 성분이 되고 그대로 하나의 어절이 된다. 이에 이 글에서는 초등학교 읽기 교과서에서 띄어 쓴 단위를 하나의 어절로 간주하여 작업을 진행한다.

먼저 이 글의 대상 자료에서 어절과 음절에 대하여 검토해 보기로 한다. 본 연구의 대상 자료인 초등학교 2학년에서 6학년까지의 1학기 국어 읽기 교과서의 총 어절의 수는 다음과 같다.

<표1>

	2학년	3학년	4학년	5학년	6학년	계
1음절	439	884	763	919	997	4,002
2음절	1,772	2,512	3,076	3,302	3,936	14,598
3음절	1,830	2,530	3,195	3,136	3,793	14,484
4음절	900	1,114	1,492	1,508	1,774	6,788
5음절	450	511	452	531	501	2,445
6음절	183	136	133	133	124	709
7음절	47	77	39	41	26	230
8음절	9	4	5	6	8	32
9음절	0	1	0	0	0	1
계	5,630	7,769	9,155	9,576	11,159	43,289

---

1) 물론 엄격하게 정의하려면 세부적인 기준이 설정되고 예외적인 상황이 검토되어야 하지만, 그러한 논의가 구체적으로 이루어진 업적은 없다.

이 글의 대상 자료에 나타난 총 어절의 수는 43,289개이다. 2음절과 3음절로 된 어절이 압도적으로 많고 10음절 이상으로 된 어절은 보이지 않으며 9음절로 된 어절이 3학년 읽기 교과서에 한 예가 보인다. 학년별 총 어절수는 학년의 등급이 올라감에 따라 많아진다. 이것은 학년이 올라감에 따라 읽기 자료의 분량이 많아지기 때문이다. 초등학교 교육과정에서는 3, 4학년과 5, 6학년 사이에 큰 차이를 두고 있지만 읽기 자료의 분량은 3, 4학년에서 급속하게 많아지는 것이 아니라 각 학년이 올라감에 따라 점차적으로 많아지는 모습을 보이고 있다.[2]

2.1.2. 음절 : 음절은 일반적으로 Saussure가 분류한 6등급의 개구도, 또는 Jespersen이 설정한 7등급의 可聽度가청도에 따라 설명된다. 이러한 음절 이론을 바탕으로 하여 국어의 음절을 검토해 보면, 국어에서는 모음을 중심으로 그 앞이나 뒤에 있는 자음이 하나의 음절 덩어리를 형성하게 된다. 그러므로 국어에서 음절을 형성하기 위해서는 반드시 모음이 개재되어야 하는 것이다. 이런 점에서 국어의 음절 수를 알기 위해서는 모음의 숫자를 세면 된다. 그러나 그보다 더 간편하게 계산하는 방법은, 국어의 표기법을 이용하면 된다. 즉 한글이 음소문자이지만 음절적으로 모아쓰는 방식을 택하고 있다는 점을 이용하여, 대상 자료의 총 글자 수를 세어 추

---

2) 위의 자료에서 보여주는 각 학년의 읽기 자료의 분량은 3학년과 4학년, 5학년과 6학년 사이에 읽기 자료의 분량이 다른 학년 사이의 경우보다 많은 차이를 보인다. 이것은 읽기 자료의 분량이 결국 국어의 다른 현상을 보여주는 데에도 직접적인 영향을 끼치게 되므로, 이러한 읽기 자료의 분량은 조정될 필요가 있다. 물론 분량과 내용의 문제도 고려해야 할 것이며 각 학년에 따라 내용이 어떻게 심화되는지도 검토되어야 할 것이다. 이러한 내용상의 측면이 보다 중요할 수 있다. 그렇다고 하여 자료의 분량의 문제를 간과해서는 안 될 것이다. 왜냐하면 분량에 따라 언어의 여러 가지 현상의 비율도 달라지기 때문이다.

출되어 나오는 수가 음절 수가 된다.

그러나 이 글에서는 2.1.1.에서 검토한 어절 수를 통하여 음절 수를 산출해 내고자 한다. 즉 1개의 음절로만 이루어진 어절은 하나의 어절이 1개의 음절로, 2개의 음절로 구성된 어절은 하나의 어절이 2개의 음절로, 3개의 음절로 구성된 어절은 하나의 어절이 3개의 음절로 이루어진 것으로 간주하면 되므로 앞의 도표의 구성 음절 수를 산출된 각 어절 수에 곱하여 그 결과를 모두 더하면 대상 자료의 총 음절 수가 산출되어 나오는 것이다. 이렇게 계산하여 산출된 총 음절 수는 121,156개의 음절이다. 이러한 조사 결과, 어절 대 음절의 비율은 1 : 2.82가 된다. 다시 말하면 하나의 어절은 평균 2.82개의 음절로 구성된다.[3]

그런데 국어의 음절은 개음절과 폐음절로 나뉜다. 국어 음절의 특성을 알기 위해 폐음절의 내부 특징을 살펴보면 다음과 같다. 먼저 폐음절 가운데 음절말 자음이 장애음으로 끝나는 경우부터 살펴보기로 한다.

<표2>	2학년	3학년	4학년	5학년	6학년	계
ㄱ	392	553	836	917	1,129	3,827
ㄲ	8	13	23	23	26	93
ㅋ	0	0	0	1	0	1
ㄷ	21	47	77	74	96	315
ㅌ	55	72	78	74	126	405
ㅂ	689	805	544	537	413	2,978
ㅍ	60	57	64	73	81	335

---

3) 이상억(1989)에서는 어절의 평균 길이가 2.49개의 음절로 되어 있다고 하였다. 이것은 이상억(1989)에서 대상으로 한 자료가 사전표제어였었기 때문인 것으로 간주된다. 사전에서 용언의 경우에는 기본형으로 제시되어 어간에 어미가 결합된 어형이 제시되었다고 할 수는 있으나, 가장 간단한 어절 구성이고 체언의 경우에는 그 뒤에 통합되는 조사가 배제된 단독형이 제시되었기 때문이다.

	2학년	3학년	4학년	5학년	6학년	계
ㅈ	66	46	77	89	107	385
ㅊ	69	103	50	34	64	320
ㅅ	257	344	350	377	483	1,811
ㅆ	633	836	823	933	932	4,157
ㅎ	88	159	115	89	99	560
계	2,338	3.035	3,037	3,211	3,556	15,177

장애음으로 끝나는 총 폐음절 수는 15,177개이다. 그 중에서 'ㄱ, ㅂ, ㅅ, ㅆ'이 대체로 많으며, 'ㅋ'은 한 예만 나타난다. 그러나 'ㄸ, ㅃ, ㅉ' 등의 예는 하나도 보이지 않았다. 이것은 물론 국어에서 'ㄸ, ㅃ, ㅉ' 등이 음절말 자음인 경우가 없기 때문이다.4)

다음으로 음절말 자음이 비음인 폐음절을 살펴보기로 한다.

<표3>	2학년	3학년	4학년	5학년	6학년	계
ㄴ	1,728	2,129	3,192	3,376	4,077	14,502
ㅁ	585	735	930	1,040	1,004	4,294
ㅇ	731	872	1,265	1,290	1,743	5,901
계	3,044	3,736	5,387	5,706	6,824	24,697

일반적으로 생각하는 것보다 음절말 자음이 비음인 폐음절이 많은 것으로 나타났다. 비음으로 끝나는 폐음절은 총 24,697개의 음절로, 장애음으로 끝나는 폐음절의 총 15,177개보다 훨씬 많았던 것이다. 이러한 결과는 관형형 어미 'ㄴ'이 많이 사용되었기 때문이라고 생각된다. 학년에 따른 증

---

4) 학년이 올라감에 따라 장애음으로 끝나는 음절이 점진적으로 많아지는 경향을 보이고 있으며, 2학년과 3학년, 4학년과 5학년 사이의 차이가 3학년과 4학년, 그리고 5학년과 6학년 사이의 차이보다 커서 국어과 교육과정의 목표에 부합되고 있음을 보인다.

가는 대체로 학년이 올라 갈수록 점진적으로 많아지며 2학년과 3학년, 4학년과 5학년 사이에 보다 많은 차이를 보인다.

다음에는 음절말 자음이 유음인 경우를 보기로 한다.

<표4>	2학년	3학년	4학년	5학년	6학년	계
ㄹ	1,848	2,256	2,972	2,828	3,171	13,075

음절말 자음이 유음인 경우도 예상보다 많았다. 총 13,075개의 음절로서 음절말 자음이 장애음인 전체 폐음절 수에 버금가는 것으로 나타난 것이다. 이것은 비음 'ㄴ'의 경우와 마찬가지로 관형형 어미 'ㄹ'이 많이 사용되기 때문이라고 할 수 있다. 'ㄹ'의 경우에도 학년이 올라감에 따라 대체로 그 수가 증가하는 모습을 보여주지만, 5학년의 경우에는 4학년의 경우보다 줄어드는 모습도 보여준다.

이상 단일 자음이 음절말음인 폐음절의 수를 모두 합하면 다음과 같다. 총 52,949개의 음절로서 학년에 따라 증가하는 모습을 보이되 증가하는 비율에는 다소간의 차이가 있다.

<표5>	2학년	3학년	4학년	5학년	6학년	계
계	7,230	9,027	11,396	11,745	13,551	52,949

이제 음절말 위치에 자음군이 오는 폐음절을 검토해 보기로 한다.

<표6>		2학년	3학년	4학년	5학년	6학년	계
	ㄳ	0	1	0	4	2	7
	ㄵ	4	11	9	7	10	41
	ㄶ	41	65	76	96	95	373
	ㄺ	107	104	80	86	102	479
	ㄻ	0	2	15	5	9	31
	ㄼ	2	4	3	13	15	37
	ㄽ	0	0	0	0	0	0
	ㄾ	0	0	0	0	0	0
	ㄿ	0	0	1	0	0	1
	ㅀ	3	7	10	14	10	44
	ㅄ	12	42	58	67	90	269
	계	169	236	252	292	333	1,281

　　자음군이 형태음소의 마지막 자음(어간의 마지막 음절말 자음)인 폐음절은 총 1,280개로서 그다지 많은 수는 아니다. 'ㄽ'이나 'ㄾ'은 단 하나의 예도 보이지 않으며, 'ㄿ'은 하나의 예밖에 나타나지 않는다. 그 외에 'ㄳ, ㄵ, ㄻ, ㄼ, ㅀ'도 그리 많지 않으며, 'ㄶ, ㄺ, ㅄ'의 예들이 1,280개 가운데 1,000개 이상을 차지하는 편재성을 보인다. 학년에 따라서 음절말음이 자음군인 폐음절은 대체로 증가하는 모습을 보이지만 그리 큰 증가율을 보이지는 않는다.

　　이상의 폐음절을 모두 합하면 총 54,229개가 나오는데, 총 음절수 121,156개에서 폐음절 수를 빼면 그 나머지는 개음절이 된다. 그러므로 총 개음절 수는 66,927개이다. 지금까지 검토한 폐음절의 각 유형간, 그리고 폐음절과 개음절의 상대적인 비율을 보면 다음과 같다.

<표7>

음절말음	폐음절				개음절	계
	장애음 (자음군)	비 음	유 음	계		
음절수(개)	15,177 (1,281)	24,697	13,075	54,229	66,927	121,157
폐음절비율(%)	28(2)	46	24	100		
전체비율(%)	13(1)	20	10	45	55	100

전체적으로 폐음절이 44%, 개음절이 55%로 나뉜다. 폐음절 내에서는 장애음이 27%, 비음이 45%, 유음이 24%, 그리고 자음군이 2%의 비율로 나타난다. 이러한 형태음소에 참가하는 음절들의 각 비율은 음운현상을 거치게 되면 음소적 음절이 된다. 음운현상을 거친 음소적 음절의 비율은 당연히 이러한 형태음소적 음절의 비율과는 다를 것이다. 형태음소적 음절의 이러한 비율과 음운현상을 거친 후에 실제 발화되는 음소적 음절의 차이를 검토하면 음운현상과 음절 구조의 상호 관계를 살펴볼 수 있을 것이다. 다시 말하면 음절과 관련되는 음운현상들이 음절 구조의 변화에 어떻게 관여하며 그러한 음운현상이 음절 구조에 미치는 결과를 어떻게 해석할 것인가를 다음 절에서 살펴보기로 한다.

2.2. 음운현상과 음절 구조의 변동

음절의 변화와 관련되는 음운현상을 검토하는 것이 본고의 계량적 연구의 내용이다. 우리는 이러한 음운현상을 검토하기 위하여 국어 표기법을 이용하고자 한다. 국어 맞춤법은 대체로 형태소 내부에서는 소리 나는 대로 표기하고, 형태소 경계에서는 형태를 밝혀 적는 것을 원칙으로 하고 있다. 이에 대한 예외적인 표기들도 예외 조항으로 규정되어 있지만, 그러한 예외 조항은 사실상 음운론적인 교체가 아니라 어휘 선택 규칙에 해당되는 경우이다. 그러므로 우리는 국어 맞춤법의 원칙에 따라 형태소의 기저 형태가 반영되어 있는 문자적 음절을 음소적 음절(또는 기저 음절)로 간주하여, 그러한 음소적 음절에 음운현상이 적용된 이후의 실제 발화상의 음절을 음성적 음절(또는 표면 음절)로 간주하여 작업을 진행하고자 한다.

　이러한 관점에서 이 장에서는 음소적 음절들이 통합되는 과정에서 일어나는 음운현상을 중점적으로 검토하여, 국어의 음운현상이 음절 구조와 어떤 상호 관계가 있는지를 검토해 보고자 한다. 여러 음운현상 가운데 국어의 음절 변화와 관련되는 음운현상에 주목한다. 음절의 변화와 관련되는 국어의 음운현상에는 연음화 현상, 비음화, 유음화, 격음화 등이 있는데, 이들 음운현상이 음절 구조의 변동과 어떠한 관련이 있으며, 그러한 현상이 화자의 발화와 관련하여 어떠한 의미를 갖는가 하는 문제를 검토해 보고자 하는 것이다. 또한 본고에서는 이러한 작업을, 음운현상의 세부 내용을 계량적으로 조사하는 데에서 시작하고자 한다. 그리하여 지금까지 한 번도 시도된 바 없었던 각 음운현상의 세부 환경5)에 따른 각 음운현상의 출현 빈도수를 세부적으로 검토할 것이다. 이러한 작업 결과를 음절 구조의 변동과 관련지어 국어 음운현상의 특징을 발화 차원에서 해석해 보고자 한다.

2.2.1. 연음화 현상 : 연음화 현상은 국어의 음절말(또는 어간말) 자음이 다음에 모음으로 시작되는 음절과 통합되면 다음 음절의 첫소리로 실현되

---

5) 여기서 말하는 세부 내용이란 각 음운현상을 일으키는 환경을 형성할 수 있는 각각의 분절음을 말한다. 구체적으로 'ㅎ'에 통합되어 격음화를 일으킬 수 있는 분절음에는 'ㄱ, ㄷ, ㅂ, ㅈ' 등이 있다. 이 글에서의 세부 환경이란 이들 'ㄱ, ㄷ, ㅂ, ㅈ'와 같은 각각의 분절음을 말한다.

는 현상이다. 음운현상에 대한 전통적인 접근 방식에 있어서 엄격하게 본다면, 이 현상은 음운현상이라고 할 수는 없다. 그러나 기저형이 자음으로 끝나는 음절의 말음이 다음 음절의 첫소리로 이동하여 실현되므로 기저형의 통합에서 폐음절이었던 것을, 실제 조음에 있어서는 개음절로 실현시키는 특징을 보이기 때문에 이 현상도 음운현상에 포함하여 다루고자 한다. 음절말의 장애음, 비음,6) 유음이 연음화되는 현상의 출현 빈도수에 대한 검토 결과는 다음과 같다.

<표8>		2학년	3학년	4학년	5학년	6학년	계
	ㄱ	131	145	281	253	403	1,213
	ㄷ	5	10	29	28	37	109
	ㅂ	72	61	113	110	80	436
	ㅅ	144	195	164	216	237	956
	ㅈ	44	22	54	57	65	242
	ㅊ	21	37	31	10	23	122
	ㅋ	0	0	0	1	0	1
	ㅌ	28	47	59	61	91	288
	ㅍ	37	47	35	50	53	222
	ㅎ	37	43	54	34	42	210
	ㄲ	6	12	22	18	24	82
	ㅆ	90	140	111	158	154	653
	계	615	759	953	996	1,209	4,532

---

6) 참고로 음절말 자음이 비음인 경우 중에서, 'ㅇ[ŋ]'이 음절말 자음으로 오는 경우는 위의 검토 대상에 포함시키지 않았음을 지적해 두고자 한다. 음절말 자음이 'ㅇ[ŋ]'이고 그 다음에 아무 자음이 없는 음절이 옴으로써 연음화 현상이 일어날 수 있는 환경에 있는 예가 총 1,707회(2학년 189회, 3학년 332회, 4학년 365회, 5학년 363회, 6학년 458회)였지만, 'ㅇ[ŋ]'은 국어에서 항상 음절말 자음으로만 실현되는 제약을 보인다는 점에서, 위의 검토 대상에는 포함시키지 않은 것이다.

<표9>

	2학년	3학년	4학년	5학년	6학년	계
ㄴ	240	238	378	397	627	1,880
ㅁ	161	262	379	414	408	1,624
계	401	500	757	811	1135	3,5047

<표10>

	2학년	3학년	4학년	5학년	6학년	계
ㄹ	592	614	878	790	831	3,705

<표11>

	2학년	3학년	4학년	5학년	6학년	계
총 계	1,608	1,873	2,588	2,598	3,075	11,741

음절말음이 자음군인 경우에는 자음군의 두 번째 자음이 다음 음절의 첫소리로 이동하는 것이므로, 폐음절의 개음절로의 변동과는 관계가 없기 때문에 역시 위의 검토에는 포함시키지 않았지만, 사실은 자음군인 경우에도 연음화 현상이 일어나면 음절 구조의 변동을 가져온다. 대체로 그 다음에 자음으로 시작되는 음절이 오면 자음군단순화 현상이 일어나서 장애음으로 끝나는 폐음절이 되지만, 모음으로 시작되는 음절이 오게 되면 자음군 중의 앞에 있는 자음에 따라 장애음, 비음, 유음 등으로 끝나는 음절로 실현되기 때문이다. 그러므로 이들 자음군의 경우에는 연음화 현상을 다음과 같이 별도로 검토하고자 한다.

<표12>

	2학년	3학년	4학년	5학년	6학년	계
ㄳ	0	1	0	3	2	6
ㅄ	9	24	32	43	52	160
계	9	25	32	46	54	166

<표13>		2학년	3학년	4학년	5학년	6학년	계
	ㄵ	4	9	8	6	9	36
	ㄶ	30	45	57	66	62	260
	계	34	54	65	72	71	296

<표14>		2학년	3학년	4학년	5학년	6학년	계
	ㄺ	90	84	49	53	65	341
	ㄻ	0	1	5	5	4	15
	ㄼ	1	4	1	7	8	21
	ㄽ	0	0	0	0	0	0
	ㄾ	0	0	0	0	0	0
	ㄿ	0	0	1	0	0	1
	ㅀ	3	3	3	5	5	19
	계	94	92	59	70	82	397

<표15>		2학년	3학년	4학년	5학년	6학년	계
	계	137	171	156	188	207	859

음절말(또는 어간말) 자음이 자음군인 경우의 연음화 현상은 총 859회 일어난다. 이러한 자음군들은 어느 경우에나 연음화 현상 후에 폐음절로 실현되는 특징을 보이지만, 실현되는 음절의 특성은 각기 다르다. 즉 두 자음 가운데 선행 자음에 따라 실제로 실현되는 음절이 결정되는 것이다. 그리하여 선행 자음이 폐쇄음인 경우는 연음화 현상 후에도 음절말 자음 이 장애음인 폐음절로 실현되며, 비음 'ㄴ'인 경우에는 비음인 폐음절로, 그리고 유음 'ㄹ'인 경우에는 유음인 폐음절로 실현되는 것이다. 그러므로 연음화 현상 이후에 장애음인 폐음절은 166회, 비음인 폐음절로 바뀌어 실현되는 것은 296회, 그리고 유음인 폐음절로 바뀌어 실현되는 것은 397

회가 되는 것이다.

2.2.2. **격음화** : 격음화 현상은 'ㅎ'으로 끝나는 음절에 폐쇄음 'ㄱ, ㄷ, ㅈ, ㅂ' 등으로 시작되는 음절이 통합되거나 폐쇄음 'ㄱ, ㄷ, ㅈ, ㅂ' 등 다음에 'ㅎ'으로 시작되는 음절이 통합될 때 두 분절음이 합쳐져 하나의 격음으로 실현되는 현상이다. 격음화 현상이 일어나면 음절말 자음이 다음 음절의 첫 소리와 합해져 다음 음절의 첫소리로 실현되므로 폐음절이 개음절로 전환된다. 이러한 특성을 보이는 두 종류의 격음화 현상 가운데 먼저 'ㅎ'이 뒤에 와서 격음화 현상을 일으키는 역행적 격음화의 경우를 검토해 보기로 한다.

<표16>	2학년	3학년	4학년	5학년	6학년	계
ㄱ+ㅎ	92	129	118	137	131	607
ㅋ+ㅎ	0	0	0	0	0	0
ㄲ+ㅎ	0	0	0	0	0	0
ㄷ+ㅎ	1	2	2	2	6	13
ㅌ+ㅎ	0	0	1	0	0	1
ㅅ+ㅎ	9	24	36	28	43	140
ㅆ+ㅎ	0	0	0	0	0	0
ㅈ+ㅎ	1	0	1	2	1	5
ㅊ+ㅎ	0	0	0	0	0	0
ㅂ+ㅎ	7	20	39	31	42	139
ㅍ+ㅎ	0	0	0	0	0	0
계	110	174	197	200	223	905

역행적 격음화는 총 905회가 일어난다. 음절말의 'ㄱ'에 'ㅎ'이 결합되어 격음화를 일으키는 경우가 제일 많이 나타나며(607회), 'ㅅ, ㅂ' 등에 'ㅎ'이

결합되어 격음화를 일으키는 경우가 그 다음으로 많다. 그러나 여기에서 음절말 자음 'ㅅ, ㅆ, ㅌ, ㅈ, ㅊ' 등은 'ㄷ'으로 중화 현상이 일어난 다음, 그 중화된 'ㄷ'이 'ㅎ'과 결합하여 격음화를 일으키므로, 이들 모두 음절말 자음 'ㄷ'으로 끝난 경우로 볼 수 있다. 다시 말하면 이들은 모두 'ㄷ'과 'ㅎ'이 결합된 경우와 같은 것으로 간주할 수 있다. 이들 음절말 자음이 'ㄱ, ㄷ, ㅂ' 외에는 역행적 격음화 현상을 일으킬 수 있는 환경이 거의 나타나지 않는 것으로 나타났다. 그리고 초등학교 학년의 등급에 따라서는 학년이 올라갈수록 격음화 현상이 많이 나타난다.

다음은 'ㅎ'이 선행하고 그 다음에 'ㄱ, ㄷ, ㅂ, ㅈ' 등이 뒤에 통합되어 격음화를 일으키는 순행적 격음화의 내역이다.

<표17>

	2학년	3학년	4학년	5학년	6학년	계
ㅎ+ㄱ	46	100	49	37	47	279
ㄶ+ㄱ	2	14	11	13	12	52
ㅀ+ㄱ	0	1	5	3	4	13
ㅎ+ㄷ	1	7	6	7	5	26
ㄶ+ㄷ	2	2	1	7	7	19
ㅀ+ㄷ	0	1	1	2	0	4
ㅎ+ㅈ	4	8	5	10	3	30
ㄶ+ㅈ	3	0	0	0	2	5
ㅀ+ㅈ	0	2	0	4	1	7
ㅎ+ㅂ	0	0	0	0	0	0
ㄶ+ㅂ	0	0	0	0	0	0
ㅀ+ㅂ	0	0	0	0	0	0
계	58	135	78	83	81	435

순행적 격음화 현상은 총 435회가 일어났다. 그 내용을 구체적으로 살

펴보면 'ㅎ' 다음에 'ㄱ'이 오는 경우가 344회, 'ㄷ'이 오는 경우가 91회 일어났다. 그러나 'ㅎ' 다음에 'ㅂ'이 오는 경우는 하나의 예도 나타나지 않았다. 그 이유는 국어에서 음절말음으로 'ㅎ'이 올 수 있는 말은 용언인데, 그 다음에 통합될 수 있는 'ㅂ'으로 시작되는 접사가 없기 때문인 것으로 간주된다. 이 순행적 격음화 현상은 초등학교 읽기 교과서의 학년에 따라 점진적으로 증가되는 모습을 보여주지는 않았다.

이렇게 격음화 현상은 역행적 격음화 현상 905회와 순행적 격음화 현상 435회로 총 1,340회가 일어난 것으로 나타났다. 역행적 격음화 현상이 순행적 격음화 현상보다 훨씬 많이 일어났는데, 이것은 역행적 격음화는 고유어와 한자어에 모두 적용되는 데 반해 순행적 격음화는 고유어에만 적용되기 때문인 것으로 보인다. 순행적 격음화가 일어나려면 'ㅎ'으로 끝나는 말에 'ㄱ, ㄷ, ㅈ, ㅂ' 등으로 시작하는 말이 와야 하는데, 한자어에는 'ㅎ'으로 끝나는 음절이 없기 때문이다. 그러므로 순행적 격음화는 고유어에만 적용될 수가 있는데, 고유어 중에서도 'ㅎ'으로 끝나는 체언은 없으므로 용언어간이 'ㅎ'으로 끝나는 말에 'ㄱ, ㄷ, ㅈ, ㅂ' 등으로 시작되는 접사가 통합될 때에만 격음화가 일어나므로 이러한 순행적 격음화의 출현 빈도수가 역행적 격음화보다 상대적으로 낮게 나타난다.

2.2.3. 비음화 : 비음화 현상은 음절말의 장애음이 비음으로 시작되는 말 앞에서, 그 장애음과 동일한 조음 위치의 비음으로 바뀌어 실현되는 현상이다(구체적으로 말하면, 연구개음 'ㄱ, ㅋ, ㄲ'은 비음 앞에서 연구개 비음 'ㅇ'으로, 치조음 'ㄷ, ㅌ, ㄸ, ㅅ, ㅆ'과 경구개음 'ㅈ, ㅊ, ㅉ', 후음 'ㅎ'은 비음 앞에서 치조 비음 'ㄴ'으로 바뀐다. 여기에서 'ㅅ, ㅆ, ㅈ, ㅊ, ㅉ, ㅎ'은 'ㄷ'으로 중화되므로 치조음 위치의 'ㄴ'으로 바뀌는 것이다.), 그리고

양순음인 'ㅂ, ㅍ, ㅃ'은 비음 앞에서 양순 비음 'ㅁ'으로 바뀌어 실현되는 현상인 것이다. 이 비음화 현상은 음절 구조를 바꾸지는 않는다. 그러나 음소적 음절의 음절말 장애음이 비음으로 실현되므로, 구강이 완전히 폐쇄되어 공기가 유출되지 않는다는 점에서는 폐쇄음과 같지만 비강으로 공기가 유출된다는 점에서 음절말음이 장애음인 폐쇄음과 차이가 있다. 이러한 점에서 비음화 현상은 음절 구조를 바꾸지는 않지만 조음상의 특징에 있어서는 폐음절이 개음절로 변동되는 음운현상과 상당히 유사한 특징을 갖는다. 즉 조음할 때의 기류를 보다 자유롭게 흐르도록 하고자 하는 현상인 것이다.

　이러한 비음화 현상은 국어에서 동화주가 'ㄴ'인 경우와 'ㅁ'인 경우의 두 부류로 나뉜다. 국어의 비음 가운데 'ㅇ[ŋ]'에 의해 비음 아닌 것이 비음으로 되는 경우는 없다. 'ㅇ[ŋ]'으로 시작되는 음절이 없기 때문에 장애음으로 끝나는 음절이 'ㅇ[ŋ]'과 통합되는 환경이 만들어질 수가 없는 것이다. 그러면 이제 동화주에 따라 나뉜 두 부류의 비음화 현상 가운데, 먼저 'ㄴ'에 의해 그 앞의 장애음이 비음화되는 경우를 검토해 보기로 한다.

<표18>	2학년	3학년	4학년	5학년	6학년	계
ㄱ+ㄴ	23	8	11	8	31	81
ㄷ+ㄴ	3	10	5	13	8	39
ㅂ+ㄴ	415	541	252	241	134	1,583
ㅅ+ㄴ	8	12	11	11	15	57
ㅈ+ㄴ	6	2	4	9	3	24
ㅊ+ㄴ	9	4	5	6	9	33
ㅌ+ㄴ	9	1	7	4	9	30
ㅍ+ㄴ	1	0	0	1	1	3
ㄿ+ㄴ	0	0	0	0	0	0

	2학년	3학년	4학년	5학년	6학년	계
ㄺ+ㄴ	0	0	1	0	0	1
ㄲ+ㄴ	0	0	0	2	0	2
ㅎ+ㄴ	0	1	0	1	0	2
ㅆ+ㄴ	124	99	94	102	124	543
ㅄ+ㄴ	2	8	11	6	18	45
계	600	686	401	403	352	2,443

'ㄴ' 앞에 오는 장애음이 비음 'ㄴ'에 동화되어 비음으로 실현되는 비음화 현상은 총 2,443회 일어나는 것으로 나타났다. 선행하는 장애음이 'ㅂ'인 경우가 가장 많이 나타났으며, 그 다음으로 'ㅆ'인 경우가 많이 나타났다. 여기서도 'ㅆ'은 바로 'ㄴ'에 동화되는 것이 아니라 'ㄷ'으로 중화가 일어난 다음, 그 'ㄷ'이 'ㄴ'에 동화되는 것이므로 동화되는 음은 'ㄷ'이나 다름이 없다. 'ㅆ' 이외에도 'ㅅ, ㅈ, ㅊ, ㅌ, ㅎ' 등도 마찬가지이므로 'ㄷ'이 'ㄴ'에 동화되는 횟수는 모두 728회가 되며, 또한 'ㅍ'과 'ㅄ'도 중화 현상이나 자음군단순화 현상에 의해 도출된 'ㅂ'이 'ㄴ'에 동화되므로 결국 'ㅂ'이 'ㄴ'에 동화되는 횟수는 1,626회가 된다. 그러나 'ㅋ, ㄼ, ㄿ, ㄳ' 등은 'ㄴ'에 동화되는 예가 한 차례도 보이지 않았다.

다음은 'ㅁ'에 의해 선행하는 장애음이 동화되는 비음화 현상을 검토해 보기로 한다.

<표19>

	2학년	3학년	4학년	5학년	6학년	계
ㄱ+ㅁ	6	10	17	15	22	70
ㄷ+ㅁ	0	0	0	0	1	1
ㅂ+ㅁ	1	1	3	1	2	8
ㅅ+ㅁ	10	29	15	9	5	68

	2학년	3학년	4학년	5학년	6학년	계
ㅈ+ㅁ	0	0	0	0	1	1
ㅊ+ㅁ	0	1	1	0	1	3
ㅋ+ㅁ	0	0	0	0	0	0
ㅌ+ㅁ	8	2	1	1	4	16
ㅍ+ㅁ	2	0	0	0	0	2
래+ㅁ	0	0	0	0	0	0
리+ㅁ	0	0	0	0	1	1
ㄲ+ㅁ	0	0	0	0	0	0
ㅎ+ㅁ	0	0	0	0	0	0
ㅆ+ㅁ	0	0	0	0	0	0
ㅄ+ㅁ	0	0	0	0	0	0
계	27	43	37	26	37	170

‘ㅁ’에 의해 비음화가 일어나는 경우는 총 170회로 ‘ㄴ’에 의한 비음화보다는 훨씬 적게 나타났다. 세부 환경 가운데 ‘ㄱ’이 ‘ㅇ’으로 되는 비음화 현상이 빈도수가 제일 높았으나, 사실은 ‘ㄷ’외에 ‘ㅅ, ㅈ, ㅊ, ㅌ, ㅆ’이 모두 자음 앞에서 ‘ㄷ’으로 되어 실현되는 중화 현상을 고려하면 ‘ㄷ’이 ‘ㅁ’에 의해 비음 ‘ㄴ’으로 동화되는 경우가 제일 많았다.

비음화는 총 2,613회가 일어난 것으로 나타났다. 그 가운데 ‘ㄴ’에 의해 동화가 일어나는 경우는 총 2,443회 나타났는데 반해, ‘ㅁ’에 의해 동화가 일어난 경우는 총 170회로서 양자간에 동일 음운현상이 일어나는 빈도수에서 큰 차이를 보이고 있다. 그뿐만 아니라 동화현상의 빈도가 0으로 나타난 세부 환경들도 ‘ㄴ’에 의한 비음화의 경우에 비해 ‘ㅁ’에 의한 비음화가 보다 많이 나타났다는 것도 차이점으로 지적할 만하다. 이렇게 ‘ㄴ’에 의한 동화가 ‘ㅁ’에 의한 동화보다 훨씬 많이 나타나는 이유는 국어 체언이나 용언의 어간에 통합되는 접사 가운데 ‘ㄴ’으로 시작되는 말들이 ‘ㅁ’으로 시작되는 말보다 훨씬 많기 때문이다.

2.2.4. 유음화 : 유음화 현상은 어중의 '르'을 선행하거나 후행하는 'ㄴ'이 유음 '르'로 되는 현상이다. 이러한 현상도 두 유형의 유음화, 즉 '르'이 선행하는 순행동화와 '르'이 후행하는 역행동화로 나뉜다. 이들 두 유형의 유음화에 대해 검토하기로 한다.

<표20>		2학년	3학년	4학년	5학년	6학년	계
	ㄹ+ㄴ	4	14	7	12	9	46
	ㄴ+ㄹ	7	4	14	17	26	68
	계	11	28	21	29	35	114

유음화는 총 114회 일어나는데, '르'뒤에 오는 'ㄴ'이 '르'로 동화되는 순행동화가 46회, 뒤에 오는 '르'에 의해 그 앞의 'ㄴ'이 '르'로 동화되는 역행동화가 68회 일어난 것으로 확인되었다. 이들 유음화 현상 가운데 음절 구조와 관련해서는 역행적 유음화가 중요하다. 순행적 유음화 현상은 음절말 자음을 바꾸지 않는데 비해, 역행적 유음화 현상은 유음이 아닌 'ㄴ'을 유음으로 바꾸어, 음절말 자음을 유음으로 바꾸기 때문이다. 이 현상이 일어난 결과 음절말 자음이 비음이었던 68개의 음절이 음절말 자음이 유음인 음절로 바뀌게 된다.

2.3. 음운현상에 의한 음절 구조의 변동과 그 특징

2.3.1. 음운현상에 의한 음절 구조의 변동 : 이 글에서의 대상 자료를 조사한 결과, 국어의 형태 음소 차원에서 실현되는 음소적 음절은 다음과 같았다.

음절말음	장애음(자음군)		폐음절			개음절	계
		비 음	유 음	계			
음절수(개)	15,177 (1,281)	24,697	13,075	54,229	66,927	121,157	
폐음절비율(%)	28(2)	46	24	100			
전체비율(%)	13(1)	20	10	45	55	100	

<표21>

이러한 결과를 바탕으로 음운현상이 일어나면 음성형, 즉 실제로 발화되는 음성적 음절을 알 수 있다. 앞에서 검토한 바와 같이, 음절과 관련된 음운현상에는 연음화, 격음화, 비음화, 그리고 유음화 현상이 있다.

먼저 연음화 현상은 총 11,741회 일어나는데, 그 가운데 장애음이 4,532회, 비음이 3,504회, 유음이 3,705회이다. 이러한 연음화 현상이 일어나면 그 원래의 폐음절은 모두 개음절로 된다. 음소적 음절의 음절말음이 자음군인 경우에는 그 다음에 자음으로 시작되는 음절이 오든 모음으로 시작되는 음절이 오든 모두 폐음절로 실현된다.

그러나 자음군이 연음화 현상을 일으킬 때, 자음군의 첫 자음이 'ㄴ'이면 그 음절은 음절말음이 'ㄴ'인 폐음절로, 'ㄹ'이면 음절말음이 'ㄹ'인 폐음절로 실현되므로 폐음절 내에서 음절 구조의 변동이 생긴다. 음절말음이 자음군인 경우에는 다음에 'ㅁ'으로 시작하는 음절이 올 경우, 음절말의 두 번째 장애음이 다음 음절로 이동하여 실현됨으로써 원래의 음절이 비음인 폐음절로 실현되는 경우가 296개, 유음인 폐음절로 실현되는 경우가 397개로 나타나 693개의 음절이 비음이나 유음으로 끝나는 폐음절로 실현된다.[7]

---

7) 자음군의 두 번째 음이 다음 음절로 이동해도 장애음이 남아 그대로 실현되는 경우가 166회였으며, 또한 연음화 현상이 일어나지 않고 자음군단순화 현상이 일어나 장애음으로 실현되는 경우는 자음군 다음에 자음이 오는 전체 횟수 583회 중에서 순행적 격음화

격음화는 총 1,340회가 일어났는데, 그 가운데 역행적 격음화는 905회, 순행적 격음화는 435회 일어났다. 이러한 격음화의 결과 1,340개의 폐음절이 모두 개음절로 바뀌었다.

비음화는 총 2,613회가 일어났는데, 그 가운데 'ㄴ'에 의해 비음화가 일어난 경우는 2,443회, 'ㅁ'에 의해 비음화가 일어난 경우는 170회였다. 'ㄴ'에 의한 비음화든 'ㅁ'에 의한 비음화든 이들은 모두 그 앞에 있던 장애음을 비음으로 바꾸는 현상이기 때문에 장애음으로 끝나는 폐음절을 모두 비음으로 끝나는 폐음절로 음절 구조를 바꾸는 결과를 가져왔다.

유음화는 총 114회로, 순행적 유음화는 46회, 역행적 유음화는 68회였다. 이 가운데 역행적 유음화는 비음으로 끝나는 폐음절을 유음으로 끝나는 폐음절로 바꾸므로 비음인 폐음절이 유음인 폐음절로 바뀌는 경우는 총 68개가 된다. 그러나 순행적 유음화는 유음 다음 음절의 첫소리인 비음을 유음으로 바꾸므로 음절말 자음의 변동과는 무관하다.

음절과 관련되는 음운현상이 적용되면서 일어나는 음절 구조의 변동 내용을 도표로 정리하여 보이면 다음과 같다.

<표22> 음절말음	폐음절 장애음 (장애음/자음군)	비 음	유 음	계	개음절	계
음절수	16,458 (15,177/1,281)	24,697	13,075	54,230	66,927	121,157
연음화 (단자음)	−4,532 (−4,532/0)	−3,504	−3,705	−11,741	+11,741	

현상의 ㅎ이 두 번째 음으로 들어간 자음군의 경우 100회를 뺀 483회였다. 그러므로 자음군 중에서 장애음으로 끝나는 폐음절은 총 649회가 된다.

음절말음	폐음절				개음절	계
	장애음 (장애음/자음군)	비 음	유 음	계		
연음화 (자음군)	693 (0/−693)	+296	+397	0		
격음화	−1,340			−1340	+1,340	
비음화	−2,613	+2,613		0		
유음화	−68		+68	0		
계	7,211	24,102	9,835	41,149	80,008	121,157
폐음절 비율(%)	18	58	24	100		
전체 비율(%)	6	20	8	34	66	100

2.3.2. 음운현상과 음절 구조 변동에서 보여주는 특징 : 음절의 구조 변동과 관련되는 음운현상은 거의가 유사한 하나의 특징을 보여준다. 즉 음소적 음절이 통합되면서 폐음절이 개음절로 바뀌거나 그대로 폐음절로 남을 경우에는 음절말음이 유음, 비음으로 바뀌지만, 그 반대로 되는 현상은 보이지 않는 것이다. 이를 정리하면 국어 화자들은 다음과 같은 조음상의 두드러진 특징을 보여준다고 결론지을 수 있을 듯하다.

첫째, 폐음절을 줄임으로써 개음절로 실현되는 방향의 음운현상이 주로 일어난다. CV + CV + CV ······의 구조를 지향하는데 이러한 현상은 연음화 현상, 격음화 현상 등이 잘 보여준다. 둘째, 폐음절로 실현되는 경우에는 비음이나 유음 즉 공명음으로 바뀌는 현상이 일어난다. 이것은 공기가 계속적으로 유출되는 방향으로 음운현상이 일어나는 것이다. 이러한 현상은 비음화 현상이 잘 보여준다. 셋째, 공명음의 경우에는 비음과 유음이 만나는 경우에 일어나는 유음화 현상을 통하여 구강에서 공기가 유통되는 음으로 되는 경향이 있다. 이러한 현상은 유음화 현상이 잘 보여준다. 그리고 마지막으로, 음절과 관련되는, 다시 말해서 음절 경계에서 일어나는 현상이 대체로 역행의 방향으로 일어나는 이유는 음절말 자음의 내파음이 경음이나 격음보다 강도가 약하기 때문이며, 그러한 음운현상은 결국 빠른 발화에서는 음절말 내파음이 경음이나 격음 앞에서 탈락하여 CV+CV ……와 같은 개음절 구조를 지향하는 다른 음운현상과도 동일한 특성을 갖는 것으로 간주된다.

이러한 특징은 바로 국어의 화자들이 음절을 통합하여 발화할 때 가능하면 음절핵인 모음과 유사하게 조음하여 발음을 쉽게 하기 위한 것으로 보인다. 첫 번째 특징은 국어의 음운현상의 결과, 개음절을 지향하는 특성은 CVCVCV와 같은 개음절 연결체를 선호한다는 점을 보여준다. 이러한 점은 자음에 대한 발음 부담을 줄이겠다는 뜻으로 받아들여진다. 말하자면 모음과 자음, 또는 자음과 모음의 반복적인 조음으로 자음을 발음하는 데에 드는 노력을 줄이고자 하는 것으로 해석되는 것이다. 조음상의 특징으로 보아 자음은 조음점에 조음체를 완전히 협착시키거나 약간의 틈을 두어 공기를 마찰시켜서 조음하기 때문에 모음을 조음할 때보다 에너지가 많이 든다. 그러므로 개음절을 지향하여 CVCVCV 연속체로 발음하고자 하는 것은 구강을 넓혔다 좁혔다 하는 최소한의 동작으로 조음하고자 하는 것으로 간주된다.

음운현상에서 보여주는 폐음절 중에서는 유음이나 비음으로 끝나는 폐음절을 선호하는 두 번째 특징도 위와 같은 맥락에서 이해할 수 있다. 즉 비음이나 유음으로 끝나는 폐음절을 선호한다는 것은 VCCV……와 같이 두 모음 사이(즉 두 음절 사이)에 자음이 둘 개재하게 된다면 그 자음 연결체로 '비음+비음'이나 '유음+유음' 연결체를 바꾼다는 것이다. 비음이나 유음은 조음을 할 때 장애음과 다른 특징을 보여준다. 앞에서도 언급한 바와 같이 장애음은 조음점에 조음체를 완전히 협착하거나 약간의 틈을 두어 공기를 마찰시켜서 발음하는 데에 비해, 비음은 구강에서는 차단되지만, 비강으로 공기가 흐른다. 유음은 구강에서 완전히 폐쇄되지 않고 혀의 옆으로 공기가 흐르거나 조음체인 혀로 조음체인 치조 부위를 한 번 치면서 발음하기 때문에 공기가 장애음보다 자유롭게 흐른다고 할 수 있다. 또한 비음이나 유음은 공명음으로서 이들 음을 조음할 때에는 성대가 진동되기 때문에 또한 모음과도 유사한 성질을 가지고 있다. 그러므로 폐음절에서 두 모음 사이에 자음이 둘 개재할 경우, 그 자음 가운데 비음이나 유음이 하나만 있어도 개재된 두 자음을 '비음+비음' 또는 '유음+유음'으로 바꾸는 이러한 특성은 …(C)VCCV…의 연결체를 가능하면 …(C)VCV…의 연결체에 가깝게 조음하려는 특성으로 이해되면서, 동시에 보다 모음에 가까운 음으로 조음하려는 특성으로 이해된다. 결국 이러한 음운현상은 공기의 흐름을 조정하여 조음을 할 때, 형태를 어느 정도는 유지하면서 조음하는 노력에 드는 에너지를 최대한으로 줄임으로써 쉽게 발음하려는 노력 경제의 원칙이 반영된 것으로 간주된다.

3. 요약 및 전망

3.1. 요약

이 글의 첫머리에서 제시한 이 글의 7가지 연구 과제의 계량적 검토 및 논의 내용을 요약하면 다음과 같다.

1) 국어의 한 어절은 대략 2.82개의 음절로 구성된다.

2) 국어에서 개음절과 폐음절의 비율은 음소적 음절의 경우 55% : 45%의 비율이며, 음운현상을 거친 후의 음성적 음절의 경우 66% : 34%의 비율이다.

3) 폐음절 내에서 장애음, 비음, 유음으로 각각 끝나는 음절의 비율은 음소적 음절의 경우 30% : 46% : 24%로서 개음절을 포함한 합한 총 음절에서의 비율은 14% : 20% : 10%였으며, 음운현상을 거친 후의 음성적 음절에서는 18% : 58% : 24%로서 개음절을 포함한 총 음절에서의 비율은 6% : 20% : 8%였다.

4) 음절과 관련된 음운현상의 출현 빈도는 연음화, 비음화, 격음화, 유음화의 순으로 나타났다. 이들 각 음운현상의 세부 환경에 따른 출현 빈도를 일일이 제시하는 것은 본문의 내용을 반복하는 것이 되므로, 각 음운현상에 대한 세부 환경에 따른 출현 빈도는 각 현상들에 대한 세부 환경에 따른 계량적인 연구 결과를 제시한 도표 내용으로 대신한다.

5) 음절 통합 과정에서 일어나는 음운현상의 결과, 국어 음절은 다음 도표의 내용과 같이 변동된다.

<표22>	폐음절				개음절	계
음절말음	장애음 (장애음/자음군)	비 음	유 음	계		
음절수	16,458 (15,177/1,281)	24,697	13,075	54,230	66,927	121,157
연음화 (단자음)	−4,532 (−4,532/0)	−3,504	−3,705	−11,741	+11,741	

음절말음	폐음절				개음절	계
	장애음 (장애음/자음군)	비 음	유 음	계		
연음화 (자음군)	693 (0/−693)	+296	+397	0		
격음화	−1,340			−1340	+1,340	
비음화	−2,613	+2,613		0		
유음화	−68		+68	0		
계	7,211	24,102	9,835	41,149	80,008	121,157
폐음절 비율(%)	18	58	24	100		
전체 비율(%)	6	20	8	34	66	100

6) 음절 통합 과정에서 각 음운현상이 일어난 결과 국어의 음절은 다음과 같은 특징을 보여준다. a) 폐음절을 줄임으로써 개음절로 실현되는 방향의 음운현상이 주로 일어나며, b) 폐음절로 실현되는 경우에는 장애음으로 끝나는 폐음절이 비음이나 유음 즉 공명자음으로 끝나는 폐음절로 바뀌는 현상이 일어난다. c) 공명음으로 끝나는 폐음절의 통합에서는 비음으로 끝나는 폐음절이 유음으로 끝나는 폐음절로 바뀌는 방향으로 음운현상이 일어난다. d) 위의 현상은 그 반대 방향으로는 일어나지 않는다.

7) 음절 통합 과정에서 일어나는 음운현상의 특징이 국어 화자들의 조음에서 갖는 의미는 크다. 음절 통합 과정에서 일어나는 음운현상은 폐음절을 개음절 쪽으로, 폐음절인 경우에는 장애음이나 비음을 유음으로, 그리고 장애음을 비음으로 바꾸는 특징을 보여준다. 이러한 특징은 국어 화자들은 자음과 모음이 반복되는 CVCVCV와 같은 음

연쇄체를 지향하며, 인접한 음절의 두 모음 사이에 자음이 둘 개재하게 될 때에는, 음절핵인 모음에 보다 유사한 자음인 유음이나 비음으로 바꿈으로써, 공기의 흐름이 CVCVCV와 같은 음 연쇄체에 보다 가까운 쪽으로 발음하려는 경향을 보인다. 이러한 특징은 화자들이 발음을 할 때 음절을 만드는 데에 필수적인 요소, 즉 모음에 가능하면 보다 유사하게 바꾸어 발음을 쉽게 하려는 노력 경제의 원칙이 작용하고 있음을 보여준다.

3.2. 전망 및 기대효과

본 연구의 결과는 국어학의 이론적 연구에 대한 실제적 기초를 제공할 수 있으며, 나아가서 언어학의 일반 이론의 연구에 기여할 수 있다. 또한 이 연구의 결과는 국어 교재와 참고서, 문제집의 편찬에 직접 활용할 수 있을 뿐만 아니라 교육 현장에서 직접 활용할 수 있어 국어 교육 분야에서 그 교육적 효과를 기대할 수 있다. 그리고 본 연구의 결과는 언어의 전산 처리를 위한 음성인식 시스템 개발, 음성합성, 자동적 내용 분석, 언어간의 대조분석, 자동 번역, 언어 이해 체계의 형성 등에 실제적으로 기여할 수 있을 것이다. 그 밖에도 심리언어학, 사회언어학, 언어유형학 등 언어와 관련되는 제반 학문 영역에도 그 부수적인 효과를 기대할 수 있어 학문 영역별 연대성을 높일 수 있을 것이다.

③ 두음법칙의 음운론적 해석*

1. 두음법칙의 내용

　어두 위치word initial에 올 수 있는 자음의 제약 현상으로 간주되는 두음법칙은 국어 계통론과 관련하여 일찍부터 관심의 대상이 되어 왔다.[1]

---

* 이 글은 '두음법칙의 음운론적 해석에 대하여'라는 제목으로 『南鶴남학 이종철 회갑기념 한일어학논총』(국학자료원, 1995 : 65~84)에 수록되었다.

1) 그 한 예로 최현배(1927)에서는 언어학상으로 본 조선어의 특징 중의 하나로 다음과 같이 두음규칙을 제시하여 설명하고 있다.

　두음규칙 : 두음이란 것은 낱말의 첫머리에 오는 소리를 이름이니 이 첫소리에 관한 우랄알다이어족의 특징의 주요한 것은 담과 같다.

　(1) 두음에 탁음이 오는 것을 꺼린다. 어떤 나라말을 아조 탁음을 배척하고 일부는 허하고 기타의 탁음은 허한다. 일본어에는 탁음이 많이 쓰히지마는 그 순순한 것에서는 탁음이 첫머리에 오는 것이 참 적다. 우리말에서는 남부에서는 특히 'ㄲ, ㄸ, ㅃ, ㅉ'의 짝소리 즉 흐린 소리를 많이 쓰지마는 북부에서는 이런 것을 꺼린다.

　(2) 어두에 2개 이상의 자음의 운용을 꺼린다. 우리말에서는 짝소리는 어느 정도까지 쓰며 또 섞김거듭소리 'ㅊ, ㅋ, ㅌ, ㅍ'는 흛이 쓰지마는 'ㅊ, ㅋ, ㅌ, ㅍ'는 거의 거듭소리로 너기지 아니한다. 그러고 다른 덧거듭소리는 결코 쓰지 아니한다.

　(3) 어두에 'ㄹ'음이 오는 것을 꺼린다. 우리말에는 'ㄹ'음이 첫소리로 오는 것은 절대 없으며 한자로 된 'ㄹ' 첫소리 가진 말이라도 'ㄴ'로 내거나 혹은 아조 아니 내거나 한다. 그러나 다른 말과 연속하야 중간에서 나게 될 적에는 바로 나는 수가 있나니라.

그리하여 두음법칙은 알타이제어가 보여주는 공통 현상의 하나로서, 어두 위치에 올 수 있는 자음 또는 자음군이 제약을 받는 포괄적인 현상으로 기술되어 오고 있다.

그러나 그동안에 이루어진 연구 성과가 적은 것은 아니지만, 두음법칙에 포함되는 현상들을, 국어의 다른 유사한 현상들과 비교하여 유기적인 관련성을 포착하는 데까지는 나아가지 못하였던 것 같다. 성낙수(1987b), 유만근(1991) 등에서 다루고 있는 내용은 맞춤법이나 표준어에서 언급되는 규범적인 내용을 벗어나지 않고 있다. 허웅(1964), 배양서(1973, 1981), 김진우(1976), 기세관(1990), 서보월(1991) 등에서는 어두와 어중이라는 위치 문제에 대해서는 언급을 하지 않고 있다.[2] 이들 논문에서는 'ㄹ'과 'ㄴ'의 교체 현상은 한자어를 다루는 부분에서 언급하면서도 동일한 교체를 보이는 현상들을 그 위치에 따라 어두와 어중을 분리하지 않고 기술하거나, 두음법칙에 포함되는 어두 'ㅣ'계 모음 앞에서의 'ㄴ' 탈락 현상은 다루지 않고 있는 것이다. 'ㅣ'계 모음 앞에서의 'ㄴ' 탈락 현상은 구개음화를 통시적으로 다루고 있는 논문, 구체적으로 말하면 곽충구(1980), 이명규(1974), 김주필(1985, 1994), 백두현(1992) 등에서 논의가 이루어지고 있다.

이런 점에서 앞으로의 두음법칙과 관련된 논의에서는 어두와 어중의 차

---

2) 물론 이들 논의들도 그 세부 내용에 따라 상당한 관점의 차이를 보여준다. 허웅(1964), 김진우(1976), 배양서(1973, 1981) 등에서는 어두와 어중의 'ㄹ'과 'ㄴ'의 교체 현상을 유사한 현상으로 기술하려는 태도를 보여준다. 그러나 김진우(1976)에서는 비음화 현상으로, 허웅(1964)와 배양서(1973, 1981)에서는 외래어가 갖는 음소 통합현상으로 인해 생긴 음소배열제약으로 간주하고자 하였다. 이들 논의 가운데 김진우(1976)에서는 'ㄹ'과 'ㄴ'의 교체 현상을 공시적 현상으로 기술하였지만, 배양서(1973, 1981)에서는 통시적으로 어형이 굳어진 것으로 간주하였다. 그리하여 양자 사이에는 기저형 설정에 차이를 보인다. 한편 기세관(1990)과 서보월(1991)에서는 어두와 어중을 분리하여 기술하면서 두음법칙을 그대로 받아들이고 있다.

이점이나 유사성의 특징, 두음법칙에 해당되는 것으로 기술되는 각 개별 현상들 간의 유기적인 관련성, 또는 두음법칙과 관련이 있는 것으로 논의되어 온 현상들과의 상호 관련성을 포착하여 보다 포괄적이고 체계적인 논의가 이루어져야 할 것이다. 결국 그러한 논의는 두음법칙에 대한 음운론적 해석을 통하여 구체적으로 이루어질 수 있을 것이다.

그러면 두음법칙의 음운론적 해석을 해 나가기 위해, 두음법칙의 내용을 보기로 한다. 『국어국문학사전』3)에는 다음과 같이 4가지 유형으로 두음법칙이 설명되어 있다.

(1) 두음법칙 :

ㄱ. 유음 'ㄹ'이 어두에 올 수 없다. i나 y앞에서 'ㄹ'은 탈락하며, 'ㅏ, ㅓ, ㅗ, ㅜ, ㅡ, ㅐ, ㅔ, ㅚ' 앞의 'ㄹ'은 'ㄴ'으로 변한다. 예) 량심良心 → 양심, 리과理科 → 이과, 락원樂園 → 낙원, 로인老人 → 노인, 루각樓閣 → 누각, 래일來日 → 내일, 뢰성雷聲 → 뇌성

ㄴ. 비음 'ㄴ'이 어두에서 i나 y 앞에 올 수 없다. 이 때의 'ㄴ'은 탈락된다. 예) 녀자女子 → 여자, 니토泥土 → 이토

ㄷ. 어두에 자음군이 올 수 없다. 외래어의 자음군이 'ㅡ'와 함께 각각 독립된 음절을 이루게 되는 것은 이 때문이다. 예) christmas [krismas] → 크리스마스

ㄹ. 어두의 유성 파열음 및 유성 마찰음이 올 수 없다. 그러므로 원래 유성음이었던 어두 자음도 국어로서는 무성음으로 나타난다. 예) 라디오, 뉴우스

이 네 유형의 두음법칙을 자세히 검토해 보면, 이들 현상은 모두 유입된 외국어의 음절 구조나 음소 통합관계가 고유어의 경우와 달라서 생기는

---

3) 서울대학교 동아문화연구소 편(1989), 『국어국문학사전』, 신구문화사, p.203.

현상들임을 알 수 있다. 즉 외국어가 국어에 유입되면, 그 외국어의 음절 구조나 음소 통합관계가 고유어의 경우와 다르거나 고유어에 존재하지 않는 경우에 그러한 이질적인 것들을 고유어에 맞도록 조정하는 현상들인 것이다.4) 고유어에는 어두에 ㄹ로 시작되는 음이 없기 때문에 (1ㄱ)과 같은 현상이 일어나며, 어두 i나 y 앞에서 구개음 'ㄴ'이 실현되는 경우가 없기 때문에 (1ㄴ), 또는 (1ㄹ)과 같은 현상이 일어나며, 그리고 고유어의 어두자음군은 허용되지 않기 때문에 (1ㄷ)과 같은 현상이 생기는 것이다.

그런데 이러한 현상들이 어두에서만 국한되어 일어나는가 하는 것은 여러 모로 검토해 보아야 할 일이다. 먼저 (1ㄷ)의 현상을 보기로 한다. (1ㄷ)의 현상이 어두 위치에서만 일어나는 현상으로만 보는 것은 온당한 것으로 간주되지 않는다. 어두라는 위치와 관계 없이, 유입된 외국어와 국어의 음절 구조나 음소들의 통합관계가 다르면 어중에서도 동일한 현상이 보이기 때문이다. '크리스마스Christmas'나 '마르크스Marx'에서 알 수 있듯이 어중에서도 국어의 음절 구조나 음소들의 통합관계에 차이가 생기면 조정 현상이 생기는 것이다. 어두뿐만 아니라 어중에서도 고유어에 존재하지 않는 자음 연결체가 오게 되면 'ㅡ'를 첨가하여 하나의 음절을 만들어 조정하는 것이 일반적인 현상이기 때문이다. 결국 이는 외국어와 고유어의 음소 통합이 다른 경우, 고유어의 존재하는 음소 통합체로 조정하는 현상으로서 어두와 어중을 가리지 않고 일어나는 음절 조정 현상인 것이다.

---

4) 이러한 지적은 일반화되어 있다. 현대 국어 음운론의 일반적인 기저형 설정을 받아들인다면 이러한 지적이 틀렸다고 할 수는 없을 것이다. 그러나 관점과 예들을 조금만 바꾼다면 반드시 외국어나 외래어가 고유어와 보여주는 차이점에만 논의의 초점을 맞출 수는 없다. 가령 어두 y계 모음 앞에서의 'ㄴ' 탈락 현상은 통시적인 현상으로서의 구개음화와 관련되어 있다. 어두 'ㄴ' 탈락 현상은 고유어나 외래어에 모두 일어나는 현상인 것이다. 이에 대한 논의는 성낙수(1987a, b)를 참조할 것. 본고의 제3장에서도 이러한 문제를 구체적으로 다룬다.

이런 점에서 (1ㄷ)의 현상은 어두word initial에서만 일어나는 것으로 보기는 어렵다.

　(1ㄹ)의 경우도 (1ㄷ)의 경우와 다르지 않다.5) (1ㄹ)의 현상도 어두음절이 문제되는 것이 아니라, 외래어에 존재하는 어두 유성 파열음이나 유성 마찰음이 고유어에는 없어서 일어나는 현상이기 때문이다. 또한 이러한 조정 현상은 어두에서만이 아니라, 어중에서도 일어난다. 가령 'rugby'에서처럼 유성파열음 연결체가 어중에 오게 되면, 고유어의 연결체에 맞추어 '럭비'[ləkˆpʼi]와 같이 무성 파열음으로 조정되는 것이다. 말하자면 어두와 어중이 문제되는 것이 아니라 음소가 실현될 환경에서 해당 음소 통합체가 외래어와 고유어의 경우에 차이가 있느냐 없느냐가 문제되는 것이다. 이러한 맥락에서 (1ㄹ)의 현상은 (1ㄱ), (1ㄴ)의 현상과도 큰 차이가 없다.

　어두음 'ㄹ'과 'ㄴ'의 제약 현상으로 기술되어 온 (1ㄱ)과 (1ㄴ)의 현상은 두음법칙의 대표적인 유형이다. 주로 한자어에 적용되는 이러한 현상이 근래 서구어계 외래어에는 적용되지 않는 경향이 있지만, 앞에서 검토한 (1ㄹ)의 현상과 차이가 없다. 이 글에서는 앞에서 논의한 (1ㄷ)과 (1ㄹ)의 내용에 덧붙여 음운론적 과정으로서의 (1ㄱ)과 (1ㄴ)의 현상을 검토하면서 국어 두음법칙 설정의 문제점에 대하여 살펴보고 그 음운론적인 해석을 내려 보고자 한다.

---

5) (1ㄹ)의 현상은 서구어계 외래어에 적용되는데, 근래에는 많은 외래어의 유입으로 인하여 거의 일어나지 않고 있다. 아예 외래어 표기법 규정에서도 이러한 발음을 인정하고 있다. 예) 라디오(radio), 리사이틀(recital), 렌즈(lens), 리더십(leadership), 로켓(rocket) 등.

2. 어두와 어중의 'ㄹ → ㄴ' 현상

(1ㄷ)과 (1ㄹ)의 현상이 어중에서도 일어나기 때문에 엄격하게 어두 자음의 제약현상이라고 말할 수 없음을 지적한 바가 있다. 즉 이들 현상은 어두의 위치에서만 일어나는 것이 아닌 것이다. 또한 이들 현상이 일어나는 이유가 위치 때문이 아닌 것이다. 다시 말하면 외래어와 고유어의 음소연결에서 차이가 생길 때 그 차이를 조정하는 현상인 것이다. 이런 점에서 (1ㄱ)과 (1ㄴ)의 현상도 (1ㄷ)과 (1ㄹ)과 크게 다르지 않은 것으로 보인다. 말하자면 두음법칙이라는 용어로서 이들 현상을 포괄할 수 없다는 것이다. 이러한 맥락에서 이제 (1ㄱ)과 (1ㄴ)에 대해서 구체적으로 논의해 보기로 한다.

(1ㄱ)과 (1ㄴ)의 현상들은 음운론적 특성에 따라 두 현상으로 통폐합될 수 있다. 그 하나는 'ㄹ'이 'ㄴ'으로 되는 현상이고, 다른 하나는 'ㄴ'이 i나 y 앞에서 탈락되는 현상이다. (1ㄱ)과 (1ㄴ)의 분류는 낱낱의 분절음을 중시한 것이지만, 이 글에서의 분류는 국어의 음운론적 과정과 현상을 중시한 것이라고 할 수 있다.6) 왜냐하면 'ㄹ'이 'ㄴ'으로 되는 현상은 또 다른 곳에서 쉽게 찾아볼 수 있는 국어의 음운 과정 중의 하나이며, 마찬가지로 i나 y 앞에서 'ㄴ'이 탈락되는 현상도 구개음화와 관련하여 일어나기 때문이다. 이러한 관점에 설 때 비로소 대표적인 두음법칙 현상으로 간주되어

---

6) 기세관(1990), 서보월(1991) 등에서도 이러한 태도를 취하고 있다. i나 y 앞에서의 'ㄴ' 탈락을 인정한다면 당연히 이러한 분류 태도를 취하는 것이 합리적이다. 이러한 분류는 국어사 표기 과정에서도 지지받을 수 있다. i나 y를 선행하는 어두 'ㄹ'은 국어사 문헌 자료에서 어느 시기에 바로 탈락되는 것이 아니라 'ㄴ'으로 표기되는 과정을 거친 다음 탈락되는 것으로 드러나기 때문이다.

온 (1ㄱ)과 (1ㄴ)의 현상에 대한 음운론적 접근이 가능해진다.7)

그러면 먼저 'ㄹ'이 'ㄴ'으로 바뀌는 현상을 보기로 한다. (1ㄱ)에서 'ㄹ'
이 'ㄴ'으로 되는 현상이 어두에서만 일어나는 것으로 말하고 있지만 사실
은 어중에도 동일한 현상이 보인다.

(2) 종로→[종노],　　삼림→[삼님],　　　정립→[정닙],
　　침략→[침냑],　　추진력→[추진녁],　　이원론→[이원논]

(2)의 예들은 선행 음절이 비음으로 끝나는 경우에는 'ㄹ'이 'ㄴ'으로 바
뀌어 실현되는 예들이다. 선행 음절이 'ㄴ'이나 'ㄹ'로 끝나는 경우에는 유
음화가 일어나 이러한 현상과 그 궤를 같이 하지 않는 제약은 있으나,8)
선행 음절말음이 'ㅁ'이나 'ㅇ[ŋ]'인 경우나 복합어나 파생어의 제1요소의
말음이 'ㄴ'인 경우에 보여주는 이러한 현상이 어중에서 일어나고 있다는
차이를 제외하면 두음법칙의 'ㄹ→ㄴ' 현상과 다르지 않은 것이다.

이와 유사한 현상이, 선행 음절이 폐쇄음으로 끝나는 경우에도 동일하
게 나타난다. 이른바 상호동화라고 명명되어 왔던 다음 현상은, 역시 한자

---

7) 이러한 현상이 국어에 본래부터 존재하는 현상이 아니라는 점은 15세기 정음으로 된 문
헌에 어두 'ㄹ'이나 'ㄴ'이 있었다는 점을 보면 쉽게 알 수 있다. 15세기 정음으로 된 문헌
에 어두에 'ㄹ'이 있는 '러울(훈민정음 해례, 용자례), 라귀(용가 19장, 월석 1:5)' 등이
있어 'ㄹ'이 'ㄴ'으로 되는 현상을 보이지 않기도 하였던 것이다. 또한 i나 y 앞에 'ㄴ'이 있
는 '니겨(니기다 : 월 18:15), 니르고져(훈민정음 언해), 닑고(석보 9:30), 니버(월곡
155장)' 등이 나타나 i나 y 앞에서 'ㄴ'이 탈락되지 않았던 것이다. 이러한 사정을 통하여
기존의 연구에서 거론되어 온 국어의 계통과 관련된다는 두음법칙이, 사실은 시대에 따
라 달라질 수 있음을 알 수 있는 것이다. 이러한 사정은 오늘날의 여러 방언 비교에서도
드러난다. 평안 방언과 중부 방언, 그리고 남부 방언에서는 또 다른 상이한 모습을 보이
는 것이다. 이것은 두음법칙이 장소(공간)에 따라서도 달라질 수 있음을 보여준다.
8) 'ㄴ'과 'ㄹ'이 만났을 때 유음화가 일어나기도 하고 비음화가 일어나기도 하며, 또한 어떤
경우에는 'ㄹ'이 탈락되기도 한다. 이에 대한 자세한 논의는 이병근(1977b, 1981), 기세
관(1990), 표준어 규정 해설 「발음편」(1988 : 67~69)등을 참조.

어인 경우에 적용되는 현상으로서, 자음으로 끝나는 음절 다음의 ‘ㄹ’은 ‘ㄴ’으로 바뀌어 실현되는 동일한 교체 현상임을 보여주는 것이다.

    (3) 독립→[동닙],   책략→[챙냑],   독락당→[동낙땅],
        섭렵→[섬녑],   압력→[암녁],   압록강→[암녹깡]

이 예들은 통합되는 두 음이 모두 바뀐 특징을 보여준다. 즉 표면적으로 관찰하면, 선행하는 음절 마지막의 폐쇄음이 그 폐쇄음과 동일한 위치에서 조음되는 비음으로 바뀌었으며, 동시에 그 뒤에 오는 음절의 첫음 ‘ㄹ’이 후행하는 모음의 음운론적 환경에 관계없이 ‘ㄴ’으로 바뀐 것이다. 이렇게 통합되는 두 음이 인접하고 유사한 음으로 바뀌었다는 점에서 위와 같은 현상을 상호동화라고 명명해 온 것으로 간주된다.

그러나 위의 현상을 상호동화라고 하는 데에는 문제가 있다. 동화현상은 동화를 시키는 한 항이 있어 그것이 동화주가 되고, 동화주의 영향을 입어 변화되는 항이 있어 그것이 피동화음이 되어, 피동화음이 동화주와 같거나 유사한 모습으로 되는 현상이다. 그런데 상호동화라는 말은 인접해 있는 두 관련음이 서로 유사하게 닮는 하나의 현상이라고 간주하는 것과 다르지 않다. 또한 동화주나 피동화음, 그리고 음운론적 환경이 설정되어 있지 않으면서 동화현상을 상정하기는 어려울 것이다. 상호동화의 이러한 문제점을 피하려면, 동화주와 피동화음, 그리고 음운론적 환경을 설정하여 동화되는 두 개의 음을 중심으로, 두 개의 개별적인 현상으로 나누어 관찰해야 할 것이다. 나아가 (3)의 현상까지 포괄하여 이러한 현상을 설명하기 위해서는 상호동화라는 하나의 술어로는 충분하지 않다고 할 수 있다.9) 결국 이러한 문제점을 해결하기 위해서는 두 가지 별개의 동화현상을 상정해야 한다.

　그런데 두 개의 개별적인 현상을 상정하더라도, 두 현상이 적용되는 상호관계에 따라 해석 방향도 두 가지가 있게 된다. 그 한 방향은 두 개의 개별적인 현상이 동시에 일어나는 것으로 간주하는 것이고, 다른 한 방향은 두 개의 개별적인 현상이 계기적으로 일어나는 것으로 간주하는 것이다. 상호동화라는 기존의 논의를 수용할 수도 있을 듯한 전자의 해석 방안을 먼저 논의하기로 한다. 여기에서 상정할 수 있는 두 개의 개별적인 현상을 구체적으로 말하면, 한 현상은 선행 음절의 마지막 자음이 동화주가 되는 경우이고, 다른 한 현상은 후행하는 'ㄹ'이 동화주가 되는 현상이다.

　두 개의 개별적인 현상을 상정하고, 그 각각의 현상이 모두 동화현상이라고 한다면, 그 과정에서 문제가 발생한다. 'ㄱ'이나 'ㅂ'에 의해 'ㄹ'이 'ㄴ'으로 되는 현상이 동화현상이 될 수 없고 마찬가지로 'ㄹ'에 의해 'ㄱ'이나 'ㅂ'이 비음인 'ㅇ'이나 'ㅁ'으로 되는 현상도 동화현상이 될 수 없기 때문이다. 말하자면 두 개의 개별적인 현상이 동시에 적용된다고 할 때 그 각각의 현상을 어느 경우에도 동화현상이라고 할 수 없는 것이다. 동화현상이 아니라면 어떤 음이 동화주가 되고 다른 어떤 음이 피동화음이 된다고 볼 수 없기 때문에 결국 두 개의 개별적인 현상을 동시에 일어나는 동화현상이라는 시각으로 접근할 수가 없게 되고 만다.

　이러한 문제점을 해결하기 위해서는, 위의 두 현상 모두 또는 두 현상 중의 한 현상이 동화현상이 아닐 수도 있다는 접근이 가능하다. 그러기 위해 우리는 여기에서 상정될 수 있는 두 개의 현상이 계기적으로 적용된다는 해석을 택할 수 있다. 계기적으로 적용시키는 데에 있어서도 어느 현상

---

9) 물론 이러한 두 개의 개별적인 현상을 포괄하는 메타 술어로서 상호동화를 설정하는 것은 가능할 것이다. 그러나 현상의 실체가 아니라 외연만을 보여주는 그러한 메타 술어를 설정할 특별한 이유를 찾기 어려운 것으로 보인다.

을 먼저 적용시키느냐에 따라 두 방안이 가능하다. 우선적으로 가능한 해석 방안은, 어떤 비자음이나 장애음 다음에 유음이 올 수 없는 국어 음소 통합에 있어서의 제약을 바탕으로 하면, 비자음이나 장애음 다음에 오는 유음이 비음으로 바뀌는 현상이 먼저 적용될 수 있는 것이다. 그 후에 비자음 앞에서 장애음이 비자음에 동화되어 비자음으로 동화되는 현상이 적용될 수 있기 때문이다. 이러한 우리의 해석은 앞의 예 (2)과 (3)를 통하여 뒷받침된다. 이러한 입장은 (3)의 예들뿐만 아니라, (2)의 예들에 대해서도 같은 현상으로 설명할 수 있는 장점을 가지게 된다.

그러나 이러한 해석의 역은 성립되지 않는다. 그 이유는 위에서 보았던 두 개의 개별적인 현상을 동시에 적용하는 것으로 간주하면서 검토할 때 생겼던 문제점과 동일하다. 즉 위의 역순으로 규칙을 적용시킨다는 것은 장애음이 'ㄹ' 앞에서 비자음으로 되는 현상을 먼저 적용한다는 것인데, 그럴 경우 장애음이 유음 앞에서 비자음으로 동화된다고 해야 하는데 그런 동화는 있을 수 없기 때문이다. 결국, 기존에 상호동화로 보아 왔던 현상의 음운론적 특징은 장애음 다음에 오는 'ㄹ'이 'ㄴ'으로 되는 규칙과 'ㄴ' 앞에서 폐쇄음이 비자음으로 되는 비음화 규칙이 계기적으로 적용된 현상을 말한다고 할 수 있다.

그러므로 (3)의 예들에서 보여주는 현상을 우리의 논의대로 선행 음절의 마지막 장애음 다음에 오는 'ㄹ'이 'ㄴ'으로 바뀌고 나서, 거기에서 결과된 비음 'ㄴ'에 선행하는 음절의 평폐쇄음이 비음으로 동화되는 것으로 간주하는 것이 합리적인 해석이라면, 한자어의 어중 'ㄹ'이 'ㄴ'으로 되는 현상에 대해 "장애음으로 끝나는 음절 다음에 오는 음절의 첫 자음 'ㄹ'은 'ㄴ'으로 바뀐다."고 설명할 수 있다.

이제 이러한 우리의 논의를 받아들일 때 'ㄹ→ㄴ' 현상에서 문제가 되는 것은 어두와 어중이라는 위치의 차이를 어떻게 보느냐의 문제이다. 기존의 기술대로 어두에서 'ㄹ'이 'ㄴ'으로 바뀌는 현상은 두음법칙으로, 어중에서 'ㄹ'이 'ㄴ'으로 되는 현상은 어중 'ㄹ→ㄴ' 현상으로 분리 기술할 것인지, 음운론적 동일성을 포착하여 하나의 같은 현상으로 기술할 것인지가 여기에서 문제되는 것이다.

그런데 'ㄹ→ㄴ' 현상에 있어서 어두라는 환경은 그 앞에 휴지가 있는 반면, 어중은 그 앞에 자음이 있다는 차이가 있다. 그러므로 두음법칙이라는 술어는 이 두 환경에서의 특성에서 보여주는 이러한 차이점을 중시한 술어라고 할 수 있다. 그러나 표면적으로는 이질적인 것처럼 보이는 이 두 환경을 동질적인 것으로 포착할 수 있는 현상만 발견된다면, 위치에 따라 다른 현상으로 분리하여 설명해 왔던 이 두 현상을, 'ㄹ'이 'ㄴ'으로 바뀌는 동일한 현상임을 중시하여 하나의 현상으로 통합할 수 있게 될 것이다. 그렇다면 별개의 현상으로 기술해 왔던 것을 보다 포괄적으로 기술할 수 있는 장점을 가지게 될 것이다.

그런데 어두 음절 앞에 놓이는 휴지와 음절말 장애음이 같은 기능을 수행하는 현상이 있어 이 두 현상을 하나의 현상으로 통합할 수 있는 가능성을 시사해 준다. 다음에 보이는 음절말 자음의 중화 현상의 환경이 그 경우이다.

(4) ㄱ. 낫도→[낟또],　　낮도→[낟또],　　낯도→[낟또]

　　ㄴ. 낫고→[낟꼬],　　났고→[낟꼬],　　낱(알) →[낟(알)][10]

　　ㄷ. 낫→[낟],　　　　낮→[낟],　　　　낯→[낟]

---

10) '낱'의 'ㅌ'이 'ㄷ'으로 실현되는 것은 중화 현상이라 할 수는 없으나 용례의 하나로 포함하였다.

위의 예들은 'ㅈ, ㅊ, ㅉ, ㅅ, ㅆ'으로 끝나는 음절말음(또는 어간 말음)으로 국한된 것이기는 하지만, 이른바 국어의 음절말 자음의 중화 현상을 보여주는 전형적인 예들이다.11) 위의 예들에서 보여주는 현상은 자음으로 끝나는 음절말의 자음은 그 다음에 자음으로 시작되는 말이 오게 되면 동일 조음위치의 평폐쇄 내파음으로 내파되는 현상이 있음을 보여주고 있다. (4ㄱ)과 (4ㄴ)은 모두 폐쇄 자음이 오는 경우이기는 하지만 전자는 체언의 경우이고 후자는 용언의 경우이다. (4ㄷ)도 동일한 현상을 보여주는 예들인데, 자음으로 끝나는 음절 다음에 휴지가 온다는 차이가 있을 뿐이다. (4ㄷ)에서 보듯이 휴지가 오는 경우에도 그 다음에 자음이 오는 경우와 동일한 현상을 보여주는 것을 근거로 중화 현상을 설정하는 데에 있어서 자음과 휴지는 국어에서 동일한 기능을 수행하는 것으로 간주되어 왔던 것이다.

이러한 중화 현상을 통하여 알 수 있듯이, 국어에서는 휴지가 자음과 동일한 역할을 수행한다. 휴지가 음운론적인 환경을 형성하는 데 있어서 자음과 동일한 역할을 수행한다면, 특별한 이유가 없는 한, 위치에 관계없이 자음과 동일한 기능을 수행한다고 보는 것이 합리적인 접근이라고 할 수 있다. 이런 점에서 어두에서 'ㄹ'이 'ㄴ'으로 되는 현상을 어중에서 'ㄹ'이 'ㄴ'으로 되는 현상과 분리하여 별도로 다루지 않아도 될 것이다. 다시 말하면 어두라는 위치는 그 앞에 휴지가 있는 것으로 간주되므로, 어중 'ㄹ'의 선행 음절말음으로 자음이 있는 환경과 동일한 환경으로 기술될 수 있다.12)

---

11) 이러한 'ㅈ, ㅊ, ㅉ, ㅅ, ㅆ' 음절말음이 자음이나 휴지 앞에서 'ㄷ'으로 중화된다고 하는 것은 프라그 학파의 중화 개념과는 차이가 있다. 프라그 학파의 중화란 유무대립, 양면대립, 비례대립을 보이는 상관속 내에서 일어나는 현상에 국한하여 적용되는 것이지만, 국어의 'ㅈ, ㅊ, ㅉ'과 'ㅅ, ㅆ'은 다른 상관속에 속하기 때문이다. 여기서는 국어 음운론에서 사용하는 포괄적인 중화 개념에 따라 일반화된 술어를 그대로 사용한다.

이런 점에서 어두 위치의 'ㄹ'이 'ㄴ'으로 되는 현상만을 포함하는 두음법칙은 음운현상이 일어나는 위치를 중시한 것으로 간주된다. 그러므로 기존의 두음법칙은 국어의 일반적인 음운론적 과정이나 특성을 포괄하지 못한다고 할 수 있다. 'ㄹ→ㄴ' 현상은 어두에서만 일어나는 특수한 제약 현상이라고 할 수 없기 때문에 어중에서 일어나는 'ㄹ→ㄴ' 현상을 포괄하는 것이 국어의 현상을 중시하는 음운 기술이 될 것이다.

3. i나 y 앞에서의 'ㄴ' 탈락 현상

이제 우리에게 남은 것은 이른바 두음법칙의 두 번째 현상에 대한 음운론적 해석이다. 'ㄴ'이 i나 y 앞에서 탈락되는 현상은 음변화를 다루는 통시론적 접근에서 구개음 제약 현상으로 언급된 현상이다. 어두의 'ㄴ'이 i나 y 앞에서 구개음 'ㄴ'으로 바뀌어 동일한 구개음의 연결 제약 현상이 적용되어 어두의 'ㄴ'이 탈락되었다는 것이다. 이러한 현상은 사적인 문헌자료13)에서 구개음화의 진행과정과 그 궤를 거의 같이 하면서 확인되는 것

---

12) 여기에서 생기는 한 문제는, 오늘날 평안도 방언에서는 어두에서 'ㄹ'이 그대로 실현된다는 점이다. 예: 리론理論, 로인老人, 련습練習 등. 이러한 특이한 현상이 어디에 기인하고 있는지 검토되어야 할 것이다. 그러나 평안도 방언에서, 어두에서는 'ㄹ'이 그대로 실현되고 어중에서는 다른 방언에서와 같이 'ㄹ'이 'ㄴ'으로 바뀌어 실현되어 우리의 주장이 잘못된 것이라고 할 수는 없을 것이다. 방언에 따라 휴지가 자음과 어떤 경우에는 동일하게 기능하지만 어떤 경우에는 그렇지 않을 수도 있기 때문이다. 개별 방언 나름대로의 역사적 과정이 존중되어야 하는 것이다. 말하자면 각 방언의 음운론적 단위들은 그 통시적·공시적 특성에 따라 다를 수 있기 때문이다. 그것은 구개음화가 왜 경상도 방언, 전라도 방언, 중앙 방언, 함경도 방언, 평안도 방언에서 각기 다르게 진행되었느냐의 문제와 같다. 다음 절에서 논의하게 될 i나 y 앞에서의 'ㄴ'이 탈락되는 현상도 이와 크게 다르지 않다.

이다.

　　(5) ㄱ. 입에 이르기롤(오륜전 1 : 51), 일홈 일옴을 어드면(오륜전 2 : 29),
　　　　　 익켜 덧덧홈을 ᄒ야 : 習以爲常(여사 3 : 10), 엿다 : 淺(동문 상 :
　　　　　 18b), 엿다(몽유 : 7a), 여치 세워(삼역 : 6a), 지손ᄒ기를 입어 : 被
　　　　　 (윤음 : 1b), 여느 겨를이(윤음 : 3a), 여름 : 夏(오륜행, 4 : 23b,
　　　　　 5a), 일고 안즈매(은중경-용 : 20a), 공슌ᄒ 즈식이라 이를 거시오
　　　　　 (은중경-용 : 40a)
　　　　 ㄴ. 숨 이을만 잇ᄉ와(진주 : 164), 양식이 모즈라니(진주 : 9), 이ᄒ고
　　　　　 (보권-예 : 10b), 이티 못ᄒ며(보권-용 : 10a), 여룸진ᄂ 듕과(보권
　　　　　 -용 : 13a), 예 저긔(보권-용 : 14b), 양반(보권-용 : 19a), 예기지
　　　　　 마로쇼셔(보권-용 : 29a), 이로디(임 : 1a), ᄀ르침을 입ᄊ와(임 :
　　　　　 1a), 오슬 이부미(임 : 2a), 이르지 말며(임 : 2a), 임금(경-울 : 5),
　　　　　 봄과 여룹(경-울 : 8), 입을지라도(경-울 : 12), 길 에리(경-울 :
　　　　　 고), 일음이어늘(경-울 : 서), 이어(경-울 : 서), 이겨(경-울 : 훈)
　　　　 ㄷ. 여트미(백-송 : 2a), 여틀 쳔 : 淺(유합-송 : 29b), 일러도(법-송 :
　　　　　 1a), 읽돈(법-송 : 1a), 일싱 머글 요를 쥬고(법-송 : 1a), 읽고(법-
　　　　　 송 : 1a, 1b), 녀인의 이르샤되(법-송 : 1a), 남녀 육십(법-송 :
　　　　　 1a), 여인 드리고(법-송 : 1b), 읽더니(법-송 : 1b), 뭇터 이르러
　　　　　 (법-송 : 1b), 이르샤디(법-송 : 1b)
　　　　 ㄹ. 가영머리예 이르거든(연병-함 : 14b), 도즈기 쉰 거룸 안희 이르러
　　　　　 (연병-함 : 24b), 날의 이르며(연병-함 : 34a)

---

13) (5)의 예들 뒤에 제시한 ( ) 속의 문헌은 다음과 같이 그 약호를 사용하였다. [오륜
　　전] :『오륜전비언해』(1721), [여사] :『여사서언해』(1736), [동문] :『동문유해』(1748),
　　[몽유] :『몽어유해』(1768), [삼역] :『삼역총해』(1744), [윤음] :「척사윤음」(1839), [오
　　륜행] :『오륜행실도』(1795), [은중경-용] :『부모은중경』(용주사본, 1796), [진주] :「진
　　주하씨 묘 한글 편지」(17세기초), [보권-용] :『보권염불문』(예천 용문사본, 1704),
　　[임] :『임종정념결』(1741), [경-울] :『경민편』(울진 필사본, 1816), [백-송] :『백련초해』
　　(송광사본, 1635), [유합-송] :『유합』(송광사본, 1731), [법-송] :『법화경언해』(송광사
　　본, 1799), [연병-함] :『연병지남』(함흥본, 1612). 이들 문헌에 대한 서지적 내용은 김
　　주필(1994)를 참조할 것.

(5ㄱ)은 중앙어가 반영된 문헌에서, (5ㄴ)는 경상도 방언이 반영된 문헌에서, (5ㄷ)은 전라도 방언이 반영된 문헌에서, (5ㄹ)는 함경도 방언이 반영된 문헌에서 드러난 어두 'ㄴ'의 탈락 예들이다. 이러한 현상은 평안도 방언이나 황해도 방언이 반영된 문헌에는 보이지 않는데, 그 이유는 이 지방에서는 'ㄴ'이 i나 y 앞에서도 구개음화되지 않았기 때문이라고 할 수 있다.

그런데, 17·8세기의 경상도 방언이 반영된 문헌에는 (6)과 같이 어중에서도 i나 y 앞의 'ㄴ'이 탈락되는 현상이 있었음을 보여준다.

(6) 부톄의 뎨즈 아일고(보권-용 : 13a), 탐심ᄒ이(보권-용 : 39), 쩌러질 거시이(임 : 1a), 혼티 오느이는(임 : 2a), 의심업스미이라(임 : 2b), 될 거시이(경-울 : 뎐), 졀무이로(경-울 : 뎐), 니스이(경-울 : 뎐), 댱 일빅 도연(경-울 : 2), 나시이(경-울 : 3), 원티 말올지이(경-울 : 3), 친자여와(경-울 : 4), 어리이롤(경-울 : 4), 혼 가지이라(경-울 : 11), 반만 셔이(혜니, 경-울 : 고), 이슬 거시이(경-울 : 서), 힘쓸 거시이(경-울 : 천), 아바임은(경-울 : 훈), 어마임(경-울 : 훈), 늘그이(경-울 : 훈), ᄒ이는(경-울 : 13)

(6)의 예들은 어중의 'ㄴ'이 i 앞에서 탈락된 예들이다. 한자어와 고유어 모두에 보이는 이러한 예들은 현대 경상도 방언의 비모음화14)를 보이는 예들에 대응된다. 'ㄴ'이 탈락되는 환경도 같으며, 단어 경계에서 'ㄴ'이 탈락되지 않는 점도 같다. 그러나 평안도를 제외한 전국의 대부분의 방언에서 나타나는 어두 'ㄴ'의 탈락 현상은 비모음화를 보여주지 않는 데 반해, 어중 'ㄴ'의 탈락 현상은 비모음화와 관련을 갖는다.

어중 'ㄴ'의 탈락이 비모음화 현상과 관련되는 이유는 어느 정도 추론이

---

14) 경상도 방언의 비모음화에 대해서는 주상대(1989)를 참조.

가능하다. 먼저 현대국어에서 'ㄴ'이 탈락한 다음에 일어나는 비모음화현상은 그 환경이 모음과 구개적 환경인 i (또는 y) 사이에서 'ㄴ'이 탈락됨으로써 일어난다. 어중의 'ㄴ'이 모음 사이에서 탈락하게 되면 그것은 선행하는 모음과 후행하는 i (또는 y) 사이에서 흔적을 잃어버리게 된다. 그러나 어떤 음이 탈락을 하더라도 가능하면 완전히 그 음이 소멸되는 것이 아니라 그 흔적을 어딘가에 남기게 된다. 예를 들어 국어에서 음절이 없어지게 되면 그 선행 음절을 장모음화시킴으로써 그러한 음절이 없어지는 것을 보상하는 현상을 우리는 알고 있는 것이다(이병근, 1977a). 이와 같은 맥락에서 비음 'ㄴ'이 어중에서 탈락되더라도 그 흔적을 남기는 것이 일반적인 현상이라고 할 수 있다. 이런 점에서 어중에서 'ㄴ'이 탈락되더라도 완전히 사라지는 것이 아니라 탈락되면서 그 'ㄴ'이 가지고 있던 비음성을 인접 모음에 전이시켜 그 흔적을 남긴 것이 비모음화로 나타난 것이라고 해석되는 것이다.

그렇다면 여기에서 문제되는 것은 어중의 'ㄴ'은 탈락되면서 비모음화를 일으키는데, 어두 'ㄴ'의 탈락은 왜 비모음화를 일으키지 않는가 하는 것이다. 그것은 어두의 'ㄴ'이 갖는 그 환경상의 특성에 기인하는 것으로 보인다. 어두의 'ㄴ'의 경우, 구개음화를 시키는 뒤의 환경은 어중의 경우와 동일하지만, 그 앞 환경은 어중의 경우와 같지 않다. 어두라는 환경은 그 앞에 휴지가 있다는 말이다. 그런데 휴지는 국어에서 장애음과 동일한 기능을 수행하는 것으로 알려져 있다. 국어의 중화 규칙이 적용되는 환경을 보면 장애음과 휴지는 동일한 기능을 하는 것을 알 수 있다. 이렇게 장애음과 동일한 기능을 하는 휴지가 어두의 'ㄴ' 앞에 있다고 한다면 그 'ㄴ'은 장애음 다음의 위치에서 탈락하는 것과 같은 것으로 간주할 수 있다. 이런 점에서 어두의 'ㄴ' 탈락은 어중의 경우와 동일한 과정을 거치지만, 그 선행 환경이 어중의 경우와 달리 휴지이기 때문에 비모음화가 일어나지 않는 것으로 간주하는 것이 합리적이라고 생각된다.

장애음이 'ㄴ' 앞에 있으면 그 장애음은 동일조음 위치의 비음으로 바뀌는 비음화 현상이 적용되어 'ㄴ'의 비음성이 남아 있게 되겠지만, 어두의 경우, 그 앞에 있는 휴지는 장애음과 달리 그러한 비음동화를 입을 수 없다. 바로 이러한 휴지의 특성으로 인하여 어두의 'ㄴ'은 탈락되면서 비모음화를 일으킬 수 없게 된 것으로 보인다. 이러한 사정은 비모음화를 일으키는 환경을 보면 알 수 있다. 비모음화는 역행동화로서 그 앞의 모음에 비음성의 동화현상이 일어나는 것이기 때문에 그 앞에 모음이 와야만 하는 것이다. 어두 'ㄴ'의 경우처럼, 비음동화를 일으킬 수 없는 환경에서는 결국 탈락되면서도 비음성을 전이시키지 못하게 되는 것이다.

이러한 i나 y 앞의 'ㄴ'이 탈락됨으로써 일어나는 비모음화는 'ㄴ'의 구개음화와 관련되기 때문에 구개음화가 상당히 진척된 남부 방언에서는 어두와 어중을 가리지 않고 일어난다. 그런데 구개음화가 그리 확산되지 못한 중부 방언에서는 어두에서만 일어나며, 'ㄴ'이 구개음화되지 않은 평안도 방언에서는 어두에서도 'ㄴ'이 탈락되지 않는다. 결국 i나 y 앞에서 'ㄴ'이 탈락되는 현상도 구개음화의 진행 정도와 밀접하게 관련된다고 할 수 있다. 그것은 국어의 언어 유형적 특징으로 인하여 'ㄴ'이 탈락되는 것이 아니라, 국어 내에서의 방언사적 과정과 깊은 관련이 있는 현상임을 말해 준다. 다시 말해서 각 언어에 따라서, 한 언어 내에서도 시대와 지역에 따라 다를 수 있다는 말이 된다. 이런 점에서 두음법칙의 두 번째 현상에 해당되는 i나 y 앞에서의 'ㄴ' 탈락 현상도 어두에서만 일어난다고 할 수 없다.

4. 결론

　지금까지 논의된 내용을 간단히 정리하여 제시함으로써 결론을 대신하고자 한다.

　먼저 기존에 설정되어 온 두음법칙은 외래어(주로 한자어)와 고유어가 보여주는 음절 구조 또는 음소들의 통합관계의 차이에 기인한 현상이라는 점에 주목하였다. 그리하여 기존의 두음법칙에 해당되는 현상이 사실 두음의 위치에서만 생기는 현상이 아니라는 사실을 확인하였다. 마찬가지로 이러한 현상이 시대와 방언에 따라 다를 수 있다는 점도 확인하였다. 그것은 이러한 현상이 외래어(주로 한자어)와 고유어가 보여주는 음절 구조 또는 음소들의 통합관계의 차이를 고유어에 맞도록 조정하는 현상으로 간주되었기 때문이다. 이러한 관점에서 대표적인 두음법칙으로 언급되어 온 'ㄹ→ㄴ' 현상과 i나 y 앞에서의 'ㄴ' 탈락 현상을 구체적으로 살펴보았다.

　'ㄹ→ㄴ' 현상은 기존에 어두에서 일어나는 경우와 어중에서 일어나는 경우를 분리하여, 전자는 두음법칙으로, 후자는 자음동화(또는 상호동화) 현상으로 다루어 왔다. 그런데 어중 'ㄹ→ㄴ' 현상의 경우는 기존의 논의처럼 설명될 수가 없다는 사실을 확인하고 본고에서는 이 현상이 장애음 다음에 'ㄹ'이 올 수 없는 음소 통합상의 제약에 의한 현상임을 중시하였다. 장애음 다음에 'ㄹ'이 올 수 없는 국어의 이러한 제약 현상은 어두에서도 동일하게 적용되어야 한다고 주장하였다. 국어에서 휴지와 같은 기능을 하는 장애음의 음절말 자음의 중화 현상을 근거로 하여 결국 어두, 즉 휴지 다음에 'ㄹ'이 'ㄴ'으로 되는 현상이나 어중에서 장애음 다음에 'ㄹ'이 'ㄴ'으로 되는 현상이 동질적인 현상인 것으로 간주하였던 것이다. 이런 점에

서 ‘ㄹ’이 ‘ㄴ’으로 되는 현상은 어두에서만 일어나는 것이 아니라 어중에서
도 동일하게 일어나는 일반적인 음운 과정으로 간주하였다.

이어서 이 글에서는 두음법칙 설정에 문제가 되는 i나 y 앞에서의 ‘ㄴ’
탈락 현상에 대하여 검토하였다. i나 y 앞의 ‘ㄴ’ 탈락 현상은 ‘ㄴ’이 구개음
화되어 탈락되는 현상인데 이러한 현상은 구개음화의 진행 정도에 따라
방언과 시대에 따라 달리 나타났다. 이러한 사실을 국어사 문헌 자료를 통
하여 확인하고 이러한 ‘ㄴ’ 탈락 현상이 어중에서도 일어나는 경우가 있음
을 검토하였다. 이러한 역사적인 배경을 바탕으로 i나 y 앞의 ‘ㄴ’ 탈락 현
상이 오늘날 중앙어에서는 어두에서만 일어나고, 경상도 방언에서는 어두
와 어중에서 일어나며, 그리고 평안도 방언에서는 어두에서도 일어나지 않
는다는 점을 지적하였다. 그러므로 이 현상 역시 시대와 지역에 따라 다른 국
어의 음운현상으로, 어두에서만 일어나는 현상이 아니라는 점을 지적하였다.

결국 ‘ㄹ→ㄴ’ 현상이든 i나 y 앞에서의 ‘ㄴ’ 탈락 현상이든 어두에서만
일어나는 것은 아니므로 두음법칙이라는 용어는 적당하지 않다. 또한 이
러한 현상은 시대에 따라 방언에 따라 다르므로 일률적으로 국어의 유형
적인 현상이라고 할 수도 없다. 고유어와 외래어의 음소 통합에 차이가 있
을 때에 그 차이를 고유어에 맞도록 조정하는 현상이거나 구개음화와 같
은 음변화 현상과 직접, 간접으로 관련되는 문제이기 때문이다. 말하자면
두음법칙은 여러 음운 과정이 복합적으로 작용된 결과를 어두에만 국한하
여, 거기에 맞는 예들만을 대상으로 한 피상적인 접근에 의해 설정된 현상
인 것으로 간주하였다.

이 글에서는 앞서 다룬 현상들의 역사적인 변천 과정과 방언간의 차이
를 분명하게 구분하여 검토하지 못하였다. 또한 외래어와 고유어의 음소
통합상의 차이도 포괄적으로 검토하지 못하였다. 국어 음소 통합에서의

장애음이나 휴지 다음에 'ㄹ'이 오지 못하는 현상이나 그 'ㄹ'이 비음 'ㄴ'으로 바뀌는 이유에 대해서도 접근하지 못하였다. 이러한 음소 통합상의 제약과 음운 현상이 국어 음절말 자음의 내파화 현상과 관계있으리라고 추정하기는 하지만, 그러한 문제에 대한 구체적인 접근을 시도하지 못하였던 것이다. 앞으로의 과제로 넘길 수밖에 없다.

④ 국어의 음절 내부 구조와 음운현상*

1. 논의의 방향

국어에서 음절은 문자의 중요한 표기 단위가 되어 왔다. 한자나 차자표기의 단위가 음절이었으며, 훈민정음의 표기 단위도 음절이었다. 음소문자인 훈민정음에서까지 음절이 국어 표기의 중요한 단위로 된 이유는 한자 사용의 전통에서 찾을 수 있겠지만 한자 사용을 통한 국어 음절에 대한 인식에서 비롯된 면도 없지 않다. 왜냐하면 한자를 들여와 국어의 음절을 표기하면서 한자음의 음절과 국어 음절이 같지 않다는 사실을 파악하게 되었고, 그로 인해 생긴 문제점을 해결하기 위해 국어의 음절에 관심을 기울여 온 결과로 간주되기 때문이다.

국어의 음절에 대한 관심의 결과는 『訓民正音훈민정음』에서 잘 드러난다. 『훈민정음』 해례의 내용은 음절에서 출발하여 음절에서 끝난다고 할 정도로 음절 중심으로 이루어져 있다. 『훈민정음』의 음절과 그 구성 요소

---

* 이 글은 같은 제목으로 『애산학보』 23(애산학회, 1999 : 45~72)에 수록되었다.

들에 대한 기술 내용은 1950년대의 기술언어학에서 보여준 음절에 대한
기술 내용과 유사할 정도로 음절 구조를 체계적으로 설명하고 있다.[1] 그
러나 훈민정음의 창제 과정에서 보여준 이러한 음절에 관한 인식에도 불
구하고 1970년대까지 음절에 대한 관심은 거의 없었다고 해도 과언이 아
니다. 1970년대 후반에 이르기까지 국어음운론에서 보여준 음절에 대한
논의 내용은 15세기의 그것과 크게 다른 것 같지 않기 때문이다.[2]

그런데 1970년대 후반에 이르러 음절에 대한 관심이 새로이 싹트게 된
다. 이병근(1977, 1981)에서 국어의 음운현상이 음절 구조에 따른 제약을
가진다는 점을 지적함으로써 국어의 음운현상에 음절 구조가 영향을 미치
고 있음을 보여주었던 것이다. 이후 음절 구조와 관련되는 여러 음운현상
에 관심이 모아져 음절 연쇄에서 나타나는 제약 현상을 음절 구조와 관련
짓는 논의가 꾸준히 이루어져 오고 있다.[3] 그러나 음운현상과 음절 구조
를 관련짓는 이러한 논의는 대체로 음절말 자음과 음절초 자음의 관계에
초점을 맞춘 음절의 외부 구조에 대한 것이었다.

음절의 구성 요소들의 상호 관계에 대한 논의는 1980년대 초반부터 이

---

1) 『훈민정음』과 1950년대의 기술 언어학의 음절에 대한 기술 내용은 이병근(1988), 이병
   근·최명옥(1998)을 참조. Hockett(1958)에서는 음절을 음절핵을 정점(peak)으로 하여
   그 앞뒤에 각각 주변음으로서의 자음이 결합되는 연결체로서 완결된 단위로 간주하였는
   데, 이러한 기술은 『훈민정음』 해례본의 내용과 거의 같다.
2) 서구에서도 생성음운론이 등장하고 나서 Pulgram(1970), Vennemann(1972), Hooper
   (1972) 등에 와서야 음절을 보다 적극적인 음운 기술의 단위로 인정해야 함을 주장한다.
   이후 Kahn(1976), Kiparsky(1979), Selkirk(1982) 등에 이르면 음운현상을 보다 효과
   적으로, 그리고 보다 명시적으로 설명하기 위해서는 음절이 보다 적극적으로 활용되어
   야 함을 강조한다.
3) 국어의 음운현상을 기술하는 데에 비분절적 요소를 배제하는 것이 경제적이라는 논의도
   있다. 음절 구조 제약과 음소연결 제약에서, 음절이라는 단위를 무시하고 분절음 중심으
   로 기술하는 것이 보다 효과적이라는 것이다. 비분절적 요소를 배제하고 분절음의 관점
   에서 음소들의 배열 관계를 기술하고자 할 때 위의 두 현상은 음소배열 제약 현상으로
   다루어진다.

루어지기 시작하였다. 음절 내부 구조에 대한 이러한 논의는 주로 음절의 하위 구성 요소들이 갖는 위계화에 대한 것으로서, 위계화 내용에 따라 두 부류로 나뉜다. 하나는 국어의 음절이 C-VC 구조를 갖는다는 주장이고, 다른 하나는 CV-C 구조를 갖는다는 주장이다. 그러나 강창석(1991)에서 지적되고 있듯이, 국어 음절의 내부 구조에 대한 그 동안의 논의가 충분히 이루어졌다고 할 수는 없다. 왜냐하면 음절의 내부 구조를 분절음들의 계층적 결합으로 파악한다고 했을 때 그 계층성이 무엇을 의미하며, 그것이 음운론에서 어떠한 의미를 가지는가 등에 대해서는 거의 논의가 이루어지지 않았기 때문이다. 이러한 관점에서 본고에서는 음절의 내부 구조를 음운현상과 관련하여 검토하면서 음절 내부 구조의 위계화가 갖는 의미를 검토해 보고자 한다.

2. 국어 음절의 내부 구조

Selkirk(1982 : 352)에서는 음절의 위계화된 내부 구조를 통하여 어떤 언어의 음운 과정을 더 잘 설명해 줄 수 있다는 점에서 음절을 위계화하는 방안의 장점을 제시하고 있다. 이러한 음절의 내부 구조를 위계화된 것으로 파악한다는 것은 음절의 하위 구성 요소들이 음절의 직접 구성 요소로서 위계화된 것으로 파악한다는 것을 의미한다. 이렇게 음절을 위계화된 것으로 파악하는 음절 분석 방법은 음절의 내부 구성 요소를 핵모음 중심으로 그 앞뒤에 주변 음이 연결되는 단선적인 것으로 파악하는 구조주의의 음절 분석 방법보다 해당 언어의 음운 과정을 더 잘 설명해 줄 수 있다는 것이다.

그런데 훈민정음의 창제 과정에서는 음절을 초성, 중성, 종성으로 3분하였다. 이것은 Hockett(1958)의 음절 분석 방법과 유사한 단선적·수평적인 음절 분석 방법이었다.

(1)

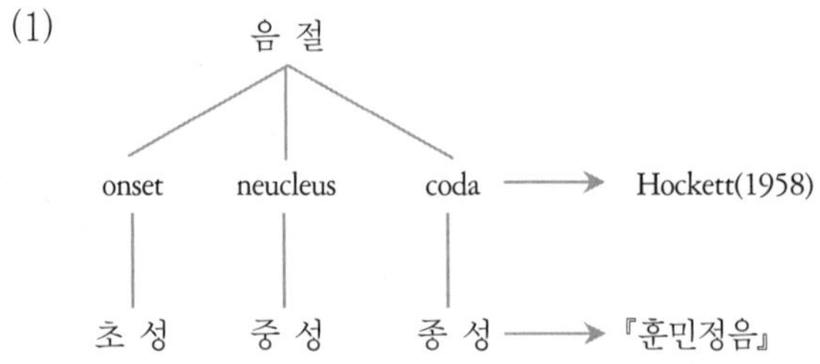

『훈민정음』에서 음절은 중성을 중심으로 초성과 종성이 그 앞과 뒤에 단선적·수평적으로 결합된 것으로 기술되어 있다. 그러나 훈민정음 창제 과정에서 국어 음절의 내부 구성 요소들을 수평적인 것으로 간주하였다고 하여 국어 음절이 이러한 수평 구조로 되어 있다고 단정할 수는 없다. 왜냐하면 음절에 대한 『훈민정음』의 접근 방법은 국어 음을 시각적으로 표현하는 방법을 찾고자 한 문자론적인 접근방법이었기 때문이다.4)

그런데 훈민정음의 창제 과정에서 활용한 음절 분석 방법은 음절을 계층적으로 위계화된 것으로 파악하는 중국 성운학의 방법이었다. 그것은 음절을 먼저 성모(음절초 자음)와 운모(음절초 자음을 제외한 나머지)로 나누고, 다시 운모를 개모, 운복, 운미로 나누는 방법이었기 때문이다.5)

---

4) 중국 성운학과 훈민정음의 음절 분석 방법의 특징과 차이에 대해서는 김주필(1992 : 404~408)을 참조.
5) 이러한 방법은 음절의 내부 구조를 Selkirk(1982) 등에서 세계의 보편적인 음절 내부 구조로 제시한 C-VC 구조와 유사하다.

이러한 성운학의 음절 분석 방법은 음절초 자음과 핵모음의 결합 관계보다는 음절의 핵모음과 음절말 자음의 결합 관계가 더 강하다고 보는 것인바, 이는 중국어의 음절 구조상의 특성과 관련이 있는 것으로 생각된다.6)

중국어 음절의 내부 구조가 C-VC 구조로 되어 있다면, 그리하여 중국어의 음절을 분석하는 성운학의 방법이 중국어의 음절 내부 구조와 무관하지 않다면 국어의 경우에는 C-VC 구조의 방법이 최선의 것인가 하는 문제가 검토되어야 할 것이다. 음절을 계층적으로 위계화된 것으로 파악하는 것이 국어의 음운현상을 보다 효과적으로 기술하고, 나아가 국어의 음운현상을 보다 잘 설명해 낼 수 있다면 국어의 음절 구조가 어떻게 위계화되어 있는가에 대한 검토와 아울러 그러한 위계화가 국어의 음운현상을 설명하는 데에 어떠한 의미를 갖는가에 대한 검토는 국어 음운론에서 중요한 문제로 보이기 때문이다.

국어 음절의 내부 구조를 계층적으로 파악하고자 한 근래의 논의 내용은 크게 두 부류로 나뉜다. 한 부류는 모음과 음절말 자음이 보다 강하게 결합되는 것으로 보는, 즉 C-VC 구조를 주장하는 부류이고, 다른 한 부류는 음절초 자음과 모음이 보다 강하게 결합되는 것으로 보는, 즉 CV-C 구조를 주장하는 부류이다. C-VC 구조를 주장하는 부류에는 이상억 외(1984), 강창석(1984), 이승재(1985), Sohn(1987) 등이고 CV-C 구조를 주장한 부류는 전상범(1980), 박종희(1985), 권인한(1987), 김차균(1988), Ki-jung Lee(1996), 문양수(1996) 등이 있다.

이들 두 부류의 주장에서 제시하는 음절의 내부 구조를 보이면 다음과

---

6) 중국어의 음절 내부 구조는 C-VC 구조의 특징을 갖는다고 한다. 성조가 운(운)에 놓이는 것으로 생각하고 운서를 운류 중심으로 편찬한 것이나, 한시에서 운을 맞춘다든지 하는 것은 중국어가 C-VC 구조로 되어 있음을 반영하는 것으로 간주되는 것이다.

같다.

(2) ㄱ. C-VC 구조   ㄴ. CV-C 구조

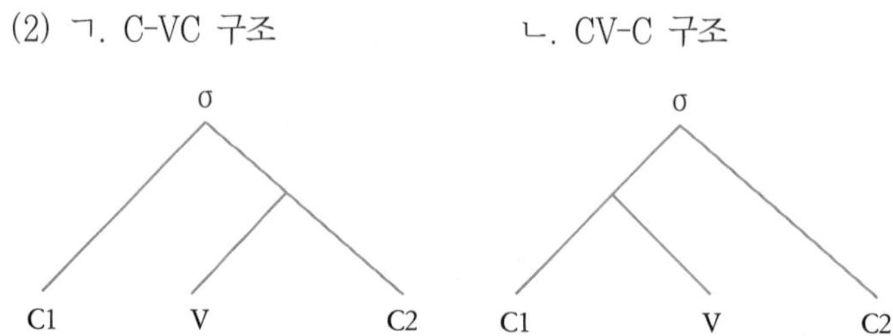

음절을 C-VC 구조로 보는 (2ㄱ)은 모음과 음절말 자음이 먼저 결합되고 이어서 음절초 자음과 모음(또는 모음과 음절말 자음의 연결체)이 결합된다는 것이다. 음절을 CV-C 구조로 보는 (2ㄴ)은 이와 반대이다. 즉 음절초 자음과 모음이 먼저 결합되고 그 다음에 음절초 자음과 모음의 연결체와 음절말 자음이 결합된다는 것이다.

이 두 부류의 주장 가운데 근래에는 (2ㄱ)보다는 (2ㄴ)을 주장하는 논의가 많은 형편이다. (2ㄴ)을 주장하는 근거는 대체로 발화 실수(전상범, 1980 ; 권인한, 1987 등), 언어 습득(김차균, 1988 ; 문양수, 1996 등), 말놀이(김차균, 1988 ; Ki-jung Lee, 1996 등), 혼효어 형성(권인한, 1987), CV 음절 중심의 한글 교육(김차균, 1988 등), CV 탈락을 통한 준말 형성(전상범, 1980), 의성어나 의태어의 CV 복사 현상(문양수, 1996) 등을 내세우고 있다.[7] 본고에서도 이들의 논의 내용을 대체로 수용하면서,[8]

----

7) 음절의 위계를 CV-C 구조로 본 많은 논의에서 이러한 각 유형의 근거를 들고 있으나 그 구체적인 내용을 받아들이는 문제에 있어서는 주의를 요한다. Sohn(1987)에 대한 김차균(1988)의 비판이 그 한 예이다. 전상범(1980)에서 제시하고 있는 준말에 나타나는 CV 탈락 현상도 마찬가지이다. 준말에는 다양한 유형이 있어 얼마든지 자신의 주장에 맞는 자료를 추출할 수 있기 때문이다. 가령 "선생님"에 대한 준말은 "샘"으로서 각 음절에서 하나씩의 음소만 남기고 있는 것이다. 준말에 대한 다양한 자료를 모아 유형적으로 분석

국어의 음절 구조가 CV-C 구조라는 것을 보다 적극적으로 지지해 주는 것으로 생각되는 의성어와 의태어에 보이는 다음의 복사 현상을 통하여 간단히 입장을 밝히기로 한다.

(3) ㄱ. 주룩–주루룩–주루루룩–주루루루룩 …

   푸득–푸드득–푸드드득–푸드드드득 …

 ㄴ. 둥실–두둥실, 덩실–더덩실

   덜컹–더덜컹, 떼굴–떼떼굴

 ㄷ. 철컥–철커덕, 삐걱–삐거덕, 발칵–발카닥

   덜컹–덜커덩, 발랑–발라당, 홀랑–홀라당

 ㄹ. 빵–빠방–빠바방–빠바바방–빠바바바방 …

   땅–따당–따다당–따다다당–따다다다당 …

   짠–짜잔–짜자잔–짜자자잔–짜자자자잔 …

(3ㄱ)은 C1VC2로 된 두 번째 음절에서 C1V를 복사하면서 음절을 늘여 그 음상을 강조해 나간 것으로 생각할 수 있다. 이러한 접근은 두 번째 음절에 C2가 없는 "우수수, 사르르" 등의 경우에도 흔히 발견할 수 있으므로 (3ㄱ)의 예들도 '우수수/우수수수, 사르르/사르르르' 등의 예들과 함께, 두 번째 음절의 C1V를 복사한 것으로 보는 견해는 자연스러운 것이라고 할 수 있다. 이러한 분석의 결과는 국어의 CVC 연쇄에서 음절이 CV-C 구조를 갖는다는 주장을 지지해 준다. C1VC2에서 C1과 V가 하나의 연쇄로 행동하는 데에 반해 마지막의 C2는 그러한 행동에 동참하지 않기 때문

하고 해석하는 작업이 필요하다고 생각된다.

8) 그 외에 C-VC 구조를 갖는 영어나 중국어에 보이는 시가의 각운이 한국 시가에는 보이지 않는다는 점, 차자표기나 무선 호출기를 통해 이루어지는 숫자 언어 등에서 흔히 음절초 자음보다는 음절말 자음이 무시될 수 있다는 점 등을 추가의 근거로 삼을 수 있을 것이다.

이다.

이와 달리 C1VC2로 된 첫 번째 음절이나 두 번째 음절의 V를 복사하고 '르'은 첨가된 것으로 생각해 볼 수도 있을 것이다. 즉 '주루룩'의 경우에 '루'의 'ㄹ'이 '주룩'의 첫 번째 음절인 '주'의 'ㅜ'나, '주룩'의 두 번째 음절인 '룩'의 'ㅜ'가 복사되고 '르'은 별도로 첨가된 것이라는 해석이다. 그러나 이 경우 '르'이 첨가된 과정에 대한 논의를 배제하더라도 그러한 의견을 받아들이기 어렵다. '루'의 'ㅜ'가 선행 음절의 모음을 복사한 것으로 보는 것은 (3ㄱ)의 두 번째 예를 보면 받아들이기 어려울 뿐만 아니라, '루'의 'ㅜ'가 '룩'의 'ㅜ'를 복사한 것이라면 그것은 C1VC2에서 V와 C2가 별개의 음절로 분리되므로 이 예들이 C-VC 구조를 지지해 주지도 못하는 것이다. 결국 '루'는 '룩'의 C1V를 복사한 것이라는 분석은 (3ㄴ)의 예와 동일하기 때문에 국어의 음절이 CV-C 구조로 되어 있다는 주장을 뒷받침해 준다.

(3ㄴ)의 예 중 '두둥실'의 제1음절에 나타나는 '두'는 '둥실'의 제1음절 '둥'에서 '두'를 복사한 것으로 보는 것이 자연스럽다고 생각된다. 물론 '두리둥실'이 있어 '두리'의 음절 '리'가 줄어 '두둥실'이 되었다고 할 수도 있으나 (3ㄴ)의 "더덩실, 더덜컹, 떼떼굴" 등을 고려하면 역시 인접 음절의 C1V를 복사한 것으로 보는 것이 자연스럽다고 생각된다. 이 예들도 C1VC2 중에서 C1V와 C2를 분리하여 C1V만 복사했다는 점에서 국어의 음절이 CV-C 구조로 되어 있음을 지지해 준다.

(3ㄷ)은 아직까지 구체적으로 다루어진 바 없는 의성어나 의태어의 단어 확장의 한 유형이다. 이 유형에서는 원래의 단어인 '철컥'에서 확장된 '철커덕'처럼 제2음절과 제3음절이 문제가 된다. '철컥'에서 '철커덕'이 확장된 것이라고 할 때, 제2음절의 '커'는 '컥'의 '커'임이 분명하다. 이렇게 C1VC2로 된 선행 음절의 마지막 C2와 C1V를 분리한 것은 국어의 음절

이 CV-C 구조로 되어 있음을 보여준다고 하겠다. 그런데 '철커덕'의 제3 음절에 나오는 '컥'의 분석 문제는 그렇게 간단하지가 않다. 원래 어형에 없는 'ㄷ' 또는 '더'가 보이기 때문이다. 결국 'ㄷ'이나 '더'가 삽입된 것이라고 볼 수밖에 없는데, 삽입된 것이 'ㄷ'인지 '더'인지 불분명하기 때문이다.

'철커덕'이 '철컥'에 '더'가 삽입된 것으로 본다면 그 결과는 앞에서 논의한 '커'에 대한 분석 결과와 함께, 국어 음절의 내부 구조가 CV-C 구조로 되어 있다는 주장을 뒷받침해 준다. '더'가 삽입된 것이라면 원래 단어인 '철컥'의 '컥'을 C1V와 C2로 쉽게 분리할 수 있음을 보여주기 때문이다. 그런데 '더'가 삽입된 것이 아니라 'ㄷ'이 삽입된 것이라면 문제는 좀 더 복잡해진다. 'ㄷ'이 삽입된 것이라면 '철커덕'의 '덕'에서 'ㄷ'을 제외한 '억'이 한 덩어리가 되기 때문이다. 그렇다면 국어의 음절은 음절초 자음과 그 나머지를 분리하는 것이 쉽다고 할 수 있으므로 이러한 분석의 결과는 국어 음절이 C-VC 구조로 되었음을 지지해 주는 것처럼 보이기 때문이다. 그러나 이러한 분석 방법을 따르더라도 그 분석의 결과가 국어 음절이 C-VC 구조로 되었음을 지지해 주는 것 같지는 않다. '철커덕'의 두 번째 음절 '커'의 모음은 다시 세 번째 음절에도 나오기 때문에 어느 모음이 복사된 것이건 간에 CVC 연결체에서 모음만이 복사될 수 있다는 것은 모음과 음절말 자음이 보다 강하게 결합되었다는 'C-VC' 주장을 뒷받침해 주지는 않기 때문이다. 오히려 '커'와 '덕'에서 '덕'의 모음이 '커'에서 복사된 것으로 보든, '컥'의 모음이 '커'에 복사된 것으로 보든 어느 분석이나 모두 모음을 음절말 자음과 쉽게 분리됨을 보여주는 것이므로 이 현상 역시 국어의 음절이 CV-C 구조로 되었다는 주장을 뒷받침해 주는 것으로 생각된다.

(3ㄹ)에서도 역시 'ㅂ'이 복사되었느냐 '바'가 복사되었느냐가 문제된다.[9] 이 예들도 (3ㄷ)의 '철커덕'과 '철컥'에서 볼 수 있는 것처럼 제2음절

에서는 '바'가 복사된 것으로 보는 것이 자연스럽다. '빵'이 계속해서 다음 절로 확장되도록 하는 '바'는 제1음절의 C1V를 복사한 것으로 간주되는 것이다. 단지 다른 유형의 예들과 차이가 있는 것은 제1음절의 경음을 평음으로 바꾸어 복사한다는 점만 다를 뿐이다. 그렇다면 이 유형의 예들도 국어의 음절이 CV-C로 되어 있다는 주장을 지지해 주는 것으로 생각된다.

이런 점에서 (3ㄱ), (3ㄴ), (3ㄹ)의 의성어나 의태어에 보이는 복사 현상은 모두 동일한 기제의 현상으로서, C1VC2로 되어 있는 선행 음절에서 C1V를 복사한다는 공통점을 갖는다고 할 수 있다. (3ㄷ)은 '다/더'나 'ㄷ'을 삽입한다는 점에서는 나머지 유형과 차이가 있지만 삽입을 통하여 일어나는 음절 내부 구성 요소들의 분리 현상은 마찬가지로 국어의 음절 내부 구조가 CV-C 구조로 되어 있음을 지지해 주는 것으로 생각된다.

국어의 음절 내부 구조가 CV-C 구조로 되어 있다는 주장은 언어심리학의 연구 결과와도 일치한다. 이광오(1998)에서는 C1VC2 연결체에서 C2의 대체가 V나 C1의 대체보다는 우수하며, 반응시간도 유의하게 짧았을 뿐 아니라 오반응률도 유의하게 낮다는 음소 대체 수행 실험 결과를 바탕으로 국어의 음절 내부 구조는 CV-C 구조로 되어 있음을 주장하였다. 또한 이광오(1993, 1995)에서는 자모 대체 수행에 대한 실험을 통하여, 한글의 C1이나 V 자모에 대한 수행이 C2 자모에 비해 열등하다는 실험 결과와 한글 글자들의 음독 과정에 대한 연구를 종합하여 한글이 CV-C 구조로 되어 있음을 주장하고 있다. 이러한 음절 단위로 모아쓴 글자열에 대한 대체 수행 과정의 실험 결과가 국어 음절의 내부 구조의 반영이라고 한

---

9) 이 예들에 보이는 원래 단어의 제1음절의 첫 자음은 ;경음이기 때문에 제2음절 이하에서 평음으로 복사되는 특징을 보여준다. 그러나 여기에서는 그것이 문제되는 것은 아니므로 더 이상 논의하지 않기로 한다.

다면 국어의 음절이 CV-C 구조로 되어 있다는 우리의 주장과 일치한다.

그러면 이제 이상의 논의 내용을 바탕으로 음절의 위계와 관련하여 반모음이 음절초 자음에 보다 강하게 결합되느냐 핵모음에 보다 강하게 결합되느냐의 문제를 간단히 살펴보기로 한다.

전통적으로 반모음은 모음과의 유사성이 강조되어 왔다. 『훈민정음』에서도 y가 포함되는 y계 상향이중모음을 기본자로 정하면서 y와 'ㅣ'의 동질성에 대하여 말하고 있다. 사실 국어에서 반모음은 최소대립쌍을 만들지 못할 뿐만 아니라 i가 a, ə, o, u, e, ɛ 등과 결합되거나, u가 a, ə, e, ɛ 등과 결합될 때에는 i가 자동적으로 반모음이 된다는 특징을 갖기 때문에 국어에서 반모음을 기저 음소로 설정해야 할 필연적인 이유는 없는 것으로 보인다.[10] 이런 점에서 보면 당연히 반모음은 모음에 지배되므로 음절초 자음보다 모음에 보다 강하게 결합되어 있는 것이 타당하다고 생각된다.

기존의 논의 중에 반모음이 음절초 자음에 보다 강하게 결합된다는 주장이 없는 것은 아니지만(이승재, 1985 ; 김차균, 1988), 근래에는 반모음이 음절핵 모음에 보다 강하게 결합된다는 주장이 대부분이다. 문양수 (1996 : 34~36)에서는 음절초 자음과 반모음의 결합 사이에는 제약이 없는 데에 반해 반모음과 음절 핵모음의 결합 사이에는 일정한 제약이 있음을 근거로 해서 반모음과 핵모음이 보다 강하게 결합되었음을 주장하고 있다. 이러한 제약 현상은 모음으로 끝나는 음절과 모음으로 시작되는 음절이 축약될 때 두 모음의 상호 관계에 의해 반모음이 자동적으로 결정된다는 점에서 타당한 주장이라고 생각된다.

---

10) 이에 대해서는 김완진(1964)을 참조.

그러나 김차균(1988 : 133)에서는 음절초 자음과 반모음이 결합될 때 축약이나 구개음화와 같은 음운현상이 일어나기 때문에 반모음은 음절초 자음에 보다 강하게 결합된 것으로 보아야 한다고 주장한다. 그러나 그러한 주장은 별로 설득력이 없는 것으로 생각된다. 구개음화 현상은 음절초 자음과 반모음 사이에서뿐만 아니라 모음에 의해서도 일어날 수 있기 때문이다. 구개음화가 모음에 의해서도 일어날 수 있다는 것은 동일한 논리로 음절초 자음과 모음이 강하게 결합된 것을 의미하므로 그것은 음절을 위계화된 것으로 간주한 애초의 관점을 무너뜨리게 되는 결과를 가져온다.

김차균(1988)에서는 음절의 위계화를 논의하면서 음절을 구성하는 요소들이 음운현상을 일으킴에 있어서 음운현상에 참여하는 요소들의 동질성보다 현상 자체에 관심을 두었기 때문에 오류를 저지른 것으로 생각된다. 음절의 위계화가 음운현상을 설명하는 데에 설득력을 가지기 위해서는 음운현상에 참여하는 요소들을 먼저 파악해야 할 것으로 생각된다. 구개음화의 경우, 구개음화를 일으키는 동화주는 반모음뿐만 아니라 모음 'ㅣ'도 포함되므로 반모음과 모음의 동질성이 먼저 파악되는 현상이기 때문이다. 즉 반모음 y와 모음 'ㅣ'가 함께 구개음화를 일으키는 동화주가 될 수 있으므로 반모음과 핵모음이 동일한 부류임을 보여준다. 음운현상에 있어서 반모음과 핵모음이 동일한 부류로 행동한다는 것은 반모음과 핵모음이 보다 강하게 결합된 구성 요소라는 점을 보여주는 것으로 생각된다.

사실 하나의 음운현상에 반모음과 모음이 동일한 자격으로 참여한다는 것은 그 분절음들이 음운현상에 관여하는 공통의 자질을 가지고 있다는 것을 말해준다. 이러한 분류 방법은, 자음이나 모음과 같은 음소의 분류에서도 마찬가지이다. 공통의 음운론적 자질을 가지는 부류들은 동일하거나 유사한 부류로 분류되기 때문에 공통의 음운현상에 참여할 가능성이 많은 것이다. 음절의 내부 구성 요소의 분류에 있어서도 하나의 음운현상에 참여하는 분절음들은 가능하면 동일한 구성 요소에 포함되어야 할 것이다. 그렇지 않다면 그와 유사한 다른 구성 요소와 함께 분류되어 음운행위에 있어서의 동질성이 포착되도록 하는 것이 자연스럽다고 생각한다. 이런 점에서 국어에서는 일반적으로 반모음을 기저에 설정하므로 반모음과 모음이 유사한 음운론적 자질을 갖는 위계에 속하는 것으로 받아들이는 것이 자연스럽다고 생각한다.

　이러한 관점에서 우리는 음절의 위계화가 갖는 음운론적 의미를 생각해 볼 수 있다. 구개음화의 예를 통하여 논의하였듯이 음절의 하위 구성 요소들 중에서 음운론적 유사성이 많은 요소들의 부류가 음절의 내부 구조에서 직접 결합되는 것은 그 결합의 교점에 있는 하위 요소들이 상위의 요소와 결합될 때 동일한 자격으로 참여하게 됨을 의미한다. 다시 말하면 어떤 음운현상에 두 요소가 함께 참가하는, 다시 말해서 동일한 음운론적 자격을 가지는 것을 의미한다. 그리하여 함께 음운현상을 일으키는 공통의 음운론적 자질로 인해 두 요소의 결합은 다른 요소들보다 더 강하게 결합된다고 할 수 있다.

　지금까지의 논의를 종합하면 국어 음절의 내부 구조는 다음과 같이 정리될 수 있다.11)

(4)

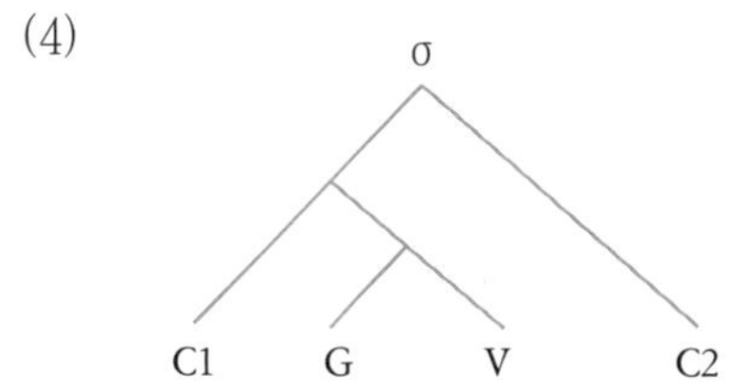

---

11) 이 글에서는 논의의 편의를 위해 하향이중모음인 '의'는 논의에 포함하지 않았다.

이러한 위계에서 음절 내부 구조를 바탕으로 국어 음운현상을 논의하기 위해 각 위계를 다음과 같이 나누어 두고자 한다. 위계의 가장 하위에 있는 반모음(G)과 핵모음(V) 연결체를 위계 (1)로 하고, 음절초 자음(C1)과 위계(1)과의 연결체를 위계 (2)로 하기로 한다. 그리고 위계 (2)와 음절말 자음(C2)의 연결체를 위계 (3)이라 하기로 한다. 이러한 음절의 내부 구조의 위계를 바탕으로 다음 장에서는 이와 관련되는 국어의 음운현상을 간략하게 검토하면서 음절의 내부 구조와 음운현상의 상호 관계에 대해서 논의해 보기로 한다.

3. 국어의 음절 내부 구조와 음운현상

앞에서 논의한 위계화된 국어의 음절 내부 구조를 바탕으로 국어의 음운현상을 간단하게 검토해 보기로 한다.

한 음절 내부의 위계(1)에서 일어나는 음운현상은 없다. 일반적으로 국어에서 반모음은 기저 음소에 설정되기 때문이다. 위계(2)가 적용되기 이전의 단계에서 일어날 수 있는 위계(1)의 음운현상은 단지 음절이 축약될 때 찾아볼 수 있다. 즉 모음으로 끝나는 음절과 모음으로 시작되는 음절이 결합될 때, 모음탈락이나 활음화 현상이 일어날 수 있는데, 이러한 현상은 음절과 음절의 결합에서 일어나는 현상이다. 이러한 현상들은 음절이 축약되고 나면 한 음절 내부에서 위계(2) 이전에 일어나므로 위계(1)에서 일어나는 현상으로 간주할 수도 있다.

위계(2)에서는 음절초 자음과 위계(1)의 반모음이나 핵모음 사이에 일어나는 현상이 해당된다. 구개음화, 원순모음화, 구개음 뒤에서의 구개 반모음탈락, 치찰음 뒤에서의 '—>ㅣ' 현상 등이 위계(2)에서 일어나는 현상들이다. 위계(2)에서 일어나는 현상은 위계(1)의 출력부를 입력부로 받아 일어난다. 그러므로 먼저 위계(1)에 해당되는 현상이 일어나고 위계(2)에서 적용되는 현상이 일어난다고 하겠다.

국어에서 위계(3)의 음운현상은 일어나지 않는 것으로 생각된다. 다시 말하면 위계(2)를 거친 결과와 음절말 자음 사이에 일어나는 음운현상은 없다는 말이다.[12] 위계(3)은 위계(2)의 출력부에 음절말 자음이 결합된 구성 요소들의 연쇄이다. 위계화된 음절 구조에서 음절말 자음은 위계(2)의 마지막 요소와 직접 결합되는 관계에 놓이게 된다. 위계(2)의 마지막 요소는 하향이중모음인 '의'의 경우를 제외하면 항상 음절 핵을 구성하는 모음이다. 국어에서는 음절을 구성하기 위해서는 반드시 음절의 핵인 모음이 필요하기 때문이다. 그러나 모음과 음절말 자음의 결합 관계는 위계(3)에서 이루어지기 때문에 위계(1)이나 위계(2)만큼 강하지 못하다. 이런 점에서 위계(3)에서는 음운현상이 일어나지 않는다고 할 수 있다. 사실 위계(3)에 있는 음절말 자음은 위계(2)에서 음운현상이 일어나는 동안에 다음 음절의 초자음과 관계 속에서 해당 음절의 마지막 자음의 발화형을 도출하기 위한 음운현상이 일어나는 것으로 생각된다.

이러한 맥락에서 둘 이상의 음절이 결합될 때 각 음절의 위계 관계에 대하여 검토하기로 한다. 둘 이상의 음절이 결합될 때 일어나는 음운현상

---

12) 국어사에 보이는 "말솜>말솜(번역박통사 상 : 14, 38, 소학언해 육 : 10), 님금>님굼(번역박통사 상 : 50, 삼강행실도 충 : 6)" 등의 예를 음절말 'ㅁ'에 의한 원순모음화로 보는 경우도 있다. 그러나 이러한 환경에 있는 대부분의 자료가 원순모음화가 일반화되지 않은 시기의 자료로서 그러한 변화를 보이지 않기 때문에 이러한 예들을 'ㅁ'에 의해 원순모음화 현상이 역행적으로 일어난 것으로 간주하기 어렵다고 생각한다.

은 선행 음절의 위계와 후행 음절의 위계 사이에 적용되는 음운현상들 사이의 선후 문제가 있어 한 음절 내부의 경우보다 복잡한 양상을 띠는 것으로 보인다.

(4)의 위계 관계를 염두에 두면서 음절(S1)과 음절(S2) 사이에 연결될 수 있는 가능한 결합 관계를 간단히 보이면 다음과 같다.

(5)　　　S1　+　　S2
　　ㄱ. XV　+　(G)VY
　　ㄴ. XV　+　C1Y
　　ㄷ. XVC2+　(G)VY
　　ㄹ. XVC2+　C1Y

(5ㄱ)처럼 모음으로 끝나는 S1에 모음으로 시작되는 S2가 결합되는 경우에는 히아투스 현상이 일어난다. 그래서 히아투스를 피하기 위한 음운현상이 일어날 수가 있다. 히아투스 회피 현상은 모음 중 하나가 탈락되는 탈락 현상, 어느 한 모음을 반모음으로 만드는 활음화 현상, 그리고 두 모음 사이에 반모음을 개재시키는 삽입 현상 등이다. 이러한 현상은 S1의 출력부를 입력부로 받아 일어나게 될 것이다. 이 가운데 모음탈락 현상이나 활음화 현상이 일어나면 음절이 축약되는데, 이러한 음절 축약 현상이 일어나면 그 축약된 음절은 한 음절 내부에서 결정되는 위계 관계에 따른다. 다시 말하면 음절 축약을 통하여 형성된 하나의 음절에서 음운현상이 일어난 반모음과 모음은 그 음절의 위계(1)이 된다.

(5ㄴ)처럼 모음으로 끝나는 음절 다음에 자음으로 시작하는 음절이 올 때에는 대체로 CV 구성을 이루므로 음운현상이 그다지 활발하게 일어나지는 않는다. 모음간 자음의 약화 현상이 여기에 포함될 수 있으며, 국어

사의 어느 단계에서 일어났던 'ㄱ>ㅇ 현상, △>ф 현상, β>w 현상' 등을 포함할 수 있다. 그러나 음운현상은 이러한 분절음들의 직접적인 결합에서만 일어나는 것은 아니다. 직접 연결된 분절음을 뛰어 넘어 (5ㄴ)의 환경에 영향을 미치는 이른바 원격동화 현상이 일어날 수도 있는 것이다. 움라우트 현상이 그 대표적인 현상인데 이 현상은 (5ㄴ)뿐만 아니라 (5ㄷ), (5ㄹ)과 같은 여러 환경에 적용될 수 있으므로 뒤에서 모두 함께 논의하기로 한다.

(5ㄷ)처럼 자음으로 끝나는 음절에 모음으로 시작하는 음절이 오게 되면 대체로 연음 현상이 일어나 자연스러운 CV 구성이 된다. 그러므로 이러한 환경에서는 음운현상이 거의 일어나지 않는다. 단지 선행 자음이 'ㄹ'이고 그 다음에 이른바 매개모음이 오는 경우에 모음 '으'가 탈락되는 현상이 있을 뿐이다.

(5ㄹ)처럼 마지막으로 자음으로 끝나는 음절 다음에 자음으로 시작되는 음절이 오게 되면 S1C2와 S2C1 사이에는 매우 활발하게 음운현상이 일어난다. 음절말 자음의 중화 현상, 자음군단순화 현상, 비음화, 유음화, 변자음화, 동일 조음 위치의 평자음 삽입 현상, 동일 조음 위치의 평자음 탈락 현상, 르탈락 현상 등 많은 현상이 이 환경에서 일어나는 것이다. 그러므로 C2는 해당 음절의 위계(2)보다는 다음에 오는 음절과의 관계 속에서 해당 음절을 도출하는 과정에 들어선다고 할 수 있다.

그러나 C2가 다음 음절의 C1과 함께 일으키는 이러한 음운현상들은 S1C2가 S2C1으로 인해 일어나는 현상들이므로 사실 음절의 내부 구조와는 무관한 현상들이다. 말하자면 선행 음절의 말음과 후행 음절의 첫 음 사이에 일어나는 현상이므로 음절의 내부 구조가 CV-C 구조를 갖든 C-VC 구조를 갖든 문제가 되지 않는 것이다. 이러한 점에서 문양수(1996)

에서 음절 내부 구조가 CV-C 구조를 갖는 근거로 내세운 유음 탈락의 하위 현상 가운데 하나인 자음군단순화의 논의는 검토를 필요로 한다.

문양수(1996)에서는 유음탈락 현상이 국어의 음절이 CV-C 구조로 되어 있다는 하나의 근거로 삼을 만하다는 것이다.

(6) ㄱ. 흔들-+-니→흔드니,　　　밀-+-는→미는
　　　　빌-+-니→비니,　　　　　살-+-는→사는
　　　ㄴ. 만들-+-은→만든,　　　뛰놀-+-은→뛰논
　　　　알-+-은→안,　　　　　　빨-+-은→빤
　　　ㄷ. 알-+-으면→알면,　　　알-+-고→알고

국어에서 'ㄹ'은 (6ㄱ)에서처럼 'ㄴ'으로 시작되는 어미를 만나면 필수적으로 탈락된다. 그러나 (6ㄴ)에서도 마찬가지로 'ㄹ'이 탈락되기는 하지만 이 경우에는 (6ㄱ)과 달리 어미의 모음 'ㅡ'가 'ㄹ' 다음에서 탈락된 다음 'ㄶ'의 자음군을 형성한 구성에서 'ㄹ'이 탈락되는데, 이 과정은 'ㄹ'이 어미의 'ㄴ' 앞에서 탈락되는 현상이 아니라 국어의 음절 구조의 특성으로 인해 일어나는 자음군단순화 과정이라는 것이다.13) (6ㄷ)은 'ㄹ'이 'ㅁ'이나 'ㄱ' 앞에서 탈락되지 않음을 보여준다.

(6ㄱ)과 (6ㄴ)에서처럼 음절말 자음이 음절핵에 관계없이 탈락되는 현상은 여러 언어에서 보편적으로 일어나지만, 어미의 'ㅡ'를 먼저 탈락시킨 다음 형성된 자음군에서 'ㄹ'이 탈락된다는 점에서 소극적으로나마 국어의 음절이 C-VC 구조가 아니라 CV-C 구조라는 점을 보여준다는 것이다. 문양수(1996)의 논의는 국어 음절의 내부 구조에 대한 근거를 국어의 구체

---

13) 이러한 환경에서 유음탈락 현상이 음절 구조로 인해 일어나는 자음군단순화 현상이라는 점은 이병근(1981)에서 충분히 논의되었다고 생각한다.

적인 음운현상을 가지고 음절의 내부 구조와 음운현상의 상호 관계를 파악하려고 했다는 점에서 의미가 있는 것으로 생각된다. 그러나 위에서 검토 대상으로 삼고 있는 두 음운현상은, 이미 설명했다시피 음절의 내부 구조와 관계없이 일어나는 현상이다. 설사 음절이 CV-C 구조로 되어 있는 것이 아니라 C-VC 구조로 되어 있다 하더라도 모음이 탈락하고 나면 선행 음절의 마지막 자음과 모음이 탈락되고 남은 자음(여기에서는 'ㄴ')이 자음군을 형성할 것이다. 그렇다면 그 다음에 휴지가 오거나 다음 음절이 자음으로 시작한다면 당연히 자음군단순화가 일어나게 된다. 이러한 현상은 음절의 외부 구조와 관련된 제약 현상이기 때문이다.

이제 음절 연쇄에서 일어나는 음운현상의 적용 과정에 대하여 검토해 보기로 한다. 음절의 연쇄에서 S2의 위계(1)은 S2의 위계(2)와 S1의 위계(1)에 동시에 영향을 미칠 수 있기 때문에 어느 대상의 음운현상에 먼저 참가하느냐가 문제된다. 그러나 이 환경에서 S2의 위계(1)은 해당 음절의 위계(2)에서 일어날 수 있는 음운현상에 먼저 영향을 미친다. 가령 "굳혀"에서 일어나는 음운현상을 보기로 하자. 이 경우 한 음절의 위계(2)에서 일어날 수 있는 구개음화가 일어난다. 구개음화가 일어난다는 것은 S1의 위계(1)과 관련되는 움라우트 현상이 일어나지 못한다는 것을 말한다.14) 움라우트 현상은 두 모음 사이에 있는 개재자음이 구개음이면 일어나지 않기 때문이다. 이러한 규칙의 적용은 역시 보다 강하게 결합된 구성요소들 사이에 먼저 음운현상이 일어남을 말해준다.

---

14) 이에 대해서는 최명옥(1988), 김주필(1994)을 참조. 김주필(1994)에서는 움라우트 현상도 구개음화의 현상과 그 성격을 같이 하는 현상으로서 근대국어 시기에는 구개음화의 환경(즉 'ㅣ'나 반모음 y 앞)에서 선행 음절의 핵모음에 구개성 반모음 y를 첨가하는 현상이었으며, 그 현상의 결과로 만들어진 이중모음이 단모음화 함으로써 오늘날의 움라우트 현상에 이른 것으로 간주하였다.

음절 연쇄에서 규칙 적용이 문제되는 것은 S2의 위계(2) 단계에 있는 음절초 자음이다. S2의 위계(2)에 있는 자음은 S2의 위계(1)에서 나온 출력부와 음운현상을 일으킬 수도 있고, S1의 위계(3) 또는 음절의 외부 구조로 도출되어 나온 S1의 마지막 자음과도 음운현상을 일으킬 수 있기 때문에 어느 쪽의 규칙이 우선적으로 적용되는가가 문제된다. 여기에서도 "굳혀"의 예를 통하여 논의하기로 한다. "굳혀"는 '구텨'를 거쳐 구개음화가 일어나기 때문에 S2의 위계(2)에 있는 음절초 자음은 S1C2와의 음운현상이 먼저 일어나고 그 결과를 가지고 S1의 위계(2)의 음운현상에 참여한다는 것이다.

그러므로 우리는 "굳혀"를 통하여 S2의 위계(1)이 적용되는 음운규칙의 순서를 알 수 있다. "굳혀"와 같은 S1S2 연쇄에서, S2C1을 중심으로 할 때 가장 먼저 일어나는 음운현상은 S1C2와 S2C1 사이에 일어나는 격음화 현상이다. 그리고 나서 구개음화 현상이 일어나고 그 다음에 움라우트 현상이 일어난다. 격음화가 일어나야 구개음화의 입력부가 만들어지고, 다시 거기에 구개음화가 일어난 결과, 구개음인 개재자음이 움라우트의 적용을 제약하기 때문이다. 그러므로 이 환경에서는 음절 경계에 있는 S1C2와 S2C1 사이에서 음운현상이 먼저 일어나고, 이어서 S2의 위계(2), 그리고 나서 S2의 위계(2)와 S1의 모음 사이에서[15] 음운현상이 일어난다는 것을 말해 준다.

이러한 환경에서 일어나는 여러 음운 과정 중에서 움라우트 규칙을 제약하는 개재 자음의 위치에 주목해 보기로 한다. 원격동화 현상인 움라우

---

15) 이러한 환경에서의 모음은 S1의 위계(1)이라 해도 좋고 S1의 위계(2)라고 해도 좋을 듯하다. 한 음절에서 모음은 위계(1)이든 위계(2)이든 해당 위계의 맨 끝에 위치하며 그 앞에 있는 분절음은 이 현상에 직접 관여하지 않기 때문이다.

트 현상을 제약하는 개재 자음의 분포는 음절의 위계와 음운현상 사이에 중요한 시사점을 던져 주는 것으로 생각되기 때문이다. 우리는 앞에서 (5ㄴ), (5ㄷ), (5ㄹ)이 모두 움라우트를 일으킬 수 있는 환경이라고 말한 바 있다. 그러나 이러한 환경 중에서 움라우트가 일어나는 모음 사이에 자음이 둘 있게 되는 (5ㄹ)의 경우는 검토를 필요로 한다.

(5ㄹ)에서처럼 움라우트가 일어나는 모음 사이에 자음이 둘 있을 때, 개재 자음으로서 움라우트에 영향을 미치는 것은 두 번째 자음뿐이다. 다시 말하면 움라우트의 환경에서 개재 자음이 둘 있는 경우에 움라우트를 제약하는 개재 자음은 둘 가운데 두 번째 오는 자음, 즉 동화주의 음절에 있는 음절초 자음뿐인 것이다. 그러므로 S1의 C2는 움라우트 현상과는 직접적인 관련이 없는 것이다. 단지 S1의 C2는 그 다음에 오는 음절과의 연쇄에서 S2의 음절초 자음과 구개음화를 일으키거나 구개음이 실현될 수 있는 환경을 만드는 것에 불과하며,[16] 그러한 과정은 움라우트 현상이 일어나기 전에 진행된다. 이런 점에서 S1의 C2는 S1의 위계(1)에서 일어나는 움라우트 현상을 제약하는 것은 아닌 것이다.

S1의 음절말 자음이 S1과 S2의 음절 연쇄에서 일어나는 음운현상에 직접 관련이 없다는 사실은 음절의 모든 구성 요소들이 선조적으로 결합된 분절음의 연결체가 모두 동등한 자격으로 음운현상에 참여하는 것이 아님을 말해준다. 그것은 역으로 음절의 어떤 구성 요소들의 결합은 다른 구성 요소들의 결합보다 강하다는 것을 의미한다. 즉 S1의 C2는 S1의 위계(2)에 그리 강하게 결합되어 있지 않기 때문에, 그리고 S2와는 다른 음절에 소속되어 있기 때문에 이 현상에 직접 관여하지 않는다고 할 수 있다. 이

---

16) '르'이 음절초에서 구개음으로 실현될 수 있는 환경은 선행 음절의 말음이 '르'이고 그 음절초 '르' 다음에 'ㅣ'나 반모음 'ㅣ'가 오는 경우이다(예 : 달리다, 멀리 등).

렇게 C2가 한 음절 내부의 음운현상에 있어서나 두 음절의 연쇄에서 일어나는 음운현상에 있어서나 직접 그 현상에 관여하지 못하는 것은 음절이 위계화되어 있기 때문이라고 할 수 있다.

이러한 우리의 주장은 국어에서 많이 일어나는 역행동화현상을 통해서도 지지받을 수 있다고 생각한다. 국어의 음운현상에는 순행의 방향으로 일어나는 것보다 역행의 방향으로 일어나는 경우가 많다. 음운현상이 주로 역행의 방향으로 일어난다는 것은 분절음의 연결체가 음운현상의 발화 시간 순서에 따라 선조적으로 일어나는 것이 아님을 말한다. 만일 발화 시간의 순서에 따른다면 순행의 방향으로 음운현상이 일어나는 것이 자연스러울 것이기 때문이다. 음운현상이 역행의 방향으로 일어난다는 것은 그 현상에 참여하는 두 구성 요소가 화자에게 시간적 선후관계로 결합된 것이 아니라 음절의 위계에서 동등한 자격으로 받아들여짐을 의미한다. 역행동화현상의 경우 동화주와 피동화음을 대등한 자격의 요소로 받아들일 때 시간의 흐름과는 반대 방향인 음운현상이 일어날 수 있기 때문이다.

이런 점에서 인접한 두 구성 요소 사이에 일어나는 것이 아닌 움라우트와 같은 현상은 우리에게 기저 음절이 최종 발화형인 표면 음절로 도출되는 과정에 대한 중요한 시사점을 던져 주는 것으로 생각된다. 움라우트는 S2의 위계(1)의 구성 요소인 반모음 y나 'ㅣ' 모음이 음절을 역행의 방향으로 뛰어넘어 S1의 모음에 영향을 미침으로써 일어나는 원격동화 현상이다. 움라우트가 원격동화 현상이라는 점을 고려하면 S1의 최종 발화형도 S1만으로 결정되는 것이 아니다. S1의 최종 발화형을 도출해 내기 위해서는 S2까지 고려해야 하는 것이다. 다시 말하면 S1의 최종 발화형은 S1만으로 결정되는 것이 아니라, S2의 음운론적 환경이 고려된 이후에 결정된다는 것이다.

  마지막으로 지금까지 논의한 위계화된 음절의 내부 구조를 바탕으로 음운현상이 적용되는 과정에 대하여 논의하기로 한다.

(7)

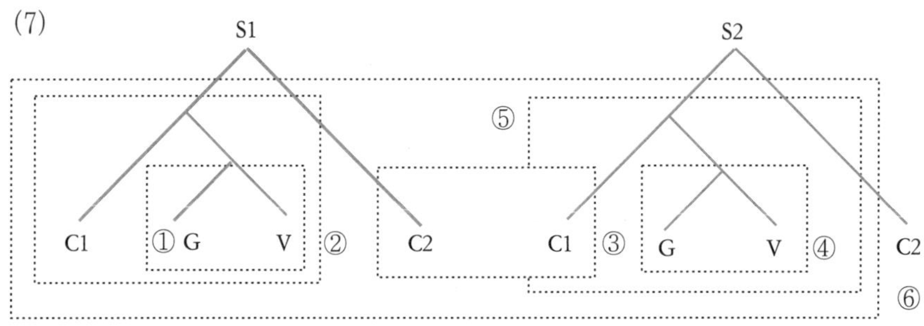

  음절의 내부에서는 위계(1), 위계(2)의 순서로, 즉 위 도표의 ①, ②의 순서로 음운현상이 진행된다. 위계(1)은 위계(2)의 입력부가 되지만 위계(2)와 위계(3) 사이에는 음운현상이 일어나지 않는다. 위계(3)은 다음 음절인 S2의 음절초 자음의 음운론적 환경에 따라 음절의 마지막 자음의 최종 발화형이 결정된다(도표의 ③). 그러나 원격동화 현상을 고려하면 S1의 최종 발화형은 여기에서 완결되는 것은 아니다. 이러한 S1의 발화형이 도출되는 과정에서 S2의 발화형을 결정하는 과정도 진행되는 것으로 생각된다. 즉 S2의 위계(1)이 결정되면(도표의 ④), 그것은 위계(2)에서 구개음화와 같은 음운현상을 일으키고(도표의 ⑤), 그 이후에 움라우트 현상[17]이 S1의 모음에 일어난다(도표의 ⑥). 이렇게 하여 S1의 최종 발화형이 결정되는 것으로 생각된다. S2의 최종 발화형은 다시 S2·S3가 S1·S2의

---

17) 사실 움라우트의 동화주 'ㅣ'나 y가 모두 위계(1)에 분포되기 때문에 위계(1)에서부터 움라우트가 적용된다고 할 수도 있다. 그러나 위계(2)에서 구개음화가 일어나면 개재 자음으로 구개음이 있으므로 움라우트가 차단될 뿐 아니라, 개재 자음이 구개음이 아닌 경우라 하더라도 개재 자음을 거쳐 S1에 영향을 미치므로 S2의 위계(2)에서 움라우트가 적용된다고 보는 것이 타당하다고 생각된다.

과정과 같은 방식을 거침으로써 결정되는 것으로 여겨진다. 이런 점에서 어떤 음절의 최종 발화형을 도출해 내는 과정은 전반적으로는 선조적인 순서에 따른다고 할 수 있지만, 그 세부 과정은 각 음절의 위계를 전제로 한다고 생각된다. 다시 말하면 위계적·순차적으로 적용된다고 할 수 있다.

그리고 최종 발화형을 도출하는 과정은, 원격동화 현상을 고려하면 위계에 따른 순차적인 규칙의 적용으로 끝나는 것이 아니라고 할 수 있다. 움라우트를 가지고 논의하였듯이 각 음절의 위계 순서로 진행된 S1은 다시 S2의 위계 순서로 진행된 결과를 바탕으로 최종 발화형이 결정되기 때문이다. 이 과정에서 움라우트와 같은 원격동화가 적용되면 S2의 위계(2)에서 S1의 최종 발화형에 영향을 미치게 된다. 이러한 과정은 S2, S3, S4에도 마찬가지로 적용될 수 있다. 그러므로 음절의 연결체에서 한 음절의 최종 발화형을 도출해 내는 과정은 순환적·반복적이라고 할 수 있다.

국어의 원격동화가 2음절을 넘어서는 경우는 없기 때문에 순환적·반복적으로 적용되는 규칙 적용의 범위는 2음절까지로 한정된다. 그러나 엄밀히 말하면 S1의 최종 발화형을 도출하는 데에 S2의 음절말 자음은 영향을 미치지 못하므로, 두 번째 음절의 구성 요소 중에서 C2는 제외되어야 할 것이다. S2의 음절말 자음은 S1의 최종 발화형이 도출되는 과정에 S3의 C1과 음운현상을 일으키며 S2의 C2에 대한 최종 발화형과 S3의 위계(2)의 입력부가 될 C1의 음성형을 결정한다. 그러므로 S1의 최종 발화형을 결정하는 규칙 적용의 범위는 S2의 위계(2)까지라고 할 수 있을 것이다.

이런 점에서도 C2는 한 음절 내부의 다른 구성 요소들과의 결합력은 그리 강하다고 할 수 없다. 다시 말하면 음절과 음절의 결합에서 첫 번째 음절의 최종 발화형을 결정하는 데 있어서도 국어의 음절 내부 구조가 CV-C 구조로 되어 있음을 확인할 수 있는 것이다.

4. 결론

이상에서 국어의 음절 내부 구조가 CV-C구조로 위계화되어 있으며, CV-C 구조로 위계화된 음절과 음운현상의 관계에 대하여 논의하면서 위계화된 음절의 내부 구조가 갖는 음운론적 의미를 검토하였다. 이를 간단히 요약·정리함으로써 본고를 마무리하고자 한다.

먼저 의성어나 의태어에 보이는 형태론적 현상을 통하여 국어의 음절이 C1(G)V-C2 구조로 되어 있음을 논의하였다. 이어서 C1GV 연결체는 국어의 모음과 반모음의 음운론적 유사성을 바탕으로 C1-GV로 위계화되어 있다고 주장하였다. 그리고 나서 음절의 위계화를 바탕으로 국어의 위계화된 음절과 음운현상 사이에는 상호 밀접한 관련이 있음을 논의하였다. 즉 음절의 위계화는 음절말 자음이 음절 내의 음운현상에 참여하지 않는다는 사실과 음절과 음절 사이에 일어나는 움라우트와 같은 음운현상에도 직접 관여하지 않는다는 사실을 바탕으로 음절의 위계화는 국어 음운현상을 설명하는 바탕이 된다고 주장하였다.

이어서 국어 음절이 CV-C 구조로 위계화되었음을 전제로 할 때 국어에서 활발하게 일어나는 역행동화현상을 쉽게 설명할 수 있음을 논의하였다. 역행동화현상은 분절음의 시간적·선조적 순서로 된 단순한 연결로는 설명하기 어렵고, 동화주와 피동화음이 동일한 위계에서 대등한 자격으로 결합되는 것으로 보아야 설명이 쉽게 될 수 있음을 논의하였다.

이러한 역행동화 과정이 음절과 음절 사이에도 일어난다는 사실을 바탕으로 위계화된 음절과 음절의 연결체에서 최종 발화형이 도출되는 과정에 대한 구체적인 논의를 하였다. 논의 결과 음절과 음절의 연결체에서 한 음절의 최종 발화형은 음절 내에서는 위계적·순차적으로 도출되지만, 음절 간에는 2개의 음절 범위 내에서(여기에서도 S1의 최종 발화형을 결정하는 데에 S2의 C2는 제외된다) 순환적·반복적인 음운현상의 적용을 통하여 도출되는 것임을 논의하였다.

이러한 관점에서 C1V-C2로 위계화된 국어의 음절 내부 구조를 통하여 국어 음운현상의 특징을 보다 잘 설명할 수 있다고 주장하였다. 국어에서 C1V 사이에는 음운현상이 활발하게 일어나지만 VC2 사이에는 그렇지 않은 이유나, 선조적으로 발화되는 분절음의 연결체에서 역행동화현상이 일어날 수 있는 이유, 또는 움라우트에 있어서 C2는 개재 자음으로서의 역할을 하지 않는다는 점 등을 위계화된 음절의 내부 구조를 통하여 설명할 수 있다. 또한 음절의 최종형을 도출하는 과정이 한 음절 내에서는 음운현상을 위계적·순차적으로 적용시키면서, 음절들의 연쇄에서는 두 번째 음절의 C2를 제외한 2개의 음절 범위 내에서 순환적·반복적으로 음운현상을 적용시킨 후에야 S1의 최종 음성형이 도출되는 것으로 설명하는 것이 자연스럽다는 점을 논의하였다. 이러한 점에서 음절 내부 구조의 위계화는 음절의 최종형을 도출하기 위한 음운현상의 적용 과정을 설명하는 데에도 중요한 의미를 갖는다고 설명하였다.

5 ≪국어학≫ 50년-음운 연구의 성과와 전망*

1. 머리말

본고에서는 ≪國語學≫ 제1집에서 제55집까지 발표된 국어 음운 관련 논문을 검토하여 그동안에 이루어진 국어 음운 연구의 성과를 점검하고, 앞으로 국어 음운 연구가 나아가야 할 방향을 전망해 보는 것을 목적으로 한다.

1962년에 창간된 ≪국어학≫에는 2009년 8월에 제55집이 간행되기까지 총 626편의 논문이 발표되었다. 그 가운데 국어 음운 연구 관련 논문은 총 140편으로서, 이들 논문은 국어 음운 연구의 대상, 방법, 내용을 부단히 탐색하여 우리나라 음운 연구를 선도적으로 이끌어 왔다. 그러므로 ≪국어학≫에 게재된 국어 음운 관련 논문들을 살펴보면 그동안에 이루어진 국어 음운 연구의 동향과 성과를 대체적으로 파악할 수 있을 뿐만 아니

---

* 이 글은 같은 제목으로 『국어학』 57(국어학회, 2010 : 293∼333)에 수록되었다.

라 이들 논문의 검토에서 드러나는 장단점을 통하여 앞으로 국어 음운 연구가 나아가야 할 방향도 어느 정도 가늠해 볼 수 있을 것으로 기대된다.

사실 국어 음운 연구의 성과를 제대로 점검하고 앞으로의 연구 방향을 충실히 살펴보기 위해서는 발표된 국어 음운 관련 모든 논저를 두루 검토해야 할 것이다. 그러나 현재의 필자가 가진 능력과 시간이 그에 미치지 못할 뿐 아니라, ≪국어학≫의 논문을 대상으로 연구 성과를 점검하고 앞으로의 방향을 모색한다는 기획 의도에 맞추어, 검토 대상을 ≪국어학≫의 논문에 한정하기로 한다. 그리하여 이 글에서는 ≪국어학≫의 음운 관련 논문을 대상으로, 2장에서는 연구 대상의 시·공간적 확대, 3장에서는 배경 이론과 연구 방법의 다양화, 4장에서는 연구 내용의 정밀화·심화의 관점에서 검토하여 그 성과를 살펴보고, 5장에서는 앞으로 국어 음운 연구가 나아가야 할 방향을 논의하는 것으로 이 글을 마무리하고자 한다.

2. 연구 대상의 시·공간적 확대

≪국어학≫에는 2009년 8월 현재 간행된 제55집까지 총 626편(권당 11.36편)의 논문이 발표되었다. 이 가운데 음운 관련 논문은 140편(권당 2.55편)으로서 전체 논문의 22.36%에 해당한다. 이들 논문을 이기문 (1972a)의 시대 구분에 따라 정리하면 표(1)과 같다.[1]

---

1) 시대 구분은 이기문(1972a)를 따르되, 편의상 전기중세국어 시기를 고대국어 시기와 함께 묶기로 한다. 시대별 논문 편수는 두 시대에 걸쳐 있으면 각 시대에 0.5편으로, 세 시대에 걸쳐 있으면서 두 시대의 내용이 나머지 한 시대에 비해 소략하게 다루어졌다면 각각 0.5, 0.25편의 비중으로 계산하였다.

(1) 시대별 음운 관련 논문

시대	현대국어	근대국어	후기 중세국어	고대 · 전기중세국어
논문 수	75편	14편	35.25편	15.75편
비율	53.57%	10.00%	25.18%	11.25%

이들 논문을 연구 대상 시기를 기준으로 보면, '현대국어>후기 중세국어>고대 · 전기중세국어>근대국어'의 순서로 많이 발표되었다. 총 140편의 음운 관련 논문 가운데 현대국어를 대상으로 한 논문은 75편으로서 전체의 53.57%로서, 근대국어(14편, 10%), 후기 중세국어(35.25편, 25.18%), 고대 · 전기중세국어(15.75편, 11.25%) 논문을 합친 65편(46.43%)보다 많았다. 현대국어를 대상으로 한 연구를 제외한 그 나머지에서는 후기 중세국어를 대상으로 한 논문이 반 이상을 차지하여 그동안의 역사적 음운 연구도 후기 중세국어 중심으로 이루어져 왔다고 할 수 있다.

현대국어를 대상으로 한 논문은 표준어나 공통어를 대상으로 한 논문이 45편이었고,[2] 방언 자료를 수집 · 정리하여 연구한 논문이 30편이었다. 기획 논문을 제외하면 반 정도가 방언을 대상으로 한 연구로서, 이는 주로 자연어로서의 한국어를 대상으로 하는 음운 연구의 경향을 보여주는 것으로 이해된다. 1960년대 중 · 후반 이후에 시작된 이러한 방향의 연구에서는 방언을 하나의 독립된 체계를 갖는 국어의 하위 언어로 간주하여 개별 방언의 음운체계와 음운현상을 체계적으로 밝히고자 했다는 점에서 국어사 연구를 보완하는 수준에서 진행된 이전의 방언 조사 · 연구와 차이가 있다. 그리하여 방언을 대상으로 한 조사 · 연구는 국어의 연구 대상을 공

---

2) 특정 지역 방언을 드러내지 않은 현대국어 연구는 ①표준어(또는 공통어)를 대상으로 국어의 일반 현상을 논의한 경우, ②서구이론을 바탕으로 국어의 현상을 연구한 경우, ③통시태와 관련지은 경우, ④다양한 논의를 종합 · 정리한 경우가 대부분이다.

간적으로 확대하는 결과를 가져왔을 뿐만 아니라 이전의 실용적·역사적 연구에서 현대국어의 공시적인 연구로 관심을 돌리게 하는 결과를 가져왔다.

방언을 대상으로 한 30편의 논문을 지역(방언권)에 따라 정리하면 다음과 같다.

(2) 방언별 논문 편수

방언	서울·경기	충청도	전라도	제주도	경상도	강원도	함경도	평안도	전국	기타
편수	3편	1편	5편	2편	12.5편	1.5편	2편	1편	1편	1편

(3) 개별 방언

연구자 (연도)	조사지역 (방언)	논의 내용	연구자 (연도)	조사지역 (방언)	논의 내용
Ramsey (1974, 2집)	함남 북청, 경남 김해 방언	액센트 (성조)	후쿠이 레이 (1998, 31집)	전남 광양 방언	액센트
김완진 (1975, 3집)	제주 방언	'싯-(시다)'	유필재 (2000, 35집)	서울 방언	자음어간
김영배 (1976, 4집)	평안도 방언 (중부 방언권 거주)	구개음화, 두음법칙	김옥화 (2000, 36집)	전북 방언	'-어X'계 어미의 재구조화
전광현 (1976, 4집)	전북 남원 방언	어말 U형 어휘	김봉국 (2002, 39집)	강원 영동(강릉, 삼척, 정선), 영서(원주)	어간말 중자음
최명옥 (1976, 4집)	서남 경남 방언	부사형 어미 '-아'의 음운현상			
이광호 (1978, 6집)	진주 방언	이중모음	강정희 (2002, 40집)	제주 방언(일본 오오사카 거주)	'·'의 보존
최명옥 (1978, 7집)	경상도 방언	음소 ㅌ, ?, E	임석규 (2002, 40집)	경북 북부 방언	음운탈락과 성조
곽충구 (1985, 14집)	충청도 방언	'ㅲ-'방언 분화	곽충구 (2003, 41집)	전국 단위	모음체계와 변화

연구자 (연도)	조사지역 (방언)	논의 내용	연구자 (연도)	조사지역 (방언)	논의 내용
박창원 (1987, 16집)	경남 고성 방언	표면음성제약	김봉국 (2004, 43집)	경기 방언	고모음탈락
신기상 (1990, 20집)	중부 경남 방언	고저장단	임석규 (2004, 43집)	경상도 방언	성조
배주채 (1991, 21집)	전남 고흥 방언	음장과 성조	신기상 (2004, 44집)	동부 경남 방언	한자음
김무식 (1992, 22집)	경북 의성 방언	성조	신승용 (2004, 44집)	경북 영천 방언	원순모음화
신기상 (1993, 23집)	동부 경남 방언	고저장단	김봉국 (2005, 45집)	강원도 동해안, 함북 육진 방언	어간말중자음
강희숙 (1996, 27집)	전남 진도 방언	'ㄴ' 탈락	소신애 (2005, 45집)	연변 훈춘 방언	어간 재구조화
최명옥 (1998, 31집)	경상도, 강원도(명주, 삼척, 영월), 함경도 방언	성조	소신애 (2006, 48집)	함북 육진 방언	'nyV' 음운변화
			김 현 (2008, 52집)	중부 방언	/ㅓ/의 음성실현

　　방언을 대상으로 한 논문 가운데 경상도 방언, 좀더 넓혀 말하면 동해안 지역의 방언을 중심으로 한 연구가 가장 많아 방언 연구가 지역적으로 다소 편중된 것으로 드러난다. 이러한 지역적 편중 현상은, 그동안에 이루어진 우리나라 전체 방언 연구를 정리한 한성우(2009, 54집)[3)]에서도 지적된 내용으로서, 방언 연구의 이러한 지역적 편중 현상은 중앙어나 공통어에서 드러나는 국어의 일반 특성과 차이 나는 현상을 중심으로 접근했

---

3) 이 글의 인용에서 '한성우(2009, 54집)'과 같이 발표 연도 다음에 제시된 '○○집'은 《국어학》의 게재집을 말한다. 그러므로 이 글에서 '한성우(2009, 54집)'으로 제시한 논문은 《국어학》 제54집에 발표된 논문을, '한성우(2009)'와 같이 발표 연도만 제시되면 참고문헌에 제시된 다른 학술지에 발표된 논문을 말한다. 지면 관계로 인하여 《국어학》에 발표된 논문은 참고문헌에서도 제외하기로 한다.

기 때문인 것으로 여겨진다.[4]

　연구의 대상이나 범위를 확대한다는 관점에서, 방언간 또는 언어간 접촉에서 생기는 문제, 또는 해외 이주 한국인이 사용하는 국어를 대상으로 수행한 사회언어학적 접근도 시도되었다는 점에서 주목된다. 김영배 (1976, 4집)는 중부 지방에 거주하는 평안도 출신 화자의 구개음화와 두음법칙의 실현 정도를, 강정희(2002, 40집)에서는 오오사카에 거주하는 제주 출신 화자의 '·' 유지 정도를 조사·연구하였으며, 소신애(2005, 45집)에서는 중국 연변 훈춘 지역의 함북 출신 화자들의 말을 조사하여 연구를 수행하였다. 한편 정명숙(2002, 39집)에서는 1950년에서 2000년까지 방송된 녹음 자료를 대상으로 억양, 단모음, 'ㅅ, ㅆ' 등의 변천을 고찰하기도 하였다.

　문헌을 대상으로 한 역사적인 연구도 출처가 분명한 초간본이 주로 활용되어 왔다. 그리하여 지방판, 중간본, 필사본 등은 문헌에 반영된 언어의 불명료성으로 인하여 특별한 경우가 아니면 연구 대상에서 배제되었다. 그러나 점차 국어의 역사적 특징들이 밝혀지면서 지방판, 중간본, 필사본, 판소리계 소설 등을 대상으로 한 연구도 나타나게 되어 그만큼 연구의 범위가 넓어지게 되었다. 해주 흥률사판과 예천 용문사판 ≪보권염불문≫을 대상으로 각각 18세기 황해도 방언과 예천 방언의 특성을 살핀 김주원(1994, 24집)과 장영길(1996, 28집)이나, ≪初學要選≫(1918)과 ≪漢字用法≫(1918)이나 19세기 판소리계 소설과 판소리 창을 대상으로 충남 서천 방언과 전북 남원 방언의 움라우트 현상을 살핀 소강춘(1991, 21집)

---

4) 물론 연구의 대상 방언을 분명하게 드러내지 않은 대상 연구의 경우 대체로 서울, 경기 방언 중심의 중앙어를 전제로 하고 논의를 전개하였다고 할 수도 있다. 그러나 그러한 연구는 특정의 서울 경기 방언 사용자의 말을 직접 조사하여 그 자료를 토대로 한 연구가 아니라는 점에서 표준어나 공통어를 바탕으로 한 연구였다고 할 수 있다.

과 소강춘(1995, 26집)도 그러한 성격을 갖는 논문들이다. 강희숙(2002, 40집)에서는 박태원의 소설 ≪천변풍경≫에 나타나는 1930년대 서울 방언의 음운현상을 검토하였다.

한편 한자음 연구는 운서나 한자 학습서의 음을 대상으로 연구하고, '훈민정음' 창제 이전 시기에는 ≪鷄林類事≫, ≪朝鮮館譯語≫나, ≪三國遺事≫ 등의 고유명사나 향찰의 한자음 중심으로 연구가 이루어 왔으나, 이승재(1996, 28집)에서는 차자표기 자료인 남권희본 ≪楞嚴經≫의 석독구결을 통하여 국어의 음운변화를 고찰하였다.

3. 배경 이론과 연구 방법의 다양화

국어 음운 연구는 맞춤법, 표준어 등과 관련된 실용적인 현안을 해결하기 위한 연구에서 출발하여, Saussure(1916/1959)로부터 비롯된 유럽의 구조주의 이론의 영향을 받아 점차 이론적인 성향을 갖는 방향으로 수행되어 왔다. 구조주의 언어학은 공시적 연구를 중시하고 언어학적 요소들이 체계 속에서 갖는 관계를 중시하는 것을 특징으로 한다. 이러한 구조주의 이론을 활용하여 15세기 국어의 음운체계를 설정하고 그 체계를 바탕으로 일어나는 음운현상의 특성과 변화를 연구한 이숭녕(1949), 허웅(1965), 김완진(1963), 이기문(1968, 1969) 등에서 국어 음운 연구의 기반을 형성하기에 이른다.[5] 국어의 다양한 형태음소론적인 교체 현상에 주

---

5) 구미 음운 이론의 수용과 국어 음운론 연구사를 정리한 최명옥(2003)에서는 국어 현상을 설명하는 과정에서 Saussure 언어 이론의 기본 개념이 나타나는 초기 연구로 이숭녕

목하여 국어 형태음소론의 영역 설정을 주장한 김석득(1962, 1집)도 이러한 성향의 논문이라고 할 수 있다.

현대국어 음운 연구는, 1960년대 후반부터 인간의 내재화된 보편적 언어 능력에 대한 기술을 목표로 한 생성이론의 영향을 받게 된다. Noam Chomsky와 Morris Halle의 공저 The Sound Pattern of English (1968)에서 비롯된 생성음운론에서는 어휘부, 통사부를 거쳐 생성된 표면구조가 음운부에 있는 기저형의 입력형이 되고, 이 기저형에 음운규칙이 적용되어 표면형이 도출된다는 기본 가정 위에서 출발한다. 그리하여 생성음운론의 초기 연구는 형태소의 기저형을 설정하고, 기저형들이 결합되어 다양한 표면형을 도출하는 과정에 적용되는 음운규칙의 조건, 수, 순서 등을 결정하는 일이 주된 임무였다. 생성 이론을 바탕으로 한 이러한 70년대 음운 연구를 통하여 공시적인 국어 음운 연구의 기반을 형성하게 되었다.[6]

Kim-Renaud(1975, 2집)는 초기 생성음운론의 이론을 바탕으로 한 연구이다. 이 논문에서는 'ㅎ' 탈락 현상을 보이는 형태소들을 세 유형으로 분류하여 각 형태소의 기저형을 설정하고, 그 기저형에서 표면형을 도출하는 데에 필요한 규칙들의 조건, 수, 순서에 대하여 논의하였다. 특히 이 논문에서 세 번째 유형으로 설정한 '노랗다'류의 'ㅎ' 변칙동사들의 기저형

(1939)와 이희승(1939)를 들었다. 구체적으로 말하면 이숭녕(1939)에서는 언어의 '공시성'과 '통시성'이, 이희승(1939)에는 '능기[시니피앙, signifiant]'와 '소기[시니피에, signifie]' 및 '언어 기호의 자의성' 등이 서술되어 있다는 점을 들었다.

6) 생성음운론을 바탕으로 한 국어 음운 연구는 대체로 70년대 연구의 새로운 흐름을 형성하였다. 미국에서 언어학을 전공한 학자들의 연구, 즉 Chin W. Kim(1968), 김진우(1971), Kim Young-Key(1972), 이병건(1976) 등은 현대국어의 음운 연구에, 국내에서 국어학을 전공한 학자들의 연구, 즉 이기문(1969, 1972), 김차균(1971), 김완진(1972) 등에서는 구조언어학의 이론에 의지하면서 중세국어의 음운 연구에 생성음운론을 수용하였다(최명옥 2003 : 117).

을 설정하고 그 기저형에서 규칙을 통하여 표면의 여러 교체형을 도출하는 과정에서는 초기 생성음운론의 추상적인 접근 방법을 보여준다.

이와 달리 이병근(1975, 3집)은 교착어로서 갖는 국어의 구조적 특성을 중시하는 관점에서 생성음운론적 접근 방법을 활용한 연구라고 할 수 있다. 이 논문에서는 Kiparsky(1971 : 18)의 경계 표지, 성분 구조, 음운론적 기저 표시 등을 활용하여 국어의 형태·통사론적 범주에 따라 달리 나타나는 일련의 음운현상과, 통사론적 변형에 의해 달리 나타나는 공시적 음운현상의 비음운론적 제약에 대하여 논의하였다.

초기 생성음운론이 기저형을 설정하고 그 기저형에서 표면형을 도출하는 과정에 적용한 규칙에 추상성의 문제, 특히 절대 중화 규칙과 관련된 지나친 추상화의 논쟁을 야기함에 따라 구체음운론적 접근 방법이 대두되기에 이른다. 최명옥(1985, 14집)은 국어의 실체적 증거를 중시하는 구체음운론적 접근 방법으로 이루어진 대표적인 논문이다. 이 연구에서는 변칙동사들의 표면형이 하나의 기저형에서 규칙으로 도출된다는 기존의 주장들에 실체적 증거가 없다고 비판하고, 화자들은 변칙동사의 교체형들을 단순히 습득하는 것으로 간주되기 때문에 변칙동사들의 기저형을 어휘부에 복수로 표시해야 한다고 주장하였다.

1990년대 이후에는 서구에서 전개된 다양한 음운 이론, 예컨대 자립분절음운론, 미명세이론, 의존음운론, 어휘음운론, 자질기하 이론, 최적성 이론 등의 다양한 언어 이론이 도입되어 국어의 음운현상을 설명하는 이론적 배경으로 활용되었다. 오정란(1991, 21집)에서는 의존음운론에 입각하여, 강옥미(1994, 24집)에서는 자질기하 이론의 위치마디가 갖는 내부 구조를 통하여 국어의 몇몇 음운현상을 설명하고자 하였다. 또한 오정란(1995, 25집)에서는 자질기하 이론, 미명세이론, Hooper(1976)의 '범어적 자음 강도 체계' 등을 활용하여 국어 비음화와 비음동화의 방향성에 대한 원인을 규명하고자 하였다. 그리고 오정란(1996, 28집)에서는 국어 격조사의 이형태들이 보여주는 분포상의 특징을, 강옥미(1996, 28집)에서는 영어계 차용어의 음운론적 특성을 최적성 이론에 입각하여 논의하였다.7)

방언을 대상으로 한 연구에서는 방언을 하나의 독립적인 언어 체계로 간주하고 각 방언의 음운 특성을 밝히고자 한 연구와 함께, 동일 기원의 방언 형태들이 분화되기 이전 시기의 형태를 재구하고 그 형태의 음운론적 분화 과정을 밝히려는 연구도 나타났다. 문헌에 의존하는 역사언어학의 한계를 극복할 수 있는 좋은 대안으로 간주되는 이러한 방언 분화에 대한 대표적인 연구로 어중 '-시-'의 고대형을 재구하여 그 분화 과정을 논의한 이승재(1983, 12집)와 ':께-'(貫)의 반사형을 충남 방언을 중심으로 통시적으로 논의한 곽충구(1985, 14집)를 들 수 있다.

오늘날의 방언 연구는 대부분 연구 대상이 방언이라는 사실을 제외하면 논의의 방법이나 내용은 국어의 일반 음운론 연구와 다를 바 없다. 연구의 대상은 방언이라 하더라도 해당 방언 화자들이 사용하는 국어는 동질적이

---

7) 전종호(2008 : 16~17)에서는 최근 5년 동안(2002~2006년) ≪국어학≫과 ≪음성·음운·형태론연구≫에 수록된 최적성 이론을 기반으로 한 논문 수를 비교하여 본 결과, ≪음성·음운·형태론연구≫의 총 138편 중 90편(65%)이 최적성 이론을 기반으로 하는 연구였음에 비해, ≪국어학≫에는 음운론 논문 약 30편 중 최적성 이론을 적용한 논문은 1편도 없었다고 한다. 이러한 차이는 최적성 이론이 유형론적 자료를 위한 이론인 만큼 개별언어의 기술을 대상으로 할 때에는 규칙에 기반을 둔 이론보다 장점이 적기 때문이라고 판단하였다. 또한 최적성 이론 분석은 유형론적 유표성과 무관한 개별 언어의 특징을 기본적으로 부정하고 있기 때문에 개별 언어의 올바른 이해 및 기술만을 목적으로 한다면, 제시되는 분석이 필요 이상으로 복잡하게 보일 수 있다는 점에서, ≪국어학≫에 최적성 이론 분석이 드문 것은 한국어 음운론의 정확하고 경제적인 기술을 주목표로 삼고 유형론적 관점을 상대적으로 덜 중요시한 결과인 것으로 이해하였다.

라는 가정 하에 연구를 진행하는 것이다. 이러한 관점에서의 방언에 대한 음운론적 연구도 국어의 일반 음운론 연구와 다르지 않다(한성우 2009, 54집). 그런데 이와 달리 각 언어공동체에서 사용되는 언어를 사회계층, 연령(세대), 성별, 발화 상황style, 사회적 접촉망network 등의 사회적 요인에 따라 달리 사용되는 변이형이나 그 변화를 관찰하여 분석하는 것도 가능하다. 이러한 관점에서는 같은 집단의 화자들 간에도 변이형이 사용되며, 심지어 동일 화자의 말에서도 둘 이상의 변이형을 사용될 수 있다는 언어의 이질성을 중시한다(Labov, 1972). 화자가 처한 사회적 상황에 따라 달리 사용되는 다양한 변이형을 바탕으로 한 언어 사회의 이러한 이질적인 특성은 언어 변화의 발생 원인, 전개 및 확산 과정 등을 이해하거나 설명하는 데에 유용하다.

국어학계에 아직 사회언어학적 접근을 한 연구가 많지는 않으나, 그동안 이러한 관점에서의 연구들이 꾸준히 시도되어 왔다는 사실은 주목할 만하다. 김영배(1976, 4집)에서는 중부 지방에 거주하는 평안도 출신 화자의 구개음화와 두음법칙 실현 정도를, 강정희(2002, 40집)에서는 오오사카에 거주하는 제주 출신 한인의 ‘·’ 유지 정도를 조사·연구하였다. 김수곤(1978, 6집)에서는 움라우트 실현의 조건으로 [standard], [privileged]와 같은 사회적 요인을 설정하였고, 소신애(2005, 45집)에서는 중국 훈춘 방언 화자들의 진행 중인 음운변화를 세대에 따라 관찰하였다.

음운변화에 대한 연구에서도 서구의 선진 이론에 적지 않은 영향을 받아 왔다. 음운체계의 설정이나 음운변화에 대한 연구는 언어사적 사실을 그 언어의 구조 혹은 체계 안에 위치하는 요소들 사이의 관계에 의해 해명하고자 한다는 점에서 구조주의 이론을 바탕으로 하고 있으며, “음운체계에서 어떤 음운이 소멸하여 그 위치에 공간이 생겨 균형 상태가 파괴되면 그 공간을 다시 메우려는 경향이 생긴다."는 R. Jakobson의 방법론적 원리나, 음운변화는 필연적으로 체계적 불안정성이나 불균형에서 유래한다는 프라그 학파의 영향을 받았다. 그리고 국어 음운사의 연구를 한층 심화시킨 김완진(1963)과 이기문(1968)의 국어 모음체계의 변화에 대한 연구는 A. Martinet(1955)의 push-chain과 drag-chain의 영향을 받았다. 15세기 국어의 모음체계를 4단의 모음도로 설정하고 그것이 3단의 모음도로 변화하는 과정에서 '·'소멸의 원인을 찾고자 한 정연찬(1989, 18집)의 논의도 이러한 연구의 연장선에 있다고 할 수 있다.[8]

1990년대 이후에는 음운이나 음성에 대한 실험 연구가 나타나기 시작하였다. 실험 연구는 음성적 특성을 무시하고 이루어진 지나친 일반화나 추상화로 인해 음성학적 기반에서 전개되는 주장이 부정확한 자료에 근거할 수 있다는 인식에 입각하여 음운론적 특징을 보다 정확한 조음적·청각적 근거를 바탕으로 설명하기 위한 노력의 일환으로 수행된다고 할 수 있다. 의성 방언 화자의 말을 대상으로 Visi-pitch에 의한 음성 분석, 피실험집단을 통한 청취실험 등을 통하여 성조형을 분석한 김무식(1992, 22집), 모음의 지속시간을 분석하여 국어 운율 구조를 파악하고자 한 성철재(1996, 27집), 'ㄷ, ㄸ, ㅌ, ㅈ, ㅉ, ㅊ'을 대상으로 한 전자구개도의 자료 분석과 음향 자료에 대한 스펙트로그램을 분석하여 이들 소리의 후두 위 차원에서의 조음적 특성을 확인한 신지영(1998, 31집), 음성 분석을 통하여 'ㅅ'이 음성적으로도 평음임을 확인한 이경희(2000, 36집), 중부 방언 화자가 발화한 /ㅓ/를 음향음성학적으로 분석한 김현(2008, 52집) 등이

---

8) 최근에는 언어 변화에 대한 이론에서는 전통적인 규칙성 가설에 Wang(1969) 등의 어휘적 확산 가설을 함께 고려하되 Labov(1972)의 사회언어학적 방법론을 접맥시켜 국어의 변화를 설명하려는 연구도 시도되고 있다.

그러한 성격의 연구들이다.

4. 연구 내용의 정밀화·심화

4.1. 현대국어 음운 연구

4.1.1. 변별적 자질

　기저형, 표면형과 같은 인지적 형태들은 분절음의 연속체이고, 각 분절음은 변별적 자질의 총체로 설명된다. 변별적 자질은 언어에 따라 다르므로 국어의 음운현상을 자연스럽고 정확하게 설명하기 위해서는 국어의 현상을 잘 설명할 수 있는 변별적 자질에 대한 이해가 선행되어야 한다. 이러한 관점에서 김정우(1997, 29집), 김경아(1997, 30집), 김경아(2001, 38집) 등은 국어의 음운현상에 부합되는 변별적 자질의 설정 문제를 다루었다.

　김정우(1997, 29집)와 김경아(2001, 38집)에서는 국어의 음운현상을 조음자질 체계만으로 기술하는 데에 한계가 있음을 지적하고, 자음과 모음이 영향을 주고 받는 원순모음화나 구개음화와 같은 현상을 합리적으로 기술하기 위해서는 자음과 모음에 공통적으로 적용할 수 있는 음향 자질을 도입할 필요가 있음을 주장하였다. 이들 논문은 모음에 대한 것과 자음에 대한 것으로 이분화되어 있는 변별적 자질의 분류가 모음 관련 현상이나 자음 관련 현상은 자연스럽게 설명할 수 있으나 자음과 모음, 또는 모음과 자음의 연쇄에서 일어나는 현상들을 설명하는 데에 문제가 있음을 지적한 것으로서, 변별적 자질들에 위계를 두어 이들 현상과 관련된 자질들의 위치 마디를 같은 곳에 두고자 하는 자질 기하 이론의 접근 방법과 유사한 발상을 보여주는 것으로 보인다.

한편 김경아(1997, 30집)에서는 국어의 장애음과 관련된 현상들을 보다 효과적으로 설명하기 위한 자질 설정에 대한 논의를 보여준다. 즉 장애음의 발화에서 일어나는 후두에서의 조음작용을 구강 및 비강에서의 조음작용과 구별한다는 전제 아래, 성문개방성과 성대긴장성이라는 후두 자질을 국어의 변별적 자질체계에 도입하면, 현재의 자질체계로서는 설명하기 어려운, 국어의 마찰음과 유기음이 자연부류로 행동하면서 폐쇄음이나 파찰음과는 달리 행동하는 음운현상을 설명하는 데에 유용할 것이라고 주장하였다.

4.1.2. 기저형, 음운현상, 재구조화

생성 이론에서 기저형은 음운규칙이 적용되는 입력부로서 기저형의 설정에 따라 음운현상에 대한 설명은 달라지게 된다. 최명옥(1976, 4집)에서는 서남 경남방언의 음운체계와 자음 뒤에 이중모음이 올 수 없다는 음소배열제약을 바탕으로, 서술어 어간과 접사 '-아'의 결합형에 적용되는 8개의 규칙과 4개의 제약 조건을 밝히고 이들을 기저형에 순차적으로 적용하여 표면형에 이르는 과정을 보여주었다.

최명옥(1978, 7집)에서는 6모음체계를 가진 동남 방언의 기저음운체계의 수립 과정에서 발견한 세 가지 현상에 주목하였다. 첫째는 i모음역행동화나 i와 축약을 일으키는 현상에는 관여하지만 그 자체가 실현되지 않는 /ɨ/와 /ə/의 처리 문제, /Xt-/에서 재구조화한 /Xl-/의 음운현상에 관여하는, 그러면서도 실현되지는 않는 /ʔ/의 처리문제, 그리고 존칭접미사

'-ɐi-'와 이유 표시 접미사 '-ɐ~ik'EnE-'에서 'ɐX'와 'X'를 이형태로 하는 접미사의 두음 'ɐ'가 그 뒤에 자음이 없으면 존립할 수 없다는 국어의 일반적 사실과 기저비모음은 존재하지 않는다는 일반적인 사실에 비추어 'ɐ'와 'i' 사이에는 존재하지만 그 자체는 실현되지 않는 'z'와 'n'의 음소 설정 문제에 대하여 논의하였다. 한편 이광호(1978, 6집)에서는 진주 방언에서 자음 뒤의 이중모음이 어떠한 규칙에 의해서 단모음으로 실현되는지에 대하여 논의하였다.

최명옥(1985, 14집)에서는 변칙동사라고 해 오던 일군의 동사들을 대상으로 기저형과 공시적 음운규칙에 대하여 논의하였다. 이 논문에서는 먼저 변칙동사로 분류되어 오던 일군의 동사들 대해, 추상적인 기저형을 설정하고 그 기저형에 규칙을 적용하여 표면형을 이끌어 내는 것으로 간주하여 변칙동사들이 정칙동사들과 다른 음운론적 기제를 가지는 '정칙현상'으로 설명해 온 기존의 주장들이 실체적 증거를 갖지 못한다고 비판하였다. 그리하여 p-, s-, t- 변칙동사들의 교체형은 역사적 변화를 통하여 재구조화된 것으로서, 화자들이 단일한 기저형에서 규칙을 사용하여 이들 교체형을 도출하는 것이 아니라 단순히 교체형을 습득한다고 주장하고, 이들 p-, s-, t-변칙동사들의 기저형은 각각 /X{p-u}-/와 /X{t-∅}-/ 또는 /X?-/ 그리고 /X{t-l}-/의 복수 형태로 어휘부에 표시되어야 한다고 결론지었다.

김차균(1992, 22집)에서는 서구의 이론을 국어의 특정에 맞추어 자신이 새로이 구축한 설명 방법을 바탕으로 국어 '사이 ㅅ'과 관련된 음운현상을 설명하였다. 즉 사이 'ㅅ'의 기저표상을 /sh/, 그 음성형을 [sh]로 보고 닫힘소리 규칙에 의해 [t^]로 된 다음, 이 소리가 약화되어 [?^]로 되거나 선행 자음의 강도(＝조음위치)에 동화되어 [p^], [k^]로 변하기도 하여 결국 청각적 효력이 약하여 탈락된 것으로 간주하였다. 김경아(1996, 27집)에서는 종래의 변자음화 또는 위치동화로 다루어온 일련의 현상들이 음소 배열에 따라 폐쇄음의 연쇄에서 음절말에서 미파폐쇄음이 탈락되는 현상으로 설명하고, 격음이나 경음 앞에 그와 동일한 평폐쇄음이 첨가되는 현상으로 설명하는 것이 타당하다고 주장하였다.

강창석(1984, 13집)에서는 국어의 음절 구조를 [+syllabic]의 모음에 [-syllabic]의 비모음이 결합되는 좌분지 구조의 계층적 음절로 파악하고 자음의 분포 제약도 음절 구조로 인하여 생기는 자연스러운 특성으로 이해하였다. 그리하여 음운규칙이 적용되기 이전에 자음들의 분포에 가해지는 제약을 둠으로써 음운현상이나 음운규칙에 음절 구조와 관련된 동기를 부여할 수 있다고 주장하고, 이를 바탕으로 국어의 몇몇 공시적인 음운현상을 조명하였다.

신승용(1999, 34집)에서는 '-으X계~X'계 교체를 보이는 어미의 기저 구조를 복선 음운론의 관점에서 접근하여 설명하고자 하였다. 즉 '-으X계~X'계 교체를 보이는 어미에서 '으'가 기저에 있는 것으로 본 기존의 주장이 외재적 규칙순을 상정하는 문제점이 있으며, 'ㄹ' 뒤의 '으' 탈락 규칙의 존재가 의심스럽다고 비판하고, 복선음운론의 관점에서 이들 어미는 기저의 분절음 층렬에서 'Ø', CV층렬에서 V자리만 가지고 있다가 일정한 환경에서 '으'가 삽입되는 것이라고 주장하였다. 한편 정연찬(1999, 33집)과 김성화(1992, 22집)에서는 논의 내용이나 접근 방법에 있어서는 차이가 있지만, 매개모음 '으/으'가 고대국어에서 외파음이 내파음으로 실현되는 역사적 변화의 과정에서 원래의 형태와 의미를 보존하기 위하여 삽입된 것이라는 동일한 결론에 이르렀다는 점에서 주목된다.

이진호(1998, 31집)에서는 유음화 현상을 순행적 유음화로 나누어 역행적 유음화와 그 특징을 종합적으로 정리하면서 역행적 유음화 현상은 '근'의 비음화 현상과 경쟁 관계에 있어서 두 규칙을 하나의 거울 영상 규칙으로 설정할 수 없음을 논의하였다. 이진호(2006, 47집)에서는 국어 음운규칙의 공시성과 관련된 쟁점 가운데 형태소 내부에 적용되는 음운규칙의 공시성 여부를 판단하는 기준과 공시적 음운규칙이 가져야 할 요건에 대하여 논의하였다. 구체적으로 말하면, 기저형을 변화시키는 결과를 초래하는 형태소 내부의 음운규칙은 어휘부 정보의 변경이라는 문법의 변화와 관계되므로 공시적인 음운규칙으로 보기 어렵다고 주장하고, 일반화할 수 있는 정보만으로 구성되어야 한다는 '규칙성의 조건'과 공시론의 성격에 부합되어야 한다는 '공시성 조건'을 모두 충족하는 규칙을 공시적 음운규칙이라고 주장하였다.

방언을 대상으로 개별 방언의 음운론적 특징을 밝히고자 하는 논문도 활발하게 발표되었다. 박창원(1987, 16집)에서는 고성지역어를 대상으로 표면음성제약과 음운현상의 관계에 대하여 논의하였다. 이 논문에서는 '형태소 구조'라는 입력부가 화자의 발음 능력에서 허용되는 표면음성제약, 즉 '음소연결 제약, 음절 구조 제약, 음절연결 제약, 단어 구조 제약' 등을 벗어날 때 그것을 발음 능력에 합당하게끔 변화시키는 과정을 음운론적인 과정으로 보고, 고성지역어의 자음군 간소화 규칙, 활음 삭제 규칙, 중화 규칙 및 내파화 규칙, 동화 규칙 등을 구체적으로 살펴보았다.

유필재(2000, 35집)에서는 서울 방언의 활용 어미를 자음어미, 모음어미, 매개모음어미로 나누어 용언 어간말 자음체계의 목록을 확인하고 하고, 어간말 자음들이 어미와의 통합에서 보여주는 형태음운론적 교체 현상을 통하여 불규칙 활용을 보이는 예들을 다섯 가지 유형으로 분류하고, 이들 유형의 변화 방향과 특징에 대하여 논의하였다. 유필재(2004, 43집)

에서는 현대국어 동사 '말:-[勿]의 명령법 활용형의 하라체 '마라, 말아라, 말어라', 해체 '마, 말아, 말어', 해요체 '마요, 말아요, 말어요' 가운데 '마라, 마, 마요'가 공시적인 형태음운규칙으로 설명되지 않는 이유를 이전 시기의 활용형이 화석형으로 계승된 '마라'와 이를 기반으로 형성된 활용형들이기 때문인 것으로 파악하였다.

김봉국(2002, 39집)에서는 강원도 남부지역 방언의 어간말 자음군의 목록을 조사하여 그 음운론적 특징을 논의하였다. 김봉국(2004, 43집)에서는 경기 방언에 주로 나타나는 고모음 탈락과 그에 따른 보상적 장모음화를 일으키는 예들의 공시적·통시적 특성을 살펴본 논문이다. 그리고 김봉국(2005, 45집)에서는 경북 경주, 포항, 영덕, 울진 방언, 강원도 삼척, 강릉 방언, 함북 육진 방언의 체언 어간말 중자음의 변화 향상을 변화의 기제, 변화의 과정, ㄷ구개음화와의 관련성, 체언 어간말 단순화와 관련성, 어간말 변화의 환경 등에 대하여 논의하고, 이들 세 방언의 변화 양상을 서북 방언과 비교하여 그 특징을 살펴본 논문이다.

김현(2001, 37집)과 김옥화(2000, 36집)은 재구조화에 대하여 논의하였다. 김현(2001, 37집)에서는 후음으로 끝나는 용언어간의 활용형을 청자가 화자와 달리 분석함으로써 일어나는 용언어간의 재구조화 과정을 논의하였다. 다시 말하면 화자가 어간 /A/와 어미 /α/의 결합을 통해 활용형 [X]를 발화하였지만, 청자는 이 [X]를 /B+α/로 인식하여 용언어간을 재분석하여 어간의 기저형이 /A/에서 /B/로 변화하였다는 것이다. 김옥화(2000, 36집)에서는 전북 방언의 '-어X' 어미 두음 생략 현상의 특징을 규명하고자 하였다. 즉 전북방언의 '어' 생략 현상(가령, '쏘;라(쑤-, 粥), 끄야(끄-, 消)' 등)을 적절하게 설명하기 위해서는 어간에 '-어(X)'로 설정되던 어미의 두음 '어'가 '-으X'로 재구조화된 '-으라, -으야, -으문' 등이 통합된 다음 어미ㄴ의 두음이 탈락한 것으로 보아야 한다고 설명하였다. 이러한 결론은 '마시야(마시-, 飮), 주야(주-, 授)'에 나타나는 어미 두음의 생략 현상과 '마시문, 중개'에 나타난 어미의 '으' 탈락과 동일 현상이라는 사실을 바탕으로 하였다.

4.1.3. 방언 분화

방언에 대한 조사를 통하여 축적된 자료와 국어사적 연구를 통하여 고대형을 재구하여 그 분화형의 분포도를 그리고 각 형태로 분화되는 과정을 연구한 결과도 발표되었다. 이승재(1983, 12집)과 곽충구(1985, 14집)이 그러한 연구 방향에서 이루어진 성과라고 할 수 있다. 이승재(1983, 12집)에서는 문헌과 방언 자료을 활용하여 15세기의 '-ㅅㄱ-'류 어중 자음군의 最古 형태를 '*-c(V)k-'류, '*-zVg-'류, '*-sk-'의 세 유형으로 재구하고, 이 재구형들이 음운변화를 겪으면서 일어났으리라 추정되는 방언 분화에 대하여 논의하였다. 그리하여 'Δ>∅' 변화는 서북지역에서 시작되어 동남 방언으로 전진한 것으로, *C2에 위치하는 *k, *g의 약화·탈락은 경기 지역에서 시작되어 사방으로 퍼져 나간 것으로 추정하였다. 그리고 함경도 지역과 경북 중북부 지역이 *C2를 가장 많이 보유하고 있다는 사실로부터 낭림산맥과 소백산맥 등의 높은 산맥에 막혀 *C2 약화·탈락의 개신파가 더 이상 전진하지 못함으로써 서부 방언과 동부 방언으로 분화되었을 것으로 추정하였다.

곽충구(1985, 14집)에서는 ':께-'(貫)의 통시적 변화를 통한 방언 분화의 과정을 논의하였다. /pk'əy-/가 17세기 후반 직전에 p가 원격적 순행동화를 일으켜 w를 삽입한 다음 탈락한 /k'wəy-/와, 동화현상이 일어나지 않고 p가 탈락된 /k'əy-/로 일차적 방언 분화가 일어나고, 장음의 시차적 자질화로 인해 두 음절로 인식된 /k'wə:i-/에 'wə>o' 규칙이 적용된 /k'o:i-/에서 i가 glide화하여 충남 중부 지역에 분포하는 /k'oy-/가 되었고, 이 어간에서 단모음화가 일어난 /k'o:-/가 충남 서부 지역에 분포하는 형태라고 보았다. /k'wə:i-/에 'ə>i' 규칙이 적용된 /k'wi:i-/에서 wi가 u로 실현되는 /k'u:i-/는 충남북 북부 지역과 경기 남부 지역에 분포한다고 보았다. 그리고 /k'u:i-/에서 i가 glide화된 /k'uy-/는 충남 대덕 지역에 분포하고, 이중모음 uy가 단모음화한 /k'ü:-/는 충남 서남부 지역에 광범위하게 분포한다고 설명하였다.

곽충구(2003, 41집)에서는 전국을 크게 세 방언권으로 나누어 모음체계와 그 변화 방향에 대하여 논의하였다. 북한 방언은 'ㅗ'의 저설화로 변화가 촉발되어 /ㅡ/와 /ㅜ/, /ㅓ/와 /ㅗ/가 합류한 전후 대립의 3∥3 체계를 지향하고 있으며 이를 서북방언이 주도하고 있다고 논의하였다. 그리고 남한 방언은 전설모음에서 시작된 원순모음의 비원순모음화 및 고저 대립의 상실이 점차 확대되어 동남방언의 2∥2-2 체계를 지향하고 있는 것으로 보았다.

4.1.4. 성조와 음장

방언을 대상으로 한 연구에서는 성조에 관한 논의가 많았다. 함남 북청 방언과 경남 김해 방언 액센트를 어절 중심으로 검토하고, 이를 다시 중세 방점과 비교한 S. Robert Ramsey(1974, 2집)에서 시작된 ≪국어학≫의 성조에 관한 논의는 최명옥(1998, 31집)에 이르러 동해안 방언의 성조소 체계가 정리되는 단계까지 이르게 되었다. 최명옥(1998, 31집)에서는 현대국어 성조 방언의 성조소 체계에 대하여 논의하였다. 동남 방언은 '고조'와 '저조'의 2성조소 체계이나, 경북 방언은 경남 방언과 달리, '저조'와 '고조'가 병치된 복합성조 '저・고조'를 더 가지고 있으며, 강원도의 〈명주, 삼척, 영월〉의 성조소 체계는 '고조'와 '저조'의 2성조소 체계이며, '저조'와 '고조'가 병치된 '저・고조'를 가지고 있다고 논의하였다. 그리고 동북 방언은 '고조'와 '저조'의 2성조소 체계이지만, 함북 〈길주, 학성〉과 함남 〈단천〉 지역어는, 성조소 '저조'와 '고조'가 병치된 '저・고조'를 더 가지고 있다고 하였다. 결국 성조 방언의 성조소 체계는 '고조'와 '저조'로 이루어지는 2성조소 체계인데,9) 동남방언 중 경북방언과 동남방언 중 함북 〈길주, 학성〉과 함남 〈단천〉 지역어 그리고 강원도 〈명주, 삼척, 영월〉 지역어는 성조소 '저조'와 '고조'가 병치된 '저・고조(L・H)'가 더 있다고 결론지었다. 신기상(1990, 20집)에서는 동부 경남 방언의 기본 성조소를 고조와 저조에 각각 장단이 있는 것으로 보고 용언어간에 결합되는 어말어미와 선어말어미의 고저와 장단의 변동에 대하여 살펴보았고, 신기상(1993, 23집)에서는 같은 방언의 '-이-'계 피동접사와 '-이-'계, '-우-'계, '-애-'계 사동접사가 결합된 피동사와 사동사의 고저 장단에 대하여 살펴보았다. 한편 김무식(1992, 22집)에서는 의성 방언 화자의 녹음된 성조형을 분석하고, 피실험집단을 대상으로 한 청취실험을 하여 기본주파수로 실현되는 성조와 지속시간으로 실현되는 음장이 변별 지표로 기능함을 밝혔다.

성조 방언이 아닌 경우에는 음장이 연구의 주된 관심 대상이 되었다. 이병근(1978, 6집)에서는 Glide화 현상이나 분절음 탈락에 의해 이루어지

---

9) 2성조소 체계는 모든 방언에 동일하게 나타난다고 하더라도 각 성조소의 기능은 방언에 따라 차이를 가질 수 있다고 하였다. 예컨대 (/말ㅣ이/→) '[마ᴸ리ᴴ]'의 경우, '저조(L)'는 동남방언 중 경남방언에서는 '말(語)'을 의미하지만, 동북방언에서는 '말(馬)'을 의미하고, 강원도 〈명주, 삼척〉 지역에서는 '말(斗)'을 의미한다는 것이다. 그리고 '[마ᴴ리ᴸ]'의 경우, '고조(H)'는 동남방언과 강원도 세 지역어에서는 '말(馬)'을, 〈길주, 학성, 단천〉 지역어를 제외한 동북방언에서는 '말(語)'을 의미한다고 한다.

는 비음절화의 과정에서 축약된 음절의 장모음 실현 여부를 검토하여 비음절화에 따른 시간의 보상 문제를 논의하였다. 이병근(1986, 15집)에서는 단어나 형태소의 시차적 자질로 어휘의미를 구별하는 구실을 하는 국어의 음장이 단어 차원을 넘어 문장 차원, 나아가 발화 차원에서 실현되는 음장의 가변성에 대하여 논의하였다. 이를 좀 더 구체적으로 설명하면 형태소의 기저 음장으로 표시되는 국어의 음장은 후속 환경에 따라 가변적인 체언과 1음절 용언어간에서 실현되는 단어 차원의 음장 변동을 바탕으로 발화 차원에 이르되, 문장의 일정한 단어 성분, 즉 기식군을 단위로 하는 발화에서 음장 가변성은 기식군의 첫 음절에서만 장음을 유지하되, 그 장음은 기저의 장음이 아니라 단어 차원에서 나타난다는 점에서 단어 차원의 가변성과는 차이가 있는 것으로 논의하였다. 배주채(1991, 21집)에서는 고흥 방언의 어두 변별적 요소로 기능하는 음장이 형태음소론적인 교체에서 보여주는 특성을 중심으로 살펴보고, 음조pitch가 변별적 기능을 수행하지는 않지만 어절 경계를 하는 분계적 기능을 하기 때문에 언어학적으로 의미 있는 운율적 요소임을 밝힌 논문이다.

4.2. 역사적 음운 연구

4.2.1. 표기와 음성형

'훈민정음'으로 표기된 한글 문헌을 대상으로 음운론적 연구를 할 때 일차적으로 문제되는 것이 표기와 음성형의 대응관계를 파악하는 일이다. '훈민정음'의 각 자모에 대한 음가는 ≪훈민정음≫의 설명, 현대국어와의 관련성(통시적인 변화 가정), 외국어를 훈민정음으로 전사한 자료나 우리말을 외국어로 표사한 자료 등을 이용하여 문자와 음가의 대응관계를 수

립한다. 그리고 우리말 형태소나 단어의 관계를 고려하여 표기 원칙을 정하고 그러한 바탕 위에서 음운론적인 연구를 수행하게 된다.

송철의(1987, 16집)에서는 15세기 국어의 표기와 음성형의 상관관계에 대하여 연구하였다. 15세기 국어의 표기 원칙이 표면 음소를 음절 단위로 모아서 쓴다는 표기 원칙을 바탕으로 하여 단어(어절) 단위를 중심으로 표기와 음운현상의 상관관계를 살펴본 것이다. 수의적인 음성현상일 경우 표기상의 혼란이 나타날 수밖에 없다는 것을 지적하면서, 유음 '르' 탈락, 자음군단순화, 용언 어간말 모음 '♀, 으' 탈락, 유기음화, glide화, 중화, 자음 동화, 경음화 등의 음운현상과 표기의 관계를 살펴보았다. 김주필(1998, 32집)에서는 ㄷ구개음화와 '·'의 변화를 규칙의 확산 과정에 따라 동일한 유형의 표기라 하더라도 시기와 문헌의 특성에 따라 달리 해석되어야 함을 논의하였다. 그리하여 어떤 변화가 확산되는 과정에서 문자와 음운의 대응관계가 '2 : 1'인 경우를 '문자론적 혼기', 1 : 2인 경우를 '음운론적 혼기'로 명명하고, '음운론적 혼기'가 음운변화의 과정에 나타나는 진정한 의미에서의 혼기라고 주장하였다.

4.2.2. 음운체계와 음운변화

후기 중세국어의 모음과 관련된 대부분의 연구는 모음체계와 직접적인 관련이 있다. 모음과 관련된 현상들은 모음체계를 떠나서 일어날 수는 없기 때문이다. ≪국어학≫에도 15세기 국어의 모음체계를 직접적으로 다룬 논문으로 유창균(1962, 1집), 강신항(1978, 7집), 정연찬(1989, 18집), 송기중(1991, 21집), 김주원(1992, 22집), 김종규(2000, 36집) 등 6편이 발표되었다.

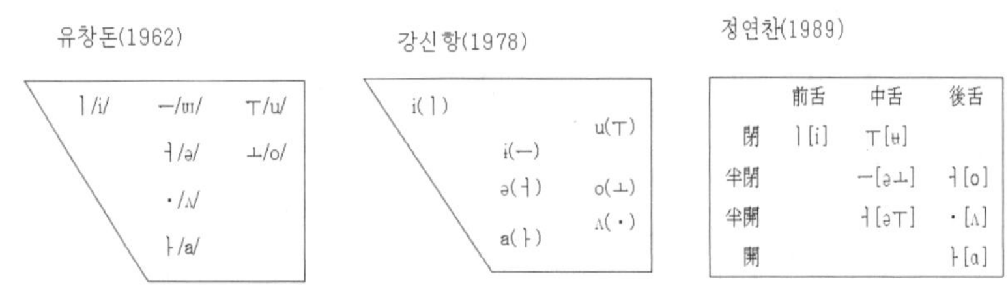

유창균(1962, 1집)에서는 후기 중세국어의 7모음을 3계열 4서열로 배치하였다. 이 체계는 '·'를 'ㅓ'와 'ㅏ' 사이의 반개모음 위치에 두고 'ㅓ'를 'ㅡ'와 '·' 사이의 반폐모음 위치에 둔 것을 제외하면 현대국어의 모음체계와 일치한다. 중국인들이 중국 한자음을 서사한 자료를 바탕으로 각 자모의 음가를 추정하여 모음체계를 수립한 강신항(1978, 7집)에서는 'ㅡ, ㅓ'의 개구도가 12세기보다 개구도가 약간 좁혀진 상태를 보일 뿐 18세기 'ㅅ'음 소실기까지 모음체계상의 변동이 없었던 것으로 간주하였다. 정연찬(1989, 18집)에서는 개구의 정도를 4단계로 설정하여 'ㅏ'를 후설저모음 위치에 두고 중설저모음 위치와 후설 고모음 위치에 빈칸이 있는 3계열 4서열의 모음체계를 수립하였다. 이 모음체계가 모음추이를 통하여 3계열 3서열로 재편되는 과정에서 빈칸을 채우는 모음들의 연쇄이동이 일어나 결국 '·'가 소멸되는 것으로 추정하였다.

송기중(1991, 21집)과 김주원(1992, 22집)에서는 《훈민정음》의 중성에 대한 설명을 보다 중시하는 관점에서 15세기 국어의 모음체계가 다음과 같았을 것으로 추정하였다.

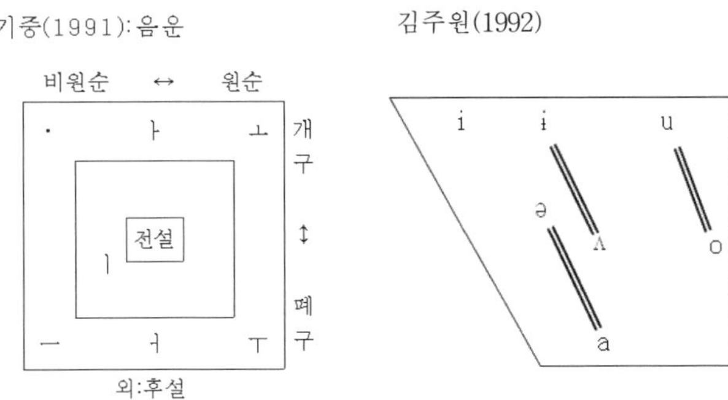

송기중(1991, 21집)에서는 '舌不縮설불축/聲淺성천−舌小縮설소축/聲不深
不淺성불심불천−舌縮설축/聲深성심'은 '전설−중설−후설'과도 일치하고 '고
−중고−저'의 점진적 대립 자질과도 일치하는 것으로 파악하여, '舌縮'이
'聲深'과 함께 복합적인 변별자질의 대표격으로 기술된 것으로 보고 '舌縮
−聲深'은 '후설−저위−개구' 등을 대표하는 자질로 해석하였다. 그리고
'口蹙'과 '口張'은 각각 '원순성'과 '반원순성'으로 추정하여 주요 변별 자질
로 작용하는 [원순성]을 '비원순 : 반원순 : 원순'의 대립으로 이해하고, 점
진적 대립을 보이는 '舌縮설축/聲深성심' 자질이 '口蹙구축' 혹은 '口張구장'에
종속적인 자질로 간주하여, 15세기 모음체계는 중립모음인 /ㅣ/를 두고
개구도에 의한 '{양모음} : /ㅣ/ : {음모음}'의 대립관계를 갖는 것으로 파
악하였다. 그리고 '/ㅗ/ : /ㅜ/'와 '/ㅏ/ : /ㅓ/'의 변별 자질 역시 개구도의
대소에 의한 대립관계로 이해하여,10) 15세기 모음체계를 횡적으로 원순

---

10) 해례에는 /·,ㅗ, ㅏ/가 '舌縮설축/聲深성심'의 자질을 공유하고, /ㅡ, ㅜ, ㅓ/가 '舌小縮설소
   축/聲不深不淺성불심불천'을 공유한다고 기술되어 있으나, 그것은 기본 3음을 설명할 때와
   동일한 절대적 개념으로 사용되었다고 보기 어려운 것으로 보았다. 그리고 ≪훈민정음≫
   에서는 '口張구장', '口蹙구축'에 의해 성립되는 2개의 상관속이 대립하며, 또 다른 횡적인
   상관속 '양·음'을 형성하며 대립하는 현상은 관찰하여 기술하였으나, 그 상관속 간의 변
   별자질은 별도로 지적하지 않고, 다만 기본 3음의 변별 자질에 의거하여 언급한 것일

성, 종적으로 개구도를 변별 자질로 하되, 개구도의 자질이 원순성 자질에 종속적인 상관적 체계였던 것으로 추정하였다.

김주원(1992, 22집)에서는 고대국어의 모음체계가 구개적 조화를 바탕으로 했을 것이라는 기존의 추정이 증거가 없다고 비판하고, 국어의 모음조화가 모음들의 연쇄적 변화에도 불구하고 이전의 모음체계에 따라 모음체계와 모음조화가 불합치한 상태에 이르렀다는 기존의 주장 또한 타당하지 않다고 지적하였다. 그리하여 여러 언어의 사례를 검토하여 ≪훈민정음≫의 '舌縮'을 보편적 자질로 간주할 수 있음을 확인하고, 모음조화 현상을 '縮'을 중심으로 설명할 수 있다는 점에서 15세기 국어의 모음체계가 모음조화와 합치되는 체계였다고 주장하였다.

김종규(2000, 36집)에서는 후기 중세국어에서 모음조화와 관련된 '설축'을 [RTR] 자질로 해석하고, 모음조화와 모음체계와의 관계 / · /의 음성적 · 음운적 특성을 바탕으로 음성학적 모음체계와 음운론적 모음체계를 다음과 같이 수립하였다.

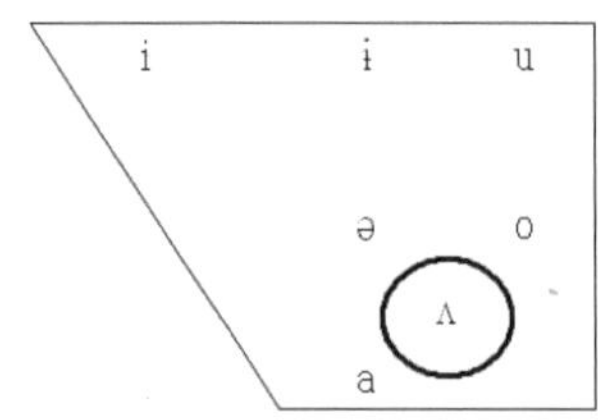

김종규(2000) : 음성

김종규(2000) : 음운

	[-back]	[+back]		
			[round]	
[+high]	i	ɨ	u	[-RTR]
		ʌ	o	[+RTR]
[-high]		ə		[-RTR]
([low])		a		[+RTR]

15세기 국어의 모음조화와 모음체계는 음운론적으로 설축 자질에 의지
뿐인 것으로 보인다고 설명하였다.

하여 실현되는 것으로 'ㅣ'나 'ㅡ'뿐만 아니라 'ㆍ'도 음운론적으로 고모음으로서, 음운론적 모음체계에서 이들은 고모음으로서의 자연부류를 형성하는 것으로 추정하였다. 그러나 이러한 자연부류에서 'ㆍ'가 고모음이 된 이유는 '혀의 높이' 자질이 아니라 모음조화를 지배하는 [RTR] 자질에 의한 것이어서, 'ㆍ'는 '혀의 높이' 자질인 [high]와 [RTR]의 결합 관계에 의해 음성학적으로 비고모음이 된다는 것이다. 그리하여 음운론적 위치와 음성학적 위치가 일치하지 않는 'ㆍ'의 불안정성으로 인하여 'ㆍ'는 결국 모음체계에서 사라지게 된 것으로 추정하였다.[11]

이러한 모음체계와 관련하여 15세기 국어의 모음체계를 [설축]에 의해 사선적 대립체계로 보는 한영균(1990, 20집)에서는 15·6세기 문헌에 나타나는 모음조화의 예외가 설소축의 모음 계열로 시작되는 어미가 와야 할 자리에 [설축]의 모음 계열로 시작되는 어미가 오는 예들이라는 점에서 [설축]과 [설소축]의 상관적 대립관계에 바탕을 둔 현상으로 이해하고, 이러한 현상이 어간형태소 내부의 혼기를 유발함으로써 [설축]을 바탕으로 한 모음간의 대립관계가 약화되어 일어난 현상으로 해석하였다. 'ㆍ'의 제1단계 변화의 원인이 이러한 상관적 대립의 약화라는 사실을 바탕으로 'ㆍ'의 변화로 인하여 모음조화가 붕괴되는 것이 아니라 모음조화의 붕괴로 'ㆍ'가 변화한다고 주장하였다.

한편 진남택(2004, 44집)에서는 근대국어 시기의 일본 자료인 ≪전일도인≫(18세기 초), ≪물명≫, ≪교린수지≫에 나타나는 한국어 단모음과

---

11) 이러한 15세기 국어의 모음체계에 대한 이해를 바탕으로, 김종규(2000)에서는 현대국어의 모음체계와 모음조화에서도 /ㆍ/의 소실과 함께 [RTR] 자질이 없어지고 단모음화를 통해 현대국어 모음체계는 후설성과 세 개의 높이에 기초한 체계가 되어 기존의 [RTR] 자질의 조화와 높이 자질의 조화가 뒤섞여 복잡한 조화의 체계를 갖게 된 것이라고 주장하였다.

가나로 전사된 표기와 음의 대응관계를 바탕으로 '·'의 음성형을 추정한 결과, ≪전일도인≫에서는 'ㄱ, ㄷ, ㅎ' 뒤에서는 [ㅏ]로 변했으나 'ㄴ, ㅁ, ㅅ, ㅈ, (ㅊ)' 뒤에서는 변하지 않았으나, 그 이후의 시기에 나온 두 문헌에서는 모두 [ㅏ]로 바뀐 것으로 추정하였다. 또한 '·'가 [ㅏ]로 바뀐 이후에도 비어두음절의 일부, 특히 설단성 자음 뒤에서는 '·'가 변화하지 않은 것으로 추정하여 선행 자음에 따라 '·'의 변화 시기에 차이가 있었을 것으로 추정하였다.

근대국어 시기부터 일어난 원순모음화 현상을 현대 국어 맞춤법에 반영하여야 함을 주장한 남광우(1974, 2집)에서부터 시작된 원순모음화 현상에 대한 논의는 모음체계와 관련하여 주목을 받았다. ≪국어학≫에서도 백두현(1988, 17집, 1992, 22집), 오정란(1991, 21집), 강희숙(1999, 33집) 등에서 원순모음화 현상이 논의되었다.

백두현(1988, 17집)에서는 15·6세기에 일부 환경에서 일어난 원순모음화 현상과 '·'의 변화를 고려하여 후기 중세국어 시기의 모음체계를 '·'가 중모음 위치에 있는 수평적 모음체계를 수립하고 이를 바탕으로 '·, ㅡ, ㅗ, ㅜ' 사이에 일어나는 원순모음화와 비원순모음화, 'ㅗ'와 'ㅜ'의 교체 현상에 대하여 살펴보았다. 백두현(1992, 22집)에서는 남부 방언에서 일어난 것으로 지적되어 왔던 '·>ㅗ' 변화가 중부 내륙과 북부의 다수 지역에서도 일어났음을 방언 지도를 통하여 확인하였다. 한편 오정란(1991, 21집)에서는 의존음운론에 입각하여 원순모음화와 전설모음화 현상이 무표적 'ㅡ'가 유표적 모음으로 전환된 모음강화 현상이라고 주장하였으며, 강희숙(1999, 33집)에서는 어휘적 확산 가설, 사회언어학적 변이이론 등을 바탕으로 ≪개정 인어대방≫, ≪교린수지≫에 나타난 'ㅗ>ㅜ' 변화 현상을 살펴보았다.

15세기 국어의 자음체계의 유성마찰음 계열의 설정에 대해서는 의견이 분분한 상태이다. 전체적으로 보면 'ㅸ[β], ㅿ[z], ㅇ[ɦ]'의 유성마찰음 계열을 설정하는 경향이 강하지만 그렇지 않은 주장도 적지 않았다. 이러한 상황에서 정연찬(1987, 16집)에서는 〈예의〉에서 '욕자초발성'으로 제시된 초성 'ㅇ'[12])의 기능에 대하여 다시 생각해 본 논문이다. 흔히 [ɦ]로 추정해 온 이른바 '적극적 기능'을 하는 초성 'ㅇ'을 포함한 모든 초성 'ㅇ'은 "실질이 없고 형식만 있는 공음소"로서, "하나의 음소로서는 특이하지만 음절 층열을 표시하는 가치체계"라고 주장하였다.

김주필(2001, 38집)에서는 유성마찰음 계열을 인정하는 관점에서 'ㅸ'의 변화 과정에 대하여 논의하였다. 그동안 β>w의 변화로 간주해 온 'ㅸ'의 변화에 대한 기존의 주장은 초기 생성음운론을 이론적 배경으로 한 지나치게 추상적인 음운규칙과 과도한 제약을 두어 'ㅸ'의 변화를 설명하려 하였으나 '치뷔'와 같이 'ㅸ'이 존재하면서 후행하는 모음 'ㅡ'가 원순모음화된다는 사실에 주목하였다. 그리하여 'ㅸ'은 이른바 적극적 기능을 하는 'ㅇ'으로 교체된다는 사실과 후행하는 모음에 원순성 관련 현상이 일어난다는 사실을 중시하여 'ㅸ'의 [유성성], [순음성], [지속성]과 관련된 두 음운현상이 계기적으로 일어나 'ㅸ'이 자음체계에서 사라지게 된다고 주장하였다. 다시 말하면 'ㅸ'은 후행 모음에 [순음성]의 영향을 미쳐 [원순성] 관련 현상을 일으켜 'ㅸ'이 가지고 있던 [순음성]이 잉여자질로 바뀌어 'ㅸ'에서 [순음성]이 탈락됨으로써 [유성성], [지속성]을 갖는 'ㅇ[ɦ]'로 약화된다는 것이다. 김남미(2006, 48집)에서는 /Xㅸ-/계 어간의 'ㅸ'이 자음어미

---

12) ≪훈민정음≫의 〈예의〉에서 '욕자초발성'으로 제시한 초성 'ㅇ'은 유성마찰음이라 할 수 없으며, 이기문(1972a, 1972b)에서 말하는 적극적 기능의 'ㅇ'도 정연찬(1987, 16집)에서는 유성마찰음이라 할 수 없지만 편의상 정연찬(1987, 16집)의 'ㅇ'에 대한 논의도 '유성마찰음'에 분류하여 소개한다.

앞에서 음절말 중화되어 /Xㅂ-/으로 재구조화되고, 모음어미 앞에서는 '병'이 가진 [원순성]과 관련된 축약, 탈락, 약화 현상이 일어나 /X오-/, /X우-/로 재구조화된다고 설명하였다. 한편 이승재(1996, 28집)에서는 고려시대의 《능엄경》(남권희본)의 석독구결 자료를 중심으로 'ㄱ'이 약화・탈락되는 과정을 논의하였다.

국어사에서 자음과 관련된 논의는 자음체계상에서의 치음의 음성적 실현, 유성마찰음 계열의 설정, 음절말 자음체계 등이 주요 관심 대상이 되어 왔다. 치음 'ㅅ, ㅈ, ㅊ'는 근대국어 시기에 널리 확산되는 구개음화 현상과 관련하여 많은 관심의 대상이 되었다. 강신항(1983, 12집)에서는 그동안 치조 위치에서 조음된 것으로 추정해 왔던 15세기 국어의 치음에 대한 〈훈민정음〉(언해본), 《사성통고》〈범례〉 등의 설명과, 《홍무정운역훈》 등의 대역 자료를 살펴본 결과, 한어의 정치음이 후행하는 음성적 환경에 따라 달리 실현되는 권설음과 구개음을 설명한 것으로 파악하고, 15세기 문헌에서도 'ㅈ, ㅊ, ㅅ' 다음에 오는 일부의 'ㅑ, ㅕ, ㅛ, ㅠ'가 'ㅏ, ㅓ, ㅗ, ㅜ'와 혼기되는 사실에 기초하여, {i, y} 앞에서 구개변이음으로 실현된 것으로 추정하였다. 오정란(1999, 33집)에서는 후기 중세국어의 설음과 치음이 조음 위치에 있어서 투명하지 않다고 판단하고, 이러한 조음 방법 상의 문제를 극복하기 위한 기제로서, 'ㅈ'이 설면치조 경구개음화 과정이 일어난 것으로 주장하였다.

김주원(1997, 29집)에서는 경상도 방언을 반영한 《七大萬法》(1569)에 보이는 '듀화'는 '규화'를 오교정한 것으로서, 당시에 ㄷ구개음화뿐만 아니라 ㄱ구개음화도 일어났고 있었음을 보여주는 용례로 파악하였다. 그리고 《몽산화상육도보설》(1567)의 '혀>셔'에 반영된 'ㅎ'의 구개음화와 ㄷ구개음화의 용례들을 바탕으로 구개음화는 남부 방언에서 거의 동시에 일어났으며, '듀화>규화' 등에 반영된 과도오교정의 예로 볼 때 ㄷ구개음화가 ㄱ구개음화보다는 먼저 일어난 것으로 이해하였다. 김주필(1998, 32집)에서는 ㄷ구개음화와 'ㆍ'의 변화를 중심으로 음운변화의 진행 과정에 나타나는 다양한 표기를 '문자 : 음성'이 '2 : 1'의 대응관계를 갖는 문자론적 혼기와, '1 : 2'의 대응관계를 갖는 음운론적 혼기로 나누어, 음운론적 혼기가 음운변화의 과정에서 갖는 의미를 논의하였다.

안대현(2008, 55집)에서는 중앙어의 ㄷ구개음화의 발생 시기를 명확히 하고자 한 논문이다. 기존의 연구에서 중앙어의 ㄷ구개음화의 근거로 제시한 15~17세기 문헌자료의 표기 예들을 정밀하게 검토하여 17세기 후기까지 중앙어를 반영한 자료에서는 ㄷ구개음화가 존재하였다는 명확한 근거가 없으며, 1721년에 간행된 ≪오륜전비언해≫에서 ㄷ구개음화의 초기 모습을 보이는 것으로 추정하였다. 이러한 논의를 바탕으로 중앙어에서의 ㄷ구개음화 발생 시기는 유희의 ≪언문지≫ 기록에 부합된다고 주장하였다. 이준환(2007, 49집)에서는 諺簡언간과 字釋類자석류 문헌을 주 대상으로 하여 16세기부터 19세기까지의 고유어와 한자어의 구개음화의 확산 정도를 비교하여 약 4분의 3에 이르는 문헌에서 한자어보다는 고유어의 구개음화 비율이 대체로 높게 나타나 한자어의 구개음화가 고유어에 비해서 도리어 빨리 확산된다는 사실을 확인하였다. 그리고 고유어와 한자어 모두 과도교정이 많이 나타나 진행 중인 음운변화에 대해서 민감하게 반응하고 있었다는 사실을 확인하고, 한국 한자음의 구개음화가 중국어와 다르다는 점을 바탕으로 국어의 내부적인 변화로 파악하였다. 한편 박창원(1996, 27집)은 ≪廣韻광운≫, ≪切韻절운≫ 등의 치음과 한국한자음의 치음이 갖는 대응관계를 중심으로 고대 국어 치음의 특성을 살펴보았다.

음절말 자음체계와 관련해서는 김완진(1983, 12집), 박창원(1984, 13집) 등이 발표되었다. 김완진(1983, 12집)에서는 중국인이 한자로 표기한 ≪鷄林類事계림유사≫의 음절말 자음을 검토한 결과 입성자의 p, 비음의 ŋ이 동요를 보이지 않으나 t와 k는 많이 동요하는 것으로 파악하고, m과 n의 중화를 시사하는 예들을 중심으로 ≪계림유사≫의 한자음 표사에 나타난 음절말 자음체계에 대하여 논의하였다. 박창원(1984, 13집)에서는 음절말 위치를 어절말과 형태소 경계로 나누어 후기 중세국어의 어절말 위치에서는 'ㅂ, ㅁ, ㅅ, ㄷ, ㄴ, ㄹ, ㄱ, ㅇ'의 8종성체계, 형태소 경계에서는 'ㄹ'과 'ㅿ'이 추가된 10종성체계로 보았다. 그리고 전기중세국어의 어절말 위치에서는 'ㅈ, ㅊ, ㅎ'이 추가된 13종성체계로, 형태소 경계에서는 후기 중세국어와 같은 10종성체계였던 것으로 추정하였다.

김주필(1988, 17집)에서는 겸양법 선어말어미 {-ᇫ-}이 어간에 통합되는 조건을 통하여 [s]로 실현된 어간말의 원래 'ㅅ'과 달리, 형태음소 'ㅈ, ㅊ'을 표기한 'ㅅ'은 불파음 [t]로 실현되었던 것으로 추정하였다. 안병희(2003, 41집)에서는 ≪훈민정음≫의 8종성 가운데 그 음가가 문제된 종성 표기 'ㅅ'과 'ㄷ'이 중화되지 않았음을 다시 확인하고 예외처럼 보이던 '젼ᄌᆞᆺ~젼ᄎᆞᆮ'을 다른 어원에 유래한 것으로 설명하였다.

한편 소신애(2008, 53집)에서는 20세기 초 함북 육진 방언을 정밀 전사한 문헌 자료에서 'ㄹ' 어간말 자음군을 형성하는 'ㄹ'이 [r]로 실현된다는 사실을 바탕으로 후기 중세국어에서도 같은 환경의 'ㄹ'이 [r]로 실현되었을 것으로 추정하고, 중세와 근대의 교체기에 점진적으로 '[r]〉[l]'의 변화를 거치는 것으로 추정하였다.

4.2.4. 성조

후기 중세국어의 성조와 관련해서는 이상억(1979, 8집), 한재영(1985, 14집), 김성규(1998, 32집), 유필재(200 7 , 49집) 등이 발표되었다. 이상억(1979, 8집)에서는 음운론적 어구(어절)에 음조배정규칙을 적용하다가 성조 규칙을 적용해야 한다고 주장하였다.

한재영(1985, 14집)에서는 피·사동사의 성조는 굴절층위와 달리 항상 LH로 실현되며, zero 파생은 성조와 무관하고, 고정적 상성은 어휘부와 관련되는 것으로 논의하였다. 김성규(1998, 32집)에서는 후기 중세국어 2음절 용언어간의 대부분이 LH 성조 유형을 보이며, 어간 말음이 '·'나 '一'인 경우에는 LL로 실현되었으며, 제2음절 이하에 상성을 갖는 경우는 드물다는 특징을 밝혔다.

유필재(2007, 49집)에서는 후기 중세국어 부사파생접미사 '-이'의 형태음운론적 교체 현상을 성조와 관련하여 논의하였다. 즉 15세기 문헌에 거성으로 나타나는 부사파생접미사 '-이'가 거성인 모음어미와 유사한 교체의 양상을 보인다는 사실을 주목하고, 이를 바탕으로 '-이'의 형태음소론적 교체 현상을 성조와 관련지어 이해하고자 하였다. 그리고 김성렬(1991, 21집)에서는 훈민정음 초기 문헌과 ≪小學諺解소학언해≫에 나타나는 상성을 현대국어의 장음과 대비하여 현대국어 장음의 통시적 변화에 대하여 살펴보았다. 한편 이상억(1987, 16집)에서는 일반적 성조발생론과 달리 성조와 유성자음의 출몰 사이에는 일정한 상관관계가 없다고 주장하였다.

4.2.5. 한자음

'훈민정음'이 창제되기 이전의 국어 음에 대한 연구는 한자의 음에 의존할 수밖에 없는 실정이다. 이러한 자료상의 제약으로 인해 '훈민정음'이 창제되기 이전의 한자음에 대한 연구는 ≪계림유사≫와 ≪조선관역어≫의 한자음을 연구한 경우가 많았다. 권인한(2003, 42집)에서는 고려시대 국어의 음운을 재구할 수 있는 중요 자료로 간주되어 온 ≪계림유사≫가 12세기 초의 송대 음으로 기록된 譯音역음 자료라는 사실을 바탕으로 ≪계림유사≫ 내의 音注음주 자료와 일부 항목의 해독을 통하여 孫穆손목 당대의 송대 음 연구에도 이바지할 수 있는 자료가 된다는 한어음운사적 의의를 논의하였다. 권인한(1991, 21집)에서는 송대 한어 성조의 재구 방법과 성조론적으로 유의미한 항목을 선별하는 일정한 방법을 통하여 ≪계림유사≫에 나타나는 한국어와 중국어의 성조 대응도를 제시하고 이 대응도가 국어 성조사에서 갖는 의미를 살펴보았다.

　전승한자음에 대한 연구는 차자표기나 지명 표기를 통해서도 이루어져 왔다. 김무림(2003, 41집)에서도 차자표기의 한자 '內' 음을 음운사적으로 고찰하였다. 즉 고대 '內'의 음가를 [*nu]로 재구하고 이두, 구결, 향찰 등에 사용된 '飛/ㅌ, 臥/ㅏ, 於內, 어누, 어ㄴ/어느'의 형태론적 관계를 통하여 조선한자음 '닉'는 *nu의 내부 변화에 의한 것이 아니라 새로운 음가에 의한 교체로 추정하였다. 양정호(2008, 51집)에서는 김완진(1980)에서 향가를 해독하여 한글로 전사한 결과를 바탕으로 고대국어의 자음체계를 재구하여 향가 해독과 별도로 한자음의 연구를 통하여 내적재구 방법으로 추정한 자음체계와 비교하여 그 특성과 문제점을 검토한 논문이다. 한편 권인한(2002, 40집)에서는 '대구'와 그 속지명 '달구벌'의 관계를 중심으로 /ㄹ/>/j/의 음운변화를 설정하고 이를 바탕으로 /ㄹ/의 음성적 특성으로 구개화음 /ʎ/이 재구될 수 있음을 차자표기의 자료로써 구명하고자 하였다.

　전승한자음을 중국의 운서음과 관련지어 이해하고자 하는 연구도 이어졌다. 강신항(1996, 27집)에서는 한국 한자음에 설두음과 설상음의 구별이 없다는 점, ≪訓蒙字會훈몽자회≫의 일부 한자음에서 정치음이 설음으로 기록되어 있는 점, 效攝효섭과 流攝유섭의 중성이 한국 한자음에서 /오/와 /로/ 반영된 점 등을 들어 한국 한자음을 중국어의 상고음과 관련지어 이해되어야 한다고 주장하였다. 이준환(2008, 53집)에서는 한국 한자음의 유기음화에 대하여 살펴보았다. 즉 한국 한자음에서 전탁음의 평측에 따라 유기음으로 실현되는 비율을 한어와 비교하여 중국 한자음과 상관관계가 없는 것으로 추정하였다. 그리하여 한어의 탁음청화가 완료되기 이전에 한국한자음의 체계를 토대로 한 국어의 내부적인 요인, 즉 유추, 비어두 위치에서의 전용, 의존명사화, 의미론적 분화 등과 같은 개별음의 차원에서 유기음화가 이루어진 것으로 파악하였다. 한편 이돈주(1989, 18집)에서는 ≪飜譯老乞大번역노걸대≫와 ≪飜譯朴通事번역박통사≫의 중국음의 한글 역음 표기에 있어서 성조를 나타낸 방점과 그 조치에 대해 살펴보았다.

5. 전망 및 제언

　지금까지 살펴본 바와 같이 ≪국어학≫의 국어 음운 연구 논문을 중심으로 한 검토에서도 드러나듯이 그동안의 국어 음운 연구는 뚜렷한 학문적 성과를 축적해 왔다. 이러한 성과는 분명 앞으로 이루어지게 될 국어 음운 연구의 밑거름이 될 것이다. 그러나 그동안의 국어 음운 연구에도 문제점이 전혀 없는 것은 아니었다.　여기에서는 그동안의 국어 음운 연구에서 드러나는 문제들을 간략하게 살펴보고, 이에 대한 해결 방향을 논의하면서 본고를 마무리하고자 한다.

5.1. 국어 음운 연구의 추이 문제

≪국어학≫에는 제55집까지 총 626편의 논문이 수록되어 권당 평균 11.38편의 논문이 발표되었다. 이 가운데 국어 음운 관련 논문은 총 140편으로서 전체의 22.36%에 해당한다. 이를 권당 평균으로 보면 2.55편으로서 각 권당 2~3편의 음운론 연구 논문이 게재된 것이다. 이 논문 편수를 다시 ≪국어학≫이 간행된 시점을 중심으로 10년 단위로 나누어 보면 국어 음운에 대한 논문이 지속적으로 줄어드는 경향을 보여준다. 1970년대에는 발표된 총 63편 가운데 음운 관련 논문이 19편으로 전체의 30.16%에 달했으나, 1980년대에는 총 118편 가운데 28편(23.73%), 1990년대에는 총 204편 가운데 47편(23.04%), 2000년대에는 총 241편 가운데 46편(19.09%)으로 나타나는 것이다. 그리하여 1970년대에는 30%를 상회하였으나 최근으로 올수록 줄어들어 20%에도 미치지 못하는 것이다. 이러한 경향은 최근에 올수록 두드러져, 기획논문을 제외했을 때 제50집에 0편(총 13편), 제51집에 0편(총 10편), 52집에 1편(총 8편), 제53집에 2편(총 10편), 제54집에 1편(총 10편), 제55집에 0편(총 8편)으로서, 제50집 이후에는 음운론 관련 논문이 총 59편 중 4편밖에 수록되지 않았다. ≪국어학≫에 게재된 국어 음운 관련 논문의 이러한 경향은 다른 학술지에도 마찬가지일 것으로 생각되는데, 이에 대한 대책이 필요하다고 생각된다.

5.2. 연구 대상의 시·공간적 확대

현대국어에 대한 연구가 현재 사용하고 방언, 즉 자연어로서의 한국어를 대상으로 연구가 이루어지게 된 것은 20세기 후반기 국어학 연구의 성과라고 해도 좋을 듯하다. 20세기 후반기의 방언 연구에서는, 방언을 그 자체로서 하나의 체계를 형성하는 독립된 언어 체계로 간주하는 관점을 취하면서도 실제 연구는 특정 지역에 편중되는 현상을 보이고 있다는 점에서 전체 방언으로 연구 범위를 넓힐 필요가 있다.

이러한 연구의 편중성은 국어의 역사적 음운 연구에서도 나타난다. 국어사에서의 특성을 고려하면 후기 중세국어에 대한 연구가 많으면 많을수록 좋은 일이지만, 후기 중세국어 중심의 음운 연구만으로는 음운의 변화 과정을 밝힐 수 없다는 점에서 근대국어에 대한 연구에도 관심의 폭을 넓힐 필요가 있을 것이다. 더욱이 근대국어 시기의 국어 음운에 대한 연구도 일부 현상에 국한되어 있고, 개화기, 일제시대 국어에 대한 연구가 거의 없으며, 방언에 대한 연구도 1970년대에 와서야 본격적으로 시작되었다는 점에서 보면, 17세기 초부터 1970년 대 초에 이르는 국어 음운에 대한 연구는 거의 공백기에 해당한다고 해도 과언이 아닌 것이다.

5.3. 배경 이론과 연구 방법

근대적 국어학 연구는 끊임없이 서구의 선진 이론에 영향을 받아 왔다. 서구 이론의 영향으로 국어학의 목표와 내용 영역 체계의 토대가 구축되었고, 용어의 의미와 개념이 확립되었으며, 국어 자료의 치밀한 분석이나 국어의 여러 음운 현상에 대한 설명이 정밀화·심화될 수 있었다. 그러나 서구 이론의 틀에 지나치게 얽매어 국어의 현상이나 특성을 서구 이론에

짜 맞추려 한 일부 연구는 연구의 태도를 되돌아볼 필요가 있지 않나 생각
된다.13)

이러한 논의의 문제점은 국어의 특성을 정확하게 파악하지 않은 상태에
서, 언어의 보편적 특성을 밝히고자 하는 서구 이론의 틀에 과도하게 집착
하여 생긴 문제가 아닌가 생각된다. 물론 앞에서 살펴본 바와 같이 ≪국어
학≫에는 전반적으로 서구 이론을 탄력적으로 수용하여 국어의 다양한 특
징을 밝히려 하였고, 그리하여 국어의 다양한 특징을 밝히는 데에 외래 이
론을 효과적으로 활용해 왔다고 할 수 있다. 이러한 관점에서 사회언어학,
실험음성학, 언어의 계량적 연구 등의 방법론이 국어의 음운 특성을 밝히기
위해 도입되고 있다는 점은 앞으로의 새로운 가능성을 보여주는 것으로 생

---

13) 가령, 오정란(1995, 25집)에서는 자질 위계이론, 미명세이론 등에 기대어 국어의 "비음
   화와 비음동화"를 설명하기 위해 Hooper(1976)의 '자음의 범어적 강도'에 따른 국어의
   자음 강도 위계('활음(1)>유음(2)>비음(3)>마찰음(4)>무성폐쇄음(5)>경음(6)'), '음절
   두음의 강도 강세', '음절말음의 강도 낮추기', '음절 두음의 강도 높이기1', '음절 두음의
   강도 높이기2' 등을 설정하여, '종로→[종노]' 유형('강도높이기'에 의해 'ㄹ'의 [설측성]
   이 탈락되고 공명음 마디에 미명세화되어 있던 [비음성]을 가지는 과정), '압력→[암
   녁]' 유형(공명음 마디를 가지지 않은 파열음 /p/에 [비음성]이 복사되어 '강도 낮추기'
   가 일어나 '암력'이 되고, '암력'이 다시 강도 높이기에 의한 [설측성]의 탈락과 공명음
   마디의 미명세화된 [비음성]의 복사로 이루어지는 과정), '먹물→멍물' 유형('강도 낮추
   기'에 의해 후행하는 비음 /m/이나 /n/이 가진 공명음 마디의 [비음성]을 직접 복사하
   여 [비음성]을 가지는 과정)을 설명하였으나, 이러한 설명이 국어의 특성을 밝히는 데
   에 어느 정도 기여할 수 있을지 의문이다.
   고유어에 존재하지 않는 외래어의 음절 연쇄를 국어의 음소 연쇄와 같이 조정하는 과
   정인 앞의 두 유형 가운데 두 번째 유형의 경우 연구자의 관점에서도 '압력'에 대해 '압
   력 → [압력]→[암녁]'으로 보면 첫 번째 유형과 세 번째 유형으로 설명할 수 있는 것을
   '압력→[암력]→[암녁]'으로 보는 것은 설득력을 갖지도 못할 뿐만 아니라 국어의 특성
   을 드러내지도 못하는 것으로 간주되기 때문이다. 그리고 이 논문에서는 자음의 상대
   적 강도를 설정하여 그 강도에 따른 국어의 현상을 설명하는 과정에서 연구자는 '실눈'
   의 'ㄹ-ㄴ'은 자음 강도가 '2<3'으로서 '갈망, 임금' 등과 함께 강도 재조정이 일어나지
   않는 예로 제시하고 있으나(147면), 현실에서 '실눈'을 [실룬]이 아닌 [실눈]으로 발음하
   는 화자들이 얼마나 있을지 궁금하다.

각된다.

 학교교육과 TV, 인터넷 등의 매스컴의 발달로 급격하게 사라지고 있는 방언 사용 지역에서의 방언 사용의 실태와 언어 사용에 반영된 사회적 의식에 대한 연구도 좀더 적극적으로 행할 필요가 있다. 김수곤(1978, 6집)에서 움라우트의 실현 조건을 사회적 요인인 [±standard], [±privileged] 자질로 설명한 바와 같이 방언적 차이를 드러내는 음운론적 특징들은 곧 사회언어학적 연구의 대상이 될 수도 있다. 그러므로 한 방언권 내에서의 언어 사용의 이질성이나 방언 접촉에서 드러나는 언어 사용의 특성을 바탕으로 사회언어학적 연구를 수행하는 것도 필요하다. 다양한 계층 사회로 변화해 가는 현대 한국 사회에서 언어 사용에 관여하는 사회적 변인에 대한 연구는 사회 구성원의 의식에 자리잡고 있는 사회·문화적 지표를 추출한다는 점에서 의미가 있을 것으로 생각되며, 다양한 사회에서 사용되는 언어 사용의 이질성에 대한 연구는 언어 변화의 기제를 밝히는 데에 많은 기여를 할 것으로 생각되기 때문이다.

 음운 연구에 있어서도 말뭉치를 구축하여 언어의 질적인 논의 결과를 양적으로도 뒷받침할 필요가 있다. 현상의 정확한 기술을 위해서뿐만 아니라 문헌 자료를 통한 음운변화의 어휘적 확산14)과 같은 양적인 변화의 연구를 수행하는 데에 말뭉치에서 추출한 객관화된 자료는 언어의 이론적 기술이나 설명을 뒷받침하는 적절한 하나의 방법이 될 수 있을 것이기 때문이다. 현재 1998년부터 시작된 세종계획의 결과로 대용량의 한국어 말뭉치 자료의 사용이 가능한 상태이나 그 대부분이 문어 자료라는 점에서

---

14) 음운변화와 관련해서는 어휘적 확산 이론이 결국 빈도와 관련되므로 세종 계획에서 이루어진 국어사 문헌 자료의 말뭉치는 매우 유용하게 활용할 수 있다. 이러한 자료를 보다 체계적으로 구축한다면 근대국어의 음운변화, 예를 들어 구개음화와 원순모음화, '·'의 변화 등에 대한 연구를 보다 활성화할 수 있는 기반을 제공할 것이다.

앞으로 방언 자료나 구술 자료 등의 구어 자료에 대한 말뭉치에 대해서도 관심을 가질 필요가 있다.

5.4. 연구 내용의 정밀화·심화

≪국어학≫에 수록된 논문을 보면 국어학의 연구 내용도 상당히 다양화되고 정밀화·심화되어 왔다. 그리하여 국어의 많은 현상들이 새로이 밝혀지고 체계화되어 왔다. 사실 어떤 주제에 대하여 다양하고 많은 논의가 이루어져 논의 내용이 정밀화·심화되는 것은 바람직하지만, 그것은 자료에 대한 정확한 분석을 바탕으로 현상을 충실히 설명할 수 있어야 함을 전제로 한다. 이런 점에서 대립된 주장들이 다양하게 제기된 주제에 대해서는 각 주장을 뒷받침하는 자료와 논거들이 이러한 전제에 부합되는지 검토하여 주장이나 의견의 차이를 좁히는 노력이 필요하다. 국어 음운의 역사적 연구에서 모음 관련 현상이나 모음체계 변화에 대한 논의를 예로 들어 보기로 한다.

후기 중세국어의 모음체계는 ≪훈민정음≫의 중성에 대한 설명, 한글 문헌의 외국어 전사 표기, 한글 문헌의 표기에 반영된 음운 현상과 음운변화 등을 통하여 논의되어 왔다. 그러나 그동안에 이루어진 모음체계에 대한 많은 논의들이 '·'의 변화 자료를 충실히 검토하지 않았거나, 15세기 한글 문헌에 나타나는 원순성 관련 현상에 대한 검토가 충실하게 이루어지지 않은 채 이루어진 주장이나 의견도 없지 않다. 사실 15세기 문헌을 검토하면 비어두음절에서 나타나는 '·' 관련 변화는 두 방향으로 진행되고 있었던 것으로 나타난다. 그 하나는 일반적으로 말하는 '·>ㅡ' 변화이고, 다른 하나는 주로 중자음 다음 위치에서 일어나는 'ㅡ>·' 변화이다.

또한 일부 환경의 비어두음절에서는 'ㆍ'나 'ㅡ'의 원순모음화나 그 반대 방향의 비원순모음화가 일어나고 있었다. 또한 당시 국어에서 모음조화가 상당히 엄격하게 지켜지고 있었다. 그러므로 15세기 국어의 모음체계는 이러한 모든 현상들을 충분히 설명할 수 있어야 할 것이다. 나아가 'ㆍ'와 같은 음의 변화를 상정할 때 변화의 과정에서 수립하는 음운체계를 어떻게 수립해야 할지의 문제에 대해서도 보다 많은 논의가 이루어져야 할 것으로 생각된다.

이러한 문제를 인식하면 사실 15세기 국어의 모음체계뿐만 아니라 근대 국어의 모음체계의 수립은 더욱 복잡해질 수 있다는 점에서 보다 많은 관심을 가져야 할 것으로 생각된다. 두 단계에 걸쳐 일어나는 것으로 이해되어 온 'ㆍ'의 제1단계 변화는 비어두음절에서 'ㆍ>ㅡ' 변화가 16세기에 완성되는 것으로 간주되어 왔다. 그러나 17세기 이후의 문헌에도 비어두음절에서 'ㆍ'는 상당히 많이 나타난다. 그러므로 문헌에 나타나는 'ㆍ'가 모두 16세기 말에 [ɨ]로 변했다고 할 수 없을 것이다. 17세기 이후의 문헌에서 'ㆍ'가 'ㅡ'로 변하지 않고 그대로 실현되었음을 보여주는 증거들이 나타나기 때문이다. 가령 18세기 문헌에서도 비어두음절에서 'ㆍ>ㅗ' 원순모음화 현상을 보여주는 예들이 꾸준히 나타난다는 사실이나, 근대 후기에 비어두음절의 중자음 뒤에서 ㆍ>ㅏ 변화를 보이는 예들이 적지 않게 보인다는 사실을 단순히 표기상의 문제로 돌릴 수는 없을 것이라고 생각되는 것이다.

근대국어 문헌에는 중자음 뒤에서 'ㆍ'가 'ㅡ'로 바뀐 예들만이 아니라 'ㅡ'가 'ㆍ'로 바뀐 예들도 나타난다. 가령 '구룸, 므릇, 게어르-, 므슴, 스스로' 등과 같은 어휘형태소의 비어두음절에서는 중자음 뒤에서 'ㅡ'가 'ㆍ'로 바뀌어 나타나는 것이다. 문법형태소에서도 분철 표기한 조사나 어미가

'-으X'로 단일화되는 것을 제외하면, 중자음 ㄴ, ㄹ, ㄷ, ㅌ, ㅅ, ㅈ, ㅊ 뒤의 '·'는 'ㅡ'로 나타난다. 이러한 '·'와 'ㅡ'의 변화로 말미암아 18세기 중후기의 왕실 문헌에서는 'ㄹ' 다음 위치에서 대부분 '·'로 나타난다. 그리하여 보조사 '은/ᄋᆞᆫ, 는/ᄂᆞᆫ'이나 조사 '을/ᄋᆞᆯ, 를/ᄅᆞᆯ'이 18세기 후기 문헌에 이르면 각각 'ᄂᆞᆫ'과 'ᄅᆞᆯ'로 사용된다. 일본어를 한글로 전사한 일본 자료를 검토한 진남택(2004, 44집)에서도 중자음 다음의 '·'가 제 음가대로 실현되었음을 보여준다는 사실을 확인하였다. 이러한 사실은 '·'의 변화가 단순하지 않을 뿐만 아니라, 그 변화에는 상당한 시간의 길이가 고려되어야 함을 말해주는 것으로 판단된다.[15]

국어사 문헌에 나타나는 예들을 바탕으로 하면 음운현상은 점진적으로 변화한다. 특히 근대국어의 음운변화 현상의 예들은 후기 문헌으로 올수록 음운론적·형태론적 환경을 넓히면서 어휘적으로 확산되거나 확산되다가 줄어든다. 그러므로 음운변화 과정을 이끄는 규칙은 해당 환경에 수의적으로 적용되어, 점차 그 적용 빈도를 높이면 음운변화가 확산되고 빈도를 줄이면 음운변화가 위축된다고 할 수 있다. 그리하여 구개음화와 같이 일정 시기가 지나서 형태소 내부에서 그 변화가 완료된 이후에는 형태소 경계에서 규칙이 필수적으로 적용되는 특성을 보인다[16]고 할 수 있다. 그

---

15) 중자음 뒤에서 'ㅡ>·' 변화 현상은 15세기부터 나타나는 현상이라는 점에서(한영균 1994) 17·8세기에도 비어두음절의 '·'가 모두 'ㅡ'로 바뀌지 않았음을 보여주는 예들이다. 심지어 개화기 문헌에 남아 있는 '·'도, 'ᄒᆞ-'의 경우를 제외하면 대부분이 중자음 뒤라는 환경상의 특성을 보여준다.

16) 역사적인 변화를 이끄는 음운규칙은 필연 규칙이라고 할 수 없다(이숭녕 1940). 비어두음절에서 '·>ㅡ' 변화가 16세기 경에 일어나 17세기 이후에는 'ㅡ'로 모두 바뀌었다고 한다면 18세기에 나타나는 비어두음절의 '·>ㅗ' 변화를 설명하기 어렵기 때문이다. 이러한 변화의 예들은 음운변화를 이끄는 규칙이 음운환경에 따라, 그리고 어휘에 따라 점진적으로 확산되어 나갔음을 보여주는 것으로 간주된다. 사실 음운변화를 이끄는 규칙이 해당 환경에 모두 적용된다고 하는 기존의 관점은 문헌의 자료를 통하여 귀납

러므로 음운변화를 이끄는 통시적인 규칙이 해당 환경에 수의적으로 적용됨에도 불구하고 필수적으로 적용한 전통적인 음운변화의 관점은, 음운변화가 완료된 시기에 필수적으로 적용되는 공시적인 규칙을 통시적인 변화의 과정에 그대로 적용함으로써 결과된 것으로 간주된다.

음운현상은 통시적으로 일어난 음운변화의 결과이다. 음운변화는 음변화로부터 진행되기도 한다. 음운의 교체로서 시작된다고 하기보다 오히려 음변화로부터 시작된다고 하는 것이 타당할 수도 있다. 이와 같이 음변화로부터 일어나는 음운변화는 그 변화의 방향에 따라, 특정의 음운이 실현되는 음성형, 좀더 구체적으로 말하면 변이음과 관련된 제약을 보이기도 한다. 그 한 예로 현대국어의 여러 방언에 일어나는 움라우트 현상을 들 수 있다. 음절 경계를 뛰어 넘어 일어나는 원격동화로서의 국어 움라우트 현상은 i나 y 앞에서 개재 자음이 하나 이상 있을 때에 선행하는 후설모음이 해당 높이의 전설모음으로 되는 현상으로서, 개재 자음이 구개음인 경우에는 일어나지 않는 특징을 보인다(최명옥 1989). 여기에서 개재 자음이 구개음이라 함은 개재하는 자음의 음성적 특성을 말하는 것으로서 음소로서의 구개음을 말하는 것이 아니다.

국어에서 '르'은 음절초에서는 [ɾ]로, 음절말에서는 [l]로 실현되며, '달리다'와 같은 '르르'에서 그 뒤에 i나 y가 오면 구개음 [ʎ]로 실현된다. 이러한 변이음 가운데 '르'이 하나만 와서 개재 자음이 [ɾ]인 경우에는 움라우트가 일어나지만, 구개음 [ʎ]이 오는 경우에는 움라우트가 일어나지 않는다는

적으로 얻어진 것이라기보다 음운규칙이 일시에 돌발적으로 일어난다는 전통적인 언어 변화의 관점이거나 언어 변화가 완성된 공시태를 대상으로 할 때 적용한 음운규칙ㄴ의 적용 방법을 통시적인 변화에도 그대로 적용하였기 때문이 아닌가 생각된다. 이러한 규칙의 적용으로 인하여 근대국어 연구의 대상, 내용, 범위, 방법이 상당히 제한되고 위축된 결과를 초래한 것은 아닌지 생각해 볼 일이다.

제약이 적용된다. 이로 인하여 움라우트 현상에서 동화주인 {i, y}와 피동화음인 선행 음절의 모음 사이에 구개음이 개재하는 경우에 움라우트 현상이 일어나지 않는다고 할 때, 개재자음이 설음 'ㄹ'의 경우 [+high, -back]의 자질을 갖는 변이음으로서의 [ʎ]인 경우에 한해 움라우트가 일어나지 않는다. 이 때 음운현상의 제약으로 작용하는 분절음은 음소가 아니라 음성임이 분명하다.

이러한 현상을 공시적으로 기술하는 경우에 표시하게 되는 변별적 자질은 음성 층위의 자질이기 때문에 움라우트 현상의 제약 조건을 설명하기 위해서는 구개변이음의 음성적 특징을 바탕으로 자질이 설정되어야 한다. 그러나 현대국어 음운론 기술에서는 변별적 자질이 음운론적 층위에서 설정되고 있어서 현대국어 움라우트 현상을 충분히 설명할 수 없게 되는 문제가 제기된다. 이러한 문제는 통시적인 변화가 공시적인 현상에 개입할 때에는 항상 제기될 수 있는 문제이다. 통시적인 변화는 주로 음변화를 통하여 음운변화를 말하지만 공시적인 연구에서는 음운의 층위에서 현상을 기술하기 때문이다.

이와 유사한 공시적인 기술의 문제는 비음과 관련된 방언의 기술에서도 나타난다. 일부 방언에서 '어머니, 냉이'에 해당하는 단어가 각각 '어무~이~, 내~이~'로 나타나기도 한다. 이 형태들은 비자음 /ㄴ/에 인접한 {i, y} 앞에서 /ㄴ/의 구개변이음 [ɲ]으로 실현되다가 [ɲ]이 비음성을 인접한 모음에 남기고 탈락함으로써 음운론적인 결과를 가져온 현상으로 추정되지만, 현대 방언에서는 {i, y} 앞에서만 일어나는 것이 아니라 '종이[조~오~], 안 한대[아~안~대], 하늘[하~알~] 등과 같이 {i, y}가 아닌 모음 앞에서도 비모음화가 일어나는 것이다. 국어에서 '비모음'과 '구강모음'이 대립하는 것으로 볼 수는 없기 때문에 모음의 비음성을 어떻게 처리하느냐가 중요한 문제로 부각된다. 말하자면 통시적으로 진행 중인 음변화를, 공시적으로는 음운론적 대립을 중심으로 기술할 때 이러한 문제들을 어떻게 할 것인가 하는 문제가 제기되는 것이다. 이러한 문제가 이미 몇몇 공시적 연구에서 제한적인 논의가 이루어지기도 하였으나 이에 대한 본질적인 논의가 필요하다고 생각된다.

참고문헌

강신항(1978), 중국 자음과의 대음으로 본 국어 모음체계, 『국어학』 7, 국어학회.

강신항(1980), 『계림유사 ‘고려방언’ 연구』, 성대출판부.

강신항(1983), 치음과 한글 표기, 『국어학』 12, 국어학회.

강신항(1987), 『훈민정음연구』, 성대출판부.

강신항(1989), 『국어학사』, 보성문화사.

강창석(1984), 국어의 음절구조와 음운현상, 『국어학』 13, 국어학회.

강창석(1988), 국어의 음운현상과 음운자질(Ⅰ), 『울산어문논집』 4.

강창석(1990), 음절, 『국어연구 어디까지 왔나』, 서울대 대학원 국어연구회 편, 동아출판사.

강한영(1958), 『계축일기』, 민협출판사.

고영근(1978), 형태소의 분석한계, 『언어학』 3, 언어학회.

고영근(1987), 『표준중세국어문법론』, 탑출판사.

고영근(1989), 파생접사의 분석한계, 『어학연구』 25-1, 서울대 어학연구소.

고영근(1995), 중세어의 동사 형태부에 나타나는 모음동화, 『국어사와 차자표기』(남풍현
　　　　　선생 회갑기념 논문집), 태학사, 587~603면.

곽충구(1980), 18세기 국어의 음운론적 연구, 『국어연구』 43, 국어연구회.

곽충구(1990), 원순모음화와 비원순모음화, 『국어연구 어디까지 왔나』, 동아출판사,
　　　　　84~94면.

곽충구(1994a), 계합 내에서의 단일화에 의한 어간 재구조화, 『국어학 연구』, 박갑수 선
　　　　　생 화갑 기념 논문집, 태학사, 549~586면.

곽충구(1994b), 『함북 육진 방언의 음운론』, 태학사.

곽충구(2001), 함북 방언의 비자동적 교체 어간과 그 단일화의 방향, 『21세기 국어학의
　　　　　과제』, 도서출판 월인, 1123~1166면.

국어연구소(1988a), 한글 맞춤법.

국어연구소(1988b), 표준어 규정.

권인한(1981), 음운론적 기제의 심리적 실재성에 대하여, 『국어연구』 76.

기세관(1990), 국어 단어형성에서의 /ㄹ/탈락과 /ㄴ/첨가에 대한 음운론적 연구, 박사학

위논문(원광대).

김　현(2006), 『활용의 형태음운론적 변화』(국어학총서 54), 국어학회.

김경란(1997), 『음운론-SPE 이후의 이론들-』, 한신문화사.

김경아(1990), 활용에서의 기저형 설정과 음운현상, 『국어연구』 94, 국어연구회.

김경아(1991), 중세 국어 후음에 대한 일고찰, 『국어학의 새로운 인식과 전개』, 국어연구회(『음운』Ⅱ, 태학사, 1998에 재수록, 281~306면).

김경아(1997), β>w에 대하여, 『한국문화』 17, 한국문화연구소(서울대).

김경훤(1991), 모음 「ㆍ」의 비음운화 연구, 석사학위논문(성균관대).

김경훤(1995), 'ㆎ, ㅔ, ㅐ' 혼기의 음운론적 해석, 기곡 강신항 박사 정년퇴직기념 국어국문학논총, 동 간행위원회.

김동언(1990), 17세기 국어의 형태음운 연구, 박사학위논문(고려대).

김성규(1987), 어휘소 설정과 음운현상, 『국어연구』 77.

김승곤(1985), 한국어의 어중첨가음 [ㄴ]의 음성학적 고찰, 『선오당 김형기 선생 팔질기념 국어학논총』, 어문연구회.

김영진(1990), 모음체계, 『국어연구 어디까지 왔나』, 동아출판사, 55~67면.

김완진(1957), 원시국어 자음체계에 대한 연구, 『국어연구』 3호.

김완진(1963), 국어 모음체계의 신고찰, 『진단학보』 24, 진단학회, (『국어 음운체계의 연구』, 일조각, 1971에 재수록, 2~44면).

김완진(1964), 중세국어 이중모음의 음운론적 해석에 대하여, 『학술원논문집』(인문・사회과학편).

김완진(1965), 음운론 및 음성학, 『국어학 개론』(어문연구회편), 수도출판사.

김완진(1967), 음운사, 『한국문화사 대계(한국어발달사(상)』 Ⅴ, 고려대 민족문화연구소, 115~164면.

김완진(1971a), 음운현상과 형태론적 제약, 『학술원논문집』(인문・사회과학편) 10, 학술원.

김완진(1971b), 『국어 음운체계의 연구』, 일조각.

김완진(1972a), 다시 β>w를 찾아서, 『어학연구』Ⅷ-1, 어학연구소(서울대), 51~62면.

김완진(1972b), "형태론적 현안의 음운론적 극복을 위하여", 『동아문화』 11, 서울대 동아문화연구소.

김완진(1973a), 국어 어휘마멸의 연구, 『진단학보』 35.

김완진(1973b), 음운변화와 음소의 분포, 『학술원논문집』(인문사회과학 편) 10.

김완진(1974), 음운변화와 음소의 분포, 『진단학보』 38, 진단학회(『음운』2, 497~520면,

태학사 재수록).

김완진(1976), 『노걸대의 언해에 대한 비교 연구』, 한국연구원.

김완진(1978), 모음체계와 모음조화에 대한 반성, 『어학연구』 14-2, 어학연구소(서울대).

김완진(1985), 모음조화의 예외에 대한 연구, 『한국문화』 6, 한국문화연구소(서울대).

김종규(1989), 중세국어 모음의 연결제약과 음운현상, 『국어연구』 90.

김종규(2000), Feature Combination and Discrepancy in Vowel System, 『국어학』 36, 국어학회, 133~159면.

김주원(1984), 18세기 경상도 방언의 음운현상, 『인문연구』 6, 영남대 인문과학연구소.

김주원(1993), 『모음조화의 연구』(민족문화총서』 17), 영남대 민족문화연구소, 영남대출판부.

김주원(1997), 구개음화와 과도교정, 『국어학』 29, 국어학회.

김주필(1985), 구개음화에 대한 통시론적 연구, 『국어연구』 68, 국어연구회.

김주필(1988a), 중세국어 음절말 치음의 음성적 실현과 표기, 『국어학』 17, 국어학회.

김주필(1988b), 십오세기 피동접미사의 이형태와 그 분화 과정에 대하여, 『관악어문』 13, 서울대 국문과.

김주필(1990), 국어폐쇄음의 음성적 특징과 음운현상, 『국어국문학논집』(강신항 교수 화갑기념 논문집), 태학사.

김주필(1992), 국어 표기사에 있어서 역사성의 인식, 『어학연구』 28-3, 어학연구소(서울대).

김주필(1993a), 금강경삼가해, 『국어사연구와 국어학의 연구』(안병희 선생 회갑기념논총), 문학과 지성사, 187~208면.

김주필(1993b), 진주하씨 묘 출토 한글 필사 자료의 표기와 음운현상, 『진단학보』 75, 진단학회.

김주필(1994), 17·8세기 국어의 구개음화와 관련 음운 현상에 대한 통시론적 연구, 박사학위논문(서울대).

김주필(1996), 경상도 방언의 ㅔ와 ㅐ의 합류과정에 대하여, 『이기문 교수 정년퇴임 기념 논총』.

김주필(1998), 표기와 음운변화의 대응관계, 『국어학』 32, 국어학회, 49~76면.

김주필(2001), '붕'의 [순음성] 관련 변화와 [ɦ]로의 약화, 『국어학』 38, 국어학회. 27~54면.

김주필(2003), 후기 중세국어의 음운현상과 모음체계, 『어문연구』 117, 어문교육연구회, 5~30면.

김주필(2004), 18세기 중·후기 왕실 자료의 'ㆍ' 변화, 『어문연구』 122, 어문교육연구회, 41~68면.

김주필(2005) 'ᄡᆞ-'계 어간의 재구조화, 국어학회 여름 공동연구회 발표.

김주필(2006), 'ᄃᆞ외-'의 형태 변화와 음운규칙, 『이병근 교수 은퇴기념 논문집』.

김진우(1976), Rule Ordering in Korean Phonology, 『언어』 1-1, 한국언어학회.

김차균(1976), 국어의 자음접변, 『언어학』 1.

김차균(1981), 음절 이론과 국어의 음운규칙, 『논문집』 8-1, 충남대 인문과학연구소.

김차균(1982), 국어의 약음소들에 나타나는 음운론적 과정들의 연구, 『논문집』 9-2, 충남대 인문과학연구소.

김차균(1984), 15세기 국어의 음운체계(Ⅰ), 『언어』 제5호, 어학연구소(충남대).

김차균(1987), 국어의 음절구조와 음절 핵 안에 일어나는 음운론적 과정, 『말』 12, 연세대학교.

김차균(1988), 국어 음절핵의 구조와 음성학적 표상, 『나랏말의 소리』, 태학사.

김태균 편저(1986), 『함북방언사전』, 경기대학교출판부.

남광우(1962), 사동·피동형의 역사적 고찰, 『학술원논문집』 3, 학술원.

남광우(1974), 원순모음화 현상에 대한 연구, 『국어학』 2, 국어학회.

남풍현(1981), 『차자표기법연구』, 단대출판부.

매전박지(1979), 동태구개도에 의한 한국어와 일본어 조음의 양상, 『제1회 한국학 국제학술회의 논문집』, 한국정신문화연구원.

문양수(1996), 음절이론과 국어의 음절구조, 『음성학과 언어학』, 서울대 출판부.

박성현(1989), 국어의 부사화소 {-이}와 {-게}에 대한 사적 연구, 서울대 언어학과 석사학위.

박정규(1989), 18세기 후반 문헌의 표기법 연구 : ㆍ와 음절말 자음의 표기를 중심으로, 국어연구 87, 국어연구회.

박종희(1983), 『국어 음운론 연구』, 원광대학교 출판국.

박종희(1985), 국어의 비모음화 현상에 대하여, 『국어학』 14, 국어학회.

박종희(1993), 국어 음절 구조의 통시적 고찰, 『국어음운론 연구』(Ⅱ), 원광대학교 출판국.

박창원(1982), 자음군 분류와 자음자질(Ⅰ), 『관악어문연구』 7.

박창원(1984), 중세국어 음절말 자음체계, 『국어학』 13, 국어학회.

박창원(1986), 국어 모음체계에 대한 한 가설, 『국어국문학』 95, 국어국문학회.

박창원(1987a), 15세기 국어의 음절경계, 『진단학보』 64.

박창원(1987b), 표면 음성 제약과 음운 현상, 『국어학』 16, 국어학회.

박창원(1987c), 15세기 국어의 음절 경계, 『진단학보』 64, 진단학회.

박창원(1990), 음운규칙의 통시적 변화, 『강신항 교수 회갑기념 국어학논집』, 태학사.

박창원(1991), 음운규칙의 변화와 공시성 : 움라우트 현상을 중심으로, 『국어학의 새로운 인식과 전개』, 민음사.

배양서(1973), 소위 '두음법칙'의 처리법, 『국어국문학』 61, 국어국문학회.

배양서(1981), 소위 l~n 교체의 실상, 『언어』 6-3, 한국언어학회.

배영환(2005), 'ㅎ' 말음어간의 재구조화 연구, 박사학위논문(한국학대학원).

배주채(1987), 음절말 자음과 어간말 자음의 음운론, 『국어연구』 91.

배주채(1992), 음절말 평폐쇄음화에 대하여, 『관악어문연구』 17, 서울대 국문과.

백두현(1988), 'ᄋ, 오, 으, 우'의 대립관계와 원순모음화, 『국어학』 17, 국어학회, 177~202면.

백두현(1992), 『영남 문헌어의 음운사 연구』, 『국어학총서』 19, 국어학회.

서보월(1991), 국어 자음연계에서의 음운 현상과 제약, 박사학위논문(경북대).

서종학·김주필(1995), 국어의 음운현상과 음절 구조에 대한 계량적 연구, 『인문연구』 17-1, 영남대 인문과학연구소.

석주연(1996), 중세국어 원순성 동화현상에 대한 일고찰, 『관악어문연구』 21, 서울대 국어국문학과, 217~228면.

성낙수(1987a), 이른바 ㄴ덧나기에 대하여, 『한국학과 알타이어학』, 효대출판부.

성낙수(1987b), 이른바 한국어의 두음법칙 연구, 『한글』 197, 한글학회.

송　민(1974), 모음 'ᄋ'의 비음운화 시기, 『논문집』 5(성심여대).

송　민(1975), 18세기 전기 한국어의 모음체계, 『논문집』 6(성심여대).

송　민(1986), 『전기 근대국어 음운론 연구』, 국어학총서8, 국어학회.

송　민(1991), 근대국어의 음운론적 인식, 『제21회 동양학학술회의 강연초』, 동양학연구소(단국대).

송기중(1991), 이론적 측면에서 본 15세기 국어의 ·음, 모음체계, 모음조화, 『국어학』 21, 국어학회, 79~101면.

송기중(1992), 현대국어 한자어의 구조, 『한국어문』 1, 한국정신문화연구원.

송기중(1993), 국어 계통론의 실상, 『한국어문』 3, 한국정신문화연구원.

송철의(1982), 국어의 음절문제와 자음의 분포 제약에 대하여, 『관악어문연구』 제7집, 서울대 국문과.

송철의(1983), 파생어형성과 통시성의 문제, 『국어학』 12, 국어학회.

송철의(1987), 십오세기 국어의 표기법에 대한 음운론적 고찰,『국어학』16, 국어학회.

송철의(1996), 국어의 음운현상과 변별적 자질,『이기문 교수 정년기념논총』, 342~356면.

송철의(2001), 재구조화,『방언학 사전』, 방언연구회.

신성철(2004), 음절말 'ㅅ'과 'ㄷ'의 표기 변화에 대한 연구, 박사학위논문(국민대).

심재기(1982),『국어 어휘론』, 집문당.

안병희(1959), 십오세기 국어의 활용어간에 대한 형태론적 연구,『국어연구』7(1978년 탑출판사 재간).

안병희(1962), 중세국어 동사 'ㅎ-'의 어간교체에 대하여,『문호』2, 건국대.

안병희(1967), 한국어발달사(문법사),『한국문화사대계』V, 고대 민족문화연구소.

안병희(1968), 중세국어의 속격어미 '-ㅅ'에 대하여,『이숭녕박사송수기념논총』.

안병희(1978),『이륜행실도, 경민편』해제, 영인본『이륜행실도, 경민편언해』, 단국대 동양학연구소.

안병희(1982), 중세국어 겸양법 연구에 대한 반성,『국어학』11, 국어학회.

안병희(1999), 왕실 자료의 한글 필사본에 대한 국어학적 검토,『장서각』제1집, 한국정신문화연구원, 1~20면.

엄익상(2002),『중국 언어학 한국식으로 하기』, 한국문화사.

오광근(1993), 15세기 정음문헌에 나타나는 모음 이표기 연구,『성균어문연구』29, 성균관대학교 국어국문학회.

오정란(1988),『경음의 국어사적 연구』, 한신문화사.

오종갑(1988),『국어음운의 통시적 연구』, 계명대출판부.

유만근(1991), 우리말 이중 두음법칙에 대하여,『국어의 이해와 인식』, 한국문화사.

유창돈(1964),『이조어사전』, 연대출판부.

유창돈(1975),『어휘사 연구』, 이우출판사.

이광오(1993), 한글 글자의 내부구조와 글자 인지 과정,『실험 및 인지 심리학회 여름 연구회 발표논문집』.

이광오(1995), 자모 대체 수행에 나타난 글자의 내부구조와 음절과의 관계,『한국심리학회지 : 실험 및 인지』7-1, 한국심리학회.

이광오(1998), 한국어 음절의 내부구조 : 각운인가 음절체인가,『한국심리학회지 : 실험 및 인지』10.1, 한국심리학회.

이근수(1986), ㄷ,ㅅ종성에 대하여,『국어학 신연구』, 탑출판사.

이기문(1954), 어사의 분화에 나타나는 아블라우트적 현상에 대하여,『최현배선생환갑기념론문집』.

이기문(1955), 어두 자음군의 생성 및 발달에 대하여, 『진단학보』 17, 진단학회.

이기문(1959), 16세기 국어의 연구, 『문리논집』 4, 고려대 문리과대학(『국어학 연구선서』 3, 탑출판사, 1982에 재수록).

이기문(1961), 『국어사개설』, 민중서관.

이기문(1962), 중세 국어의 특수 어간교체에 대하여, 『진단학보』 23, 진단학회.

이기문(1963a), 『국어표기법의 역사적 연구』, 한국연구총서 18, 서울대 한국연구소.

이기문(1963b), 십삼세기 중엽의 국어 자료, 『동아문화』 1.

이기문(1968a), 조선관역어의 종합적 검토, 『서울대논문집』(인문사회과학) 14.

이기문(1968b), 모음조화와 모음체계, 『이숭녕 박사 송수기념논총』.

이기문(1969), 중세국어 음운론의 제문제, 『진단학보』 32, 진단학회.

이기문(1970), 19세기 후기 국어의 모음체계, 『학술원 논문집』 9, 학술원.

이기문(1972a), 『국어 음운사 연구』, 서울대 한국문화연구소(1977년 탑출판사 재간).

이기문(1972b), 『개정 국어사개설』, 민중서관(1977년 탑출판사 재간).

이기문(1976), 19세기 국어의 모음체계와 모음조화, 『국어국문학』 72·73, 국어국문학회.

이기문(1977), 제주도 방언의 '♀'에 관련된 몇 문제, 『이숭녕 선생 고희기념 국어국문학논총』, 탑출판사, 183~196면.

이기문(1979/1998), 중세국어 모음론의 현상과 과제, 『동양학』 9, 단국대 동양학연구소(『음운』 Ⅱ, 이병근·박창원 편, 태학사, 1998에 재수록).

이기문(1981), 『한국어 형성사』, 삼성문화문고 160, 삼성미술문화재단.

이기문(1983a), 어원 연구의 방법, 『제1차 코리아학 국제교류 세미나 논문집』, 흑룡강 조선민족 출판사.

이기문(1983b), 한국어 표기법의 변천과 원리, 『한국어문의 제문제』, 일지사.

이기문(1991), 『국어 어휘사 연구』, 동아출판사.

이기문(1998), 『신정판 국어사개설』, 태학사.

이기문, 김진우, 이상억(1984), 『국어음운론』, 학연사.

이기문·최명옥(1998), 『국어음운론』, 한국방송대출판부.

이래호(2002), 장서각 소장 유일본 『어제』에 대한 국어학적 연구, 『장서각』 제5집, 한국정신문화연구원, 239~263면.

이명규(1974), 구개음화에 대한 문헌적 연구, 『국어연구』 31, 국어연구회.

이명규(1992), 구개음화에 대한 통시적 연구, 박사학위논문(숭실대).

이병근(1970a), 모음체계와 비원순모음화, 『동아문화』 9, 서울대 동아문화연구소, 149~
        167면.

이병근(1970b), 19세기 후기 국어의 모음체계, 『학술원논문집』(인문사회편) 6, 학술원.

이병근(1975), 음운규칙과 비음운론적 제약, 『국어학』 3, 국어학회.

이병근(1976), 19세기 국어의 모음체계와 모음조화, 『국어국문학』 72·73, 국어국문학
        회, 1~14면.

이병근(1977a), 국어의 장모음화의 보상성, 『국어학』 6, 국어학회.

이병근(1977b), 자음동화의 제약과 방향, 『이숭녕 선생 고희 기념 국어국문학논총』.

이병근(1979), 『음운현상에 있어서의 제약』, 탑출판사.

이병근(1981), 유음탈락의 음운론과 형태론, 『한글』 173·174 어우름, 한글학회.

이병근(1988), 훈민정음의 초·종성체계, 『훈민정음의 이해』, 한신문화사.

이병근(1991), 모음체계와 비원순모음화, 『음운현상에 있어서의 제약』, 탑출판사.

이병근·최명옥(1998), 『국어음운론』, 한국방송대 출판부.

이상억 외(1985), 『국어음운론』, 학연사.

이상억(1970), 사동·피동 어간 형성 접미사에 대한 다각적 고찰, 『어문논집』 21, 고대
        국어국문학과.

이상억(1986), 계량언어학(어휘론 부분) : 어휘부의 음운-형태-의미론적 구조, 『언어』
        11-2, 언어학회.

이상억(1989a), 음절구조의 변화 원인에 대한 이런 설명은 어떨까요?, 『이정 정연찬 선
        생 회갑 기념 국어국문학논총』 1, 탑출판사.

이상억(1989b), 국어 어휘목록의 형태-음운론적 구조 연구 : 계량언어학적 표준 조사,
        『어학연구』 25권 1호, 서울대학교 어학연구소.

이상억(1990a), 국어 어휘부의 계량언어학적 연구, 『강신항 교수 회갑 기념 국어학논총』,
        태학사.

이상억(1990b), 현대 국어 음변화 규칙의 기능부담량, 『어학연구』 26-3, 서울대학교 어
        학연구소.

이숭녕(1940/1988), ‘ᄋᆞ’음고, 『진단학보』 12, 진단학회(『이숭녕 국어학 선집 음운편』 1
        에 재수록).

이숭녕(1949a), ‘ᅦ·ᅢ·ᅬ’의 음가변이론, 『한글』 106, 한글학회.

이숭녕(1949b), 모음조화 연구, 『진단학보』 16, 진단학회.

이숭녕(1949c), 『조선어 음운론 연구 제1집 ·음고』, 을유문화사.

이숭녕(1954a), 순음고, 『서울대학교 논문집』 제1집.

이숭녕(1954b), 음성상징론, 문리대학보(서울대) 2-2, 서울대학교 문리대.

이숭녕(1957), 『국어 음운론 연구 제1집』(수정 증보판), 을유문화사.

이숭녕(1958), 음성상징재론, 문리대학보(서울대) 7-1, 서울대학교 문리대.

이숭녕(1960), 국어에 있어서 모음의 음성상징과 음운론적대립과의 관계에 대하여, 문리대학보(서울대) 2권2호(『국어학논고』, 동양출판사 :『이숭녕 국어학선집』(3), 민음사에 재수록).

이숭녕(1961/1981), 『중세국어문법』, 을유문화사.

이숭녕(1981), 「개정증보판 중세국어문법」, 을유문화사.

이숭녕(1988), '오'음고 재론, 『이숭녕 국어학 선집』 2, 민음사.

이숭녕·김완진(1987), 외래어 사용실태 조사 연구, 연구보고서(국어연구소).

이승재(1977), 남부 방언의 원순모음화와 모음체계, 『관악어문연구』 2, 서울대 국문과.

이승재(1980), 구례지역어의 음운체계, 『국어연구』 45, 국어연구회.

이승재(1985), 현대국어 장모음의 음절구조적 해석, 『제19회 어학연구회 발표요지』, 서울대 어학연구소.

이승희(1996), 중세국어 감동법 연구, 석사학위논문(서울대).

이은정(1986), 8종성에서의 '-ㅅ'에 대하여, 『한글』 192, 한글학회.

이익섭(1963), 십오세기 국어의 표기법 연구, 『국어연구』 10.

이익섭(1985), 근대한국어문헌의 표기법연구 —특히 분철표기의 발달을 중심으로—, 『조선학보』 114.

이익섭(1987), 음절말 표기 'ㅅ'과 'ㄷ'의 사적 고찰, 『성곡논총』 18.

이인자(1985), 15세기 국어의 'ㄷ,ㅅ' 종성고, 석사학위논문(동국대).

이진호(1997), 국어 어간말 자음군과 관련 현상에 대한 통시음운론, 『국어연구』 147호, 국어연구회.

이진호(2007), 음운변화에 의한 어간 재구조화, 『어문연구』 135, 93~112면.

이혁화(1999), 국어 자음의 음운론적 강도에 대하여, 『애산학보』 23, 165~193면.

이현희(1985), 'ᄒ다'동사의 성격에 대하여-누러ᄒ다류와 엇더ᄒ다류를 중심으로, 『논문집』 2(한신대).

이현희(1986), 중세국어의 용언어간말 '-ᄒ-'의 성격에 대하여, 『약천김민수교수 화갑기념 국어학신연구』, 탑출판사.

이현희(1987), 국어의 어중·어말 'ㄱ'의 성격에 대한 종합적 고찰, 『한신논문』4, 한신대학교.

이현희(1999), 장서각 소장의 영조 대 한글 문헌, 『장서각』 2, 한국정신문화연구원.

이희승(1933), 「ㅎ」 받침 문제, 『한글』 8호, 조선어학회.

임보선(2005), 국어 어간말 자음군에 대한 통시적 연구, 박사학위논문(성균관대).

전광현(1967), 17세기 국어의 연구, 『국어연구』19, 국어연구회.

전광현(1971), 18세기 후기 국어의 일고찰, 『논문집』 13, 전북대, 39~70면.

전광현(1978), 18세기 전기 국어의 일고찰, 『어학』 5, 전북대 어학연구소, 15~24면.

전상범(1977), 『생성음운론』, 탑출판사.

전상범(1980), Lapus Linguae의 음운론적 해석, 『언어』 5-2, 언어학회.

정승철(1995), 『제주도 방언의 통시음운론』, 국어학총서 25, 국어학회.

정연찬(1980), 『한국어 음운론』, 개문사.

정연찬(1989a), 제자해의 모음 설명, 제14회 공동 연구회 발표순, 국어학회.

정연찬(1989b), 15세기 국어의 모음체계와 그것에 딸린 몇 가지 문제, 『국어학』 18, 국
　　　　　어학회, 3~41면.

정우택(1987), 후기 근대국어의 형태음소론적 연구, 『국어연구』 78, 국어연구회.

정윤자(1990), 근대국어의 활용어간에 대한 형태론적 연구, 석사학위논문(단국대).

주상대(1989), 울진 지역어 모음의 음운현상 연구, 박사학위논문(계명대).

지춘수(1985), 국어 표기사 연구, 박사학위논문(경희대).

채　완(1991), 음성상징, 『국어연구 어디까지 왔나』, 국어연구회편.

최명옥(1978), ㅸ, △와 동남방언, 『어학연구』 14-2, 서울대 어학연구소.

최명옥(1982), 『월성지역어의 음운론』, 영남대출판부.

최명옥(1988a), 국어 UMLAUT의 연구사적 검토-공시성과 통시성의 문제를 중심으로-,
　　　　　『진단학보』 65, 진단학회.

최명옥(1988b), 변칙동사의 음운현상에 대하여-li-, lə-, (jə)-, h- 변칙동사를 중심으로-,
　　　　　『어학연구』 24-1, 서울대 어학연구소.

최명옥(1989), 국어 움라우트의 연구사적 고찰, 『주시경학보』 3.

최명옥(1993/1998), 어간의 재구조화와 교체의 단일화 방향, 『성곡논총』 24, 1599~
　　　　　1642면(『국어음운론과 자료』, 태학사, 1998에 재수록).

최전승(1975), 중세국어에서의 이화작용에 의한 원순성 자질의 소실에 대하여, 『국어연
　　　　　구』 33, 국어연구회.

최전승(1986), 『19세기 후기 전라방언의 음운현상과 그 역사성』, 한신문화사.

최전승(1987), 언어 변화와 과도교정의 기능, 『국어학신연구 Ⅱ』, 탑출판사.

최전승(1989), 비어두음절 모음 'ㆍ'의 변화의 공간적 차원과 철자식 발음, 『이용주박사
　　　　　회갑기념 논문집』, 서울대 사범대, 707~737면.

최전승(2001), 국어 방언사에서 원순모음화 현상의 내적 발달과 개별 방언 어휘의 특질, 『국어 연구의 이론과 실제』, 태학사.

최태영(1990), 모음조화, 『국어연구 어디까지 왔나』, 동아출판사, 68~76면.

최현배(1927), 언어학상으로 본 조선어, 『한글』 1-4, 한글사.

표진이(1975), 한국어 폐쇄자음의 음향음성학적 양상, 한글 155, 한글학회.

河野六郎(1964-65), 朝鮮 漢字音の研究, 『조선학보』 31~34면.

한국정신문화연구원(1989), 『한국방언자료집』 Ⅶ(경상북도편).

한영균(1990a), 모음조화의 붕괴와 ‘·’의 제1단계 변화, 『국어학』 20, 국어학회.

한영균(1990b), 모음체계의 재정립과 ‘·’의 제2단계 변화, 『애산학보』 10, 애산학회.

한영균(1991), 불규칙활용, 『국어연구 어디까지 왔나』, 국어연구회편.

한영균(1994), 후기 중세국어의 모음조화 연구, 박사학위논문(서울대).

한영균(1996a), 모음조화의 붕괴 유인에 대한 재검토, 『울산어문논집』 11, 울산대 국문과, 113~142면.

한영균(1996b), 모음조화 예외 비율에 대한 통시적 해석, 『관악어문연구』 제21집, 서울대 국어국문학과.

한재영(1984), 중세국어 피동구문의 특성에 대한 연구, 『국어연구』 61.

한재영(1985), 중세국어 성조의 일고찰, 『국어학』 14, 국어학회.

허 웅(1953), 이조초기 문헌에 나타난 문법의식, 『국어국문학』 3, 국어국문학회.

허 웅(1961), “존대법”과 그 변천, 『한글』 11, 한글학회.

허 웅(1964), 서기 15세기 국어의 사역·피동의 접사, 『동아문화』 2, 서울대 동아문화연구소.

허 웅(1965), 『국어음운학』, 정음사.

허 웅(1975), 『우리 옛말본』, 샘문화사.

허 웅(1981), 인조대왕 행장의 언어분석, 『애산학보』 1, 애산학회.

허 웅(1983), 『우리 옛 말본』, 샘문화사.

허 웅(1985a), 국어의 변동규칙과 한글 맞춤법, 『한글』 187호.

허 웅(1985b), 『국어 음운학－우리말 소리의 오늘·어제－』, 샘문화사.

홍윤표(1985), 구개음화에 대한 역사적 연구, 『진단학보』 60, 진단학회.

홍윤표(1986), 근대국어 표기법 연구, 『민족문화연구』 19, 고려대 민족문화연구소.

홍윤표(1987), 근대국어 어간말 자음군의 표기에 대하여, 『국어학』 16, 국어학회

홍윤표(1993), 『국어사 문헌자료 연구(근대편1)』, 태학사.

Arlotto, A.(1972), *Introduction to Historical Linguistics*, Houghton Mifflin Company,

Boston.

Bynon. T.(1977), *Historical Linguistics*, Cambridge Textbooks in Linguistics.

Chen, Matthew and Hshin-I Hsieh.(1971). The time variable in phonological change, *Jurnal of Linguistics* 7.

Chen, S.B.(1975), *Phonological Aspects of Late Middle Korean*, Pan Korean Books Co.

Chung, Kook(1980), Neutralization In Korean : A Functoonal View, The University of Texas At Austin.

Clements, G. N. and Elizabeth V. Hume(1995), The Internal Organization of Speech Sound, *The Handbook of Phonological theory*, John A. Goldsmith(ed.), Oxford : Blackwell Publishers Ltd, pp.245~306.

Coulmas, Florian (ed.), 1997, *The Handbook of Socioliguistics*, Blackwell, 1997.

Felix-Clair Ridel(1881), *Grammaire Coreenne*, Yokohama : Echodu Japon(역대한국문법대계, 탑출판사, 1986년 재수록).

Han Young-hie(1976), The Duration of the Intervocalic Obstruents in Korean, 언어 1. 1, 한국언어학회.

Han, Meiko S. and R. S. Weitzman(1970), A acoustic features of Korean / P, E, K/, /p, t, k/ and /ph, th, kh/, Phonetica 22.

Hock, H, H(1986), *Principles of Historical Linguistics*, Trends in Linguistics, Studies and Monographs 34, Mouton de Gruyter, pp.1~722.

Hockett, Charles F.(1958), *A Course in Modern Linguistics*, New York : The MacMillan Co.

Hockett. C.F(1955), *A Manual of Phonology*, Waverly press, INC., Baltimore.

Hoenigswalt, M. M.(1960), *Language Change and Linguistic Reconstruction*, Chicago : The University of Chicago Press.

Hooper, J. B.(1972), The Syllable in Phonological theory, *Language 48*.

Hooper, J. B.(1976), *An Introduction to Natural Generative Phonology*, New York : Academic Press.

Jeffers, R. and Lehiste. I.(1979), *Principles and Methods for Historical Linguistics*, The MIT Press, Cambridge.

Kahn, D.(1976), *Syllable-based Generalization in English Phonology*, Doctorial Dissertation, MIT, Mass.

Kenstowicz, Michael(1994), *Phonology in Generative Grammar*, Cambridge, Massachusett s : Blackwell Publishers Ltd, pp.1~704.

Ki-jeong Lee(1996), On Internal Syllable Strucure of Korean—with the reference to external evidence, 음성·음운·형태론 연구 2집, 한국음운론학회.

Kim, Chin Woo(1965), On the autonomy of Tensity Feature in Stop Claassificatoon : with Special Reference to korean Stops, Word 21. 3.

Kim, Chin Woo(1967), Cineradiographic Study of Korean Stops and a note on 'Aspiration' Quarterly Progress Report 85, Research Laboratory of Electronics, M.I.T.

Kim, Chin Woo(1971), Directionality of Voicing and Aspiration in Initial Position, in A. Rigault and R. Charbonneau eds., Proceedings of Seventh International Congress of Phonetic Science.

Kim-Renaud, Young-Key(1975a), Korean Consonantal Phonology, ph.D. dissertation. University of Hawaii.

King, R., D.(1969), *Historical Linguistics and Generative Grammar*, Englewood Cliffs, N. J. : Prentice-Hall, pp.1~230.

Kiparsky, Paul(1996), The Phonological Basis of Sound Change, *The Handbook of Phonological Theory*, John A. Goldsmith(ed.), Cambridge : Blackwell Publishers, pp.640~670.

Kiparsky, Paul(1988), Phonological Change, F. Newmeyer (ed.), Linguistics : The Cambridge Survey, vol. 1 (pp.363~415), Cambridge : Cambridge University Press, 1988.

Kisker L. & A. Abramson(1964), A cross-language study of voicing in initial stops : acustical measurements, Word 20.

Labov, W.(1972), *Sociolinguistic Pattern*, University of Pensylvania Press Inc., pp.1~344.

Labov, W.(1992), Evidence for regular sound change in English dialect geography, In M. Rissanen ed. al., *History of Englishes : New Methodes and Interpretations in Historical Linguistics*, Berlin : Mouton de G ruyter.

Ladefoged, P.(1975), *A Course in Phonetics*, Harcourt Brace Jovanovich, Inc.

Lehman, W. P.(1962), *Historical Linguistics : an Introduction*, Holt, Rinehart and Winston.

Lehman, W. P.(1968), Saussure's Dichotomy between Descriptive and Historical Linguistics, *Directions For Historical Linguistics : A Symposium*, W. P. Lehman and Y. Malkiel(ed), University of Texas Press, Austin & London

Lehmann, W. P. and Yakov Malkiel(ed.)(1968), *Directions for Historical Linguistics*, University of Texas Press, pp.95~188.

Mohanan, K. P.(1982), *Lexical Phonology*, Indiana University Linguistics Club, Bloomington.

Pulgram. E.(1970), *Syllable, Words, Nexus, Cursus*, The Hague Mouton.

Rudi Keller(1994), *Sprashwandel*(이기숙 역, 『언어변화』, 서광학술 자료사, 1994).

Selkirk, E., O.(1982), Syllable, in van der Hulst, H. and N. Smith eds., *The structure of Phonological Representations*, Part II, 337-383, Foris, Dordrecht.

Skousen, Royal(1975), Substantive Evidence in Phonology—The evidence from Finnish and French, Mouton : The Hague, Paris.

Sohn, H. S.(1987), *Underspecification in Korean Phonology*, Seoul : Hanshin Publishing.

Sommerstein, A.H(1977), *Modern Phonology*, Edward Arnold(publishers) Ltd London.

Vachek, J.(1966), *The Linguistic School of Prague*, Indiana University Press.

Vennemann, Theo(1972), On the Theory of syllable phonology, *Linguistische Berichte* 18.

Wang., W. S.-Y.(1969), Competing Change as a cause of residue, *Language* 45.

Weinreich U., Labov W., Herzog, M. I.(1968), Empirical Foundations for Historical Theory of Language Chang, *Directions For Historical Linguistics(A Symposium)*, (edtied by W. P., Lehmann and Yakov Malkiel. University of Texas Press, Austin & London.

Young-key Kim-Renaud(1975b), On h-Deletion in Korean, 『국어학』 3, 국어학회.

찾아보기